"十二五"国家重点图书

41

财政政治学译丛
刘守刚 主编

上海财经大学
公共经济与管理学院

Japan's Fiscal Crisis
The Ministry of Finance and the Politics of Public Spending, 1975-2000

日本的财政危机
摆脱危机的体制机制变革努力(1975—2000)

莫里斯·赖特(Maurice Wright) 著
孙世强 译

上海财经大学出版社
SHANGHAI UNIVERSITY OF FINANCE & ECONOMICS PRESS

上海学术·经济学出版中心

图书在版编目(CIP)数据

日本的财政危机：摆脱危机的体制机制变革努力：1975—2000 /（英）莫里斯·赖特（Maurice Wright）著；孙世强译 . -- 上海：上海财经大学出版社，2025.5.（财政政治学译丛 / 刘守刚主编）. -- ISBN 978-7-5642-4595-5

Ⅰ. F813.133

中国国家版本馆 CIP 数据核字第 202556LM05 号

□ 责任编辑　刘　兵
□ 封面设计　张克瑶

日本的财政危机
摆脱危机的体制机制变革努力(1975—2000)

莫里斯·赖特（Maurice Wright）　著
孙世强　译

上海财经大学出版社出版发行
（上海市中山北一路369号　邮编200083）
网　　址:http://www.sufep.com
电子邮箱:webmaster @ sufep.com
全国新华书店经销
上海华业装潢印刷厂有限公司印刷装订
2025年5月第1版　2025年5月第1次印刷

710mm×1000mm　1/16　39.5印张（插页:2）　605千字
定价:186.00元

图字：09-2024-0832 号

Maurice Wright

Copyright © Maurice Wright，2002.

JAPAN'S FISCAL CRISIS：THE MINISTRY OF FINANCE AND THE POLITICS OF PUBLIC SPENDING，1975—2000，FIRST EDITION was originally published in English in 2002. This translation is published by arrangement with Oxford University Press．Shanghai University of Finance & Economics Press is solely responsible for this translation from the original work and Oxford University Press shall have no liability for any errors，omissions or inaccuracies or ambiguities in such translation or for any losses caused by reliance thereon.

《日本的财政危机：摆脱危机的体制机制变革努力(1975—2000)》英文版于 2002 年出版。本中文翻译版由牛津大学出版社授权出版。上海财经大学出版社全权负责本书的翻译工作，牛津大学出版社对本翻译版中的任何错误、遗漏、歧义或因相关原因而造成的任何损失不负任何责任。

2025 年中文版专有出版权属上海财经大学出版社

版权所有　翻版必究

总　序

"财政是国家治理的基础和重要支柱",自古以来财政就是治国理政的重要工具,中国也因此诞生了丰富的古典财政思想。不过,近代以来的财政学发展主要借鉴了来自西方世界的经济学分析框架,侧重于财政的效率功能。不仅如此,在此过程中,引进并译介图书,总体上也是中国人开化风气、发展学术的不二法门。本系列"财政政治学译丛",正是想接续近代以来前辈们"无问西东、择取精华"的这一事业。

在中国学术界,"财政政治学"仍未成为一个广泛使用的名称。不过,这个名称的起源其实并不晚,甚至可以说它与现代财政学科同时诞生。至少在19世纪80年代意大利学者那里,就已经把"财政政治学"作为正式名称使用,并与"财政经济学""财政法学"并列为财政学之下的三大分支学科之一。但随着20世纪经济学成为社会科学皇冠上的明珠,财政经济学的发展也在财政学中一枝独大,而财政政治学及其异名而同质的财政社会学,一度处于沉寂状态。直到20世纪70年代,美国学者奥康纳在他的名著《国家的财政危机》中倡导"财政政治学"后,以财政政治学/财政社会学为旗帜的研究才陆续出现,不断集聚,进而成为推动财政学科发展、影响政治社会运行的积极力量。

当前以财政政治学为旗帜的研究,大致可分为两类:一类是从财政出发,探讨财政制度构建与现实运行对于政治制度发展、国家转型的意义;另一类是从政治制度出发,探索不同政治制度对于财政运行与预算绩效的影响。在"财政政治学译丛"的译著中,《发展中国家的税收与国家构建》是前一类著作的典型,而《财政政治学》则属于后一类著作的典型。除了这两类著作外,举凡有利于财政政治学发展的相关著作,如探讨财政本质与财政学的性质、研究财政制度的政治特征、探索财政发展的历史智慧、揭示财政国家的阶段性等作品，都在这套译丛关注与引进的范围内。

自2015年起，在上海财经大学公共政策与治理研究院、公共经济与管理学院支持下，"财政政治学译丛"已经出版了30本，引起了学界的广泛关注。自2023年7月起，我们公共经济与管理学院将独立承担起支持译丛出版工作的任务。

上海财经大学公共经济与管理学院是一个既富有历史积淀，又充满新生活力的多科性学院。其前身财政系始建于1952年，是新中国成立后高校中第一批以财政学为专业方向的教学科研单位。经过70多年的变迁和发展，财政学科不断壮大，已成为教育部和财政部重点学科，为公共经济学的学科发展和人才培养做出了重要贡献。2001年，在财政系基础上，整合投资系与设立公共管理系，组建了公共经济与管理学院，从而形成了以应用经济学和公共管理的"双支柱"基本架构，近年来，学院在服务国家重大战略、顶天立地的科学研究和卓越的人才培养等方面均取得了不错的成绩。

我们深信，"财政政治学译丛"的出版，能够成为促进财政学科发展、培养精英管理人才、服务国家现代化的有益力量。

范子英

2023年7月7日

前　言

这是一部关于日本"财政部"（大藏省、财务省）①在 1975—2000 年中央预算制度执行情况的书。该书介绍了日本"财政部"的职能和作用，以及"财政部"与支出部门、自民党在执行政府核心活动时的关系。该书的素材源于本人在 1992—2000 年期间进行的研究和实地工作，是关于七国集团"国家预算制度和国家政治"的系列研究的第二卷，与涉及英国的第一卷相配套（Thain and Wright, 1995）。

截至 2001 年 7 月，长达十五年来，我一直是日本的常客，在研究和写作这本书的过程中，得到了许多高级政府官员和学术同僚的支持与鼓励。作为回报，我感谢为本书的创作做出贡献的人们，他们对我的精神鼓励、知识帮助和创意开发永远是无法偿还的，希望本书为经历那个时代并为之奋斗的人们所接受。

本书之所以顺利出版，我首先感谢两个人，一是感谢当时担任日本大藏省大臣政务官（1990—1991）、日本公平贸易委员会主席以及日本银行行长（1998 年）的小谷正美（Kogayu Masami）。1992—1993 年，她在日本大藏省为我安排了一个访问教授的职位。二是感谢时任日本银行行长并曾在 1982—1984 年担任大藏省大臣政务官的松下康夫（Matsushita Yasuo），他于 1993—1994 年在日本银行为我安排了访问教授的职位。这两个教授职位为我提供了在中央行政关键机构工作的独特机会。

其次，我还要感谢日本的许多朋友，他们大多是日本政府机关的高级官

---

① 日本的"财政部"在明治维新至 2000 年期间称为"大藏省"，2001 年 1 月 6 日改制为"财务省"。本书涉及时期基本在 1975—2000 年，故在翻译中将日本"财政部"译为"大藏省"。——译者注

员。我在日本政府行政机关所在地霞关①担任访问教授期间,这些朋友向我介绍了创作本书所需的各方面素材,并敞开所在组织的大门,让我能够进行随时调研。我能够快速获取第一手材料,要感谢他们所有人,对他们,我心存感激,他们包括:志贺樱(Shiga Sakura),时任大藏省国际金融局副局长、前金融服务局副局长、前大藏省预算局(主计局)预算审查员;堀江正弘(Horié Masahiro),时任职公共管理部、前任首相办公室管理和协调局副局长;高藤隆史(Takatoshi Makato),前建设省预算和账务司司长、后任部长秘书处(财务大臣官房)协调司司长、国土交通省副司长;近久墨(Sumi Chikahisa),时任日本驻华盛顿大使馆财务顾问、前任大藏省财政局财政投资和贷款部主任。我对日本政治的表象与现实的认识得到这四位朋友的理解和认同,他们是我穿过迷宫、拨开迷雾的向导。时任日本央行执行董事、前大藏省金融局局长的米泽纯一郎(Yonezawa Junichirō)在时间和学费方面同样慷慨,对我给予大力支持。在早期阶段,外务省前财政厅厅长、时为外交部北美局局长的藤崎一郎(Fujisaki Ichirō)为我的创作构思提供了专业的指导和坦率的评价。

日本大藏省、日本银行以及其他部门的许多高级官员也同样慷慨地牺牲宝贵时间,耐心地接受我的调研询问并帮助我纠正错误。所形成的章节内容草稿,经过了他们的广泛研究和长时间讨论,让我对日本的预算政治有了更全面和更彻底的了解,他们的意见和建议,以及我在日本的学术同事的意见和建议,成就了这本书,使这本书的内容更加充实,更加准确和完整。除此之外,在我研究的早期阶段,埼玉大学国家政策研究所的伊藤代一(Itō Dai-ichi)教授,通过他自己广泛的社交网络,向我介绍了许多部门的高级官员,都给我提供了宝贵的帮助。东京大学的野口由纪夫(Noguchi Yukio)教授、一桥大学校长石弘光(Ishi Hiromitsu)教授和京都大学的村上弥雄(Muramatsu Michio)教授在有关讨论预算制定方面,都给予了我很多帮助。

1996—1997年,东京大学社会科学研究所聘请我担任访问教授,研究所为我提供研究创作所需的各类设施,当时的所长和田春树(Wada Haruki)教

---

① 指位于东京千代田区南端的政府机关集中区。——译者注

前　言

授、秋田久多(Kudō Akira)教授和涩谷浩史(Shibuya Hiroshi)教授给我诸多的鼓励和支持，都使我获益匪浅。

在我采访过的自民党的众多部长和政治家中，我要感谢已故首相小渊惠三(Obuchi Keizō)，还要感谢当时的几位部长及内阁大臣的帮助，包括前通产大臣越智通雄(Ochi Michio)，前自民党政策事务研究委员会代理主席、后来的自治大臣堀光介(Hori Kōsuke)，前大藏大臣、时任自民党税收制度研究委员会主席的林义郎(Hayashi Yoshirō)以及古贺一诚(Koga Issei)等，在此诚表谢意。

还有更多的不知名的官员、部长、自民党党员和学者，日本国会大厦及其图书馆的工作人员，我要感谢他们的慷慨帮助和鼓励，感谢他们对我的友好始终如一。我还要感谢凯特·贝克(Kate Baker)，尽管初稿有些材料字迹难辨，稿件经过大量修改，确实让人头疼，但她始终保持乐观，运用她娴熟的秘书技能，源源不断地创作出让人满意的稿件。

该研究得到了欧洲经济和社会研究委员会、英国利弗休姆信托基金会、大和英日基金会、谢菲尔德大学的日本基金会捐赠委员会以及日本基金会和大藏省的支持，感谢这些部门的经济援助。

习惯上，我要声明，尽管我们付出很多努力，但书中的部分观点并没有得到许多研究同行的认同，或存在较大分歧，或存在诸多错误，这些与所有帮助我研究和创作本书，提供我帮助的人无关，所有问题都由本人负责。尽管如此，我还为我能够出版这本书而高兴，因为许多人都会以不同的方式做出自己的贡献，而这本书就是我为社会做出的贡献，因为系统研究该内容的人并不多，对日本财政危机的认识和总结，尤其是对为摆脱危机而进行系列的体制机制变革努力的回溯，也许会对将来的其他国家有所借鉴。

莫里斯·怀特
曼彻斯特维多利亚大学
2001年7月5日

缩写词

AFFFC	农业、林业和渔业金融公司	FY	财政年度
AMA	行政管理厅①	G7	七国集团
ARC	行政改革委员会	GATT	关税与贸易总协定
BAD	预算和账务司	GDP	国内生产总值
BE	财政预算审查员	GG	一般政府
BOJ	日本银行	GGE	一般行政开支
CD	协调司	GHLC	政府住房贷款公司
CY	公历年	HC	参议院
DA	防卫厅	HDA	北海道开发厅
DBE	副预算审查员	HR	众议院
DBJ	日本开发银行	HUDC	住房和城市发展公司
DDG	副局长（局）	IAM	行政管理教育部门
D-G	总干事（主席团）	IMF	国际货币基金组织
EA	环境厅	JBIC	日本国际合作银行
EMU	欧洲货币联盟	JDB	日本开发银行
EPA	经济企划厅	JEI	日本经济研究所
EXIM	进出口银行	JFCME	日本市政企业财务公司
FILP	财政投资贷款计划	JICA	日本国际协力机构
FSA	金融服务局	JNR	日本国家铁路
FSRC	财政体制研究委员会	JSP	日本社会党
FTC	公平贸易委员会		

---

① 行政管理厅最初是一个独立的中央机构，直接向内阁负责，1984年与人事院的部分职能合并，成立了总务厅（MCA），2001年总务厅并入总务省。

LDP	自民党	NPA	国家人事厅
MAFF	农林水产省	NTAA	国家税务厅
MCA	总务厅（2001年与邮政省、自治省一起并入总务省）	NTT	日本电话电报公司
		ODA	海外发展援助
MHA	自治省	OECD	经济合作与发展组织
MHW	厚生劳动省（2001年，原厚生省与原劳动省合并改组为厚生劳动省，但仍简称厚生省）	OECF	海外经济协力基金
		OkDA	冲绳开发厅
		OTCA	海外技术合作机构
		PARC	政策研究委员会（自民党）
MITI	通商产业省（2001年，改组为经济产业省。）	PC	公营公司
		PCA	政策成本分析部（大藏省）
MOC	建设省（2001年并入国土交通省）	PCC	政策协调委员会
		PCPAR	促进行政改革临时委员会
MOE	文部科学省（2001年，由原文部省与科学技术厅合并组成）	PFC	公共财务公司
		Rinchō	第二次临时行政调查会（又译:第二次临时行政调整委员会）①
MOF	财务省（大藏省）		
MOFA	外务省	RPD	研究与计划司
MOJ	法务省（前身是司法省，1948年司法省改称法务厅,1952年改称为法务省）	SCAP	盟军最高指挥官
		SDF	自卫队
		SDP	社会民主党（至1996年，日本社会党）
MOL	劳动省（2001年与原厚生省合并改组为厚生劳动省）	SII	结构性障碍倡议
		SMEs	中小企业
MOT	运输省（2001年与建设省、北海道开发厅、国土厅一起并为国土交通省）	SNA	国民账户体系
		SNTV	单记不可让渡投票制
		STA	科学技术厅
MPT	邮政省（2001年前存在的日本行政中央省厅）	TFBF	信托基金局基金
		VANs	增值通信网
NLA	国土厅		

---

① 1981年3月16日,由代表日本财团和官僚利益的智囊团所组成的第二次临时行政调查会成立。

目　录

第一章　引言 / 1
第二章　日本财政危机的根源 / 10
　　1949—1965年的财政平衡 / 10　　1965—1973,经济增长放缓的转变 / 13
　　"大政府"和赤字开支 / 15　　1975年财政危机的根源 / 16

第一部分　日本预算改革的背景

第三章　政治经济背景 / 25
　　经济背景 / 26　　　　　　　　政体 / 39
　　政治经济的变迁 / 53
第四章　行政改革 / 60
　　20世纪80年代的行政改革与财政重建 / 61
　　20世纪90年代的行政改革 / 67
　　桥本的六个"愿景" / 75　　　　结论 / 80
第五章　政策制定过程中的政治家和官僚 / 84
　　"发展型国家"的官僚体制 / 84
　　新多元主义者:政策制定过程中的竞争与冲突 / 86
　　"反修正主义者":对官僚统治理论的挑战 / 88
　　协商治理 / 91　　　　　　　　理性选择:政治家的统治与规则 / 92
　　结论 / 96

第二部分　公共部门、部门结构和参与者

第六章　公共部门 / 101
　　1869—2000 年中央政府机构的延续与演变 / 103
　　等级与组织地位 / 106　　政府公共部门的内部组织架构 / 113
　　大臣官房 / 115　　财务和预算科 / 117
　　中央行政机构的重组 / 117

第七章　部门本位与利益边界：决策过程中的协调、竞争和冲突 / 124
　　司法自治 / 124　　竞争和冲突 / 125
　　部际协调 / 128　　结论 / 144

第八章　大藏省 / 147
　　财务大臣（大藏大臣）/ 148　　大藏省部门 / 150
　　财政决策的协调 / 158　　大藏省咨询委员会 / 162
　　大藏省的公共银行和金融公司 / 162　　信心和权威危机 / 164

第九章　大藏省的精英管理人员 / 168
　　招聘 / 168　　社会化 / 171
　　职业发展 / 175　　退休 / 181

第十章　自民党的决策组织结构 / 190
　　政策研究委员会 / 192　　自民党的政策族群（"族议员"）/ 198
　　联合政府的决策，1993—1996 / 206　　制定政策，1996—2000 年 / 209
　　结论 / 210

第十一章　预算机构和架构 / 212
　　一般账户预算 / 212　　补充预算 / 214
　　结算及"结转" / 215　　偿还国债 / 215
　　特别账户 / 216　　政府附属组织 / 217
　　地方政府财政 / 217

第十二章　"第二预算"：财政投资贷款计划（FILP）/ 219
　　FILP 系统的概述 / 222　　1975—2000 年 FILP 系统的原则与特性 / 223
　　FILP 资金的来源 / 226　　利率 / 230
　　法定资金的接收者：法定机构 / 231　　FILP 和地方政府 / 236

第三部分　交互作用

第十三章　预算目标和政策 / 241
- 寻找收入 / 241
- 1976—1987 年财政重建 / 245
- 1987—1991 年的财政整顿 / 252
- 1991—1996 年财政危机的加剧 / 255
- 1996—1998 年财政改革的兴衰 / 258
- 1998—2000 年财政扩张 / 266

第十四章　经济预测和财政预测 / 268
- 国家经济计划 / 268
- 中期财政预测 / 272
- 财政系统研究委员会 / 273
- 年度经济预测 / 275

第十五章　预算策略、指导方针和上限 / 279
- 预算策略 / 279
- 预算指导方针 / 282
- 自民党的影响力 / 289
- 部级预算上限 / 291

第十六章　支出部门的预算流程 / 296
- 主要参与者 / 296
- 预算策略 / 297
- 预算方案的准备 / 300
- 自民党的影响 / 310
- 防卫厅 / 313
- 自治省 / 314
- 结论 / 315

第十七章　预算局的听证会、审查和谈判 / 317
- 提交预算请求 / 317
- 听证会 / 318
- 审查 / 322
- 谈判 / 327
- 自民党对分配进程的影响 / 330
- 1993—1996 年联合政府和预算进程 / 335
- 1996—2000 年自民党与预算进程 / 338
- "复活"谈判 / 339

第十八章　管理与支出部门的关系准则 / 345

第十九章　制定财政投资贷款计划（FILP） / 350
- 制定和执行计划共同体 / 350
- 邮政储蓄的政治因素 / 352
- 确定 FILP 预算的规模 / 356
- 分配的过程 / 359
- 内阁和议会批准 / 365
- 年度预算修订 / 366
- 履行 / 367
- 结论 / 368

第二十章　自民党在预算过程中的作用和影响 / 369
- 影响预算过程的四个机会 / 369
- 正式和非正式的影响方式 / 373

间接和隐含的影响("机器中的幽灵") / 375

第四部分　预算过程的实施

第二十一章　谁赢了,谁输了? / 381
一般支出总额 / 382　　　　　　预算谈判的结果 / 384
经常支出和资本支出 / 386　　　中央和地方支出 / 388
给各部门和机构的拨款 / 389　　主要政策体系的产出 / 395
方案确定 / 399　　　　　　　　政党政治支出 / 405
结论 / 406　　　　　　　　　　自民党的作用和影响 / 411

第二十二章　削减和挤压官僚机构 / 413
公共部门就业人数 / 413　　　　官僚机构的削减 / 414
总结 / 421

第二十三章　一个"公共工程的国家" / 423
公共工程支出 / 424　　　　　　公共工程部门 / 426
一般账户预算的公共工程支出 / 428　　"预算外"来源的补充预算 / 429
日本电话电报公司计划 / 433　　财政投资贷款计划 / 436
"预算外"效应 / 437　　　　　　公共工程预算的分配 / 438
表象与现实 / 452　　　　　　　效率及成效 / 455
一个"公共工程国家" / 460

第二十四章　FILP 的成功与失败 / 467
总体预算支出 / 467　　　　　　组织化支出 / 473
政策范畴 / 475　　　　　　　　社会投资与工业投资 / 479
FILP 绩效 / 487　　　　　　　 总结 / 489

第五部分　效果和效率

第二十五章　财政重建:"烟雾与镜子" / 493
增加税收 / 494　　　　　　　　财政赤字与政府借贷 / 501
抑制公共支出的增长 / 509　　　欺骗行为 / 510
结论 / 525

目 录

第二十六章　财政赤字和债务 / 529
　　一般性政府支出 / 529　　　　日本财政表现的衡量 / 532
　　一般政府财政平衡 / 534　　　一般政府金融负债：总负债和净负债 / 538
　　结论 / 541

第二十七章　国际背景下的日本财政表现 / 544
　　政府：支出、赤字和七国集团债务 / 545　　中央政府的财政绩效 / 550
　　20世纪80年代财政重建的失败 / 554

第二十八章　FILP 面临的压力 / 559
　　资金的筹集和供应 / 560　　　资金使用与管理：信托基金局基金 / 563
　　效率与有效性 / 564　　　　　管理关系紧张 / 571
　　危机中的 FILP / 572　　　　　改革的背景 / 573
　　重整 FILP / 574　　　　　　　"新文件" / 579

第二十九章　应对财政压力 / 586
　　财政压力的三个特征 / 586　　化解财政压力的方法与实效 / 587

第三十章　预算机构、赤字与债务 / 594
　　"公共池"问题 / 594　　　　　碎片化 / 595
　　透明度 / 596　　　　　　　　英国的财政法规 / 597
　　财政目标和规则 / 598　　　　日本预算机构的重组 / 600

参考文献 / 605
译者后记 / 606
译丛主编后记 / 609

第一章 引 言

日本当时是世界上第二大经济强国,也是美国最大的债权国,但自1985年《广场协议》签订以后,日本开始步入危机之中。① 总之,在此后的大多数时间里,日本的经济一直处于低迷或衰退状态:银行业长期面临危机,证券业出现空前萧条,公共部门因经常性财政赤字和不断增加的债务而负担沉重。始于20世纪80年代的泡沫经济,于1990年底终于走向尽头,经济泡沫破裂,引发了第二次世界大战后日本历史上最长时间的经济衰退,带给了日本自20世纪30年代以来最严重的金融危机和财政危机。虽然有过在2000年的缓慢复苏,但在经历了一年短暂的喘息之后,经济再次衰退。20世纪80年代,日本通过对美国、欧洲、中国和东亚新兴市场的直接投资形式,经济发展的劲头势不可挡、货币坚挺,极大地拓宽了商业和贸易帝国主义的广度。当时的日本拥有并发挥着在全球贸易和金融市场中的霸权地位和能力,这与第二次世界大战后美国所设想的日本大为相悖,因而引发了严肃的争论。

日本经济命运的逆转,加上1993年自民党结束了38年的临时统治,以及随之而来的持续存在并将继续引发的政治动荡,使人们对日本机构的持续有效性,以及对支撑这些机构的组织中的政治家、官员和商人之间的关系产生了质疑。本书论述并质疑的一项重要内容,就是日本财政机构及中央政府的预算制度在1975—2000年的有效性。

任何充分的解释都必须包括对当时制定和执行的支出政策的过程评估,

---

① 自此,有研究者认为日本走向失落的10年,有人认为是20年,还有人认为是30年。

追溯历史,这个过程是由当时拥有强大的经济、金融和财政权的日本财务省(大藏省)主导的。然而,到了20世纪末,大藏省不再像20世纪60年代和70年代初经济高速增长时期那样发挥着中央政府核心的主导力量,在对一些事件的反应中,经常僵化瘫痪,于是在20世纪90年代,原属于日本大藏省的一些正式权力不得不移交给其他机构。日本在1998年对中央行政机构进行了改革,一个重要目的就是为了削弱大藏省在中央政府中的作用,使之只充当政府预算部门,到2001年1月6日,中央省厅重新编制,大藏省改制为财务省。

本书从某种程度上来说,是一个历史证据,用来记录日本的财政因素导致的财政部门功能衰落的历史事实,如果从一个更长远的角度来看,这本书确实如此,但这并不是它的主要目的,其主要目的是全面介绍日本中央预算制度:说明在20世纪最后25年的经济、政体和行政的演变和发展的历史背景下,预算是如何制定的,以及由谁制定的。这本书侧重研究中央政府机构、正式组织中参与者的作用和贡献,以及那些规范其作用的政策和行为规则,还评估了在预算博弈中谁赢了、谁输了以及输赢的原因。

本书的主要关注点是大藏省的组织、结构和其在决策中的作用,它与支出部门的关系,以及通过什么过程来决定开支的额度和去向。大藏省主要涉及两个中央政府预算:一个是一般账户预算,另一个是财政投资贷款计划(FILP),即所谓的"第二预算",该预算涉及地方政府财政,涉及由中央确定地方政府的经常性和资本性支出以及借款总额,涉及通过中央预算提供资助的卫生、福利、教育、国防和其他服务的质量,也涉及这些服务内容的变化动态。该预算主要关注的是公共开支数额和分配过程,以及由此产生的预算赤字和债务。国会召开前的两类预算的规划、制定和分配内容,是本书侧重研究的主要内容。国会的主要作用是,待大藏省与开支部门在秋季谈判结束后,由内阁批准大藏省预算草案。因此,大藏省和支出部门的责任问题只能是间接问题,在内阁会议前公共开支数额和分配过程的确定能否被批准要经过内阁审议。

本书构建的广义的一般预算理论,参阅了亚伦·威尔达夫斯基(Aaron Wildavsky)在其研究成果中的观点。他提出了一个关于政府预算增长的理论,该理论认为组织的类型、决策过程、部长和官员的预算行为准则决定了政策偏好和政策供给(Wildavsky,1988)。在研究方法上,该理论主要采用历史分析方法，也是我研究其他公共政策所采用的(Wilks and Wright, 1987, 1991; Wrigh, 1988 a, b)，尤其是应用到对英国财政部及其公共支出计划和控制内容的研究(Thain and Wright, 1995)。我认为，对特定政策部门(如教育或卫生部门)或原始政策部门(如预算部门)的研究，应结合宏观背景来分析，比如说要结合一个国家的历史作用，来分析确定其经济、政治、官僚机构性质及其主要参与者之间的关系以及历届政府的宏观经济和政治目标。"制度将过去、现在和未来联系在一起，因此历史在很大程度上是制度演化的连续故事，在这个故事中，经济的历史表现只能被理解为连续故事的一部分"(North, 1990:12)。预算制度及其核心组织财政部门的"故事"生动地展示了过去与现在的联系，以及"路径依赖"的增量决策。该方法为我的预算一般理论研究提供了重要思路。

罗伯特·E. 霍尔和约翰·B. 泰勒(Robert E. Hall and John B. Taylor, 1996)在其对新制度主义进行的三种类型划分[①]中，依据的方法就是结合了"历史制度主义"的方法，而不是采用社会学的方法。历史制度主义者关注的是制度的起源和演变、它们如何发生、为何发生变化以及这些变化对政策变化和政策产出有何动态的影响等诸多问题。研究财政部门等预算编制机构，也应考虑其部门性质及功能，也应应用历史制度主义的方法。财政机构都是有规则、程序和权力体系的组织，因此能够很好地划分其职能，规定其义务和责任，并对其组织成员的行为寄予期望是十分必要的。规范财政部门等机构的权威和权力使用，并为其参与财政活动者提供资源、合法性、评价标准、认知、身份和一系列含义。正如奥尔森(Olsen, 1988:6)所言，机构能够制定规则、遵守程序以及道德和伦理行为规范，这对缓冲环境影响、修改个人动机、规范自利行为并创造秩序具有重要的意义。

本书首先分析了 20 世纪 70 年代中期日本出现的财政危机的根源，并描述了 20 世纪余下时间里持续存在的危机症状和特点。大藏省在此期间面临的财政问题可以简单地概括为：支出迅速增加、收入增长不足、财政赤字迅速增加、政府大量持续借贷、债务不断累积。随着还本付息的成本占总支出的

[①] 罗伯特·霍尔和约翰·泰勒以学科背景及研究领域为依据将新制度主义政治学划分为理性选择制度主义、社会学制度主义、历史制度主义。

比例越来越高,可用于为固定性支出和自由性的支出的资金金额逐渐被挤压,这些支出本身受到从1973年开始的新"福利政治"的压力。除了这些困难之外,还有一个迫在眉睫的问题,即老年人与就业人口的比例将不断增加,这将增加新的社会保障、养恤金、保健和福利方案的费用负担,同时减少工资劳动者的收入,也减少了税收和财政收入。

全书内容划分为五部分。第一部分内容是日本预算改革的背景,包括政治经济背景、行政改革和政策制定过程中的政治家和官僚三个方面内容。这部分内容不仅分析了正式和非正式预算机构、结构与进程,也分析了大藏省的政策供给背景或影响条件,总结出政策制定是根据持续的财政压力情况制定和执行的。政治经济背景这部分内容中,概述了自20世纪70年代中期财政危机以来25年间的政治经济演变情况,并对应分析了经济和政体结构中的一些主要变化;行政改革部分内容中,评估了20世纪80年代的日本行政改革运动对预算制度变革的影响;政策制定过程中的官僚内容中,探讨了官僚的角色和相互作用,通过在日本政策制定过程中对他们之间的相互竞争和冲突的分析,描述了日本政策的决策过程,对政策制定进行了更细致入微的研究。重点是观察和评估财政政策对国家的影响。

在这些制度和历史"背景"下,接下来的第二部分侧重考察了公共部门、部门结构和参与者这些内容,结合了历史制度主义者的方法和见解,包括:公共部门,部门本位与利益边界,大藏省,大藏省的精英管理人员,自民党的决策组织结构,预算机构和结构,"第二预算"——财政投资贷款计划七个方面的内容。研究正式组织内容时,重点研究它们的权威、权力和作用,以及财政政策的发起、制定、成效、变化和实施的过程。正式组织的运行,除了受正式程序,即所有组织成员除在宪法规定和其他具有法定职能及作用的正式框架内发挥作用外,还要遵守构成这些组织运作的非正式程序的一些行为规则,而恰恰这些非正式程序下的一些行为规则能够对其事件和环境特殊性进行有效诠释。究其原因主要是因为价值观、局部规范和集体认同在发挥作用,这些价值观、规范和集体认同一方面体现经济或官僚机构等个别机构的特征,而在另一个层面,它们又是在特定的组织内发展和演变的,是某个组织的一部分,如大藏省中的预算局,带有部门性、局部性特征。

第一章 引言

　　第三部分是基于前两部分对机构、结构和组织的历史背景基础上，阐述和分析大藏省和各公共支出部门在编制一般账户预算和财政投资贷款计划规划和控制公共开支的预算过程。在这一过程中，自民党的角色和影响在全书的每一章内容中都能体现，此处对"自民党在预算过程中的作用和影响"内容进行了全面评估。

　　第四部分内容探讨了预算过程的实施。在"谁赢了，谁输了？"和"削减和挤压官僚机构"两部分内容中，评估了在二十五年间增加或消失的部门、机构以及方案，并说明了他们成功和失败的原因。由于公共工程在政治经济中的特殊作用，公共工程政策供给计划的产生会在"一个'公共工程的国家'"内容中进行单独分析，该章提供了公共工程与国家经济增长和维持的证据，并显示了大藏省和自民党是如何通过巧妙地操纵"预算外"资金来源继续为其提供资金的。接下来考察了"财政投资贷款计划"的内容，重点研究了"财政投资贷款计划"（FILP）的成功与失败。

　　第五部分是对前四部分内容的总结与分析，重点是对预算制度的效果和效率进行了更为完整的评估。包括"财政重建：'烟雾与镜子'""财政赤字和债务""国际背景下的日本财政表现""FILP面临的压力""应对财政压力""预算机构、赤字与债务"六部分内容。首先，评估了大藏省在多大程度上实现了其短期和中期的财政目标，并将20世纪80年代初以来财政纪律日益加强的表象与公共财政状况不断恶化的现实进行了对比；其次，将大藏省的业绩与中央政府的财政状况放在更广泛的背景下，将中央政府的支出，财政赤字和债务情况与公共部门的其他部门的情况进行比较；第三，通过将日本中央政府的财政表现与七国集团（G7）国家的财政表现进行比较，拓宽了研究日本国情的视野。最后三章探讨了财政紧张局势的起源、演变和影响。随着金融市场逐步放松管制和市场自由化，财政投资贷款计划的扩展及其作为一般剥削手段的财务管理工具的开发，加剧了财政部门身份和职能危机，促使人们在1997—1998年对其财政角色和职能进行了重新审视，并决定切断财政投资贷款计划与其主要资金来源——邮政储蓄和养老基金储备之间的历史性法定联系。由于预算赤字和公共债务在千禧年结束时激增，倒数第二章解释了大藏省难以有效处理过去25年来持续财政紧张的主要原因。这也解释了与七国集团和经合组织国家的经验相比,日本公共部门的组织和作用在20世纪80年代和90年代几乎没有发生变化的原因,以及为什么持续的财政危机条件没有像过去那样成为激进管理和经济改革的催化剂。最后,本书简要讨论了预算机构与财政绩效之间的关系,并探究了日本预算机构和结构的重新配置是否有助于取得更有利的财政效果。

从传统的视角说明日本财政危机始于20世纪70年代中期,其应对方式是,大藏省首先通过"财政重建"政策,然后又通过政策"整合",公共开支逐渐得到控制。到了20世纪80年代,控制公共支出政策再次被重视并推行,其重要手段是不断强化财政纪律。田中角荣(Tanaka Kakuei)主导自民党及其领导日本期间,赤字和债务不断下降(Pempel and Muramatsu, 1995;Miyajima, 1988)。依据的最主要政策是1990年(暂时)消除了特别赤字融资债券,这一事件被一些学者误认为实现了财政部门的主要财政目标,即恢复平衡预算(Brown, 1999;Suzuki, 1999)。本书挑战并反驳了这一观点。其核心论点是,大藏省不但未能恢复预算平衡,而且都没有实现1975至2000年整个期间公共支出的短期和中期目标。这表明,大藏省在20世纪80年代的财政重建政策,未能抑制一般账户预算和财政投资贷款计划的增长,更未能恢复前者的平衡。在整个20世纪80年代和20世纪90年代,持续不断深化的财政危机的现实掩盖了有关控制危机和财政纪律的表象。由于预算制度的不透明性和复杂性,且大藏省利用现有的预算外资金来源,巧妙地操纵总账预算和补充预算,操控了38个特别账户中的一些账户以及财政投资贷款计划账户之间的现金流量交易,中央政府财政的危急状态被掩盖。通过这种方式,大藏省得以缓解预算紧张的"症状"。但是,它未能从根本上解决这场危机,到了20世纪80年代末,首先因"泡沫经济"对财政的影响,公共财政的潜在危急状态加剧;到了20世纪90年代,经济衰退状况几乎困扰了日本整整10年。然而,失败的原因只是部分的与经济周期、国际事件、财政压力和刺激因素相关,最关键的是大藏省行使控制权方面在宪法和实践层面存在局限性,以及政府在政策制订与执行过程中所扮演的角色和影响的名义化。大藏省没有能力也不情愿向支出部门发号施令,更无法将其战略强加于它们。虽然政府和财政部门都想拥有可以自由支配的行政权力。在20世纪最后25年里,谈论和阻止自由裁量权的滥用成为日本中央政府安排公共开支的核心政治议题,这一点与英国在同一时期的大多数情况一样(Thain and Wright,1995)。

本书所涉及的内容关于日本的中央预算制度、支出政策和政治,无论是日文资料还是英文资料,尚没有最新的全面的和权威的叙述。同时,日本的一些研究仅涉及这些内容的某些部分,主要是预算和财政问题(Ishi,2000)。本书旨在填补这一空白,补充加藤顺子(Kato Junko,1994)对税收政策和政治的描述,同时试图提供一个与坎贝尔(Campbell,1977)早期的中央预算编制相类似的历史性叙述。在当代文献中,美国公共政策学者尤其反复提到预算和财政问题,这表示仍然缺乏一个更新、更完整的说明。虽然所说的大部分内容与这些原则相关,但与25年来的预算编制实践相关性较低,因为经济和行政背景不可避免地发生了深刻的变化。在20世纪70年代早期,日本几乎没有财政紧张的迹象,即使第一次石油危机后,国家财政危机也并没有达到迫在眉睫的地步。中央预算直到最近(1975年)才变得不平衡,而且这种不平衡是适度的。"福利时代"和它所资助的公共开支的快速增长也才刚刚开始。

这本书可以与坎贝尔的《战后日本预算的历史记录》一起阅读,尽管他的方法和重点,与本书相比有些不同,最明显的是他对财政投资贷款计划(FILP)的态度略显狭隘。正如我要解释的那样,财政投资贷款计划堪称"第二预算",无论是在当时,甚至现在和将来,财政投资贷款计划对整个预算体系的运作都至关重要。财政投资贷款计划作为"第二预算"要比一般账户预算服务更重要,更有用,这一点已经得到了日本学者的认同。但他们关注的主要是财政投资贷款计划对经济增长和特定工业部门发展的经济影响,以及评估缓解资金对战后日本经济成功的意义,而对财政投资贷款计划的政治和财政角色的关注较少,直至现在尚没有相关且全面的英文说明。本书旨在通过分析财政投资贷款计划在中央政府预算编制中的目的、作用和意义来填补这一空缺。特别是重点关注始于1980年的通过财政重建政策后的一般账户与财政投资贷款计划预算之间的关系。这里有三个主要问题:第一,财政投资贷款计划资金的迅速增长,以及其资金流向的重新定位要为符合变化的社会、福利和环境方案提供资金,使财政部门能够减轻对一般账户预算的压力,并能够降低政府借款水平,实现降低财政赤字和GDP负债率的目标;第二,财政投资贷款计划作为一般账户预算的替代方案,两者之间的转换在一定程度上使得大藏省能够缓解短期财政压力;第三,本书解释了作为"第二预算"的财政投资贷款计划在运作中日益紧张的症状和根源,因为财政投资贷款计划逐步纳入一般公共财政制度,这促使人们对其目的和作用以及2001年来实施的改革进行了反思。

关于中央预算制度,日本学者很少谈及预算的制定、谈判和实施过程,因为他们更多地关注正式机构和组织,及其宪法和法律权力、职责和作用(参见Ishi,2000;Shibata,1993;Masujima and O'uchi,1995),所以,对预算制度的分析,他们的阐述是不完整的,并没有理清指导政策过程和参与者之间的关系。之所以这么说,是源于对日本大藏省的高级官僚、政治家和国会官员三方调查的第一手采访得到的证据。我采访了大藏省及其官房的预算、税务和大藏省的各级官员,包括从一个司的副司长到一个局的局长和大臣政务官。在我采访的大藏省的几位前高级官员中,有五名前大臣政务官,他们都曾担任过预算局局长。通过与负责协调预算和财务司预算编制工作的高级官员面谈,我获得了当时的22个支出部门的预算编制数据。他们帮助我通过与大藏省的比较从不同且互补的角度构建了一个预算编制的图景,对以大藏省为中心的账户进行了必要的纠正,并产生了与预算局审查员的观点差异。我还采访了首相办公室、总务省以及经济企划厅的高级官员、自民党的部长和前部长,以及其他政党的一些高级政治家和官员。总而言之,在1992—2000年期间,我共计采访了150多名官僚和政客,他们对本书创作影响极大。除了少数情况外,所有的采访都是用英语进行的,因为大多数高级官员在日本大使馆或国际组织(如国际货币基金组织和世界银行)任职,都熟练掌握英语,但对于部长和政党高级官员来说,情况就并非如此,所以我感谢财务省在诸多场合为各级别官员提供的口译服务。用英语采访还有一个额外的好处,即通常不会受到日本话语中那些社会习俗和语境的约束。

在对英国财政部的研究中,我首选的方法是开放式访谈,在日本预算制度的研究中,我也多次采用这种方法,其原因是这种方法能够使我充分获取公共领域的资料。访谈多是作为一个连续的研讨会进行讨论的,讨论的重点是确定的议题议程。但大多数访谈采取非连续的、非正式的、渐进的、灵活的对话形式,一般持续一个半小时到两个小时,有的甚至持续更长时间。随后,

第一章 引言

我会详细记录讨论情况,围绕采访中讨论的主题和问题进行组织和安排。通过这种方式,我积累了丰富的资料,其中包括大约 2 000～4 500 份材料,这些文件是我创作的必要素材和思想来源。通过对大藏省和支出部门进行的访谈和重新访谈,我能够不断地构建、核实和完善对事件和问题的分析与解释。我还写了四十多封邀请函,邀请一些专业人员对这些材料进行查实与校订,并请他们对我书中的内容提出意见。

在整篇文章中,日本人的姓出现在名字之前。除了已经英语化的单词,在相关的地方使用缩写标记,必要时在适当的地方解释专业术语,在此有必要对书中使用的财政年度和币值两个术语做一些简短解释。日本的财政年度为 4 月 1 日至次年的 3 月 31 日,与英国相同;美国的财政年度为 10 月 1 日至次年的 9 月 30 日。[①] 经合组织和国际货币基金组织的数据通常以日历年为基础公布,而日本则不同,除非另有说明,日本的预算数据都是按财政年度(FY)而不是按日历年来列报和分析的。日本国民账户中的数据以两种形式收集和呈现,大藏省的大部分时间序列预算数据仅在财政年度(FY)基础上收集。所以相同经济变量——国内生产总值或一般政府支出、赤字和债务的财政年度和日历年度值之间的差异可能很大。货币价值以日元表示,为方便起见,通常是以万亿计,一个"万亿"等于一千个"十亿",十亿等于一千个"一百万"。因此,中央政府 2000 年财政年度一般账户预算的计划支出为 84.987 万亿日元,即 849 870 亿日元,即 84 987 000 百万日元。按照 2001 年 5 月日元的汇率计算 2000 年日本财政预算大约为 4 750 亿英镑(超过英国中央预算的两倍)或 6 850 亿美元(约为美国联邦预算的 1/3)。

书中有三个供读者参照的重要指南。图 3.2 总结了 1975 年至 2000 年政治经济的主要趋势。表 3.1 列出了首相及在职时的政府以及众议院大选的结果。图 6.3 显示了日本精英官员等级的命名,其作用在图 6.3 "职业"官员的层级中作了说明。

[①] 财政年度也称预算年度或预算期,指预算有效的起讫时间。目前世界各国的预算年度不尽相同。大部分国家实行日历年制,即当年的 1 月 1 日至当年的 12 月 31 日,中国采取的是日历年制,还有的国家实行跨年制,如美国的财政年度为每年的 10 月 1 日—翌年的 9 月 30 日,即 10 月制;英国和日本都是每年的 4 月 1 日—翌年的 3 月 31 日,即 4 月制。确定财政年度的因素很多,但重要的:一是税收旺季,二是国会开始时间,以寻求国会承诺。

第二章　日本财政危机的根源

1975—2000年期间日本财政危机的根本原因是其政治经济力量的不平衡。而这种不平衡，决定了财政年度一般账户和财政投资贷款计划预算的规模与构成也不平衡。简单地说，公共支出存在需求弹性，而为其提供资金的税收供应相对缺乏弹性。整个时期，税收收入增速普遍低于中央和地方政府通过一般账户预算支出增速。由此产生的赤字由政府通过发行国债举债来弥补，每年随着国债还本付息逐渐增加，一般账户预算压力也逐年加大，这压缩了用于固定性和自由性支出的剩余数额。

本章追溯了财政危机的起源，描述了财政危机的症状和持续特征。财政危机的诸多症状、原因和当时的政策供给目标等构成了本章的重点内容。在这里，我首先简要回顾一下1949年第二次世界大战后至1965年这一段时期的主要预算目标——在一般账户预算中实现收支平衡。其次，我要解释日本进入20世纪70年代初的"福利时代"时，预算如何变得不平衡，为什么变得不平衡，分析预算失衡的长期根本原因以及公共支出增加，"经济减速"和收入短缺，以及大藏省采取什么解救措施等其他方面的原因。

1949—1965年的财政平衡

自1949年以来，大藏省和历届自民党政府的公共开支主要政策目标是平衡预算。这一原则是在1949年盟军占领时，约瑟夫·道奇提出的重建预算系统的系列建议，即所谓的"道奇路线"。由于"战后"各国政府为弥补开支计划所产生的赤字而借债,导致公共债务负担日益沉重,因此有必要对预算进行改革。实际执行效果是,在接下来的 16 年中,不仅实现了平衡预算的目标,而且是超额完成的,这是按照直接和间接税收的计划收益与实际收益之差所产生的收入的"自然增长"来衡量的。

在整个高增长时期,税收政策受到非正式博弈规则的制约,即税收负担不应超过国民收入的 20%。这一目标是通过"税收自然增长"来实现的。在 1975 年之前的几乎每一年,大藏省都能够通过这种增长来实现减税的目标。"自然增长"是在编制一般账户预算时,故意低估了政府支出的税收收入,而在这一财政年度中,超出这一数字的增长,意味着是"自然增长"的结果,因为 GDP 增速同样也被有意低估,被隐藏的 GDP 增长带来了税收收入的"自然增长"。从图 2.1 可看出高经济增长地区的 GDP 预测水平与实际水平的差异。

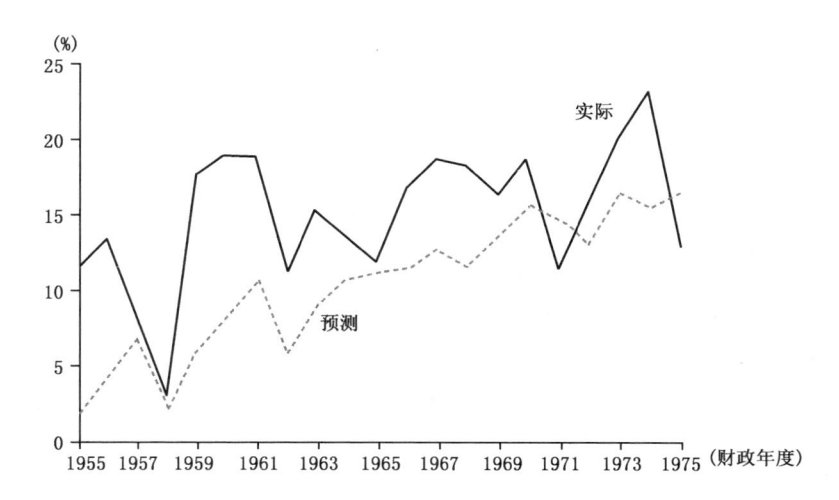

--- 代表预计的国内生产总值增速；— 代表年度实际国内生产总值增速
资料来源:环境保护署 1955—1975 国民预算报告;大藏省预算局 1955—1975 历年财政年度报告。

图 2.1 低估的经济增长,1955—1975 财年

虽然日本经济增长曾经有过几年的放缓,但其 GDP 的趋势性增长率达到了两位数,这得益于池田首相的"收入倍增计划",该计划设想在十年内将日本 GDP 翻一番。高速经济增长不仅可以通过不断增长的税收为每年大幅增加的公共开支提供资金,同时还增加了削减税收的空间和可能,为其他资本

支出和贷款、财政投资贷款计划（FILP）以及许多自筹资金的特别账户提供资金。财政投资贷款计划的资金主要来自邮政储蓄账户和国家养老基金，该计划有助于吸收国内家庭储蓄的巨额盈余。在20世纪50年代，财政投资贷款计划的预算是一般账户预算的1/3，吸收了约4%的GDP，到1965年，它已经增长到一般账户规模的2/5。

自1955年以后，自民党政府通过税收和储蓄资助来增加公共支出，以此能够奖励和补偿他们的支持者，这些支持者当时主要来自农村地区。随着自民党政客越来越多地参与预算过程，他们通过操纵公共支出计划来维持国家经济增长目标。自民党在高速增长的经济中追求积极的政策，也对公众的要求做出了回应，但没有在优先事项上做出选择（Curtis，1988：46）。以地区和农村为主的公共事业、小企业和农业扶持补贴支出逐年大幅增加，但即使是这样的增长，其总支出与国内生产总值（GDP）的比例也很低，与其他工业化国家相比也是如此。

与19世纪的工业化一样，日本是社会和福利支出的"后来者"。尽管福利实践在20世纪40年代和50年代的英国、法国、荷兰和西德国家普遍实行，而类似的转变过程直到20世纪70年代才在日本开始。社会保障支出在这些国家和其他工业化国家迅速增长，并在后来几十年内成为日本支出政策的一个关键问题，但是在日本，这项支出并没有被视为一种负担。在1955—1957年间，日本社会保障转移支付不超过GDP的3.7%，是其他经合组织国家平均水平的一半，而英国的社会保障转移支付则约占GDP的6%，法国和德国的社会保障转移支付约占GDP的12%~13%（OECD，1978，1980）。随着朝鲜战争和冷战的加剧，西方国家恢复了国防开支，而日本国防开支在GDP中所占的比例却明显降低，从20世纪50年代中期开始，该比例稳步下降。

在这种有利的情况下，控制公共支出以实现预算平衡的目标，在大多数年份里，对大藏省来说是一项相对简单的任务。每年增加公共开支是合理的，因为需要重建基础设施，并为工业建设创造基础条件。这些开支可以由不断增加的税收和财政投资贷款计划来应对，而且还有一个额外的好处，那就是使自民党获取了民众的支持，同时为工业化的发展和经济高速增长提供了稳定的政治经济环境。

1965—1973,经济增长放缓的转变

从 1950—1973 年,尽管日本 GDP 的实际年增长率平均为 10%,但也出现了一种不良趋势。这种不良趋势使得维持这一增长率的潜力正在缩小,尽管当时还没有被认识到,但事实证明向缓慢增长时期的过渡是不可避免的。

尽管经济增长速度放缓,但公共支出却持续增加。这种矛盾的产生既有经济原因,也有政治原因。首先,我必须解释日本为什么在 1965 年放弃了平衡预算的原则。池田(Ikeda)首相在 20 世纪 60 年代初期提出的扩张性预算政策引起了对赤字融资利弊的讨论,大藏省的反对派占了上风。第二,决定放弃这一原则,还因为 1965 年在编制预算时,经济增长放缓,而且预期税收收入不足以支付刺激经济所必需的支出水平。

因此,1966 年成为"公共财政新时代"的第一年,届时赤字融资将被用作一种政策工具,以试图缓解经济中的周期性波动。将赤字融资用作一种政策工具存在法律依据。1947 年《财政法》第 4 条规定了这样做的权力,但《财政法》规定的政府债券发行和政府直接借款,仅限于对一般账户预算中的用于公共工程、投资和贷款的资本支出进行融资。正因如此,政府债券也被称为普通债券或"结构债券",这一规则为日本 1975 年以前的赤字融资提供了指导方针和控制机制。

到了 1967 年,人们放弃平衡预算原则,意味着赤字融资已经被接受了。在接下来的 14 年里,争论的焦点转向了一般账户预算中应该有多少支出以这种方式获得筹资的问题。新的预算原则或绩效指标,即"债券依存度"取代了平衡预算原则,它衡量每年为资本支出融资而发行的政府债券在一般账户预算中的比例大小。虽然一开始提前订立了"债券依存度"的 5 年和 10 年的降低目标,但最终都没有实现。到了 20 世纪 80 年代和 90 年代,这种失败在随后的许多场合重复出现,已经成为一种常态。

20 世纪 60 年代,随着池田首相领导的公共开支不断扩张,其预算增长超过了 GDP 增长,大藏省对此感到震惊,于是采取了一系列改革行动。从 1968 年开始想夺回对公共支出控制的权力,实施控制公共开支的策略(Campbell,

1977）。大藏省担心20世纪50年代和60年代初的高增长时代滋养并维持了支出持续增长的时期，将可能转化到一个预计增长放缓、收入不那么强劲的时期。由于预算中固定成本的增长速度继续快于收入的增长速度，改变公共支出构成的灵活性，即可自由支配的支出下降了，大藏省的担忧得到了不同程度的体现。虽然大藏省在1968年的控制预算中获得了一些暂时的优势，但它被1968年至1972年施行的"打破财政僵化运动"所取代，并最终在较长期内逐渐消失，因为1968年日本经济又开始强劲复苏，收入增加又可以用于更多或更高水平的支出。回顾过去，大藏省这次行动的意义在于它解释了公共开支不断扩张的问题，这个问题后来成为80年代和90年代预算政策的中心问题。

到20世纪70年代，经济增长放缓，经济转型压力逐渐明显。1971年，国内生产总值的实际增长率降至6.6%，但在自民党政客越来越多地参与预算过程的政治压力下，公共支出继续增加。到了1972年，面对更多的支出需求，其需求满足越来越难以实现。《财政法》第4条规定，政府债券发行和政府直接借款，仅限于对一般账户预算中的公共工程、投资和贷款的资本支出，这种融资越来越受到挑战。大藏省只能通过调整国内生产总值（GDP）预期增长率和税收预期收入，来调节赤字融资进行的公共支出，这是大藏省在随后几十年中一直采用的策略。

在经济强劲增长的20世纪50年代和60年代，对自民党来说，"花钱"让自己受选民欢迎并不是一件难事。但到了20世纪60年代末，国内受到了来自日益城市化的选民的压力，他们渴望更多的社会和福利支出，也渴望出台政策应对过去20年无情的工业化带来的社会和环境后果。对环境污染和环境退化的关注成为全国性问题，大都市和城市地区的社会运动不断高涨，这对自民党继续主导国家政治制度的威胁变得越来越明显。到了1973年，日本的五个最大的城市的市长都关注这些问题，这些城市和其他地方当局开始讨论制定福利支出和污染控制的方案，自民党影响力不断下降。在1972年的选举中，自民党在众议院赢得的席位比以往任何时候都少，其城市选票的平均份额从1960年的52%下降到1972年的37.5%（Nakano, 1997a），日本共产党和社会主义党都增加了他们的代表。

"大政府"和赤字开支

自民党历来是一个灵活务实的政党,对广大选民要求的变化及其传统支持者的需求能够作出回应。在20世纪70年代,它通过将其正式的国家政策目标从生产者转向消费者和客户,并通过扩大其选举支持的基础,以包容城市和农村利益来显示其适应能力。这两项政策变化都对公共支出的规模、构成和分配产生了深远的影响。自民党对大政府的支持,体现在经济增长的放缓时期,以及1973年的第一次石油危机导致全球经济衰退时期。随着1973年的第一次石油危机转变为全球经济衰退,在不断严峻的国际环境中,日本需要刺激经济,与此同时,国内对自民党日益增长的霸权的抵触,也迫切需要政治上的回应。

自民党转向大政府和赤字支出的标志是田中角荣上台,以及他在1972年出版的著作《重组日本群岛的计划》。该书也成为他一年后成功竞选自民党主席的宣言。他在文章中提出,我们应该摆脱年度预算平衡的观念,从长远来看,更加重视公共财政的平衡,尽管不留下任何债务似乎是一种美好的愿景,但债务本身并非天生邪恶……如果我们要建设一个美丽宜人的国家,就必须在各阶层之间公平分配成本(田中角荣,1973:70)。田中角荣上台后,经济规划机构迅速拟订的一项新的五年规划,体现了着重改善生活质量的新的国家优先发展战略的框架,并取得高度一致的协商意见。1973年被称为"福利时代的第一年"或"福利的诞生年"。正如柯蒂斯所说:没有哪个国家像20世纪70年代初的日本那样,如此迅速、如此热衷于接受一系列新的、扩大的由政府资助的社会福利项目(Curtis,1988:64)。自此,公共支出步入快速增长的轨道,1965—1974财年的公共支出的一般预算增速的变动规律可以证明,见表2.1。

表2.1 1965—1974财年的公共支出的增长

财政年度	一般账户预算 全部(万亿日元)	一般账户预算 年度增长(%)	GDP(名义) 全部(万亿日元)	GDP(名义) 年度增长(%)	一般账户/GDP比率
1965	3.7	12.4	33.8	11.2	11.0

续表

财政年度	一般账户预算 全部（万亿日元）	一般账户预算 年度增长（%）	GDP（名义）全部（万亿日元）	GDP（名义）年度增长（%）	一般账户/GDP 比率
1966	4.5	19.8	39.7	17.4	11.2
1967	5.1	14.7	46.4	16.9	11.0
1968	5.9	16.1	54.9	18.3	10.8
1969	6.9	16.5	65.1	18.6	10.6
1970	8.2	18.4	75.3	15.7	10.9
1971	9.6	16.8	82.9	10.1	11.5
1972	11.9	24.8	96.5	15.3	12.4
1973	14.8	23.8	116.7	20.9	12.7
1974	19.1	29.2	138.5	18.7	13.8

资料来源：大藏省预算局 1965—1974 财政年度预算。

如表 2.1 所示，一般账户预算中的公共开支在 1969—1974 年间增加了 3 倍。与早些时候经济高速增长时期的趋势不同，这种扩张从 1970 年开始超过 GDP 的增长，而且增长幅度很大。在 1972—1974 年的三年中，每年的支出平均增长率约为 25%，几乎比 20 世纪 60 年代后半期增长了近 10%。一般账户预算占 GDP 的比重上升了 3% 以上。20 世纪 70 年代初，公共支出不仅大幅增加，而且预算的构成也发生了变化，更加重视对社会保障、向地方政府提供社会福利方案的转移支付以及公共工程的支出，但是对教育和海外发展援助等增长较慢，有的不仅没有增长，反而下降，例如国防支出等。

1975 年财政危机的根源

1975 年爆发的财政危机既有长期原因，也有短期原因。长期原因一是随着日本经济增长速度放缓，而公共开支每年却大幅增长，这种矛盾无法再像 20 世纪五六十年代的高速增长时期那样，完全依靠经济增长所产生的收入来解决。长期原因二是第二次世界大战后，日本采用美国专家夏普帮助设计的税制体系。该税制体系具有过于依赖直接税而非间接税的特征，受经济周期性波动影响较大。此外,有两个短期原因促成了20世纪70年代中期危机的出现,一是在21世纪初期,随着日本进入福利时代,公共支出逐步增加,鼓励了自民党政客、支出部门、特殊利益集团和选民对日本经济未来持续增长的期望。二是1973年第一次石油危机所造成的财政后果。这对几乎完全依赖进口能源的日本经济的影响尤为严重。1971—1972年的经济增长放缓促使日本采取扩张型财政政策以刺激需求,但却加剧了通货膨胀的恶化。到了1973年和1974年,尽管进一步刺激经济,但效果不佳,经济不断衰退,通货膨胀进一步恶化。1974年日本经济出现负增长,标志着高增长时代的正式结束,这是日本第二次世界大战后历史上首次出现的情况。日本当时正经历着不为人所熟悉的情况:公共支出增加,经济增长下降或变得不稳定,财政赤字,并伴随着不同程度的通货膨胀。

财政缺口不断扩大。在编制1975财政年度预算时,因直接税和间接税的预期收入都无法实现,财政缺口扩大。一项补充预算将最初估计不到10%的财政赤字提高到25%以上,以弥补预期的3.9万亿日元收入缺口。

融资规模不断扩大。从20世纪70年代起,公共开支快速增长,其财政意义必然对应着政府预算开支的不断增加,但问题是GDP增长速度比前十几年要慢。到1975年,经常性支出的快速增长已不再能仅仅依靠税收和其他收入来筹措资金满足,所以,扩大大藏省融资就成了弥补缺口的一项重要手段,但如此做法为未来20年的经济低迷埋下了伏笔。大藏省根据特别立法发行了特别赤字融资债券弥补赤字。此外,还发行了普通建设债券,用于资本投资。事实证明,这是日本国家财政历史上一个有决定性作用的转折点,从实行"道奇路线"开始,就面临着税收收支日益不平衡的情况,见表2.2,赤字融资已经成为常态。

表2.2　　　　　　　　1971—1982财年的税收与支出

财政年度	收入增长/下降		支出增长/下降	
	万亿日元	%	万亿日元	%
1971	0.63	8.7	1.37	16.8
1972	1.84	23.2	2.37	24.8
1973	3.59	36.8	2.84	23.8

续表

财政年度	收入增长/下降 万亿日元	%	支出增长/下降 万亿日元	%
1974	1.67	12.5	4.32	29.2
1975	−1.28	−8.5	1.76	9.2
1976	1.9	13.9	3.6	17.2
1977	1.67	10.7	4.59	18.8
1978	4.59	26.5	5.03	17.3
1979	1.8	8.3	4.69	13.8
1980	3.14	12.2	4.61	11.8
1981	2.08	7.7	3.51	8.1
1982	1.56	5.4	0.32	0.7

资料来源：大藏省预算局 1971—1982 财政年度预算。

表 2.2 列出了日本从 1971—1982 年以来，实施"财政重建"政策期间出现的税收和支出日益不平衡的情况。随着 1975 年第一次石油危机后经济增长速度下降，大规模增加的支出暂时放缓。虽然税收收入随着经济的短暂回暖有所增长，但增长率仍然不足以与巨额额外支出相匹配。1975 财政年度的收入比前一年下降了近 10%，同时支出较上一年度相比却大幅增加，结果产生了一般账户预算 5.28 万亿日元的赤字，这促使发行了赤字融资特别债券。此后，支出每年继续以更大的幅度增长，财政收入的年度增长虽然有所恢复，但在数量上几乎不能够与更快的支出增速相匹配。与其说是收入增长不足，倒不如说是收入增长不够快，无法与更快的支出增长相持衡。20世纪 70 年代初，由此产生的一般账户预算收支赤字急剧上升，到 20 年代末，一般账户预算收支赤字平均超过 30%，占国内生产总值的 5% 以上，如表 2.3 所示。

表 2.3　　　　　　　　　　1971—1982 财年的财政赤字

财政年度	财政赤字（万亿日元）	赤字/GDP
1971	12.4	1.4
1972	16.8	2.0

续表

财政年度	财政赤字(万亿日元)	赤字/GDP
1973	12.0	1.5
1974	11.3	1.5
1975	25.3	3.5
1976	29.4	4.2
1977	32.9	5.0
1978	31.3	5.1
1979	34.7	6.0
1980	32.6	5.7
1981	27.5	4.9
1982	29.7	5.1

资料来源:大藏省预算局:财政年度预算,1971—1982财年。

随着赤字数额的不断扩大,政府被迫通过发行债券来筹集更多的资金,如表2.4所示。

表2.4　　　　　　　1971—1982财年的中央政府借款[a]

财政年度	债券发行 全部(万亿日元)	年度增长(%)	与预算总支出的比率	未偿债券[b] 全部(万亿日元)	年度增长(%)	与GDP的比率
1971	1.20	221.0	12.6	3.952	40.6	4.8
1972	2.30	89.3	19.1	5.818	47.2	6.0
1973	1.80	−21.6	11.9	7.550	29.8	6.5
1974	2.160	19.3	11.3	9.658	27.9	7.0
1975	5.580	153.7	26.3	14.973	55.0	9.8
1976	7.375	34.5	29.9	22.076	47.4	12.9
1977	9.985	35.3	34.0	31.902	44.5	16.8
1978	11.285	13.0	32.8	42.615	33.6	20.4

续表

财政年度	债券发行 全部（万亿日元）	债券发行 年度增长（%）	债券发行 与预算总支出的比率	未偿债券[b] 全部（万亿日元）	未偿债券[b] 年度增长（%）	未偿债券[b] 与GDP的比率
1979	14.050	24.5	35.4	56.251	32.0	25.0
1980	14.270	1.56	37.7	70.509	25.3	28.7
1981	12.900	−9.6	27.4	82.273	16.7	31.5
1982	14.345	11.2	30.2	96.482	17.3	35.3

a：代表一般账户修订预算。
b：表示数字是实际的。
资料来源：大藏省预算局 1971—1982 财政年度预算表。

表 2.4 可以看出，1971 财政年度，新债券发行额度为 1.2 万亿日元。不到十年，这个金额就超过了 14 万亿日元。在 1975 财政年度，普通和特殊赤字融资债券的发行使新发行债券占总预算支出的比例增加了 1 倍多，从 1974 财年的 11.3% 增至一年后的 26.3%。此后，这一比率继续逐年上升，在 1980 年达到 37.7% 的峰值。这意味着，一般账户预算中超过 1/3 的经常支出和资本支出现在是通过政府借款供给的。在 1974—1982 年期间，累计债务增加了 10 倍，吸收了国内生产总值的 1/3 以上，而 1974 年为 7%。

到了 20 世纪 70 年代中期，政府借款的年度还本付息成本和累积债务成本急剧上升，从 1971 年的 0.32 万亿日元上升到四年后的 1.04 万亿日元，几乎占总的一般账户预算支出的 5%，见表 2.5。到 1982 年，这种成本和债务已经达到了 7.8 万亿日元，占到了总预算的 15% 以上。这些费用包括已发行债券的年度利息支付，以及在到期时赎回长期债券本金的成本。然而，正如我们将在后面内容探讨的那样，20 世纪 80 年代中期的政府借贷融资问题，因 10 年前发行的大量 10 年期债券到期而变得更加复杂。

表 2.5　　　　　　　　　　1971—1982 财年政府借贷成本[a]

财政年度	债务支付（万亿日元）	债务支付占一般账户预算的比率（%）
1971	0.32	3.4

续表

财政年度	债务支付（万亿日元）	债务支付占一般账户预算的比率(%)
1972	0.45	4.0
1973	0.70	4.9
1974	0.86	5.0
1975	1.04	4.9
1976	1.66	6.9
1977	2.35	8.2
1978	3.22	9.4
1979	4.08	10.6
1980	5.31	12.5
1981	6.65	14.2
1982	7.83	15.8

a：代表一般账户初始预算。
资料来源：大藏省预算局，财政年度预算表，1971—1982财年。

到了1975年，国家财政出现重大危机的征兆已经完全暴露出来，支出迅速增加，收入增长不足，财政赤字迅速扩大，政府持续大量借贷，债务不断累积，且随着偿还债务的成本在总支出中所占的比例越来越大，预算刚性不断加剧。预算刚性加剧尤其令大藏省担忧。20世纪60年代对"财政僵化"的焦虑现在已经完全变成了现实，因为偿还债务中的固定成本日益挤压预算中用于支付固定性和自由支配开支的金额，而这些开支本身又受到1973年开始的新的"福利政治"的压力。除了这些困难之外，人口中老年人的数量还在增加，会进一步增加预算支出的负担，因为20世纪70年代初开始实行的新的社会保障、养恤金、保健和福利方案，必然会导致支付老年人的护理等保障费用不断增加。然而，可用于资助他们的金额将越来越多地受到偿还累积债务的固定成本负担的制约。同时，由于老年人占工作人口的比例越来越高，这意味着工薪阶层和纳税人的数量在减少，从而无法创造额外的收入来支付日益增加的债务和福利计划支出费用。

这是大藏省在20世纪最后25年所面临的财政难题。在后面的章节中，我解释和分析了一系列政策目标,这些政策目标先是"重建",后是"巩固"。简而言之,核心是"改革"中央政府财政,以减少赤字和债务数额,其长期目标是恢复平衡预算。为了能够更好地研究财政政策目标,我们首先要研究预算机构、结构和程序及其所处的政治、经济环境,以及制定和实施财政政策等的情况。

第一部分

日本预算改革的背景

第三章　政治经济背景

　　第二次世界大战后的大部分时期，日本经济取得了空前的成功。自民党从1955年成立到1993年众议院选举期间一直处于支配地位，这一时期日本经济和政治呈现着强大和稳定的状态。相比之下，20世纪80年代却在这两个方面都存在严重的不稳定和不确定性特点。自民党一党执政结束之后，政府陷入瘫痪，各政党分裂、解体，并在一系列短暂而不稳定的联盟中重新组合。"经济奇迹"演变成了日本长时间和严重的衰退，银行、信用社、证券公司和住房贷款公司的破产，动摇了金融体系的根基。大多数金融机构背负巨大的债务和不良贷款，导致80年代的"泡沫经济"。

　　矛盾的是，第二次世界大战后自我感知的经济不安全和政治脆弱性，为政治经济的发展提供了巨大的动力。前者为1945年以后迅速的再工业化提供了动力；与19世纪后半叶一样，"追赶西方"再次成为经济和工业政策制定的首要目标。同时，人们认为稳定的政治制度是实现和维持这种经济安全的前提条件，它将会避免左翼和右翼政党权力交替的破坏性政治。经过一段时间的政治动荡之后，1955年，在自民党的庇护下，中右翼政党合并，实现了政局稳定。此后，自民党在国家政治进程中的主导地位掩盖了日本政治特有的制度化的不稳定性。事实证明，在日本政治经济的近代史上，自民党派系之间和派系内部的竞争比与之对立政党之间的竞争更为重要。直到1994年，在多个成员选区实行单记不可让渡投票的选举制度，迫使同一政党的成员在许多选区相互竞争，而不是与反对党竞争，相反，自民党内部的选举竟获得其他各党派提供的额外的选举资金和组织支持。其次，在没有重大意识形态、阶级、宗教或种族分裂的情况下，各政党主要通过向当地选民和特殊利益集团分配利益来动员和维持其选举支持，这使得日本政治家特别容易受到基层压力的影响。除了这些地方性压力外，还不时会受到一些来自国内政治动荡和危机时期的压力。1949年至1986年期间，发生了三次这样的国内危机。事实证明，这些危机是政策创新的主要动力，因为自民党灵活而务实地采取了物质补偿政策来维持自己的权力。然而，正是这种党内危机也导致自民党在1993年失去了权力，结束了38年不间断的执政。这是日本政治体系不稳定的直接原因，1990年后"泡沫经济"的崩溃，暴露出政治经济中存在着根深蒂固的紧张关系。

本部分内容主要是基于生成日本财政危机的政治经济背景，阐释了从1975年财政危机的出现到新世纪开始的一些主要变化。目的是为后面内容中分析正式和非正式的预算机构，大藏省和连续的自民党政府应对危机的过程和政策，为分析接下来的二十年持续的财政压力奠定条件。

本章第一部分内容首先概述了日本主要的经济趋势，可以概括为人们从这一时期开始对财政危机有所认识，并为应对财政危机，在随后的20世纪80年代初宣布实施紧缩的财政政策。在1985年《广场协议》之后，从1986年开始，由于宽松的财政和货币政策，日本出现了一段经济扩张时期，被称为"泡沫经济"，"泡沫经济"持续到1990年末破灭，之后日本经济陷入了长达十年的严重而持久的衰退。本章的第二部分描述了日本政治体制的主要趋势，重点阐述了日本自民党的作用和意义。第三部分简要回顾了日本经济和政体之间的相互依存关系，并注重分析了影响政治经济体系稳定性的五个结构性变化，且挑战了作为"发展型国家"的基本假设，最终促成了彭佩尔（Pempel）在1998年所称的20世纪最后三十年发生的"政权更迭"。

经济背景

1945年以后，日本为实现经济迅速增长的国家目标，官僚和商人团结在一起。他们在1955年后通过动员选民支持自民党这一新合并而成的政党，使得这种团结关系得到进一步维持。其他社会目标在很大程度上从属于经济安全的驱动。这一时期社会对扩大社会福利服务的需求减弱了,只在压力上升的时期,如 1958—1960 年,才采取补偿性政策。

在 20 世纪五六十年代实现快速增长目标的过程中,在平均通货膨胀率约 6% 的情况下,国内生产总值连续近 20 年年均增长超过 10%。在固定汇率的情况下,宏观经济政策主要是通过利率来控制货币供应,以应付周期性的国际收支危机,并避免在刚刚结束的战后时期所经历的恶性通货膨胀的再次发生。但是由于 1971 年布雷顿森林协议崩溃,日本转为浮动汇率,由于第一次石油危机的冲击,加上极高的通胀率,最终促成日本战后经济首次衰退。

私营部门储蓄过剩为私人和公共投资提供了手段,而这正是经济高速增长的基础。尽管大部分投资的流向由政府通过财政投资贷款计划(FILP)直接控制,通过对公共和私人机构的影响进行间接控制,这一时期,通过发行政府债券进行的政府借贷是没有必要的:一般账户预算是平衡的。在这一时期的其他工业化国家所经历的"走走停停"的交替情况在日本是不存在的。直到 1971—1972 年日本经济增长放缓,公共支出才被用于反周期刺激经济。

日本第二次世界大战后经济快速增长,税收政策更为重要。在盟军占领期间,当时通货膨胀率年均水平一度超过 200%,道奇和舒普(Dodge and Shoup)两个特派团对财政制度进行了改革,取消了支持和保护特定工业部门的传统政策。日本政治经济相对独立后,逐步取消了舒普税制改革,消除了对战略性产业优惠政策的短期敌意。大藏省和通商产业省(简称通产省)结合起来,促进特定工业部门的经济增长和国际竞争力,其主要手段是更方便地为企业和公司提供免税、减让和优惠。通过财政政策来实施国家主导的产业战略已成为一种惯例,在日本国家现代化进程中,这种情况屡见不鲜,尤其是在 19 世纪末。

1973 年底,第一次石油危机导致全球经济增长放缓,日本的高增长时代在此标志着结束。随之全国上下对于经济快速增长这一首要目标的共识开始瓦解。水俣病的发生以及汞中毒事件的披露提示着无节制的增长给环境带来的不良后果,随后自民党进行了控制污染的第一次重大尝试。在 20 世纪 60 年代末,自民党失去了对许多大城市和城镇议会的控制权,这些控制权落到了社会党和共产党手中,他们通过国家政策要求更广泛地推广社会支出计划。政府在公路、房屋、学校、医疗、最重要的是社会保障等方面支出的压力越来越大,威胁到了自民党在国家政治体系中的持续统治地位。这一时期,在自民党内部,最突出的变革倡导者是田中角荣,他的"建设新日本"计划更加强调社会目标、改善社会管理和社会保障。1972年他被任命为首相后,五年国民经济计划《1973—1977年的基本经济和社会计划》的提出正式标志着"政策转变"信号的出现。

在1973财政年度预算开始实施这些新的社会政策之前,财政政策和货币政策一直被用来刺激因1971—1972年日元升值而受到抑制的经济。田中角荣的第一份预算提供的进一步刺激措施,放松了对通货膨胀的控制。继1973年末第一次石油危机对日本经济造成冲击之后,第二年日本经济开始衰退,这是第二次世界大战结束以来日本首次出现负经济增长。因为人们依赖进口能源供应的经济体在新的浮动汇率制度的不确定条件下进行贸易,以及在放弃布雷顿森林协定后日元升值的悲观预测条件下,这种根深蒂固的经济不安全感再次浮现。

1974年和1975年,日本与其他工业国一道,试图利用财政政策刺激本国经济,从而提高日本在世界范围内的经济发展水平。第一次石油危机爆发后,促进高增长成了国际优先事项,主要反映在接受经合组织的各项协定以及所谓的"机车增长理论"方面。该理论认为,实力较强的国家的经济复苏会拉动实力较弱的国家的经济增长。

1979年第二次石油危机引发了一波又一波的通货膨胀,宏观经济政策再次被反周期地使用。在经济增长放缓、通货膨胀和公共开支上升的新时期,经济复苏和调整的过程是一个渐进的过程。这极大地影响GDP增速波动。1947年至1973年,GDP年平均实际增长率为9.1%,但在随后的十年中下降到不到4.0%,见图3.1。

1947—1973年的图示显示,这一阶段只代表经济增长放缓,而不是经济停滞或衰退。这是经济长期结构变化的结果,例如技术追赶进程结束,投资率下降,及国家优先事项向社会目标转移(关于这些因素和其他因素,见Lincoln,1988)。然而,这将影响人们对公共开支的态度。通商产业省发布的《1970年代愿景》公开承认了这一变化,这标志着国家经济目标的重新定位,

第三章 政治经济背景

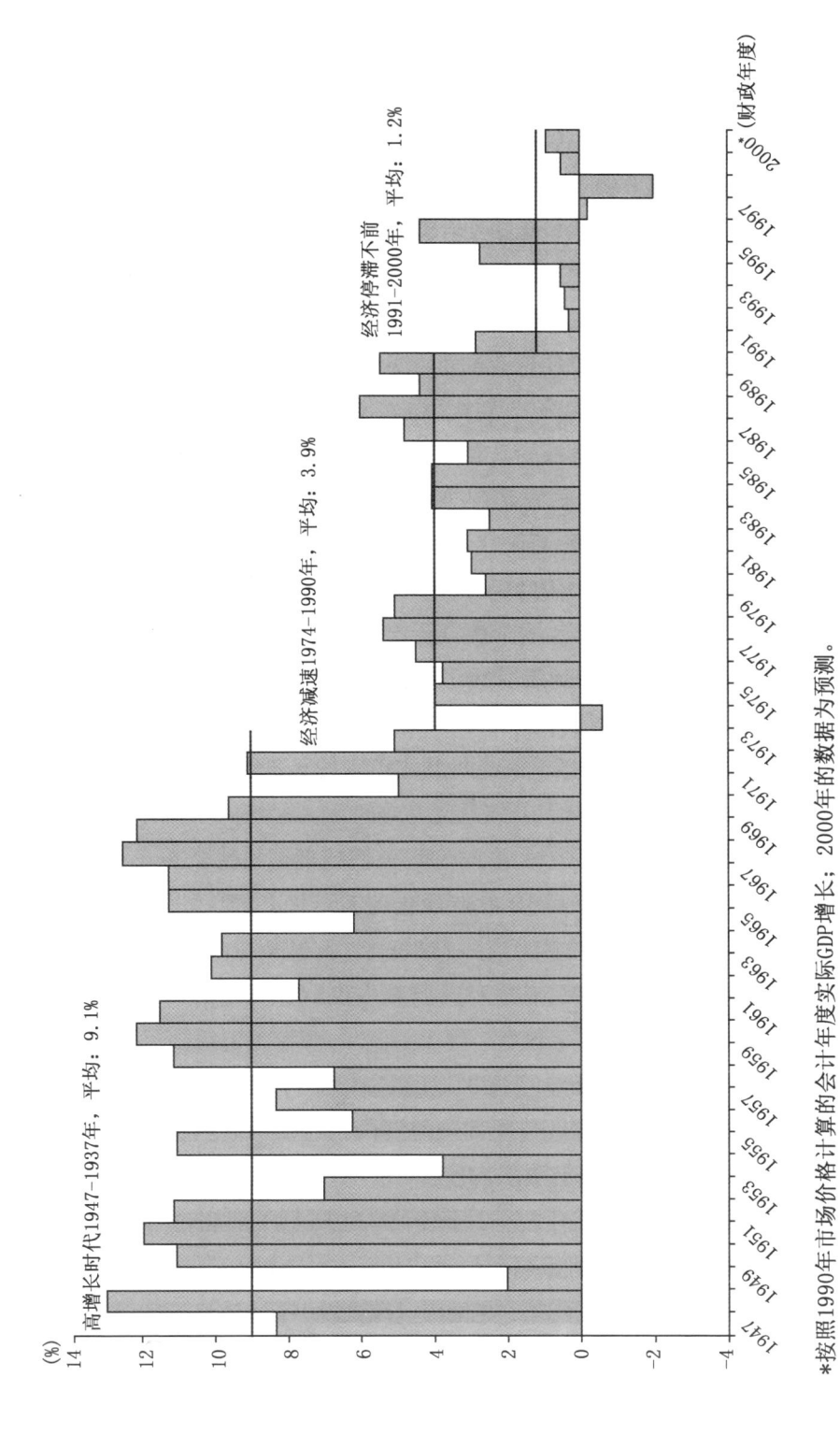

图3.1 日本经济发展阶段划分，1947—2000财年

*按照1990年市场价格计算的会计年度实际GDP增长；2000年的数据为预测。

从狭隘地追求高经济增长转向通过改善社会间接资本、教育设施和工作机会、工作条件、环境和海外发展援助来提高生活质量,将重心从重工业转向以科技为基础的新兴工业。

20世纪70年代初期,随着经济增长放缓,税收收入增长随之放缓,高额且不断增长的公共支出不得不通过政府借款来筹集。更重要的是1973年以后经济增长率的下降使私营部门储蓄和私人投资之间的平衡产生了根本性的转变,需要对宏观经济政策进行重大调整。在整个高增长时期,私营部门投资的资金来自家庭储蓄和过剩的税收收入。通过严格控制进口和资本流动,避免了从国外借款和经常账户赤字情况的出现。

20世纪70年代,储蓄和投资之间的宏观经济平衡发生了变化。经济增长放缓伴随着投资下降以及私营部门净储蓄的增加。1974—1980年期间,为了满足刺激经济的需要,并为实现社会目标提供"政策转变"措施,政府通过对公共开支提供资金,扩大了财政政策的影响,从而实现了私营部门净储蓄增加的目标。政府通过发行大量债券为日益增长的财政赤字提供资金,直接使得对利率的控制由严格逐步走向淡化,因为银行无法抵制政府试图出售越来越多低利率的债券,最终使得政府获得越来越多的债务。事后看来,20世纪70年代,特别是1976—1979年期间财政扩张的长期成本显然被低估了。随后,政府债务所占比例不断上升被认为是这种宏观经济政策不可持续的原因。在当时政治经济背景下进行预算决策,人们越来越关注公共开支的融资问题,并担心累积的国家债务给日益老龄化的人口带来的负担。然而,直到20世纪70年代末,决定性的转折点才到来。自1979年以来,政府主要目标是财政重建,随后是财政整顿,其中财政政策中税收和支出的两个要素都一直是在为减少公共部门的赤字服务。

20世纪80年代中期,随着广场协议生效、日元升值、出口受阻,出口行业开展了刺激内需政策的宣传。与此有关的辩论在与美国和其他工业化国家关于贸易关系的争论中越来越激烈,美国试图让日本开放更多的外贸市场,刺激需求,帮助日本从全球衰退中复苏。日本官方也进行了回应,其官方回应载于前川咨询委员会1986年和1987年的报告中,报告中提出的建议为继续进行辩论提供了重点,但政府没有承诺对紧缩财政政策做出重大改变。自1970年末通过财政重建政策以来,紧缩财政政策一直是宏观经济政策的主导。

然而,1987年被证明是财政政策的转折点。虽然日本在20世纪80年代末受世界贸易放缓的冲击不如美国和英国严重,但足以令人担忧,直接导致实行财政和货币政策的放松政策。国内的政治需要始终要比在国际经济社会中的义务更为重要,但后者经常为改变这种理念提供理由。大藏省对《广场协议》的热情根植于它希望能够利用对货币调整的重视来转移扩张性财政政策的压力。日本大臣政务官山口次郎(Yamaguchi Jiro)指示他的谈判代表,其谈判战略应该是"首先重新调整汇率,其次共同降低利率,强调必须让'主要城堡'财政政策免受攻击"(Funabashi,1988:40)。尽管大藏省对此持敌对态度,但自1982年以来一般账户预算一直坚持的紧缩政策于1987年5月开始放松,为经济提供6万亿日元的财政刺激,为中曾根(Nakasone)首相的强日元(Endaka)战略提供资金,该战略旨在通过放松管制和市场自由化来加速经济改革。

1986—1990年泡沫经济

1986年12月至1990年是日本经济复苏的4年,日元升值,是自《广场协议》签订以来难得的发展时期。1988—1990年间,国内生产总值平均每年实际增长为4.7%。工厂和设备投资的增长率与高增长时期大致持平。通货膨胀率低,失业率下降,但劳动力短缺。随着日元相对于美元的不断升值,日本的海外投资迅速增长,逐渐取代英国成为全球最大的债权国。

尽管日本经济的表现令人印象深刻,但如今人们更多记住的是"泡沫经济"的出现与崩溃。泡沫经济既不是当时日本经济增长的原因,也不是后果。然而"泡沫经济"与日本经济增长是有密切关系的,其产生的原因主要体现在两个方面,即土地价格和股票大幅上涨。1986—1987年的土地价格是1983年价格的3倍。1990年中期的鼎盛时期,六个大都市地区的城市地价几乎是1986年的4倍。1989年的股票价格是1983年的4倍。两者的价格与"基本价值"无关,因此土地价格和股票价格的增长不是经济变量变化的直接结果(EPA,1994 a)。1987年,股票和土地的资本收益达到489万亿日元,比日本名义GDP高出40%以上。股票价格的快速上涨使得日经指数在1989年12

月达到了创当时历史纪录的 38 915 点。这种扩张和随后的崩溃都超过了日本战后经济史上的任何时期。可以说是战后时期经合组织成员国中最大的"泡沫"(OEDC,1998 年)。

经济泡沫的产生有三个主要原因。首先,货币政策非常宽松。在 1985 年 9 月 22 日签订《广场协议》及日元升值之后,政府放松了限制,允许资本继续外流。官方贴现率逐渐降低到 2.5%,达到了有史以来的最低水平。其次,国内金融市场和利率的自由化意味着企业可以从其金融资产中获得越来越高的回报率。最后,税收收入随着资本收益、公司利润和土地交易的增加而增长,但其并不是为了给不断增加的开支提供资金,而是被用来减少一般账户预算中的预算赤字和债券依存度,进而减少国债金额。随着政府债券发售数量的减少,企业借款人越来越多地转向其他国内和国际资源,银行和金融机构也不得不在别处寻找客户。这三个因素共同推动了土地投机,并鼓励大公司从事金融工程。通过在不断扩张的股票市场发行股票筹集的资本再投资,银行和金融机构在自由化市场上激烈地争夺资金。在自由化市场上,大公司对投资资本的依赖程度远低于高增长时代,金融机构将贷款重点转向蓬勃发展的房地产业和小企业。

一些分析家认为宽松的货币政策和财政重建是促成泡沫经济的因素(Funabashi,1988;Hartcher,1998)。按照这一观点,大藏省对泡沫经济应负有主要责任,因为其宏观经济政策是出于对保卫"城堡"(即财政紧缩)的担忧。虽然大藏省影响了日本央行的货币立场——低利率,降低了政府借贷成本,但紧缩的财政政策对日本央行的货币立场的实际影响更为明显,这一点将在后面的内容中说明。

股票和土地价格的暴跌与它们的上涨一样惊人。日经指数于 1990 年 2 月开始持续下跌,1992 年 8 月跌至 14 309 点。土地价格近 20 年来也首次下跌。其后果是,为获取投机利润而购买的土地无法转售,房地产公司和小企业无力偿还从金融机构和银行借款的利息。不良贷款数量增长惊人,大量房地产公司和小企业破产,一些小银行和信贷机构在日本央行的帮助下,通过与大银行的联合行动才得以免于破产。

正如一位前日本央行行长在《广场协议》签署 10 周年之际所总结的那样,

日本央行本应该更早收紧货币政策。虽然在1987年10月股市崩盘之前,日本就已经开始这么做了,但随后又再次放松了货币政策,并没有采取刺破投机性泡沫的行动,因为他的政策重点更广泛:在整个泡沫期间,消费价格接近于零的走势。这位副行长在1999年承认,在GDP增长近5%的情况下,"实现持续价格稳定的政策可能是可取的,但肯定很难启动"。在日本政府和日本央行开始应对泡沫的不利后果之前,泡沫已经持续了三年。转折点出现在1989年9月建立的《美日结构性障碍问题协议》,以及美国对日本缺乏适当的土地税政策问题的批评。日本的一个法定咨询委员会——政府税务委员会,一直认为没有制定关于土地方面税制具体法律的必要性,但现在,在"外国压力"下,日本被迫于1989年12月通过了《基本土地法》,并最终于1992年4月开始征收土地增值税(Ishi,1992)。有两项措施效果最明显,一是通过提高利率来限制货币供应。1989年5月,官方贴现率9年来首次上调,随后在1990年又连续大幅上调,达到6%。二是1990年,大藏省限制了金融机构向房地产业提供贷款的比例。

1990—1995 经济衰退

泡沫的破裂究竟是1990年开始的经济衰退的主要原因还是次要原因,这一点尚有争议(持相反意见的见Noguchi,1994a;OECD,1993)。然而,泡沫的破裂确实加剧了经济衰退的严重性,而且因为金融体系的危机,延长了这场衰退的持续时间,这场衰退不仅是二战以来时间最长、最严重的衰退,也是1927—1932年昭和大萧条以来最严重的衰退。衰退的基本特征体现于"5D":通货紧缩、债务、需求下降、去工业化和违约。

20世纪80年代后期的扩张期间,私人投资的显著增长意味着现在的资本存量过多,直接导致对工厂和设备的投资急剧下降,失业率上升,超过1987年的水平,1996年5月达到3.5%。根据1995年美国环境保护局(EPA)公布的数据,实际失业比率还会更高,至少要再增加3%,这还未考虑到更广泛的"无形失业",即那些不愿找工作的工人、"内部失业"以及那些工作很少或没有工资的工人。MCA估计日本1994年的失业率为8.9%,美国可比失业数字为8.8%(Kishi,1995;对失业衡量的警示性概述,见Ostrom,1999)。为降低失业率,政府不断调整方案,增加雇用了200万工人。但是更令人忧虑的是招工比率,其反映劳工市场的强弱指标已降至1987年的水平。

与20世纪80年代末相比,银行在贷款操作上更为谨慎,因为较早积累的不良贷款导致其资产负债情况恶化。日本股市依然停滞不前,日经指数跌破20 000点。在1992—1995年期间,政府通过使用养老基金和邮政储蓄购买股票,向市场注入了超过12万亿日元的"价格保持操作"资金。尽管采取了这些措施,但是股市仍继续下跌,1995年6月跌至14 813点,为三年最低点,跌幅超过1989年价值的60%。GDP增长停滞不前。1991年和1992年的工业生产为负值,未利用的产能急剧增加。

日元对美元的升值即"日元泡沫"造成了更多的问题。早些时候,大量出口带来了巨额贸易顺差,但日本出口商在海外市场竞争的难度也在增加,而在国内市场需求低迷的情况下,这种出口贸易更为必要。为降低成本,日本将生产、装配和辅助设备移至亚洲和欧洲,以获得更多当地劳动力和进入市场的机会,现在开始将研发等更为敏感的公司设施离岸转移,出现了日本制造业的"空心化"现象。近10%的总产值设备已经迁往国外,以逃避高额的日元成本。其中大部分产品又被卖回日本,从而促成了日本高水平的进口。因此,1994年和1995年经常账户盈余均有所下降。1996年下降到31%,降至1990年以来的最低水平。

然而,自1985年《广场协议》签署以来,日元不断升值,出口贸易影响较大,日本政府不愿受到来自协议的压力持续降低日元汇率,希望扭转日元的长期升值趋势。这一想法在1995年4月的七国集团央行行长和财政部长会议上达成一致,认为美元兑日元已经跌至79.75日元,"有秩序的逆转是可取的",从而结束了这一局面。1995年8月,美联储、德国央行和日本央行采取了一致行动,导致了三年来日元对美元的最大贬值。大藏省的目标是实现110日元兑换1美元的平价,据研究,在这个水平上,有利于出口商在国际市场上的竞争。

货币政策逐步放松,官方贴现率连续下降,从6%的高点降至1993年的2.5%,然后在1995年9月降至0.5%的最低水平,此后四年一直保持在这一水平上。从1999年2月开始,日本银行将名义短期利率设定为零。随着经济衰退加深,政府有时不情愿地用刺激经济的财政政策来应对国内和国际压力。1992年8月至2000年10月期间,日本政府推出了14项一揽子紧急财政刺激经济措施,总计超过132万亿日元的支出、贷款和减税,相当于名义GDP的25%。然而,对经济的真正刺激成果远远小于1990—1995经济衰退这个"标题"的总和,这个问题我将在后面的章节中讨论。

1997—1999年经济衰退卷土重来

随着1995年实行的反周期财政政策的逐渐生效,日本经济开始缓慢复苏,1995财年实际GDP增长了2.8%。1996年,日本在七国集团国家中有着最高的经济增长率,达到3.2%。当时人们曾乐观地认为,日本终于从泡沫经济阴影中走了出来,步入了持续复苏的道路,但事实证明,这种乐观是错误的,也是短暂的。1997年第二季度GDP下降了2.8%,到1997年12月,经济规划局被迫承认日本经济处于"停滞"状态。6个月后,日本经济在连续两个季度出现实际负增长之后,再次正式地陷入衰退。到1998年底,又经历了两个季度的实际下降,总体上这种衰退是自1955年以来前所未有的。一个主要原因是1997财政年度实行了财政紧缩政策,同年4月份,国家消费税从3%提高到5%,结束了前两年的特别所得税减免的措施,传统的6月和12月的两次退税被取消。1996年11月通过的《财政结构改革法》的主要内容是通过减少预算赤字和降低公共债务负担来重建公共财政。该法案也为落实桥本首相的竞选承诺铺平了道路,1997财政年度也被指定为日本"财政结构改革的第一年"。削减中央政府开支的过程是从一般账户和财政投资贷款计划预算开始的。在1997财政年度,增加税收和削减公共开支的影响就是使财政政策紧缩,预计紧缩幅度达到GDP的2.2%。由于银行利率仍然是0.5%,再加上美国反对日元进一步贬值,日本经济再次陷入衰退是不可避免的。1998财政年度预算更加紧张,大多数支出方案都规定了法定上限,使得大藏省十年来首次要求削减财政支出,这是第二次世界大战结束以来规模最大的削减。

随着1997年夏天日本开始出现经济增长放缓的迹象,与日本有密切贸易关系的几个东亚国家开始在金融流动性方面遇到困难,导致它们的货币突然大幅度贬值,出现严重的经济危机。日本政府对这些事件反应迟缓,但在国际经济共同体成员国的持续压力下,1997年10月至1998年2月期间,日本政府每月采取一系列反周期财政措施，意在刺激本国经济内需水平的提升，但人们普遍认为这些措施效果并不好。

　　1998年春天，桥本政府面临着政策瘫痪的困境。为破解困境，首相本人公开支持并致力于财政体制的改革。他和自民党一方面在1997年和1998财年实施财政紧缩和行政管理计划，同时呼吁选民参加7月份参议院的选举。在这些选举中，自民党希望赢得足够多的额外席位，进而摆脱对昔日联盟伙伴社会民主党和坂崎（Sakigake）支持的依赖。财政改革政策的180度大转弯——减税和增加开支，将削弱首相在党内的地位，且他的改革计划和领导权遭到了几位资深政治人士的质疑，且这些人是党内主要的竞争对手，这也将损害他作为首相的信誉。日本的东亚邻国、七国集团、其他国际经济和金融组织所要求的财政扩张与日本国内财政紧缩的要求相冲突。日本政府还清晰地记得20世纪80年代所经历的惨痛教训。当时，日本承受了美国和七国集团要求日元贬值的压力，放松了货币和财政政策，导致泡沫经济的过度投机行为。当桥本（Hashimoto）政府苦苦思索如何解决这一困境时，经济增长的放缓转变成了经济衰退，金融体系的危机进一步加深。东京证券交易所（以及香港和新加坡交易所）的股票价值持续下跌，日经指数跌至泡沫经济崩溃后的水平，日本政府十年期国债收益率降至历史低点。更为严重的是，日元兑美元汇率的迅速贬值，有可能进一步削弱陷入困境的贸易邻国货币的实力，使其货币贬值，同时进一步促进其经常账户盈余的大规模增长。1997年4月，日本银行（Bank of Japan）大规模干预货币市场以支持日元。1997年12月日本放弃了紧缩性的财政政策，并宣布在1998财政年度暂时削减2万亿日元国家和地方所得税。桥本（Hashimoto）的转变是由于受到美国和那些面临严重经济衰退的亚洲国家领导人的持续压力。但这也反映出需要重新平衡党内力量，一边是由前内阁官房长官胜久佳山（Kajiyama Seiroku）领导的较为保守的阵营，敦促减税，另一边则是由秘书长加藤幸一（Kato Koichi）领导的派别，主张坚定宽松的公正财政政策。在国内外不断的压力下，首相于1998年3月26日宣布实行一项价值16万亿日元的财政刺激计划，尽管美国和其他外国政府还未敦促他实行实质性和永久性的减税措施。这一揽子计划规模及其筹资要求对最近通过的《财政结构改革法》进行修正，并重新安排削减预算赤字和债务负担的目标日期。

财政政策 180 度大转弯的讽刺之处在于：前几届政府在整个 20 世纪八九十年代都避免了有效处理国家财政长期疲软的政治责任，即公共开支不可阻挡的增长和税基不足。在大藏省的推动下，日本首相桥本（Hashimoto）和自民党政府在这些政策不适合经济发展的时候，选择削减开支和增加间接税。1997 财政年度的预算被证明是灾难性且是不合时宜的，1998 年的预算安排使错误更加严重，局势迅速恶化。财政改革计划陷入了严重的困境。几个月后，也就是 1998 年 12 月，新的小渊（Obuchi）政府无限期地暂停了该法案。但小渊政府主张通过财政刺激经济政策，设立了大约 27 万亿日元的财政刺激资金，并将反周期财政刺激经济复苏放在首位。他宣布永久性地削减全国和地方的个人税、收入税和公司税，削减总额高达 9.3 万亿日元，并大幅提高 1999 财政年度计划的一般账户与财政投资贷款计划预算，前者增长 5.4%，财政投资贷款计划比 1998 财政年度总额增长 7.3%。此外，还通过增加对日本小企业金融公司和日本发展银行的拨款，以及扩大信贷担保方案，为中小型公司提供了救济。

1997 年 4 月正式开始的经济衰退直到 1999 年 4 月才结束，持续了 25 个月。在接下来的 12 个月里，经济增长是温和的，实际增长率为 1.4%。到了 2001 年秋天，这种温和增长的情况消失了，当时日本正处于十年来第四次衰退的边缘。

金融体系危机

20 世纪 90 年代，日本政治经济中最主要的问题是银行业危机。具体的表现是经济泡沫的破灭让许多银行、信用合作社和其他金融机构已经资不抵债。在 20 世纪 80 年代，用于购买土地、建房和住房的坏账和不良贷款估计为 87 万亿美元，超过名义 GDP 总值的 17%。这场危机深入到了金融体系的核心，波及日本最大的几家银行，这其中的多数大银行均向规模较小的金融机构提供了大量贷款，小金融机构的大量破产加速大金融机构的倒闭，也加速了官僚制度的解体，这也是对银行和证券部门的检查和监督，即冲击大藏省和日本银行的管理职能。1997 年发生了"黑色十一月"事件：当时的北海道大丘银行(第十大商业银行)、一家地区性银行以及两家证券公司接连倒闭之后,"监管宽容"原则被迫废除,因为该原则规定任何银行,无论大小都不允许倒闭,无论强者和弱者,都像"在他们保护下航行的船队"一样。日本国内四大券商之一的山口证券被清算了 3.5 万亿日元的债务,这是日本历史上最大的企业破产案。这一事件给日本的金融、政治带来了冲击,标志着政治态度出现了转折点——使用公共资金应对危机,以及大藏省对危机的管理。早些时候,用纳税人的 6 800 亿日元拯救破产的住房贷款协会的提议引起了政治家和公众的愤怒,而自民党提出的提供多达 60 万亿日元的资金以重组弱小的银行、保护投资者、注销坏账的计划却在 1998 年 10 月得到接受,并且几乎没有遭到抗议,即便这会带来道德风险。虽然日本政府采取了这一措施,但是仍然没有从根本上挽救银行业的危机,而且随着经济的恶化,银行业危机在 2001 年进一步加重。由于日经指数 18 年来首次跌破 10 000 点,金融服务局估计到 2003 年这一目标日期,将会有 140.9 万亿日元坏账和未偿还不良贷款,几乎占日本 GDP 的 1/4。

大藏省对银行和证券公司进行检查和监督的职责被解除。这一职责现已移交给新成立的金融监督机构。该机构于 1998 年 6 月开始工作,大藏省被剥夺了管理银行业以解决持续危机的职责。首相办公室成立了一个由内阁国务大臣领导的金融复兴委员会,其拥有 60 万亿日元的资金,该委员会被授权将境况不佳和破产的金融机构纳入公有制,并处置其资产,注入资本,以扩大弱小银行的资金来源,并通过存款保险来安抚投资者,避免他们免受银行进一步破产造成的损害。在 1998 年年底之前,倒闭的长期信贷银行和日本信贷银行都已被收归国有,其资产都被公有化。1999 年初,FRC 批准拨款 7.5 万亿日元,对 15 家顶级银行进行资本重组,以换取 9.3 万亿日元坏账的注销、商业运作的重组和成本削减措施。危机的根源与失败、破产和救助的实践,以及大藏省和日本银行的作用在诸多研究中也都有阐释(参见 Smithers,1995;Ostrom,1995;Hartcher,1998;Choy,1999)。

如果从更宽泛的背景挖掘金融危机的根源,20 世纪 90 年代的金融监管不善、大藏省解决这一问题的政策明显失败,这些都是根本原因。人们对日本"发展资本主义"模式的可行性和持续性的怀疑情绪不断增强,即对国家的作用以及诸如政治制度和它所依赖的官僚机构等体制结构的效率、效力、透明度和问责制等不断质疑。我在结论部分再谈这些问题。

在泡沫经济被戳破之后，人们对日本金融机构丧失信心，这导致东京作为国际金融中心的地位不稳固，并且交易表现低迷并不断恶化。如果日本要在国际金融市场竞争，进一步放松金融产品和金融服务的管制是不可避免的。1996年11月，桥本(Hashimoto)首相承诺新政府将实施一项金融市场和金融服务改革计划，该计划效仿1975年美国的市场化改革和1986年英国的金融大爆炸应对手段，目的是在2001年之前使日本的金融市场和金融机构达到纽约和伦敦的金融水平，使其实现"自由、公平和全球化"的目标。一年后，政府承诺消除由于邮政储蓄向小投资者提供的历史性特权而造成的国内家庭储蓄市场扭曲的弊端，同时，决定变革财政投资贷款计划的原则和运作方式，切断了该计划与邮政储蓄和养老基金的法定联系。

政体

在1993年众议院大选之前，自民党已经连续13次在选举中获胜，成为拥有最多席位的政党。自民党连续执政38年，虽然偶尔与小的右翼团体结盟，但总体没有得到其他政党的支持。至于1955年至1993年连续执政的原因和结果，以及为什么不能与其他政党联合起来，在一些权威性研究中，已经有了一些论述(Hrebenar,1992、2000；Curtis,1988)。政体特征，成为影响1975—2000年期间预算制度演变和运作的政治经济背景。我研究自民党及其政体，必然谈到对其他政党的影响和制约，谈到自民党行使权力的作用和效力。目前探讨的是：第一，国会大选的频率；第二，1994年改革前的选举制度——复数选区单记不可让渡投票制(SNTV)和多成员选区，以及在自民党、国会和内阁中农村利益的过渡代表；第三，20世纪70年代和80年代，自民党及其机构内部的权力集中，以及将不同派系并入政党机构；第四，自民党务实的政治选举策略，以"补偿"方式应对民众所支持的周期性危机和对政治霸权的挑战；第五，自民党如何运用政治权力；第六，对自民党行使政治权力的制衡和制约；最后，简要地介绍20世纪90年代初自民党内部的紧张局势所引起的政治体制的混乱和动荡。

选举频率

自民党一直忙于国会选举,当然还有地方选举。选举政治是解释预算政策政治特色的一个重要因素。公共工程预算、农业补贴和对小企业的帮助,都是自民党地方政治分配支出和税收政策的重要组成部分。众议院的选举至少每四年举行一次,而参议院的半数成员每三年选举一次。因此,从1975年起至2000年的26年中,有14年举行了一院或两院选举,两次选举之间的平均时间间隔不足两年,期中有四次选举时间间隔只有一年或更短时间。相比之下,拥有类似一元化政府体制的英国,在1975—2000年期间只有六次众议院大选,大约每四年举行一次。

为了应对城市和城市选区的左派挑战,自民党成功地拓宽了其选举支持的基础,不再是一个由代表农村利益的农民和小商人组成的政党,而是一个包罗万象的政党,将城市选区的新团体纳入其中。1960年,68%的大选选票来自农民、商人和个体经营者,其中白领和蓝领工人只提供28%,到1980年,后两个群体仅占一半多(Pempel,1987)。尽管如此,它继续从农民那里获得将近1/5的支持,并持续通过价格支持和补贴政策保护农民的利益,同时,努力扩大其他长期支持者,主要是保护小商人的利益。1986年进行的有限的选举几乎没有解决农村和城市选区之间的席位分配不均问题,直到1993年,农村选区在众议院中仍然占有过多的席位。此外,拥有这种席位的自民党成员发现,他们比城市地区的成员更容易拉拢。这样做的一个后果是,农村利益在政党内阁的高层中的代表过高,这些高层选拔一个关键的条件是根据在国会中连续任职的任期数来计算资历。虽然自民党的选举呼吁公共政策供给变得更为广泛,例如反映城市对住房、更清洁的环境以及社会和福利方案的需求,但在整个期间,自民党的农村基础仍然很大,对预算支出的构成和分配产生了与其比例不相符合的影响。

改革前的选举制度

改革前的选举制度采用单记非让渡投票制(SNTV),这种投票制的特点是无论应选名额多少，每位选民只能投一票，当选人的名次以得票多寡为序。单记非让渡投票制并不是很理想，存在着诸多弊端，成功选举的代价是高昂的，后为单一可转移票制(Single transferable vote)①取代，成为多数选区的选举制度。在20世纪70—80年代，开始政治生涯并在此后维持政治生涯的成本是相当高的。在许多选区的选举中，自民党不同派系的候选人相互竞争。为了赢得一个席位，候选人需要继承或建立一个地方选举网络，以获得财政和组织支持。虽然中央党部和相互竞争的派别领导人有竞选资金支持，但更重要的资金来源是后援会(资金管理团体)、地方公司和小企业以及个人的捐款和贷款(Hrebenar,1992)。在20世纪80年代企业捐款受到限制之后，通过后援会筹集资金变得更加重要，党派的作用更多的是支持候选人的资金筹集，同样，为获得资金支持而对当地产生的债务必须以政治优惠的方式"偿还"，其中农村地区的农业补贴、公共工程、合同和就业机会仍然占据显著地位。

权力集中

自民党内部竞争派系的数量，从1955年至1971年的12~14个减少到1972年的9个，到了1980年只有5个。但他们的成员人数增加了，并确立了有利于政党权力集中的制度(相关内容见Sato和Matsuzaki,1986)。关于为什么产生这些变化的解释，Kohno(1992)和Kato Junko(1997)做了以下具体说明。20世纪80年代，自民党官僚主义明显，其领导能力减弱(Kitaoka,1993)。明显表现是：第一，自民党内阁议员控制选民支持团体和地方选举网络，选择退休或者现任者亲属继任的做法日益增多并逐渐制度化；第二，加入派系的自由受到更多的限制，因为只有加入一个在其选区中尚未有代表的派系，才有可能当选；第三，派系本身变得更加官僚化。田中首相因洛克希德丑闻被捕后，设立了新的行政主任职位。到1987年，经常召开行政主任会议成为一种常态。

由于这些变化，党内的晋升、政府职位的任命和晋升，越来越多地与派别的成员和资历挂钩，从而激发了个人成员长期致力于组织的动力。从20世纪

---

① 单一可转移票制，又称单记可让渡投票制或可转移单票制，是一种选出多重获胜者的投票制度，在采用比例代表制的同时，能够尽量避免选票浪费，避免出现复数选区单记不可让渡投票制(SNTV)中的配票现象。

60年代开始,大多数内阁和政党的职位都是根据派别关系分配的,分配给每个党派的职位比例与其在自民党内阁议员中的人数成正比。1976年修改《政治献金法》后,虽然派系在资助其成员方面发挥了间接的作用,但它们仍然能够以其他方式间接支持其筹款活动,控制晋升,提供选举和财政支持,党派演变成为能够约束和控制其成员的组织,例如在1988年新的消费税的立法过程中,成功压制或制止自民党内阁议员中的普通议员的反对(Kato Junko,1994)。通过这种方式,他们在建立和保持全党在特定政策问题上的共识方面发挥了关键作用。

在20世纪七八十年代初,权力集中在自民党内部,更普遍地说是集中自民党控制的政治体系中。这种权力的集中深刻地影响了公共政策进程,加强了政党领导人、内阁议员和支出部门官僚之间的联系。这一点的缩影是,政治家田中角荣在其首相任期内,以及随后作为最强大派别领导人在党内获得了无可比拟的权力和影响力。即使在1976年洛克希德丑闻脸面尽失后,他仍然对政党的任命、政策和战略施加有着重要影响。在担任首相期间,他扩大了最强大派系的势力范围,在官僚体制内建立了个人的政治官僚网络。此外,许多前高级官员在他的支持下到自民党和国会内部工作,例如,大藏省的两名行政副大臣、警察厅长官以及来自建设省、农林水产省、劳动部、邮政省和通商产业省的行政副大臣(Calder,1993)。在20世纪80年代初更为严峻的经济环境下,随着民众对该党的支持在20世纪末逐渐减弱,以及党内对消费税提案的争议、各派系之间和内部争夺党主席和其他高级职位的竞争加剧,尽管竹下田中(Takeshita Tanaka)继续主导该党派,但离心倾向因政党招募和升迁的长期趋势而加剧。现在国会中的前官僚减少了,成为首相或政党政策事务研究委员会主席的人也比过去少了。那些被招募到党和国会的人更年轻,他们在三四十岁就开始了政治生涯,而不是在漫长而成功的官场生活结束之后进入政治生涯。自民党正在成为一个由职业政治家组成的政党,其中许多人在地方和地区政治中有根基和经验。新第二代政治家开始出现,他们是前内阁议员(被称为第二代政治家)的后代,其中许多人对严格的资历制度感到失望,因为这种制度将他们排除在决策过程之外。在老一辈的自民党内阁议员中,反复的选举成功使他们得以在国会委员会、政党委员会、议会以及内阁中担任各种有影响力的职位而获得进步。选举过程中,许多人拥有特定政策领域的专业知识,并与政府支出部门的官员建立了密切联系。由政策专家组成的非正式小组开始在建筑、农业和交通等领域的政策制定过程中发挥影响力。

现任者在选举中再次成功,这使大批资深自民党成员有资格晋升到部长和内阁职位,并在党组织内担任职务。人数的压力导致部长任命更迭速度更快,缺乏连续性。内阁持续时间不到两年,即在1955—1993年期间,"15位不同的首相主持了48个内阁,任期从未超过18个月",内阁部长的平均任期为9个月。虽然政党、国会和政府取得的进展是可以预测的,但政党的领导层却变得更加不稳定。派系领导人和他们的支持者对政党主席的争夺,尤其是对首相职位的竞争变得更加激烈。各派系领导人对公众舆论更加敏感,首相和政党在预期或实际选举中的受欢迎程度成为任期不确定的主要原因。尤其是在合格候选人的压力下,任期缩短。自1964—1972年担任日本首相的佐藤荣作(Sato Eisaku)之后,除了中曾根之外,日本自民党没有任何一位总统担任首相任期超过两年。中曾根在1986年的选举中意外获胜,获得连任。

选举政治

从1975—1993年,自民党参加了7次众议院大选。在所有的投票中,它没有获得大多数的选票,但由于其"优秀的组织能力,忠诚的支持者和利用立法机构优势的能力",最终成为拥有最多席位的政党(Allison,1993:32)。这改变了20世纪60年代和20世纪70年代的长期选举衰落的困境,这种困境在20世纪80年代得到了逆转。从1979年10月大选的低谷开始,当时它只赢得了众议院的248个席位(511个席位中的248个),9个月后它取得了惊人的胜利,赢得了56%的席位(286个)。在随后的20世纪80年代财政紧缩时期,它的支持率下降了,1983年大选失去了36个席位就反映了这一点。但这次挫折被证明是暂时的,复苏却是戏剧性的。1986年7月,选举大胜,获得了300个席位,这主要是以减少日本社会党的代表席位为代价,日本社会党的代表席位从1976年123个席位的高点下降到85个的新低点。在1990年2月的选举中,两个最大政党的命运发生了逆转,当时日本社会党赢得了将近

1/4 的选票(141 个席位),改变了自民党的多数席位的优越态势,很重要的原因是 1989 年推出的消费税改革不受欢迎,加之自民党因卷入了佐川急便(Sagawa Kyubin)贿赂案,其后果是直接导致竹下登(Takeshita Noboru)和宇野宗佑(Uno Sosuke)两位首相的辞职,并选出了鲜为人知、缺乏魅力但"廉洁"的领袖——海部俊树(Kaifu Toshiki)。在 1989 年的参众两院选举中,自民党自 1955 年以来首次失去了多数席位,有可能失去对众议院的控制。预计在 1990 年的众议院选举中会继续失去一些席位,尽管如此,在选举中仍保持其总体多数席位而令人惊讶。表 3.1 列出了 1975—2000 年首相及其行政部长的任命、任期。

表 3.1　　　　　　　1975－2000 年首相及其内阁大臣的任命和任期

年度	首相(任命日期)	各党派在众议院大选中赢得的席位	政府
1975	三木武夫(1974.12.9)		
1976	三木武夫	自民党 249;社会党 123	自民党
1977	福田赳夫 (1976.12.24)		自民党
1978	福田赳夫		
1979	大平正芳(1978.12.7)	自民党 248;社会党 107	
1980	大平正芳/铃木善幸 (1980.7.17)	自民党 248;社会党 107	自民党
1981	铃木善幸		自民党
1982	铃木善幸/中曾根康弘 (1982.11.27)		自民党
1983	中曾根康弘	自民党 250;社会党 112	自民党
1984	中曾根康弘		
1985	中曾根康弘		
1986	中曾根康弘	自民党 300;社会党 85;公明党 56	自民党
1987	中曾根康弘/竹下登 (1987.11.6)		自民党
1988	竹下登		
1989	宇野宗佑 (1989.6.3) 海部俊树 (1989.8.9)		自民党

续表

年度	首相(任命日期)	各党派在众议院大选中赢得的席位	政府
1990	海部俊树	自民党 286;社会党 141;公明党 46	自民党
1991	海部俊树/宫泽喜一 (1991.11.5)		自民党
1992	宫泽喜一		自民党
1993	细川护熙 (1993.8.9)	自民党 223;联盟党 243;社会党 70;公明党 51;新党 35	日本新党
1994	羽田孜 (1994.4.28) 村山富市 (1994.6.30)		新生党、社会党联盟
1995	村山富市		日本社会党
1996	桥本龙太郎 (1996.1.11)		自民党
1996	桥本龙太郎 (1996.11.9)	自民党,239;SDP,15;新党,156	自民党
1998	小渊惠三 (1998.7.30)		自民党,1998.10—1999.1
2000	森喜朗 (2000.4.5)		自民党,1999.1—1999.10

注:1. 在1996年的国会会议上,日本社会党更名为社会民主党。
2. 日本民主党由原日本民主党和民政党、友爱新党、民主改革联合4个在野党组成。

在1979年大选前,自民党的选举战略开始改变。原因在于受众欢迎程度下降,加之城市和农村地区左翼势力的崛起,以及以"问题政治"为重点的公民运动的出现,需要拓宽其接纳新的城市中产阶级的诉求。与应对1955年以来的历次危机一样,自民党以分配性的公共政策,即新的社会福利和环境方案来"补偿"受害的和疏远的选民(Calder,1988)。其选举战略突出了"基础广泛、包含多元但是又经常相互冲突的利益,强调对具体政策问题作出务实性回应,同时要淡化意识形态和建立全面的世界观"(Curtis,1988:236)。然而,一些政策的改变只是想通过自上而下的政治选举战略的变革实现吸引新的城市选民的目的,例如,在20世纪70年代初期老年人政策的变化中,代表基层压力的媒体作用更为重要,民众通过主要媒体参与政治的积极性不断增强(Campbell,1996)。

自民党行使权力的限制因素

危机与补偿的政治是第五个主题。卡尔德(Calder，1988)权威性地描述了自民党在其政治支配地位受到威胁时的务实及非意识形态的反应。卡尔德对自民党1986年以前实行的分配政治进行了细致分析,得到了其后十年的证据支持。在泡沫经济时期,国家和地方预算,尤其是公共工程项目支出都有所增长。此外,强调继续改善生活水平,特别是住房,也包括环境和休闲设施、供水和污水设施,以及扩大健康和福利方案,这反映了对自民党早些时候提出的国家目标的重新定位。随着泡沫的破灭,经济开始衰退,自民党推出了一系列的包括公共投资为核心的应急计划及公共工程计划。

自民党的政治选举技巧是将总票数中的少数选票转化为足够多的众议院选票,这使得自民党能够在1975—1993年期间一直主导众议院。然而,这种主导地位并不稳固,由于政治制度具有"政治分肥"优势,选民支持者不愿意让它继续执政的态度有所改变。因此,制约自民党权力运用的最重要因素是务实的、传统的、持续不断的物质利益和偏好变动:"选民们看重的是那些能够提供好处的地方政治家,而不是那些在政治上廉洁的有远见和有名望的人。"(Allison，1993:39)此外,日本现代政治体系"设计了自己的一套制衡机制,其中包括反对党抵制国会、动员新闻舆论和利益组织反对自民党的政策,以及自民党担心选举反弹行为会对执政党造成强大的制约"(Curtis，1988:243)。1993年以前最引人注目的例子是中曾根(Nakasone)首相在1987年未能说服国会通过他的消费税立法,尽管自民党在参众两院都占多数。

即使反对党仍然软弱无力,无法在选举中对自民党发起有效的挑战,但各党派在处理国会事务时遵守的制度规则,特别是审查政府议案的程序,对自民党行使权力施加了有效的制约。一种文化规范不仅确保少数群体的意见能够得到听取,而且极可能会通过协商予以接纳。与前几十年相比,从1976年到20世纪80年代中期,自民党更倾向于与反对党协商并达成妥协,以便使立法过程顺利进行。为了使众议院顺利运转,比绝对数多17个席位的工作票是必要的。如果未达到这个条件,反对党可能会在常务委员会中阻挠立法。在1976年、1979年和1983年选出的三个议院中,自民党就有六年时间没有获得这样的多数席位(Bouissou,1998),只好与日本社会党合作,并默许日本社会党来管理其立法方案。所谓的"反措施"委员会是双方达成非正式协议和交易的论坛。由于国会开会的时间相对较短,立法时间方面存在相当大的压力。为了在会议结束前将其主要立法写入法典,自民党不得不与其他党派达成和解。国体政治是各政党通过协商达成的决策一致的机制,是日本社会运作的典型方式,通过寻求妥协和避免自我主张来解决问题(Ozawa,1993:21)。

为了迫使政府做出让步,反对党不时以否决权来阻挠立法通过,其实践效果相当明显。在1976—1989年期间,自民党和反对党之间的平衡意味着,在一些立法委员会中,后者占多数,而无表决权的主席是从执政党中选出的。这使得1977年的众议院预算委员会预算案得以顺利通过。为了在财政年度结束前通过预算,从而避免临时预算的需要,"执政党和反对党之间进行了紧张的幕后谈判"(Sato等人,1990:389—90)。其结果是政府作出了比原先计划更大幅度的减税让步。第二年,由于反对派不妥协,政府也作出了类似的让步。1979年,政府和反对党未能就修改预算达成一致,预算委员会自1948年以来首次否决了预算案,并在众议院全体会议上通过否决的决定。到政府提交1980财政年度预算草案时,反对党威胁使用否决权已成为每年的惯例。在这种情况下,政府拒绝接受反对党所提出的上调预算支出的反对建议,因而谈判破裂,国会进程陷入停顿。"公开和秘密的复杂谈判继续在几个层次上进行"(Sato等人,1990:515)。最后,在提出一些额外开支后,自民党与主要反对党非正式地达成了协议。虽然预算案在财政预算案委员会中再次被否决,但在全体会议上获得通过。在此之后,自民党的多数派系斗争得到了改善,并变得更加独立。

社会党和其他反对党对国防政策的影响更大。维持在国内生产总值中占1%上限压力是抑制国防开支增长的一个主要因素(Keddell,1993)。考虑到少数党派的反对,将国防开支排除在预算削减之外的特别预算框架之中,仅这一项内容就经过反复论证,从1980年推迟到1981年才通过。由于来自反对派的压力,这个框架一旦通过,中曾根(Nakasone)首相就无法取消1%的上限。而这个框架(即1%的国防开支占GDP的比例限制)最终在1987年解体的主要原因是反对党在1986年众议院选举中的选举地位被削弱。随着反对党自身命运的衰落,以及在1989年选举中失去在参议院的多数席位,反对党重申了他们对政府防务政策的影响力,特别是对维持和平立法的影响力。

自民党同盟的解除

自民党一党制统治下的旧政治秩序的瓦解始于1988年的"利库路特贿赂案"丑闻影响。它牵连到了日本首相竹下登(TakeshitaNoboru)、财务大臣宫泽喜一(Miyazawa Kiichi)、前首相中曾根康弘(Nakasone Yasuhiro)以及该党的其他主要成员。因此,整个自民党不得不更认真地考虑政治改革问题。迄今为止,政治改革主要是最近当选的年轻议员所关心的问题,他们呼吁为众议院构建一个新的选举制度(Oake,1996年)。1989年,自民党失去了在参议院的多数席位,并与日本公明党(Komeito)和民主社会党结成了联盟。Stockwin(1999)认为,这种安排给了他们决策权,播下了自民党随后分裂的种子。迄今为止,自民党的主导地位依赖于其决策结构的排他性。

随着日本首相竹下登于1989年6月的辞职,政治改革陷入僵局,派系之间和各派系内部关于领导权争夺成为主要问题。宇野宗佑在1989年6月担任首相,在短暂的任期之后,成了自民党的傀儡,他的内阁"运行起来就好像小泽一郎(自民党的干事长)是事实上的首相"(Otake,1996:283)。小泽一郎主张一项广泛的改革方案,他的主张得到了鸠山由纪夫(Hata Tsutomu)和年轻改革者的支持,在执政期间和宫泽一郎首相多次试图推动改革,提倡年轻改革者的竞选。海部俊树(Kaifu Toshiki)政府和1990年众议院选举继任的宫泽(Miyazawa)首相为推动这一改革方案进行了多次尝试。自民党在一年前失去对众议院的控制后,在这些选举中却出人意料地获胜,进一步强化了自民党内部普遍不愿进行政治改革的态度。但由于该党"教父"、副总统、前秘书长金丸信(Kanemaru Shin)因受佐川急便(Sagawa Kyubin)贿赂案的影响而遭到逮捕,在随后两年里这种冷漠的态度被打消,紧随其后的自民党解除联盟,与自民党内部在政治改革问题上的分歧几乎没有关系。这在很大程度上是金丸信辞去主席职务后,竹下派系领导层争夺的结果。在金丸信不光彩的时候,小泽一郎(Ozawa)是他的高级副手,正在被培养成为派系领导层的接班人。小泽一郎（Ozawa）的主要竞争对手是小渊惠三（Obuchi Keizo）、胜山正久（Kajiyama Seiroku）和桥本（Hashimoto Ryutar），他们还激烈地争论谁应该为金丸信的倒台负责，还对谁应对金丸信负责的这一问题提出了激烈的争议。竹下派系（Takeshita）分裂成两派，一派由小渊惠三（Obuchi）领导，另一个派系称小泽派，名义上由选举改革支持者羽田孜（Hat Tsutomo）领导。这次分裂，再加上宫泽（Miyazawa）首相未能兑现他在电视上承诺的在6月份国会会议上的"实施政治改革"的决定，由此决定了政府的命运。小渊（Obuchi）派于1993年6月迫使羽田孜的团体退出该党。羽田孜、小泽一郎和来自两院的41名持不同政见者组成了日本复兴党（Shinseito）。在6月18日国会不信任投票中推翻宫泽政府（Takemura Masayoshi）后，一个规模较小、由自民党十名年轻成员组成的左翼团体，在早期政治改革运动中声名显赫的竹村正史（Takemura Masayoshi）的领导下脱离自民党，成立了新先驱党（Shinto Sakigake）。众议院被解散，在1993年7月18日的选举中，自民党政府被击败，其代表席位从286席（叛逃前）减少到223席，自此，自民党同盟解体。

动荡与不稳定，1993—1996

由七个非自民党政党组成的联合政府于1993年8月上台，这个联合政府是由日本新党领袖细川护熙领导的（他于1992年年中成立了日本新党，并在选举中赢得了35个席位）。细川护熙宣布实施选举改革，提议放松对工业的管制，改革税收制度，将权力下放给地方政府，以及对官僚进行政治控制等一系列改革计划。然而因联盟伙伴之间的内部斗争，以及自民党保守势力的牵制，改革难以为继，违背了自己的政治改革诺言，因此，他宣布将审议有关政治改革提案推迟至下届国会。此举引起在野势力的强烈不满。为减少国会的反对和参议院的拒绝，以"英国式"的单一成员选区[取代多成员选区，以简单的多数制取代单记非让渡投票制（SNTV）]的提议都被淡化了，有关限制政治筹资和遏制政治腐败的提案也被修订了。其他改革措施的进展同样令人失望，因为合作伙伴全神贯注地将选举改革作为优先事项，这些事项耗尽了他们的时间和精力。1994年2月，在小泽一郎（Ozawa）在与大藏省高级官员的合作下，细川护熙首相宣布了一项新的国家福利税法案，但因没有足够的时间与联盟政党进行协商,在他们和反对党抗议之后,这项决议立即被撤回,这对首相来说是一种屈辱的让步。更有甚者,在国会阻止财政预算案进展的时候,熊本县县长巧妙地组织了一场运动,对他的金融交易进行严格审查。这一威胁所造成的政府瘫痪为他在4月份辞职提供了借口,因为他的个人财务状况有可能进一步遭到令人尴尬的披露,他的信誉将会下降,这些因素都使他的地位难以为继(Takemura,1997;Shinoda,1994)。

日本复兴党领袖、副首相羽田孜(Hata Tsutomu)接任。日本社会党在新政府成立前就已经离开了联合政府,以抗议小泽(Ozawa)为由,将其孤立在一个由非社会主义伙伴组成的新议会联盟中。由于没有获得多数票,羽田政府只持续了两个多月,其主要任务是通过财政预算。一旦这项预算通过,自民党和社会党会联合投票否决一项不信任动议,以击败联合政府。12个月内的第三届联合政府于1994年6月30日就职。

自民党卸任一年后,又重返政坛与社会党结盟进而重新掌权,这是不可思议的。由于许多年轻党员的不满,以及随后一波又一波的持不同政见的党员的叛逃,削弱了自民党的政治和人数优势。但社会党在1993年大选中的损失甚至比自民党还要严重,而且在1994年颁布选举改革法之后,由于设立了单一成员选区,它面临更大的困境。自1947年社会党首次掌权以来,放弃了长期坚持的社会主义原则,最突出的是其长期和根深蒂固的反对常备军、否认《日美安保条约》(Japan-US Mutual Security Treaty)以及自卫队参与联合国(UN)维持和平行动,也放弃了对核能的反对,放弃了在学校强制升国旗和唱国歌的立场。

自民党联盟由现任首相村山富美(Murayama Tomiichi)领导,而宫泽县政府前内阁官房长官、现任自民党总裁河野洋平(Kono Yohei)则是他的副首相。政党分裂、解散和重组的过程发生在1994年6月。1995年9月,自民党选举联合政府的国际贸易和工业大臣桥本龙太郎(Hashtmoto Ryutaro)为党首,以取代自1993年大选失利以来一直担任自民党主席的河野太郎。作为前大藏大臣,桥本(Hashimoto)还担任过自民党内重要的职务,包括秘书长和国会主席。

村山(Murayama)于1996年1月5日辞职,这件事并不出人意料。他协调政府各党派关系和处置突发事件的能力不被人认可,如1995年1月17日阪神大地震（Great Hanshin Awaji Earthquake），日本政府反应迟钝，以及在第二次世界大战结束五十周年之际，日本政府对日本战争罪行的公开道歉的态度模棱两可，使得他作为国家和政党领导人的信誉遭到削弱。之后，在三个联合党的支持下，桥本（Hashimoto）在新首相的国会选举中击败了他的主要竞争对手小泽（Ozawa），并重组了内阁职位，以进一步加强自民党对政府的控制。

自民党执政，1996—2000 年

在 1996 年 10 月 20 日举行的众议院选举中，自民党获得 28 个席位，比多数党还差 12 个席位。两个前联盟伙伴的表现都很糟糕：社会党的代表席位减少至 15 个，坂垣（Sakigake）政府失去了领导人和 9 个席位中的 7 个。他们拒绝正式加入自民党以组成新的联合政府，但支持桥本（Hashimoto）连任首相，并支持自民党新政府。由于在两院都没有多数席位，他们的支持对于确保政府雄心勃勃的财政、金融、经济和行政改革立法方案的通过至关重要。

在众议院选举之后，其他政党的联盟解除和重新联盟的进程加快了（见 Laver and Kato，1998；Hrebenar，2000）。从其他政党倒向自民党的情况持续出现，到 1998 年 4 月足以使自民党在众议院获得绝对多数席位。1997 年 12 月，新神道（Shinshinto）在其首相小泽一郎（Ozawa Ichir）的倡议下分解为六个独立政党，其中新成立的自由党（Jiyut o）有 41 个席位。

桥本（Hashimoto）于 1997 年 9 月再次当选自民党主席，随后进行了内阁改组，加强了各主要派系的代表性。竹下（Takeshita）派系的继承人小渊惠三（Obuchi Keizo）被任命为外务大臣。小渊惠三（Obuchi Keizo）、宫泽（Miyazawa）和光冢（Mitsuzuka）派系之间达成了平衡，开始了对资历的重视，表明了各种派系政治地位的复兴。1993 年之前是自民党一党统治，在 1994 年 12 月被改变，事实上结束一党统治的斗争从未停止过，例如，这种政治要求任命佐藤奥库（Sato Koku）担任总务厅（MCA）总干事，负责监督行政改革计划。在 1976 年，佐藤奥库（Sato Koku）由于洛克希德丑闻而被判受贿罪，随后日本首相桥本（Hashimoto）不得不在公众批评下将其免职，并为任命他的判断失误而道歉。1998 年 1 月，日本财务大臣三家（Mitsuzuka）辞职，并为涉及大藏省内部贿赂和腐败丑闻的高级官员的非法活动承担法律责任。这两个事件进一步削弱了首相桥本本人在全国和党内的领导力。然而,由于缺乏可行的替代方案,他的任命直到7月份众议院选举结果出来之后才结束。自民党希望在选举中获得绝对多数席位,但事与愿违,自民党失去了不少席位。桥本(Hashimoto)承认对该党的糟糕表现负有责任,随即辞职,他的继任者是小渊惠三(Obuchi Keizo)。此前,小渊惠三(Obuchi Keizo)发起了前所未有的公开竞选活动,要求获得党内的新权力,其中包括自己的党派成员、前内阁秘书长川山清禄(Kajiyama Seiroku)和特立独行的厚生大臣小泉纯一郎(Koizumi Junichiro)。小渊惠三批评桥本(Hashimoto)的经济政策,于是年迈的前首相宫泽(Miyazawa Kichi)被任命为大藏大臣。

小渊(Obuchi)政府在参议院没有获得多数席位,于1999年1月与小泽一郎(Ozawa)的自由党(Liberal Party)签订了正式联盟协议,并与新公明党(New Komeito)缔结了一项非正式的联合契约,部分原因是为了防止反对党发起不信任运动,并确保新的美日防务合作立法指导方针获得通过。1999年10月,公明党在自民党领导的联盟中成为自由党的正式合作伙伴。在小渊惠三成功连任自民党主席后,他重组了内阁,每个人都被分配得到内阁中的一个部长职位。联合政府控制了众议院500个席位中的357个,并且在参议院中占了多数席位,250个席位中有141个。小泽一郎(Ozawa)领导的自由党于2000年4月1日离开联合政府,此前该党与其合作伙伴在选举改革和安全相关问题上长期存在争议。次日,小渊惠三首相中风,陷入昏迷。秘书长森喜朗(Mori Yoshiro)当选为日本首相,日本国会于4月5日批准了他的首相任命。政府的组成结构保持不变。

在小渊惠三去世不久,森喜朗(Mori Yoshiro)于6月25日参加了众议院大选,自民党和它的两个同盟者都失去了席位,但是被削弱的联合政府仍保留了(现在的)480个席位中的绝大多数席位。在7月4日成立的森喜朗(Mori Yoshiro)第二届内阁中,新公明党(New Komeito)和新保守党(New Conservative Parties)各获得一个职位。由于在公众中越来越不受欢迎,森喜朗(Mori Yoshiro)在自民党内的地位越来越不稳定,加藤光一(Kato Koichi)领导一次政变,虽然未遂,但森喜朗地位越来越受到威胁。由于党派之间持续不断的争斗,森喜朗(Mori Yoshiro)内阁瓦解,促使现在是最大派系领导人的前首相桥本（Hashimoto）进入内阁，从 2001 年 1 月 6 日起将精简部门数目，并于 12 月重组内阁。

政治经济的变迁

政治与经济的相互依存关系深深植根于近代日本的演变中，这是其早期工业化进程和 1945 年以后再工业化进程的一个特点。自 1955 年成立以来，自民党的政治利益与生产者集团的经济利益密切相关，主要是农业、建筑业和小型企业。传统上，这些企业在自民党的议会部门中占有重要地位，但也与由大型企业主导的制造业和金融业紧密相关，由于大企业和小企业在选举和财政上的支持对自民党继续主导政治体系至关重要，所以实行有利农业和小企业的税收政策、补贴、公共工程项目和保护管制与区域市场免受外国竞争是必要条件。虽然大企业的经济利益后来与受保护和受监管部门的经济利益背道而驰，但在经济高增长时期，这些利益与自民党的经济利益基本是一致的。企业通过向自民党及其派系捐款和礼物馈赠来提供财政支持，加上小商人和地方选举网络（koenkai）成员的支持，为自民党议员的个人地方网络提供资金，使该党能够普遍利用选举制度，使社会有秩序运行，但不利的一面是，在这种制度下，多成员选区的派系间的竞选消耗了越来越多的资金。大企业的发展得益于一党统治政治体系的稳定，更得益于支持和保护性的宏观经济政策、工业和贸易政策。

直到 20 世纪 70 年代初，政治和经济利益的协调通过优先追求经济增长达成共识，并通过由政治赞助人、客户和官僚组成的网络集体将大小企业利益纳入决策过程来实现。而对政治经济稳定的威胁是在 20 世纪 60 年代末随着高速经济增长时期的结束才出现的，且对自民党的政治霸权构成了危胁，这是政治经济体系紧张的第一要素。

为了应对反对党在地方选举中获胜，自民党调整并扩大了其在养老金、福利、住房和环境方面的政策。社会信任关系网络得到扩大和巩固，并且将可能受到利益侵害的组织、个人纳入其中，"给予与农业和小企业相同的待遇"（Inoguchi 1990：216）。由于自民党接受并实施了福利社会的政治制度，过去几十年的优先事项将被重新排序。

导致的后果之一是政策进程中各行为者之间的竞争和冲突加剧。政策制定变得更加复杂、不那么连贯,政策也随着"日本企业拆分"而变得分散(Pempel,1987)。由于自民党在 1993 年下台之前一直实行补偿政治措施,政治权力在自民党及其决策机构之间变得更加分散,例如,与反对党合作,其许多政策被纳入自民党的政策调整战略。与官僚合作,在新的和扩大的政策领域促进和保护其政策管辖权的利益,同时还与地方政府、法院以及生产者和消费者的有组织的利益合作。由此产生的政策进程的分割加剧了对政策和资源的竞争,而这些政策和资源的竞争主要是由一个基本故步自封的自民党主持,自民党的领导人全神贯注于党派之间的首相继承权的争夺和在党内和政府中谋求职业发展以及对田中-竹下(Tanaka-Takeshita)派的控制。

政治经济体系紧张的第二个要素是对规则的不断忽视。规则规定了选举进程、企业捐款和对政党和政客的"馈赠",以及政客和官僚的行为。20 世纪 70 和 80 年代对规则进行了微小调整,例如重新分配几个选区、参议院引入公共关系以及对筹资活动进行限制等,但这只是治标不治本的办法,只是对腐败和政治的缓和而非改革,相反,这些倒破坏了政治体制,使其越来越无力进行动态决策。

政治经济相互依存的许多因素,以及政治经济稳定的条件开始发生变化。在 20 世纪的最后三十年里,支撑保守政权的经济和政治体制发生了变化,彭佩尔(Pempel,1998)认为,政治体制发生变化的根源在于"政权转移",这是四大结构性变化的结果:(1)政府和反对党的稳定体系被瓦解;(2)日本的经济表现逐渐恶化,以经济增长放缓为特点;(3)重新调整与美国的安全关系界限;(4)保守派联盟的主要社会经济基础发生变化,例如有组织的劳工的作用和影响越来越大,以及迄今为止支持保守派联盟的利益集团内部出现分裂。因为经济泡沫破灭后,正向的政治和经济化为零。这些变化和其他变化的原因是复杂的,其解释是有争议的[除 Pempel 本人的解释外,见 Yamamura(1997),以及Dore(1999)中具有挑衅性和颠覆性的解释]。在此,作者只是想提醒注意促成这一制度转变的因素及其一些结构变化,这些变化与后几章讨论的预算进程的背景相关。

首要的结构性变化是日本经济从以造船、钢铁、纺织品和机动车辆为主的高增长工业经济,转变为依赖消费电子、计算机和半导体等的高科技产业经济。新兴产业的制造厂每单位生产成本只有它们所取代的钢铁、造船和石油化工产品成本的20%,并且较少依赖传统上通过FILP机构提供的政府信贷和资本投资,如日本开发银行和进出口银行。高增长时代的结束恰逢布雷顿森林体系的结束和第一次石油危机,浮动汇率、金融服务和产品的逐步自由化,特别是放松利率管制,所有这些都使日本政府放松了对金融市场监管的控制。

第二次结构变化是市场、公司和资本逐渐国际化。这影响了大公司和通过互持股份形成的企业联盟在日本经济中的作用,以及它们与政治和金融机构的关系。大公司变得更加国际化,减少了对国家目标和政策的依赖,也减少了对来自横向企业联盟中"主要银行"的国内资金来源的依赖。后者的交叉持股减少了,因为它们变得更加"开放",以便更好地应对市场力量。日本政府和大企业的利益不再一致。随着政府和自民党被拉向相反的方向,这种历史性的互惠关系出现了紧张局势。一方面,农业、建筑业、中小企业和衰退中的制造业继续指望国家提供保护,严格监管其地方和区域市场,并实行税收减免和补贴政策;另一方面,大公司及其代表性协会主张更多的竞争,开放国内市场,降低消费者价格,减少政府对经济活动的监管,并希望从多方面结束对控股公司组建的限制。

第三次结构变化是公共部门作用和规模的转变,这是20世纪70年代初"福利时代"开始的结果。为扩大的保健、养恤金、社会福利、教育和环境方案提供资金,以及通过公共工程方案扩大所谓的"社会间接费用"资本投资,导致在随后的二十年中一般账户预算、FILP预算和地方政府预算的迅速和持续增长。在经济增长减速和税基缩减的情况下,公共部门赤字和债务迅速增加。政府不得不借入越来越多的资金,以便向经常支出和资本支出提供支持。由于经济衰退持续到20世纪90年代,反周期财政政策的一揽子计划规模越来越大,导致借款和经常性预算赤字达到创纪录水平。通过发行和出售越来越多的长期政府债券来为这些赤字融资,这对金融产品和市场、货币供应以及短期和长期利率的监管产生了影响。图3.2提供了一般账户预算中消费、税收和借款的主要趋势的摘要和参考点,这些将在以后的章节中详细讨论。

日本的财政危机

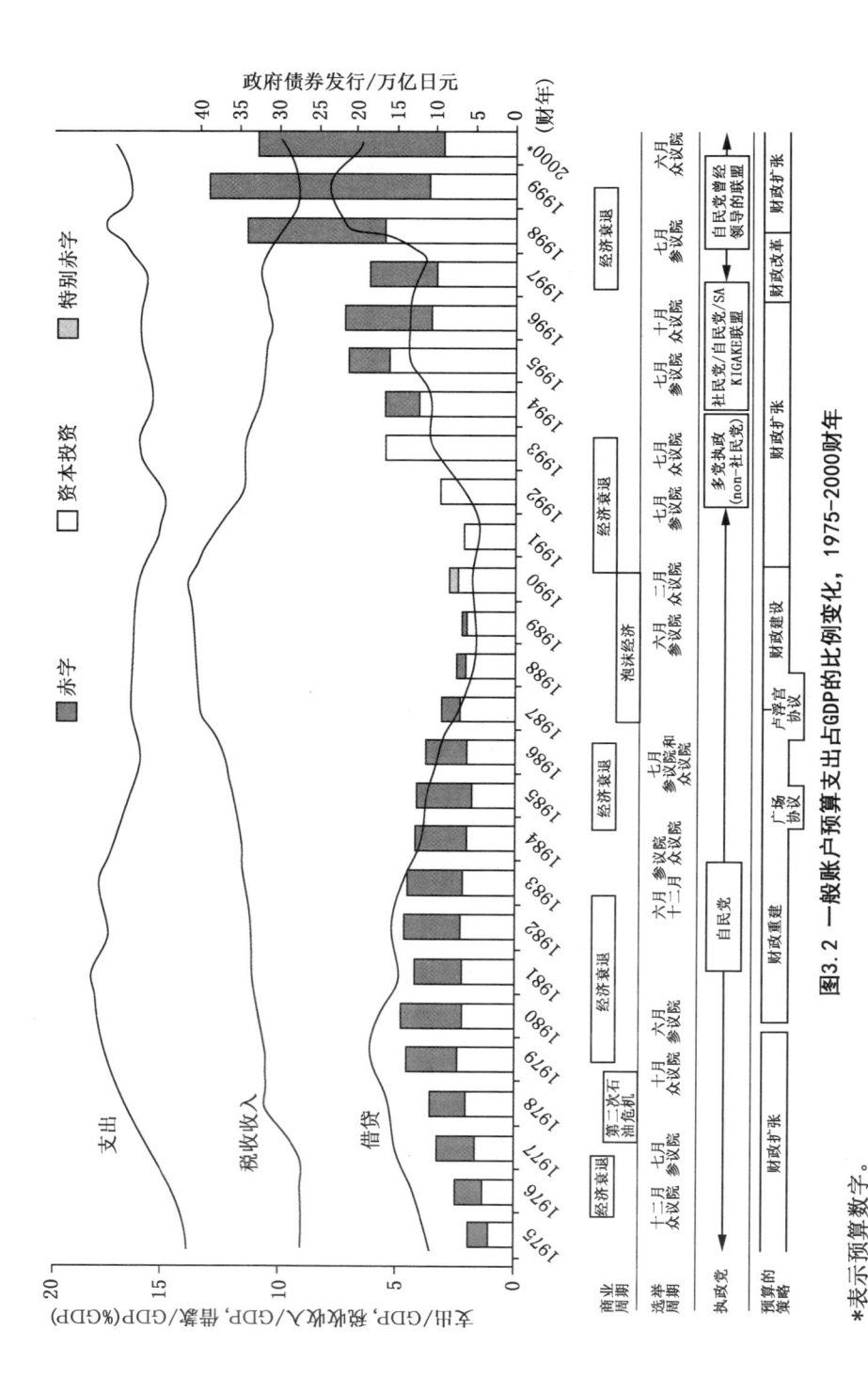

图3.2 一般账户预算支出占GDP的比例变化，1975—2000财年

*表示预算数字。
来源：历年预算研究处。

第四次结构变化是在20世纪80年代和90年代,日本与美国的贸易及安全关系转变的时候出现。随着冷战的结束,《安全条约》中所规定的相互依赖的基础正在受到侵蚀。美国不太需要日本作为基地来应对来自苏联、朝鲜和中国的威胁,日本也不太依赖美国的保护。因驻日美军性丑闻不断出现,反美声势越来越大。1996年起,反对美国继续占领冲绳成为防卫合作的重要谈判内容,由于日本想要摆脱美国地缘政治战略利益的限制,致使日美贸易关系恶化。演变成了一系列激烈的重商主义争端。这在1985年的市场导向型行业选择有关的贸易自由化谈判中,在1990年6月缔结的结构性障碍倡议中,在1986—1991年的《半导体贸易协定》和1993年继之而来的美日双边贸易框架谈判中以及在1997年为改善外国公司进入日本国内市场的机会而制定的《加强放松管制和竞争政策倡议》中,得到了体制性化解。

第五次结构改革更具争议性。放松管制的经济活动本身就是日本经济的结构改革,这是高增长时代的遗产,在国内市场上,无论规模大小,企业几乎不受"过度竞争"的影响,由于外国公司关闭,改革的步伐加快了。在20世纪80年代,受到监管但"减速"的经济仍能带来可观的4%的GDP年增长率。普遍认为,一旦"泡沫"破裂,这种表现就不能维持下去了。经历了长期和严重的衰退的大企业的领导人,以及一些经济官僚机构的成员,他们相信,原因是结构性的,而不是周期性的,与过去短暂的经济衰退相比,他们采取了更为激进的补救措施。

当然,还有其他要求放松管制的压力。随着全球贸易自由化,这些市场伴随着欧洲和美国经济新自由主义的兴起,对封闭、受监管的日本市场持续施加压力。20世纪80年代,来自美日双边贸易谈判的外部压力,进一步加快关贸总协定乌拉圭回合的进展以及七国集团和其他国家政府的反应,到20世纪80年代末和90年代初出现了全球经济严重衰退的现象。尤其是20世纪90年代初,日元升值使得日本出口更加困难,大型出口企业希望放松管制,向外国企业开放市场,以增加出口,减少进口。到1995年4月,日元对美元的汇率已经达到了79.75,而在十年前,这个数字是238。"日元泡沫"是一系列重大事件中的第四大事件,日元升值后,美元汇率开始浮动,货币和货币政策的稳定性发生了显著变化,影响着政治经济的基础,决定了它们自主权的丧失。

新个人主义的传播和新古典经济学的复兴在西方工业国家中，以美国的惊人表现为代表，在20世纪90年代的经济中，西方资本主义模式的特点是"消费者/股东主权"而不是"员工主权"。原则上承诺经济、金融活动和市场的放松管制，反映了日益增长的政治家、大公司和公众"员工主权"的幻灭，以及监管机构管理制度效率低下、政策管辖范围重叠、职责分散等问题。一个典型的例子，通产省、大藏省和日本央行都没有有效监督和控制住友公司的活动的责任，该公司是世界上最大的贸易公司之一，1996年6月报道未经授权的铜交易损失了18亿日元。

综上，在20世纪八九十年代，日本经济的变化推动了日本政治的五种结构性变革。虽然经济上得到了补充，但政治上趋于混乱，公民秩序和公共安全不断恶化。正如我们所见，1990年的经济危机暴露了金融系统的潜在弱点。这是日本战后历史上持续时间最长的一场战争，并引发了经济衰退的根本性问题，即被认定为独特的日本机构能否持续有效保持和政治家、官僚与支持他们的商人之间的关系，以创造出"经济奇迹"。所谓的"王冠上的宝石"的终身雇佣制、年功序列制、工资制和企业工会制度似乎正在瓦解，"发展型国家"的模式开始显现明显下滑的倾向。约翰逊在1990年出版的《日本战略结构》一书中十分讽刺地说日本在解决经济和金融危机方面是无能为力的，而且还增加其减少私人和公共债务的责任。

1993年至1996年的政治事件结束了所谓的"1955年体系"，在这个体系中，自民党一直在政府任职，统治着一个由自民党政客、官僚和商人的关系网。在某种程度上，该体制是否对经济的成功转型、几十年的高速增长和20世纪90年代的崩溃负有责任，这是备受争议的。但"经济奇迹"及其神话的原因和后果继续激发着人们的热情，与"修正主义者"和"反修正主义者"一样〔关于他们之间的争论，请参阅赖特（1999 d）〕。那些评价该体制辩论的一个观点认为，20世纪90年代经历的政治经济萎靡或危机的根源不是因为"1955年制度"的崩溃，而是因为"1940年制度"的历史延续。事实上，盟军最高指挥官（SCAP）改革的体制结构、经济体系、金融体系、官僚体系和政治体系，就现实效果而言十分显著（Noguchi，1995）。权力从政客手中转移到了官僚主义，官僚主义的地位在战争结束前得到了加强。

不管20世纪90年代日本政治经济危机的根本原因是什么,到20世纪末,一种新的政治秩序逐渐出现,取代了传统的政治秩序,尽管速度较慢。深化经济体制改革模仿美国、英国和其他七国集团在20世纪80年代采取的供给方面措施,似乎是不可避免的,而且几乎肯定是必要的因素,这是一项旨在恢复日本工业等许多领域竞争力的中期战略。

政治经济结构的变化是在最后阶段进行的高增长时代,以及那些同时出现在泡沫经济崩溃后的选举周期,对于持续不断的引入资本主义模式具有更广泛的意义。正如我们将在第5章中看到的,"修正主义"家们已经论证过日本模式不同于其他工业化国家,主要是美国和英国。日本和它的政治经济是"不同的",制度结构、经济战略和政策制定者的行为都奉行独特的"发展状态"的特征。然而,如果政策制定是由美国、日本和其他地方类似的"理性选择"所决定的,就像新制度主义者所主张的那样,那么日本和它的经济就没有那么分歧了。最近,对影响150多个国家经济和政府行为的超过46个变量数据进行的计量经济学分析支持了这一观点(Alexander,1999a,2000)。日本的资本主义也差不多与其他发达国家的情况大致相似,与其中最富有的国家的情况大致相似(Gwartney et al.,1996;Alexander,2000)。

日本通常被认为信奉盎格鲁-撒克逊资本主义的国家典范,非但不是一个异常特征显著的国家,反而更接近像美国、加拿大模式的国家(Alexander,1999)。其他的证据则模棱两可,并被同等地解释和用于支持"趋同"和"发散"的理论。一方面,有人认为日本的政治经济正在向英美资本主义模式靠拢,政府、公司、贸易协会、工会和官僚机构都对市场做出反应。消费者的偏好和需求使其利益经济更加高效和有竞争力,政府更加透明和对人民负责。另一方面认为,为应对泡沫破裂后经济表现放缓而采取的措施只是表面的而不是实质的改变(Yamamura,1997)。

第四章　行政改革

20世纪80年代,七国集团和经合组织在国家规划与公共支出方面,发生了根本性改变。公共开支的增加和税基的缩小,导致政府债务水平的上升。随着凯恩斯主义的衰退和经济自由主义的兴起,缩小公共部门的边界既是一种意识形态上的急切转变,也是财政上的迫切需要。原因在于赤字和债务的负担在不断增加,更广泛地说,变革的一项重要内容是在提供公共服务方面引入企业管理模式。追求经济效率和财政支出的有效性,这引发了对公共部门组织和管理原则的彻底思考。一系列行政改革浪潮席卷中央和地方政府系统,新的公共管理改革在大多数西方工业化国家受到了欢迎。

从20世纪70年代中期开始,日本也经历过类似的财政危机。为了解决危机,于1981年成立的第二次临时行政调查会(Rinchō),引发了一场广泛的行政改革运动。本章内容首先简要回顾了此次行政改革的环境,评估它在多大程度上改变了20世纪80年代中央预算系统运作的行政环境。其次,考察20世纪90年代行政改革作为一个政治问题,重新出现在历届联合政府议程上的情况。再次,介绍桥本首相六个"愿景"中改革议程的拓展。最后,得出结论:在20世纪80年代,持续存在的财政危机并没有使日本对公共部门的作用和目的有一个根本的认识,其他七国集团国家也是如此。这也解释了为什么在整个20世纪的最后1/4年份中,行政改革组织结构没有发生相对的变化。

20世纪80年代的行政改革与财政重建

在整个20世纪80年代预算制度运作的行政环境中,主要是被表面上关注行政改革的政策议程所主导。实际上,大藏省的真正问题是如何重建公共财政以减轻政府借贷和积累债务的负担。实施变革的机构是1981年3月成立的第二次临时行政调查会。关于该调查会的成员和附属专家成员的地位和影响,以及部门官员负责的工作等,工作委员会已作了详尽的审查和讨论,因此不需要在此做详细的阐述。他们对大藏省的真正问题所产生的原因和后果的解释是多方面的,参见(Elliot,1983;Ito,1988;Masujima、Ito,1993;Kato Junko、Otake,1994;Campbell、Suzuki,1999)的文章。与这些研究相比,作者所关注的范围更小一些:只研究确定行政改革临时委员会当时成立的原因,区分它和大藏省的实际目标,并评估其对预算制度运作的行政环境的影响。

1975年4月15日,日本大藏大臣大平正芳(Ohira Masayoshi)正式宣布了《财政危机宣言》,同时宣布发行特别赤字融资债券来弥补预算赤字。消除这些改革障碍成为他在大藏大臣生涯中的主要目标,其施政要领得到选民的支持,后来陆续担任自民党秘书长、首相等职。为了强调和宣传国家公共财政的危急状况,大藏省于1976年决定每年公布持续高水平支出对收入和借款的影响。这些保护措施中隐含的是,如果要消除赤字和赤字债券,就需要扩大收入基础,在固定支出和可自由支配支出之间恢复更大的灵活性。这成为年度中期财政预测(见第14章)的重点研究内容,标志着大藏省开始了长期推动引入消费税以扩大财政收入基础的开始。为扩大收入,引入税基广泛的消费税,但改革并没有取得预期效果。1979年,大藏省在这一方面的尝试失败,这直接促成了临时行政调查会的成立。

然而,大藏省的失败将财政危机推到了政治议程的核心,使得如何应对财政危机的讨论变得政治化。尽管大藏省希望通过削减支出和增加收入来应对财政危机,但它现在必须放弃后者转而推动前者,直到时机成熟,重新考虑增加收入才具有现实的政治意义。在反对税制改革的人群中,商人、政客和官僚们达成共识,主张通过改革行政体制,主要是削减成本来应对危机。

日本的财政危机

铃木善幸(Suzuki Zenko)接替大平正芳出任日本首相,赞同这一战略并发起了削减成本这一改革运动。正如所期待的那样,大藏省预算局利用这个机会重申了应对危机的紧迫性,并在1980年7月出版的《公共支出百科全书》(Saishutsu Hyakka,1980)中概述了对各支出部门预算计划的改革建议。然而,一年后成立的临时行政调查会的成员组成和赋予的职权范围表明,其调查范围远超出了大藏省最初关注的通过短期支出削减来应对眼前财政危机的设想。产生这一转变的原因在于行政管理厅[①]及其新任长官中曾根康弘(Nakasone Yasuhiro)关于政府和行政体制改革提出了更广泛的议程,更广泛地说,他关注的是日本国家的未来走向。他接替铃木善幸走马上任首相(1982.11.27)后,进行了雄心勃勃的改革,想从一场宽泛的改革运动中获得较高的政治声望。行政管理厅的官员渴望利用这个期待已久的机会推动中央行政系统的改革。所以,1980年11月20日关于设立临时行政调查会的法案获得批准。

日本经济团体联合会主席土光敏夫(Doko Toshio)是一位致力于政治改革且有影响力的商人。他被任命为第二次临时行政调查会主席,土光敏夫极大地影响了改革的方向,并通过强调"不增税的财政重建方案"来打消商界的疑虑。虽然职权范围中没有提到不增税的财政重建这一原则,但土光敏夫已经获得了日本首相铃木善幸和自民党高层领导人对这一原则的事先承诺(Suzuki,1999)。此后,临时行政调查会对其职权范围作了更广泛的解释,不仅包括组织和管理变革问题的变化,例如其他七国集团"新公共管理"运动的核心内容,而且还包括从高速增长时代向低速增长的转化、日本经济国际化、日本社会逐步老龄化的应对政策等。土光敏夫委员会致力于全面改革行政和财政结构,具体而言,它希望改变支出部门与大藏省在确定一般账户预算总额及其在其中的分配方面的关系,其目的是建立一个政策体系,在一个有上限的总额内确定支出方案预设下支出的优先次序,并削减那些优先次序较低的开支。这也是土光敏夫进行改革的第一项内容。这相当于对预算制度进行彻底改革,需要改变大藏省相对于支出部门的传统角色,并潜在地威胁

---

① 行政管理厅最初是一个独立的中央机构,直接向内阁负责,1984年与人事院的部分职能合并,成立了总务厅(MCA),2001年总务厅并入总务省。

到大藏省权威。所以,在诸多的改革内容中,大藏省只接受两个方面的议程,一是考虑到取消发行特殊赤字融资债券的问题,不反对年度总账预算实行自上而下的限制。事实上,自1961年以来,它每年都正式规定一个上限,尽管通过政治干预,但是它是灵活管理的。最新的议程是对每个部门的分配实行"零"和"负上限"的提议。二是大藏省明显支持削减开支。在临时行政调查会的倡议范围内,大藏省成功地实现了这两个目标。土光敏夫的目标是对整个支出方案规定优先次序,这使得公共支出审查以大藏省的议程为主导,该议程最早是由之前的《公共支出百科全书》确定的。在国家医疗保险、儿童保育、公共养老金、教育、公共工程和农业补贴等方面削减开支和紧缩开支的建议在土光敏夫的报告中作了详细说明。1981年7月提交给首相的第一份"紧急"报告主要是受该报告的启发,并表明持续的财政紧缩方案是行政改革运动的组成部分。

与大藏省编制预算权威受到威胁相比,"预算至上"在政策制定方面受到的威胁更为严重。在这件事中,土光敏夫领导下的临时行政调查会的目标是改革预算程序,公共支出方案的优先次序不过是普遍冻结国防开支和官方发展援助方案开支。这两件事都反映了该行政调查会最初的目标,即重塑行政和财政体系,反映日本不断变化的国际角色和责任,但也归功于政治上的权宜之计,被视为是对美国和国际压力做出的回应。

该行政调查会的第一份紧急报告是应大藏省的要求在开始工作4个月后提出的,该报告有助于编制1982年度的财政紧缩预算。报告中的建议为委员会后来的工作和报告奠定了基调。他们强调有必要消除特殊赤字融资债券的发行,并强调需要进行金融重建。第一阶段是大幅削减1982财政年度的公共开支,以确保财政预算不会超过前一年的水平。这些政策目标与大藏省百科全书中的政策目标密切相关。有人提到对一般账户预算的总额实行零上限,大藏省已经同意并在一个月前宣布了这一决定。

零上限的倡议起源于预算局,并且在第二次临时行政调查会成立之前就已经提出。在1980年夏季审查即将到来的1981年财政预算支出时,大藏省表示,如果要削减2万亿日元的政府债券,就必须冻结支出。在1980年10月发表的一篇论文中,大藏省证明了零增长对所有主要支出方案的影响。不仅是强调财政收支状况的严峻性,而且是敦促在削减开支方案方面必须有一个优先次序。零上限和采用类别的倡议支出方案的优先事项是由大藏省负责,然而,其他高级和一些有影响力的官员也在游说进行类似的改革,其中包括备受尊敬的前内阁法务大臣 Hayashi Shuzo。优先次序改革引入的时机已经成熟,强大而有影响力的临时行政调查会为改革的顺利展开提供了机会,并于 1981 年 7 月第一次向首相提交了紧急报告,它代表了公众对这项倡议的支持,并起到了政治化的作用,这也是大藏省一年前争论的问题,至此得到了解决。

预算局一直担心委员会可能对其预算管理系统及其控制的 FILP 构成威胁。为此,预算局通过设立预算制度小组委员会,严密管理改革议程和消除任何不利于改革的内容。实践证明,大藏省已经成功影响了改革议程,确保了大藏省工作和提案是针对裁员和紧缩而不是改革预算制度。在今后两年里,委员会提出了各种措施,涉及放松管制、中央协调决策、加强内阁官房的作用、为各部和机构的内部改组作出更灵活的安排、中央与地方关系以及公营公司私有化等各项内容,吸引了最多公众关注。行政管理厅获得了一些新的职责,并被重新命名为总务厅,临时行政调查会由行政改革推进临时委员会继任。

行政改革运动在短期内产生的影响是象征性的,而不是实质性的。委员会的意义更多地在于它所代表的内容,而不是它在改革中央行政制度方面所取得的成就。它的任命、成员资格、职权范围和承诺都强调要解决财政危机并将其政治化,以及重建公共财政以应付财政危机的必要性。这个问题成为公众关注的焦点,并在接下来的两年里一直未能得到根本解决。该运动向公众通报了公共财政的危急状况,并有助于动员政治和公众支持,能够在不增加税收的情况下实现财政重建的目标。然而,它没有成功地恢复预算平衡,1982 年铃木首相在辞职时表明对未能做到这一点负有责任。

在没有行政改革运动的情况下,外部专家和支出部门的官员在短期开支缩减是否能够实现的问题上是有争议的。事实的削减幅度并不大,这主要是由大藏省在 1980 年的《百科全书》中预测的议程所决定。尽管如此,大藏省需要行政改革团提供政治合法性,并动员支持当时削减开支。事实证明,从更长远的角度来看,委员会在不增税的情况下进行财政重建的努力具有更大的意义。虽然政治和商业对这项原则的支持,暂时将税收改革取消,但它却为20世纪80年代末的税制改革铺平了道路,因为委员会的工作表明,仅靠支出削减无法解决财政危机。因为无论如何,人们并不指望各支出部门会同意大幅削减支出以消除赤字,各支出部门与大藏省达成的一项临时协议,允许他们自行制定削减和紧缩的方案(Ito,1988)。

引入预算准则和部长级拨款的最高限额,威胁到维持农业和公共工程等项目支出的政治既得利益。"以统一的最高限额来削减开支的建议实际上把公众对行政部门浪费和效率低下的批评转移到了对可能减少或取消具体方案的担忧上"(Kato Junko,1994:149)。从1984财政年度到1987财政年度,公共工程项目的年度上限设定为-5%,使自民党政界人士尤为担忧。他们意识到,一般账户预算总额和其中对部长级拨款施加的限制对他们的政治利益产生了影响。

尽管大藏省表面上默许了"不增加税收的财政重建",但实际上它继续提高税收门槛,并从1982财政年度开始增加企业税和社区税。对此给出的单一解释是"不加税"意味着没有新的税收。日本大藏省扩大间接税负担的行动,开始赢得自民党政界人士和企业协会的支持。自民党政界人士希望恢复1977年暂停的每年例行的直接税削减。后者曾非常支持行政改革运动,以削减政府开支,从而避免增加公司税和间接税的可能性,从1984年开始,公开表示他们对所承担的日益增加的税收负担的态度。

行政改革运动和委员会的工作,没有显著改变预算制度运作的行政环境,行政和决策系统的组织结构也没有受到很大干扰。相反,预算制度的改变是通过更为严格标准的预算准则,以及确定的支出类别和政策的优先次序,改变了预算制度的行政背景。大藏省没有取代预算制度在预算编制过程中的中心地位,取而代之的是制定政策和确定优先次序的"预算至上"制度。"预算至上"制度经受住了对其权威的短暂挑战,并幸存了下来,因为它对总量分配的控制得到了增强,并能够决定改革税基的政策议程,以消除特别赤字融资债券,来达到恢复平衡预算的最终目标。不过,正如我们在后面各部分内容所见,公共财政在20世纪80年代的真实情况比大藏省所呈现的支出增长趋势更为严重。

第二次临时行政调查会后的行政改革

该调查会于1983年正式解散。此后,行政改革在政治议程上被降至较低的位置,直到1993年初各政党解体时才恢复原状。行政改革推进临时委员会的调查和报告的主要重点,从财政重建转向放松管制和权力下放的问题。然而,对于"不增税的情况下进行财政重建"的所有问题,包括收入短缺的持续关注,特别赤字融资债券的取消,消费税的建议和一般账户预算的控制等,都将在行政调查会中进行讨论,并在大藏大臣和自民党官员之间进行对话。

20世纪80年代,行政调查会的职能是审查国家政府。从理论上讲,他们的工作主要是基于"新公共管理"的两个原则:第一,通过市场竞争提供的有效的公共服务应转移到私营部门;第二,私营部门不应该受中央政府的监管。然而,在中央一级实施第一项原则方面取得了进展,出售了日本电报和电话公司、日本国家铁路公司、日本烟草公司和盐业公司的股份以及处置的几家上市公司的资产,其中包括日本航空公司,日本汽车终端公司,欧陆开发公司和冲绳电力公司。公共公司数目从1981年的99家减少到20世纪末的92家,主要是通过整合现有职能而不是废除实现的。

历次临时行政调查会提出许多放松管制的措施,这些措施独立于他们的工作之外,由各部门机构和企业事务部之间商定,这是一种渐进的变化而不是激进改革。虽然经济放松管制是整个20世纪80年代和90年代初与美国进行贸易争端谈判的一个主要政策问题,但关于放宽或取消对国内市场进入和竞争的限制的措施是分散零碎的,并不是一套系统的指导性综合改革方案。为了减轻日元升值对国内经济的不利影响,日本政府施行扩张性的货币政策,主要是"超低利率"政策。1986年4月,日本银行总裁前川向日本内阁提交了一份关于日本产业结构调整的报告,史称《前川报告》。《前川报告》的核心内容强调了放宽管制和改善对日本国内市场的准入问题。这可看作是随着外国对日本长期巨额账户盈余的批评日益增多,日本政府做出的回应。然而,回应中并没有具体的建议和相应的改变。回顾一下,这些报告和对这些报告的反应,在制定改革问题议程方面更为重要,这些议程有助于培养商界和政治精英,为变革做好准备。更直接的是,它们为贸易自由化谈判和结构性障碍倡议铺平了道路。

20世纪80年代临时行政调查会工作受到的影响是由若干因素造成的。首先,在1993年细川联合政府上台之前,日本几乎没有得到政治支持。特别是在1989年竹下登(Takeshita)辞职后,首相的支持尤其少。第二,各部门根据其企业法制定经济和社会规则的权力界定,并划定了彼此之间的管辖权。他们的监管权力范围和使用受到了极大的保护。第三,与此相关的是,官僚和政治家在维护部级监管权方面有着共同的利益,这是一种宝贵的权力资源,可以与特殊利益集团交流,其中许多人是许可证和授权管理制度的直接财政受益者,这些制度迄今为止一直在限制进入市场或限制竞争。据估计,在私营部门,交通省汽车检查条例保证了私营部门有50万左右劳动力和获取检测收益的权利。《大型零售店法》的限制性条款使大量小店主受益,这是因为他们是自民党的支持者。地役权(按照合同约定,利用他人的不动产,以提高自己不动产的效益权利)、减让权和监管分配与官僚为获得政治支持而交换的可交易资源一样有用。可交易资源来自政治家和利益集团的专业信息和建议,以及政治家为其个人竞选基金和自民党派系基金提供的捐款。第四,行政当局固有的保守主义和谨慎,加上特殊利益集团对未知的恐惧,在整个20世纪80年代阻碍了全面放松管制,使改革只能缓慢进行。最后,要实施已经商定好的改革需要政府各部门的合作。实践证明,政府各部门的合作效果并不理想,一个典型是在原则上表示同意,但在细节上表示反对。

20世纪90年代的行政改革

1993年,一些持不同政见的自民党成员退出后,在各政党的重组中,行政改革重新成为一个最主要的政治问题。日本首相细川护熙(Hosokawa)领导的联合政府及其合作伙伴早些时候曾发起运动,要求改革日本的政治和行政体制。新成立的新生党的干事长小泽一郎(Ozawa Ichir,1994)提出了新日本改革的蓝图和议程,新生党于1993年8月联合其他六个政党组成联合政府。当时行政改革运动的三大主要内容是:解除对经济和社会活动的管制,将经济和社会职能从中央政府下放到地方政府,减少国营公司并使其合理化。

放松管制

在对开放国内市场和放松对市场中企业的控制方面,细川、村山、桥本和小渊联合政府,它们所持有的态度是不同的。但是日本经济团体联合会、日企联合会,日本雇主协会联合会及其大型企业会员在一系列报告和行动计划中,发出废除控制经济与社会的规制提议,不可避免地会受到美国政府的支持。但因政府谨慎而消极推动,其改革在范围和实质内容上的作用有限。日本经济团体联合会代表大公司的利益,游说政府引入外国竞争、开放国内市场,一直要求更多、更快地放松对各种经济活动和市场管制。随着20世纪90年代初日元的快速升值使其企业竞争力下降,出口难以维持,日本经济团体联合会认为国内市场竞争加剧,将有助于减少贸易差额的盈余,降低日元兑美元的汇率,使出口更容易。

1995年3月,村山富市(Murayama,1995)首相内阁通过了放松管制行动方案。具体要达到三个主要目标:一是改善消费者的选择和减少国内外商品之间的价格差别;二是促进进口,扩大内需和商机;三是简化行政法规和控制。1986年《前川报告》所阐述的指导原则是"原则上不受管制的自由,但规则除外",制定了《解除管制行动方案》。该方案最初包括1 091项措施,将在1995年7月实施,为期三年。最大特点是更加强调行政信息的披露和执行过程中的透明度。1998年3月,内阁批准了一项新的三年方案,以促进1998年至2000年的放松管制,主要是重述以前方案中的目标:废除经济法规,简化、加快和提高监管程序的透明度。行动主要包括对16个部门的现有程序进行一系列全面审查,例如进入壁垒、批准和通知要求、国际标准和规范。促进公平、自由竞争的措施主要体现在虚拟语气方面——将对价格卡特尔①采取严而有力的措施;将立即采取行动打击不公平的贸易做法;联邦贸易委员会将对违反《反垄断法》(大藏省1998年颁布)的行为采取严格措施。在该方案提出的1 268项措施中,到2000年10月,大约90%的措施已部分或全部得到执行。2000年4月开始了另一项三年解除管制方案,其中包括内阁行政改革促

---

① 是指两个或两个以上具有竞争关系的经营者为牟取超额利润,以合同、协议或其他方式,共同商定商品或服务价格,从而限制市场竞争的一种垄断联合。

第四章　行政改革

进总部政府委员会提出的234项提案。

放松管制的实施

日本和其他国家一样,执行管制改革的过程是复杂的,放松管制的形式往往与实质不符。通过诸多例子可以总结出,放松管制后发生的事情和实际发生的情况常常是不同的(Yamamura,1997:316)。

所有以法律或内阁法令形式出现的新条例都由内阁法制局、总务厅审查,并由大藏省的预算局确定它们的必要性和恰当性。现行条例每五年进行一次正式审查,并作为部级活动审查计划的一部分,由政府部门检查。它可以确定所提出的改革监管做法的建议,但这些建议的最终实施取决于有关部门的意愿。总务厅要求它们报告根据其建议而采取的措施,建议和答复都要公布出来。还要求通过行政检查监督实施过程,要求各部门报告进展情况。然而,无论是总务厅,还是临时行政改革委员会,都不能对阻挠的各部门进行改革,因为它们对自己的内部组织结构负有最终责任。总务厅行政监察局局长及行政管理局①行政改革司司长的呼吁都清楚地表明:它们是过去进行重大改革的一个巨大障碍。

没有强大而坚定的政治领导,部门倾向于坚持现有的制度和政策,而且不愿意为改革自己的倡议而努力。特别是在各种利益不同的时候,对于有关削弱其权力和权威等问题,各部门表现出消极的态度,除非其他部门需要作出同样的努力(Tanaka,Horié,1993:220)。超过70%的规制是由大藏省、农林水产省、厚生省、通商产业省和交通省五个部门颁布的,见表4.1。

表 4.1　　　　　　　　　1986—1996 财年各部门发布规制数量

	1986	1987	1988	1989	1990	1991	1992	1993	1994	1995	1996
内阁官房	27	27	29	32	32	32	33	33	32	32	32
公平贸易委员会	26	26	26	28	28	26	26	26	26	26	26
总务厅	81	95	97	100	100	99	114	134	144	141	149

---

① 1957年8月日本内阁负责管理和审查政府行政机构的机关行政管理厅的三个部门升格为:行政管理局、行政监察局、统计基准局。——译者注

续表

	1986	1987	1988	1989	1990	1991	1992	1993	1994	1995	1996
国家安全委员会	29	29	29	34	34	34	34	37	35	35	35
北海道开发厅	26	26	28	31	31	31	31	31	31	31	31
日本防卫厅	26	26	28	31	31	31	31	31	31	31	31
经济企划厅	26	26	28	31	31	31	31	31	31	31	31
科学技术厅	218	260	263	291	291	298	298	303	301	297	307
环境部	149	149	156	159	162	164	165	188	194	199	204
冲绳开发厅	27	27	27	32	32	32	32	32	32	32	32
国土厅	81	81	81	86	86	86	89	89	88	87	87
司法省	146	146	148	149	153	154	166	172	172	168	176
外务省	37	37	39	42	46	46	50	53	50	50	48
大藏省	1 116	1 134	1 143	1 173	1 195	1 210	1 236	1 387	1 391	1 374	1 460
文部省	310	308	317	314	315	312	322	333	327	327	328
厚生省	936	945	985	1 015	1 033	1 106	1 170	1 221	1 246	1 221	1 262
农林水产省	1 263	1 256	1 270	1 270	1 299	1 315	1 357	1 427	1 419	1 400	1 394
通商产业省	1 870	1 886	1 883	1 900	1 908	1 916	1 915	1 986	1 769	1 780	1 841
交通省	2 017	1 976	1 977	1 962	1 988	1 966	1 966	1 893	1 700	1 607	1 573
邮政省	265	273	279	284	306	308	313	319	291	292	303
劳动省	532	559	563	560	559	565	579	631	629	633	605
建设省	742	770	776	804	808	842	870	910	879	841	863
自治省	104	107	108	113	113	113	114	134	127	125	125
总计	10 054	10 169	10 278	10 441	10 581	10 717	10 942	11 402	10 945	10 760	10 983

资料来源：1986—1996年总务厅资料总结。

根据表4.1可以总结出，1986年至1995年期间，各部门发布的条例数量只有在后三个阶段有所减少。连续八年都是在不断增多，1993年生效的许可证、通知和批准的数量达到创纪录的11 402 460件。此外，自临时行政改革委员会在1985年放宽管制的报告发表以来，又增加了约1 000份报告，但最后两年的数量有所下降。参照这些定量数据对放松管制实施情况的评估，表明存在误导和过于简化的情况，需要进行一些说明：第一，各部门对计票条例有不同的标准，有些部门的标准较窄，如交通省，而另一些部门的标准则较宽，如外务省和通商产业者；第二，行政指导强加了许多事实上的规定，缺乏明确的法律依据,因此不被总务厅计算;第三,条例的数量并没有定性地区分规章的类型或力度,例如许可和许可证,而通知或提交信息的要求则弱得多。在许多情况下,后者取代了前者,削弱了监管自由裁量权,而不改变规章的数量,在某些情况下实际上增加了管制权。法案的一个部分可能包含一个或几个"权限",一个权限可能比几个人的集体力量强得多。如果现在允许以前非法或受限制的活动受到某些条件的限制,可能还需要新的法规,从而放松监管,但增加了许可数量。1996年有314起新法规案件直接归因于放松了管制行动计划(IAM,1999);第四,标题合计是增加和减少的净结果。在1995—1996年间,增加了176次,减少了127次,净增49次,总数为11 032次。市场自由化和公共公司私有化在许多情况下(就像在七国集团其他国家一样)导致了重新监管,部分原因是大型私营公司之间的市场竞争需要一个监管制度和一个管理当局来管理。直到1998年,金融监管机构成立之前,日本的各省厅和部级机构充当管理当局发挥金融监管的作用,而不屈服于独立的监管机构,这些机构的特点是在英国、美国和其他国家实行再监管。与此同时,日本放松管制进程的特点是自相矛盾的扩张性的重新管制,因为各支出部和机构设法保护现有的政策管辖权,并要求在新的政策领域行使自由裁量权。

根据政府的一项官方估计,近十年的放松管制给日本国内生产总值带来了平稳的增长。承诺放松管制本身并不能为经济长期增长提供条件,所需要的是对机构、程序、透明度和监管机构的监管改革。如果进行了这种实质性改革,并解决了市场准入和价格限制方面的关键问题,对经济的真正提振才可能发生(OECD,1999a)。

权力下放

地方政府通过从中央政府下放权力来实现更多的自治权,这使得各地市从中央政府各部门的严格监督和控制中解脱出来。地方自治原则是行政改革团及其后继者在整个20世纪80年代和90年代的改革议程中的关键。但是,权力下放的尝试"不瘟不火",用1981—1993年期间全面负责行政改革的高级官员、前任总务厅副总干事的话来说,由于官僚机构的顽固抵抗,权力下放是"不成功的"。关于减少国家对地方政府的干预、转移政府职能,使授权代理的做法合理化以及取消赠款援助的建议,要么"不充分"要么"不足"。没有人提议增加公民对地方政府的参与,也没有人建议限制从中央政府各部借调官员的做法(Masujima,1998)。

1993年是一个转折点,政治家们抓住了行政改革的主动权,首相办公室(首相官邸,Prime Minister's Office)促进权力下放的报告为内阁权力下放的行动方案提供了基础。1999年内阁通过立法,从2000年4月起,明确提出澄清中央和地方政府的作用,提高中央和地方政府的独立性,下放权力和职能。这些措施比20世纪80年代提出的任何措施都更广泛和强大。具体体现以下四大方面:一是规定废除机构授权职能,即法定职能由地方知事和市长作为咨询小组委派和执行,由负责部门监督和指导。委托代理关系被中央和国家以下各级政府之间的"平等伙伴关系"所取代,每个层级的政府都有具体的管辖权、职能和责任。二是中央政府正式和非正式地干预省长活动的标准和程序,以及干预各地级市的标准和程序,受法规限制和监管。三是政府间争端交由首相办公室设立的一个委员会处理。四是补助和补贴必须合理化。

取消代理机构授权职能可能是一项深远的改革,它消除了中央与地方政府之间的紧张关系,但由于自由裁量权的增强激发了地方政府寻求更大的自治权。实施权力下放政策的有效性主要取决于中央政府是否愿意提供足够的财政资源,使地方政府能够履行其新职能。地方政府将享受更多的自由,能够自己发行债券并在未经部长许可的情况下自行征税,但是这两种情况都需要同中央政府事先协商。

公营公司合理化

公营公司的数量、作用和职能是行政改革的第三项内容,就像权力下放和放松管制一样,一直是促进行政改革临时委员会持续关注的主题。改革开始采用"废除和构建"原则,1965年作为共同的一部分,政府主动减少公共部门的规模和成本,以削减不断膨胀的财政赤字的不平衡。自"道奇路线"通过以来,国家财政失衡有了一定的缓解,但通过公营公司合理化化解财政危机的实效并不大,到1975年财政危机出现之前,113家上市公司的合并和合理化进程几乎没有取得任何进展。到了20世纪80年代初,继续实行行政改革

第四章 行政改革

团的建议导致其数量逐渐减少,并使几家较小的公共公司的职能更加合理化。

细川政府关于行政改革的倡议要求部门对公营公司存在的理由、职能和效率进行审查。村山联盟赞同这一审查,但激进的提案被搁置或推迟审议,这一提议得到内阁最后同意,通过合并小型公营公司、废除或私有化另外两家小型公营公司,公营公司数量从92家减少到84家。这一结果并未让公众满意,自民党的行政改革总部的改革动力很大,该总部为桥本首相1996年夏天的竞选活动制定了一项更激进的议程,他又废除了5家公司,将另1家公司私有化。到1998年3月31日,已减少到78家,与此同时,不断完善的立法为确保披露更多的管理和财务信息提供了保障,以完善公众对其业绩的问责机制。

经济体制改革

越来越多的市场精英强烈要求政府对经济和社会活动放松管制,这在体现市场症状的同时,也彰显了对经济体制进行彻底改革的必要性。在20世纪80年代,这种对改革的内在需求不断缓慢增长,当时虽然受到监管,但"减速"的经济仍然能够实现平均4%的GDP增长境况,而一旦"泡沫"破裂,这种境况就不能维持下去。然而,政府及商界对持续低迷的经济反应缓慢且犹豫不决,人们普遍地认为,20世纪90年代经济缓慢增长的原因是周期性而不是结构性的,如果经济能够"安然度过"低迷期,经济增长就会恢复到以前的高速经济增长率。反应缓慢的一个重要原因是银行部门迟迟未能有效应对危机,部分原因是银行部门接受了同样的信念,即恢复经济增长将弥补坏账和不良贷款的问题。反应迟缓的另一个原因是自民党维持现有政治经济结构上的投资,它需要保护它的客户和支持者免受泡沫经济崩溃的影响,在一定程度上助推了泡沫经济的膨胀。建筑公司是自民党资金的最大贡献者之一,他们对银行和信贷公司负债累累,农业合作社、住房贷款协会成了主要债权人。如果金融机构被迫迅速清算债务,任何进一步限制信贷额度的措施都会威胁到小型企业。反应迟缓的第三个原因是没有迅速改变经济发展模式和市场份额以适应经济发展的需要,生产者和雇员的主权将被消费者和股东所取代。

1995年夏天出版的信息产业部年度贸易白皮书,标志着在官僚体系内部就实现经济体制改革的必要性达成共识。该白皮书使人们认识到,我们过去曾实现高速经济增长的日本经济体系已经不能够适应国际环境,许多行业缺乏竞争力,主要原因是政府的法规和一些商业惯例使得国内价格水平高于其他国家的价格水平,高成本迫使许多大公司将工厂转移到国外,这也阻碍了外来投资。除非改变经济体制,否则日本将"落幕于全球商业舞台"。倡导必须立即进行改革,以便建立一个富有且充满活力的经济社会。放松管制、纠正偏差和增加国内投资机会都是必要的切入点。

为了应对国际上的指责,进行经济体制改革的呼声越来越大,并得到了通商产业省这一官僚机构的公开支持,这个部门在监管体制上的投资比大多数其他经济部门都要多。通产省力主改革是由于要继续寻找一个新的驱动力,所以提高了对放松管制的热情,并认为管制主要受它自己的官僚主义的影响,欲通过管制放松提升相对于竞争对手的竞争力。

1995年7月出版的经济企划厅(EPA)年度白皮书《走向动态经济的复兴》比日本通产省更坦率地承认了经济危机,这符合经济委员会(Economic Council)当月提出的关于新的国家经济计划的临时报告的总体方向——经济企划厅负责为经济委员会提供服务并推行经济开放政策。尽管担心开放国内市场会让竞争产生短期的社会和金融后果,但继续实行"封闭政策"将冒着长期经济停滞的风险,其逻辑依据是估计解除管制将使失业人数在短期内增加300万以上,并将增加公共开支。环境保护厅呼吁消除服务业大部分领域的准入和竞争障碍,包括运输、电信、医疗服务、卫生、住房和休闲。但这些一般性的规定并没有得到具体的政策建议的跟进,而且内阁很轻松地批准了经济企划厅的白皮书,就像它早些时候批准通产省的白皮书一样。

战略上,大藏省通过向其他部门借调高级官员来影响政策制定。经济企划厅的常任首长,副总干事通常是大藏省借调的高级官员。在《走向动态经济的复兴》白皮书发表不久,高村武(Komura Takeshi)回到大藏省担任大藏大臣政务次官(后来任预算局长,1997年7月任政务次官),因此,经济企划厅关于经济体制改革的呼吁至少得到了大藏省的许可,而且这与经济委员会1995年12月向内阁提交的新国家经济计划一致。不得不说现有的社会和经济结构已不再能够应付全球化的进程,国家经济计划、结构性改革的主题都强调了结构性改革的必要性。从大藏省借调的经济企划厅高级官员负责计划的制定,他们提供了改革的公开说明:我们所有夙愿——日本经济将永远增长,资产价格永远上涨,充分就业几乎得到保障,金融机构无懈可击,日本拥有世界上最安全的社会——现在都被推翻了。日本的人民失去了自信,不知道出了什么问题。简而言之,我们意识到,在战后 50 年的繁荣中,我们第一次处于危机之中,我们知道必须改革我们的社会和经济(Shiga,1995:1)。

桥本的六个"愿景"

日本经济结构改革从认识到改革实践在 1996 年 10 月举行众议院选举期间和之后得到了实质性的推动。日本首相桥本(Hashimoto)在五个关键领域"设想"了一个宽泛的变革方案,这些领域包括经济、金融、财政、政府和社会保障,后来又增加了第六项:教育。

经济领域

由经济委员会、通产省和首相领导的新内阁共同成立了一个行政改革委员会,提出了《解除经济活动行动纲领》,对进一步市场化和关键经济结构改革提出了建议,改革内容主要集中在电信、工业布局、金融、土地和住房、就业和劳动力、医疗保健和福利六个方面,主张这六个方面的内容应纳入国家改革计划中,改革主张得到了全社会重视和响应。通产省在寻找新的政策过程中,制定了一个放松管制的政策框架,计划到 2010 年在 15 个战略部门创造 740 万个就业机会。这项计划于 1996 年 12 月得到内阁批准,并授予通产省执行该项改革计划任务。与此同时,行政改革委员会也编写了自己的独立报告,加快了这 15 个领域的经济结构改革。但实践证明,这些倡议和其倡议目标,在大多数情况下,不仅缺乏政策执行的细节安排,更缺少执行这些目标的手段,因此并没有得到很好实现。(对 1999 年改革进展成效的总结和评估,见 1999 年经济合作与发展组织和 2000 年总务厅的相关资料。)

金融体制

第二个改革设想是金融体制改革。目标是放松对金融市场的产品和服务的管制。这是借鉴了 1998 年 4 月的"金融大爆炸"、1975 年在美国布雷顿森林体系崩溃引发的全球性金融危机和 1985 年后英国金融市场发生动荡[①]的经验教训。改革内容包括跨国资本交易自由化、放松对金融产品的管制、放松金融市场准入以及加强财务披露与报告制度（MOF,1997a;1998b）。其核心是通过放松金融管制,促进金融自由化。这些变化产生了不同的反应,对以日本大藏省和自民党为主的激进改革认识从彻头彻尾的怀疑主义开始向谨慎的乐观主义转变,认为桥本首相设想的那些"自由、公平的全球金融市场"在逐渐建立,尽管很少有人相信这一目标能够实现。虽然如此,一位从前的怀疑论者在 2000 年也不得不承认,这些改革在很大程度上是按照 1997 年宣布的那样来实施的（Lincoln,2000）。更直接的是,1997 年立法改变了日本银行的宪法地位和权力,赋予它更大的独立性和对货币政策的更多控制权。相应地,大藏省和经济企划厅被剥夺了政策委员会的成员资格,只允许在没有表决权的情况下出席会议。1998 年 6 月,首相办公室管辖内的金融监督局承担了检查和监督私营机构的职责,而该项工作以前是由大藏省的银行和证券局承担。

财政体制

在桥本的第三个设想中,预算赤字和公共部门债务,将通过广泛的财政体制改革加以解决。到 2003 年,赤字将减少到不超过国内生产总值的 3%,并取消发行特殊赤字融资债券。1998 财政年度和 1999 财政年度,一般账户预算中的公共开支按实际价值计算将减少,公共工程预算削减 10%,审查的非经常开支及经常开支预算也减少。作为财政制度的一个组成部分,改革内容在不断扩大,包括审议金融政策的未来规模、资金和 FILP 的作用。这些改革提案大都是在 1997 年 11 月的《财政结构改革法案》中颁布,并于 1998 财政年度的预算中开始实施。然而,由于 1997 年最后一个季度经济迅速恶化,1998 年经济衰退,迫使桥本不情愿地改变政策。同年 6 月对该改革法案进行了修订,使政府能够在规定的限额以上借款,为"一篮子"反周期支出和减税

[①] 英国退出欧盟引发全球市场巨震,英镑跌至 1985 年最低点。

第四章　行政改革

措施提供资金条件,但它仍限制赤字债券的发行。实现政策目标的期限被延长到了 2005 财政年度。但是,随着经济形势的恶化,他的继任者小渊惠三(Obuchi Keizo,1998)在 1998 年 12 月宣布暂停整个财政改革计划,同时推出了另一个反周期的一揽子计划。

虽然财政和行政改革一直是桥本首相改革方案的核心内容,但他的继任者小渊惠三在竞选首相时承诺振兴经济是他的第一要务。在需求方面,1998 年 11 月宣布减税 9.3 万亿日元,额外支出 17 万亿日元。但是,他刺激经济的措施收效甚微,政府的注意力慢慢地转向了供给方面。政府第一次承认消除制造业过剩的工厂生产能力是经济复苏的先决条件。1999 年 3 月,一个由高级内阁部长和企业家组成的行业竞争力委员会,由首相任命并担任主席,其主要任务是仿照里根总统在 20 世纪 80 年代成立的美国工业竞争力委员会,提出削减钢铁、汽车和化工等行业生产能力的建议,进行再就业培训并间接性地修订公司税收和关于合并、收购和破产的法律。

首相于 1998 年 8 月就职时设立的经济战略理事会,负责经济发展战略的制定与执行。该委员会由朝日啤酒(Asahi Breweries)董事长东口广太郎(Higuchi Hirotaro)担任主席,提出了一项为期十年的战略计划,分三个阶段实施:首先,解决金融部门的债务和贷款问题,然后到 2001 年达到 2% 的经济增长率,最后重建公共部门的财政,到 2008 年恢复预算平衡。在 200 多项激进的建议中,有一项判断认为增加消费税是不可避免的,对 FILP 的彻查可能会导致废除 FILP,与薪资挂钩的福利养老金制度也有可能私有化。然而,这些建议后来被官僚们淡化了,因为他们的影响力渗透到最终报告的制订和执行之中。1999 年 7 月内阁批准的新的"国家经济计划"讨论了竞争力和进一步放松管制为主题的内容。然而,自民党在这一问题上并未取得一致意见,经济振兴实效与这一信念目标相去甚远,在国内、党内的反对声音变得更加明显。由于零售业放松管制和反垄断政策实施,以及小企业受到了严格保护和补贴,这与自民党 165 名成员组成的强大的非正式团体的影响是分不开的。最有影响的是它在 1999 年成功地改变了立法,解除了对出租车行业的管制。

行政改革计划

桥本首相致力于行政改革方案,可谓雄心勃勃。当时公众对官僚行为普遍存在不满和不信任情绪,并对一系列腐败丑闻感到愤慨。这些丑闻涉及大藏省、通产省以及后来的日本银行和防卫厅等的高级官员。社会的诚实、公平和诚信水平普遍下降,行政无能和不作为的看法普遍。官僚们被指责是一连串的政策失误和管理不善的罪魁祸首。改革中央行政机关在当时成为选举中普遍受关注的问题,也是自民党及其联盟伙伴的总体改革战略的一部分,目的是加强对政策制定的控制,减少官僚的权力和影响力,从本质上削减官僚作风和官僚行为。大藏省是一个特别改革的目标,被指责未能预见和防止泡沫经济并认为其是造成后果的元凶,未能将经济从20世纪90年代的衰退中拯救出来以应对银行业的危机。1996年9月,桥本首先提出了一项计划,内容包括:将各部门数量从22个减少到14个(后来在立法中降至13个)以削减大藏省的权力;将原属于大藏省监管金融部门的权力移交给一个新成立的独立机构,以进一步削弱其权利和权威,使日本银行更独立。更激进的建议是,到2010年将整个中央政府机构迁出东京。

在大选之后,桥本于1996年11月组建了第二届政府,关于改革和重建中央行政机构的"设想"被纳入一项更广泛的行政改革方案之中,并于同年12月25日得到内阁批准,在1997财政年度至2000财政年度期间得到执行。桥本行政改革方案的指导原则是重塑"国家形象"。渴望形成一个自由和公平的社会,并由自主的个人组成(ARC,1997:1)。该项改革计划有四个主要目标:

(1) 建立一个更简单、更有效率和反应迅速的公共行政系统;

(2) 提供更多机会,让更多的私营机构参与,充分发挥市民个人的能动性;

(3) 为各项决策的制定与执行提供更大的开放性和透明度;

(4) 提高公共服务质量。为实现这些目标,将继续执行私有化和放松管制方案,进一步缩小和减轻公共部门的规模和作用,减少公营公司的数量,使其职能合理化,并将职能从中央政府转移到地方政府。

这些建议部分是重申了以前的政策倡议,但改革中央行政机构的建议是新的,并被列为最高优先事项。关于这些建议及其内容,将在第6章讨论。1999年5月通过的立法,原则上确立了公开政府信息的义务。民主要求披露政府信息的权利不同程度上提高了政府决策的透明度。1999年5月政府还颁布了规范政府官员行为的道德准则。所有超过 5 000 日元的礼物和娱乐必须由副主任级别以上的官员批准。局长和大臣政务官还要提交其金融资产的年度报告。国家人事局道德操守审查委员会负责监督新条例的遵守情况。

要评估 1996—2008 年度桥本政府及其继任者小渊首相,对行政改革运动带来的新影响,就必须评估各种行动方案的执行绩效。其中许多机构的改革内容,如中央机构重组、财政结构改革、FILP 和金融市场改革等,都远远超过 2000 财年的改革成效。可以理解的是,改革议程和实施过程中都有大量政治上的花言巧语,部分是为了维持变革的政治势头,部分是促进公众舆论的教育,特别是专门利益集团的教育。但是,这些花言巧语也常常掩盖了政客的意图和已经取得成就的事实。然而,国内外的评论家都对此表示怀疑,例如,改革经济的决心,政治家和官员对方案的承诺,以及实施该计划的可行性(Yamamura,1997)。改革结果既不能完全预测,也不能完全控制。在一个政策领域接受和实施改革可能会产生意想不到的结果,例如,1998 年亚洲金融危机第一阶段货币市场的自由化使人们更难以抗拒邮政储蓄私有化的逻辑,取消日本开发银行和进出口银行等公共金融公司在通过低利率提供金融服务和产品方面所积累的市场优势。1997 年邮政储蓄、养老金和 FILP 之间解除法定联系的重大决定,最终让邮政储蓄私有化的主张变得不可抗拒。正如将在第 28 章中指出的,它使 FILP 的改革更加必要和不可避免。反过来,这又为行政改革行动方案提供了推动力,以减少公营公司的数量并使其职能合理化,就像许多以前的 FILP 机构所做的那样,现在被迫在市场上竞争资金。

社会保障与教育政策

第五次和第六次设想的社会保障和教育政策改革,最初只不过是重复了各种政策建议。自 1987 年中曾根首相成立全国教育改革委员会以来,教育改革一直是一项明确的承诺。然而,桥本的教育愿景促成了中央政府官员之间逐渐形成的共识,即如果要让劳动力具备迎接全球资本主义挑战的新技能,就必须进行改革。文部省内关于小学和基础教育、课程发展、国家教科书和高等教育的咨询委员会提出了一系列报告和建议。由于系列改革内容会带来对全国医疗保险、养恤金制度和老年人护理费用不断增加的担忧,不得不制定了一些控制费用的措施和新的计划,例如过去十年老年人福利和年金计划。1997年推出为老人提供院舍及家居服务的长期护理保险制度,1999年,日本对国民养老金制度的福利和贡献进行了法定重估,这为桥本发表声明后不久,对有关彻底改革整个体系的辩论提供了依据。

结 论

与七国集团和经合组织国家相比,日本的公共部门在20世纪80年代和90年代几乎没有什么变化。英国、法国、德国、意大利和加拿大在20世纪80年代对公共部门的规模、作用和宗旨进行了彻底的重新概念化,在日本,新公共管理的原则只引起了微弱的共鸣。中央和地方政府提供的公共服务没有按照那些国家和其他国家的"新右翼"政权所支持的新自由主义经济学理论的要求进行"市场化"。在那些国家,公共部门赤字和债务迅速增加,很快成为公共部门机构和结构重建的催化剂,而在日本,政府在经济中的作用,如果情况属实的话,转折点出现的时间要晚得多。商人、政治家和官员等精英团体一致认为,必须彻底改变日本政府的体制和结构,尤其是在经济和金融体系方面,这种变化只是在20世纪末才缓慢出现。

在其他七国集团和经合组织国家,财政命令包括赤字和债务,在20世纪80年代末和随后10年的前5年继续推动行政改革,加拿大和英国就是两个显著的例子。从公共财政管理制度的分散化到公用事业和服务的私有化,从建立行政机构到普及公共事业,这是合乎逻辑的进展,将部分活动和职能外包给私营企业,即"市场化",并引进资源和合同预算,英国就是一个很好的例子(Thain and Wright,1995)。与这些国家所经历的财政危机相当或比这更大的财政危机的发生相比,至少在1997年以前没有成为日本进行彻底行政改革的催化剂。1981年,第二次临时行政调查会(Rinchō)成立后,大藏省策划了一场运动,将决策制度全面改革的初步政治议程转变为与金融重建有关的一系列问题,重点是削减短期开支和改革预算制度,这在控制一般账户预算的总额和分配方面符合大藏省的长期利益。日本对持续财政危机的反应更加使改革集中于税收结构,七国集团和其他国家很早将税收负担从收入转向消费,相比之下,日本过度依赖直接税的现象就不正常。1983年以后,大藏省官员、自民党高级政治家和商业协会都在试图引入消费税。

为什么公共部门在1975—2000年间变化如此之小?为什么"新公共管理"原则在日本中央政府中的反响如此微弱?为什么在财政系统长期疲软的状况下,20世纪90年代的经济衰退暴露并加剧了危机,而不是在其他地方一样进行激进的行政和经济改革?

首先,20世纪70年代末,西方工业化国家中凯恩斯主义共识的解体和崩溃,引发了对公共部门作用的重新评估,而日本并没有发生,因为凯恩斯主义从来没有为日本政治经济管理提供过基础知识、基本理论和方法指导,虽然凯恩斯主义时不时出现在1983年和1987年,并且在20世纪90年代,通过多次采用财政政策刺激国内经济需求体现[因为宏观经济政策的实施一直以来都是凯恩斯主义的观点,(Asako,1991)]。

其次,左翼和右翼之间没有政治分裂,尤其是新成立的右翼政府,如英国、美国、加拿大、法国和意大利,一党专政持续下去,并在选举上取得成功,直到1991年严重的经济衰退,两年后自民党分裂。

再次,在1993年众议院大选之前,政客、官僚和特殊利益集团的共同利益都是由一个政治体系所服务,允许他们交换金钱、选票、权威和信息系统。维持现状是这一体系的必要条件,它反映并强化了一个以自治化、垂直化为特点的中央行政结构,同时它保护其独立管辖权,促进其领土主张和野心的实现,影响和控制他们所监督的公营公司和政府机构的活动和高级职位。部长和官僚不愿意放弃其关键要素的自由裁量权,许多私营部门集团和客户的活动属于部门的管辖范围,同时私营部门集团和客户还对维持许可证、许可授权的管理制度感兴趣,因为这些制度剥夺了其潜在竞争对手的财政和其他利益。

在对大藏省和总务厅的高级官员访谈中,对中央行政系统缺乏根本变革提供另一种解释。他们认为,部分原因在于日本公共部门的规模、作用和重要性,部分原因是对日本政治制度的改革过程采取了传统的、固有的谨慎态度。简而言之,他们认为,需要改变的地方不多,因为日本公共部门的规模、范围和成本比七国集团要小得多。他们强调,公共部门工作人员包括中央和地方政府以及政府企业与人口规模的比例约为4%,远低于法国的12%,而英国、美国和德国则是日本的2倍,并且政府一般开支占本地生产总值的比率要低得多。

他们还认为,公共部门的变化比实际看到的明显要大,但这种变化是在较长的一段时间内发生的,是零碎地、渐进地、逐步地,而不是全面和彻底地。这一进程始于1967年,比大多数其他七国集团国家早了整整十年或更长时间。正如我将在第22章中所述,国家政府工作人员的规模在30年期间逐渐减小,幅度不大但很灵活,以适应不断变化的需要和现有与新的政府职能的需要。基于"新公共管理"的原则,其他国家的变化更为戏剧性、突发性,并在较短的时间内实施。相比之下,日本政府和官员对私营部门管理概念及其相关技术的引入更多是持怀疑态度,例如,反对突然的、动荡的和代价高昂的英美放松市场管制的做法,他们宁愿花15年以上的时间来消除对利率的控制,以防止体系的突然混乱(Hartcher,1998)。

虽然这些官僚主义论点有一些说服力,但它们只是部分回答了先前所提出问题的解释,它强调了在1955年的制度变革中,政治、经济和官僚利益之间达成广泛共识的可行性和困难性。

20世纪80年代和90年代改革进程缓慢,尽管存在严重的经济、金融和财政危机,但这是日本行政制度的特点,有各种不同的解释,从道德上说,解释为一种渐进的、逐步的方法,这种方法是官僚和政治家们所喜欢的,目的是在所有有关各方之间达成广泛且协商一致的意见,避免不确定或意外后果的发生,但若出现不确定的变化,要作出有效回应。在桥本对六个政策领域的设想可转化为具体行动之前,先制定明确的政府政策,并起草合适的立法,除了涉及政客和官僚的非正式程序外,相关法定咨询委员会及其他委员会必须参与详细的咨询程序。例如,大藏省的三个法定咨询委员会:金融体系研究委员会、证券交易局、保险业监理处,正式负责讨论桥本的大变革设想,每个设想都制定单独的改革议程和时间表,以此作为政府政策和立法的基础。同时,自民党内部的非正式协商和谈判进程,和自民党与社会民主党及新党派之间,建立共识和确保内阁两院立法的顺利通过。

对不确定的变化作出有效回应之前,通过渐进、复杂和缓慢过程建立广泛共识的另一种解释是:不情愿的官僚们得到了分散的政客网络和利益集团的既得利益者的支持,他们不愿用现状的某些好处来换取激进改革后果的不确定性。毫无疑问,这种解释可以放在1993—1998年期间围绕着解除对经济活动管制、减少公营公司数目、使其职能合理化等事件上。1996年大选后,自民党改革委员会和执政党的工作政党采取的举措,在一定程度上是对迄今改革步伐缓慢的一种不耐烦回应。

第五章　政策制定过程中的政治家和官僚

　　泡沫经济崩溃后,日本经济形势倒转,再加上1993年自民党结束了长达38年的统治,以及随之而来的政治动荡,有关对日本机构的持续有效性,以及该机构下对政治家、官僚和商人之间关系的质疑越来越多。本章对决策制定过程中持续不断的学术争论作了广泛的概述,以便为后续各章专门讨论官僚和政客在预算制定过程中的作用和影响提供一个总的框架体系。

　　首先从"发展型国家"的概念入手,查默斯·约翰逊(Chalmers Johnson,1982)最早指出在发展型国家的政策制定过程中,官僚居于突出地位,并因此获得更多的激励政策。然后,简要地回顾官僚统治理论政策,这些政策可以作为新多元主义者有关竞争和冲突的证据,并在"反修正主义"挑战的大背景下,简要地回顾地区和部门专家的工作,即强调政治人物、官僚和社会利益集团在次级政府或关系网中的相互依存关系。而这将导致对"新结构主义者"的工作进行更为详细和严格的审查。他们采用并调整理性选择理论,攻击修正主义者和反修正主义者,并认为政治家和官员之间的关系是一种委托和代理关系,官员们只是充当政客的工具。最后,本章致力于不同方法之间的互补性,并寻求对预算政策和过程进行更细致的分析,以了解机构的结构动态及其历史"设置"。

"发展型国家"的官僚体制

　　修正主义者认为日本的资本主义制度不同于英美模式,因为其曾经或现在的制度、国家角色以及重商主义的经济政策根本不同于英美,甚至是独一无二的。因此将指出这些差异的人称为"修正主义者"。他们争论的核心是国家的作用,精英官员在其中起着主导作用。言下之意,执政的民主党处于从属地位。

这是由有"修正主义教父"之称的查默斯·约翰逊(1975)在其论文里提出的一个极具挑战性的观点。在他后来关于日本通商产业省在产业政策制定中的作用和权威的研究中,他解释了大约从20世纪20年代中期到70年代中期日本发生"经济奇迹"的起源和原因(Johnson,1982)。他所设计的"发展型国家"模型的核心是官僚主义,其在日本政治制度中起着至关重要和明确的促进作用。尽管受到利益集团的影响,"日本的精英官僚机构决定了大多数决策,几乎起草了所有立法,控制着国家预算,是该体系所有重大政策创新的源泉"(Johnson,1982:20—21)。但发展型国家内部的权力不是由官僚垄断行使,在各部门之间也有许多相互竞争的关系,且它们之间的冲突发生在政策制定过程中。不过,约翰逊认为,将积极影响发挥至最大化的核心是制定和执行产业政策。该核心由经济官僚机构主导,主要是通产省和经济企划厅。约翰逊从他对50年来经验证据的分析中得出一个明确的结论:"日本的体制是官僚统治。"(Johnson,1982:320)

这句话已经被其他学者用来描述约翰逊对官僚主义在政策制定中的作用的解释,约翰逊的结论,也成为判断其他解释的基准。后来,随着其他部门决策经验的积累,约翰逊改变了自己的立场。他承认,自民党从20世纪70年代初期就开始在政策制定方面发挥突出的作用,具体时间大致可以追溯到田中角荣就任内阁首相时,认为他是一个典型的官僚政治家。但约翰逊重申了自己早些时候的主张,即直到1975年之前,他认为谁来统治日本都没有问题,因为那是国家官方的官僚机构。

然而,在20世纪70年代,一系列事件开始,官僚机构的权力下降,与此同时自民党的权力开始上升。谈论一个明显的趋势似乎是明智的,因为关于这一趋势的任何证据都不是决定性的。日本仍然存在着强大的意识形态压力,要求他们自民党的影响力要比实际更大,官僚与政客之间的关系在历史上是周期性的,而不是线性的,官僚机构在危机时期重新掌权(Johnson,1986:

206—207)。然而,约翰逊的结论是,从"官僚领导结构"转向"政党领导结构"的趋势是真实的。尽管官僚机构仍然对决策权力有着"几乎完全"的垄断,但在一些国内非工业部门,如教育、国防政策和农业补贴中,政治利益而非官僚利益占了上风。约翰逊认为"大多数重要的政策仍然来自部门,而不是政府或私营部门。"(Johnson 等,1989:182)

新多元主义者:政策制定过程中的竞争与冲突

许多日本学者开始对官僚制度理论提出挑战,他们从新多元主义的角度进行辩论。尽管他们仍倾向于"强大的官僚机构",但他们也发现了其他社会群体所施加的压力,并将其纳入了他们的解释,这些社会群体包括自民党及其正式和非正式组织、集中在各自为政的政策领域的部门利益集团、内阁中的反对党。"典型的多元主义"将日本政策制定过程中的两种制度特征限定为一个通常占主导地位的、独断专行的官僚机构,这两种制度特征为:官僚主义内部的管辖权竞争和冲突,以及将少数群体意见纳入决策,直接通过谈判,或通过预期的反应间接地纳入决策。

自民党就集团与官僚机构之间或机构集团联盟之间的政治竞争做出最终决定。模式多元化促进了部门官僚机构之间的竞争,以推动对选民有吸引力的新项目。这些项目由部长级官僚提议,自民党决定(Muramatsu and Krauss,1987:60)。

随后,村松(Muramatsu,1993)认为,在 20 世纪 80 年代,为应对行政改革的影响和美国开放经济、扩大内需的压力,以及各部门难以维护他们的管辖边界和决策权威,官僚机构变得更加保守。其他主要的新多元主义政策的制定也遵循类似的思路,并承认日本官僚主义的多元化性质,以及其固有的和地方性管辖权的竞争和冲突(Inoguchi,1983;Murakami,1983;Sato and Matsuzaki,1986)。有人认为,这将变得更加明显和棘手,因为政策制定不再以高增长时代的国家为导向,并且各部门和各机构竞相争夺管辖权,以控制与社会和福利、环境以及新技术的发展相关的新领域中的决策权。

在新兴的主流官僚主义理论批判中,对冲突模式以及解决冲突方法的分

第五章　政策制定过程中的政治家和官僚

析成为一些政策分析人士所关注的核心问题。因此,尽管彭佩尔(Pempel,1989)继续强调由官僚、自民党以及商界三方组成的保守派联盟内部的"协商一致和官僚决策",他也承认冲突发生的可能性,但是只有在外国行为者和反对党的干预下才会发生冲突。坎贝尔(Campbell,1984)认为,现在人们广为熟知的观点是,当政策问题超越了部级管辖的界限,或者在基于政策领域的"次级政府"之间存在管辖权争议时,这种情况下的冲突可能发生在保守派联盟内部。后来塞缪尔斯(Samuels,1994)更进一步认为永久的冲突和争论可能是日本政治的自然秩序,但他认为这有助于稳定制度,并强化所有参与者形成共享的价值观。通过对抗和政治斗争,他们构建了更加密集的义务和互惠网络,增强了相互同意的默契。

在1993年之前的20年里,自民党在决策过程中的影响力日益增大。原因有三,第一个原因在于官僚主义内部过度的宗派主义的管辖权争斗,使得政治家有机会支持一派对抗另一派,或在决策陷入停滞或僵局时发挥领导作用;第二个原因是自民党高级政客能力的提升;第三个原因是自民党领导人在招聘和提拔方面的变革,即从之前的官僚家转向长期服务于农村选区的政客。自民党通过其官方机构,最具代表性的是政策事务研究理事会及特别委员会和研究协会,同时通过非官方的强大政治力量,以及通过更积极、更重干预的首相来影响特定政策,如田中角荣和中曾根康弘,从而使其在决策中发挥更加积极的作用。大多数人认为,这种更大的影响力要追溯到20世纪70年代初,当时田中角荣上台后,自民党为应对其政治霸权受到的挑战,在福利和补偿政策方面推出了一系列新政策。因此,他们的论点是:20世纪50年代和60年代,在全国经济高速增长的时代,自民党所扮演的从属或默许的角色,与其后制定政策议程和选择政策选项时积极主动的立场,形成了鲜明对比。

自民党这一传统的智慧转变受到了肯特·卡尔德(Kent Calder,1988)等人从多个政策领域的大历史视角的挑战,他们对20世纪70年代初期及以前发生的政治选举危机促使自民党采取补偿性政策予以回应,其他关于个别政策部门的狭隘范围研究也发现了类似的证据证明自民党的影响更早,在20世纪50年代和60年代,仍在否定或限定官僚领导或主导的理论(Yasutomo,1986;Campbell,1993;Calder,1993)。卡尔德在对工业信贷领域政策制定的研究中得出结论：自1945年以来，政治的作用"不仅仅是对官僚统治的静态认可"。在20世纪70和80年代，政治变得更加重要，但在很久以前就对国家工业战略产生了重大影响(Calder,1993:230)。

西尔伯曼(1996)研究认为，在20世纪早期，自民党对国家历史发展的影响更为明确。政治决策受到韦伯专门化、科学化管理规则的影响，政党服从于官僚机构。政党试图建立对众议院的长期多数控制，迫使官僚机构与政党努力达成协议，因政党间争夺对议会控制权的斗争而受到损害。在何种情况下，政党可能重新建立并维持对立法机构的控制，并让官僚机构负责任，原首相(1918—1921年)阐明了这些条件：内阁中的多数主义政治以及分配政治和经济发展的结合，旨在产生一种既不受官僚主义也不受私人利益支配的表象。事实证明，这些条件在第二次世界大战期间是得不到满足的。西尔伯曼还认为，早期的愿景含在第二次世界大战后政党政治的重建中。自民党成为执政的多数派政党，并通过分配政治和经济发展相结合，取得并保持了38年的统治地位。自民党对立法权的持续垄断迫使官僚机构与该党合作，以实现经济发展目标。随着自民党成功地连续执政，官僚主义变得越来越政治化。简而言之，西尔伯曼认为，官僚与政客之间的关系根植于政党政治的制度结构、官僚体制以及国家在经济发展中的作用的长期历史演变之中。官僚统治现象掩盖了自民党结构性权力过大的事实。这一结论与"理性制度主义者"的论点相似，后者认为理性是制度环境的产物，而不是由此产生的前提。下面我们来看看他们的工作，但首先我们要了解有关"反修正主义者"的挑战。

"反修正主义者"：对官僚统治理论的挑战

根据官僚机构在政策制定方面发挥的突出作用，越来越多的学者对日本作为一个"强大国家"的地位进行了更为持久的抨击，他们认为，在经济高速增长时期，日本的政治体制已经发生了变化，政治家在政策制定过程中的作用已经增强。在《日本公司的拆解》一书中，彭佩尔(Pempel,1987)总结到，与20年前相比，日本的政策制定要复杂得多且缺乏连贯性，"官僚机构的霸权相对减弱，而自民党及其议员的影响力上升"(Pempel,1987:152)。海利

(Haley,1987)也强调:"日本官僚机构在政治进程中的主导地位被严重夸大了。"不仅因为官僚机构的影响力很少像人们普遍认为的那样重要,而且因为官僚机构行使的权力在战后时期不断下降,政府官员决定和执行政策的能力也受到各种制度因素的制约。因此任何对官僚机构有影响的评估"必须针对具体的问题和计划进行,需要对每个案例的情况进行仔细的分析"(Haley,1987:178)。

更狭义地说,由于对单个产业部门、政策和过程进行实证分析的证据越来越多,进而反驳了约翰逊的"发展型国家"理论,该理论的核心是官僚机构主导着经济和产业政策的制定。与约翰逊一样,"反修正主义者"也强调历史背景或"设置",但是约翰逊的方法和"发展型国家"模式是"自上而下"的,而他们却是"自下而上"的。总的来说,他们的著作包含了对约翰逊官僚统治理论的有力且具说服力的批判。他们从不同的角度,运用不同的分析框架,就官僚权力的行使所受到的限制得出了类似的结论(Wilks and Wright,1991:39—45)。

最近,部门产业政策的若干实证为研究提供佐证。作为一个毫不掩饰的"反修正主义者",卡伦(Callon,1995)认为,在1975—1985年期间,随着日本经济从一个"追赶型"转变为一个"被追型"经济超级大国,日本通产省工业政策制度崩溃了。以前标志着通产省、私营公司和其他官僚行为者之间关系的一致性和合作范例,现在被竞争和冲突所取代。

卡伦声称,自20世纪70年代以来,日本战后工业政策的整个基础已经瓦解,这种说法是有争议的。虽然在1975—1985年期间,在制定和执行工业政策方面确实出现了明显的脱节,但目前尚不清楚通产省和其他经济官僚机构在此之前究竟发挥了什么作用。现在,对高增长时代经济奇迹的解释,似乎比约翰逊和"修正主义者"曾经主张的观点更为复杂。与通产省的官僚及其工业政策相比,公共部门和私营部门的其他机构以及其他进程,例如工业信贷的形成,可能都做出了同样或更多的贡献。日本政府自动采取战略性行动的假设已经受到质疑,部门层面的实证研究结果揭示了国家机构的复杂性和分散性,以及使日本政府采取行动的困难性。

约翰逊早些时候认为,信贷分配是国家实现产业结构战略性转型的最重要手段之一。齐斯曼(Zysman,1983)更进一步认为,以信贷关系为中心的金融体系是"国家工业头脑的眼睛和手"。卡尔德(1993)在对政府信贷和工业资本的研究中,质疑了公共和私营部门在20世纪50年代和60年代为经济奇迹提供资金方面的各自作用,因此该研究是对"发展型国家"概念的一个重要检验。他认为,战略资本主义是一种"公私混合体系",主要由市场创造的私营部门驱动,但也有积极的公共部门参与,以鼓励公共精神和长远眼光。详细分析这一制度对讨论决策的影响有四个方面:首先,这让人们更加质疑官僚机构的主导地位,即使在高增长时期也是如此。除了提供工业基础设施之外,"日本官僚在实现其特定行业目标方面的难度通常比人们想象的要大"。在银行、贸易公司、工业协会和公司这些地方,私营部门的参与者更有影响力。其次,尽管国家结构很重要,但正如约翰逊以通产省为中心的论述所暗示的那样,它们并不是没有区别的。国家机构和结构因部门而异,它们所拥有和处置的管理权限影响政策结果的一致性。再次,国家结构在部门层面的复杂性和分散性破坏了实现传统上认为属于日本政府的那种广泛的跨部门目标的可能性。分裂和地方分权为私营部门的参与者提供了进入的途径和施加影响的机会。最后,分配过程存在着多元化的倾向。在"薪酬圈"的政策进程中,在财政政策领域具有共同利益的公共和私人行为者之间的关系已经制度化。日本通过这一机制分配利益。

　　同样,蒂尔顿(Tilton,1996)认为,"要了解产业政策的真正范围就必须超越官方政府支持的政策,看到由贸易协会制定和执行的非官方政策"(Tilton,1996:205)。它们在四个基本但正在衰落的行业中所扮演的角色,反映了日本政治经济中私人利益治理的典范体系。官僚们通常不会把自己的意志强加给企业:他们与企业合作,以符合国家政策目标的方式解决共同的产业政策问题。通常情况下,通产省为那些希望但无法自行协调的企业组织——"卡特尔"提供鼓励,有时提出倡议。但组织"卡特尔"的目标既不是前瞻性的,也不是以效率为导向的。它没有试图让企业摆脱效率低下的衰落行业,而是寻求在那些对国家安全至关重要的行业中保持自给自足。谢德(Schaede,2000)在行业协会对日本经济中的作用和影响的研究中更深入地探讨了这些主题。

与最近的一些研究(如 Vestal,1994;Weinstein,1995;Uriu,1996)相比,沃格尔(Vogel)对日本、美国和西欧各国政府与市场关系转型的比较研究,重视和重申了官僚统治理论,它挑战了传统观念,即全球化、私有化进程,尤其是放松管制,导致政府干预和控制的减少。他以日本为例,更多的竞争意味着更多的政府控制,因为市场要被"重新监管"。在决策过程中,国家行为主体不仅具有自主偏好,国家"根据这些自主偏好行事,并以一种我们无法理解的方式影响结果,这种方式只关注私人利益。但私人利益也有助于形成政策结果:国家和社会行为体都很重要(Vogel,1996:268)。沃格尔论证了官僚在决策中所起的主导作用,他认为,国家相对独立于社会利益。不同利益集团之间的竞争和冲突使国家行为者成为这些利益的解释者和仲裁者。为了完成这项任务,他们带来了自己特有的意识形态偏见和灌输能力。国家行为者如何定义和解释公共利益,以及他们如何追求公共利益,取决于他们所处的"意识形态和制度环境"。

协商治理

虽然反修正主义者主要占据了制定战略性产业政策的制高点,但对占主导地位的官僚主义理论的挑战,仍然在更广泛的领域继续推进,包括各种国内和国际政策部门、机构和进程。现在有一个长长的清单,包括:金融市场和服务(Horne,1985;Rosenblth,1989,1993;Calder,1993;Vogel,1994,1996);教育(Schoppa,1991a);社会政策(Anderson,1993;Campbell,1993);农业(George,1981;Donnelly,1984;Mulgan,2000);海外发展援助,而且清单内容还在继续增加。大多数这类研究承认有必要"进行广泛的历史分析,以确定制定国家目标的具体手段、机构和过程",以便了解"实际的公共和私营组织如何在微观层面上运作"(Calder,1993:8)。他们对特定的政策结果及其变化提供了解释,并说明为什么要试图改变它们的成功或失败,如坎贝尔(Campbell,1993)关于卫生政策的研究。他们虽然使用了不同的方法,开发了不同的分析框架,但对决策过程的描述仍然是非常相似的。

霍恩(Horne,1985)对日本金融市场的研究,分析了自民党、大藏省、公共和私营金融机构,以及其他公司和非法人机构之间的互动关系。这些公司和非法人机构对日本金融市场监管政策的实施和发展感兴趣。这表明,首先,金融市场监管的公共政策制定是复杂、丰富和多样的,按行业分类显示了五个不同但相关的政策领域。每个领域的参与人数和范围,以及他们在政策进程中相互作用的性质各不相同。其中四项政策中,自民党几乎或根本没有直接参与,政策由大藏省主导。然而,在邮政储蓄方面,对选举有重要影响的地方,自民党占主导地位,即大藏省"面对自民党内部建立的有效政治联盟相对无能为力"。其次,霍恩指出,决策活动的性质不同,参与者的作用和影响也不同。

自民党确实影响了政策制定的总体环境,即使没有亚当·斯密(Adam Smith)的"看不见的手"或"机器中的幽灵"等明确的干预,自民党也可以确定在政策选择中可供大藏省考虑和讨论的参数。因此,在政府债券市场的发展过程中,自民党在增税问题上的顽固立场排除了某些政策选择。大藏省受自民党设定的参数约束,无法提高税收或削减开支,相反,它的责任是执行自民党的政策。自民党在20世纪70年代末和80年代初阻止了收支平衡的恢复,从而界定了监管政府债券市场的多种选择。因此,自民党通过行使隐含的否决权,确定了政策制定的总体框架。大藏省必须在他们的框架内部工作。自民党在制定和实施政策方面的影响也很明显,但在支持特定利益集团的目标方面体现得不明显,这导致了政党、官僚和私营部门的复杂化和差异化特征,例如,在大藏省的内部,不同辖区的相互竞争的部门之间有着不同的利益和目标,同时吸引着不同的利益集团。

理性选择:政治家的统治与规则

在"反修正主义者"的工作中,很少有人支持少数人对政策制定的总体决定,即赋予政治家一贯的主导地位,尽管不时有证据表明,自民党的影响可能是决定性的,但在一些政策领域,如农业、公共工程、国防和一些具有意识形态色彩的教育问题上,政策制定过程历来被政治化。除此之外,多数基于党派的报道只认同自20世纪70年代初以来,自民党相对于官僚机构的影响力有所上升,尽管我们已经看到,即便是这样的概括,也有一些作者持保留意见。

对官僚主义理论最具挑衅性的攻击来自那些倡导理性选择方法论者和个人决定论方法论者,即"新制度主义"的倡导者。拉姆塞尔和罗森布鲁斯(Ramseye and Rosenblth,1993)声称,自民党主导着政策制定,甚至在20世纪70年代之前就已经这样做了,这是一种单一的、刻意打破传统观念对日本政策制定的解释。如果这种说法站得住脚,不仅颠覆了约翰逊的论点,而且与大多数部门和地区研究的总体主旨背道而驰。他们的"选择理论"方法把政治参与者看作是在政治中竞争的委托人和代理人,为了自身的利益操纵政府的制度框架,一群行为者理性地行事,以最大化他们的自我利益。据称,自民党通过对官僚机构的控制而获得其主导地位,领导层将权力下放给那些制定和执行符合自民党利益政策的官员。因此,官僚们预先判断或预测党派的政策偏好,并据此采取行动。它们之所以明显占据主导地位,是因为领导人默许它们采取主动行动,如起草立法。在实践中,他们被允许这样做是因为领导层有办法监督和控制他们的行为,如果他们的行为与领导层的政治选举利益不一致,在必要时还会惩罚他们。因为官僚们比他们的负责人更了解他们所"承包"的工作,所以信息是不对称的。因此,委托人必须监督和制裁代理人,以确保他们遵守合同的条件。除非有效地做到这一点,否则代理人可以追求其委托人指定的利益以外的其他利益。因此,他们可以否决官僚们的政策提案、立法和行动;通过晋升和职位安排来控制他们的职业生涯;通过实施"天降"(amakudari)来控制他们退休后的职业生涯,即"从天而降"进入到收入丰厚、享有盛誉的私人(和公共)部门的工作岗位。因此,官僚们出于自身利益行事,为自民党提供了那些旨在最大化自身利益以保住权力的政策。简而言之,日本官僚不过是自民党政客的代理人。

然而,拉姆塞尔和罗森布鲁斯同意"反修正主义者"的观点,认为需要对他们的模型进行严格的实证检验,并利用广泛的辅助材料来支持他们的论点。虽然它对于构建论证中所使用的每一个基本单元提供了一些独立的支持,但当对不同政策部门的问题的经验证据进行检验时,它不能作为政策制定的一致解释。与所有成功的政党一样,自民党执政期间的行为受到短期和长期选举因素的影响。在1994年选举改革之前,多党派选区的单记非让渡投票制迫使不同派别的自民党成员竞争选票，建立和维护地方个人网络，在这些网络中，选票和组织被用来交换有形的社区和个人利益，包括工作、基础设施、环境便利设施、商业机会和合同。

官僚们明白在制定政策时有必要考虑这些因素。但随着时间的推移，这些因素的重要性在政策部门之间存在着差异。官僚们断言所有的政策制定都是由政治选举的必要性驱动的，这不意味着自民党中所有内阁议员的行为一直都由利己主义所支配，更不是说所有自民党人的行为都是出于私利。事实上，拉姆塞尔和罗森布鲁斯认识到，普通自民党内阁议员的个人利益与以领导层为代表的整个政党的集体利益之间存在紧张关系，他们认为这种紧张关系可能要求限制或制定与当地直接利益相抵触的政策。委托代理理论在日本政治中的应用与美国早期在内阁政治中的应用非常相似，后者揭示了一个三权分立模式，其能够防止权力过分集中，以保证人民的自由和政府权力不会被滥用。在这种模式中，内阁被赋予了类似的主导作用，但未能确定和解释官员本身的偏好，或者低估官员可用的"机构松弛"，尤其是在政策执行系统的质量方面。

还可以简要地提出两点不同意见。首先，拉姆塞尔和罗森布鲁斯认为自民党主导的政策制定是一种无差别的活动，即没有区分发起、制定、合法化和执行，所有在政策过程中进行的可识别的活动，包括公共和私营组织的不同组合，以及在不同"领域"中相互作用的参与者，如对社会政策、教育、海外发展援助和国防的部门性研究等都是无差别的。但对工业资本和信贷政策制定以及金融市场监管的研究表明，自民党对一些政策制定活动缺乏兴趣，且在其他政策制定活动中只发挥次要作用。在自民党积极参与的许多政策领域，它主要或全面参与政策的执行阶段，例如海外发展援助或公共工程建设，自民党很少或不参与启动与修订政策的早期阶段。因此，第二个批判是对政策制定的解释假定了委托人和代理人之间的关系。这种解释不允许存在除自民党和官僚机构以外的多数利益，因为它们的利益可能与其中一方或两者发生冲突。将行使权力的潜力定义为对权威、信息、专业知识和金钱资源的占有（Thain and Wright，1995），此概念比拉姆塞尔和罗森布鲁斯所定义的更广泛，包括各种各样的私营部门参与者、中间机构和准政府机构。但实际情况是,政策制定因政策部门而异,并随时间而变化。根据问题、环境和背景,它在政策部门的部署不同,结果也不同。

拉姆塞尔和罗森布鲁斯对政策制定的解释很大程度上借鉴了当时一些历史制度学家的研究成果(Cowhey and McCubbins,1995)。麦卡宾斯和诺布尔(Mccubbins and Noble,1995b)利用两个关键的制度变量:选举制度和政权类型,来探讨和解释美国和日本在政策制定方面的差异,并在政客对官僚的"让位"和"有管理的授权"之间做出了明显的区分。让位论的核心依据是官僚掌握信息和专业知识的"隐藏知识",以及他们对议程的控制。然而,官僚权力的存在被政策制定的现实所掩盖,在这种现实中,与让位相反,政治家授权并管理权力,以便保持"均衡",即立法者对他们的官僚代理人的期望和这些代理人所提供的东西之间有一种平衡。

适用于日本决策和政治家与官僚之间关系的模式包括:退位或授权、官僚拥有"隐藏的信息"与否、他们控制议程与否、立法机构重要与否、大臣和内阁无效与否等各种要素。在反对占主导地位的官僚主义的同时,从委托人到代理人的无条件的授权理论也将所有的决策权都赋予了政治家。实际上,正如部门研究的经验证明所示,对于某些决策活动中的某些类型的政策问题,部长们可能会或确实会放弃权力,可能会或愿意让官僚们拥有酌处权;在其他情况下,他们可能会自己规定具体的政策选择。拉姆塞尔和罗森布鲁斯(Ramseyer and Rosenbluth,1993)选择的理论模型解释了日本的政策是如何制定的,但却是一种简化的、过度简化的、误导人的选择理论模型。尽管如此,老鼠选择理论(约翰·卡格尔及其合作者通过实验证实,老鼠的行为完全符合效用最大化追求)还是为长期的辩论提供了刺激,迫使其他人重新审视他们自己的方法论立场和对其数据的解释,哪怕只是为了提供更有说服力的证据来证明他们自己的方法的有效性。至少,他们的模型为修正者、部门专家和地区专家提供了一系列替代假设。拉姆塞尔和罗森布鲁斯对政治家在政策制定过程中的主导作用的解释,大部分都是由麦卡宾斯和诺布尔将理性选择理论应用于日本预算中提供的。我在第 25 章中讨论了他们的工作和结论,并根据我自己的经验证据,对自民党在预算过程中的作用和影响进行了阐述,这将在本书下一部分章节中介绍。

结 论

面对新制度主义者的挑战,解释的周期几乎转了一圈。从由政客、官僚和商人组成的"保守联盟"主导政策,到占主导地位的官僚,再到新多元主义的标语——"政客更强,官僚更弱",最后到"政客管理和统治",产生这些假说的理论是在政治和经济体系稳定的情况下构建、检验和完善的。日本经济高速增长时代结束以来持续的"政权更迭"所带来的不稳定因素,将会检验这些假说的稳健性和平稳性。在新的政治、经济和行政秩序中,政治家和官员的作用和关系的长期波动对其长期影响是缓慢的,在20世纪末及未来一段时间内都不会显现。

虽然多党派政府时期(第10章所述)政策制定过程的不确定性、复杂性和拖延性被证明是暂时的,但自民党在1996年10月之后的一党统治并没有恢复原状,一切照旧。决策过程中的"正常关系"也没有恢复。政客和官僚之间的关系已经恶化,而且还在继续恶化,部分原因是自民党和其他政党对整个官僚机构,特别是大藏省进行了蓄意而持久的批评和诋毁。越来越多的证据表明,在一些政策领域,官僚机构的无能和无助,尤其是大藏省明显的经济管理不善,以及它在处理银行业危机方面的糟糕表现,加强了早些时候自民党对政策制定进行更多政治控制的呼吁。传统上,公众对政治家的评价是自私、腐败、不诚实,而官僚主义者则被认为是高效、诚实和公正的。20世纪90年代,人们对官僚机构的玩世不恭和不信任情绪日益高涨,其中许多高级官员(包括四名行政副大臣)都与一系列广为人知的不当行为、贿赂和腐败事件有牵连。

在政府的支持下,自民党在几个政策领域的特定问题上抓住了政策主动权,或者更确切地说,人们认为自民党是从一个处于守势的、四面楚歌的、士气低落的官僚机构那里获得主动权。但自民党自称是在1996年至2000年间行政、经济、财政和福利制度改革方案中得到了鼓舞。在21世纪的第一个十年,如何以及由谁来执行这些政策,将决定在决策过程中的政治权力和影响力的主张是否符合现实。

第五章 政策制定过程中的政治家和官僚

　　修正主义者、反修正主义者和选择主义者,在他们反对新古典经济学理论和拒绝日本决策文化的解释中有一些重要的依据。每一种方法在"一个大的理念"上都有所不同,但大多数修正主义者青睐宏观层面的方法,以及政策领域和部门专家在中观层面的方法,对于更充分地理解政策的制定方式和原因,以及由谁制定是很有必要的,它们在本质上也是相辅相成的。这一共同点为本书所使用的分析框架提供了基础,该框架强调了体制结构和历史"设定"即背景的重要性。在这种背景下体制和政策变化的动态在纵向上都得到了反映。通过对政策制定进行更细致的分析,我们能够观察国家角色包括其跨国层面、体制结构及其内在的"集体特征",对预算政策及其进程的影响,并将权力的"显现"与使用权力的"现实"区分开来。我们将在第三部分讨论这些制度结构。

第二部分

公共部门、部门结构和参与者

第六章 公共部门

日本的公共部门是多层次的。第一层是中央政府,包括三个分支:行政、立法和司法。第二层包含 47 个一级行政单位(都、道、府、县),下辖 3 229 个二级行政单位(市、町、村)①。第三层由各种公营公司、银行和金融公司组成,是由中央政府组织对其部分或全部资助、建立并进行监督。此外,还有地方政府设立的公共公司和地方的公共企业,如由地方政府管辖的公用事业、铁路、医院等。第四层是介于公共部门和私营部门之间的灰色地带,组织形式为股份公司或准政府组织,由私营部门倡议设立,但必须经过部委、机构和县级政府的批准,原则上是非营利性的,但一些公司也要赚取利润并缴纳公司税(Komiya,1999)。

本书所研究的组织和结构有中央政府的行政部门,包括内阁、各部门机构和委员会,以及受部长监督和控制的公共公司,但不包括市、町、村的地方政府。在 2000 年及之前 25 年的大部分时间里,行政部门由首相办公室(首相官邸)、12 个部委、8 个机构和 1 个委员会组成,每个行政部门有一名内阁大臣,以及 24 个非部级机构和由政府官员领导的委员会。表 6.1 按历史设立顺序列出了各部,以及属于其管辖范围的各委员会和机构。这 46 个组织定义了本书主要涉及的公共支出部门,以及属于内阁大臣监督管辖范围的政府企业、公共企业和公司,这些组织的活动全部或部分由普通账户预算或 FILP 或 38 个特定账户之一提供资金。

---

① 日本进行过 3 次大规模市、町、村合并,这里的 3 229 个二级行政单位是 1999 年的数据,1999 年开始施行"平成大合并",至 2010 年 3 月,市、町、村的数目已经减为 1 727 个。——译者注

日本的财政危机

表 6.1　　　　1975—2000 财年日本政府部门、委员会和机构

政府部门	委员会	机构
首相（内阁总理大臣）办公室（首相官邸）	公正交易委员会 国家安全委员会① （警察厅） 环境纠纷协调委员会 金融复兴委员会	部级机构 总务厅 北海道开发厅 防卫厅 经济企划厅 科技厅 环境厅 冲绳开发厅 国土厅 非部级机构 宫内厅 国防设施管理厅* 金融监管厅
法务省	全国司法考试管理委员会 公安审查委员会	公安调查厅**
外务省		
大藏省		国税厅
文部省		文化事务机构
厚生省		社会保险厅
农林水产省		食品厅、林业厅（林野厅）、渔业厅
通产省***		自然资源和能源署 专利局中小企业代理处
交通运输省	中央海员劳动委员会	海事安全厅 海事意外事故调查厅 气象厅
邮政省 劳动省	中央劳动委员会	
建设省		
自治省		消防厅

*　国防设施管理厅是防卫厅的一部分。
**　1952 年 7 月成立，法务省下属的情报机构，主要职能类似美国联邦调查局。
***　通商产业省，负责宏观经济管理和产业政策制定，2001 年改组为经济产业省。

---

①　1956 年，日本正式设立"国防会议"，并在首相办公室设立了这个机构的办事机关"国防会议事务局"；1986 年"国防会议"改名"安全保障会议"；2013 年 6 月安倍内阁正式设立日本版"国家安全委员会"（NSC，日语叫作"国家安全保障会议"）。——译者注

第六章 公共部门

本部分内容明晰了日本于1998—1999年颁布,并在2001年1月实施的中央政府改革之前的区域组织结构图。本章第一部分简要回顾了日本从现代国家建立,到今天各部门的起源和发展,说明和强调了日本中央政府结构的稳定性、连续性和演化的重要性。第二部分考察了它们的等级地位,并确定了它们所监管的政府企业和公共部门。第三部分是对各部门进行内部考察,并提请注意部长秘书处在决策过程中的关键作用,以及预算和会计局在预算过程中的有限作用。结语部分分别对桥本(Hashimoto)第二届政府于1998年和小渊惠三(Obuchi)首相于2001年1月6日颁布的立法中关于重建中央政府的建议进行了解释和评价。这部分内容将讨论对预算程序至关重要的两个组织问题——根据其建制法赋予每个部和机构管辖权的范围和使用,以及部际协调、竞争和冲突。

1869—2000年中央政府机构的延续与演变

在一百多年的时间里,日本中央政府机构逐渐发展并完善起来。大藏省和外务省都成立于1869年,它们与刑部省、宫内省和总务省(4年后改称内务省)一起构成了新的部门、机构和委员会。总务省的历史更加曲折,但其前身内务部(1873年)为不同部门的独立和发展提供了基础,由于承担一系列国内公共服务和福利职能的责任变得足够重要,因而需要一个单独的组织身份,例如铁路局的管理职责是管理铁路事业,自1908年起,日本对铁路的依赖性越来越重要,其责任重大,于1920年成立了一个单独的铁道省,这是交通运输省的前身。农商省和工商省分别于1881年和1925年经过两次分离,并逐渐演变为通产省和农林水产省。厚生省和劳动省于1938年分离。1947年内务省在驻日盟军总司令部(GHQ)改革中解体后,劳动省和建设省也随之分离出来。首相职位与内阁官房一起创建于1885年,后者于1924年正式制度化,成为一个秘书处,但首相办公室直到1949年才成立,两年前它被指定为部级机构,随后它负责新机构和委员会的协调和管理,并进行监督,由于其政治敏感性,他们需要被正式纳入首相的管辖范围。图6.1显示1869年到1998年中央政府各部门的组织演变情况。

日本的财政危机

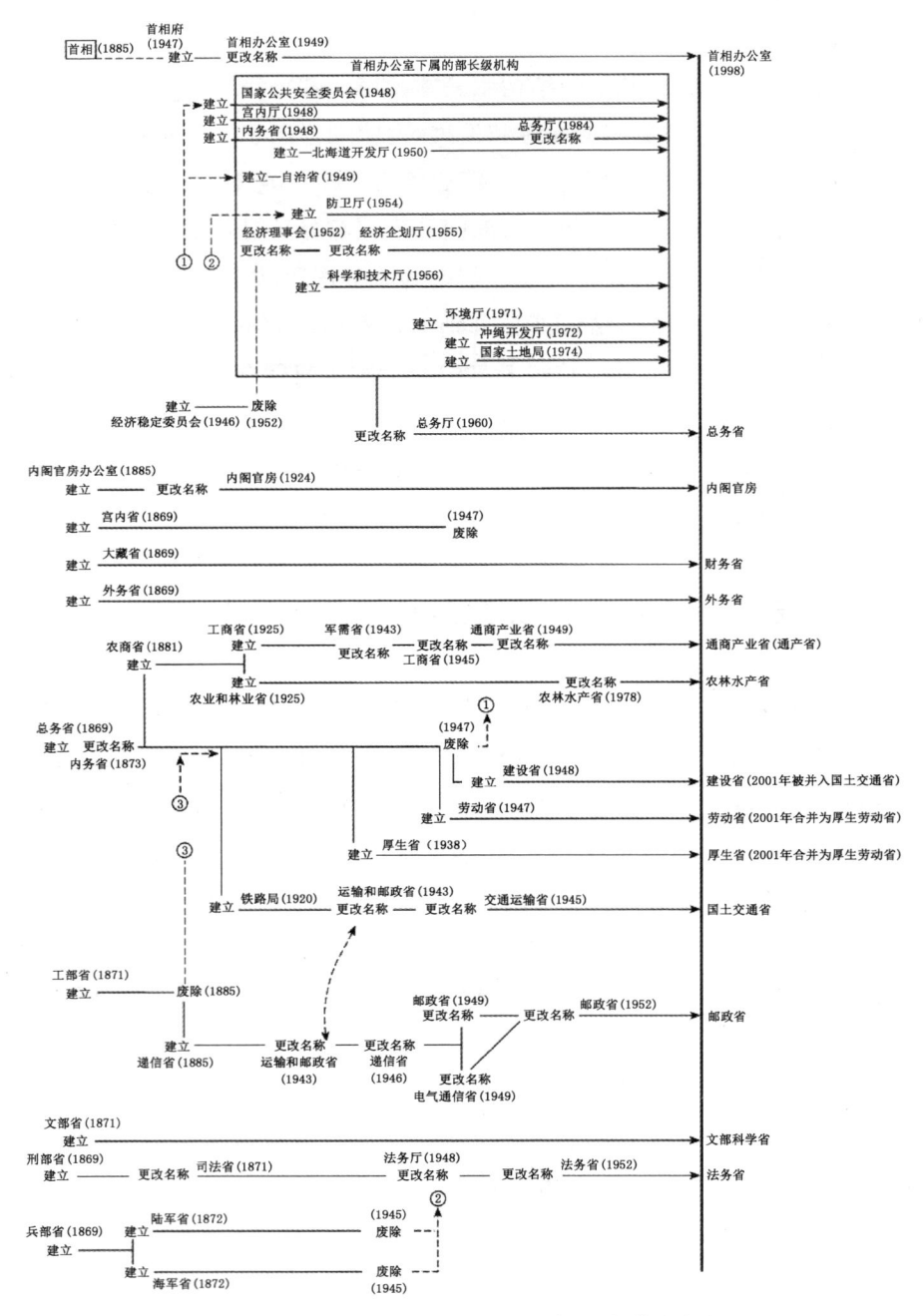

资料来源：内阁官房主编《内阁制九十年史》，东京：大藏省印务局，1975。
图 6.1　中央政府职能部门的演变，1869—1998 财年

此时，对工业的促进和管制日益重要，这既是创造"发展型国家"的一个组成部分，也是驱动最初的核心组织演变的主要动力。通产省的起源可以直接追溯到农商省和工商省的成立，它们于 1881 年从内务省分离出来。这两个职能后来被分开，并于 1925 年在一个新工商省中与工业结合，当时农林水产省有着独立的特性。1978 年，渔业归入其中，以强调其在关于 200 英里鱼类的国际协定之后对该行业的责任。第二次世界大战期间，工商省曾短暂地转变为军需省，但在 1945 年恢复了原来的职称和职责，直到 4 年后被通产省取代。电信职能由 1885 年设立的一个单独的递信省提供，取消了原工部省（1871 年）。1949 年设立了独立的邮政省和电气通信省，但电气通信省于 1952 年被废除，成立的邮政省，将两种职能重新合并。与此同时，日本电信电话株式会社成立为一家公共企业，其大部分技术和专业人员来自旧的电气通信省。

第二次世界大战结束后，日本最重要的中央政府机构发展源于 1947 年的驻日盟军总司令部主导下的改革。内务省从成立之初就负责国内安全，并负责地方政府和各县的监督和控制。这两项职能结合起来，形成了一种强有力的控制手段，但在第二次世界大战之前和期间，内务省职能弱化，其权利被各届政府利用甚至滥用，大部分权利被剥夺。国内安全的职责被移交给一个新的机构即由首相办公室管辖的国家安全委员会。1960 年，新成立的自治省获得了独立的部级地位，其主要职责是监督和管理地方政府，其日语新名称 Jichigyousei，字面意思是地方自治。

日本的武装部队从一开始就在政府中占据着中心地位。1869 年成立了兵部省，1872 年划分为了陆军省和海军省两个部门。他们通常一起在国家维护中发挥核心且具决定性的作用，并在 20 世纪 20 年代末至 1945 年的帝国主义扩张中达到顶峰。日本有自己的空军，但没有单独成立过空军省。新宪法只允许设立自卫队，现在三支武装部队统一被纳入 1954 年由首相办公室内设立的新防卫厅管辖。

从这一简短的政府部门的历史回顾中，可以得出三个结论：第一，中央政府的体制深深植根于明治维新时期的安排。从 19 世纪最后 25 年到 20 世纪末，大藏省、外务省、法务省、文部省和内阁官房这些组织机构之间的联系从没有间断过。第二,这些组织安排的稳定性和连续性导致各部门的"集体身份"根深蒂固。这种根深蒂固强化了日本官僚机构的"垂直化",从而加强了组织的惰性,因为各部门都在试图保护由来已久的司法机构。第三,变化也只是逐渐发生:新的职能被转移到现有的职责上,或从现有的机构中转移到各组织,1869年之后,各机构的职能和职责的重组是外部强加的。1947年设立首相府的主要目的是在内务省被废除后为国内安全提供新的安排,它的设立是为了容纳新的机构,这些机构的协调职能超越了相互竞争的各部的利益和管辖权,是像兵部省一样在政治上敏感的机构,对加强总理的权威没有什么作用,也没有使他更容易在决策中发挥协调作用。

等级与组织地位

中央政府由四个主要的组织类型组成:部级官房、部门、机构和委员会。机关的法律地位低于各部。当某一部门或首相办公室处理的工作或活动领域足够大,且性质与其他工作或活动不同,被认为适宜将其分开并独立管理时,就会设立管理委员会。这解释了为什么在特定部门的管辖下设立了一些机构,例如,在交通运输省下设立的海事安全局、在农林水产省下设立的食品局、在厚生省下设立的社会保险署,具有不同利益的不同部门的边界政治,试图控制政策制定领域,这意味着自盟军占领以来设立的许多机构已被纳入首相办公室的管辖范围。除1954年成立的防卫厅外,2000年在其职责范围内还有:经济企划厅(1955年)、科学和技术厅(1956年)、环境厅(1971)、国家土地厅(1974年)、北海道开发厅(1950年)和冲绳开发厅(1972年)以及总务厅(1984年),所有这些机构的职能都超越了12个部门中一个或多个部门的职能。表面上说,他们是"专门负责协调的行政机关",但各部门竞相通过借调高级职员来影响他们的决策和协调活动。在大藏省撤销银行及证券局后,金融监督厅于1998年6月在首相办公室成立,并接续各局的调查及监察职能。

委员会比机构更独立于监督部门,而且是在认为内阁大臣的监督和直接控制有可能妨碍独立的政府职能实施目标时设立(MCA,1999:110)。它的职能是进行各种监督或管理,或通过准司法或准立法程序,为各方之间的争端提供仲裁。首相办公室内的国家安全委员会监督国家警察机构的工作,是为了确保其在公民自由和权利的敏感问题上保持政治中立。1998年在首相办公室内设立了由国务部长领导的金融复兴委员会,以监督银行部门的资本结构调整,并处理破产和倒闭的金融机构。

具有部级地位的机构与不具备部级地位的机构在宪法规定上有所区别。主要体现在立法事项、人事安排,以及向大藏省提交预算请求方面是否具有行使独立酌处权的范围。各部门和部长级机构可酌情决定起草或提交其法案、条例草案至内阁。在内阁中,他们的大臣可以直接发言,以支持这些法案。严格地讲,部级机构的法案和法令草案是以首相的名义提交内阁的,其他机构和所有委员会只有在其赞助部门事先批准的情况下才能这样做。实际上,它们也需要内阁官房和首相办公室的授权和支持。按照规定,内阁大臣,但不包括非部长级机构的部长可以向内阁提议就属于他们管辖范围的事项发布内阁命令。内阁大臣可以根据自己的职权颁布法令,规范现行法律或内阁命令的执行。非部长级机构和委员会的负责人必须向其提案部长提交法令草案,并得到其批准,然后各部门、机构和委员会才可以自行发布属于其规定管辖范围内的事务的正式通知,并在官方政府公报上发表。最后,所有部门、机构和委员会都有权以"指示或通知"的形式向其管辖范围内的组织和人员发出指示。

组织的寿命在一定程度上决定了各部门的等级地位,但职能和管辖权是更重要的因素。约翰逊(1989:183)称大藏省、外务省和通产省等政策部门组成了一个"超一流的官僚机构",排名高于文部省、建设省、劳动省、交通运输省、法务省和厚生省等常规部门或运营部门,及邮政省等商务部门。有人(Johnson,1989;Muramatsu,1991)认为,后者都渴望获得更高的地位,而邮政省则声称,在20世纪80年代与通产省的竞争中,邮政省因推广电信政策而获得认可。但不那么令人信服的是,交通运输省宣布,在1984年对各部门进行内部重组之后,它已从一个监管部门转变为一个政策部门。

现今对部门的地位和功能的指导可能不如日本早期历史那样准确。类似的评判也可以通过"委托化"(Calder,1993)或他们对"大小"政府的支持来区分各部门(Muramatsu,1993)。大藏省、外务省和通产省三个所谓的精英政策部都具有实质性和重要的监管职能,而所谓的监管部门和商业部门既制定政策又执行政策。邮政省既是政策部又是商业部,负责政府最大的业务——邮政服务。关于其功能和地位的历史演变,见中野(Nakano,1998)。也许一些政府部门的委托关系普遍较少,但即便如此,一些部门也有成熟的客户关系,就像1988年大藏省中的银行局的情况。

一个更相关的区别是,那些对政府核心决策活动负有组织责任的部门与一般部门业务活动存在区别,这些活动包括财政和经济政策、外交、贸易和工业以及国防等。但是,这种广泛的分类也可能夸大这些部门的地位和威望,因为制定和执行政策的政治经济背景随时间而改变。因此,随着高增长时代的结束以及国家目标向社会、福利和环境问题的转变,通产省相对于其他部门的地位有所下降。20世纪90年代,泡沫经济崩溃后的一系列政策失误,以及大藏省一些高级官员的腐败行为,损害了大藏省的优越地位。因为在处理被艾滋病毒污染的血液供应方面的无能,以及大臣政务官在1996年因涉嫌收受贿赂而辞职,厚生省的威望和权威受到了损害。相反,在历届联合政府的改革宣言中,由于强调地方分权和权力下放问题在政治上的突出地位,自治省利用其对地方政府的责任,从而影响政策议程的方向、内容和步伐,并提高其相对较低的地位。

各部门的地位和重要性也各不相同,因为它们被视为自民党政治选举策略的工具,手段是分配预算利益和管理优惠。自民党的组织负责监测各部门的活动,其成员提供的评价指数显示:大藏省、外务省和通产省这三个核心部门得分相对较低。事实上,没有专门的部门来跟踪大藏省。最突出的是那些标志着建设省、外务省和交通运输省的部门。在这些部门中,自民党国会议员争夺成员资格。组织的规模、竞争和影响力提供了类似的证据,证明了各部门的相对政治重要性。最大的政策部门包括农业、电信和建筑业。最弱的是司法、科技和内阁官房。关于这一点,我在第10章有更多的诠释。

内阁和内阁大臣

内阁的规模是由法律规定的,它由首相和最多20名内阁大臣组成。在1975—2000年期间,所有12个部门都有代表,首相办公室内8个机构的国务部长也都有代表,但宫内厅和国防设施管理厅通常不被授予部级地位。内阁首席秘书主持内阁官房并负责首相办公室的日常事务,这意味着在现实中,8个机构中通常有两个由同一位内阁大臣代表。各部和部级机构各有一名内阁副大臣,而大藏省、农林水产省和通产省则各有两名。从形式上讲,他们的作用是协助内阁大臣制定部内的计划、政策和方案,以及在该部以外的国会和政党事务中制定计划、政策和方案。在实践中,政治地位比行政管理更为重要。日本政府内阁的总体规模不足50人,不到英国的一半。但在2001年之后,由于议会内阁副大臣的人数、作用和地位的上升,内阁增加了大约20个职位。

在自民党政府中,部长级职位的任命和任职时间,受到三条规则的约束。这些规则同样适用于自民党内部的职位晋升,而内阁任命与这一职位有着不可分割的联系。第一条规则是内阁大臣晋升要在自民党组织及其党派中逐步晋升。这在一定程度上是"生理年龄"的作用,但也不完全是这样,因为近年来有些议员进入政界的时间较晚,比如从事官僚和商业活动的人,他们是中年人,甚至是老年人。第二条规则是晋升的"政治年龄",即议员连任的次数。这些规则得到了明确界定和严格遵守。众议院成员连任五六次,由其党派提名,可能会获得第一个内阁职位,担任内阁大臣,负责一个机构甚至一个部门,如文部省、邮政省和劳动省,但不包括大藏省、外务省或通产省,条件是要达到最低业绩要求,即在党组织和国会工作中表现出可证明的政治能力和技能,例如担任主席或者是专家委员会的副主席。这条规则是为了给所有合格的候选人提供晋升机会,并避免出现障碍。每个内阁大臣任命都是短期的。1972年至1986年间,内阁进行了17次重大改组。在1993—1996年的联合政府之前,内阁大臣的平均任期为278天。日本的政治制度如此迅速更替有诸多不利后果,其中最重要的一项是,几乎没有时间获得有关部门业务的知识和经验。因此,内阁大臣们很难对其决策施加个人印记,从而加强了他们对官僚的依赖。当然,通常官僚们的职位轮换周期为一年或两年。

各部门和部级机构连同宫内厅和首相办公室的委员会,可直接向大藏省提出预算要求,并与预算局官员直接谈判。其余的机构和委员会尽管可以向预算审查员解释其要求,并由预算审查员直接审查,预算能否通过,需要他们的监督或支持。在现实中,他们受其部门官房和工作人员的指导和指示,其预算提案是在其政策、优先事项和战略的框架内制定的。另外两类支出机构从普通账户或 FILP 获得资金，要通过其赞助部门的中介与大藏省打交道，中介为政府企业和公营机构。

政府企业

政府企业属于一个中间组织类别，是各部门和各机构通过普通账户获得资金，且名义上属于自筹资金的公营公司。政府企业在 2000 年有四项服务业务，并各负责一个管辖范围：邮政服务（MPT，邮政省）、国家林业服务（MAFF，农林水产省）、铸币厂和政府印刷局（大藏省）、酒类专卖局。政府企业在 1982 年以前一直由通产省管理，但随后被该部门管辖范围内的新能源和工业技术开发公司合并。与各部门和各机构的工作人员一样，企业的雇员也必须遵守《公共服务法》，他们的特别账户由其所属部门与一般账户下的预算请求同时提交。

公营机构

1999 年，日本共有 81 家公营公司，它们完全或共同隶属于特定部门的监督和控制。公营公司设立的背景为，某些特定的政府活动以营利性企业的形式进行管理效果更好，业绩方面的效率比国家政府机构直接经营更高，在财政或人事管理方面需要的法律和条例比有关政府机构更具灵活性（MCA，1999:100）。

大多数公营公司成立于 1955 年至 1965 年的高增长时期，到 1967 年财政年度实行合并与实行合理化政策时，公司数量增加到 113 个。但到 1980 年，因行政改革运动导致公司的数量减少到 87 个，减少的主要方式是日本国家铁路、日本电报电话公司和日本烟草盐业公司等的私有化，但此后又上升到 92 个且上升趋势一直持续到 1995 年，在之后三年中，公营公司的数量不断减少。幸存部门职能日趋巩固和合理化成为行政改革方案的一个重要目标。到 1999 年 4 月 1 日，由于公营公司的进一步废除和合并，这一数目已减少到 81 家。作为部级管辖的一部分，每个公司的活动都受总部监督和控制，并可被引导和指导，为总部的政策目标作出贡献。

任命高级职员进入公营企业的执行董事会担任总裁、董事长、董事和成员,人事安排是每个部门职能的重要组成部分,并受到持续性保护。这些职位为那些在 60 岁之前退休或辞职的部级和机构官员提供了一个主要的无薪假来源。在这方面,与其他部门和政府主管部门相比,大藏省、通产省、农林水产省、建设省和邮政省在其唯一或共同管辖范围内拥有更多的公营公司,或更强大的公司,或两者兼有。表 6.2 显示了 1996—1997 年期间支出部门的组织管辖范围,以及每个部门单独或共同控制的执行局任命人数。截至 1997 年 1 月 1 日,当时的 92 家公营公司共有 1 373 个董事会职位,其中有 1 091 个是全职的。在控制权和监督权共享的公司中,赞助权由共同发起人之间的非正式协议规定。除了任命公营公司董事会成员之外,其赞助部门也影响更多初级职位的任命。到 1997 年 1 月底,公营公司拥有约 52 万名员工,为那些退休或低于某部门主管职业等级的人员以及技术和专业人员提供了"官员空降"的重要保障,我将在第 9 章中更详细地讨论这些问题。

截至 2000 年,公营公司的预算重要性主要在于它们大多数有资格作为 FILP 的代理机构,通过 FILP 分配投资和贷款资本。符合条件的,通过其主办部门向大藏省财政局第一基金公司提交预算申请。在这方面最突出的是包括 3 家银行和 9 家公共财政公司的 12 个公共财政组织。大藏省拥有日本开发银行和进出口银行的唯一管辖权,并与通产省共享商工中金银行的管辖权,还拥有国民金融公库的唯一管辖权,但与其他八个部门共享,例如,与建设省共同赞助的住宅贷款公库,与通产省共同赞助的中小企业金融公库,见表 6.2。

表 6.2　1996—1997 财年支出部门组织管辖范围及控制执行局的任命人数

部门	公营公司的管辖权			执行董事会董事		
	单独	共享	总计	(FT)	(PT)	总计
大藏省	4	10	14	123	19	142
通产省	10	8	18	152	15	167
农林水产省	7	5	12	82	42	124
运输省	14	7	21	276	58	334
邮政省	4	7	11	94	12	106

续表

	公营公司的管辖权			执行董事会董事		
厚生省	5	4	9	44	30	74
邮政省	4	2	6	92	15	107
劳动省	5	1	6	34	6	40
自治省(MHA)	1	2	3	18	15	33
外务省	1	1	2	17	4	21
文部省	7	1	8	42	32	74
管理委员会	0	2	2	10	11	21
国土厅(NLA)	0	4	4	31	2	33
北海道开发厅	0	1	1	7	1	8
科学技术厅(STA)	4	2	6	45	12	57
经济企划厅(EPA)	2	0	2	11	5	16
环境厅(EA)	0	2	2	8	2	10
冲绳开发厅(KDA)	0	1	1	5	1	6
总计				1 091	282	1 373

资料来源：OECF：Overseas Economic Cooperation Fund。

部门审查是在必要时修订其赞助公司的政策计划和支出方案。当有人要求分配FILP的资金时，大藏省应当直接参与审查它们的预算。其次，许多公共公司在预算过程中发挥了重要作用，因为其贸易账户上的任何赤字都需要普通账户或FILP的补贴。例如，日本国家铁路债务清算公司和管理委员会从1987年开始就持续出现赤字，而且赤字不断增加。在1987年将其分拆并私有化之前，它从日本国营铁路继承了30万亿日元的债务，几乎是当时年度一般账户预算规模的一半。它每年从一般账户和FILP得到补贴，以支付未付款项的利息。作为政府住房政策的一个工具，政府住房贷款公司还从总账户和国家住房贷款计划中获得年度补贴，使其能够以优惠利率提供购房和建房贷款。这些补贴和其他补贴将在第28章中讨论。

由于政府连续五年推行合理化和巩固政策，到1999年公共财政公司的数量从12家减少到9家，但其主要职能并非如此。这些变化比结构和功能的实质性重组更具有象征性和意义性。日本开发银行是由大藏省赞助的日本发展银行和北海道—东北开发公司合并而成。国家人寿金融公库将国民金融公库和环境卫生企业金融公库合并在一起。中小企业信用保险公库与日本中小企业金融公库合并。进出口银行与日本海外经济协作基金合并,组合为新的日本国际合作银行。除其他变化外,住房和城市发展公司由于丧失住房职能而成为城市发展公司。日本国家铁路债务清偿公司被注销,其债务主要转入一般账户预算。

政府公共部门的内部组织架构

《国家政府组织法》规定了组成中央政府组织结构的共同原则和标准。虽然这样做的目的是为实现规范统一,因为各部的管辖权和职能在该法中都进行了单独规定。内阁组织条例分别规定了每个部门、机构和委员会的组织原则和业务标准。图 6.2 提供了 20 世纪最后 25 年日本的典型组织结构图。

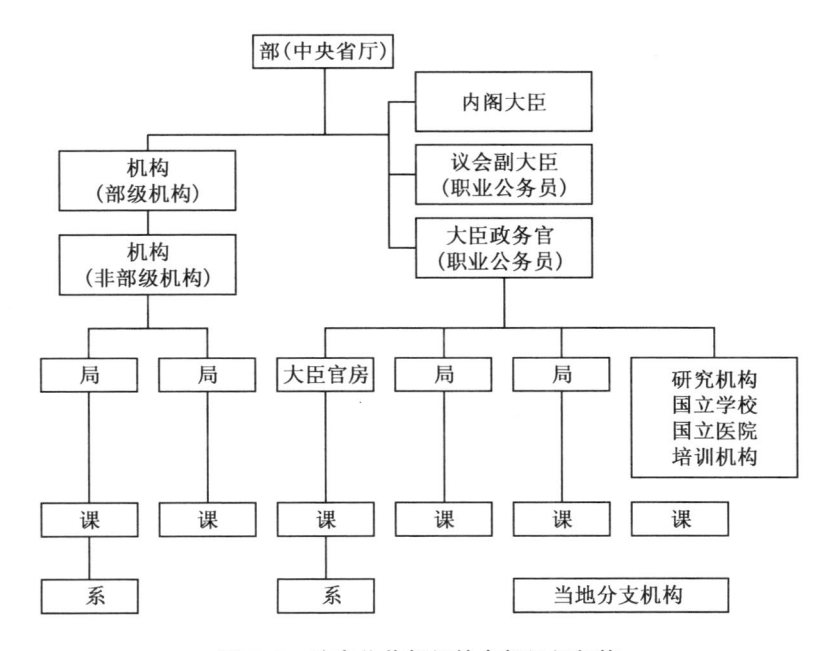

图 6.2 政府公共部门的内部组织架构

各部门根据其内阁大臣地位在组织上有所不同,分为部级机构和非部级机构两类。部级机构,即那些设有内阁大臣的机构以及与部级机构有类似的组织,如环境厅或防卫厅;非部级机构,通常由职业官员担任总干事,虽然法律禁止设立局,但它们有一个总干事官房,以及设有若干局。在部级机构中,高级官员是副大臣。大藏省、通产省、农林渔部和交通运输部设有第二个职位,有时被称为大臣政务官,负责某些政策领域或行政方面,如国际事务。不同寻常的是邮政省由一名专家、一名工程师担任。

在部级机构中,高级官员是副大臣。许多部级机构在区域、县和地方各级设有分支和办事处,一些部级机构设有研究和培训机构。每个部级机构都设有咨询委员会,为部级机构提供专家咨询意见。

每个部级机构的职能、任务和活动在职能或地理上的局和大臣官房之间进行划分。各局内部又分为若干课,并细分为若干系。图6.3显示了"职业"官员所担任职位的一般等级,尽管在特定的部门中存在一些地方差异和不同做法,但在决策过程中,决策局内部和决策局之间的关键职位是由部门课长和副课长担任。例如,在外务省,他们处于所有活动的中心,其职能包括为首

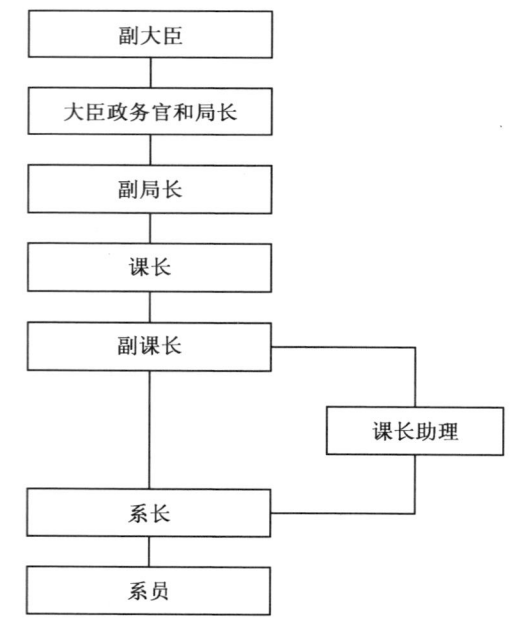

图6.3 "职业"官员的层级

相在内的上级准备"谈话要点和演讲",回应国会质询,向政治家和商界领袖做简短的回答,并参加部级联络会议。与正式会议或正式沟通相比,各部门课长之间以及他们与上级之间的非正式沟通在决策方面具有更为实质性的意义,在协调各部门之间制定和执行政策的进程中发挥关键作用。在其他方面,部门课长助理的职位有时与其他副课长并列,有时作为部门主管的首席,这同样取决于职责和资历。

"在编"的职位有两个,一个是高级职位,一个是初级职位。其任职者履行协调和咨询等各种"工作人员"职能和服务,或者从事专门任务,有时甚至超越了几个局的职责。他们确切的等级地位各不相同,但一般来说,参事的级别等于或接近副总干事的级别,高于还是低于取决于当地的情况和风俗,以及职责的具体规定。相当于一个部门的副主任级别,参事在英语中被混淆地称为"顾问"。一些大型部门在局内设有部门,通常由一名参事领导,该参事可能被授予总干事的礼遇头衔。在大藏省预算科中,预算审查员的级别与部门主管相当,他的副手的地位与部门副任相似。他拥有削减预算请求的自由裁量权,这是助理预算审查员不具有的法律权力。在其他方面,助理预算审查员的等级地位可能与副预算审查员相当。

在经济高速增长的时代,随着新职能和职责的获得和增加,各局和官房的数量迅速增长。为了抑制组织扩张,1968年政府决定各部门、各机构取消一个局。此后由于设立新的机构,局和官房总数略有增加,但从1979年起,局、官房总数仍保持在128个。20世纪60年代后期采用的"废弃和建造"原则得到了严格执行,取消同等的局必须补偿其他局。这一原则也适用于公营公司。

大臣官房

大臣官房是每个中央省厅的中心,通常由总干事领导,非部级的省厅由参事领导。在官房内,通常设有各具体部门,负责以下中央职能:政策规划和协调该中央省厅各局的活动;研究和情报;预算和账目的协调;议会和公共关系以及政治联络活动;法律起草和咨询,并就部级命令和条例问题提供咨询意见;控制招聘、晋升、职位、退休以及员工的工资和条件。这些活动是该中央省厅最重要的活动,是该中央省厅各局所有工作的中心,也是该中央省厅所有工作人员的职业生涯的中心。图 6.4 显示了一个典型的大臣官房的组织架构。

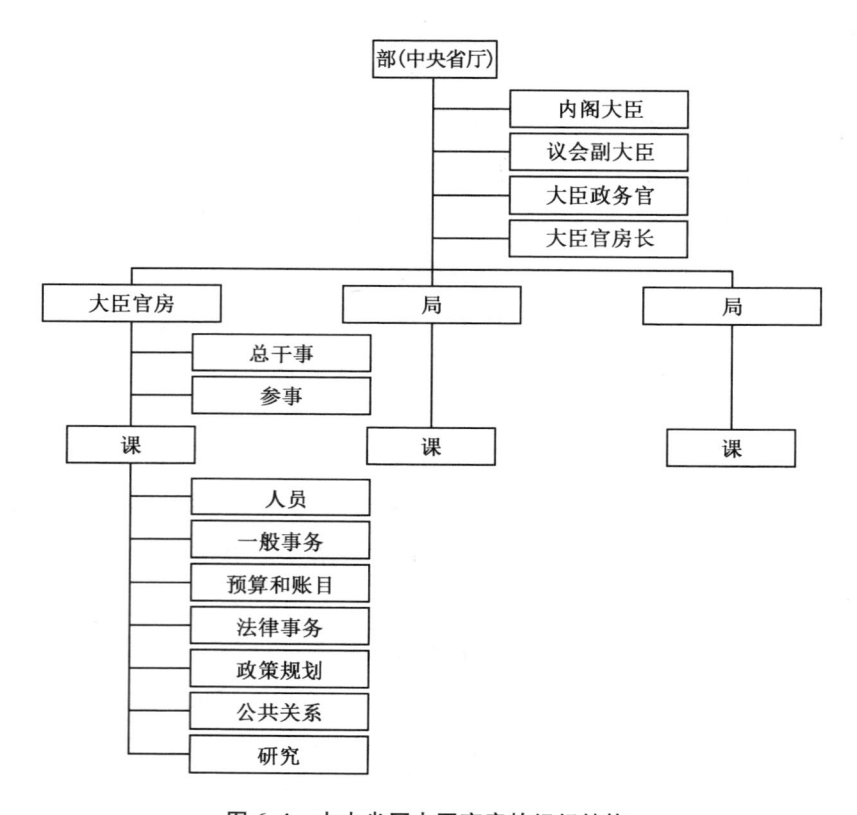

图 6.4 中央省厅大臣官房的组织结构

大臣官房还为大臣提供服务和支持设施。因此,它完全有能力发挥赋予它的协调作用。但是,在制定和执行整个部门的政策时,它能够在多大程度上实现更大的一致性和全面性,取决于以下几点:1. 纵向组织的职能部门实际拥有的独立性和自主性的程度,以及它们之间的竞争程度;2. 官房相对于它们的等级地位、工作人员的人数和能力;3. 组织文化和实践。在一些设有"大臣官房"的部门中,如外务省、财政省和国家土地厅,官房总干事的级别高于局长。在其他情况下,官房的排名不高于一个中等级别的局长,而在邮政省,其地位则更低。

财务和预算科

各部门预算和预算请求由各局的政策课汇编,由其总务课协调。总务课是与大臣官房的财务和预算课的会计人员沟通的主要渠道。财务和预算课的职能是编制该部的预算,使其与整个中央省厅之前的目标和政策保持一致。大臣官房为数不多的关键工作人员包括预算和会计课主任和一名或多名副主任,其他人员包括法律课、人事课和总务课的主任和副主任,以及一名或多名参事级别的职员。他们在外部代表省厅与其他部门的官员、自民党及其决策机构的高级政治家、国会高级成员、特殊利益集团和媒体进行谈判。在内部,他们是各职能局的不同活动的中心焦点。大臣官房的这些关键职位既为能干的年轻行政人员提供了增加经验和发展关系网的机会,也是对其政治和行政技能的考验,那些表现良好的人注定会得到该中央省厅的最高职位。

首相办公室、内阁官房和内阁府的组织结构在某些重要方面不同于其他部门,下一章将对此进行讨论。

中央行政机构的重组

本部分内容描述中央行政机关的结构和组织在20世纪最后25年里的变革。重点是变革的主要原因,归纳如下。

1. 重大改革需要对现有法律或新立法进行修订。这是一个耗时而又困难的过程,因此需要仔细规划和准备,以便在受影响的政治和官僚利益集团之间达成充分的共识。在过去,如果没有强大而坚定的政治领导,这一目标很少能够实现,而首相发挥了关键作用,就像桥本(Hashimoto)在1996—1997年所做的那样。直到1993年,政治家和官僚们都不太愿意打破以1955年政治改组为基础的行政安排的现状,因为双方均从中受益。自民党长达40年的不间断执政意味着,日本完全没有七国集团中其他国家所特有的因左、右政党交替而引发的组织变革的现象。

2. 在支持维持组织现状的各部门中存在着强大的既得利益。官僚们被个别部门聘用,他们对这些部门表示强烈的个人忠诚,而不是对整个公共服务表示忠诚。在辞职或退休以及在公共部门或私营部门组织的其他部门"软着陆"之前,高级官员将其全部职业生涯都放在一个部门。向其他部门有计划的、有模式的和战略性的借调反而加强了对这些组织的忠诚。

3. 纵向行政结构既反映又加强了各支出部门对政策领域进行监督和控制的独立性和自主性。每个机构都是一个独立的政策网络的主要组织节点,重点关注特殊利益集团代表、自民党正式组织政党结构的成员、研究委员会和研究小组以及自民党高级官员和普通议员的政策利益。所有这些机构都与官僚机构在维持现有组织结构及其政策领域方面有着共同利益。

4. "政府机构"问题很少引起政党或内阁大臣的兴趣。1987年中曾根康弘辞职后,自民党领导层对推动此类改革几乎没有任何政治兴趣或意愿,这种冷漠一直持续到1996年11月第二届桥本上台。1979年,当中曾根康弘担任行政管理局局长时,由于长期政治野心的驱使,他在行政改革问题上投入了大量的时间、精力和政治资本,这种做法不同寻常。虽然当时首相竹下登最初表现出了一些热情,但他的后继者宫泽喜一并没有表现出任何兴趣。20世纪80年代在缺乏政治承诺的情况下,宫泽喜一促使临时行政调查会成立并支持其工作,临时行政调查会只能完成适度的、临时的、零碎的改革。在宫泽喜一执政期间,自民党几乎无法从改革中获益,只能继续提供和分配利益和服务,他认为,这些利益和服务对其选举的持续胜利至关重要。关于所谓"1955年体制"指的是1955年11月,日本自由党和民主党合并为自由民主党即自民党,成为国会第一大党,在议会中形成稳定多数,连续执政长达38年,而其他政党长期处于在野状态,多党制形同虚设,这种局面被称为"1955年体制"。政治行政安排的基本构架,在1992—1993年自民党脱离联盟之前,并没有受到自民党内部的严重挑战。

1998年6月12日,国会通过了一项旨在重建中央行政机构的立法,为改革提供了一个蓝图和一项授权法案,为最终将部门和部级机构的数目从23个减少到13个铺平了道路。1999年6月国会对各部、各机构的立法进行了修订。

改革的直接起源是本书研究的重要内容。这些改革来自桥本首相在

1996年9月众议院选举前的个人倡议,后来发展成为他的六项"设想"改革之一。在那次选举后,他组建了第二届政府,并致力于中央行政机构的改革,成立并主持一个新的机构——行政改革委员会,该委员会专门负责在一年内提出改革建议。自民党于1997年12月3日提交的最终报告,没有之前的中期报告那么激进。中期报告是自民党内部以及自民党与社会民主党之间达成协议和妥协的结果,而社会民主党则是在逐案审议的基础上给予政府支持的。

改革有四个主要原则:一是使内阁能够在决策方面发挥更大的作用,成为"自上而下制定和执行政策方法"的主要工具(ARC,1997:1);二是加强首相的权威性,使他能够在制定政策方面发挥领导作用和主动作用,并通过加强内阁官房向他提供必要的支持;三是由于中央政府组织"过于庞大和僵化",因而其需要精简和提高效率,且决策过程要变得更加公开和透明;四是通过采用英国执行机构的原则,使政策的实施更加有效。

指导原则的改革,以及旨在实现改革的中央政府机构的重建,意味着公共部门通过继续放松管制和私有化,将职能从中央政府转移到地方政府,并用决策职能与执行职能分开的途径来削减其作用。后一个原则是新制定的,前两个原则是自1993年以来支持行政改革倡议的原则的重复(在第四章中讨论)。到了2001年,中央政府的核心部门包括一个内阁官房、十个省厅和三个准省厅机构,其中防卫厅、金融服务局和国家安全委员会提升为部级地位。裁减是通过合并和融合较大组织单位的现有职能实现的。这里我们区分三个分析类别:第一类包括名字和职能基本不变的部门:外务省、农林水产省、防卫厅、司法省和国家安全委员会;第二类是地位和称谓发生变化但职能基本不变的部门:通产省被重新任命为经济、贸易和工业部,环境厅升级为一个完整的部门;第三类包括通过合并和融合现有11个部门职能而设立的四个新部门:厚生劳动省(厚生省,劳动省),文部科学省(文部省、科学技术厅),国土交通省(建设省,交通运输省,国土厅,北海道开发厅),总务省(总务厅、邮政省、自治省)。

改革的结果是大藏省和首相办公室都失去了职能和责任。究其原因,前者是为了削弱该部的权力和权威,后者是为了加强首相在战略决策方面的权威和领导,并通过加强内阁办公室和秘书处,为首相和内阁提供中央规划和

119

协调能力。大藏省是改革的主要目标，自民党的一些部长和国会议员以及各种联盟伙伴都在游说对它进行改革。

首相办公室和内阁府的改革也是对中央行政部门影响最深远的改革，这两个部门的权威已得到加强，其职能更多地集中于战略决策。为了协助这两个部门，设立了四个新的法定咨询委员会：科学和技术委员会、中央防灾委员会、性别问题委员会、经济和财政政策委员会。在新的结构中，经济企划厅被废除，其协调经济和财政政策的职能移交给内阁府，由扩大和改名的理事会提供咨询意见。这四个委员会由部长级成员以及来自非政府团体的成员组成，与传统的咨询委员会相比，更类似于内阁委员会。根据特殊问题的需要任命国务大臣，其中一位负责冲绳和北方领地事务。内阁府也得到加强，以便在规划和协调"基本政策"方面向首相和内阁提供更直接的援助。扩大的内阁府继承了首相办公室对皇室家庭机构、国防机构和国家安全委员会的正式管辖权，并获得了新的金融服务机构的管辖权。委员会和非部级机构的数目没有变化。表6.3显示了2001年1月6日实施改组后各部、机构和委员会的情况。

表6.3　　　　　　　　　　2001年政府部门、委员会和机构

部　门	委员会	机　构
内阁府	国家安全委员会	部级机构： 　防卫厅 　金融服务厅 非部级机构： 　宫内厅 　国防设施管理厅
法务省	国家司法考试管理委员会 公安审查委员会	公安调查厅
外务省		
财务省		国家税务厅
文部科学省		文化事务厅
厚生劳动省	中央劳动关系委员会	社会保险厅
农林水产省		食品厅 林业厅（林野厅） 渔业厅

续表

部　门	委员会	机　构
通产省		自然资源和能源厅 中小型专利厅
国土交通省	中央海员劳动委员会	海事安全厅 海事事故调查厅 气象厅
总务省	公正交易委员会 环境纠纷协调委员会	邮政服务厅 消防厅
环境省		

在1998年授权法案起草之前，政客和官僚之间达成的妥协性协议，意味着邮政服务私有化运动失败。虽有桥本第二届政府的厚生大臣、前邮政大臣小泉纯一郎的领导，以及经济团体联合会的支持，但由于受到邮政省官僚、邮政大臣和自民党政客的共同压力而导致失败。邮政省不再隶属于新的公共管理部，邮政服务将由一个机构提供。直到2003年3月31日之后新的公共公司成立，原来试图将强大的河务局从邮政省转移到农林水产省的计划也没有得到执行。可以说，为促进公共工程建设，邮政省、交通运输省和国土局的合并创造了一个更强大的组织单位，预算超过7万亿日元。交通运输省击退了国家安全委员会将负责监管沿海水域的海洋安全局纳入交通安全总职责的企图。在1997年行政改革委员会的中期报告和最后报告之间被放弃的其他建议还包括环境厅与厚生省的合并、通产省和邮政省的整合以及设立单独的土地保护和发展省。尽管工业责任的优先顺序有所调整，但通产省幸存下来，几乎所有的职能都完好无损。农林水产省也保留了自己的独立身份，成功地抵制了早先将其纳入土地保护部的提议。随着外务省和财务省的出现，它们的地位、组织身份、职能和管辖完全地沿袭了下来。

评　估

改组于2001年1月6日开始实施。首先，该日之后实际发生的情况可能与拟议的改革有很大的不同，但即使从表面上看，它们也没有声称的那么激进。中央政府的职能变化不大，重新安排在不同的更大的盒子里。其次，许多这样的变化都是装饰性的,只是变了"颜色"。最后,试图建立一个更小的内阁,以便更好地讨论和拟订总战略,并假定其成员愿意并能够发挥这一作用。除了加强内阁秘书处的支持和服务外,他们还需要一个有权协调和解决部长级政策问题的内阁委员会结构,使内阁能够自由地专注于整个政府更广泛的战略问题。较大部门的管理和政治控制将对部长们的时间和精力提出更高的要求。在一定程度上,由于认识到这一点,每个省厅将设有两名议会副大臣,他们的目的是减轻内阁大臣制定政策的负担。然而,一个大省厅的内阁大臣将面临更多的官僚,负责更广泛的职能。新的国土交通厅将有大约7万名官员。

自相矛盾的是,对政策制定施加更多"自上而下"的政治控制的做法,可能会通过大型联合政府部门的传统"垂直"制度化,来加强官僚的权力。至少在短期内,存在这样的风险:大部门有可能成为松散的自治联邦,这些自治联邦有着自己根深蒂固的身份和忠诚。过去的例子并不乐观,例如,在通产省内部,1984年与首相办公室人事局合并的旧行政管理局,其独立身份在20世纪末仍然很明显。行政管理局和人事局局长基本都是从原单位内部任命的。此外,在旧的行政结构中,各部门的管辖权和职责仍有许多重叠之处,例如,财务省对金融部门的剩余监管职能与新的金融服务厅的职能重叠,财务省的预算职能与新的经济和财政政策理事会的职能重叠。另外,由大约14名内阁成员组成的小型内阁也将减少对首相的支持,这里包括内阁官房长和四名国务大臣。政治候选人的机会将会减少,平衡党派在内阁中的代表性任务将会变得更加困难。在2000年12月改组的内阁中,森喜朗首相为前首相桥下彻(Hashimoto)设立了一个特别职位,以加强他在政府中的地位。在旧体制下内阁职位的迅速更替受到了批评,因为这使内阁大臣们没有足够的时间在一个职位上获得必要知识和专门技能,从而使他们无法登上更高职位。更小的内阁将增加总理们的压力,要求他们要经常甚至频繁改组。为了发挥内阁为他们所设想的战略作用,内阁大臣们需要在管理他们的部门方面更有经验,并且在职位上花费更多的时间。20世纪70年代,英国尝试设立"巨型部门",结果证明,一个内阁大臣独自承担不起这么大的负担,内阁大臣们的"多重业务"变得普遍起来。无奈之下,规模较小的内阁很快恢复到原来的规模。重组的一个既定目标是到 2010 年将公务员人数减少 1/4。官房和决策局的数目将由 128 个减至"尽可能接近 90 个",而科室的数目则由重组时的 1 200 个减至"接近 1 000 个",并在 2006 年前减至约 900 个(IAM,1999)。行政改革委员会建议,即使是大型部门,内部决策局的数目也不应超过 10 个(ARC,1997:7)。这些建议的实施将给合并各省厅的各局带来极其困难的问题。例如,建设省有 6 个局,运输省有 9 个局。连同国土厅和北海道开发厅,国土交通省的大约 20 个局不得不减少到"不到 10 个"。在过去,各省厅和总干事面临着更少的限制性契约,省厅能够创造性地提供"部门"和"议员"的组织解决方案作为回应,他们可能会再次这样做。

1998 年的立法旨在通过废除、合并和合理化减少法定咨询委员会的数量,削弱官僚对决策的影响和控制。一年后,政府宣布原有的 212 个委员会减少到了 93 个,成员人数从 5 300 人减少到 1 800 人。一般委员会成员限制在 30 人,只有个别委员会成员超过 100 人,如通产省的产业结构委员会有 130 人,并规定内阁大臣和官僚禁止在其中任职。早在 1995 年 9 月的一项内阁决定里规定审查选举程序,并向公众开放会议和公布会议记录和程序,提高透明度。最后,为了将决策职能与执行职能区分开来,政府提议设立独立的行政机构,在国家正常组织框架之外具有独立的法律地位,以提供某些服务,类似于 20 世纪 80 年代英国在"下一步"倡议(ARC,1997:9)下设立的行政机构,英国的"下一步"倡议是指 20 世纪 80 年代的英国政治改革,其中一项重要内容是减少国家的干预,压缩国家的福利支出。到了 1999 年,日本将 89 个机构(主要是研究机构、测试实验所、检验和认证机构,以及多个卫生和安全机构)合并为 59 个 IAI,共聘用约 67 000 名公务员。

第七章　部门本位与利益边界：
决策过程中的协调、竞争和冲突

　　自明治维新以来，政府所面临的最大难题是协调各部门之间的利益（Johnson，1980）。在20世纪的最后25年里，日本的各个部门在制定和执行政策时常常存在严重的分歧。造成这种分歧的主要原因是，中央行政垂直化结构所导致并加深的司法竞争。此外，还包括一些其他原因，如组织结构的历史连续性、稳定性和保守性，以及个人招聘制度、社会化制度和终身雇佣制度。如对团体或派系的忠诚比对抽象概念，如"公共服务""政府"或"国家利益"的忠诚更重要。官僚首先是部门的官僚，其次才是国家的官僚（Johnson，1989：74）。与全面政策或集体善政相比，政客们更关注个别政策问题的特殊利益，这反映并强化了官僚主义的狭隘性。

　　本部分内容考察了试图协调各部门的利益、职能和责任的政党结构，以及支持它们的非正式程序和行为规则。有人认为，后者在实践中提供的更多合作协调比对正式结构的检查所需要的更重要。

司法自治

　　各部门的自治管辖权限由法律另行规定，一些部门如大藏省和通商产业省（简称通产省，MITI）的管辖权常常由于措辞笼统、含糊不清，赋予了官僚相当大的自由裁量权。因此许多日本官员认为，他们的授权立法不仅确定了他们可以行使监管控制的实质性领域，而且为他们理所应当地管理社会各群体

第七章 部门本位与利益边界:决策过程中的协调、竞争和冲突

提供依据(Young,1984:936),例如,农林水产省制定的法律要求其担负农业发展的职能。"然而,农业,食品和渔业部通常将这项立法解释为无论出于什么样的目的,都可以将所有农民及其家庭置于其职权范围内"(Young,1984:937)。客户和团体经常要求对其活动进行解释,或要求将其纳入某个部门的管辖范围内,从而获得某些利益或特权。对行使管辖权的司法解释很少经过法院的检验和裁决,也很少受到专门监管机构的审查和控制。商务部的公告说,在放松管制后决定进入新电信行业,但这在其成立之初并没有法律依据。尽管如此,商务部的官员们认为,电信部门是一个向任何一方开放的新创造的世界,因此他们不受现有限制性条款的限制。仿效通产省的自由解释和行为原则,它进入了一个"不属于任何人的领域"(Takahashi,1988:21)。它正在寻找新的方法,以维持并在可能的情况下扩大其在制定公路政策方面的管辖权,部分原因是为了抵制通产省在制定"信息社会"政策时所受的侵犯。

各部门的法定权力由"法律外程序"补充,通过该程序,他们试图解释如何解释法律、规则和条例,从而规范其管辖范围内的机构及客户的行为。这方面已经有大量的文献就"行政指导"的定义和使用,以及它在不同政策领域,特别是产业政策中的作用和效力进行研究。这里值得强调的是,"行政指导"无论如何定义和使用,都是作为一种"游戏规则"来实施的,通过它来规范各种系统成员之间的关系。在某些情况下,各部门倾向于将其拥有的政策管辖权移交给系统的其他成员。根据Upham(1993)的说法,在没有政府部门直接监管的情况下,利用市场规则是很常见的,这样就不需要官僚调查和评估申请。因此,该网络的成员可以通过自愿协议,创建对其活动进行私人监管的框架工作。例如,在20世纪80年代,通产省没有行使《大型零售商店法》赋予它的司法权来管理新店的数量,相反,它赋予了当地商人在其辖区内开设新店的否决权,实际上,它创造了一个非正式框架,在这个框架内私人团体可以按照自己的意愿行事。

竞争和冲突

正式的法律权力有助于界定每个部门的管辖范围,从而确定它们的自治

程度。然而,这样界定下政策问题很少作为需要注意的议程项目出现,更不可能制定一个适当、可接受和有资金支持的对策。政策问题"混乱"而不成熟,它们超越了部级管辖范围,且许多都是相互依赖的,因此需要一个协调一致的组织反应。与此同时,每个部门都在努力保持自己的自治权,不断警惕地在其管理边界巡逻,以防止和抵抗其他部门的侵犯。在这种情况下,各部门之间会发生竞争和冲突。当制定或实施政策需要几个不同部门的协作时,也会出现这种情况。举一个明显且有充分材料证明的例子——制定和执行海外发展援助政策。该政策的管辖权分散在18个中央部门,职责相互关联,有时重叠。因此,多边援助的责任由外务省和大藏省分担。外务省负责与联合国有关的援助,大藏省负责向多边开发银行捐款,通产省负责日元贷款,日本外务省和海外经济协力基金负责执行多边援助。其他部门,包括农林水产省、通产省和日本厚生劳动省(简称厚生省)也都有相关的政策责任。20世纪90年代,大藏省、日本中央人民银行、通产省和农林水产省在银行业和金融服务监管方面的分工和职责重叠,导致了住房贷款协会在破产和破产后的救援过程中未能在事前采取适当的预防措施,只能在事后采取纠正措施。

出现新的政策领域或政策责任时,各部门之间也会产生竞争和冲突。"无论形势如何变化,通产省似乎都是对新政策领域拥有监督管辖权和权力对抗的主要部门。"(Callon,1995:205)如在为新企业融资和提供风险资本方面,通产省与大藏省展开竞争,在争夺政府研发政策控制权的过程中,它还与文部省争夺进入日本大学的机会,通产省对科学技术厅不屑一顾,并在很大程度上忽视了它试图作为正式协调机构的角色。高科技项目和政策"不容易或不完全符合政府机构的传统范畴。这种分裂倾向于在各部门之间引起管辖权纠纷,并加剧部际冲突。"(Tanaka,1991:111)。这种纠纷或冲突是为了保住自己的权力领域。

在制定提高生物技术的政策方面,各部门就谁应该带头展开了斗争。厚生省的"地盘"受到通产省的入侵威胁,在较小程度上受到科学技术局、农林水产省和教育部的威胁。通产省希望将其生物技术政策的概念纳入日本高科技的"愿景"中。科学技术局和文部省都设计了"生命科学/生物技术项目"以促进科学发展。农林水产省则通过控制农业和调控大米价格获得收益。

这四个部门各自创建了一个与其领域相关的独立研究计划,"尽管每个部门计划中的大多数研究活动几乎相同"(Tanaka,1991)。与一个公司有密切联系的部门往往不愿意让其参加另一个部门的项目,这是因为这样做会扩大后者的管辖权,以便通过法律外程序进行管制。

20 世纪 80 年代,通产省和邮政省(MPT)之间为控制电信政策而展开了地盘争夺战,即所谓的"电信战争"(Johnson,1989)。技术创新在两部门的领土范围之间造成了政策真空,两部门为扩大其管辖范围而展开了竞争,其中一个涉及电信公司或"新媒体社区"的政策。随着通产省宣布计划建立 11 个这样的公司,邮政大臣急忙投诉通产省侵犯了自己的地盘,并建议加快自己的政策宣布。邮政省宣布了 20 个电信公司的计划,随后它和通产省分别起草了法案草案,自民党以成本为由拒绝了这些草案。然后建设省认为通产省和邮政省都在侵占自己的地盘,并制定了自己的"有线电视"法,促使建设省提出自己的光纤电缆提案。大藏省拒绝为所有四套方案提供资金。自民党选择了回避,最后通过谈判达成妥协,通过了一项综合性的和稀泥法案,暂时解决了部际冲突,"该法案给了每个部门一些利益"(Johnson,1989:227)。

当新成立的机构侵犯到现有部门的管辖权时,也会产生竞争和冲突。新机构权力范围,以及哪个部门监督它的活动都有争议。1974 年,相互竞争的官僚利益阻碍了独立的海外发展部的成立,因为当时各部门都在寻求扩大其在新兴政策领域的影响力。农林水产省和通产省希望建立属于自己的机构,环境保护局(EPA)反对他们的提议,因为这对自己的日本海外经济协力基金(OECF)构成威胁。环境保护局得到了日本外务省的支持,因为农林水产省和通产省提议可能与自己的海外技术合作机构发生冲突(Orr,1990)。

在那些与自己职责重叠的机构中,部门之间控制决策方向的竞争往往被认为是最激烈的。各部门竞相获得监督控制权,并有权任命自己的官员或被提名人担任高级和有影响力的职位。除了在相关利益的决策领域可能产生影响和控制之外,每个部门都从为其退休官员获得更多安置中受益,增加了整个行政部门"资产"。

综上研究,各部门之间为建立新的管辖权并监督和控制新的准政府组织而展开的竞争,聚焦在政策过程中的资金控制方面,例如一个部门管辖权范围内的任何程度的缩减都可能对其在预算中的份额构成威胁,相反,一个能够扩大其领土边界的部门可以要求增加其预算,以承担额外的责任。一个部门对准政府组织的管辖范围和管辖质量很重要,原因有二:第一,通过部门的管理权、监督权以及部门规章制度可以影响和控制客户和特殊利益集团;第二,对部长级高级任命的监督和控制,为60岁前退休或辞职的部长级和机构高级工作人员提供了一个"软着陆"的途径。

部际协调

日本中央政府制定和执行协调的政策至少有三个先决条件:第一,有必要整合各部门所代表的不同政策利益,并通过它们间接地协调其客户的重叠、竞争和冲突的特殊利益。简而言之,中央政府系统内需要有能力汇集和整合各种利益;第二,必须确保在适当的时候使每个部门和机构掌握的不同知识、技能和信息以对特定的政策问题产生影响;第三,有必要规定一种双方都能接受的方法解决因管辖权的相互冲突而产生的冲突。这三个条件是通过专门的组织和程序,以及非正式的程序和博弈规则来完成的。

正式的组织协调

组织协调部门具有层次性。在1975—2000年期间,日本中央政府政策的主要协调机构是内阁,由内阁官房和内阁府组成。两者都与首相办公室和首相本人有密切联系,这是正式和非正式协调机制形成的潜在来源。部际协商和部际谈判有正式的官僚结构。最后,还有一些组织,主要是机构和委员会,在若干政策领域内具有专门的协调职能。

将业务纳入内阁正式批准的程序中,固有的一个不可避免的工作是协调,无论是通过内阁秘书处管理的程序所进行的正式协调,还是通过受影响各方之间的协商和讨论所进行的非正式协调,进入内阁领域本身就保证了先前最低协调水平。

一般来说,内阁只是被动地处理事情:批准官僚机构达成协议和决定,并使其合法化,同样也会批准自民党执行委员会和政策事务研究理事会

(PARC)审议委员会的协议和决定,并使其合法化。内阁很少提供实质性战略讨论或全面决策的论坛,也很少协调其成员所代表的不同政策利益。当部际冲突在低水平下被证明是不可协调时,内阁也没有行使其作为最终上诉法院的职责。更常见的情况是,这一角色由自民党党内最高级别的官员担任。

协调是通过正式内阁会议进行的,必要时内阁委员会以所有支出部门的大臣政务官每周举行的两次会议(星期一和星期四)作为基础。在非部级机构和委员会中,只有国家警察局有代表,各部门的支助人员与内阁法制局副局长、首相办公室行政事务副主任以及内阁秘书处有关顾问一起担任助理。

由内阁副首席秘书主持的会议简短而正式,主要目的是为第二天举行的内阁会议作好准备,并审议和讨论具体的议程项目,也可能讨论各部门或机构之间未解决的意见分歧,并有可能做出实质性决定。随后,筹备和召开大臣政务官会议,在不同级别官员之间举行了正式和非正式的部际磋商,意在使向内阁提交报告方面取得进展。部门内部的大臣政务官会议的筹备工作由各局局长承担,而在此之前部门主任一级举行了非正式会议,主要是为了审议各主席团早先会议提交的文件和提议。后者通常由部长秘书处协调和法律事务司司长担任主席,这反映了该部门在发布部级法令、通知和指示方面的地位。部长秘书处还包括另外两名主要人员,是会计司副司长和人事司副司长。

首相办公室(首相官邸)

首相办公室由其政治事务秘书和从大藏省、外务省、通产省、国家警察厅借调来的四名私人秘书组成。大藏省官员负有包括经济和财政政策等方面最广泛和最普遍的责任,外务大臣负责外交和外交政策,警察厅官员负责国际和国内的所有安全事务。虽然政府的核心代表权承认了这些部门活动的中心地位,并且毫无疑问地加强了它们作为"首要人选"的认可度,但对特定官员的选择往往或多或少地取决于总理的偏好。直到1972年田中角荣(Tanaka Kakuei)加入后,田中角荣任命他的前通产省秘书为第四任私人秘书。

在2001年实施旨在加强首相在内阁中权力的行政改革之前,宪法没有赋予首相可以将自己的意志强加给他的同事的法律权利,如在内阁中主动采取行动以确保对政策问题做出全面协调的反应。因此,首相在决策方面的领导作用通常是被动的。向首相提供的信息、咨询意见、建议和推荐由首相办公室的"高级官员"把关,这些"高级官员"即从大藏省、外务省、通产省和警察厅以及内阁秘书处借调的高级官员。一位大藏省高级官员这样描述道:"我们需要首相的决定,即使是一个简单的非此即彼的提议,我们总是先做出判断然后提交批准。如果我们不这样做将会被告知擅自做出决定,然后重新回到'正轨'。日本首相宫泽一郎(Miyazawa)也不例外。"(Tase,1993:43)

当未解决的问题、分歧和冲突上升到首相级别时通常遵守不干涉原则。当在两个或两个以上部门的相互冲突的政策建议之间做出决定时,是有风险的,会降低被裁决人的地位。不过,也有一些首相直接干预的例子,虽然受到时间和精力的限制,但是其他参与者的反对,特别是侧重于特定部门的地方政府的力量,限制了首相参与争端和冲突的能力(Hayao,1993;Shinoda,1994)。当他这样做时,通常是利用职务和个人资源,包括他的正式职位,有时也会利用他在党内的派系资历,以及通过他的政党和私人办公室网络去传播信息和情报。

Yasutomo(1995)描述了各国总理如何侧重于强调双边和多边援助的重要性,并帮助多边开发银行解读具体政策的更广泛的政策背景。他们将多边援助从直接的、技术的和标准的操作程序层面提升到长期的、政治的和国家优先地位,将官僚政治转变为国家的优先事项,并将命令措施转变为政策举措。

不同寻常的是,中曾根康弘(Nakasone)倾向于一种更具总统风格的领导方式。通过咨询委员会和总理委员会制定的一揽子计划,试图自上而下地实施,而不是通过部长决策局自下而上地执行。中曾根康弘在 PARC 和内阁中,起初是不受重视的,为了摆脱二者的限制,他创建并使用了私人委员会和咨询委员会,并仿照第二次临时行政改革委员会的做法来影响公众舆论,间接地对内阁施加了压力。"他的顾问机构,其政治作为是一种试图维护一个以首相为中心的行政部门的主导地位"(Schwartz,1993:239)。虽然他在行政改革方面取得了一些成功,特别是私有化改革以及国防和外交政策的一系列

第七章 部门本位与利益边界:决策过程中的协调、竞争和冲突

变革,尤其是1985年提出的日元兑美元汇率调整的重大战略,签署了世界知名的"广场协议"(Funabashi,1988),但教育的彻底改革在很大程度上因教育部对其司法管辖权的保护而受挫,同样地,放松对土地使用政策管制的尝试,也因商务部官员而受到了影响。就土地使用政策管制受挫而言,这是由于那些提出改革建议的咨询委员会成员,他们在土地使用政策方面的专业知识水平较低。他们所在的政党倾向于继续向传统客户和支持者分配福利,所以议程的其他部分也受到挫折。他的继任者会时不时地设立委员会和特设委员会,就超越若干或所有部门的政策利益和管辖范围的具体问题提出报告。首相桥本(Hashimoto)于1996年成立并主持了一个行政改革委员会,该委员会向他提出重组中央政府职能的建议。首相小渊(Obuchi)的"议会政治"风格融合了特殊利益和一般利益,以达成对其政策的广泛共识,他建立了七个咨询委员会,包括亲自报告的经济战略委员会和工业竞争力委员会。

内阁集体对内阁行使的行政权力负责。这一宪法规定被解释为任何政策都必须得到内阁的一致同意。当然,出现部长的反对情况是一件罕见的事。1994年6月,为了坚持自民党、社民党和先驱新党三党联合政府内阁集体负责的原则,三方部长首先正式讨论并一致同意了内阁事务的正式议程,为此已在部际一级和通过内阁秘书处进行了筹备工作。在正式议程结束时,内阁随后进行了非正式的"自由讨论",三个政党的成员就战略和战术上的政策问题发表了不同意见。虽然没有事先确定的官方议程,但内阁主管行政事务的副首席秘书长"注意到了这些讨论,并认为有必要在采取适当行动时提醒各部门"(MCA,1997a)。事实上,内阁集体负责的原则在违规行为中得到更多的尊重,因为部长们在返回各自部门时举行了记者招待会,并向记者通报了谁说了什么和为什么这样说。

首相和内阁如果意愿达成广泛一致,可以为特定政策提供宝贵的集体支持。最明显的例子是大平内阁(Ohira)、铃木内阁(Suzuki)和中曾根康弘内阁(Nakasone)将支持海外援助作为外交工具,对战略援助进行一贯的支持。这种支持为政策奠定了框架,并在官僚机构内创造了势头。如果没有这种支持,外交部的全面安全政策将更加薄弱,但即使这样,首相和内阁的参与也是零星的,不是持续的(Yasumoto,1986)。

内阁府

内阁府由一位内阁官房长官领导,即内阁首席秘书,这是一个内阁职位。内阁官房长官是整个政府的官方发言人,负责首相办公室的日常业务,首相不能行使职务5天以上时,代理首相职务。内阁官房长官具备中央财政、外事、工业和安全方面的经验、专业知识和专门知识,与官员之间具备很好沟通的基础,为首相和他的私人办公室、内阁秘书处以及12个部委(省厅)及其机构之间双向传递信息和情报提供了渠道。

内阁官房(内阁秘书处)

一般情况下,内阁官房负责正式协调政策问题和内阁级别的立法事务。内阁官房由内阁官房副长官(事务)领导,内阁官房的所有工作人员(1998年为175名官员)为内阁和首相提供服务和支持,例如议程的准备和安排,以及进入内阁领域的事务的监督和控制。更广泛地说,内阁官房副长官,以及他的得力助手内阁官房副长官补(chief councillor)和其他工作人员主要负责整个政府的高级别政策协调:正式地通过官房(秘书处)的地位和职责,非正式地通过他及其团队接触到的网络,以及在这些网络中的节点地位,连接了首相、内阁大臣、党政官员以及各省厅中的官僚。

内阁官房副长官(事务)由首相任命,通常从最近退休的厚生省、劳动省或警察厅的行政副大臣(大臣政务官)中选出。据称,这些部门更为"中立",从而提高了他作为公正调解人的地位,在13年来10位不同首相来来往往的政局动荡中,这一职位具有基本的行政连续性。1987—2000年间,这个职位只有两位任职者,到2000年,古川次郎(Furukawa Teijiro)已经任职近6年,他的前任任职时间更长。

内阁官房和他们之前的其他机构能够在多大程度上发挥公正调解员的作用,帮助协调不同部门重叠或相互竞争的政策利益,取决于每个问题的政治化程度,以及各部门在多大程度上可以协调组织团体利益。据一位前内阁副秘书长安哲秀(Ahn,1998)说,在后一种情况发生时,自民党高级官员、内阁官房长官和组织高级官员的干预是不可避免的,成了解决分歧的必要手段。

第七章 部门本位与利益边界：决策过程中的协调、竞争和冲突

在1993—1996年短暂的多党政府时期，内阁官房副长官的调解和协调作用变得更为重要，当时联合政府各党派无法就政策问题的解决达成协议时，各支出部门（省厅）的官员被迫更加积极主动。

1998年，内阁官房设内务、外务、安全和危机管理、公共关系、情报调查5个办公室，每个办公室由一名内阁参事领导，其级别、地位和薪水介于司长与大臣政务官之间。他们是从有关部门选拔并任命的。如公共关系参事源自首相办公室，情报调查参事源自警察厅，其工作主要负责民事安全事务。对于大多数参事来说，这通常是他们退休前的最后一个职位，但负责对外事务的参事通常可获任大使职务。但也有特殊的选拔任用情况的，如1998年1月，由于大藏省银行监查局高级官员因腐败被迫引咎辞职，内阁官房内部事务参事田见浩二（Tanami Koiji）又被召回大藏省担任大臣政务官。田见浩二在赴内阁官房任职前曾任大藏省财务局局长，其本不在大藏省较高职位的接班序列中。

除内阁官房外，内阁府还设有内阁法制局，共有74名职员，由总干事领导，下设一名副总干事、一个行政办公室和四个部门。制定新的法律以及提供和修改现有法律的责任属于各部门和各部机构。内阁法制局的作用是被动的，对提交给它的提案做出反应。它的审查内容涉及确定这类立法或修正案的必要性及其对这一问题的适当性、评估提案与现行立法的一致性、审议并宣布其合宪性、为法律起草提供技术援助（MCA，1998a）。其职责包括审查各部门提出的法案和内阁命令草案；就法律问题向首相、内阁和部长们提供建议；就国内和国际法进行研究和收集数据。当法案在内阁讨论时，内阁法制局总干事会出席并提供解释。

日本国家安全委员会也是内阁府的一部分，其官员为内阁官房提供服务，并监督其决定的执行。1998年改革立法颁布后，中央政府行政改革总部也是内阁办公室的一部分。它的秘书处负责新体制结构的顺利过渡，起草临时法律和命令，以及执行减少中央行政机构规模的决定。

当大多数政策问题进入内阁领域时，不管他们是否要求修改法律或命令，所有这些部门都有他们合法利益的考虑，并做出了必要的"调整"，即使这些调整只是具有最低程度的协商一致意见，而不是一个综合性的反应。在一些情况下，分歧是不可协调的，内阁、政党领导人必须决定如何处理这些问

题。内阁委员会,或者更准确地说,在内阁会议之前举行"部长级会议"有一些规定的议题,但也会偶尔进行调整。1992年10月的会议,有27个议题,一些涉及广泛的政策领域问题,如教育改革、社会老龄化、经济政策、国防、环境保护等,另一些涉及更具体的事件,如地面沉降、外国工人、艾滋病、关西国际机场等。这种"部长级会议"的次数或因政府而异,或从1993年开始,因政权的改变而异,但都符合不同的集体讨论方式并遵循特定主题和问题的政治重要性和优先次序。同整个内阁一样,部长级会议主要是登记正式协议和使政策在执行进程中发现的问题做出合法性调整(Ozawa,1994)。一项重要体现是阪神大地震事件。

日本政府对1995年1月阪神大地震的直接后果反应缓慢且不协调,这有力地证明了日本首相府缺乏领导和指挥能力。例如在美国、英国、德国或法国,首相没有宪法权力来宣布国家进入紧急状态,并接管救援服务。即使在危急情况下,他们也没有向各部门发出指示的权力。内阁秘书处也没有权力或组织能力对国家紧急情况作出迅速和全面的反应。提供救援服务的责任由几个部门承担,在神户地震发生后的关键时刻,日本首相和内阁秘书处都无法果断地调动、指挥和部署救援服务。

当时,《反灾害基本法》属于国家土地局的管辖范围。国家灾害管理的责任由灾害预防局和内阁秘书处承担。救济服务由自卫部队和国家警察厅负责,而消防和紧急服务则由地方政府在厚生省的监督下提供。但实际情况是救灾效果并不理想,各部门由于对危机管理不善而遭到猛烈抨击,前内阁安全事务办公室主任说道:"我们的兵库县知事(Hyōgo Prefecture)在动员自卫队之前,只是消极地等待来自总督的请求。"(Sasa,1995),这种行为完全符合《自卫部队法》,问题是该法只强调了政府中心而没有采取符合情况的行动,没有强调采取严格符合法律目的的行动。虽然不能原谅危机管理的失败,但有必要了解组织责任分配的历史背景,其中包括一些有争议和敏感的问题。这些问题的核心内容包括:国家在提供内部安全、公共安全和公民秩序方面所起的作用,如长期人们对自卫队的宪法作用及其在国家紧急情况中的部署;宪法对公民自由的保护以及对旧时内务省实行的控制感到焦虑;政府未能对地震灾害做出全面预测;在组织和管理方面不能积极作为等。中央政府

第七章　部门本位与利益边界：决策过程中的协调、竞争和冲突

对1999年9月东海村核事故反应迟缓、犹豫不决等暴露了各级政府在制定和实施协调政策时的软肋。

总务厅

总务厅[①]，简称为MCA。其职责是当一些部门发生利益冲突时，可以通过其协调职能对这些部门进行组织协调。然而，在面对重大政策问题时这种协调职能被证明是难以实现的。主要原因在于一个或多个部门都具有合法的利益，并声称对新政策的制定、现有政策的执行具有某种管辖权。基于这些考虑，各党派都争取任命自己的官员担任某些关键部门的职位，如大藏省、通商产业省。

事实上，由于大藏省和通商产业省控制了部分高级官员的任命，并且由于环境厅没有行政权力，他们对环境厅的行动和言论都有相当大的影响，有时甚至是决定性的影响。同样，在新政策的制定、新旧政策的优先顺序、预算拨款的规模和分配以及执行政策的责任等方面，通商产业省、文部省、农林水产省和大藏省的利益取向也会制约科学技术厅的政策协调职能。

总务厅具有协调政策和组织的职能，具体包括：管理与协调政府要完成的重要项目，如青年教育、培训和就业、老年人和交通安全。这些职能的初衷是为了加强总务厅在协调中央政府各部门的人事管理方面发挥的主要作用，并在得到法律或内阁支持的条件下，负责规划和实施行政改革。如在控制人员和组织结构方面，它可以通过训诫、劝说和鼓励地方行动，有效地实现为全国政府制定广泛政策的目标。即便是在法律或内阁命令没有明确规定的事项上，总务厅也有非正式的影响力和说服力，这是因为它有正式的权力来审查、批准或拒绝对工作人员的投标和对组织变更的要求。

然而，由于各部的自治权受到了严格的保护，协调政策和组织职能受到掣肘，这一点从对20世纪90年代总务厅关于公营公司私有化的倡议的反应中可以明显看出，一些部门不愿意放弃对其控制或影响的组织和工作人员的

[①] 总务厅的职能来自1873年—1947年存在的内务省的部分职能，以及1946年的行政调查部（1948年改设行政调查厅，1984年改设总务厅）。2001年中央省厅再编，总务厅与邮政厅、自治省一起统合为总务省。——译者注

管辖权,这被视为对其司法自治的威胁。

随着20世纪80年代日本经济逐步国际化,贸易和工业问题开始主导外交政策,许多新的参与者进入决策过程,如在通信政策方面的邮政省,在国际民用航空方面的运输省,在日本建立自由化市场方面的通产省等,诸多部门的管辖权受到挑战,部际协调更为必要,但也更为困难。由于负责实现政府综合改革的正式组织的无效性,临时促进行政改革委员会在1985年报告中,强调了协调的难度,也强调协调的必要性。

由于个别问题的技术性和复杂性,个别部门自以为是地处理外交事务的倾向是片面的。因此,很难说外交部和有关部门总是从政府的角度做出全面的反应。管理与国内政策密切相关的对外关系,往往必须涉及广泛的有关行政管辖范围,在这些领域进行协调是有一定难度的。

报告还指出,新出现的问题并不总是反映或符合现有的部门责任。加强实现有效的部际协调的手段是一项"紧迫任务"。内阁秘书处于1986年改组,内阁议员办公室分为内部事务和外部事务,外部事务是为处理与国际事务有关的业务增加而设立的。然而,由于国内和国际政策问题往往相互关联,报告中也承认外部政策和国内政策日益相互依存,实际上,内阁议员内务办公室继续负责内阁一级处理的大部分事务。为了安全事务设立的新的政府机关,目的是"在新设立的三个办公室的职权范围内,协调和综合各部门提出的不同政策建议,以缩小总理的政策选择范围"(Ahn,1998:43)。但他们的协调活动在很大程度上是无效的,部分原因是来自不同部门的工作人员代表了其上级部门的政策立场和利益,而不是关注不同政策利益的协调(Hayao,1993;Shinoda,1994)。

此外,有争议的各部门往往不愿意接受调解。就个人而言,内阁成员办公室主任,拥有足够的地位、知识和专业技能,本可以成为"有效协调的一个因素"(Ahn,1998:54)。

为了促进行政改革而设立的临时理事会,于1990年重新面对部际协调问题,并于1993年发表报告。为了提高他们对各部门的影响力,提高内阁办公室主任的地位和薪金,委员会还同其前任一样,建议从政府外任命总理顾问和高级助理。内阁法修改后,规定了可以从内阁议员或外部任命至多三名议员。

第七章 部门本位与利益边界:决策过程中的协调、竞争和冲突

咨询委员会

咨询委员会是各部门制定和执行政策的组织机构的一个重要组成部分。1996年有217个理事会,其中持续最长的5个可追溯到1900年。它们的正式作用和目的是"从各个领域的专家那里获得信息,确保行政的公平,调整相互冲突的利益或协调行政的各个领域"(MCA,1997d:111)。一些咨询理事会在部际政策的正式协调方面发挥了积极的作用,例如,首相办公室的经济政策委员会正式负责制定五年一次的国家经济计划。但也不否认,大多数咨询委员会为其上级部门的狭隘利益服务,帮助协调私营部门的利益和促进其所在部门的公共利益和政策目标的实现。

咨询委员会是法定机构。其职能和成员被明确规定,根据法律或内阁条例在部门内部设立,并向总理和部长提供咨询服务。实际上,官员们要求外部人员提供一份候选人名单,从中做出选择。除依据职权确认的"当然委员"外,所有咨询委员会成员都必须是富有"学识及经验"的人士,大多来自新闻、法律、商业、工会、研究机构和学术界。作为第一个审核部门的咨询委员会只规定其成员是"有学问的人",但从其成员的选拔过程和组成结果上看,一定程度上也贴上了浓厚的官僚主义标签。在20世纪80年代中期,在所有成员中官僚成员和前官僚成员超过了40%(Sone,1985)。1995年,超过1/3的主席人选来自前官僚成员。只是到了1995年9月,内阁出台一项决定,要求退休的官员原则上被排除在候选人之外,尽管也有一些例外,但咨询委员会的官僚主义特征明显减弱。

发挥咨询委员会职能的重要组织——秘书处。秘书处主要负责议程、起草政策声明和政策说明、资料和数据、会议记录和起草报告。政府税务研究委员会主席加藤广司(Katō Hiroshi)认为:"这类小组通常会把各部门起草的文件作为行为的基础"(Katō,1995:26);"因此,通过选择成员、分配委员会的任务、提供参考资料和起草最后报告,能让政府有充足的甚至是更多的机会将自己的观点反映在咨询委员会上"(Schwartz,1993:229)。大多数委员会的议事程序常常是由秘书处安排的,不仅能够覆盖讨论内容,还能覆盖委员和官员之间的谈判的议事程序。这样会让提供意见的人根据自己的意愿进行

自由发挥和选择,并为这些提意见的正式和非正式的讨论会议提供基本帮助。1994年以后,官员传统上对咨询委员会的程序和建议施加影响和控制,因专家成员参加听证会、编写报告以及独立于官僚体系提出建议的做法而有所减弱,正如1994年设立的行政改革委员会和1995年设立的地方分权推进委员会(Provisional Council for Decentralization)(1998b)的情况。

咨询委员会职能集中体现在制定和执行政策方面,包括:第一,它们提供了一种将外部建议纳入这些过程的手段,特别是一般官僚普遍缺乏的专家和技术性建议。政府官员可以通过咨询委员会来获得信息,例如,各部门在制定生物技术政策时,属于风险研究,为获取研发资金需要,它们利用咨询委员会"查明那些将满足未来社会和经济需要的领域,并探索其技术潜力,以此产生新的政策理念,在有关各方之间就具体措施达成共识,并确定研究领域"(Tanaka,1991:114)。第二,为了获得协商一致的决策结果,在制定政策的会议中有必要允许非政府利益集团、团体和独立个人参加。第三,它们为各自的部门提供帮助,如支持或维护特定的政策或行动,维护现状,在一个既定的政策领域或在一个紧急政策领域的争论中,保护一个部门的"地盘"不受另一个部门的侵犯等。第四,咨询委员会由有经验的官僚管理和利用,使该部的决策活动合法化。"外部专家"有助于"体现中立性和合理性"(Schoppa,1991a:112)。持不同意见的专家显然是在独立于该部门的情况下,就一项政策建议或行动方针达成一致意见,这可以作为建立更广泛的公众共识的基础。一个部门可以利用一个委员会来制定和管理一个提案议程,以便集中和界定政策辩论的重点。同样,该部门也可以将其他提案排除在议程之外。在决策过程的早期阶段,即政治家和其他部门正式参加辩论之前,通过影响委员会的建议,设法将一个部门的观点"中立"和"客观"地反映在政策建议中,从而使其成为随后讨论的重点。

也许最重要的职能是,随着利益调整负担的增加,咨询委员会提供了一种调整利益冲突的方法,即实现该部门所代表的公共利益与社会成员的私人利益之间达成共识,虽然双方都能接受政策的状态并非总是能够实现,但"委员会的审议能够准确地反映争论的观点,并迫使参会者阐明和证明其各自的立场"(Schwartz,1993:231)。他们充当了有用的倾听者,各部门可以在开始

第七章 部门本位与利益边界：决策过程中的协调、竞争和冲突

新的政策倡议之前，向有关各方发表声明，了解他们和其他群体的计划，或衡量其对某一事件或政策问题的适当反应。最后同受影响的利益集团进行协商，有助于确保这些集团承诺执行他们公开表示同意的政策。

这些职能及对应产生的委员会与上级部门官僚的关系，补充了自民党领导层、政策事务研究理事会及其下属机构和组织在政治上履行的利益集团调解职能，有助于化解潜在的冲突，并在不可避免的情况下提供调解。

咨询委员会的设立、组成程序中所遵守的条例不适用于非官方委员会，它们是在总理、行政部长或主席团总干事的领导下设立的。它的数量、用途和重要性从1980年开始增加，这在很大程度上要归功于中曾根康弘的风格和改革热情。正如施瓦茨（Schwartz）所指出的，官僚们越来越需要这样的委员会来收集信息、提供专业情报、意见和知识，甚至起草政策。他更谨慎地发现，由于自民党政客在决策过程中更大的活动和权力受到了削弱，官僚的自主权受到了威胁，淡化了发布和解释命令和指令的传统官僚权力，开始转向并依赖私人委员会和研究小组，进而重新制定更多更有利于己的政策，进而重新获得决策的主动权。

正式的协调过程

大多数负责协调的组织都是软弱无力、效率低下的，相互关联的政策领域是通过一体化政策的制定和实施来实现的，其中最值得注意的是预算过程。它在各个层面上都面临着在政治经济目标的大背景下，优先考虑竞争稀缺资源的政策问题。预算本来就是一项协调性质的工作，大藏省的预算局是一个典型的协调部门，它必须将部门之间的关系作为优先事项，并考虑到政党政治以及官僚的主张和利益。在一些实质性问题上，自民党领导层必须解决大藏省和支出部门之间的分歧。有人认为预算局以及大藏省在预算中所起的作用是低级别的协调，各部门之间会不可或缺的相互竞争、权衡和妥协，这种看法并非不准确但却是不完整的。大多数决策都涉及预算问题。在预算周期内，特别是在预算方案审查的早期阶段，对各种问题的讨论往往突出了政策改变的必要性。

在开始和制定阶段或更早出现问题时，例如老龄化社会，刺激了对长期

政策变化的讨论,大藏省可以从几个部门的局部利益和职责出发,达成比较一致的意见,并在整个过程中发挥重要作用。毫不夸张地说,预算职能在日本决策中的中心地位使得大藏省可以通过正式或非正式的形式更好地实现相关政策的整合,以面对相互竞争的利益和优先权,并考虑到重叠和重复政策的成本,如各部门在制定电信政策方面为争夺管辖权而进行的竞争就是一个例子。

自治省对协调部门的利益负有跨部门的责任。这些部门负责各县和地方政府执行的国家政策,例如教育和医院,但它没有正式的协调权力,它只能进行协商和谈判。当其他部门制定法案或提出政策发展建议时,自治省会考虑该建议如何影响州和地方政府的利益,所提出的建议是否切实可行,额外财政负担的数额和分配方式,以及是否能够而且应该由地方或中央政府承担部分或全部。但是,如果中央各部门现行或拟议的政策对地方政府有财政影响,有关部门直接与大藏省打交道,这会在很大程度上决定了政策融资的合适方式——直接的、专项补助、补贴或国家税收,并决定了地方政府应该通过自己的收入来源做出什么样的贡献。

通过政治程序进行正式协调

自民党通过其决策机构发挥其协调职能。它更关心解决冲突,而不是通过更好的综合政策以实现政府的总体目标。事实上,通过政策事务研究理事会各部门,民主政策委员会成员的专业化加强了官僚垂直化,并有助于加强联合政府对个别部门或政策区域的管辖范围的重视。反过来,内阁的组织形式和运行方式加强了这种专门化,立法和审查委员会的职责范围反映了政党组织和官僚机构的管辖权利范围。各部门之间关于管辖权自治的争端,特别是在重叠或含糊不清的情况下,往往会被有意地转入并行的政党决策组织。通产省一位前副大臣在1995年解释说:"当每个部委都坚持自己的立场,不向其他部委让步时,自民党将根据受影响部门的上诉做出最终决定。"(Ahn, 1998:56)

政策事务研究理事会通过其主席,特别是代理主席,在协调过程中发挥着核心作用——帮助化解争端、确保妥协和达成协商一致意见。部际间的竞

第七章　部门本位与利益边界:决策过程中的协调、竞争和冲突

争和冲突是尖锐、旷日持久且广泛存在的问题,吸引了自民党高层领导人和有影响力的团体,自民党时不时地成立特别委员会来监督一个特定的政策领域,或试图使该党的政策立场更加一致。有时这些机构会发挥协调作用,例如1996—1998年桥本(Hashimoto)政府制订政策时,促进行政改革委员会总部所起的作用。特别委员会是在研究委员会和研究小组的基础上增设的,而研究委员会和研究小组是在政策事务研究理事会及其分部的庇护下成立的。

特别是在各部门之间存在司法竞争的情况下,自民党通过这些政党机构发挥协调职能的能力和意愿是有限的。本部分内容中提到的20世纪80年代生物技术政策的发展过程显示了协调职能的潜力,但也暴露出局限性。在自民党于1985年成立的一个由党员、学者和各部门官员组成的生物科学调查委员会之前,日本厚生省、通产省、农林水产省、科学技术厅没有正式的联系或联络来促进协调它们各自的政策利益,但为了建立和协调"国家机构间的合作系统,以克服政府机构零散的行政界限",该委员会减少了获得必要的研究经费的宣传活动,更多地充当了机构之间的联络角色(Tanaka,1991:127),它倾向于在新的政策中倡议继续竞争和部际竞争,委员会指出此举可能增加公共开支,但也有可能向支持者提供更多的利益和优惠,这是自民党各项政策获得通过的重要前提。

非正式协调

在实践中各种非正式的操作程序以及规范官僚行为的规则,部分地弥补了正式协调的不足,其功能与正式协调的功能一致。日本《国家政府组织法》(第2条)规定,各部门之间应保持联络,要进行协调。这实际上意味着,与拟议的法律有利害关系或受其影响的各部门有义务在向内阁提出法案之前要进行协商并达成共识。政府组织法中的条款通常是笼统的,甚至是含糊的,但却能够达到对不同的情况做出灵活的反应,并将这些法律的解释权永远保留在官僚手中,通过颁布部级法令、指示和行政指导加以利用,这也是与利益集团保持密切关系的一个关键因素。法律的解释可能代表各部门之间的协商及其相互竞争的利益和观点,并可能向所有公众或受影响的组织和客户公开,但实际上,各部门对拟议的一些正式协议是以它们之间的秘密契约即非

正式协调结果为基础和条件的,正式协议的建立以非正式协调结果为隐形标准,并影响立法规定的整个过程。非正式协调之所以具有如此大的功效,基于官僚的影响力,在各部门之间的非正式政策协调过程中,各司司长及其主要副司长的影响力较大。这种影响力部分源于法律规定的"各部门管辖权"所产生的权威,以及被专家所认可的专业知识,部分源于政府和私营部门行动者的部际和部际间的关系以及在多年的职业生涯中,在不同的岗位上实践过的久经磨练的官僚能力和政治技能。官僚能力和政治技能的发挥成为非正式协调的一个重要目的和操作手段。

促成非正式协调的第二个规则是各部门之间战略性借调或交叉任职。这些都发生在各级"职业"官员上,约 4/5 的官员在任命之前曾在一个或多个部门工作过(Keehn,1990)。如大藏省和通产省一直以来就为某些机构主要部门的提名人员保留某些职位。1994 年,内阁要求所有部门增加借调人数,以帮助改善协调。当时,有 1 742 名"职业"官员被借调。两年后,这一数字增加到 12% 以上,有近 2 000 名官员被借调。1/3 以上是主任及以上级别的官员。大藏省借调了 91 名官员,其中 69 名是主任及以上级别的(MCA,1997b)。这一过程是由官僚们在没有政治参与的情况下管理和控制的,既没有得到自民党、内阁甚至首相办公室的批准也没有经过审查。战略性职位调整有助于模糊部门之间、部门与机构之间、公共部门与私人部门之间的组织边界,并促进了广泛的精英流动和信息交流,有助于确保部门的发展,同时可以迅速而有效地将官僚机构中的精英纳入非正式网络的组织(Keehn,1990:1034)。

Keehn 可能夸大了非正式协调手段的战略性职位调整的作用,声称非正式网络是"至关重要的组织间纽带"。职位调整的目的是,尽可能地使一个部门能够保持或提高现有影响力,并在可能的情况下辅助控制组织政策制定时的目标和内容以及设法确保与其本身的政策目标保持一致。与此同时,越来越多的官员具有丰富的经验,对相关政策领域有更深入的了解。因此,随着时间的推移,大藏省和通产省逐渐形成了一个抽调他们自己的官员到环境保护局和国防部等部门任高级职位的传统。

后来,通常由大藏省官员担任财政局局长,而由通产省的官员担任设施

第七章 部门本位与利益边界:决策过程中的协调、竞争和冲突

和设备局局长。1987年,大藏省和通产省轮流任命环境保护局的副总干事,大藏省垄断了随后十年的任命。1998年的大臣政务官是大藏省借调的一名官员,曾任财政局局长。这种做法普遍存在于各部门与其管辖权力范围内的机构、委员会、公营企业和公司之间的人事任命安排中。即使在没有这种正式监督关系的地方,政府各部门也经常签订非正式的相互交流合同,为潜在的"雄心壮志者"提供宝贵的丰富管理经验的机会,同时帮助他们在官僚机构中建立必要的关系网。当他们日后处在更高职位时,这些关系网可以为他们提供必要的帮助。

中央各部与地方政府以及地方公营企业之间的官员借调是一个传统。1996年,一千多名来自各部门的官员借调到地方当局,而地方当局向中心提供了600多名官员的职位(MCA,1997b)。据说,内务省将其较高级别的官员调到各县具有影响力的职位任职,是为了扩大其影响力并控制政策的实施(见Samuels,1983;Reed,1986)。

Arase(1994)进一步肯定了非正式协调机制的功能,认为借调和战略性职位调整在部际协调方面发挥着重要的作用。他认为这种协调十分必要,是部际之间的需求。日本海外经济协力基金(OECF)和日本国际协力机构(Japan International Cooperation Agency,简称JICA)等机构从私营部门以及各部门和各组织借调了大量工作人员。在执行海外援助政策时他们之间联系密切,这一现象在外务省也可以看到。1987年,主席团从私营部门组织雇用了120名临时工作人员,另有50名官员从其他各部门借调。Arase认为,这些员工弥补了外务省技术专长的缺乏,打破了参与执行官方发展援助政策的18个部门之间横向信息交流的障碍,促进公营部门和私营部门之间的信息交流,并通过确保"有关提交项目要求的非正式规则得到了遵守",促进部际协调(Arase,1994:185)。但是,从私营部门和其他各部门以及机构借调的工作人员主要位居基层,如处理援助申请等基本工作,政策制定和外交关系的权力把握仍由外交部的精英处理。

各部门向OECF和JICA的借调时常发生。这种借调与执行海外援助政策的组织间协调目的相同,保证了主要部门的影响力和控制力。OECF和JICA这两个部门的高级职位和监督职位往往由现任官员或前任官员担任,而

不是从私营部门借调。OECF 的主席是从大藏省前高级官员中征聘的,副职是一名前环境厅官员。董事会由大藏省、通产省和外务省的前官员组成,只有一名内部任命人员。但是,除了由大藏省官员领导的总务部、预算和会计部以外,信贷管理和所有业务部门都由 OECF 工作人员领导。日本外务省的部长由前外交部官员垄断。高级工作人员从六个部门征聘,这些部门控制了 18 个部门中的 11 个。经济规划局(EPA)的协调局是负责 OECF 的两个部门之一,一直由一名通产省官员领导。政府向私营部门以及"中介机构"借调人员,有助于在面对共同问题时交流各自的观点和想法,扩展了官僚们对"真实世界"的认识视野,但不足之处也是因这种部际之间的融通产生了多部门的共谋与腐败,并且增加了监管难度。20 世纪八九十年代发生在银行、证券公司、大藏省之间的共谋和腐败行为和 1997 年 8 月披露的发生在防卫厅的采购部门和工业供应商的共谋和腐败行为等是多部门联合行为产生不足的最好证明。

通过行为规则,如秘密契约和战略性交叉职位提供非正式协调是十分必要的,但也限制了政客管理和官僚的潜在能力。那些成为专家,甚至是政策领域的专家的政客,缺乏时间、精力和技巧去"操纵官僚谈判的细枝末节"。合理制定和实施公共关系的必要前提条件是实现不同的兴趣和兴趣之间的相互适应(Keehn 1990:1035),但是在高级政界人士中这种兴趣的互适也存在较少的例外,如田中(Tanaka)和竹下(Takeshita)。大多数政客在渗透官僚体系时遇到了困难,田中和竹下都花了数年时间和金钱去建立可以在官僚内部使用和利用的网络体系。

结 论

通过管辖权自治和部际协调的两种主要方式影响着预算和产出,一方面,各部门的自治范围是决定其预算分配的一个组成部分。另一方面,制定和执行预算的过程是协调政策制定的一个主要媒介,要求各部门在特定政策领域面对并试图协调重叠、竞争和冲突的利益。

管辖权自治十分重要,因为它在较大程度上赋予了各部门自由裁量权,

第七章　部门本位与利益边界：决策过程中的协调、竞争和冲突

以管制客户和特殊利益集团的行为和利益。部级法令、通知和指示的发布，以及拨款的发放，都是政治人物、官僚和团体之间的资源——选票支持关系的关键因素。司法自治也赋予了赞助权；通过辅助组织（其活动和高级职位由他们自己监督和控制）提供给官员的"战略性职位"，并通过将退休官员安置在公司的关键职位，各部门有机会加强其对政策制定和执行的影响力和控制力。当然也为退休的官员提供了舒适的"落脚地"。由于这些原因，各部门同时寻求保护使其管辖范围不受侵犯和袭击，并存在扩大其管辖范围的内在冲动。另外，最高限额制度强加的预算限制和不断变化的政治议程两个因素加剧了它们之间的结果性和地方性的竞争和冲突。1982年重新拟订预算准则时，大藏省对部级拨款施加了严格的自上而下的限制，这加剧了各部门之间争夺稀少的"新资金"的份额竞争，即每年分配给确定的优先领域的额外增加份额。为了提出初步的预算要求，例如，一项新技术的研发费用所需的预算，各部门必须首先证明其拥有官方发展援助的预算管辖权。

20世纪70年代和80年代，国家目标方向的重新定位衍生出了一个政策议程。其中强调在竞争、贸易和金融管制等领域，国内政策和国际政策日益相互依存，并更加重视社会、福利和环境问题。协调政策的制定和实施变得更加必要，但由于垂直化、职能不同的各部门竞相控制新议程上的项目，使得协调变得更加困难。1997年改革之前，几乎没有采取什么措施来加强正式的协调组织机制。第二届行政改革临时委员会打算通过讨论合并环境保护局、全国白血病协会、北海道和冲绳发展机构，共同创建一个全面规划机构，但因官僚主义的阻碍迫使他们放弃了这个想法。"预算在决策中的首要地位"在80年代初受到激进行政改革倡导者的挑战，但它仍然作为讨论、对抗和相互竞争的方案而幸存下来。

事实上，通过遵守标准操作流程和游戏规则的非正式协调，如咨询、幕后操纵、战略重发、秘密条款、开发咨询委员会、研究委员会和学习小组，这些机制对实现充分的凝聚力作出了较大的贡献，防止了政策进程陷于瘫痪，至少在1993—1996年的联合政府之前是这样。但是，通过这些机制达成协商一致的决策并不是最佳的，也不能保证各部门所代表的不同价值观念、目标和利益被纳入全面一致的政策方案中。通过内阁制定战略决策，内阁秘书处、首

相办公室及其下属机构在管辖范围重叠且有争议的领域内,为制定和执行政策提供正式协调,在一定程度上解释了日本首相桥下彻(Hashimoto)的"远见卓识",即为实现更多自上而下的战略导向和控制而重建中央行政机构。

　　日本政治体制在提供部际协调方面的不足不应被夸大。实际上,非正式的过程、程序和行为规则比正式的组织结构提供了更多的协调。并非只有日本中央政府难以通过各部门职能的垂直分化,来实现不同利益、目标和价值的有效结合。英国和法国也有相似的内阁体制和中央管理人员,甚至一些其他更悠久的行政连续性传统,也经历了类似的困难。即便是在1999年,英国内阁办公室前常任秘书长也曾哀叹,"很难让有交叉链接和重叠议程的部门相互交流。旧的垂直领域管理的传统发展成横向思维并进行决策非常困难"(Kemp,1999)。因此,整个90年代都在强调所谓的"联合政府"。

第八章 大藏省

日本财务省,简称为 MOF,其前身为大藏省,是日本中央省厅之一,首长为财务大臣。2001 年 1 月 6 日大藏省更名为财务省,负责国家的预算、税制、货币、国债等公共财政事宜,其职能有:确保健全的财政、实现适当且公平的课税、妥善营运税关业务、妥善管理国库、维护对货币的信任及确保外汇安定等。

财务省地理位置优越,位于日本霞关(Kasumigaseki)的中心,现已成为政府机关集中区。从 1869 年成立到 20 世纪末,大藏省在日本政治体系的行政机构中一直占据部门的核心,没有其他部门可以在财政、金融和经济决策中与它的指挥和主导地位相提并论,也没有哪个部门的官员能像该部门官员一样有优越感。但是,到了 20 世纪末,大藏省的正式权力受到侵蚀,其精英管理者在廉洁有效管理经济方面的声誉因丑闻和无能而受到损害,其在中央政府的权威和影响力也受到其他组织的挑战。

本部分内容主要概述财务省的前身大藏省的结构、职能,特别要注意预算局(主计局)和财务大臣官房(部长秘书处)的中心作用,以及通过预算局和财务大臣官房(财政大臣秘书处)及其他机制,进行预算和其他政策制定的协调程序,描述该部的监督管辖范围,研究中还涉及公共银行和金融公司等重要部门,同时研究在 20 世纪 90 年代,大藏省因遭受了信任和权威危机,而导致在中央行政机构重组中正式权力被削弱的根源。

大藏省是从盟军总司令(Supreme Commander for the Allied Powers,简称 SCAP)主导的改革中脱颖而出的,新宪法保障了它的权力,与改革前相比,大藏省的权力并没有减弱。1949年5月31日,《日本国宪法》正式授予其管辖权、职责和职能。主要负责"全面控制和管理国家金融、货币、财政、外汇、证券交易以及造币和印刷业务"(第3条)。具体包括:(1)负责公共支出的计划、管理和控制、年度预算和补充预算的编制和实施,以及现金流量和账目的管理;(2)通过直接和间接征税、资产和债务管理以及发行政府债券来筹集资金;(3)管理根据国家信托系统筹集的公共资金,并将其存入邮政储蓄、福利保险和国民养老金的特别账户。这些账户一部分被用于为公共投资提供资金,例如通过FILP这个由大藏省控制的账户提供公共投资;(4)负责所有外汇事务的总体政策制定,并负责日本参与国际货币体系事宜;(5)负责决策和整个金融系统的管理。在1998年之前,还包括对银行,保险公司和证券公司等金融机构的监管,以保护存款人和投资者。

大藏省对经济决策的职责没有正式规定,但财政、货币和金融决策职能的中心地位确保了其核心作用。另外两个机构,即经济计划局和日本银行(即日本的中央银行),它们分别对经济预测、分析以及制定货币政策与实施负责。制定货币政策实施框架是通过货币供应的管理、利率的调控、银行和信贷业务的正式和非正式监管来实现的。实际上,大藏省试图通过控制两者关键职位的任命和其正式与非正式网络来指导两个机构把握宏观经济政策的方向,直到1998年,日本银行的行长和副行长的职务都是由银行内部人员轮流担任,其人员由大藏省从高级退休官员中选出。通过直接赞助或间接影响非大藏省官员的选择,并不能确保大藏省和日本银行的政策始终保持一致。在20世纪90年代,大藏省与日本银行有时在利率政策、发行和购买长期政府债券以及货币供应方面存在公开分歧。1997年,日本银行在货币政策和利率确定方面获得了更大程度的正式独立性。

财务大臣(大藏大臣)

财务大臣是日本内阁中最重要的职位之一。它是大藏省(财务省)的最高首长,同时具有国务大臣身份。职位名称在太政官制下称为大藏卿,内阁成立后称为大藏大臣,为大藏省的最高长官,大藏省改组为财务省后,称为财务大臣。通常由执政党内有地位、经验和威信的最高领导人任命。财务大臣主要履行预算、税收、财政投融资、国有财产管理等职能。与内阁其他职位一样,他们任期短,通常只任职一两年。正因为任期短才使得个人难以在决策上树立起权威,只能倾向于依赖官员。但也有几位在担任财务大臣之前长期担任行政职务,如池田勇人、竹下登等,通过较早地建立起广泛的网络关系,对政策制定和高级任命施加了相当大的影响。

相比之下,1994—1996年度村山联合政府(Murayamas coalition government)的财政大臣武村正义,以前没有在大藏省工作的经历。他先后担任日本八日市市长、三届滋贺县知事,1986年当选为众议员。成为细川内阁的主要成员后,他的所有做法都是基于针对当时的弊端进行改革,是当时自民党内坚定的"改革派",由他组建了跨派系的"乌托邦议员联盟",大举进行政治改革,并试图清除自民党受派系和金钱支配的痼疾。但在历史积留已久的"政、财、官"关系网络当中,他的改革愿望并没有得到实现。但不可否认,财务大臣职位可能是升任首相的"台阶",竹下(Takeshita)等诸多首相都担任过该职务。

在一定程度上,财务大臣对决策的贡献度随经验、专业知识和任职时间的变化而不同。即使是最活跃的财务大臣,也严重依赖于官员的评估和各局局长提出的意见与建议。所以,所有财务大臣都希望在宏观经济决策方面做出贡献,如在制定中期目标和设计税收、支出、债券发行、利率和货币供应的总体政策框架方面。但在实践中,要区分单个财务大臣的贡献与自民党整体领导或该部官员整体的贡献并不容易。在年度预算周期中,财务大臣参与了决定预算的早期阶段,这些预算是根据总体经济评估和经济政策目标来决定的,后在"恢复谈判"时期诸多人都公开地直接参与其中。

同样重要的是财务大臣作为对外对内所代表的角色,例如在七国集团、国际货币基金组织和世界银行的国际会议上的角色。在国内,他有资格公开参与其他部门,如金融机构和主要利益集团领导人的高层讨论或谈判。向内阁提交预算后,在预算局和大臣官房(秘书处)官员的协助下,财务大臣通过听证会和对委员会的审查来指导预算。

财务大臣的私人办公室规模很小,由一名私人政治秘书和两名从局级官员中任命秘书组成,其人员通常由副(司)局长级人员担任。另有两名秘书协助大藏省以外的政治事务,分别负责与众议院和参议院的联络,他们很少在政府部门中被赋予特定的行政职责,在内阁中也不对政府部门负责。

大藏省部门

1999年,大藏省有79 211名官员,其中2/3以上受雇于国家税务厅(NTAA),主要践行征税和税收评估职能。大藏省员工大部分工作在地方及其分支机构、海关、政府企业、铸币局和政府印刷局等部门。在日本霞关总部,只有不到2 000人被雇佣从事财政、金融和经济决策的"核心"职能。这些人中,只有大约1/4(约560名)是所谓的"职业官员",即精英官僚。最高级的是大藏省事务次官(大臣政务官),负责大藏省的全面工作。预算局(主计局)局长排在第二位,第三位最是负责大藏大臣官房的局部长,被任命为总干事的职能局的负责人与预算局局长同一级别。有些机构,如预算局,有副总干事。事务次官负责国际金融事务。表8.1显示了1998年改组前后的人员分布。对比来看,中央核心人员是减少的,主要是由于取消了银行和证券局,并将其职能移交给了新的金融监督局机构。

表8.1　　　　　　　　1997和1999财年大藏省官员数量

	1997年	1999年
(1) 大藏省中央核心	1 965	1 700
(2) 大藏省总部(中央核心,Mint,印刷办公室,以及培训和研究人员)	9 680	9 199
(3) 大藏省的地方/分支机构	12 927	12 912
(4) 大藏省全部(2)+(3)	22 607	22 111
(5) 国税厅(NTAA)	57 202	57 100
总计	79 809	79 211

资料来源:大藏省大藏大臣官房,1999年。

直到1998年进行重组之前,大藏省"适当的"内部结构几乎保持了三十多年不变。唯一的变化发生在20世纪90年代初,在1964年成立独立的证券局之后，出现了一系列与几家证券公司的非法活动有关的丑闻，最引人注目的是野村证券（Normura）公司事件，证券局受到牵连，罢免了证券局局长，并且总干事与事务次长一起被减薪10%。大藏大臣桥本龙太郎（Hashimoto Ryutarō）因承担了责任而辞职。证券局撤销对证券交易所的监查权力，并把权力交给了一个新的咨询委员会，即证券交易监督委员会，尽管它仍隶属于大藏省，但银行和金融当局的监查权已移交给大藏大臣官房内的金融监管部。

在1975—1997年期间，大藏省共有大臣官房（部长秘书处）和七个局。就其地位、权威和影响力而言，预算局（主计局）的排名高于其他所有部门，它与税务局（主税局）、财政局（理财局）、海关和关税局一起，构成了公共财政小组的一部分，银行局、证券局和国际金融局作为补充。图8.1显示了大藏省在1975年至2000年之间的组织结构，以及1998年重组所产生的主要变化。

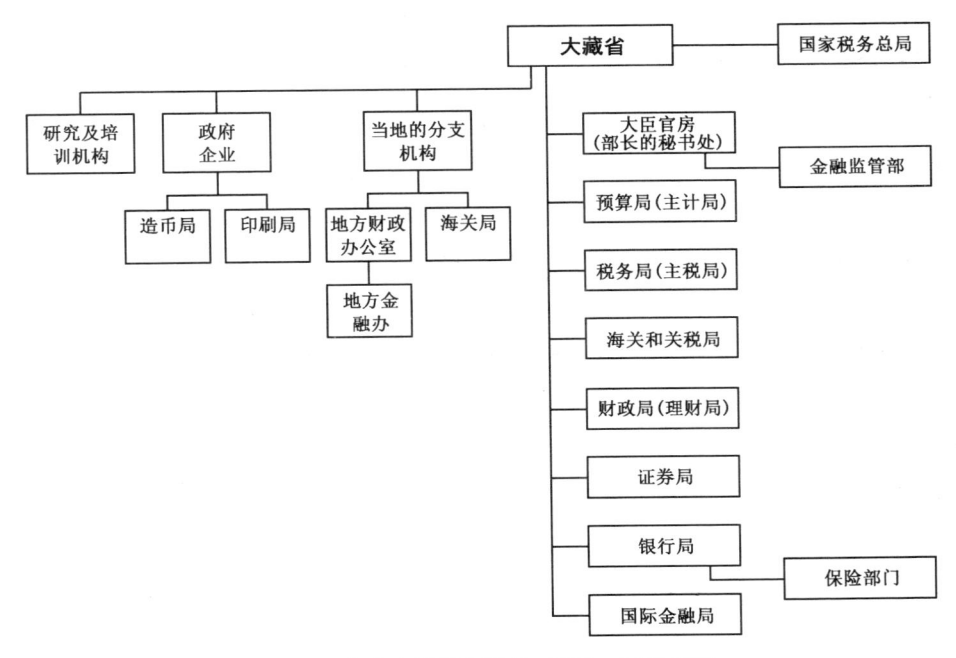

图8.1 大藏省的组织结构，1975—2000财年

财务大臣官房

财务大臣官房是大藏省的枢纽，主要负责各局之间的整体政策协调。它

是财务大臣及其两个议会代表的主要建议来源,还负责大藏省的所有人事事务,处理其与内阁的关系以及其预算和账目。从更广泛的意义上讲,它的任务是"通过整合和协调其他局和机构所进行的所有行动,来维持部内各组织之间的和谐与融合"(MOF,1996a:16—17)。在日本官僚体制下,由于部门之间的竞争以及部门间加强其自身利益的"热情",这项任务的完成日趋艰巨。在涉及多部门的问题上,实现部长级领导的立场的统一是一项艰巨任务。为更好地实现协调部门间的利益,每个部门的官房(秘书处)都提供了一个"窗口",通过该"窗口"与其他部门建立正式关系。对于外界、政治人物、内阁和组织的所有利益相关者来说,通过该"窗口"的信息能够了解各部门的政策取向。

财务大臣官房由两名财务副大臣领导,第二财务副大臣负责政策协调司,两位财务副大臣领导若干官房成员。下属各司的司长处于中级地位,负责日常协调各局的工作。财务大臣官房内还聘用了其他成员以及更多的基层顾问,负责公共关系、自然灾害、养老金、行政改革以及因事件和情况而定的其他特殊任务。

财务大臣官房设有五个司,其中最重要的是政策协调司和秘书司,后者负责该部的所有人事事务:招聘、教育、培训、职位、晋升和退休以及纪律工资、退休金和工作条件,这里涉及大藏省工作人员的"秘密信息"。各司的司长、副司长等主要人员的人事决定由各位财务副大臣讨论之后做出决定。

财务大臣官房的财务副大臣由自民党部长和高级成员协商决定。秘书司司长、秘书司副司长及以下各级工作人员的任命、职务、晋升等,由秘书司司长与财务副大臣、行政财务副大臣协商完成。这些决定对年轻官员的职业发展至关重要,而秘书司司长的职位是该部的关键职位,其任职人员本身已经被标记为要在具有内行经验的职位上晋升。该司工作的重要岗位是由该部退休的官员担任。秘书司还设有处理国际事务的行政财务副大臣办公室。

政策协调司由第二财务副大臣领导,负责协调该部整体的信息和政策。具体职能包括:监测各职能部门提出的对法规的所有修改,并为财务大臣和行政财务副大臣收集和整理资料;同时通过其内部的公共关系办公室,负责处理该部门与媒体、其他部门和外部组织的关系;该司维护并服务于大藏省政府委员会办公室,并通过该司协调该部的议会事务。当某一局的某些问题或工作在某些方面引起内阁议员的注意时,或者该问题是立法委员会的询问的主题时,则该司在必要的情况下,应当考虑对财务大臣的决定和财务副大臣的建议进行协调答复。在讨论大藏省政策的正式会议上通常需要相关部门的官员出席,由协调司安排他们出席会议,并安排自己的一名高级官员出席。更广泛地说,作为接收自民党和反对党的各种政治信息的协调中心,该司可能将其获得的数据或信息传输到该部的适当部门;它还负责将对内阁的正式程序所产生的数据和解释性分析传送给有关的决策局,这些数据和解释性分析是通过与个别内阁议员的沟通或他们的直接参与获得的。对于内阁预算和财政委员会的审议,它确保了初级的"职业"官员出席会议以提供业务协助,并将问题转达给相关部门;该司还协调预算审查员加入预算委员会的听证会,负责更高级别成员的非正式联络,包括财务大臣官房的财务副大臣、政策协调司的财务副大臣、政府成员及PARC部门的高级官员。在1997年日本银行获得更大程度上的独立之前,该司最重要的任务之一是协调利益和确定官方贴现率。从名义上说这是日本银行的责任,但这关系到预算局、财政局和银行局的直接利益,这意味他们的司长和财务大臣在这方面达成了一致的意见。

研究与计划司(简称为RPD)。该司在负责政策协调的财务副大臣的监督下,主要从事协调职能。它正式负责收集和分析与国内经济有关的信息,并与国际上其他经济体进行互动。实际上,它在确定预算策略中也起着关键作用。在政治经济背景下谋求发展需要不同的协调,究其原因,是因为大藏省各局的价值观、目标和利益常常相互矛盾,直接涉及GDP增长的估计和影响,或估计的税收和其他收入的偶然性,或为弥补财政赤字所发行政府债券的金额、出售和发行,偿还未偿债务的成本以及一般账户预算和FILP的总计等各项内容。

该司有两名负责研究和计划的特别官员,他们的身份为主管,还有大约50名工作人员。这两名特别官员直接在财务副大臣的领导下与他们分担工作,高级官员负责国内政策问题和大藏省政策的总体协调,另一方在提供国际经济问题的研究和分析方面承担更加专门的责任。

研究与计划司具有与大藏省政策的总体协调有关的五个主要职能。首先,在高级特别司长的领导下,该司采取了关于编制国内总产值增长率预测的倡议。经济企划厅(EPA)正式负责预测方法和预测计划编制以及其他经济分析,但是用一名特别官员的话:"它的分析和评估往往是经济主义的,必须辅之以对更广泛利益的考虑。"(MOF,1993),这是出于政治利益的委婉说法。GDP 增长的估算是日本政治经济决策中的一个关键决定,在实践中,通常反映出人们对更广泛的战略问题的关注要大于冷静、独立的经济分析。在国内,它对"负担得起"即政治上可取的支出水平有影响,对于预算局(涉及税收局)的税收收入预测,是预算局制定总体预算战略不可或缺的一部分。货币供应量的估算,涉及财政局和银行,以及通过 FILP 资助的"负担得起的"资本投资水平。从外部看,估计的 GDP 增长率对企业信心、投资决策和产出也具有影响,而通产省(MITI)与这些都密切相关。在国际上,估计增长率的宣布是向七国集团和其他工业化国家发出了有关日本意图的信号,也代表着可能的宏观行为选择,包括通过增加支出,降低税收,增加政府借款等来增加国内消费等。

研究与计划司的第二个主要职能是编制补充预算,以调整收入收益估算。研究与计划司在编制主要预算后提供或有支出,并为应对国内经济周期性波动及紧急方案提供财政资金保证。引入补充预算的决定,其规模和内容以及宣布的时间都涉及大藏省以外多个部门利益的关键决定,除了通产省,建设省、运输省、农林水产省和劳动省的支出方案几乎都被牵扯进来,经济企划厅通过其协调部门再次成为主要参与者。

研究与计划司的第三项职能是货币政策的协调。这主要是日本银行的责任,但是货币供应、官方贴现率和政府库存的出售在 1997 年世界银行被赋予更独立的角色之前,通常是与日本大藏省,日本财务大臣和首相密切协商后做出的。该司担任世行与大藏省之间的联络处,并在必要时与财务大臣办公室和总理府办公室进行磋商。大藏省的金融局和预算局对所有这些问题的结果都有直接的利益,它们的司长的意见必须得到调和和采纳。

研究与计划司的第四项职能是为财务大臣办公室提供信息服务。包括提出具有当代政治意义的经济、财政内容的问题并进行解答,例如 90 年代经济衰退时期日本企业隐性和"内部"失业的程度分析。

研究与计划司的第五项职能是提供一种通用的协调机制,其需求来自日常业务的日常工作。通常各局之间的分歧是通过各自协调司之间的讨论和协议解决的。如果是困难或不可能的,则可能会请研究与计划司和副部长协商解决。如果涉及几个局利益的问题在政治上足够重要或难以解决,需要行政财务副大臣或财务大臣级别参与的,则请财务副大臣和该司人员参加。研究与计划司列出问题、证据和论点,并提出解决分歧的备选方案。研究与计划司中立和独立行动能力实际上受到预算局的支配,预算局的建议与决定比大藏省其他局更重要,而且预算局的首选方案通常是采用的方案。

研究与计划司及其研究和计划的两名特别官员与各局协调部门的主任和工作人员、特别是预算局和税务局的主管和工作人员有着密切的关系。通过访问连接整个政府各部门的私人办公室网络,他们不仅可以评估执政党的政治和部长级利益,还可以评估大藏省各局和其他机构的官僚利益。

会计司负责大藏省预算的正式编制,并保留其整个财务活动的账目。与其他部的类似部门不同,在大藏省预算的内部谈判和分配中,它相对于其他局没有占据关键的中心地位。

财务大臣官房的第五个部门是地方财政司。该司负责控制大藏省十个地方财政局的工作。1992—1998年,财务大臣官房还设有金融监管部,负责对银行和金融机构进行检查和监督。预算局的主要任务是与财政局一起准备总预算草案和FILP预算,以供内阁批准,然后再提交内阁。该司带头设计总体预算战略,制定预算准则,与各局协商支出限额,并审查他们的预算要求。该司还制定预算立法,以提交给内阁,对年度内的收支进行监控,并监督了为公共审计而准备和提交的部长级账目。

1975—1997年期间,预算局的正式结构没有变化,这是基于从"部门"和"人员"两个方面考察。1999年3月,该司有344名官员,其中约90名是"职业官员",职业官员中的大多数(约69名)是原部门人员,其余的则是从其他部门借调的。在局长之下,有三名副局长,其中一名副局长负责总体预算政策和协调工作,其他两位副局长分别负责5个部门。图8.2显示了预算司职能部门和人员结构的分布。每个部门均由一名预算审查员领导,一般有4~7名副预算审查员和助理预算审查员,12个支出部门、7个机构和主要的政府活动,每个人都有具体的一个或多个分工。高级预算审查员与协调司司长和高级副总干事一起工作,将研究预算战略,实现预算分配工作总体协调作为目标。协调司不仅在预算局内,在整个部内都占据了中央地位。协调司主要负责在财政年度结束时对账目结算流程进行监督和管理,并控制支出部门和机构的年内支出,参考拨款、授权、财务和审计,确保花费的资金符合适当的规则和原则。两位高级预算审查员中的一位在财政部门任职,其他预算审查员负责预算制定的所有法律事务,并与负责预算立法准备和协调工作的该局法律司保持密切联系,以确保每个部门的预算与内阁批准的大藏省预算草案相一致,并以适当的形式提交给内阁。除此之外,津贴控制司负责向所有公共部门雇员发放津贴的政策和管理,互助保险司管理公共部门强制性养老金计划和自愿医疗制度。所有六个部门为九个部门提供了支持和技术服务,解决了支出部门的预算要求。

大藏省预算局

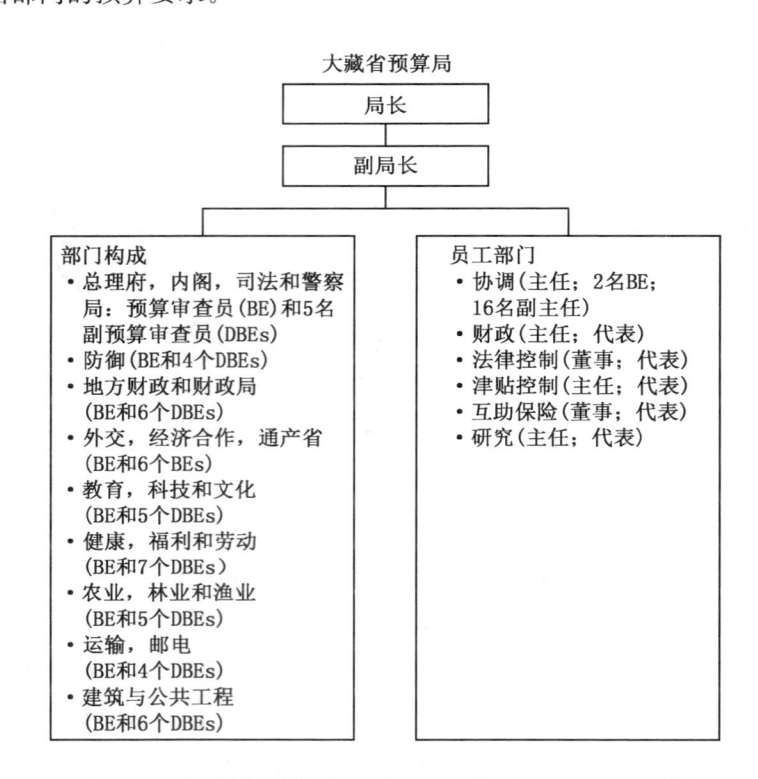

- 局长
- 副局长

部门构成
- 总理府,内阁,司法和警察局:预算审查员(BE)和5名副预算审查员(DBEs)
- 防御(BE和4个DBEs)
- 地方财政和财政局(BE和6个DBEs)
- 外交,经济合作,通产省(BE和6个BEs)
- 教育,科技和文化(BE和5个DBEs)
- 健康,福利和劳动(BE和7个DBEs)
- 农业,林业和渔业(BE和5个DBEs)
- 运输,邮电(BE和4个DBEs)
- 建筑与公共工程(BE和6个DBEs)

员工部门
- 协调(主任;2名BE;16名副主任)
- 财政(主任;代表)
- 法律控制(董事;代表)
- 津贴控制(主任;代表)
- 互助保险(董事;代表)
- 研究(主任;代表)

图8.2 大藏省预算局部门构成及员工构成,1975—2000财年

第八章 大藏省

大藏省其他机构

国家税务厅(简称为 NTAA)。该厅设有四个负有具体职能的税务部门,一个协调部门及一个研究与计划部门。它们分别负责制定税收政策、立法以及与税收制度有关的事项,包括税收评估、税务会计师执照、地方政府的收入、实施和执行税法、征收税款。当时有 11 个地区税务局和 524 个地区税务办事处,1999 年员工总数为 55 530 名。国税厅的长官职位比其他非部级机构的职位高,而在大藏省中,除预算局之外,所有其他长官均担任过高级职务,这通常是税务局或金融局局长的最终退休前职位。

金融局。金融局有 13 个部门,每个部门的总干事下设两名副总干事。1999 年该部门拥有 371 名员工,规模仅次于官房。金融局的地位仅次于预算和税务局排在第三位。金融局首要职能是担负 FILP("第二预算")的责任。该局管理着信托基金局,其信托基金是 FILP 资金的主要来源,负责制定年度财政投资和贷款计划,并将资金分配给 FILP 机构,且管理工业投资特别账户。该局的第二个主要职能是管理政府的货币业务,包括监视和控制货币的发放和货币的流动、发行和管理政府债券及其服务和赎回。为弥补预算赤字而发行的政府债券数量和建构良好的发行条件是整体预算战略的重要组成部分,金融局与预算局密切协商后做出决定。

海关和关税局。该局是在 1961 年成为一个单独的实体,在此之前它是税务局的一个组成部分,是一个行政部门,但不是决策部门。主要负责进口商品的关税和配额以及出口程序的管理。

证券局。该局由前证券部和金融局演变而来,主要负责国内外证券公司、投资信托公司和证券交易所的监督、监管和指导。

银行局。该局成立于 1881 年,是一个独立的机构。从成立后的 50 多年里,其独立性经历了失去、恢复到再次失去的演变,直到 1949 年才开始独立,1998 年被废除并将大部分职能移交给了总理府内的金融监管局。在此期间,它负责私人金融机构的一般政策,调节利率,监督日本银行,传播投资交易信息以及管理金融期货和金融期货交易所的交易者。除了邮政储蓄计划之外,它还监督和指导整个私人部门的金融部门,包括在日本运营的城市银行、区域银行、长期信贷银行、信托银行和外资银行和政府控制的金融机构,例如日本进出口银行、日本开发银行和政府住房贷款公司,以及农业、渔业和林业合作社的金融机构等。

国际金融局。该局起源于1933年成立的外汇管理部。经过几次名称和职能变更,1952年改组为外汇局。1964年日本加入经合组织并接受国际货币基金组织(IMF)的会员资格,而IMF为保护国际收支禁止使用外汇管制,其业务范围的特殊性,它的名称更改为国际金融局。1998年更名之前,它的主要职责是制定和协调总体国际金融政策和外汇。国际金融机构在日本国内外,在诸如国际货币体系、日元国际化、国际收支平衡、汇率、外汇管制、引进外资、海外投资和经济合作等领域开展工作。

财政决策的协调

金融局通常又被称为"综合局"。金融局的决策往往是早期的,但这并不代表具有公信力,其决策制定要涉及诸多部门的不同目标、利益均衡和价值等多种因素。人们通常引用三个因素来解释这种关联,第一个是不同部门各自行使的传统的权力,尤其是预算局,要行使税务局和金融局的权力,它们需要获得不同的选区支持。所以,在复杂的社会经济关系中与之密切相关的公共和私人部门,在共同利益受到威胁时向他们诉求。第二是机构、机制和程序存在固有弱点。这些机构,机制和程序旨在为那些纵向结构的部门提供横向的协调。第三个因素是预算局的主导地位,反映了计划和控制收入和资金支出的首要职能,正如当时的一句俗语:"没有预算局,就没有各部门"。因此,争论的焦点是在涉及预算局与其他各局利益的情况下,做出协调努力的方向不仅是协调各局的相互竞争、各局的利益冲突以达成谈判的综合结果,也要努力将预算局方案作为各局的首选实施方案。

不可否认,在某些情况下这三个因素会在几个主要政策领域失灵。在这些领域中,职责重叠和管辖权纠纷导致做出决策时响应缓慢、犹豫不决或不完整,导致政策局的政策目标未被充分纳入一个强有力的部门政策。一个典型地发生在日本电话电报公司和日本烟草和盐业公司的股票发行的例证就是,当时预算局在筹集收入以抵消政府借款方面的利益占了上风,损害了以证券局为代表的投资者的利益。另一个例子是关于1994年4月草拟的准备不足的国家福利税提案,这个提案没经过税务局的论证而提前提出。诸多例证都体现了由于过度需要保障自民党的政治利益,加剧了实现统一的一致政策的困难程度。

预算局发挥的主导作用体现在官方发展援助预算的制定。其中包括金融局、国际金融局以及其他18个部门的利益重叠。曾经预算局试图取消规范海外经济合作基金的法律中规定的借款与资本的1∶1比例,希望减少支出对一般账户预算的影响,从而通过从金融局控制的信托基金局基金中拨出更多资源,增加准许借贷的规模,将使其能够减少从一般账户预算中拨出的款项。海外经济协力基金(OECF)的赞助商经济规划厅和外务省都反对预算局的建议,担心海外经济协力基金向借款人收取的利率会受到不利影响。大藏省负责信托基金局基金管理的金融局也遭到反对,因为这会增加FILP预算的负担。尽管如此,预算局还是占了上风,1979年修改了法律,允许借贷比率为3∶1(Rix,1980)。

财务大臣官房因提供比其他部门更少的协调作用而受到了批评。相对于总人员水平,该官房可称之为是日本任何主要政府机构的最小秘书处,相当于日本通产省(MITI)的25%,只占1992年大藏省总员工的2.1%,他们的职能是对其主席团所履行的不同职能进行协调(Calder,1993:96)。1992年,据Calder统计,大藏省官员有22 396名,主要分布在大藏省和地方分支机构,以及造币局和政府印刷局,其职员执行行政职能,而不是决策职能。大藏省的政策制定主要集中在一个由官房和七个部门的工作人员所组成的小核心中,1992年小核心有1 893名官员,官房负责设法协调决策的活动有470名员工负责,占总数的四分之一,而不是Calder声称的2.1%。

官房能否有效地协调这些决策活动是一个问题,但显然至少与其他部门相比,规模并不是唯一的因素。Calder强调所有这些始于1869年大藏省成立后的预算、税务和银行局的历史连续性和传统都是可靠的基础,他们与十年后成立的大藏省一起在私营和公共部门建立了拥有自己独特的选区,希望在局与部之间的争端中寻求支持。每个人独立实践和培养的客户主义,无疑使通过秘书处实现中央协调的任务,调查各个领域的政策特定问题都非常困难的。

大藏省的高级官员每周以执行委员会的名义举行一次例会。在这个会议中,两个行政财务副大臣会见各局局长、国税厅长官、日本银行董事会成员和财务大臣官房的两名官员。会议由他们中较高级别的官员主持,每个人都由其工作人员中高级成员陪同。官房由三名代表出席。此外,还有协调司司长、地方财政司司长、研究和规划司司长和公共关系办公室的官员。

官房收到了有关该部门工作的正式报告,并注意到了在各局中造成困难的那些问题,但这不是一个讨论此类问题或调和相互矛盾的论坛。涉及财务大臣和副大臣以及各局协调司之间的调解,在下层会议尽量解决分歧,并在执行理事会之前达成共识。但是,官房为事前探讨问题提供了重要方法并鼓励在会议召开之前尽可能非正式地达成共识,然后在会议召开时正式批准。

大藏省的大多数部门都参与了编制和实施一般账户与FILP预算的过程。除预算局外,税务局和金融局还通过税收政策来增加收入的方式,以及通过信托基金局的基金和邮政储蓄为FILP筹集资金的方式管理政府的债务。此外,国际金融局也可以发挥作用,如编制官方发展援助预算,这些不同的预算利益和活动主要由预算局的协调部门进行协调。

预算局协调司

协调司(简称为CD)。它是编制整个预算、实施预算监督和管理预算局内部程序,协调其他部门的目标、资金分配和投入的机构。1999年它拥有38名员工,其司长被视为比其他司司长更高级。它还有两名高级预算审查员,其中一名负责一般预算问题和预算程序的协调,并监督统计数据的收集和分析,另一名负责制定预算战略和非税收入。预算局的核心部门协调司负责准备、启动、协调总体预算战略,以保证普通账户资金及其在各部门之间的分配,它监督并监察预算局与之进行的谈判的进度,确保其结果与政治经济战略的发展相一致,并通过更新经济预测,估算税收收入,对政府的政治立场作出相应的调整。协调司率先启动和协调构成决定年度预算的三个关键战略的政策:总预算的规模、预算要求的编制标准和指南,以及每个支出部门和机构预算最高限额的规定。协调司作为局长的耳目,它是整个预算局的总参谋部,为处理支出的九个部门的"突击部队"提供战略分析、建议和战术指导。在政策网络中占据节点地位,连接了大藏省的主要参与者和支出部门的节点,它接收、处理正式和非正式地传递各种书面和口头信息。它把来自九个部门的人员与大藏省的其他局和部门以及财务大臣官房联系起来,并通过后者交给财务大臣和支出部门的同事。

预算局研究司

该司与财务大臣官房政策协调司密切合作,它有两项主要职责:第一个主要职责是收集和分析与预算问题有关的统计数据。由两位副司长在两司之间进行工作管理,一位负责国内事务,另一位负责国际事务,与此同时,在财务大臣官房中负责研究和规划两名特别官员之间协调职责分工,并与他们分享一些协调职能。研究主要涉及中长期问题以及广泛的政治经济背景评估,例如政府债券销售对预算支出的影响、国际比较、七国集团中财政紧缩的影响等,负责准备与年度预算和预算有关的所有已出版的宣传材料;第二个主要职责是为财政系统委员会及其小组委员会提供支持和服务。该委员会每年约开会二十次,会议最重要的部分是主席对已发表的年度预算准则的评论,以及有关整个财政体系事项的临时报告。从名义上讲,它还负责编制年度中期财政预测。实际上,后者是由两名特别官员之一在财务大臣官房内进行研究和规划的,并得到研究司的支持,研究司收集并分析了所需的技术数据,财务大臣官房于12月提出并发布了有关预算草案汇编的建议。在研究部的支持和服务下,约20名来自工商界和大学的成员通过研究发现,特别官员的公开声明通常与预算局的预算策略总体一致。尽管它有时似乎在与它们相冲突,如在1992年,当时它呼吁恢复发行特殊的赤字融资债券,以部分弥补收支赤字,这个建议得到了自民党领导人的支持。实际上,预算局使用财务大臣官房的媒介来明确一个标准,如果将来有必要可以参考该标记使恢复发行债券合法化,两年后,它引用安理会的建议作为其投票权的授权。

研究司是预算局提供统计和分析依据的主要来源,它们的职责范围超越了当前预算的近期问题研究,如对支出政策和方案的审查,特定预算问题的中长期影响,养老金和社会福利的未来成本以及政府债务的长期影响。随着年度预算流程的进行,研究司每天都定期回应预算审查员及其各部门代表的信息分析和评估要求。尽管后者主要依靠其各部门了解事实和技术信息,但他们还需要数据和分析来面对并质疑他们提出的一些论点和证据。

通过该司提供统计信息、数据分析和技术支持服务,研究司在职能上为政策协调做出了贡献。预算问题属于其议程的一部分,通过与财务大臣官房协调司之间的组织联系,更能够广泛接触特别官员,能够更广泛地通过为出席货币基金组织、七国集团和世界银行会议的官员提供服务,从而实现了更广泛的协调。

大藏省咨询委员会

咨询委员会是大藏省的重要组成部分,其类型很多。其中,政府税收制度研究委员会影响相对较大,其正式职责是研究现有税收制度并根据总理的要求提出政策建议。它的实际过程是由大藏省的税务局控制其议程、程序和建议。大藏省税务局为此准备了文件,包括技术数据和研究报告,并起草了理事会的年度报告,供其成员讨论并获得一致后通过,然后再于12月提交首相。实际上,它在税收政策制定方面的影响虽然很大,但还不及自民党税务系统研究委员会。大藏省还有其他13个咨询委员会和研究委员会。具体包括金融体系理事会、证券交易理事会和保险理事会、银行系统研究委员会、海关关税委员会和国家财产委员会。

大藏省的公共银行和金融公司

大藏省对公共部门中的重要组织具有正式的管辖权,而对其他部门的组织则通过赞助与借调来产生非正式的影响。首先,它直接控制着国家税务厅,与总部办公室的中央决策中心分开,它是执行由税务和预算局确定的政府政策的执行机构。其次,直到1998年,大藏省拥有唯一的司法管辖权。对两家公共银行、国民金融公库以及日本烟草和盐业公司拥有唯一的管辖权和监督权。此外，它与其他部门共同拥有对其他八家公共财政公司的管辖权和监督权，原则上，公共银行、金融公库是盈利企业，在很大程度上不受中央政府的控制。但实际上，它们的活动与政府政策密切相关，其计划、政策和预算受到密切监督，并在必要时由大藏省及其共同主管部门控制。与其他上市公司不同，它们完全由政府资本化，其预算需要内阁的批准。其他公共公司只需提交审议。他们为大藏省提供了重要的影响力和控制力，使之可以控制广泛的经济和金融政策和赞助，并为其退休的官僚们在各公司提供了安顿之所。从1999年起，日本开发银行和北海道－东北开发公库合并为日本开发银行。到1997年，大藏省管辖范围内的公共银行和金融公司见表8.2。

表8.2 1975—1997财年大藏省管辖范围的公共银行和金融公司

```
银行
    日本开发银行
    进出口银
    商工组合中央金库（商工中金银行）（与通产省共同管理）
公共金融机构
    国民金融公库
    住宅贷款公库（建设省）
    农林水产金融公库（农林水产省）
    中小企业信用保险公库（通产省）
    中小企业金融公库（通产省）
    环境卫生企业金融公库（厚生省）
    地方公营企业金融公库（自治省）
    北海道东北开发公库（北海道开发厅和东北开发局）
    冲绳发展金融公库（冲绳开发厅）
其他金融机构
    日本烟草和盐业公司
    奄美群岛振兴开发基金
```

资料来源：大藏省预算局。

日本国际合作银行由进出口银行和经合组织组成，国民金融公库和环境卫生企业金融公库合并成国家生命公司，日本烟草和盐业公司的食盐销售业务已私有化。

最后，大藏省通过调职实践，即安排借调或任命外务省职业官员担任其他部门的关键职位，对经济、工业和金融政策制定产生非正式的影响和控制。

信心和权威危机

到20世纪末,大藏省在中央政府中心的传统经济、金融、货币和财政决策的主导地位不断减弱。权威的削弱和在政府中心地位的下降催生出改头换面的想法。借着中央各部门重建,大藏省从2001年1月开始改名为财务省,其主要目的是让该部门执行由政治决定的预算计划和相关政策。

从1975年开始到1997年,大藏省的规模、结构、组织和职能几乎没有改变。实际上,在所有这些要点中,大藏省是公认在第二次世界大战结束时重建的。然而,在1990年泡沫经济崩溃后,在自民党策划下它运作的政治经济环境变得越来越动荡,其目标、政策、职能、组织和能力都成为不断受到公众抨击的主题,并被引导、发酵。

日本经济业绩的责任由公共和私营部门的许多行为者共同承担。但是,公众认为大藏省以及日本银行在较大程度上,通过实行货币政策和财政政策,从而对经济管理发挥着核心作用。自20世纪80年代后期的"泡沫"不断膨胀后,大藏省的精英管理者被公开指责并认定要对由于经济管理中的政策失误承担责任,该指责实际上是因为未能预见和防止土地和房地产的投机活动导致了这种现象,以及他们未能预见并限制随后发生的经济衰退的影响。一些人认为,在20世纪80年代,大藏省对财政重建的痴迷助长了"泡沫"现象,因为它依赖于货币而不是财政扩张(Funabashi 1988;Hartcher 1998)。

公众广泛认为,日本住房贷款协会、信用协会、区域性银行和证券公司的破产是大藏省的责任。在"泡沫"期间,大藏省放纵了许多可疑的借贷行为,如鼓励建立住房贷款协会,并由城市银行和农业合作社提供资金等。此外,金融机构和证券局被批评为协调不力,难逃责任。在1995年,它的"护航政策"即防止任何规模的银行倒闭,由于效率低下,随着大和银行纽约分行腐败行为的曝光,以及几家二线区域银行的倒闭,一些批评变得更加强烈。大藏省提出的用公款救助房屋贷款协会的建议遭到了强烈抗议和反对,也因此推迟了1996财政年度的预算通过。期望对内阁预算案的审查将提供一个机会来揭露当时的新任首相桥本(Hashimoto)的过失,桥本作为财务大臣,早先曾

第八章　大藏省

和自民党其他高级官员一起负责为犹太人筹资,这使大藏省陷入更为尴尬的境地。第二重要的内阁职位仿佛瘟疫一般,所有主要的自民党候选人都拒绝担任该职位。财务大臣地位和名誉不断降低。大藏省试图通过细川护熙首相的喉舌通过国家福利税筹集更多收入,但方案未被通过。这是自民党信誉不断降低的又一次表现,诸多因素导致批评大藏省的声音不断高涨,这也是后来村山联盟竞选获胜的重要原因。

从历史上看,大藏省与自民党部长、自民党的高级官员和有影响力议员之间的密切关系是建立在共同利益上的。由于自民党放弃了反对党之一的执政党的作用,这一契约至少被暂时打破了。现在,它公开批评了大藏省的高级官员,被认为与 Hosokawa 和 Hata 联盟政府的政策过于密切,尤其是与其首席战略家小泽一郎(Ozawa Ichiro)的关系过于密切。具有讽刺意味的是,这个抱怨包括了一个政党享受与大藏省和其他部门更紧密的38年的共生关系,以及对小泽一郎个人敌意的自民党领导。小泽一郎打破了1993年与党在金丸事件和继承的斗争。更重要的是,对于大藏省而言,令人担忧的是,自民党在1993—1994年短暂的反对中进行的诋毁运动在其返回村山联盟的办公室之后继续进行。同样,联盟内部的政治权力斗争也是一个因素,就像日本财务大臣小泽一样,坂崎区领导人高村(Takemura)也脱离了自民党。对大藏省的批评是为了让高村感到尴尬,并且在战术上这是自民党继续争取其盟友伙伴进行斗争的一个因素。除此之外,自民党对大藏省的直接或间接批评是一个新因素,并导致其与党的传统关系明显恶化。

1998年1月,东京检察官揭露了银行和证券局的几位高级官员的腐败行为。这一事件进一步削弱了公众对大藏省监管证券业行为的信心。早些时候的1995年,两名高级官员因接受礼物和招待的不当行为而受到谴责,其中一名是预算局原副局长,另一名是东京海关总长。在1998年更广泛的"就餐"丑闻的政治影响下,财务大臣和行政副总理均辞职,并不得不为此承担正式责任。同时,内部调查导致对44名官员进行严厉的谴责,对其他58名官员进行了谴责,并向负责国际事务行政财务副大臣所谓的"Yen先生"的 Sakakibara Eisuke 发出警告。东京检察官即将讯问的两名官员自杀,包括证券局局长在内的另外两人辞职。由于以前的候选人必须对下属的行为承担正式责任,因而他们并未被晋升,由此,该部高层职位的继承的有序性和可预测性被打破了。

因为他们的腐败行为而使自身受到谴责,这给所有大藏省带来厄运。那些贪污税款的官员自然不值得被同情,且会受到公众的批评和职责。由于大藏省官员在中央政府之外几乎没有支持者,而在其内部也产生了一种"围困心理",因此,在1990年代,针对大藏省所起的作用和表现,公众对其进行不赞成和批评的声讨活动,甚至政治家、媒体和评论员要求解散具有威望性部门的呼声,就没有什么新奇或意外了。日本政府在此次声讨活动前就进行了长久的持续斗争,一直在试图把预算控制在大藏省以外的地方,并将其置于内阁或某个超部长级协调机构(Johnson,1982:75)。1947年、1955年、1963年和1970年以来,日本政府力图不断解除大藏省的预算职能并削弱其权力和权威,尽数以失败告终,但是这一次,由于90年代这次事件的沮丧和羞辱,使得它的威望和声誉下降,大藏省不太可能抵抗得住日益增长的肢解压力。

这是由桥本政府的联合政党于1996年初成立的大藏省改革研究小组领导的。这是该部自1945年以来最大规模的改组,将职能和管辖权移交给其他机构,而它对公共财政和其他公司的监督管辖权的边界在名义上进行了更窄的重新划定。1997年,它被迫向日本银行移交了确定利率和国内货币政策的权力。1998年6月,将所有私人金融机构的检查、监督和管理职能移交给首相办公室管辖范围内新成立的金融监督机构,银行和证券局被废除,其剩余的决策资金短暂并入一个新的金融系统规划局。1998年12月在总理府成立的金融振兴委员会获得了银行业的资本重组,这是一揽子措施的一部分,旨在使小渊惠三首相承诺解决银行危机问题的立法具有法律效力。国际金融局更名为国际局,对金融服务局部分财政不再负有责任。大藏省成立很久的三个咨询委员会合并为新的金融理事会。

大藏省不仅失去了金融监督局的监督和管理职能,以及为金融振兴委员会处理倒闭破产机构的责任,其剩余的金融决策权也受到了威胁。自民党未能在1998年7月的参议院选举中赢得多数票,这意味着自民党需要其他政党的支持,以确保通过其行政改革法案和新的美日防卫行动准则。在与自由党进行了旷日持久的讨论和谈判之后,他们于1999年1月缔结了正式的盟约,

第八章 大藏省

NewKomeitō 在 1999 年 10 月加入联盟，关于中央机构改组的建议中，争论的主要问题是大藏省的职权范围。1998 年秋初，自民党同意他们的财政和财政权力应分开，但随后对该协议的解释提出了争议，自民党认为大藏省应保留对金融体系的总体监督并负责政策规划。1999 年 4 月的一项妥协安排规定，大藏省与拟议的金融服务机构之间可以无限期分享权力。

废除其证券和银行局后成立的财政系统规划局，其职能于 2000 年 7 月移交给了新机构，该机构包括了金融监督局和金融振兴委员会。现在，它负责整个国内金融体系，包括起草法律，协调银行、证券公司和保险公司之间的合作，监督公司会计制度以及私人金融机构的国际运作。当金融机构的倒闭给放贷人带来过多的信贷问题时，它与财务省共同负责风险管理，它们之间的分歧由首相主持的金融安全委员会调解。

财务省将继续影响私人金融体系政策的程度尚不确定，但它将继续监督公共金融体系和金融政策规划、国际金融体系以及外汇关系的稳定性，它将继续负责日本银行、国际合作银行和重建后的 FILP。

未来财务省在制定宏观经济政策方面的作用同样不确定。在 2001 年 1 月实施的中央政府改组中取消了经济企划厅并将其职能移交给了内阁办公室。此外，还纳入了新的经济和财政政策委员会，全面负责协调经济和财政政策。但是，财务省继续负责税收、支出、海关、FILP 和国际金融业务，显然将继续在制定和协调宏观经济政策中发挥关键作用。由于小渊（Obuchi）和森喜朗（Mori）政府试图从财务省手中夺回控制权，并通过新的理事会增强政治影响力，因此它在未来编制预算方面的作用还不确定。我们将在第 30 章讨论这个问题。

第九章　大藏省的精英管理人员

日本精英管理人员有五个明显特征：第一，招聘具有公开性和竞争性。第二，这些被招聘的人员都是通才，而不是具备技术或专业资格的专家，这些人将在总部各部的精英管理人员机构中占据主导地位。第三，部门的利益高于国家的意识。大多数官员的全部职务生涯都在同一个部或机构中度过，尽管借调很普遍，且不断增加。第四，根据资历的高低进行职位轮换。这种机制为有广泛经验的人员提供了条件，在部门内部，最高可发展至副司长、司长一职。第五，官员们放弃了公开的晋升机会。许多官员在职位较高时辞职，在他们的部门协助下，和其他一些退休人员一起，在公共部门和私营部门以及内阁寻求"第二职业"。

大藏省的行政精英是典型，更能鲜明地展现出这些共同特征。本章内容中，我们将在这五大特征的背景下重点阐释精英管理人员的招聘、社会化、职业发展和退休等内容。

招　聘

日本的精英管理人员，即所谓的职业官员是通过公开的竞争性考试，在通过行政服务考试的人员中招募。1994年有41 433名候选人，其中20%是女性。成功入选的1 863名候选人中，女性更少，约占12%，这些人只有大约一半在部门和机构中获得职位，其中妇女不到10%。

每年大藏省招募约20~25名22至24岁的毕业生。首先，它要求国家人

第九章 大藏省的精英管理人员

事局提供按等级排列的合格候选人名单,招聘程序名义上从11月开始。对于非正式面试来说,程序在第二阶段考试结束之后,在比赛结果公布之前就开始了,希望获得大藏省职位的候选人,通常必须在公务员考试的前50名。在一系列的非正式面试中,候选人和政府部门互相试探,考试结果公布后进行正式面试。

非正式和正式面试的过程都非常重要。大藏省的任命是终身的,更准确地说,官员很少被迫辞职,大多工作到60岁法定年龄退休。职业生涯几乎完全在第一次任命的部门内进行。因此,候选人和政府部门都非常注意彼此的合宜性。新成员加入一个"家庭",家庭成员希望确保一个新成员将适应并与其他成员和睦相处。在大藏省就业的关注点是秘书的品格和能力而不是学习成绩,不过也会考虑申请人的大学成绩和在公务员考试中的排名。大藏省自称,候选人筛选标准是"首先,也是最重要的是候选人个人""我们不拘泥于考试成绩……坚实聪明的年轻人,他们将适应政府部门并带来一个平衡的观点"(《今日东京商业》,1992年7月18日)。

国立大学每年成功提供80%至90%的候选人,他们被政府支出部门和机构聘用,其中东京的毕业生占了绝大多数,平均在35%到40%之间,其次是来自京都和北海道的毕业生。东京大学毕业生在日本精英管理人员机构中的传统统治地位由来已久。这所大学成立于1877年,其法学院被授予特殊地位,为新国家供应官僚。此外,庆应义塾和早稻田大学等私立大学,以及东京大学以外的国立大学,其所占比例都在稳步上升。1991年,东京大学成功提供了超过一半的候选人,早稻田大学提供了11.8%,京都大学提供了7%(Kim et al,1995)。在大藏省的毕业生招聘中也可以观察到类似的趋势,东京大学毕业生的主导地位在1975—1997年期间更为明显,见表9.1。平均来说,大约80%~90%的新人来自东京大学,只有少数来自京都大学和一桥大学,很少有人来自私立大学。

1992年,日本首相宫泽的自民党政府承诺在五年内将来自东京大学的应届毕业生就职政府部门的比例降低到50%。起初,大藏省在很大程度上忽视了这项指令,但是,由于自民党政策研究委员会主席要求解释该项指令执行进展缓慢的原因,财务大臣官房设定了加速降低至70%的目标数字。但这一指标即使在1996年和1997年的执行结果中也没有达到。

20世纪最后25年,日本官僚机构中法律专业毕业生的传统主导地位一直延续至今。通过一级考试的考生中有70%的人在大学里专攻法律。在这些后来被聘用的人员中约有1/4是法律专业毕业。大藏省的新员工不仅主要来自东京大学,而且他们都是出类拔萃的法学院毕业生,见表9.1。在整个1975—1997年期间,2/3以上的学生主修法律专业,其他大多数毕业于经济学院。日本官僚机构的精英主要是男性,这反映出在一级考试中成功的女性候选人所占的比例很小。

表9.1　　　　　　　　1975—1997大藏省精英来源:大学和院系

年份	合计	大学						院系				
		东京		京都	一桥	其他	法律		经济		其他
		No.	%				No.	%	No.	%	
1997	19	14	73.7	1	—	4	11	57.9	6	31.6	2
1996	22	17	77.2	3	1	1	17	77.3	4	18.2	1
1995	20	18	90.7	1	1	—	12	60	6	30	2
1994	21	18	85.7	1	—	2	17	80.9	4	19	—
1993	23	19	82.6	1	3	—	13	56.5	9	39	
1992	24	22	91.7	2	—	—	17	70.8	6	25	1
1991	24	21	87.5	1	1	1	16	66.6	7	29.2	1
1990	26	23	88.5	2	—	—	18	69.2	6	23	2
1989	24	21	87.5	—	2	—	15	62.5	9	37.5	
1988	24	21	87.5	1	—	2	16	66.6	7	29.2	1
1987	25	19	76	2	3	1	16	64	8	32	
1986	25	22	88	2	—	1	18	72	7	28	—
1985	25	22	88	1	1	1	15	60	6	24	4
1984	26	21	80.8	—	2	3	16	61.5	7	27	3
1983	25	20	80	3	1	1	17	68	4	16	4
1982	27	22	81.5	1	1	3	19	70.4	8	30	
1981	24	22	91.7	1	1	—	16	66.6	8	33.3	—
1980	23	19	82.6	2	2	—	14	60.9	8	34.8	1

续表

年份	合计	大学		京都	一桥	其他	院系				其他
		东京					法律		经济		
		No.	%				No.	%	No.	%	
1979	28	26	92.9	1	1	—	20	71.4	7	25	1
1978	26	22	84.6	—	3	—	16	61.5	9	34.6	1
1977	23	19	82.6	1	2	1	n/a	n/a	n/a	n/a	n/a
1976	25	19	76	3	3	—	n/a	n/a	n/a	n/a	n/a
1975	27	21	77.8	3	3	—	n/a	n/a	n/a	n/a	n/a

资料来源：根据大藏省大藏大臣官房提供的数据汇编，1997年。

早在20世纪80年代初期，在总共800个一级职位中，只有20~24名女性。到90年代后期，这一数字已上升到大约100名。1996年4月，整个官僚机构中只有1 190名女性担任"职业"职位，约占总数的6%（Kataoka，1996年；Kaneko，1998年）。此外，与男性入职者相比，女性入职后提升缓慢。1987年，只有6个部的12名女性达到了部门主任的级别。在大藏省，"平均每两到三年聘用一名女性"。1996年，大藏省共有559名女性"职业"官员，其中最高级别的职位是（当时）证券局一个部门的主任。

社会化

东京大学的学生往往来自相对富裕的家庭，主要是管理阶层。其部分原因是少数私立高中在为其学生争取入学方面取得了成功。

根据1998年的统计数字，该年度录取学生中的16.5%来自五个私立高中，见表9.2。

表9.2　1998年东京大学本科生招生来源和数量

高中	数量
Kaisei 高中（东京）	186
Tōin 高中（横滨）	85
Azabu 高中（东京）	82

续表

高中	数量
Nada 高中（神户）	82
Kyūshū 高中	71
五个学校总计	506(16.5%)
其他	2 667(83.5%)
总计	3 073

资料来源：行政管理局，1998年。

私立学校的入学费用比公立学校要高，而且入学竞争激烈，准备时间长，但对官员的未来影响不同。关于社会出身、行为和经验对未来官员的影响，无法从这一调查证据或其他有关其政治和社会取向的调查证据中得出确切结论，但大藏省的一些高级官员在与笔者的访谈中强调，在建立和培育精英管理人员和政治家之间的关键社会网络方面，普通学校经验比东京大学法学院的联系更为重要。当他们进入东京大学法学院时，未来的官员们将克服一连串的障碍，并习惯于接受考试，所有的本科生在进入专业学院完成四年制学位之前，都要在 Komaba 校区接受"通识教育"。所有入学学生被分成六组，未来的官僚必须在人文学科组1获得一席之地，人文学科组1是其中一组。进入人文学科组1才能保证按规定的学生配额进入法学院，对于那些被其他组别录取的学生来说，很少有名额。

成功的法学院候选人选择专攻三个系中的一个，其中第二个系（公法）通常由那些瞄准官僚机构的人选择。该系所提供的课程和指导不是职业性的，而从事法律职业的正规培训由另一个系单独提供。那些注定要进入官僚机构的学生要学习宪法、民法、行政法、国际法以及外国法，还要学习政治学、经济学和金融学等课程。"他们不仅接受不同程度的法律培训，而且还接触到日本和外国政治经济制度的历史、理论和制度基础"（Koh，1989）。这种教育模式，存在优点，但也招致非议，对东京大学法学院提供的普通和专业教育质量的批评认为，这种教育造就了"心胸狭窄的技术人员，仅精通法律理论和解释的要点，并且极其善于应付考试"。岂不知同样的指责也可以指向来自其他精英大学成功通过入学考试的人。

第九章　大藏省的精英管理人员

在以往那些考试或早期考试中测试的素质,更看重的是记忆力和解决问题的能力,而不是独立思考和批判性分析能力,这对日本中等和高等教育的质量提出了更广泛的质疑。东京大学的使命是培养日本未来各行各业的领导人,这是一项普遍而非特殊的使命,其中大多数应是服务私人部门而不是公共部门。尽管该校在明治时期成立时,最初的使命是培养日本的行政精英。自19世纪中叶教育和公务员制度改革以来,英国行政精英大学毕业生占主导地位,日本这种历史延续性与英国牛津大学、剑桥大学非常相似。自第二次世界大战以来,东京法律专业的毕业生的地位得到了提升,但近年来在其他大学毕业生的挑战下,其影响力也逐渐削弱。

很难确定东京大学法律学院的毕业生是因为社会出身或社会经验,还是因为东京大学法律学院的教育水平,使得他们在公共服务方面做得很好。他们在公务员入职考试中都显得十分突出,并在公务员职位中占据人数优势,确保了他们将在以后的部门和机构中占据主导地位。但正如我将在后面解释的那样,他们在晋升到最高职位后变得更具统治力。

因此,精英管理人员的形成始于一系列日益艰难和竞争激烈的考试的成功,这些考试使男女具备了成功的意志,以及在压力下长时间努力工作和竞争的能力。

入职后社会化包括正式和非正式培训,大部分是在部门或机构的在职培训或在通过国家提供的正式课程中进行的。除了入职培训课程外,主要的正式培训方案是针对科员、副科长和科长的。虽然这些课程和其他课程有助于灌输全国性、服务范围的观点,并有助于通过非正式网络在各部之间进行更好的交流,但在每个部内提供的正式和非正式培训对官僚的职业生涯更为重要。除了正式的内部培训之外,有前途的官员在其早期职业生涯中被短期借调到其他部门或机构,或被派往国外的大使馆或国际组织。例如,将一些中级官员借调到琦玉大学政策科学研究生院,为期一年学习后再借调到新成立的国家政策研究生院。

日本各部门入职后社会化的重要性在大藏省更为突出,因为大藏省致力于实现"大藏省大家庭"的构想。为了培养个人责任感和自信心,并形成对该部的忠诚感和奉献精神,正式和非正式的社会交往经历了一个漫长而紧张的时期。其中一个重要的部分是正规和标准化的五至六年培训计划,特别是在阶段培训期间,培养领导能力和管理素质。

通过社会化让每个新入职人员融到每个部门的文化、传统、标准操作程序和政策倾向中,成为更普遍的家庭社会化的一部分。预算局官员被称为"日本政府的武士"和"精英阶层的精英",他们的地位和威望得到了刻苦的培养和小心翼翼的保护。关于第 18 章中规范预算审查员行为的行为和政策游戏规则,我有更多要说的。

非正式社会化是通过班级和学习小组进行的,而学校和东京大学法学院的共同教育经历为部门内部的非正式社会关系提供了基础。这体现在招募的职业官员中有 1/5 是前大藏省官员的子女。由于包办政治婚姻在日本社会十分普遍,因此新加入大藏省的人可能会要求其部门主管提供帮助,并寻求财务大臣官房的协助。婚姻中介是其日常工作的一部分,平均每年安排大约两次婚姻。大藏省官员与知名政客的家庭通婚是一种传统,在过去的四十年里有 41 个记录在案的案例,其中包括 8 个首相家庭的婚姻。仅在 1980 年,就有 9 名大藏省官员与政治家的女儿结婚。还有一些证据表明,年轻官员的女儿经常嫁给大藏省行政财务副大臣的家庭,其中有 3 人的女儿嫁给了 1990 年代在预算局任职的大藏省官员(Hatcher,1998 年)。

在大藏省和其他地方,由于工作场所的物质条件和支撑着日常业务交易的文化规范,社会文化特征得到了加强。副局长和议员级别以下的精英管理人员与他们的下级同事和非职业官员共享大型开放式办公室。只有大藏省最高级别的职业官员才有自己的房间和私人秘书。除了部门主任和副主任坐在不同的办公桌上,官员们会按照他们资历的等级,挨着邻座坐。随着他们的晋升,交换座位,向上走向主管的"顶桌"。

大藏省的办公环境别具一格。办公室灯光昏暗、人满为患,官员们的桌子相互挨着,杂乱无章,上面堆满了个人电脑、文件和书籍。这种紧密的物理接近既培养了家庭聚在一起的感觉和目标的共同性,又提供了监督的便利。大多数办公室都有电视机,而且这些电视机经常作为背景全天播放,特别是播放重要的棒球或高尔夫赛事。全天都有广播指令集体暂停一段时间,去健身、休息锻炼。到达目的地后,许多官员会像进入自己家那样换上人字拖。

尽管普遍的短袖白衬衫和低调的领带实际上是必备的制服,但西装外套的丢弃增强了非正式性。办公室一起工作,一起吃饭,甚至整个部门,一起在大藏省食堂吃午饭,下班后一起喝酒。

他们工作时间很长,远远超过了名义上的每周五天正常工作时间和每年360小时的规定加班时间。1992年,大藏省官员的平均每天额外工作5.4个小时,许多高级官员额外工作超过9个小时,甚至每天有几个小时的加班没有记录。大藏省官员说,"让我们趁天还没亮回家吧"(Hatcher,1998)。在一年中的繁忙时期,例如在12月份,即预算过程的高峰时期,官员们通常会在大藏省提供的地下室床上或办公桌上过夜。当然,对许多人来说这是一个更好的选择,不需要在深夜或清晨花费长达两个小时前往遥远的郊区。

职业发展

封闭的招聘和晋升制度使人产生对一个部或机构的忠诚和承诺感,并对它产生依赖感。它鼓励团结,也鼓励成员之间的竞争。除了临时借调外,只有在特殊情况下才任命外人。它满足了对工作保障的期望,通常至少到五十岁中期是这样。它还为忠诚的部长提供了退休后奖励,以及适度的薪酬水平。

晋升到一个司的副司长级别是公务员制度中所有职业官员的正常期望,这种期望遵循一个可预见的两个一般规范:严格遵守资历规则和频繁轮换职位。资历决定新员工通过职业阶段的速度。因此,所有在特定年份(1992年)被招募的人员在大致相同的时间晋升,直到他们达到一个司的副司长级别。然而,并不是所有的晋升都同样要求严格或具有说服力,那些被确定为最聪明和最优秀的人员,被派往这些局及其内部的部门,专门针对那些被认为有可能升至部门最高层的高级人员。此后,最好的职位将提供给那些在以往关键任命中表现出潜力的人。对大多数年轻官员来说,担任关键职位的资格是拥有在其他要职工作过的经验。因此,在很大程度上"快车道"上的晋升是每个阶层的精英预先注定的。在完成培训阶段后,向上发展几乎是一个自我实现的过程。鉴于在一个部主要局的中央决策部门担任职务的工作质量较高,因此被选中的少数人有更大的机会展示进一步提升必需的素质和资格:智力、努力工作的能力、判断力和政治敏感性。此外,财务大臣私人办公室、财务大臣官房以及官房协调处的关键职位通过接触政界人士以及精英商业和专业团体的领导人,给他们提供了发展和培养人际网络的机会。

大藏省官员的职业发展轨迹非常相似。大藏省的新员工在第一年就被引导进入"家庭生活",由去年入职的员工指导。他们在局内的第一项工作通常是处理一般业务、协调业务与研究工作的部门,或者,对于有潜力的人来说,被派到预算局协调司或财务大臣官房。让所有新聘人员熟悉该部的广泛工作:学习标准作业程序,帮助编写文件,收集和处理统计数据,陪同高级官员参加该部内的会议以及与其他部门的谈话。不同寻常的是,大藏省将新招募的人员作为内阁的"问题提问者",而在其他部门,这项任务由更高级官员执行。这为了解议会政治提供了一个早期的学习过程。在第二年,大藏省新招募的人员要在当地和地区财政或税务部门工作一年,充当"检查员",在税务局局长的指导下工作。到了第三年,所有学生都回到了东京,直到1992年,他们才接受了为期一年的正式内部经济学培训,相当于一名经济学硕士。随后,所有的职业官员都被派往国外学习两年的经济学或工商管理,主要是在美国,但也在德国、法国和英国。在此后两年内,随着征聘人员从一个分科的高级成员升到一个科的科长,通过连续轮换职位进行在职培训将成为他们的优先事项。在培训的第五年或第六年,职业官员再次被派往外地工作一年,但这一次是作为一个地方税务局的负责人外派的。在那里他有机会展示领导和管理素质,培养自信心,并表现出与地方组织领导人、商人、政治家和地方政府官员建立和维持关系的能力。这种培训及其背后的思想,类似于法国财政监察员的培训。对于一个二十多岁的官员来说,这是一个令人兴奋和艰巨的挑战,也是赋予和加强精英阶层地位过程中的一个重要部分。在选择合适的地方税务局时需要非常谨慎,一般要求没有重大的税收问题,而且有经验丰富和可靠的副局长和总务科科长,他们适合担任"看管人",通常是非职业高级官员。并非所有受训人员都能够被任命为地方税务局局长,这取决于他们的表现(其表现受到大藏省的密切监测),这些表现记录将成为自己在快速晋升轨道中能否具备发展潜力的证据。

部分学员在完成训练后,会在第六或第七年立即获委任为科务处副处

第九章 大藏省的精英管理人员

长。在接下来的 10 年里,大约在 30 岁到 40 岁之间,他们将在各个局主要担任为期两年的职位。现在,一名官僚的素养包括"发展其一般行政能力,对新情况作出迅速反应的能力,进行有效谈判的能力,在有关各方达成协商一致意见方面发挥领导作用的能力,以及对其管辖范围内的事务的掌控能力。"(Komiya,1990:372)

局级部门副局长这一级别是决策的关键。在这里,大部分初步筹备工作都是围绕一个政策问题进行的,包括背景、统计数据和其他数据的收集、整理和分析、法律和财政方面、对政策的不同观点以及可能对政策作出的修改。

霍恩对日本金融市场的研究显示,这一级别的大藏省官员"参与了本局内部以及该局与公共部门之间关于政策问题的辩论"(Horn,1985)。银行局小型银行处副处长可与互助银行及信贷协会的总经理商讨,负责向自民党财务小组委员会通报有关的政策事宜,以便更广泛地了解局内的政策事宜。除了发起和制定新政策外,他的其他主要职能是执行现行政策,这包括与金融业内所有团体进行讨论,与其他参与执行政策的局进行互动,有时还与其他部门进行联系。

规章的变化和政策的改革被副局长认为是理所当然的事情,但是有争议的倡议通常是由司长或局长提出的。虽然副局长发起和起草了许多基本政策文件,但他受到其部门和整个局的整体政策立场的制约。董事们非正式地参与讨论,并对草案提出相关的意见。更为敏感的问题涉及司长,他负责的草案经常提交给高级局官员的会议进行审议,包括局长、副局长、分支局局长和其他局的官员。如果他的政策建议要成为主席团整体的政策立场,他将为其进行辩护。

拥有十年左右的副司长级别的经验的人通常会晋升到司长。作为副司长,他在研究、谈判和立法起草方面已经展现出能力。现在他将通过展现出协调、领导和人事管理的能力,管理一个明确的政策领域,并处理其中出现的问题。组织成员之间对司长及以上职位的竞争非常激烈,特别是在官房、各局的协调司以及预算局的主要职位上。关税司司长解释:每入职一年都会有更强烈的归属感,也会有更强烈的竞争意识。当你在部里和同一群同事一起工作了十年之后,你就会知道自己的水平和你最终能够取得的成就。这是同龄人的判断,也是一个极其严酷的制度。

个人在职位上的表现是进一步提升的必要条件。官房在决定谁担任什么职位以及如何提升官员方面的影响力方面至关重要,这反过来又加强了财务大臣官房的强大地位。职业生涯可以通过高级官员的影响力和与下级的家长式关系得到提升。

不同职位和部门间的轮换是培训过程中的一个重要组成部分。在1996年,一共从其他部门和机构借调了160名财政官员,其中69人担任主任或以上级别。同样,每年大约有20名副司长和司长级别的高级官员被派往国外的日本大使馆和国际组织,如国际货币基金组织、世界银行和经济合作与发展组织。轮换反映了普通行政部门而不是专门行政部门的行为规范,与英国一般公务员制度,特别是财政部的行为规范非常相似。"绕着跑道跑"是财政部官员培训和教育的重要组成部分,英国财政部官员也是如此:每年五月或六月产生变动。大多数职业官员在每个岗位上平均花费两年时间。财务大臣官房一个或多个主要部门人员会任命为预算审查员,从重要程度上提升。1986年,担任局长或财务大臣官房副大臣职位的所有8名官员以前都曾担任财务大臣官房一个核心部门的政策和协调、研究和规划的主管,或担任某一局协调司的主管。在预算局担任副预算审查员或预算审查员,是晋升到最高职位的先决条件。

通过各种非正式内部机制建设增加了团体促进部门的团结和认同,这些团体的成员是根据学校、大学和入门群体的共同经验划分的,还有各种基于共同利益的俱乐部和学习团体。大藏省"1947年级"的团结凝聚力在一个俱乐部中得到了组织上的表达和培养,这个俱乐部在友好关系中持续了31年,直到其唯一在世的成员成为税务局局长(Johnson,1982:65)。20世纪90年代,大藏省也有类似的俱乐部或定期的集体非正式会议,他们什么事都一起做,所以最终成了朋友。后来,他们仍然见面、交谈、交流经验和想法。整个团队都很聪明,之后接受训练,形成了"同阶级意识"。他们通过这个群体来认同自己。即便退休后,他们也会组织了同级别的聚会,包括前大藏省官员的其他非正式小组的大藏省之友协会季度会议,以及一个由大约40至50名前高级官员组成的小组,每年开会一次。

第九章　大藏省的精英管理人员

初级班组的规模随着晋升成员超过副处长职业等级人数的增加而逐渐减小。在1998年改组之前，大藏省各局的数量减少，20～25人中只有8人有希望被任命为官房长或副大臣，其中只有2人能够担任行政副大臣，可能担任负责国际事务的行政副大臣，或者可能担任国家贸易协定总干事。其余的人将被迫辞职。论资排辈并不是不可违背的，但是有一个非常强烈的假设，那些具有雄心壮志却失望的人会辞职，以避免尴尬，因为平等的关系被组织的等级制度所超越。辞职也为青年人的晋升扫清了道路，振兴了精英阶层。然而，这个规则偶尔也有例外。1945年至1983年期间，共有5名留下来的成员负责外部机构，或被任命为外部机构的负责人，因此不在行政副大臣领导的直接指挥范围之内。

职业发展阶段

财政部门官员的成长涉及几个重要阶段，确保了年轻官员有机会在各阶段展示自己的实力。具体包括四个阶段。

第一阶段，培训期结束后的初始工作阶段。上岗之前，一般要进行培训，结束后一般被任命到财政部门工作。这些职位中最好的或是在预算局、税务局或金融局的领导秘书处任职，或是担任预算副审查员，在处理公共工程或农业的关键部门担任职位。

第二阶段，职业生涯的中期阶段。在大约服务25年之后，年龄在46至48岁之间，在这段时间里，有抱负的人有望晋升到部门主管职位。这其中的一些关键部门和职位，达到行政副财务大臣或更高级别的人员中，有80%以上担任过财务大臣官房的领导。所以财务大臣官房是高级官员成长的"摇篮"。从其所担当的工作来看，该职位特别重要，相关部门主管职位具体如下：

- 财务大臣官房长
- 财务大臣官房负责研究和规划的特别干事
- 财务大臣官房审议官
- 预算审核员（主要负责协调）
- 预算局协调处处长
- 财政预算局法律事务处处长

- 世界银行、国际货币基金组织驻美国/英国大使馆金融顾问
- 首相或财务大臣的私人秘书

第三阶段，职业生涯后期。这一阶段的年龄大约在50岁左右，有志者一般已经晋升到政府机构的高级职位，如审议官或副总干事，或一般有名望的政府机构的总干事。

并非所有人都能够进入第四阶段，也就是最后一个阶段，升至行政财务副大臣及以上职位的阶段。能够到达第四阶段的人，其发展路径清晰可见，进展也是可以预测的，这一阶段的发展主要受非正式的游戏规则管制。按照传统，即将离任的副大臣在与前副大臣进行非正式磋商后，从下一年级的合格候选人中提名他的继任者。最高职位总是由大藏省内部填补，通常由预算局局长填补。与财务大臣进行了一次象征性的正式磋商后，基本上就可正常任命。但并非总是由预算局局长填补，也有特殊情况发生，就像1974年田中首相确保了税务局局长的晋升，而不是把预算局局长作为候选人。但到了20世纪90年代中期，这种可预见的、有序的、预先确定的最高职位继任模式走到了尽头。1992年尾崎之后任命的四名行政副大臣中有三人辞职或提前退休，或因政治压力，或因对所辖范围内高级官员腐败监管不力，或因内阁批评。

官员担任最高级职位的时间通常不超过两年，具体取决于排在第二位的情况和"空位"情况，以及他们相对于其他阶层的年轻竞争者的优势，还有毕业学校的学缘优势，如东京大学毕业生在精英官员中普遍占主导地位的现象，该现象在处长级以上的高级职位中更为明显。在20世纪80年代和20世纪90年代，东京大学的毕业生与京都大学一起填补了整个公共服务部门70%的高级职位，在总干事一级达到了89%，所有行政副大臣中有95%毕业于东京大学。在大藏省高级官员中，东京大学尤其是法学院的主导地位更加引人注目。1975年至1997年任职的所有行政副大臣和预算局所有局长都是东京大学法学院的毕业生。在预算局内部，在1972年至1992年期间达到预算审查员水平的57名官员中，90%在东京大学受过教育，其中除3人外，所有人都毕业于东京大学法学院（占总人数的84%）。只有2个预算审查员在京都大学受过教育，而4人已经作为非毕业生通过当地税务办公室进入大藏省。

第九章　大藏省的精英管理人员

退 休

日本有一种根深蒂固的行为规范,当上下级关系取代了平等关系时,那些没有获得晋升的职业官员会退休,以避免让获得晋升的同事尴尬。无论是来自上级"鼓励退休"的压力,还是来自非正式的"轻拍肩膀"的压力,都迫使人们产生了这种想法。被任命为局长的人的平均年龄约为55岁,被任命为行政副大臣的人的平均年龄为56岁。因此,那些职位较低的原班人员通常在55岁左右退休,所有60岁的官员都必须退休。与私营部门类似职位的工资水平相比,高级官员的工资微薄,养恤金的提供往往不足。因此,提高退休后高级员工的收入加强了公共服务部门大多数高级官员提前退休的期望。

退休后的人员通常有三种主要再就业选择:在私营部门寻找就业机会;在公营公司或政府企业谋职;竞选内阁议员。"从天堂降落"到私人或非公共部门是一种与就业习俗密切相关的做法,如终身承诺或长期雇用并按资历晋升。职业官员在部门或机构任职后,在55岁或60岁时退休,担任由秘书处安排的职位。可由公司"物色"具有特定经验和技能的人,也可由官员在职业生涯的早期阶段与公司接触,而伴随着后者的往往是程度不同的"腐败"风险。因为那些被忽略晋升或接近职业生涯结束的人可能希望保护自己的未来,并有可能在与未来的私营公司和公共公司打交道时损害自己的诚信和中立性。

在大藏省,行政副大臣和总干事级别以下的退休官员的工作由官房安排,由副大臣和行政副大臣指导和最终控制,他们在安排最高级别的同事方面发挥了积极作用。一个由前大藏省高级官员组成的非正式协会——"星期三俱乐部",帮助协商并为其成员和即将退休的成员分配职位。作为由最有声望人员构成的组织,它能够赋予其官员一种地位和威望,组织提高了他们的价值。但随着大藏省自20世纪80年代中期以来声望的不断下降,官员价值已成为贬值的资产。大藏省官员退休后主要去了对银行、保险公司的监管以及从1989年起的对公司信用监管的实施部门。国家消费税是所有公共和大多数私营部门工作的一项重要内容。这些退休人员具有的知识、经验,完全具备税务、海关和证券交易协会工作执行和咨询的能力。

然而，将预算局或税务局的官员安排到私营部门组织中就比较困难了，这是由于这些高级官员主要是从东京大学法学院招募的，该学院培养了其他商业、政治和学术精英，加上在少数私立高中的共同教育经历，与东京和各县的公共和私人政策的制定和执行网络都有着极其良好的联系。凭着人脉关系和经验，他们已经学会熟练地利用这类网络的影响。在20世纪80年代，据估计，每五个职业官员，就有一个退休的大藏省官员在公共或私人金融机构任职(Horne, 1985)。例如，大藏省的29名部门主管和副主管是1984年退休的。只有一位前行政副大臣没有寻求再就业，6位进入了大藏省控制的公共银行和金融公司，9位在其他公共企业，2位在私人银行。29人中有16人被任命为董事，5人成为顾问。

退休转为私营机构

《国家公共服务法》原则上禁止政府官员退休后的两年内在私营组织中重新就业。中央政府的官员禁止退休后五年内从事与职位"密切相关"的工作。法律限制旨在避免潜在的利益输送，避免利用公共权力获取私人利益。

在实践中，两年期规则的豁免是常见的。在整个20世纪80年代，国家人事局允许担任此类职务的官员人数平均每年约为200人，1985年达到顶峰，为318人。此后出现了持续下降的趋势。1997年，在国家人事机构批准的118家企业中，有21家归属于大藏省，17家归属于通产省，16家归属于建设省，11家归属于邮电省。但在20世纪90年代发生了几起广为人知的丑闻之后，政府对其官员的再就业施加了限制。1993年至1996年，政府官员不断发生的腐败案件或无能和不当行为使公众更普遍地失去了对官员的尊重，并使他们的就业对私营部门公司的吸引力下降。在这一下降之前，进入私营部门的大藏省退休人员数量轻松超过其他部门的退休人员，1975—1995年期间平均为45～60人，约占整个公共服务部门退休人员总数的1/4。但在1996年，只有不到一半的人在私营企业找到了工作，而在1999年，只有12人找到了工作。大多数空降的退休官员来自大藏省和其他部门，主要是通产省、建设省、农林水产省、运输省，他们以前是技术官员，其工作与各种经济活动的管理或监督密切相关，其他部门主要来自分支机构或地方办事处或从属机构。

而在每年进入私营部门就业的退休人员中,只有不到一半是职业精英官员,其中只有少数人在总部工作过,获得总干事或大臣政务官级别的人更少。就大藏省官员而言,他们主要是来自国税局的寻求再就业的非"职业"官员,而在两年的正式延迟期之后,更多的大藏省职业官员也被重新雇用到私营部门。其方式包括以下几种。

1. 官员空降

对于官员空降在私营部门中的作用主要有三种解释:第一,有些人认为,官员空降是政府控制私营企业的工具,也是提高部长级行政指导效力的重要手段(Johnson,1974年);第二,获取平等机制。包括获取信息平等和获取资源平等。官员空降是大小公司在获取信息方面差异的平等机制。"与欧美相比,日本的小企业更愿意接受前官员,而且愿意支付相对较高的报酬,因为日本更加难以从公共渠道获取经济战略信息"(Calder,1989:395);第三种解释的拥护者强调了官员空降在公共和私营部门,是非正式协商和建立共识机制的结果。Rixtel(1997)总结和讨论了这三个观点并与主要代表人物进行了持续不断的辩论。

这些解释并不是相互排斥的,官员空降存在的理由可能因每个事件的具体情况,以及当时部门和私营部门组织的具体动机而有所不同。避免继续争论是理由之一。Schaede(1995)认为,官员空降是一种手段,管理的不确定性产生了官僚规则,通过行政指导,让退休人员充当中间人,一者代表其公司进行游说,要求修改部级监管框架;二者代表其前部门监测其公司执行现有规定的情况。中野(1998)深入研究了邮电省和电信业的历史,进一步增加了对这种空降官员模式的认识。他认为,20世纪80年代,随着邮电省管辖范围的扩大,退休人员被安置在电信公司的每一个角落。不是因为他们是拥有对企业有价值的技术专家,也不是因为政府通过官员空降提供了一种手段来控制他们。官员空降是官僚控制的产物,这并不是一种手段,而是一种"分赃制度",并且是以制度形式合理合法化。根据邮电省内部人事管理规则,官员们可以得到显著的高薪职位。

大藏省高级官员退休进入私人银行业,这是大藏省的主要就业方向之一,并已经得到实证检验。银行业的各部门中,那些在管理委员会获得高级行政职位或担任"审计员"或"顾问"的人往往来自大藏省官僚机构的最高层。在1975—1993年期间,在所有私营银行董事会担任高级职位的前大藏省官员人数平均在130至150人之间,见表9.3。但是,在最大和最重要的金融机构——城市银行、长期信贷银行和信托银行就业的人不到10%,在7家主要城市银行中,没有一位退休官员受雇于这些机构。大藏省官员的绝大多数(90%)任命是在地方银行和二级地方银行的董事会成员,后者占主导地位。按照包括顾问、审计员和议员在内的更广泛的董事会成员定义,受雇于城市银行和长期信贷银行的少数前大藏省官员人数大约增加了一倍,而所有私人银行的总人数则略有增加。但是,厚生省公布的年度数据中使用了狭义的定义,并不包括这些职位。这是源于大藏省自己数据的证实,这些数据是基于1998年128家金融机构、银行和保险公司的164名前大藏省官员的数据。在受雇于银行的117人中,只有一人在城市银行工作,三人在长期信贷银行工作,两人在信托银行工作,留下来的人都在地区和二级地区银行工作(大藏省,1998年b)。

表9.3　1975—1993年大藏省退职人员在私人银行董事会任职人数

	1975年	1979年	1984年	1988年	1989年	1990年	1991年	1992年	1993年
城市银行	9	9	10	8	8	9	7	5	5
长期信贷银行(3)	8	2	5	3	3	3	3	3	4
信托银行	2	2	3	1	1	2	2	2	2
总计(占所有私人银行的百分比)	19	13 (9.2)	18 (11.5)	12 (8.5)	12 (8.6)	14 (9.8)	12 (9.2)	10 (7.6)	11 (8.0)
区域银行	32	44	47	51	50	50	47	47	47
二级区域银行	N/A	84	92	79	78	79	72	74	79
总计(占所有私人银行的百分比)	—	128 (90.7)	139 (88.5)	130 (91.5)	128 (91.4)	129 (90.2)	119 (90.8)	121 (92.4)	126 (92)
所有私人银行	—	141 (100)	157 (100)	142 (100)	140 (100)	143 (100)	131 (100)	131 (100)	137 (100)

资料来源:Rixtel,1997年。

1975—2000年间,大藏省官员空降对私人银行的管理具有两个主要目的:第一,大藏省垄断了特定银行的退休任命。大藏省垄断了小城市银行的任命,垄断了长期信贷银行的任命,垄断了若干地区银行和大量二级地区银

第九章　大藏省的精英管理人员

行的任命。第二,在大藏省垄断的银行中,继承率很高。例如,从 1971 年起,前行政副大臣继续担任日本兴业银行的"审计员"职务。大藏省官员的类似延续性在埼玉银行、东京银行和日本信托银行都很明显。从 1977 年起,前行政副大臣一直担任主要区域银行中的最高行政职务。负责国际金融事务的前行政副局长一直被任命担任东京银行董事会的最高职位,级别为副局长、行长和董事长。1986 年至 1998 年负责担任国际金融事务的副局长 Gyoten Toyo 于 1992 年被任命为银行董事长,接替曾担任同一副局长职务的 Kashiwagi Yusuke。此外,前国际金融局局长 Miyazaki Tomoo 曾担任该局常务董事和副董事长。在中等规模的二线地区性银行——九州银行,大藏省的前高级官员从 1973 年起就一直担任总裁职务,这在其他几家类似的银行中也可以看到。

毫无疑问,大藏省一贯利用官员空降的模式管理其行政人员,并为大藏省退休的高级官员提供奖励。但是,尽管大藏省垄断了特定银行的官员空降任命,并确保自己的退休人员能够继承这些银行,但它并没有在最具影响力的金融机构实现其预期的目的。大藏省在金融业主要银行的 1975—1998 年期间的明显缺席表明,金融机构不能或不愿意更普遍地将其作为官僚影响和控制的工具,或作为行使行政指导的重要手段。大银行不愿任命他们并不需要的财政官员,他们认为对于退休官员的雇用是"官僚干预和干预公司政策",会对内部职业结构构成干扰或威胁(Rixtel,1997)。这一结论在对最大的股份控股公司的抽样调查(Schaede,1995)中得到了证实,该调查发现,不仅在银行部门,还有保险业,几乎没有证据表明存在官员空降。大藏省退休官员空降很少支持那些实现和加强公共与私营部门之间决策的人(Okimoto,1989;Upham,1987)。在最大和最有影响力的银行中,其行长通常由有影响力的银行协会的主席担任,很少或没有大藏省官员空降。

大藏省的做法的主要目的是,使相互竞争的利益集团能够平等地获得机会。尽管前大藏省官员被任命为较小城市银行、长期信贷银行和信托公司的董事会成员。这一做法表明,均等化可能是一个因素,但地方银行之间没有类似的模式,相对于规模较大的竞争对手,地方银行中很大一部分规模较小的机构很少或根本没有。但是这种模式在二线地区银行中则是相反的,那些规模较小、实力较弱的机构拥有大量的大藏省空降人员。然而,Rixtel(1997)认为,这种"模式均等化"是特定银行自行采取决策的结果,而不是大藏省(或日本央行)故意实施均等化政策的结果。然而,由于大藏省在 1980 年代对中小型金融机构的影响,限制了本部门推动的放松金融管制政策的实施(Horn,1985)。这些组织通过合并抵制进行根本变革的提议,并得到了自民党的支持。由于退休的大藏省官员希望在这些机构中就职,导致这种抵制有所增强。所以当时实施金融市场放松管制的领域,主要集中在由大型银行和证券公司主导的领域,因为这些领域大藏省对其退休官员的影响力弱得多。

许多地区性银行在"泡沫经济"破灭后,其经历使得大藏省不得不进一步实行干预主义。具体做法是,任命大藏省官员对最有可能倒闭的银行董事会进行管理,在某些情况下监督重建措施的执行,并监测绩效。1992 年,在对地区银行进行纾困的同时,大藏省坚持任命一名前银行局局长为行长。在银行破产和清算三年后,这名前局长仍继续担任新银行的总经理,避免该银行承担了债务责任。日本信贷银行境况不佳,大藏省前局长成为该行行长。在这些类似的情况下,大藏省使用官员空降模式更多地被解释为一种"危机管理"和控制的工具,而不是对其退休的精英管理者的奖励。

2. 退休转职到公营机构

一些退休人员通过一系列的任命从一个职位转到另一个职位,每个职位都有一笔总付的离职津贴。超过 1/4 的空降官员和 40% 的空降官员调职两次或更多次。向退休官员提供到公营机构任职的选择因资历以及所属部门管辖内的公司数量不同而不同,这是保护管辖权、控制权的原因之一。公共部门组织委员会职位的任命由每个部的秘书处监督。1997 年,有 820 名全职执行董事和 229 名兼职执行董事,19 639 名其他雇员在当时的 88 家公司中,约 60% 的董事是从退休官员中任命的,一半以上的中层管理人员是从监管部门调来的。主要安置在由大藏省控制的公共部门银行和金融公司,这是退休官员再就业的主要渠道,见表 9.5。大藏省因拥有唯一管辖权或与其他部门共同监管和控制的这些组织,也对此进行了大力支持。仅 1997 年,公共部门银行和金融公司就雇用了 90 名全职和 14 名兼职执行董事,以及 16 721 名其他员工。此外,日本烟草和盐业公司还雇用 30 名全职、3 名兼职执行董事和

22 648名员工。

表9.5　1997年大藏省退休官员转职到公共银行和金融公司的数量

	董事职位 全职/兼职	员工
公共银行和金融公司		
（唯一管辖权）		
日本开发银行	10(7)	1 102
进出口银行	8	560
国民金融公库	8	4 715
合计	26(7)	6 377
（共同管辖权）		
住宅贷款公库	9	1 146
农林水产公库（MAFF）	8	926
中小企业信用保险公库	6(1)	405
地方公营企业金融公库（MHA）	5	74
北海道开发公库	7(1)	288
环境卫生金融公库（MHW）	4(1)	56
中小企业金融公库（MITI）	8(1)	1 707
冲绳发展金融公库	5(1)	220
日本商工中金（Shoko Chukin）银行（MITI）	12(2)	5 522
合计	64(7)	10 344
总计	90(14)	16 721
其他公共企业		
日本烟草公司	30(3)	22 648
奄美群岛振兴开发基金（NLA）	3(2)	26
合计	33(5)	22 674
银行、公共财政和其他公司	123(19)	39 395

资料来源：MCA(1998c)。

大藏省退休官员在上述这些银行和金融公司，以及在其管辖范围内的其他公共部门和公司的安置，是由其财务副大臣兼行政副大臣安排的。他个人负责安置退休的总干事和其他高级工作人员。以1991年为例，有28名来自大藏省的空降官员在公营公司担任主任职务，这种任命通常从总部工作人员中任命，级别为司长或以上。在国民金融公库，八个董事职位中由大藏省四个空降官员担任,其他四个由内部人员担任。董事长是前大藏省行政人员,是前大藏省的国家税务厅的高级官员的四名董事之一以及前东京税务局局长。1993年,日本发展银行40%的管理职位和地方公营企业金融公库的所有管理职位都由前大藏省官员担任。在所有公共财政公司的高管中,有超过50%的比例来自前大藏省人员(Seiroren,1993)。

大藏省的退休官员安置不断扩大,已经扩大到其他公共部门组织。例如,从1977年起,它垄断了对公平贸易委员会主席职位的任命,并延长了对东京国际金融期货交易所主席职位的任命。公共部门最高级和最有声望的职位都成为前行政副大臣的专属和有权势的"家族"所保留的席位。通过他们之间的谈判和协议以及与现任主席的协商,控制了几个主要公共组织的主席职位的继任。

3. 退休从政

那些从公共服务部门退休的高级官员,他们第三个就业选择是竞选内阁两院之一。自第二次世界大战以来,从公共服务部门退休的高级官员被选为自民党议员的数量一直是庞大的。平均而言,他们在众议院占据了近1/4的席位,在参议院占据了1/3的席位,且大多数人是多次连任。1986年,在公共服务部门退休的高级官员中,有26人首次竞选众议员,其中11人成功当选,其中有两名是前行政副大臣、一名前总干事和四名处长。退休官员当选为众议院的职位级别往往非常高,同样在参议院,退休官员中成功被选举的候选人的年龄更大,级别更高。表9.6显示了大藏省退休官员当选参众两院的总人数。

表9.6　　　　1966—1997年大藏省退休官员当选参众两院的人数

	众议院					参议院					议员总量				
	1966	1979	1986	1992	1997	1966	1979	1986	1992	1997	1966	1979	1986	1992	1997
大藏省	14	20	26	27	24	6	7	8	1	2	20	27	34	28	26
所有官僚	(71)	(53)	(74)	(69)	(67)	(45)	(37)	(42)	(41)	(40)	(116)	(90)	(116)	(110)	(107)
占比(%)	20	38	35	39	36	13	19	15	2.5	5	17.1	30	29	25	24.3

资料来源:财务大臣官房,大藏省,1997年。

第九章 大藏省的精英管理人员

从20世纪60年代开始,大藏省一直是众议院中退休官员人数最多的来源部门,是其他部门的两倍。从1979年起,它几乎提供了总数的40%。他们中几乎所有人都当选过自民党成员。在1990年的选举中,自民党281个席位中超过1/4的席位被前任官员占据,前大藏省官员占据了总席位的10%。在参议院,前退休官员的分布在大藏省、建设省、自治省和农林水产省之间较为平均。退休官员在退休前就注重与自民党高级官员的密切联系,为正式和非正式接触提供机会。这不仅给内阁及其委员会的立法和审查工作提供了进一步修正和顺利通过的机会,大藏省也因此能够正式参与自民党政策研究委员会(PARC)的工作议程,非正式地引导和影响自民党PARC的人员组成。这证明在制定预算期间,以及预算在提交内阁之前,预算局官员与执政党内高级官员之间的接触已经制度化。有一些年轻官员甚至通过与日本议员的女儿结婚建立起与自民党的联系。更有甚者,在岳父死亡或退休后继承其席位,并从该部退休进入国会。成功概率较大的是曾在预算局或税务局担任要职的官员,这证明了自民党对这些政策领域的重视。许多人后来继续在党和政府中担任要职。

1983年的一项调查发现,东京大学毕业的国家公共服务部门官员中有60%支持自民党。主要原因是大藏省官员和自民党之间存在着广泛共享的政治价值观,这也确保了大多数大藏省退休官员能够在自民党批准的既定准则范围内工作。

在20世纪70年代,大藏省官员的大量流入大大限制了自民党权力的发挥。大藏省在一系列广泛的政治价值观或意识形态框架内建立了一种信任,使大藏省能够通过公开的政治干预,不受阻碍地开展大部分业务。由于前大藏省人员的加入,大藏省和自民党之间的沟通渠道得到了拓宽,并保证获得支持的听证会顺利进行(Horn,1985:203)。然而,1993年以后,自民党和大藏省共同的价值观和共同的利益受到了挑战,自民党对大藏省的宗旨、职能和组织及其经济和金融决策管理进行了持续性批评。两者间关系变化的原因和后果,以及大藏省威望和权力的下降,将在后面的章节进行探讨。

第十章　自民党的决策组织结构

　　自民党规定,该党通过的所有拟议的立法和政策都首先必须经过党内审查和批准,然后再提交内阁和议会。政策研究委员会(简称 PARC)负责研究、调查和制定党的政策(自民党党章第 39 条)。在整个 20 世纪后半叶,该委员会一直是该党的核心决策机构。它的主席是党的五位高级领导人之一,其余高级领导人包括总裁(在自民党为执政党时是首相)、副总裁、执行委员会主席和秘书长(干事长)。他们在党内的地位以及政策研究委员会在 20 世纪 90 年代与自民党其他组织结构的关系,如图 10.1 所示。

　　党内各等级领导职务任命通常是由各正式派系的领导人共同商定的,并大致反映了各派系的实力,内阁和其他部长级职位的分配情况也类似,资历以连续当选国会议员的次数来衡量。由于党和政府职位的换岗率都很高,党内有一大批元老,其中一些人还是派系的领导人,或者像 20 世纪 90 年代的竹下登那样仍然在党内有影响力的人。元老和党的高级领导人对党的决策具有主动性、指导性、管理性、协调性和控制力。本章考察了他们在自民党正式决策结构中的作用和影响,普通议员的贡献,以及非正式政策"族议员"[①](zoku-giin)在这些结构之外所发挥的作用。本章为以后各章讨论自民党的作用和影响提供了总体背景,特别是在制定和执行预算的决策过程中。本章的

---

① "族议员"作为日本政坛的一股特殊力量,在 20 世纪 70 年代以后的政坛上曾起过重要作用,特指日本自民党内那些在特定政策领域具有深厚影响力和专业知识的议员。这些议员通常长期专注于某一政策领域(如农业、财政、教育等),并与相关政府官僚机构和利益集团保持密切关系,从而在该领域的政策制定过程中发挥重要作用。

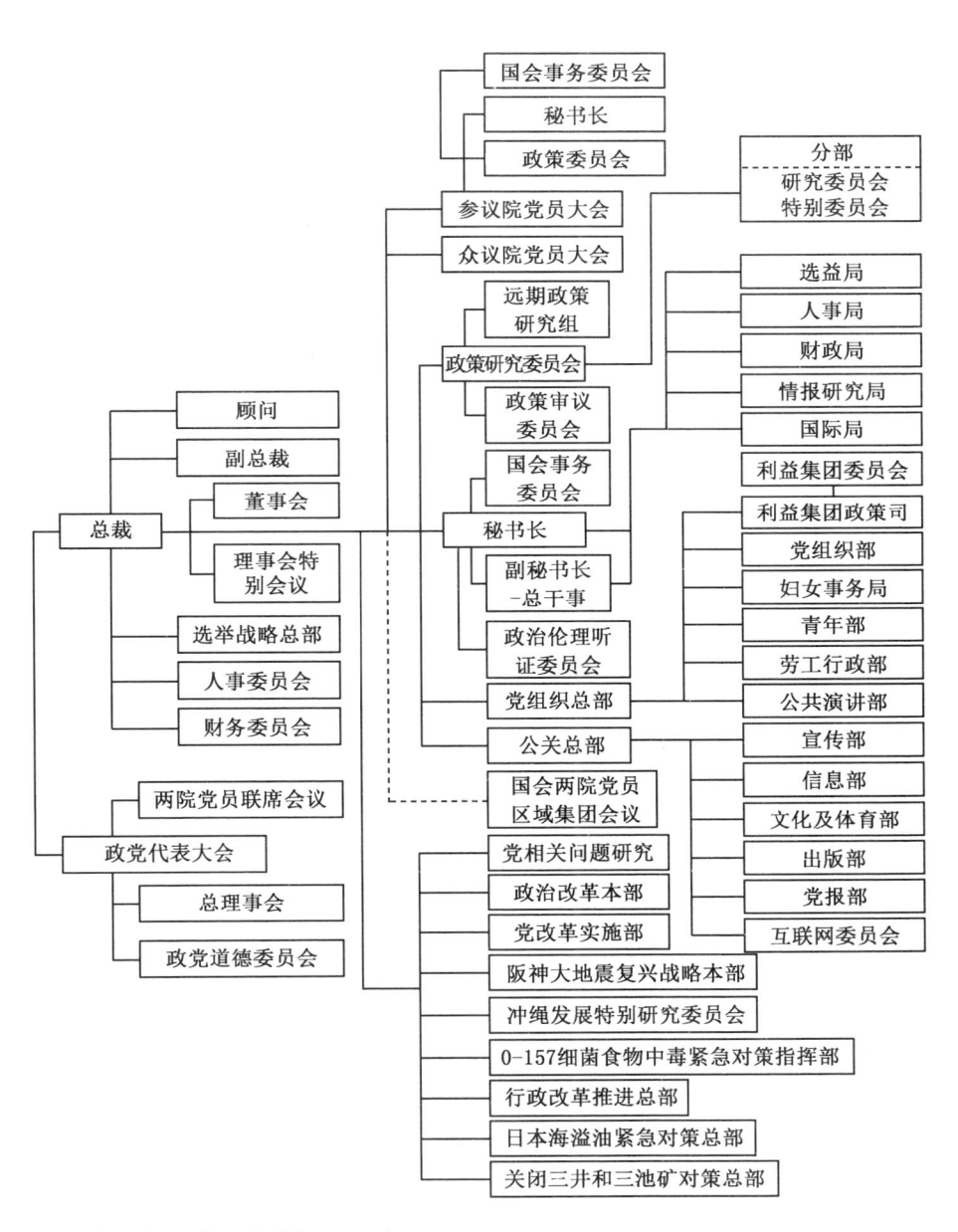

第十章 自民党的决策组织结构

图 10.1 1999 年自民党的组织结构

资源来源：自民党总部，1999 年。

焦点主要集中在 1975—1993 年和 1996—2000 年的自民党。本章简要讨论了多党联合政府时期的决策结构和进程的变化。

政策研究委员会

政策研究委员会,它设有一个政策审议委员会,其下设有 17 个部门,大致对应主要部门和机构的数量和政策领域。各部门设有许多专门的小组委员会,还有地区发展委员会、研究委员会、特殊委员会和研究协会,并且设立了许多研究小组,专门研究和报告特定政策问题。确定政策研究委员会部门的成员资格。

在完成至少一届任期后,自民党议员通常分为四个部门,其中两个部门反映出他们是由领导层控制的平行内阁常务委员会的成员。自民党成员通常也会加入政策研究委员会和其他特别的党委、社团和联盟,并专注于与其政策研究委员会部门相关的领域。图 10.2 显示了 1999 年自民党的决策组织结构。

政策研究委员会各部的成员资格可以根据各部门和各机构颁发的规章、许可和其政策产出以及预算利益确定。所辖部门中,最受欢迎的两个部门是农林水产省和建设省。它们都是负责大量预算的部门,掌握着农业补贴、地方和区域公共工程项目等预算福利。政策研究委员会的农林水产省在 1985 年有 200 多名成员。最不受欢迎的部门是那些预算最少、享受政策少的部门,如首相办公室、总务厅、环境厅。除政策研究委员会的农业和建筑业外,工商业、社会事务、运输、通讯,这些部门也都吸引自民党议员的关心,因为这些部门直接决定他们选区的地方利益,也影响着当地的特殊利益集团的利益,并影响选举人脉网络。所以在整个 20 世纪 80 年代,自民党参众两院近 2/3 的议员都是综合农业政策研究委员会的成员。

政策研究委员会各部门的活动在注重相互协调的同时,必要时由执政党的领导加以控制。政策研究委员会下辖正式的各部门具有拟订的立法和政策建议草案权,包括年度预算拨款草案,预算草案订立后,先提交各有关部门,并经它们审议后提交政策审议委员会,审议通过后才能提交政策研究委

第十章 自民党的决策组织结构

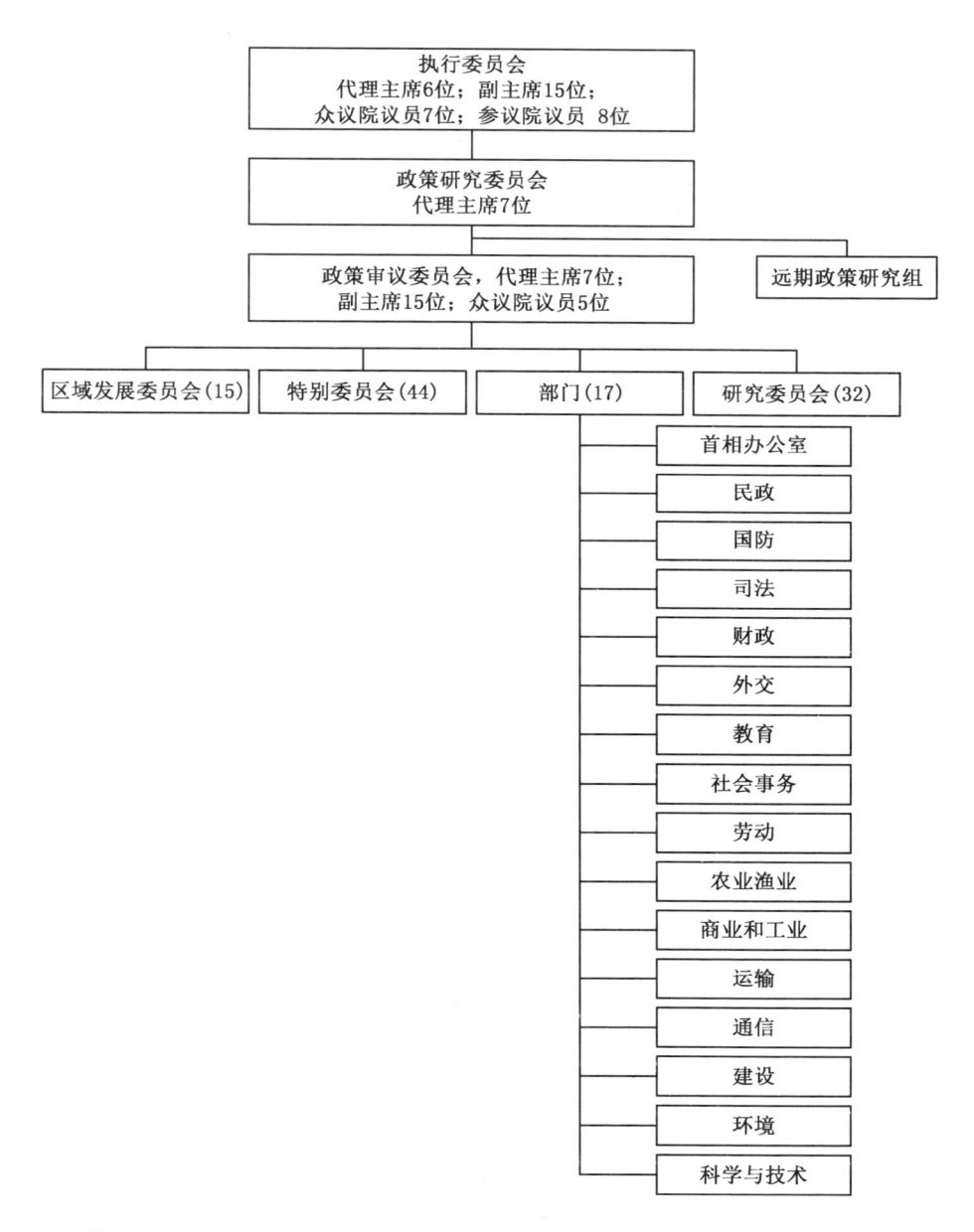

```
                        ┌─────────────────────────┐
                        │        执行委员会         │
                        │  代理主席6位；副主席15位；  │
                        │ 众议院议员7位；参议院议员8位 │
                        └────────────┬────────────┘
                                     │
                        ┌────────────┴────────────┐
                        │      政策研究委员会        │
                        │       代理主席7位          │
                        └────────────┬────────────┘
                                     │
              ┌──────────────────────┴───────┐         ┌──────────────┐
              │ 政策审议委员会，代理主席7位；    │         │  远期政策研究组 │
              │ 副主席15位；众议院议员5位       │         └──────────────┘
              └──┬──────────┬────────┬───────┬┘
                 │          │        │       │
         ┌───────┴──┐  ┌────┴────┐ ┌─┴───┐ ┌─┴──────────┐
         │区域发展   │  │特别委员会 │ │部门  │ │研究委员会   │
         │委员会(15)│  │  (44)   │ │(17) │ │  (32)      │
         └──────────┘  └─────────┘ └─┬───┘ └────────────┘
                                     │
                                ┌────┴─────┐
                                │ 首相办公室 │
                                ├──────────┤
                                │   民政    │
                                ├──────────┤
                                │   国防    │
                                ├──────────┤
                                │   司法    │
                                ├──────────┤
                                │   财政    │
                                ├──────────┤
                                │   外交    │
                                ├──────────┤
                                │   教育    │
                                ├──────────┤
                                │  社会事务  │
                                ├──────────┤
                                │   劳动    │
                                ├──────────┤
                                │  农业渔业  │
                                ├──────────┤
                                │ 商业和工业 │
                                ├──────────┤
                                │   运输    │
                                ├──────────┤
                                │   通信    │
                                ├──────────┤
                                │   建设    │
                                ├──────────┤
                                │   环境    │
                                ├──────────┤
                                │ 科学与技术 │
                                └──────────┘
```

资源来源：自民党总部，1999年。

图10.2 自民党的决策组织结构，1999年

员会,获批后才能提交政策执行委员会。政策执行委员会大多数都是由具有丰富内阁经验的资深专家,以及政策研究委员会部门主席构成。每个部的主席和副主席在每周两次的会议上解释其政策建议的目的和内容。立法草案提出时,各支出部门的官员参加会议,正常情况下,会议会进行得"非常顺利"。这意味着"内容确定"是正式和简短地进行和决定的,实质性问题已经在早些时候预先通过讨论达成协议。经修订或确认后的建议,提交政策研究委员会,并由政策研究委员会提交给执行委员会正式批准,执行委员会偶尔对政策问题进行果断地干预,如在医疗保障问题上,它否决了来自该党福利专家的提议,更倾向于将老年人医疗保障制度改为以费用为主的有限补助制度(Cambell,1993)。

政策研究委员会一直是各政党争夺的最重要职位,因为该委员会主席职位是总裁职位以及首相职位的垫脚石。在直到海部俊树(日本昭和年间首相)任职首相之前,只有岸信介(1957年2月25日—1958年6月12日和1958年6月12日—1960年7月19日,两次担任日本首相)未曾担任过政策研究委员会或执行委员会主席。桥本首相(原名桥本龙太郎,1996—1998年担任日本首相)在1994年的羽田(原名羽田孜,1994年4月28日—1994年6月30日,担任日本首相)联盟中担任政策研究委员会的主席。而小渊首相(原名小渊惠三,1998年7月30日—2000年4月5日,担任日本首相)虽然像他的继任者森喜朗(2000年4月5日—2000年7月4日和2000年7月4日—2001年4月26日两次担任日本首相)一样曾担任秘书长,但从未担任过这一职务。

但是,政策研究委员会的主要官员不是主席,而是代理主席。他在主席缺席的情况下主持会议,但更重要的是,他在主持审议委员会的会议期间,在所有政策研究委员会的决策协调中发挥了核心作用。他掌握着讨论的政策及其线索。是对政策提出建议的主要人员。他熟悉政策研究委员会的全部活动,可以根据党的当前目标和战略,考虑到普通会员和主要利益集团的压力,为党提供资金捐款(Hori,1995)。

代理主席通常由该党最高领导层成员担任,这些人经验丰富并能游刃有余地处理政治关系。这些人不仅要建立自己的权威,还要有劝服的技巧,以便在政策研究委员会各部门之间能够很好地进行协调。与部长们保持密切、频繁的联系是至关重要的,这可以使他们了解政策研究委员会内部的政策讨论,提醒他们潜在的困难,并确保他们对协议的支持。

政策研究委员会是一个私人党组织,但已正式纳入公共政策制定流程(1987年,福井提供了其较早的决策作用的一般说明)。尽管法律上没有要求这样做,但各决策局和各机构的官员出席会议并讨论政策和立法草案。各部、各委员会、各学习小组和各工作组的会议在向党员介绍政策问题方面发挥了主导作用,并为自民党成员和官僚之间建立互惠互利的关系提供了机会。并且帮助自民党的议员们捍卫该党的政策以及内阁常务委员会的法案做好准备。通过任命主席,他们也为自民党议员提供了机会,让他们在党内取得进步,获得经验、地位以及在决策过程中发挥正式和非正式的影响力。

每个政策研究委员会部门的主席和副主席由政策研究委员会主席选出,人选为在众议院任职至少三届或在参议院任职两届的成员。分部主席通常理所当然地担任相应的议会常务委员会的主席。

政策研究委员会部门主席的最重要作用是调和其成员与有关支出部官僚的利益,并达成与该党更广泛的政策利益相一致的共识。在党和官僚机构的各个不同层次上必然要进行大量的非正式讨论和协商(Hori,1995;Obuchi,1995;Kondo,1994)。在许多情况下,部里的工作人员会与该部的个别成员会面,试图在正式审议之前达成共识。由于这种习惯,在该部的会议上很少出现关于政策问题的争论(自民党,1993)。

从1970年起,越来越多的部门开始发挥更加积极的作用,而不仅仅是对部级政策部门提出的建议做出反应。一些机构,例如政策研究委员会教育部门,开始主动制定政策,组建了小型"项目小组"和小组委员会,就关键问题发表党派立场。他们的提案"在几乎整个20世纪70—80年代赋予了教育"族议员"制定教育政策的决策主动权"(Schoppa,1991b:94)。其他大多数政策研究委员会部门也成立了类似的项目小组来制定政策提案(山崎,1986)。

党的一些研究委员会变得越来越强大。自民党税收政策研究委员会也许是最具影响力的委员会,要比政府的税收政策研究委员会更具影响力,其成员占自民党总议员人数的一半以上。主席、代理主席、14位副主席和7位秘书组成一个"内部小组",负责"自民党内部对税收政策做出的所有重大决定"(加藤纯子,1994:96)。它的例行任务是协调和平衡后座议员的请求,这些请求主要是由各个利益集团和三方代表进行的,目的是在预期需要增加收入的框架内进行税收减免。每年12月,它讨论下一个财政年度的税收政策。更重要的是,它在1980年代尝试征收消费税的各种尝试中起着主导作用(加藤纯子,1994)。

通过政策研究委员会机制,官僚与政治家之间的正式和非正式联系,是决策中不可或缺的部分,但困难在于知道如何去衡量这些关系,相应的经验很少。关于政党制度的大多数研究都描述了政策研究委员会的正式机制,但对政党通过它们在特定政策领域施加的影响却没有提及(Curtis,1988;Hrebenar,1992)。Ramseyer和Rosenbluth(1993)断言,政策研究委员会的"成员通常利用其委员会职位诱使官僚机构修改政策以促进其个人选举需要"。这一断言还需要考虑到特定政策研究委员会部门,因为各委员会的实力和影响力存在差异,政策周期中试图施加影响的内容以及政策问题存在特殊性,例如,在20世纪80年代制定监管银行的政策时,政策研究委员会的公共财政委员会和金融问题研究小组联合反对大藏省关于披露信息、贷款限制和银行管理的提议。这代表了自民党的大转变。自民党的财政部门最初支持大藏省而反对银行,但现在却改变了立场。为获得大藏省银行法案的有效修订,据说银行向自民党有影响力的政客个人支付了5亿日元,而不是通常的捐款(Rosenbluth,1989:131)。

并非所有政策研究委员会部门都是出于考虑个人选举优势或获得利益的动机。80年代中期成立了政策研究委员会教育部门,该部门由拥有可靠选举基础的政客组成,不受金钱和选票的控制。他们不代表部门利益集团而干预部门官员。相反,他们以"坚定的信念"推行自民党的政策。其次,虽然部门成员可能会试图说服官僚们修改政策,但成功的程度随着政策周期的阶段性变化而变化。他们更可能在实施阶段获得成功,这是由支出部门中的各个局分配项目所致。当项目由支出部的各个决策局分配时,比早期制定政策时的情况要好。例如,几乎没有证据表明自民党高级官员持续关注官方发展援助政策的制定。他们的注意力和影响力更多地集中在契约的实施阶段。一

第十章　自民党的决策组织结构

般来说,他们的干预目的"更多的是寻求租金,而不是认真审议实质性政策原则"(Arase,1994:194)。最后,自民党在特定领域往往没有统一的政策,只是根据具体情况对特定的政治问题作出反应。在政策研究委员会管辖下的海外经济合作特别委员会的大约60名成员中,只有少数人是真正活跃的。高级官员出席会议是不定期的,而且显然没有系统化的监督。当官员被邀请时,通常是因为丑闻。一位通产省官员承认:我们很少受到干涉(Orr,1990:22),甚至在1980年委员会审查向第三世界国家提供的援助的数额和分配等若干研究项目后,外交部仍然可以自由地参与官方发展援助的决策,即它可以做它想做的。委员会的主要作用是为自民党提供关于官僚机构和私营部门之间对当前政策辩论的信息窗口(Arase,1994)。另外,自民党常常在某些政策部门内维持官僚主义管理制度,或在某些部门内维持某些政策职能,如制定新政策等。但也有一些部门并不受重视,如日本通产省的政策部门,甚至整个决策局都没有引起自民党政界人士的多少关注。可以说由于环境和问题的重要性,执政党及成员对某一部门的漠不关心可能随时间而改变,更广泛地说,政策研究委员会在决策方面的利益和参与会随着政治选举的变化而变化。

官僚与政策研究委员会部门之间的关系既正式又非正式。形式上,每个部门从支出部收到拟议的立法草案和新的或修订的政策倡议,都要同各部部长及其上级、局长和副局长举行非正式会议,听取解释,讨论细节,仔细考虑。随后,内阁对同一官员在委员会中就每项法案的实质内容和细节进行审查。

与政策研究委员会各部的个别成员的非正式联系比在各部的正式会议上的发言更为重要。在提出新的政策建议或法例的初期阶段,部长及其主席团总干事与政策研究委员会的正副主席和其他高级、有影响力的成员举行非正式会议,概述和讨论政策选择,并解释主席团的立场和倾向。事先通知和协商为参与者提供了交换意见的机会,以确保正式提交给政策研究委员会的内容至少是已经公布,甚至可能是事先谈判过的。这些表面的协商可能不会导致对政策建议的实质性修订,但官僚们有机会为自己的政策辩护,如果政客们怀疑自己是否能被全党接受,或者怀疑政策研究委员会部门代表的狭隘利益,他们也有机会表达担忧或保留意见。在制定建议时,官僚们已经考虑过,也许还考虑过那些他们经常打交道的政策研究委员会政客们可能的反应,以及对他们的建议的接受程度。

由政治家、官僚和私营部门组成的利益集团确保了对政策的合理检验,从而应对个别政治家和其他受影响人士可能或预期的反应。此外,在了解政府或政党在某个问题或政策领域的总体立场的情况下,官员们提出了他们的建议。他们所提出的建议是由政党制定的总体政策框架的轮廓所指导和制约的,如果没有这种明确的框架,则由政党高级官员所阐明的态度、偏好来指导,或者心照不宣的设想。当然,官僚可能有一些影响政策框架的设计,例如一个新的政策倡议或改变方向的报告,暗示了外交部顾问委员会,并被内阁接受,或自民党研究委员会的一份报告,导致该党采纳了新的政策指导方针,该倡议可能起源于一个或多个支出部门。

通过非正式联系进行的频繁互动,加上正式的听询和会议,在很大程度上有助于政策研究委员会与其他部门或机构之间的"联盟"。在不同的部门之间,在政策周期的不同阶段,在特定的问题上,情况会有所不同。然而,尽管有时出于不同的原因,但它们在最大限度地分配预算资源方面是一致的。我将在第20章中详细介绍这一点,这里强调的只是各支出部门、各机构政策部的官员与代表特定组织的个人、普通的政策研究委员会部长之间的非正式联系,因为这些是团体设法影响特定部长级政策部政策产出的若干机制之一。例如,有证据表明,自民党政客试图在实施公共工程建筑和官方发展援助政策时影响财政支出的分配。但是否成功取决于他们与个别官僚之间的亲密关系和规律性以及互惠互利,即内阁议员通过专门知识和特殊知识(例如,行事意见,当地情况等)可以做出什么贡献而定,也取决于他们在党内的地位和资历以及官员对所表达观点的尊重和重视程度。Arase(1994)争辩说,"在某些情况下,政治家能够在官方发展援助合同的整个过程中满足项目要求"。

自民党的政策族群("族议员")

自20世纪70年代初以来,自民党在政策制定方面的作用和影响力有所增强,这一观点通常会援引"族议员"的出现作为支持,尽管人们对这些族群的促成因素和存在的状态存在不同意见。有证据表明,在20世纪60年代或更早的某些决策领域中,自民党的政策族群已经在某些政策制定领域产生了影响(日本村松,1993;坎贝尔,1993)。

一个由许多自民党内阁议员组成的政策族群,他们在政府政策的特定领域内具有丰富的专业知识和实践经验,并且在党内有足够的资历,可以在负责该政策领域的部门或机构中发挥影响力"(Curtis,1988:114)。政策族群并不是自民党的正式组织,尽管利益关系密切且成员重叠,但政策族群与政策研究委员会及其下属部门有明显区别。政策族群的地位取决于那些"通过在与该领域相关的众多政党和内阁职位上任职,而在特定政策领域中发挥了重要影响力的自民党高级成员"。那些在政策研究委员会中担任过一系列高级职务,以及在部长级别获得过任命的自民党议员,通常具有族群地位。井之口和岩井(1987)的研究确定了21名教育政策"族议员",除两名外,其余均担任过政策研究委员会教育部门的副主席和主席,多数人担任过教育委员会的主任或主席,大多数人曾在教育部担任议会副部长,有8位曾担任内阁文部省大臣。这些人的资格取决于在特定政策领域或内阁委员会的任期长短,因为任期长短是决定政策专业知识的积累和实践经验的决定因素。

桥本龙太郎于1963年当选为众议院议员,并在1996年之前连任11次。他的职业发展历程显示了他在成为一名杰出的"政策部门"成员方面所处的关键阶段,见表10.1。

表 10.1　　政府部门领导的培养:桥本龙太郎的职业生涯

	自由党政策职位	内阁职位	部长职位
1970年			厚生省副大臣 (1970—1971年)
1972年	政策研究委员会 　社会事务司司长(1972—1974年)		
1974年	*自民党养老金特设委员会副主席 *政策研究委员会福利司副主席 *政策研究委员会会副主席		
1976年		*众议院社会事务常务委员会主席(1976—1978年)	

日本的财政危机

续表

	自由党政策职位	内阁职位	部长职位
1978年	*制药小组委员会主席,政策研究委员会社会事务司		*厚生省大臣 (1978—1979年)
1979年	*自民党医疗基本政策研究委员会代理主席		
1980年	自民党公共行政和财政研究委员会主席,政策研究委员会(1980—1986)		
1980年	*自民党社会保障研究委员会副主任		
1984年	*自民党医疗基本政策研究委员会主席(1984—1986年)		
1986年			运输省大臣(1986—1987年)
1987年	*代理秘书长(1987—1989年)		
1989年	秘书长		
1989年			大藏省大臣(1989—1991年)
1993年	自民党环境研究委员会主席		
1993年	政策研究委员会主席		
1994年			通产省大臣(村山联盟)(1994—1996年)
1995年	自民党总裁(1995—1998年)		副首相(1995—1996年)
1996年			首相(1996—1998年)
2000年			行政改革大臣(森喜朗政府)

* 表示政策部门的关键职位。

政策族群的作用和影响与其相对于自民党整体的人数实力有关,它的构成(不管它代表一个、一些,还是几个派系)、成员的资历、地位与接触自民党领导层以及与有关部门高级政策官员的关系直接相关。

各类政策族群在政策研究委员会的17个政策领域中均有其身影,它们的规模以及在决策过程中的作用和影响各不相同。例如,在20世纪80年代,农业政策"族议员"就代表自民党内阁处理农业事务。他们是农林水产省提案进入自民党内的直接渠道,并与农业政策制定过程中的所有主要参与者进行广泛的幕后谈判。他们是自民党在农业政策上形成共识的主要推动者,努力在农业委员会正式开会前达成共识(George,1988:120)。

表10.2列出了1975年至1993年不同政策族群相对实力的分类,该分类基于作者采访的官僚和高级政治人物的评估。虽然没有专门的预算"族议员",但存在财政"族议员"和税制"族议员"。

表10.2　　1975—1993年政策族群对政策制定的作用和影响

非常强	强	中等	弱	不存在
农业	福利	政府开发援助	科学与技术	经济规划
电信	教育	劳动	环境	司法
	国防运输		财政	首相办公室
			公共服务行业	公共服务管理
	商业和工业			
邮政			外交	自治

政策族群在政策过程中既有正式的角色,也有非正式的角色,它们在政策过程中产生了影响。如前所述,作为政策研究委员会部门的成员或高位者,"族议员"有机会影响支出部门,或者向政策部门提出议案。政策族群的更多高级成员还主持并召集政策研究委员会和专门委员会设计特定领域的政党政策。在其政策领域内,政策族群成员与高级官僚非正式地发展关系并试图影响政策选择的方式。

政策族群在决策过程中扮演了多种不同的角色,主要是在某一政策领域内,但有时也会跨领域发挥更大作用。在一个部门(省厅)的职权范围内,他们作为同情的"护卫者",积极为官僚机构提出政策提案,并与官员合作保护其领域免受其他部门(省厅)的侵犯(井之口和岩井,1987)。在这里,支持、促进和保护部门的利益,或者试图调和几个部门的重叠和相互冲突的利益,可能会与自民党领导层在推动政策改革方面发生更广泛的冲突。

在20世纪80年代,邮政政策"族议员"在决策过程中为保护邮政省的地盘发挥了重要作用,其阻止了大藏省终止多种邮政存款系统的意图。在政策问题涉及了几个部门的管辖权的情况下,政策族群经常扮演类似的角色,力图实现最有利于该族群利益的结果。1980年,农林水产省大力游说支持日本农业、渔业、食品业免受外国农业影响的措施,通商产业省则受到工商"族议员"的支持,为中小型丝绸产品制造商提供更便宜的进口产品,并反对外务省关于避免进口后造成的破坏性贸易争端的担忧(Zhao,1993)。

政策族群作为"守护者"发挥了非常不同的作用,其重要机理是通过正式和非正式地利用它们的影响来试图修改、改变或废除一些政策建议。通常,当他们这样做时,他们代表各部的利益行事。例如,自民党内阁议员中的"社会事务"专家中的四位左派领导人与21个利益团体有着密切的联系,这些利益团体代表了大量的管理者、从业者和客户(Anderson,1993:99)。在"电信大战"中,在增值网络(VAN)和日本电话电报公司私有化之战的高峰期,国内计算机制造商的代表几乎每天都在呼吁邮政省。这些人大部分是自民党基金的重要贡献者(Johnson,1989)。1994年内阁批准向稻米种植者提供大笔特别补贴,证明了强大的农业"族议员"的影响,远大于大藏省与农林水产省勉强同意的关贸总协定下大米市场开放的条件。

一些高级别"族议员"成员的第三个角色是调解人。他们试图调和官僚因职权、派别导致的不同成员和部门利益集团的不同利益关系。在这里,他们的角色不是中立的公断人或仲裁员:他们试图建立共识并支持妥协,寻找最有利于其政策族群或利益集团的政策立场。防卫厅在20世纪80年代变得更具影响力,部分原因是其组成和规模的变化,这有利于与派系领导人和最高领导层接触。由于国防问题的政治经济意义更加突出,因此它也更具影响力,因为在1979年苏联入侵阿富汗后,美国对日本施加了更大的压力,要求日本增加国防开支。其他政党反对增加国防开支,同时大藏省在采取财政重建政策后寻求预算限制。为了增加国防开支政策的通过,与自民党高层接触至关重要,防务"族议员"与防卫厅结盟,扩大影响力,以获得他们的支持。尽管如此,在1980年,领导层更加关注党派长期选举利益,并采取行动抑制了政策族群和基层议员增加国防开支的要求,因为他们担心增加开支会使得其在大选中失去席位。

整个1980年代的国防问题主要是通过预算程序来决定的,政策族群通常是联合起来支持国防机构所采取的政策立场,而不是寻求改变官僚们的政策偏好。由于国防政策的参与者和利益的多样性,如大藏省和通产省可能获取直接的利益,并通过他们任命的国防人员获得一些控制权。这些部门就日本政治中防卫问题的政治显著性和敏感性达成共识是必要的,尽管如此,达成共识也有一个艰难的过程。利益集团、政策族群在形成共识和阐明共识方面发挥了积极作用,广泛征求利益集团的意见,并在自民党内部倾向于在反对的团体和普通党员之间进行调解(Keddell,1993)。功夫不负有心人,1982年,它在全党、官僚机构和利益集团中进行广泛磋商,支持国防机构成功地从大藏省获得国防支出的"特殊框架"和优先地位。

政策族群在其政策范围内对政策制定的影响程度有两个维度:第一,相对于官僚机构的影响,而不是官僚机构在多大程度上影响了政策产出。第二,对整个自民党的影响力。Schoppa(1991)通过对教育"族议员"在20世纪70年代和80年代改革政策影响的研究,认为教育"族议员"的主要作用是作为部里的守护者,限制了中曾根首相在教育领域发挥领导作用。但与此同时,自民党领导层奉行的财政紧缩政策,限制了教育"族议员"制定和实施许多改革提议的能力。结果只能是出台一套双方都做出妥协的改革政策",即双方都能接受的政策发布实施。

在实践中,政策族群的两个主要角色是不可分割、无法区分的。为了改变官僚们的政策偏好,相关省厅可能会同时采取行动,保护与这些偏好相冲突的政策族群的利益。政策族群的作用主要是促进和保护这些团体的利益,多年来该党依靠这些团体来获得竞选资金和选票。

政策族群无论多么强大,多么独立,在本质上都是分散的。它们有助于自民党在本部门的政策制定和执行进程中发挥过大的影响力,但无论它们扮演"守护者"还是"进攻者"的角色,它们都服务于本省厅的利益,因为不能削弱自民党领导人在相互竞争中的调解和为国家政策确立中心方向的能力(Schoppa,1991b:103)。

"利益驱动型"关系:政策族群、支出部门和利益部门,支出部和特殊利益部门通过相互依存的三角关系联系在一起:交换受"利润启发"充分评价金钱、选票和优惠的好处。概括起来,影响支出部门和利益获取部门的供求关系有五个主要元素:(1)预算利益,例如合同、补贴、赠款、税收减免;(2)对自民党派系的政治捐款;(3)获取政治政策信息;(4)动员选举支持;(5)免除立法法规和法令。见表 10.3。

表 10.3　　　　　　支出部门、政策族群和利益部门的互惠关系

需　求	供　给
支出部门 　支持政策及内阁立法 　专家信息及政策专业知识 　政治信息 　支持特殊利益集团的政策和立法	特殊利益的立法权益 免除立法的规定，法规和条例 享受预算的好处、减免税 受惠人的认可和授予特定利益
政策族群 　政治捐款 　选举 　政策的好处 　获得各支出部门的承认和地位	专业政策及政治信息和经验 在立法过程中对各部的影响和支持 在司法竞争和冲突中支持和保护各部 　在利益集团和支出部间调解和"斡旋" 代表特殊利益集团的、选民
特殊利益团体 　有利立法 　来自立法的救济 　经济利益，补贴，拨款，税收优惠 　保护和促进特殊利益 　地位确认和优惠	政治捐款 就业 信息 动员政治支持

20世纪60年代，随着经济不断增长，"利润驱动"的三角关系变得更加紧密。经济保持两位数的年增长，同时也促进了税收的增长、减税意愿增强和开支增加。各支出部门展开了一场正和博弈，争夺普通账户和FILP不断扩大预算份额，并呼吁集团以及政策研究委员会部门支持它们的预算请求。与此同时，自民党派系领导人，尤其是田中角荣，正在选区内建立强大的选举机器，其昂贵的个人支持团队的成本由国家和国际公司以及当地企业的政治捐款资助负担。各派系竞相筹集资金，不仅显示竞选能力并表示对领导人的敬意，也决定了他们进入第二个内阁的职业发展之路。

表10.4根据利益—投票关系的强弱对部门作了广泛的分类。农业道路建设或防洪措施为公共工程承包商提供了好处，同时也创造就业机会和改善

基础设施,帮助动员地方政治支持。对稻农的补贴为当地社区提供了福利和选举激励。小企业的选票和选举支持被用来换取贷款、补贴和税收优惠。教育、外交、环境保护、法律和科学与技术等领域的"利润导向"较低。因此他们比较无私,只关心促进效率的政策的实施,或保护管辖权和支出部的政策利益。他们这样做也可能直接或间接地代表某些特殊利益集团的利益,但却没有为这些集团取得实际利益的主要动机,也没有期望向派系竞争提供政治捐款。

表 10.4　　　　　　　"利益激励"的关系:一个部门的分类标准

利益	投票	利他主义	混合
建设 福利 政府开发援助 运输	就业 农业 工商业(中小企业)	教育 外交事务 环境保护 法律 科学与技术	国防(利益和爱国主义) 福利(利益和利他主义)

在既不涉及金钱又不涉及投票的情况下,政策族群往往对政策问题不那么感兴趣,甚至无视它。官僚们的酌处余地相应地更大,因为他们能够通过行政指导或通过与当事人协商来进行,除非后者希望参与其中或向自民党提出上诉。"除了医疗服务外,与自民党在其他几个政策领域发挥真正赞助作用的领域相比,政策族群在社会福利领域的专业水平没有那么多的兴趣。"(Campbell,1993:368)。1985年创建的日本电信公司表明它没有参与最强大的集团的重大政策问题。该问题与建设部有着密切的联系,其成员没有电信技术方面的专门知识或专业知识,没有预算影响,内阁议员无需正式合作,因为该政策是由建设省通过行政指导而不是立法来实施的。在这样的高科技政策领域,"传统的建设集团成员不会为部门的行为提供毫无意义的支持或严重威胁"(高桥,1988:23)。对政策族群政策的研究大多是评估政策实施对政策族群的影响而不是论证其对政策制定的影响。井之口和岩井(1987)独特地提出了系列集团对实际政策影响的系列案例研究,从这些案例中,他们提炼出了一些关于自民党在决策中的作用的概括。

这些政策问题比起日复一日的例行的信息交流和公开讨论,可以让公众有更多机会知道部门和各部官员之间的观点。关于政策族群的兴趣在多大程度上集中于特定的决策局及其内部的政策部门,我们知之甚少。在大多数情况下,尽管各局之间以及各局内部政策部门在政治、经济和选举方面的侧重各不相同,但"该政策部"被视为一个统一的、没有区别的组织,并不是所有决策局及其他部门都引起了部门小组同样程度的注意。在第三部分中预算进程相互作用的特定背景下,我对这个问题还会做进一步的讨论。

联合政府的决策,1993—1996

1993年以后,当几个政党共同承担联合政府的决策责任时,各政党一般都根据其政策偏好、总体政治选举策略和战术策略,分别考虑议程上出现的政策问题,共同应对事件和环境的压力。但各方最终要就政府政策的方向和内容达成共识,重视党际联络和协调关系。自民党一党执政的特点是党政合一,但取而代之的是党政分离。政府的政策可能是所有人都可以同意的最低要求。在多党联盟中,高级政党政治家,即使是部长也难以作出承诺,将其职务升格为政策立场。然而,以前的自民党高级部长和政党官员却几乎总是能够做到。

对于组成细川联盟的七个政党中的大多数而言,决策是一种新颖的经历,只有少数几个自民党前成员具有部长级职位的经验,或者通过政策研究委员会为政策和预算程序做出了贡献。七党政客、各支出部门的官员以及大藏省预算局之间的决策要体现缓慢且渐进。联盟伙伴的代表缺乏经验、谨慎,而且经常相互冲突,他们往往不愿意在没有参考的情况下并在正式的政策协调机构中作出承诺。对于官僚们来说,在没有将自民党制度化地纳入正式和非正式的磋商、讨论和谈判过程的情况下制定政策,是一种全新的体验。他们应该向谁寻求政治信息、建议和指导?没有一个政党拥有一个可以与自民党的政策研究委员会相媲美的较为健全的决策机制,其有既定的程序和访问点,使官僚们能够解释、咨询和捍卫他们的政策立场、偏好,以及重要的预算要求,可对政党态度进行洞察以便获得关于首选政党选择的指导,并争取政治支持,例如抵制大藏省的削减和紧缩。没有任何一个联合政党的党内高级官员具备经验、权威和信心来承担这项任务,解决困难的政策问题,协调相互竞争和重叠的部级管辖范围。没有一个联合政党能像自民党的政策部门那样,拥有长期任职、经验丰富、知识渊博的政策专家,在部际争端中充当调解人。

尽管一些官员继续谨慎地咨询自民党高级内阁议员并征求意见,但官僚与自民党政治人物之间的相互信任关系由于后者被迫退出决策过程而突然终止,短期内由此产生了政治真空。但即便如此也并不可怕,因为除了选举改革和立法以规范向各政党的政治捐款和为实施关贸总协定而开放国内大米市场外,政治议程上几乎没有紧迫的问题。

在内阁之下,部长们和联合政党的成员以首脑身份会晤执行委员会,并讨论政府的管理,但它既缺乏正式政府机构的权威,也缺乏正式政党机构的政治影响力。实际上,最有影响力的机构是执政党委员会,五个最大的政党都有其秘书长代表。一个负责协调政策调整理事会向它报告,五方派其政策事务主席出席该理事会,一些项目小组向它报告具体的政策问题。一个新的、更开放、更透明的组织架构产生,但这一组织功能被有影响力的政客们非正式地运用的现实政治所掩盖,比如小泽一郎所领导的团队。小泽一郎是细川政权的幕后推手,他自上而下的独裁风格与他自己公开承诺的建立更加开放的政府和政府建立的正式结构都不一致。"关起门来的政治"仍然是联合政府的特征,正如所谓的"1955年体制"的一党政府一样。

在1994年7月成立的村山富市联合政府中,自民党重返政府,成为高级合作伙伴,但这并不是要回到过去的状态。权力共享意味着联合政府的决策也必须共享。新的三方协商和决策机构叠加在三个联合政党的正式决策结构之上,这里的正式决策机构包括政策研究委员会及其各部和委员会,以及另外两个较小的政党——社民党和民主党的平行机构。三党联合后的最高级别是内阁及其委员会,紧接在它下面的是联合协商委员会,它由三个政党领导人和三个主要部门组成。它实际上是一个内部讨论、接受和消化的过程,要提交给内阁的重大政策问题。其他地方商定的政策的正式批准是联盟总务委员会的职责,该委员会收取三方政策的报告和建议,提交协调委员会和内阁事务委员会,并负责协调联盟的战略和战术。

像自民党的政策研究委员会一样，政策协调委员会的日常决策职能由下属机构执行，并向其汇报。该委员会有19个部门，18个特设项目小组协调特定政策问题。

三方决策的上层结构强加于三个联合伙伴各自的决策机构上。自民党的组织或流程没有发生重大变化，但相比之下，虽然其他两个联合政党的组织结构类似，但比较简单。由于其内阁议员较少，部门和研究委员会的复杂性都无法与自民党让其党内高级官员和后座议员参与制定党的政策和监督各部门的工作相提并论。在实践中，自民党在政府中拥有优越的组织和决策经验，其人数上的优势以及与官僚之间的关系，使其相对于其联盟伙伴更加具有优势。反过来，官僚们倾向于将自民党在三方机构中的代表视为更有能力、见地或更愿意委身于他们的联合政府同僚。

除了规模影响三个联合政党对政策、预算制定作出的贡献外，最主要的是经验、专业知识的影响。从数字上看，在1996年大选之前，自民党是最大的政党，在众议院拥有211个席位。在内阁和其他三方协商和决策机构中，自民党的代表人数超过了其他两党，比其人数优势更为重要的是自民党领导有着更丰富的部长级经验，以及除大藏省以外的所有主要部门的任期。除了在细川护熙（日本新党）和羽田孜（新生党）短暂任职外，社会民主党成员都没有担任过任何职务。他们也没有一个久经考验的制定政党政策的组织，其成员都习惯于参与国家政府政策的制定及执行。

自民党及其决策机构日益主导着村山富市联盟。尽管官僚们谨慎而策略地给予自民党的政策立场和偏好更大的权重，但他们也不能忽视其他两党的作用。这种权重偏大在大藏省表现得最为明显。大藏省的预算办公室主要与自民党控制的部门正式和非正式地打交道，而大藏省自己的大藏大臣则是有经验的领导人。

三方决策机构的结构产生了以下四方面的影响：第一，它使决策过程更加复杂；第二，通过政党结构和联合机构的相互协商达成一致需要花费更长时间，因此达成协议往往比1993年以前更为艰难；第三，官僚必须处理四套组织，而不是一套。即使是正式的解释也必然要花费更多的时间，因为官员们分别会见了两党代表，在此之前进行的必要的非正式协商和反馈甚至花费了更长的时间;第四,在编写正式文件时要考虑到三方的意见、预期的反应和政策立场,因此有更多的不确定性和更大的不可预测性。

细川护熙和羽田孜短暂的执政期间,自民党集团的政策族群和实力人士的作用和影响力急剧下降。在他们卸任后,与官僚们长期建立的联系和沟通渠道被切断,或者只能小心翼翼地秘密维持。对自民党政客和官僚的而言,切断在政策制定过程中支撑他们相互依赖、相互义务的信任纽带是一种全新的经历。官僚们不得不从别处寻求政策指导、政治信息、建议和支持。以前由高级官僚、自民党领导人、政策族群和特殊利益集团代表之间的互动为特征的政策领域,随着新联盟的建立和初步形成,变得更加开放。

官僚和利益集团现在都必须考虑多个政党的政策偏好、策略,而不是仅立足于一个政党。一方面,这增加了讨论、协商和谈判进程的复杂性和时间,也增加了决策点和行使否决权的可能性;另一方面,随着接触点和决策路径的增加,也有更多的机会施加影响力。

在自民党再次成为村山联合政府的一部分之前,利用这些在决策过程中施加影响的机会才刚刚开始。然而,这并不意味着政策族群之前所扮演的角色或他们与官僚之间的非正式关系会立即恢复。首先,1993年自民党的分裂使一些资深议员离开,一般来说,追随小泽一郎进入新生党的都是资历较浅的年轻党员。其次,自民党许多资深议员现在都对官僚们抱有怀疑和不信任。第三,官僚们既具有防御性,又不确定如何在持续的政治动荡和不可预测性的情况下运作。但无论如何,他们必须考虑除自民党之外的其他两党的偏好和立场。最后,多党政治所产生的决策过程的更大的公开性和竞争性,促使利益集团寻求政策族群以外的有影响力的人加入支持联盟。尽管如此,政策族群的活动和影响复苏了,例如,自民党强大的农业"族议员"与新兴的社会民主党政策族群合作,在稻米价格问题上赢得了重要的让步,然后迫使政府将大藏省提出的因开放稻米市场而给予农民的3.5万亿日元补偿提高到6.1万亿日元。

制定政策,1996—2000年

社会民主党和先驱党在1996年10月的选举中失败之后,拒绝与自民党组成正式联盟,但同意在国会中支持自民党。从村山政府继承下来的决策结构被逐步解散。自民党的决策机构开始掌握主动权,并与重新崛起的自民党政策族群一起恢复了决策过程中扮演的角色。但是有一个关键的区别,在村山和桥本政府时期,政客与官僚之间的关系急剧恶化,部分原因是自民党和社会民主党在联盟内部发起了一场针对整个官僚阶层,特别是针对大藏省的蓄意且持续的批评和诋毁运动,并在国会和媒体上公开进行。

更笼统地说,这也反映了所有政党的认可,即政客应该对决策有更多的控制权,支出方案的优先次序以及规定的预算上限应在内阁讨论之后作出决定,而不是由预算局官员与开支部门提出反对提案商讨后正式批准。在细川同盟期间,小泽提出了通过减少在内阁中被允许回答问题的人数来限制官僚的权力,还通过提高议会副部长的地位,并任命政治人物担任各部门中的政治顾问职位等手段进行限制。虽然后者的提议没有实现,但是内阁预算委员会中官僚们的回答有所减少,在1993—1995年间,参众两院人员都减少了一半左右(Nakano,1997)。1999年7月,小渊政府根据法律废除了官僚在内阁委员会中为部长回答的做法。越来越多的人将这一职责分配给议会副部长,其人数有所增加,一部分是出于此目的,一部分是为了使他们能够为政府各部的决策做出更大的贡献。

结 论

在1975—1993年以及1996年以后,政策研究委员会以及其高级官员和政策族群正式或非正式地影响着政策决策过程,并扮演了多个不同的角色:发起人、监护人、调解人,协商部门利益的促进者和保护者。这些角色在发起、制定和实施政策的过程中逐渐制度化。各支出部门和机构中的官僚在政策制定的不同阶段与政策研究委员会部门和委员会的成员,尤其是与他们的高级成员和政策族群进行了非正式的协商,聆听和讨论了政策建议。政策研究委员会在不依赖于官僚机构的情况下发起和制定政策建议在不同的政策领域以及在这些政策领域内对特定问题的影响是不同的。在任何评估中,都有必要将自民党及其政治决策机构和集团的明显影响力与现实区分开来。

向他们的支持者、客户和利益集团公开表明是他们而不是官僚机构控制决策,这既符合执政党的利益又符合个人的利益。这种需要被视为对一项政策或其简单做法承担正式和明确的责任,但往往掩盖了谁在政策过程中行使了决策权的事实。在第 20 章的预算制定和预算过程的特定背景下,将对该问题进行讨论并进行更详细的研究。

第十一章 预算机构和架构

日本预算系统的正式机构和架构是很复杂的,通过它们制定预算的过程也非常的繁琐。随着社会的发展,预算账目的数量和种类在不断激增,这在一定程度上是国民经济发展的必然产物。此外,中央政府的主要预算与其他部门的预算分离,而作为单独的资本投资预算的前身即财政投资贷款计划(FILP)的前身,成立时的目的是购买政府基金债券并为工业发展提供资金。

中央政府的预算主要有两个:一般账户预算和所谓的"第二预算",即财政投资贷款计划(FILP)。这两个预算均在年内修订,且和修订内容被纳入一项或多项补充预算。此外,还有由大藏省单独或共同监督的公共银行和金融公司的预算,以及由各支出部门监督的其他公司的预算。它依法设立了38个特别账户,以管理特定政府活动或特殊项目的收支。图11.1显示了中央预算系统的主要结构及其通过贷款转移的关系投资、转移支付和补贴,以及中央和地方政府发行债券的承销。

一般账户预算

一般账户预算是年度资金预算,时间跨度通常为一年,财政年度为4月1日至次年3月31日。在第十四章中讨论的五年国民经济计划和三年中期财政预测,尽管它们是在广泛的中期背景下编制的,但它们并不是很多年的预算。每个年度预算中的收入,包括借款和支出都是平衡的,并且仅计划和分配给下一年的计划支出,都通过总账预算提供经常性预算资金。

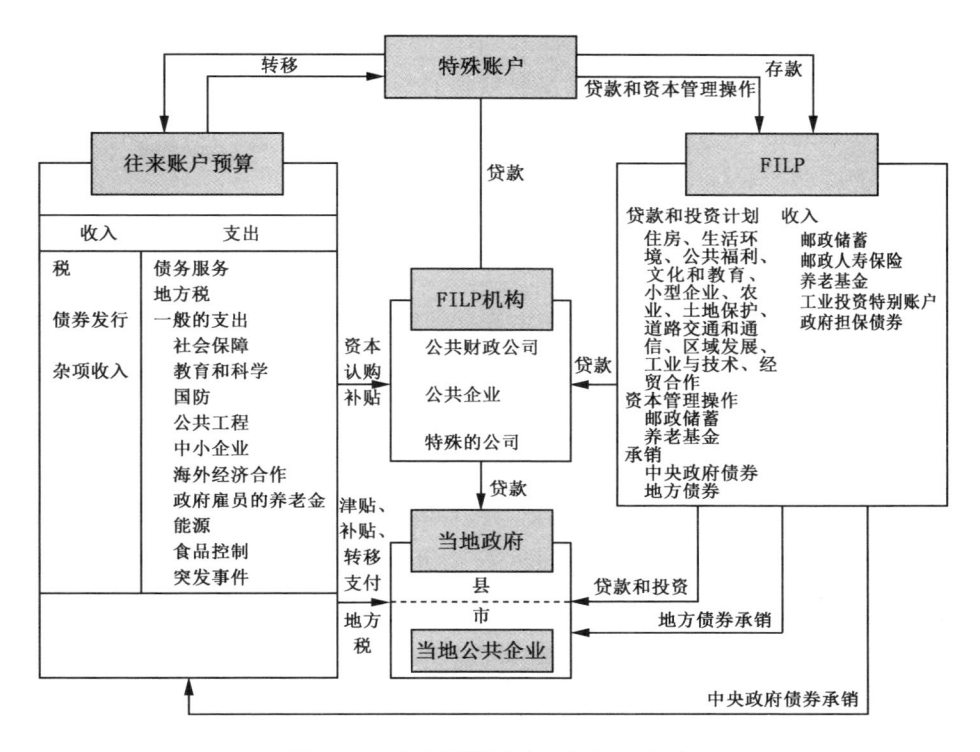

```
                         转移         特殊账户       存款
                    ┌─────────────────────────────┐
                    │            贷款和资本管理操作     │
        ┌───────────┤                              ├──────────┐
        │  往来账户预算 │          贷款              │   FILP   │
        │           └──────┬───────────────────────┘          │
        │ 收入   支出       │                   贷款和投资计划  收入 │
        │ 税    债务服务    │                   住房、生活环   邮政储蓄│
        │      地方税      │                   境、公共福利、  邮政人寿保险│
        │债券发行 一般的支出 │   FILP机构         文化和教育、   养老基金│
        │      社会保障    │   公共财政公司      小型企业、农   工业投资特别账户│
        │杂项收入 教育和科学 │资本              业、土地保护、  政府担保债券│
        │      国防       │认购  公共企业 贷款   道路交通和通         │
        │      公共工程    │补贴              信、区域发展、         │
        │      中小企业    │    特殊的公司       工业与技术、经         │
        │      海外经济合作 │                   贸合作              │
        │      政府雇员的养老金                   资本管理操作         │
        │      能源       │    贷款            邮政储蓄            │
        │      食品控制    │                   养老基金            │
        │      突发事件    │  当地政府          承销              │
        │           津贴、 │                   中央政府债券         │
        │           补贴、 │   县             地方债券            │
        │           转移  ├──────────                           │
        │           支付  │   市     贷款和投资                    │
        │          地方税 │ 当地公共企业  地方债券承销              │
        │                └─────────────────                    │
        └──────────────────────  中央政府债券承销  ───────────────┘
```

图 11.1 中央预算系统，1975—2000 年

支出部门的资本支出计划，以及通过法定分配的收入、补贴和其他转移支付为地方政府提供了约 40% 的资金。筹集资金的收入主要来自国家税收。在 1990 年代后期，对个人收入、公司收入和遗产的直接税约占总额的 40%，对消费酒、烟草、汽油和机动车的间接税约占 20%，其余的 40% 由政府借款筹集。

一般账户预算中的支出大致分为两类。所谓的"固定支出"包括偿还债务的成本，以及法定分配给地方政府的税款比例。其余的是广泛政策领域内计划的"一般支出"，如社会保障、教育和国防等支出。

发行政府债券来为一般账户预算中的经常性支出提供资金，它主要有两种类型：一是所谓的"普通"或建筑债券，用于为资本支出提供资金；二是所谓的"特殊"赤字融资债券，以弥补预算赤字。这两种债券的发行条件和条款均受公共财政法规的约束。

内阁于 6 月至 7 月批准大藏省的拟议预算策略和预算准则，从而决定了

1975—2000年五年计划期间一般账户预算的规模,它规定了预算的总限额、经常性支出和资本支出的限额。主要准则的制定和实施的过程将在第15部分内容中讨论。

补充预算

在20世纪的最后25年里,对普通账户预算和FILP的年度修订成为年度预算流程中的常规化部分。在1990年12月至2000年3月底,这期间共有19项补充预算。在某些年中,补充预算的修订更加频繁,如1993财政年度和1995财政年度,总账预算被正式修订了3次。补充预算的目的是双重的,首先,随着可获得更准确的估计数以及一些额外的支出和收入,它使得12月初一般账户预算草案编制之后的计划收入、支出和借款总额有了调整和控制的空间。在其他七国集团国家中,预算中没有规定借款限额,可以在不更改预算总额的情况下进行调整。但在日本,借款额已包括在初始普通账户预算中,因此,年度中任何向上或向下的预算调整都需要补充预算。其次,补充预算用于为年度财政政策的变更提供资金,例如实施临时的反周期宏观经济措施。除了预算规模外,年度一般账户预算和补充预算之间的主要区别在于后者不受年度预算准则的约束,原则上对补充支出的金额或其在支出类别、部门之间的分配没有限制。此类额外支出不计入明年主要预算的计算基准数之中,这有两个影响:第一,那些因年内变化受到影响的部门不能指望长期增加或削减预算。第二,虽然对总账预算中的计划支出总额进行了修订,但财务绩效的主要绩效指标是对一个会计年度至下一会计年度的计划支出的变化进行度量。因此,计划预算无法准确预测或指导总支出的规模。

补充预算提供了一种手段,可以用来调整估计的税收收入和政府借贷的数量,也可以用于筹集额外的支出资金。几乎每个补充预算都为公共工程计划提供了额外的资源,理由是洪水和台风等"自然灾害"的发生,对道路、铁路、港口和沿海防御等基础设施造成了破坏。而此类额外支出通常被预算计划支出的节省部分抵消了。在秋季与支出部门审查初始预算要求时,预算检查员通常要求对其中一些计划进一步削减,最多10%在以下进行预期的调整。例如,在 1994 财政年度的第一份补充预算中,计划预算支出节省了 1.086 万亿日元,正好抵消了公共工程和农业补贴的额外支出。与 1994 财年一样,当削减预算不足以平衡预期的收入短缺和必要的额外支出时,需要对初始预算中计划的借贷水平进行相应的调整。在 1975—2000 年的四年中,除最初预算中计划的政府借款在年内进行了向上修订,如 1993 财年、1995 财年、1998 财年都进行了大幅上调,以弥补由于收入不足和额外支出造成的赤字。

结算及"结转"

在每个财政年度结束时,支出部门都会将其支出事项报告给大藏省,然后由大藏省编制最终账目即决算。经内阁正式批准后,将其送交审计委员会进行审查和认证。内阁在 12 月提交了经审计的账目以及委员会的报告,供议员审议。

1970 年代中期财政危机爆发之前,通常,预期是总账预算的结算,总是表现为通过补充预算进行的所有年度内修订都将产生收支相抵的盈余,但在之后,会考虑收入与初始预算中的估计收益之间的差额以及支出不足。如第二章所述,在经济高速增长的时代,"自然收入增长"产生了巨额盈余。根据 1947 年的《公共财政法》,至少有 50% 的此类盈余必须转入国家债务特别账户,进行合并以赎回国债。但是,从 1970 年代中期开始,持续的收入短缺导致结算账户出现赤字而不是盈余。为了应对"不可预见的税收下降",1977 年成立了国债调整基金,初期资本为 2 000 亿美元,其目的是将来结算账户的赤字将由该基金的付款弥补。在有法定盈余的赎回国债后,由大藏省酌情以有盈余的年份中的付款方式进行补充。实际上,几乎没有向基金支付任何款项,1980 年代发生的结算预算账户中的赤字几乎全部由国家债务合并的特别账户来弥补。

偿还国债

为弥补一般账户预算赤字而发行的政府债券有两种赎回方式,即到期赎回和发行替换债券(refunding bonds)。大藏省实行60年期赎回规则,即每10年中有1/6被赎回。剩余的5/6在真正赎回前替换五次,以60年期作为这些债券购买的资产的平均经济折旧年限。通过国家债务合并特别账户以三种方式进行赎回付款:首先,在年度普通账户预算中,以固定比例(以上年末国债总额的1/60)从财政年度的一般账户中拨出;其次,通过结转不少于一般账户一半的盈余来结算;最后,由一般会计预算规定的不同时期必要的一定比例的转入资金。第二十五章说明了大藏省如何操纵这些转移或推迟清算国债,以减轻普通账户预算的压力。

特别账户

自19世纪以来,中央政府依法设立的特别账户,以管理政府的特定活动或特殊项目的资金运作。在1975—2000年期间共有38个特别账户,每个账户都由指定的部门管理,有些由专门机构如食品局进行分别管理,但它们仍在赞助部的管辖范围内。

特别账户是一种预算机制,用于管理专用收入和控制特定项目的支出。它们为政府企业、邮政服务和国家保险计划等项目提供了资金。另一些则为特定的政府活动筹集资金,例如国立学校和医院,为信托基金局基金、FILP和国家债务合并基金的一些账户提供了资金。此外,有6个特别账户专门为公共工程项目的成本筹措资金,例如港口、道路、防洪、机场发展、土地改良以及国家森林和田野项目。公路和机场账户中的收入包括一些税收,例如汽油、机动车吨位、航空燃料。在所有公共工程项目中,近2/3的资金主要来自这6个特别账户。

特别账户与贸易账户相似,指定费用的支出原则上与资产和负债的累计余额相当。在实践中,其中一些项目既有负资产,也有净资产,例如,在公共工程中,用于港口、防洪、土地改良、国家森林和田野项目以及JNR债务清算公司的工程等。经常性赤字在一些情况下是持久的,这是由两个主要预算中的一个或另一个支付的款项补贴的。例如,食品控制特别账户连续数年出现巨额年度赤字,主要源于政府购买国内生产的大米的成本与销售大米之间的差额补贴。我们将在后面的章节中看到,一些特别账户与两个主要预算之间的流动交易,部分原因是为了减轻一般账户预算的压力。

政府附属组织

1998年成立的11家公共银行和金融公司都独立于中央政府,具有特殊的法律地位。但是,作为体现"基于政策"的金融机构,其职能与发起机构的政府部门的目标密切相关。它们的资金主要来自中央政府的认购,以及FILP通过信托基金局基金提供的年度贷款。因此,它们的预算账目与两个主要预算同时提交内阁批准,其收支账目与一般账户预算之间的转移净额被扣除,一贯被视为"政府"并与国民核算体系的惯例保持一致。

要获得内阁正式批准预算的要求,这些银行和金融公司与其他公共公司有所不同。形式上,后两者不是中央政府预算机构的一部分,它们的账目不包括在一般政府支出的计算中。实际上区别在于:首先,上市公司的资本投资计划必须得到其发起部门的批准,并且总体上应符合其总体政策目标。其次,在某些情况下,例如在道路建设中,资本投资计划可以并且主要通过主预算,部分通过FILP向公共公司提供贷款,或者通过道路改善特别账户中的收入来提供资金。因此,那些公共公司是中央政府道路计划总体预算战略的组成部分。最后,上市公司向FILP寻求贷款以资助其活动需要并与大藏省进行协商,并且要得到相关部门的批准和支持。另外,有交易损失或债务的公司可能依赖FILP和一般账户预算的补贴,以用于偿还以前的借贷成本。在下一章中我还有更多关于政府附属组织和上市公司的地位的论述。

地方政府财政

日本47个一级行政区(1都、1道、2府、43县)下辖3 279个二级行政区(市、町、村)[①]的地方政府承担许多机构的职能。作为"机构",它们按照对应

---

① 这个是市、町、村数据为2000年以前的,2011年的数据为1 724个。

上级相关的支出部门的指示执行。此外,对于几乎所有地方政府的活动,这些部门都制定了标准和规则,并通过预算控制确保了对这些规定的遵守。

在总体上,大藏省与自治省(2001年与邮政省、总务厅一起并入总务省)一起对地方政府整体的收支情况进行了全面、详细的管控。

影响和控制的工具较多,首先,是大藏省制定了《地方政府财政计划》,该计划是对地方财政收支总额进行年度官方估算,其目的是保证地方政府有足够的财政资源,以保障和调整地方财源,满足地方公共支出需要,并为地方政府自身的财务管理提供指导。

第二,地方财政收入的1/3来自中央财政的预算账户,其余2/3的资金主要来自发行地方债券和税收。转移支付主要包括提供国家服务的必要支出,主要是教育、福利和国家确定的公共工程项目的支出,及这些支出的补助金以及对代理委派服务的补贴等(例如,管理国家选举)。

第三,大藏省还通过一般账户预算收入缴纳了国家征收的部分税款,具体包括个人所得税的32%,公司所得税的35.8%,酒精税的32%,消费税的29.5%和烟草税的25%。根据地方需求和税金返还公式,将由此产生的总额,即地方分配税作为一般补助金分配给地方,旨在维持最低的本地服务标准。地方税是针对道路、机动车、汽油和航空燃料在全国范围内征收的各种税款的总和。与本地分配税不同,一般账户预算的收入和支出中不包含利税总额,它是从地方分配税和地方转让税特别账户分发给地方政府的。

大藏省影响和控制地方财政,要求各个地方政府必须从自治省获得"贷款许可"。这些批准的贷款资金主要来自信托基金局基金,以及与自治省共同发起的地方公营企业金融公库。大藏省允许较大的地方政府在公开市场上发行地方债券,并从私营部门获得长期借款。就所有这些贷款的数量和规模而言,资金来源受到大藏省的地方贷款计划的控制。

第十二章 "第二预算":财政投资贷款计划(FILP)

财政投资贷款计划,简称为 FILP。它设立于 1953 年,当时日本政府重新获得了对预算的独立控制权。与大部分预算系统和其他中央政府体制一样,FILP 的设立和运用对当时的日本政治经济非常重要。

直到 2001 年,FILP 一直是一个基于公共财政系统的政策手段。传统上,中央政府将小投资者的积蓄转移给专门的政府和准政府组织,旨在实现规定的国民经济与政党的政治目标。自 FILP 成立以来,其特点包括:第一,独特的资金来源,并由大藏省控制其对经济、工业和社会基础设施发展进行拨款;第二,通过投资、贷款和承销一些批准的国家、地区和地方组织发行的债券为资本项目筹集资金;第三,通过向某些特别账户提供贷款和补贴。这些制度和结构特征在明治维新开始的日本过渡时期以及大正时期的工业化过程中都可以明显地看出。1872 年,明治政府建立了"储备基金系统",为铁路和通讯的基础设施提供资金,为日本银行和其他一些政府附属机构提供投资,并帮助金融私营部门发展。

1975—2000 年期间 FILP 的主要资金来源是,通过邮政储蓄系统存放的国内个人储蓄。该系统于 1875 年建立,以英国邮局储蓄银行为参照对象。与许多其他机构一样,该系统也随着社会的发展而不断更新和变化。最初由自治省、邮政省管理和控制,当局于 1881 年将权力移交给农林水产省和通商产业省,然后于 1885 年移交给新成立的交通省,第二次世界大战后移交给其后继者邮政省,最后移交给总务省。从一开始,累积的邮政储蓄中的资金就转移到了大藏省控制的特别账户中。1885年,在立法机构的授权下成立了存款局,并对其进行管理。不久之后,它开始使用该基金购买政府债券,这是现代FILP的第一个特征。很快又增加了第二个特征,这也是FILP的特征:通过为贷款融资和承销债券等专门的金融活动提供资金支持以刺激金融和工业增长。第三个特征是始于1909年的一些公共金融和工业公司特别账户的贷款。第四个特征类似第二个特征,承销地方政府发行的债券。

20世纪的后25年,可以说FILP的所有现代元素都已经可以识别。在特别账户中积累的邮政储蓄提供了大部分资金,这些资金通过贷款和债券转移到大藏省的监督和控制下,为工业发展提供资金。此后,邮政储蓄的资金规模和范围有所扩大,组织的数量蓬勃发展,邮政储蓄系统中的存款总额不断增长,为政府债券筹资的增加以及后来支持帝国主义扩张和战争作出了巨大贡献。在2001财政年度实施改革之前,FILP系统以1951年《信托基金局基金法》(1987年修改;见下文)为基础,进行了变革,该法律改变了19世纪建立的存款局系统。在驻日盟军总司令的同意下,该基金用于满足日益增长的长期资本投资需求的同时,邮政储蓄基金和几个专用账户的准备金被合并到一个基金中,即信托基金局基金,并且要按法定规定使用。

1953年大藏省重新获得对整个预算系统的独立控制权。由于美国援助暂停,美国政府通过发行政府债券来应对资本投资融资的压力。在此之前一直要求政府平衡整个预算账户,以及与政府相关的各种金融和工业组织的单独特别账户,此后出于财务管控目的从概念上将一般账户预算与这些账户和FILP区别开来。平衡预算是大藏省在1980年代重新致力于财政重建政策的长期目标而实行的,但仅仅涉及总账预算。

总预算和FILP均由大藏省编制和管理,有关规模和构成以及支出分配是相互关联的。大藏省在编制总预算和FILP时,要根据国家经济目标并考虑到政党利益,对未来一年的经济前景进行评估。

原则上,通过两个预算为基本建设项目融资的方法是不可互换的,那些不期望通过赚取利润来偿还本金的方法,只能通过一般账户预算或地方政府的预算来筹集贷款利息费用。但是在某些项目中,资本投资可以全部通过普通账户或FILP和其他私营部门资金融资。例如,道路建设可以完全由一般

第十二章 "第二预算":财政投资贷款计划(FILP)

性公共机构或非营利性事业进行融资,也可以通过私营部门组织或公共公司来进行融资和偿还 FILP 的贷款和利息费用。图 12.1 显示了 2000 财年不同预算对总体道路建设计划的贡献。

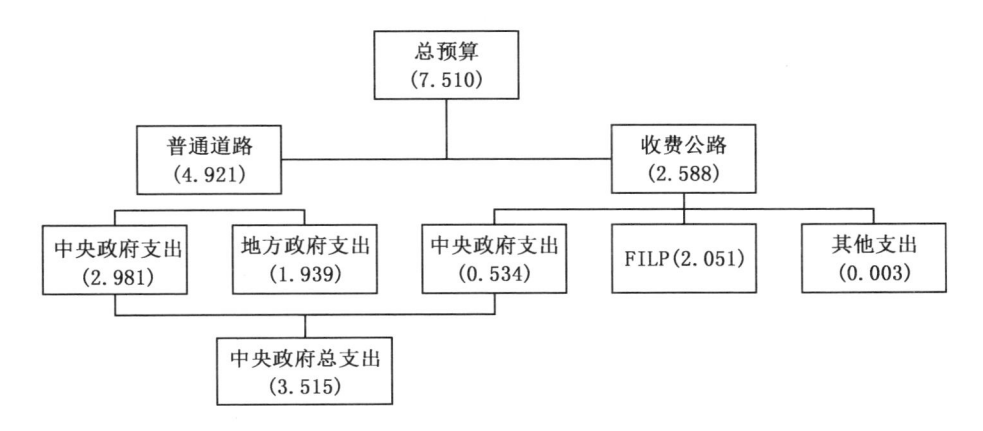

```
                    总预算
                   (7.510)
              ┌───────┴───────┐
           普通道路          收费公路
          (4.921)          (2.588)
         ┌────┴────┐    ┌─────┼─────┬─────┐
     中央政府支出 地方政府支出 中央政府支出 FILP(2.051) 其他支出
      (2.981)   (1.939)   (0.534)            (0.003)
              └────┬────┘
               中央政府总支出
                 (3.515)
```

资料来源:大藏省财政局《FILP 报告 2000》,数字为预算额度。

图 12.1　2000 财年道路建设预算(万亿日元)

某些资本项目,部分通过普通账户提供资金,部分通过 FILP 提供资金,例如通过向日本公路公共公司收费提供资金,通过政府住房贷款公司提供住房贷款,通过官方发展援助计划、国家人寿金融公司和日本小企业金融公司向中小企业提供一些特殊贷款。FILP 在 1990 年代公私合营企业融资中也发挥了作用,关西国际机场的建设是由普通账户、分配给机场建设特别账户的 FILP 资金以及金融企业共同资助的。类似的共同融资安排由东京湾快速公路提供了资本投资。

到 2000 财年,FILP 预算的大小是由信托基金局基金中资金的可用性决定的。表面上,FILP 机构的年度拨款受制于其资助的投资和贷款的未来获利能力,以及支付利息费用的标准。但在实践中,正如将在后面的章节中说明的那样,FILP 决策比该商业标准的应用更复杂,更具政治化。

与日本社会的大多数机构一样,在描述 FILP 的特征时,有必要将原则与实践区分开来,实际发生的情况通常与所说的情况不同。本章概述了 FILP 系统的结构、目的、主要原理和特性,及系统运行,检查其资金来源,并对这些资金的接受者进行识别和分类,将原则与实践进行简要对比,进而找出差异。

这些将在以后内容中进行详细分析和评估。

这里给出 FILP 的说明是基于 1975—2000 年期间。1997 年,桥本政府开始调查 FILP 在经济中的作用,结果却打破 FILP 与邮政储蓄、养恤金等主要资金来源之间的法定联系。从 2001 年 4 月起对 FILP 系统进行的改革,这部分内容我们将在第 28 部分内容中讨论。

FILP 系统的概述

图 12.2 概述了 1975 年至 2000 年 FILP 系统的结构,它显示了资金的积累过程,即通过储蓄、保险费和养老金缴款等筹集资金。FILP 的两个主要资金来源是信托基金局基金和邮政人寿保险基金。从 1987 年开始,FILP 预算

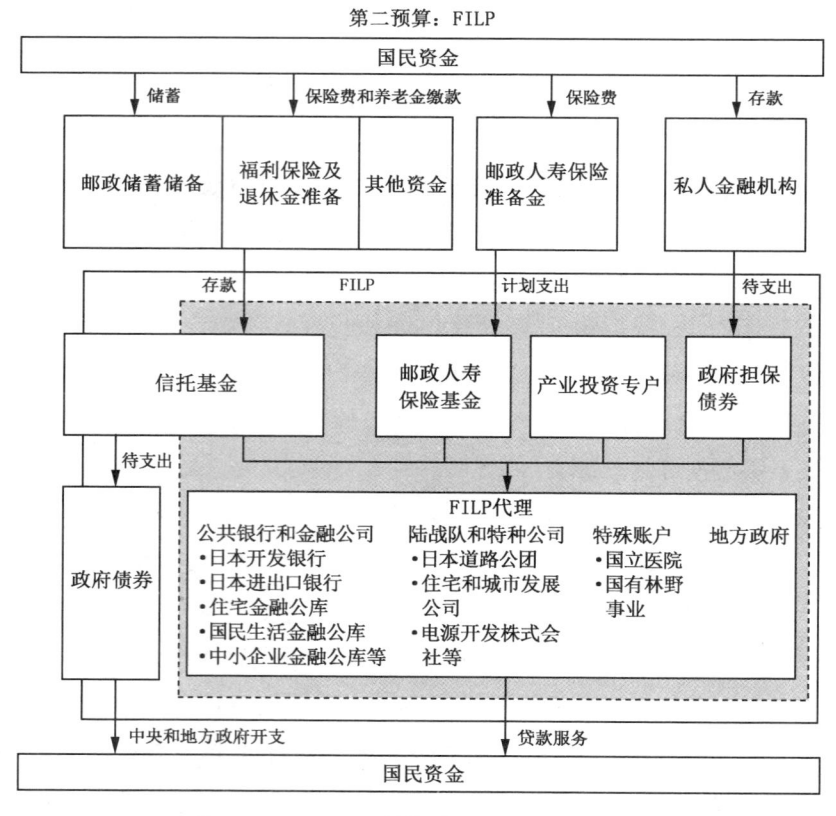

图 12.2　FILP 系统构成,1975—2000 财年

的计划是通过承销政府债券为中央政府提供资金以促进资本市场运营。不言而喻,FILP预算明显大于组成投资和贷款计划的预算。正如我将在后面的章节中解释的那样,在分析和评估FILP在整个财政体系中的作用时非常重要。

1975—2000年FILP系统的原则与特性

FILP系统是中央政府预算体系机构中的一个组成部分,通过公共银行和金融公司的代理机构为改善工业和社会环境提供资金。到1998财政年度结束时,FILP计划预算达到了65.6万亿美元的创纪录水平,占一般账户预算规模的4/5,远远超过所有经常性支出和资本支出方案的拨款总额。第二预算主要为实现三个财政目标:第一个目标是分配资源,以提供必要但又无法充分提供的利益和服务,或者补偿在竞争中根本无法留给竞争者的资源;第二个目标是通过累进的税收和福利支出来重新分配收入,以削弱总的不平等;第三个目标是通过增加或减少公共支出和税收的数量和方向,帮助稳定经济周期(FILP,1998)。FILP的独特功能"减少了公众负担的政策成本",并有助于实现资源分配和适应调节经济周期的目标。

FILP系统基于四项主要原则,其中三项是信托基金局法律中的法定规定。第一个原则是FILP资金的综合管理和分配。旨在提供"有效的资金管理和资金分配,从而简化行政组织并降低行政成本"的系统(FILP,1998:24)。统一管理使资金的分配方式与国家制定的财政和货币政策,特别是与中央政府的预算政策相适应。此外,通过综合管理和分配政策减轻由大藏省管理的信托基金局基金带来的风险。

第二个原则是"安全分配"。公共资金"仅提供给公共机构(如金融机构),以确保可以收回贷款的本金和利息"(FILP,1998:25),其优势之一是"FILP成为金融机构可以长期偿还债务"。另一个原因是"因为FILP基金不是补贴,它们给基金接收人极大的激励,促使他们自律和改善业务。"FILP资金无疑是安全可靠的,因为它们得到了中央政府的支持,正如我们将在后面的章节中看到的那样,这些资金的一些接受者无法偿还本金和利息时,部分人得到直接补贴。

第三个原则是根据市场利率来确定信托基金局基金存款和FILP机构贷款的利率。在此,我将再次说明与惯例不同的做法。直到1987年大藏省开始控制官方贴现率,才控制了十年期政府债券的票面利率。FILP机构在不同的时间将利率设置为低于市场上私人金融机构收取的长期优惠利率。

第四个原则是不断对资金分配进行审查以应对不断变化的社会和经济状况。大藏省声称,从1955年开始FILP资金的部门分配发生了四个主要转变:(1)1960年的重点是建立工业和经济基础;(2)从1961年到1970年,致力于实现均衡的经济发展,优先考虑中小企业,以及改善道路和社会基础设施;(3)从1971年至1980年,工作重点是改善社会和福利基础设施,特别是住房;(4)从1981年开始,主要是"积极应对经济问题",同时继续优先考虑住房、当地基础设施和中小型企业。因此,有人声称FILP基金的目标已从工业和技术转向旨在"帮助改善人民生活"的社会、福利和环境项目(FILP,1999),该原则践行的有效性在后面内容中进行研究。

FILP资金的特点

FILP的资金累积一直处于被动或被决定的状态,这是FILP的第一个特点。邮政储蓄以及累计支付给养老金和福利基金的保费始终未能有效收集,作为存款人也没有提出明确地用于资助FILP活动的说明。尽管这是正式的情况,但实际上有一个运营假设是基于家庭和小企业储蓄的倾向,以及他们对邮政储蓄而不是金融市场上其他可供选择的网点的持续偏好。正如我们将在第19部分内容中看到的那样,为FILP提供资金的持续积累并没有给市场竞争者留下机会。从历史上看,邮政储蓄被赋予的某些特权是私人金融机构所没有的。直到1987年,大藏省和邮电省通过提供免税、利率优惠和给予长期存款人的特殊条件等政策,吸引了大量存款。然而,年度FILP预算的大小原则上并不取决于存款数量,而是取决于累积的邮政储蓄、退休金、福利金以及新存款余额的比例,所以,需要谨慎地考虑每年对FILP投资和贷款的需求。FILP与税收不同,税收水平是主动确定的,而它却是被动确定的。此外,为实现邮政和其他储蓄的特定目的而收取的收入被称为自愿存款。从理论

第十二章 "第二预算":财政投资贷款计划(FILP)

上讲,投资者可能会拒绝存入或提取存款,或者选择其他金融产品,这对 FILP 的生存和发展能力构成威胁。实际上,由政府支持的邮政省和大藏省确保了邮政储蓄仍然具有足够的吸引力,它可以保证持续的资金流动。这部分内容将在第 19 章论证。在实践中,FILP 的增长并没有受到明显"被动性"的限制。实际上,有证据表明,信托基金局基金可用的累计资金规模推动了 FILP 预算的增长。

FILP 的第二个主要特征是"自负盈亏"。这与一般账户预算资金的支出不同,一般账户支出由税收提供保证,无需偿还,但 FILP 贷款必须偿还。原则上,只有在通过项目收益收回资本投资,并保证还本付息的情况下,才进行 FILP 贷款。首先将 FILP 资金分配给 FILP 机构,再通过它们分配给具体的资本项目。基于国家利益的"低成本"提供,这些贷款和投资有望产生利润,足以支付运营成本并偿还所产生的债务。正如我们看到的那样,在实践中某些投资和贷款是在利润期望很低,有时甚至根本不存在的情况下进行的,并且越来越多的 FILP 资金在 1975—2000 年期间被用作一般账户预算的替代品,主要用于为某些支出提供资金,并作为对计划、项目、特别账户和 FILP 机构的明确补贴,还通过使用 FILP 资金为中央政府不断增长的借款需求提供资金和救济,以弥补支出与收入之间的赤字。显然,总账和 FILP 预算在来源和目的方面的原本明显的概念区分在实践中变得模糊不清。在 1970 年代后期出现的财政压力条件下,这种区分被证明是不可维持的,这两个预算以及 38 个特别账户的预算已合并到一个普通的公共财务系统中。

FILP 资金的第三个特征是基于国家信贷政策,从国家机构获得并且用于实现国家目标。自明治维新以来,国家资金必须基于国家利益的原则,以此来支撑国家工业体系的发展。为了实现"公共利益",政府有必要保护储户的集体利益。在实践中,它们的使用为继续控制私人部门资本投资的方向提供了理论依据。在战后初期,不论是钢铁、煤炭、造船等基础产业,还是道路、运输和通讯等工业基础设施建设,都需要国家的资金来支持和指导。这里是关于高增长时代政府信贷的作用和有效性的另一种解释,参见 Calder(1993)。在高增长时代结束后,西方诸多国家被"赶超",政府信贷拯救了美国以外很多国家的经济,因此 FILP 的基本原理在基于自由市场经济将难以维持的环境下,即市场失灵的境况下。此外，在国内和国际金融市场上，已经不再缺乏用于资本投资的资金。在1980年代和1990年代的持续扩张后提出了一些关于FILP需求发展和生存能力的问题：中央政府是否能够比受市场力量约束的私人金融机构更有效地确定债务的数量和分配方式？经济中的资本投资是否应更适当地改善社会福利和环境资本？是否以征税和借贷筹集一般支出的费用，并通过政治程序接受公共控制和问责制？扩大FILP来为一般支出提供资金是否会威胁FILP系统的生存能力？FILP的运作从1970年代末开始提出的这些问题将在第28章中进行详细研究。

从邮政储蓄和养老基金积累的进入点到FILP机构所进行的贷款、投资的退出点，FILP系统的运作都被强烈地政治化，这是其第四大特征。在第19章中，我们将讨论更多有关预算制定过程的内容。

FILP 资金的来源

大藏省每年能够为数量庞大且不断增长的FILP预算提供资金，这是因为受国家邮政储蓄的地位影响，以及国家养老金基金中的大量资金盈余。在1975—2000年期间，邮政储蓄约占个人储蓄总额的1/5，到1990年占比达到1/3以上。其次，邮电省与厚生省负责邮政储蓄和养老金的收集和管理，他们优先考虑由政府保证的信托基金局基金，这是FILP资金的主要来源之一，每年约占FILP年度预算的80%。在FILP成立时，它提供的资金还不到一半，为工业投资特别账户提供了1/3。

信托基金局是1951年依法设立的行政机构，旨在统一管理邮政储蓄、福利保险、国民养老金以及其他小额存款基金，并通过用于以下几个部门为公共利益做出贡献：(1)中央政府；(2)预算需要议员批准的政府相关机构，包括公共财政公司和一些公共公司，企业和公司的特别账户；(3)地方当局；(4)其他公众公司（《信托基金局基金法》第1条和第7条）。此外，信托基金局基金（TFBF）还可用于购买银行债券和外国债券。

FILP资金的第二个来源是邮政人寿保险基金，由信托基金局进行管理。它的收入主要来自保险费和分期付款，以及储备金运作产生的收入。此外在减去保险金和养恤金及管理费用后的盈余也将存入信托基金局基金。

截至 1999 年 3 月末,这两个主要来源在信托基金局基金中的存款累计余额为 433 万亿日元,超过世界上任何一家商业银行。邮政储蓄所占份额最大,占总数的 58%。表 12.1 列出了 1999 年 3 月底的各项存款规模及其构成。

表 12.1　信托基金局基金:1999 年 3 月底各项存款规模及其构成

	日元(万亿)	比例(%)
邮政储蓄存款	250.967	57.9
福利保险存款	129.116	29.8
国民养老金存款	10.381	2.4
邮政人寿保险和邮政年金存款	5.291	1.2
其他存款[a]	35.571	8.3
其他	1.943	0.4
总计	433.273	100

a 包括劳工保险、外汇、邮政储蓄、机动车责任保险和地震保险的特别账户存款、互助合作社存款、特殊健康和福利计划基金、中小型信用保险公司存款等。
资料来源:大藏省财政局第一基金司。

FILP 资金的第三个来源是工业投资特别账户。它从一般账户预算的转账中提取资金,该预算中的支出专门用于长期工业投资,还包括该预算中各种投资支出,此外,从日本开发银行和进出口银行等 FILP 组织中获得的营业收入也是 FILP 的主要资金来源。1953 年,特别账户提供了 FILP 资金的 1/3,但此后该比例开始下降,到 1980 年,它提供的资金减少超过总数的 1%。

一般账户预算是在 1981 年之后制定的。从 1985 年起,私有化日本电话电报公司(NTT)的一些股票获得的股息收入专门用于 FILP 的工业投资特别账户(在第 23 章中进行了讨论)。

FILP 资金的第四个来源是债券的发行,以及 FILP 接受者的借款,其中本金和利息由政府担保。大藏省每年必须将信托基金局基金中的存款数额用于 FILP 活动、工业投资、特别账户捐款和政府担保债券的发行,对可能流入和流出存款的现金流量进行估计,包括新的存款和赎回付款、提取保险金、退休金等。表12.2列出了在1998—1999财政年度中四个主要来源对FILP预算的贡献。信托基金局的资金,包括邮政储蓄和退休金的赠款,加上赎回付款,共计55.8万亿日元,其中利息收入和偿还贷款占总额的一半以上。主要是新存款形式的邮政储蓄贡献不到1/5。对赎回付款的日益依赖提出了FILP资金持续生存的问题,我们在后续内容中讨论。

表 12.2　　　　　　　　　　　1998—1999 财年 FILP 资金构成

	万亿日元	%	万亿日元	%
信托基金局基金			55.8	85.1
邮政储蓄	12.2	18.6		
福利和国民养老金	5.7	8.7		
归还资金:利息收入和偿还贷款	37.9	57.8		
邮政人寿保险基金			6.7	10.2
工业投资特别账户	0.4	0.6		
政府担保的债券和借款	2.6	4.0		
总计	65.6	100.0		

资料来源:大藏省1999年FILP报告。

大藏省财政局第一基金司管理着两项主要的资本运作,第一项是将信托基金局从邮政储蓄中提取的一部分资金由金融自由化基金进行管理,并通过货币市场运作为邮政储蓄业务的保值增值合理管理做出贡献(FILP,1998:18),拨出的款项贷给邮政储蓄特别账户,一部分用于购买政府债券、外国债券等。这些"债券业务"的利润由金融自由化基金退还并保留在邮政储蓄特别账户内。图12.3显示了资金流动和市场运作流程。此外,资本管理业务中涉及邮政人寿保险基金的一些资金投资,这些业务的利润也要记入邮政人寿保险特别账户。

第二项资本管理业务是养老金合并活动。按规定,将资金从信托基金局转移到由厚生省监督的专门养老金福利服务公共公司。资金通过信托银行、保险公司、大藏省自己在债券购买中的内部业务等进行管理,见图12.4。资金管理的目的是产生比公共养老基金贷款更高的回报率。

基金局将这种方式产生的额外收入计入员工保险特别账户和国民养老

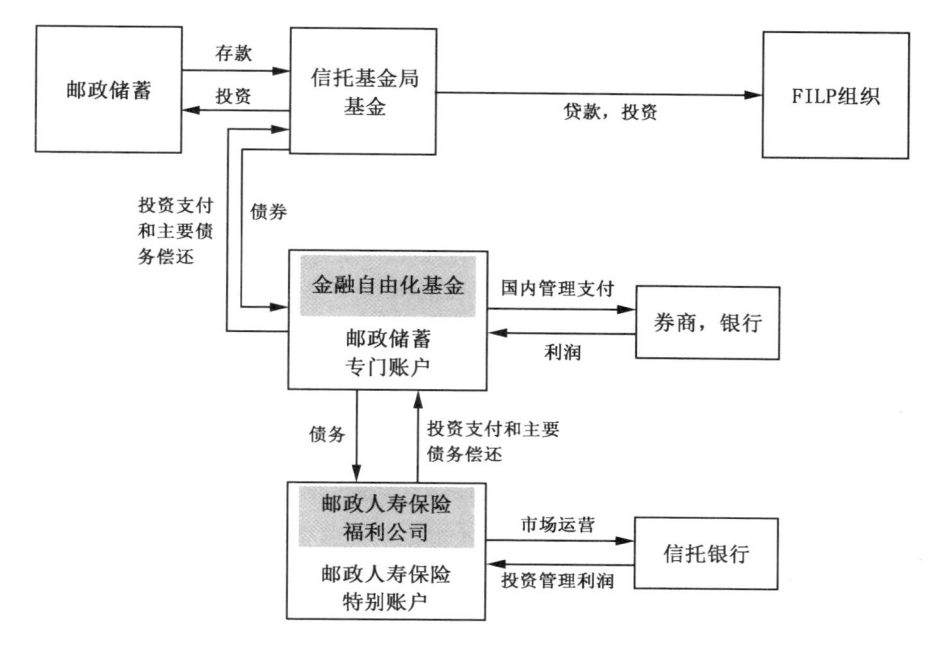

第十二章 "第二预算":财政投资贷款计划(FILP)

图 12.3　FILP 资本管理业务:邮政储蓄资金运作,1987—2000 财年

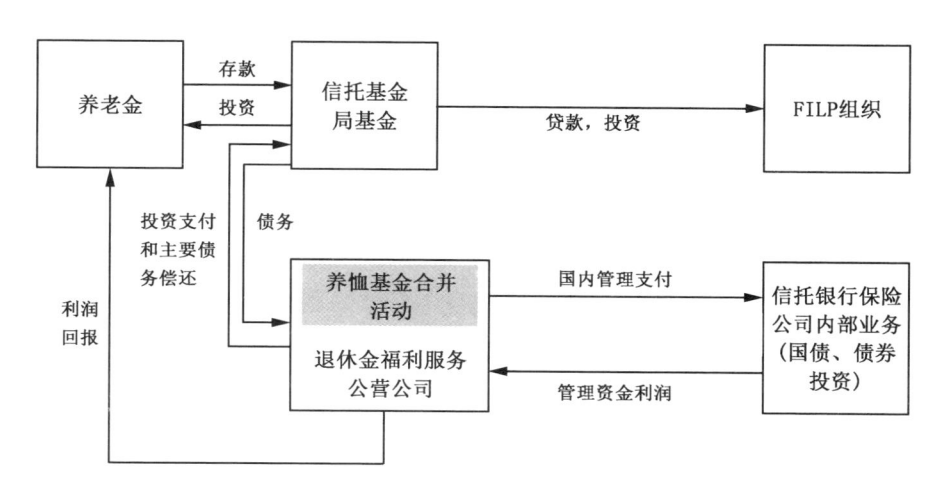

图 12.4　FILP 资本管理业务:养老金运作,1987—2000 财年

金,通过资本市场运作来管理邮政储蓄和养老金储备已成为 1997 年 FILP 改革的主要问题,并且将在后续内容中讨论。

229

利 率

现实中流向 FILP 机构和资本项目的资金都会受到市场利率的影响。尽管当时由于几家区域银行的破产,储蓄的安全性已成为重要因素,但 FILP 机构向客户提供的贷款利率仍具有较强的竞争力,因此能够吸引到许多投资者进行投资。

FILP 机构的贷款利率由四个因素决定,第一个因素是邮政储蓄系统,包括邮政人寿保险基金的利率、存款条款以及向福利保险基金支付的利息多少。这些利率是参考大藏省、邮政省和厚生省以及基金运作委员会的建议,最终得到内阁批准的。在 1980 年中期进行金融自由化之后,根据私人银行对类似的三年期存款利率或十年期国债票面利率来确定利率。第二个因素是从邮政储蓄、邮政人寿保险以及福利和养老金账户中存入信托基金局基金的存款利率。通常将其设置为高于邮政储蓄存款支付给投资者的利率,并低于十年期政府债券的票面利率。第三个因素是 FILP 机构和地方政府从信托基金局基金(TFBF)获得贷款所支付的利率。由于 TFBF 是一个非营利性的政府机构,因此它也需要在借款的主要长期利率与贷款的长期利率之间寻求更高的回报。第四个因素是公共部门或私营部门的利率。某些公共财务公司如政府住房贷款公司,农业、渔业和林业金融公司,其收费率均低于 1990 年代的信托基金局基金利率,其差额的成本由政府直接补贴提供资金。一般账户预算,如图 12.5 以简化的形式显示了利率与机构之间的相互关系。其中包括 1995 年 4 月的现行利率,当时 FILP 机构从信托基金局基金借款的利率与向客户收取贷款和投资的利率存在正差,但在 1997 年因借款利率的上升则显示出负差。

金融服务业的放松管制、利率自由化和宽松的货币政策,共同缩小了公共部门和私营部门之间的利率差距。在 20 世纪 50 到 60 年代,标准 FILP 利率则比金融机构利率低了 1% 至 2%。比长期优惠利率低了 2.5%,到 20 世纪 70 年代末,当时 FILP 利率虽高于私营部门的长期优惠利率,但"利差"变得越来越小,到了 20 世纪 80 年代出现了短暂的负差时期,在 20 世纪 90 年代再次出现。

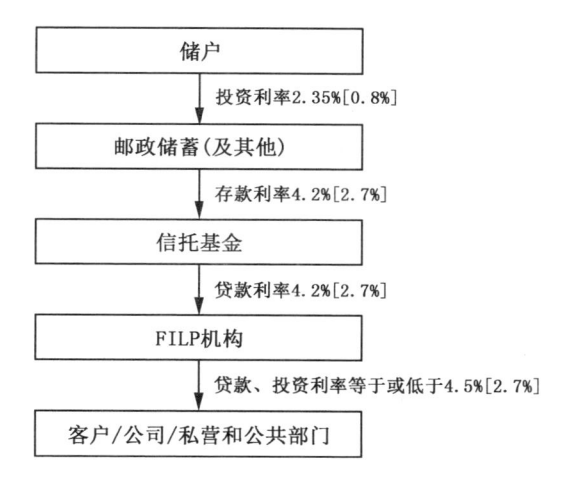

第十二章 "第二预算":财政投资贷款计划(FILP)

```
┌─────────────┐
│    储户     │
└──────┬──────┘
       │ 投资利率2.35%[0.8%]
       ▼
┌─────────────────┐
│ 邮政储蓄(及其他) │
└──────┬──────────┘
       │ 存款利率4.2%[2.7%]
       ▼
┌─────────────┐
│   信托基金   │
└──────┬──────┘
       │ 贷款利率4.2%[2.7%]
       ▼
┌─────────────┐
│   FILP机构   │
└──────┬──────┘
       │ 贷款、投资利率等于或低于4.5%[2.7%]
       ▼
┌──────────────────────┐
│ 客户/公司/私营和公共部门 │
└──────────────────────┘
```

注:图中方括号内的百分数为1997年利率。

图12.5　1995年4月FILP利率体系

此外,在金融自由化和放松管制之后,利率变得更加不稳定,导致邮政储蓄特别账户、信托基金局基金和FILP机构的资产和负债管理出现了诸多问题。随着公共和私人部门之间的利率差距缩小,"负差额"变得越来越普遍。

法定资金的接收者:法定机构

在20世纪后半叶,FILP的职责范围远远超过了1953年现代模式的重启水平。当时只有14个组织有资格获得资助,而这些资金的大部分用于投资项目,通过日本开发银行和进出口银行的支持,用于基础工业的发展和新技术的推广、传播。到1998年,公共银行、金融公司和一些接收FILP资金的公司已经扩展到公共和私营部门的每个部分。他们直接或间接地利用FILP资金支持了农业、通讯业和运输业;社会和环境基础设施,包括住房、医院、疗养院、学校、水和污水处理等设施;休闲、娱乐和环境项目;中小型企业;工业、科学和技术发展;城市和区域发展;以及国际经济援助与合作等。

为这些项目提供FILP资金主要通过以下三种方式:一是五年以上的长期低息直接贷款;二是用于为基本建设项目或计划建设提供资金,或填补借款人的特定"信贷缺口",如缺乏抵押或信用信誉;三是通过政府担保的贷款和贷款保险。其实,直接贷款是最重要和最常见的融资方式。

到 1999 年 3 月,FILP 资产总额为 436 万亿日元,其中有 68 家公共组织和其他公司的 10 个特别账户和一般账户预算以及一些地方公共企业欠 FILP 的贷款。FILP 的总债务总计 434 万亿日元,盈余为 1.6 万亿日元(FILP,1999)。接收 FILP 资金的机构的数量每年略有不同,具体取决于需求、优先级和资源的可用性。在 20 世纪 90 年代,在实施减少和合并公共公司的政策之前,每年约有 60 家公司获得一些资金。在 1998 财政年度,有 54 个公共组织被分配了 FILP 资金,按法律地位、职能及其与中央政府的关系来区分,共分为五大类。它们示于表 12.3。

表 12.3　　　　1998 财年收到 FILP 资金的组织及其赞助部委/机构

收到资金的组织	赞助部委/机构
公共金融机构和银行(11 个)	
住宅贷款公库(1950)	建设省和大藏省
国民金融公库(1949)	大藏省
中小企业金融公库(1953)	通商产业省和大藏省
环境卫生企业金融公库(1967)	厚生省和大藏省
农林水产金融公库(1953)	农林水产省和大藏省
地方公营企业金融公库(1957)	内务省和大藏省
北海道东北开发金融公库(1956)	北海道开发署,国土厅和大藏省
冲绳发展金融公库(1972)	冲绳开发署和大藏省
日本开发银行(1951)	大藏省
进出口银行(1950 年)	大藏省
中小企业信用保险公库(1958)	通商产业省和大藏省
公营公司(31 个)	
住房和城市发展公司	建设省/运输省
退休金福利服务公共公司	厚生省
就业促进项目公司	劳动省

续表

收到资金的组织	赞助部委/机构
日本环境公司	通商产业省/建设省/厚生省/交通省/环境署
帝都捷运局	交通省/建设部
日本地区开发公司	国土厅/建设省/通商产业省
*日本下水道局	建设省
社会福利医疗服务公司	厚生省
*药物不良反应缓解组织药物研究促进和产品审查	厚生省
日本私立学校振兴基金会	文部省
日本奖学金基金会	文部省
农业土地开发署	农林渔业省
森林开发公司	农林渔业省
生物导向技术研究进展机构	农林水产省
日本公路公营公司	建设省
大都会高速公路公营公司	建设省
阪神高速公路公营公司	建设省
本州－四国桥梁管理局	建设省/交通省
日本铁道建设株式会社	交通省
新东京国际机场管理局	交通省
*日本电信卫星公司	邮政省
水资源开发公司	农林水产省/国土厅/通商产业省/厚生省/建设省
奄美群岛振兴开发基金	国土厅和大藏省
日本金属开采局	通商产业省
日本国家石油公司	通商产业省
日本科学技术公司	科学和技术厅(STA)
*信息技术促进局	通商产业省
*日本关键技术中心	通商产业省/邮政省

续表

收到资金的组织	赞助部委/机构
海外经济合作基金	经济企划厅
邮局人寿保险公司	邮政省
先进运输技术公司	建设省
新能源产业技术开发组织	通商产业省
特殊企业、银行(5个)	
工商合作社中央银行	大藏省/通商产业省
关西国际机场有限公司	运输省
*促进城市发展组织	建设省
电力发展有限公司	通商产业省
日本中部国际机场有限公司	运输省
特别账户(9个)	
城市发展基金融资	建设省
国家财产合并基金	大藏省
国立医院	厚生省
国立学校	教育省
国家土地改良项目	农林水产省
国家森林和野外服务	农林水产省
邮政服务	邮政省
机场发展	运输省
邮政储蓄	邮政省
地方政府和地方公共企业	

注:在官方术语中,标有"*"号的企业,不是严格意义上的公营公司。
资料来源:大藏省财政局第一基金司资产负债管理办公室,1998年。

20世纪50年代到60年代,上市公司数量的增长反映了FILP在经济中的作用不断发生变化,其中许多为创造和维持"社会资本"提供了资金。在这种社会资本中,用来偿还利息和赎回本金的资本获利的期望很低,对于某些接受中央政府年度补贴的明确认可的机构,FILP继续贷款以及为一些机构提供隐性的补贴,但几乎没有期望它们还款。此外,一些机构如 OECF 等,将继续获得中央政府的年度资本认购以及政府补助,否则它们将无法平衡年度收支。

FILP 机构的地位和职能也有所不同。最初成立了 11 家公共银行和金融公司以满足私人机构无法满足的资本投资需求,资助私人组织和公共组织的活动。当时的日本开发银行和日本进出口银行都是由政府全额注资的特殊公司,在法律上享有政府的自治权,并拥有自己的大量资本。政府积极参与了其他九家金融公司的活动,这些公司的政策目标更为明确。他们的项目和供资计划每季度需要部长批准,其中大部分资金是由 FILP 贷款提供的。

公共银行和金融公司是 FILP 系统的核心,视为核心内容。它们每年约占 FILP 预算总额的 40%,占信托基金局基金未偿余额的 35%,特别账户和地方政府分别吸引了约 16%。除了 FILP 资金以及一般账户预算中的补贴外,FILP 机构还利用自有资金为其部分运营提供资金,或者补充特定项目的资金并积累储备。此外,FILP 机构还通过发行债券从私营部门筹集资金,日本开发银行和进出口银行在 2000 年积极采用了这种方法。日本开发银行和进出口银行成立于 1950 年代初,作为工业重建战略的引擎,当时是 FILP 资金的主要接受者。此后,成立了新的公共金融公司,部分是为了满足公共投资的部门多元化,也是由于特殊利益集团的压力,特别是代表自民党的传统支持者——农民和小商人的利益集团寻求特权。1953 年,在内阁的倡议下成立了农业、林业和渔业金融公司,以确保农业不再与其他基础产业争夺稀缺资金。同样,在 1953 年成立了小企业金融公司以防止小公司与大公司争夺资金。在 1962 年成立了医疗设施金融公司,并于 1985 年取消了对医生、小型医院和诊所的特殊需求。此外,还通过环境署为基层自民党提供了小企业信贷。

FILP 机构的第二部分内容包括 1998 年依法成立的 31 家公共公司,它们自己承担一些资本投资项目。这些项目为道路、房屋建设、城市和区域发展等公共福利做出了贡献,发展和改善了机场、码头和港口等设施,也改善了教育、环境和社会福利。这些公司完全依靠 FILP 资金作为资本,并在项目的整个生命周期内,从应计收入中偿还了贷款和利息。它们的数量和种类等在 1960 年代迅速扩大,从 8 个增长到 25 个,并在工业和通信领域增加了一些公私合营企业。随后,大多数企业获得了 FILP 资金。从 1995 年开始,联盟政府和自民党政府原则上致力于减少其数量并巩固其职能,这些内容如第 4 章所述。

FILP 机构的第三部分构成包括四家特殊公司以及商工中金银行(Shoko Chukin Bank)。它们为农业及其他合作社提供信贷。

FILP 机构的第四部分构成包括 38 个特殊账户中的 9 个,每个账户都有自己的账户。其部分资本要求是通过 FILP 提供的。最后,地方当局及其地方公共企业也有资格获得 FILP 资金。

FILP 和地方政府

地方政府经营和管理着约 3 500 家合法成立的地方公共企业,这些企业提供供水和污水处理、电力和天然气供应、一些医院服务以及当地运输等服务。原则上讲,企业依靠向客户收取的服务费用在财务上能够自给自足,其经常性和资本收入以及支出由地方政府在特殊账户中进行管理,与基于税收的"普通账户"分开。还有大约 1 700 家当地公共公司,用于住房、收费公路建设、为公共工程项目购置土地等。最后,有所谓的"第三部门"公司,由公共部门和私营部门共同建立。

预计地方政府用于建设公共设施,如医院和学校的大部分资金在未来不会产生收益,因此,其资金主要是通过中央政府的补贴、地方税收和借款来提供,其成本计入"普通账户"。相比之下,预计地方公共工程项目的投入资金预期将产生足够的回报,可以支付贷款的年利息和本金偿还的费用。在这里,FILP 发挥着重要作用。FILP 直接提供了近一半的年度资金,又通过其下属机构日本地方公营企业融资公库进行融资,间接提供另外的资金。其他资金来源为地方政府提供了剩余的大部分资金:一是由中央政府担保,地方政府在货币市场上出售给公众地方债券;二是通过向区域性金融机构和城市银行销售地方债筹集的贷款。四个主要来源的总额由大藏省财政司集中决定,财政司在 FILP 总体预算和一般账户预算的更广泛范围内,每年与地方财政计划同时编制地方债券计划。表 12.4 列出了 1997 财政年度的地方债券计划的组成。

表 12.4　　　　　　　　　　1997 财年地方债券构成

	日元(万亿)	日元(万亿)	%
FILP 资金		8.6	49.5
邮政储蓄	5.4		
退休金	1.5		
邮政保险	1.7		
日本市政			
企业(政府担保)			
债券和 JME(债券)		2.2	12.8
私营部门			
提供地方政府债券			
向市场上的公众		1.4	8.3
来自地区、银行等的贷款		5.1	29.4
总计		17.4	100

资源来源:JFCME(1997)。

通过贷款许可证制度,中央政府可以严格控制地方债券。发行债券的目的是由法律规定的,城市和城镇的一些特别项目需要得到自治省的许可,并需要得到县知事的许可。在某些情况下,国家消费税收入的短缺可以通过发行特别债券来弥补。在 1997 财政年度,地方政府计划在其"普通账户"上发行的债券总额中,约有 10% 用于此项。

本章提出的问题,特别是原则与实践之间的内容对比,以及利用 FILP 减轻一般账户预算的压力,将在第 19 章制定 FILP 预算的过程、第 24 章分析这些过程的结果和第 28 章探讨 FILP 系统运作中的紧张关系内容中讨论,后者促成了 1997—1998 年开始的审查和改革,并于 2001 年实施。

第三部分

交互作用

第十三章　预算目标和政策

大藏省对 1975 年财政危机的出现作出了回应,制定了三个相关的政策目标:一是制定和实施改变税制结构的战略,以提供更稳定、更富有成效的收入来源;二是抑制公共支出;三是尽可能减少或消除财政赤字,抑制政府债务成本的上升。在随后的 25 年中,这些目标被转化成了具体的短期和中期政策目标,并结合经济和体制机制的变化对这些目标进行了一些改进和调整。本章阐述了这些目标的起源和演变,并介绍政策的制定和"政策继承"的实现过程。第 25 章论述了这些政策实施的效果和作用,以及对预算目标的实现情况的评估。

寻找收入

随着 20 世纪 70 年代初福利计划的扩大,自民党为维持执政而实行的复杂的补偿性政策,引发政治成本不断上升,同时日本人口逐渐出现了老龄化的趋势,大藏省必须寻找额外的收入来源。在 1975 财政年度危机爆发之前,大藏省已经为税收结构的改革奠定了一定的基础。大藏省注意到其他工业国家的主要税种由直接税转为间接税,并采用了一般增值税的政策,因此在 1971 年提出了在今后某个日期采用一般消费税的建议。到 1977 年,采用可取的税收政策势在必行。一年后,大平正方首相及其政府批准了委员会关于开征新税的建议,然而这一举措却遭遇失败。部分原因是自民党内部的反对,但最主要是因为它在国内普遍不受欢迎。人们普遍认为,自民党在 1979

年众议院选举中的糟糕表现应归咎于税收提案,尽管大平正方首相在竞选期间撤回了这一提案。原因是将一般消费税作为缓解财政危机的手段,激发了一场反对运动,尽管该税收提案旨在消除政府的浪费和低效,削减公共开支并改革行政和预算结构。目前,大藏省将注意力从新的增收方式转向削减或减缓公共开支增长的方式以及管理,然后利用行政改革临时委员会制定的改革政治议程,加强支出控制。如第4章所述,大藏省在1980—1986年期间控制开支和增加收入的政策,为1987年通过消费税增加收入的第二次尝试铺平了道路。之所以会出现这种情况,是因为反对者们对"不增税的财政重建"(1982年采用)存在狭义和单一的解释,这意味着1982财政年度不增税,此后也不改革税收结构。大藏省辩称且委员会也承认,现有的特别税收措施可以合理化,现有税率只是轻微调整。从1982年至1984年,大藏省继续取消企业的税收优惠,提高公司税率。这些都有助于增加财政收入,同时也有利于将税收改革问题永远保留在政治议程上。

从此公众对开征消费税的态度开始改变。首先,现有的公司税和间接税的增加使大利益集团对这种消费税的选择不那么敌视了。其次,由于财政重建政策是由大藏省实施的,会对一些政治上受欢迎、选举上有利的政策进行支持,支出计划有助于将自民党普通民众的意见转向支持税收改革,并将其作为一个更可取的替代方案。最后,也是至关重要的一点,大藏省能够表明,财政危机不可能像行政改革运动所提议的那样,仅靠削减公共开支就能解决。对一般账户预算施加限制,只会减缓预算总额的增长,大藏省还建议将税收平衡从直接税转向间接税,从而利用民众和政治情绪来减轻所得税负担。

20世纪80年代中期,相比较于第一次尝试而言,第二次试图引入新的销售税的尝试并没有很成功,但其原因各不相同。现在,自民党内部以及大企业(而非小企业)的代表性协会都给予了它更多的支持。然而,中曾根康弘首相公开承诺,他不会在交易的每一个阶段像撒网一样征收大规模间接税(Katao Junko,1994:189),实际上这排除了征收增值税的可能性,但无论如何,像里根总统在美国提出的那样,大幅削减所得税对他来说是更重要的优先选项。面对民众对新销售税的敌意,他在1986年7月的大选中做出了重要的承诺。大藏省曾希望将中曾根康弘的所得税减免和它自身的新销售税合并在一个税收改革方案中,理由是"收入中立"。最后,为了消除 1987 财政年度预算的停滞状态,必须取消销售税。第二次改革尝试的失败与 1979 年的主要区别是：1987 年,自民党领导层和商界领袖更支持大藏省开征销售税的做法。但二者仍有担心,前者担心,如果找不到额外收入来源,计划开支会进一步削减；后者则担心要增加公司税。

第二次失败尝试的意义在于,它有助于将更广泛的税收改革问题政治化,并将其提升到政治议程的更高位置。在撤销这些注定失败的提案后的六个月内,内阁和自民党同意开征具有广泛群众基础的消费税。和以前一样,它与旨在广泛吸引公众要消除税收不平等改革与企业的特殊利益相关,但大藏省和自民党都必须付出代价。如果没有削减所得税和通过削减公司税和消费税对商业利益作出一些让步的诱因,消费税在政治上是不可行的。大藏省和自民党领导层提出的妥协方案,并不是要在短期内解决财政赤字问题。大藏省的目标是更长远地改变税收结构,确保消费税为主的税收原则是其必要的第一步。自民党可以向选民提供大幅减税的政策,以抵消新税不受欢迎的影响以及限制选举造成的损失。然而,这是一个高风险的策略。

新税种不仅不受普通民众的欢迎,作为选举和财政支持的传统来源的小企业也一致反对。随着 1988 年 12 月税制改革的实施,自民党在 1989 年 7 月失去了在参议院的多数席位,这是自 1955 年以来首次发生这种情况。然而,不久之后,公众对新税的兴趣开始减弱,如果没有可信的替代方案,反对党就无法进一步利用他们在选举中取得成功。在 1990 年的众议院换届选举中,自民党出人意料地掌握了控制权,多数党的地位有所下降。

大藏省虽然开始实施了改革税制结构的长期目标,但收入缺口依然存在。为了使新的消费税在政治上可以被接受,它不得不向自民党提供诱因,旨在消除税收不平等,为公众提供普遍敌对的舆论,并在新税的细节上对特殊利益集团妥协。这些必要的和政治上权宜之计的妥协所带来的短期影响加重了收入短缺状况。大藏省估计,新消费税的收入为 5.4 万亿美元,而直接和间接税的削减总额为 8.3 万亿美元。但大藏省并没有在基础广泛的消费税原则上做出妥协,接受这一税种是获得更稳定和更具生产性收入来源的必要的第一阶段。此后,大藏省可以永久性地利用这种税的潜力来筹集更多的收入。由于泡沫经济时期的经济扩张,国家财政持续危机状况的严重性暂时体现不明显,为财政带来了显著的财政收入,从而减少了政府借款额,消除特别赤字融资债券的发行,阻止国家朝着国债依存度高的目标迈进。在各方的支持下,在对受消费税影响的产品和业务类别进行一些小的修改后,收入问题进入休眠状态。随着1990年底泡沫经济的崩溃,"暴利"收入迅速消失。

1993年,多党政府上台为推出可通过间接税增加收入的举措提供了机会。在大藏省的推动下,政府税务研究委员会于1993年11月报告了对税收制度进行彻底的改革计划,并立即获得了民众的支持。大藏省于1994年4月作为总理的个人倡议,提出在未与联盟伙伴协商或没有惯常的开诚布公的情况下,先发制人地启动改革进程。然而,这只有在对国家财政状况迅速恶化感到震惊时才能进行的特殊性安排。1993财政年度收支的订正估计数使政府借款再次大幅增加,从计划的8.1万亿日元增加到16.1万亿日元。政治基础准备得如此糟糕,以及社会民主党威胁要离开联合政府,以至于首相不得不在24小时内撤回全国福利税提案。因自民党的威胁退出,实行这种税收的必要性以及该提案的优点,几乎没有被讨论,但消耗的却是一个不稳定联合政府的政治,以及总理的正直和信誉。这些提案立即遭到羞辱性地撤回,这进一步削弱了大藏省的威望,加速了联立政府的垮台。比大藏省企图发动的政变还要引人注目的是,几个月后,村山富市领导的联合政府重新就职时,社会民主党的态度发生了转变。社会民主党在过去三次开征消费税的尝试中都公然反对消费税原则,并在六个月前拒绝面见细川首相,现在它在1993年9月同意了一揽子税务改革,其中包括增加消费税,但要推迟到1997年4月,并在最后确认之前进行审查。这一次,大藏省做了更仔细的准备,但它不得不在所得税减免问题上进行妥协,因为这是政治协议提高消费税预期的代价。1996年7月,桥本联合政府批准了这一延期提案,1997年4月消费税从3%提高到5%。我将在本章后面讨论该决定的后果,这里首先审查大藏省"重建"和"合并"国家财政政策的目标,主要是通过采用更严格地控制一般账户预算支出的方式。

第十三章　预算目标和政策

1976—1987 年财政重建

1980 年 6 月,日本首相大平正芳在任中死于心肌梗死,时任内阁官房长官伊东正义临时代理首相职务,1980 年 7 月铃木善幸组建了自民党新政府任首相,并宣布其内阁的使命是重建国家财政。1981 年 1 月,日本财务大臣渡边美智雄在国会发表预算演讲时,宣布 1981 财政年度为重建的第一年。这一声明早于几个月后第一次临时行政调查会的成立。财政重建成为临时行政调查会调查和建议的统一主题。

在实践中,大藏省在 1981 财政年度预算之前至少有 4～5 年一直致力于重建国家财政。这些目标和宗旨以及未来实现这些目标的财政政策的大目标的制订,主要是应对 20 世纪 70 年代中期出现的财政危机所作的特别反应,尤其是针对 1974 和 1975 财年暴露出财政状况的严重性时所进行的努力。1976 年取消发行特别赤字融资债券的目标,1978 年启动中期财政预测的政策。早期启动重建政策的意义有两方面:一是它明确地指出这一倡议是由大藏省主动提出的,而不是像一些人所说的是由临时行政调查会提出的;二是它清楚地表明,实现这些倡议的目标和财政政策议程是由大藏省制定,并且在临时行政调查会开始工作前就已经到位,并得到了自民党领导层的批准。正如第 4 章所述,大藏省利用其成立和工作所提供的机会,强化了自民党领导层的承诺,并在自民党执政联盟的其他成员中形成了更广泛、更公开的共识。大藏省认为,临时行政调查会是向公众传达重建工作紧迫性的媒介,也是推进其公共财政目标和政策的工具。正如铃木(1999)和其他人所主张的那样,虽然财政危机确实需要一个更新的、更广泛的预算共识,以支持大藏省削减支出的政策,但这种共识只是表面上的,而不是真实的。事实上,在整个 20 世纪 80 年代,大藏省的财政重建政策实际上受到了自民党及其裙带支持者的阻挠。

国家财政"健全管理"原则

大藏省启动重建国家财政政策之前,首先必须让自民党领导层充分意识到财政危机的严重性,其原因是结构性的,而不是周期性的。首相大平正芳(O'Hira)没能让人信服。早在20世纪70年代,担任大藏大臣的时候,他就担心福利项目的快速扩张会带来长期的财政后果。现在作为首相,他亲自表示支持大藏省对危机的应对措施(见Sato,1990年)。其次,大藏省必须说服自民党领导层,财政重建是应对危机根源所应采取的必要和适当措施,并制定一套广泛可接受的指导方针,这一点至关重要,随后可以援引这些指导方针来验证令人不快的财政政策,并让部长们执行这些政策。

"稳健管理"的首要原则是预算平衡,这是战后日本大藏省正统财政政策的主要特征。在1977财政年度的预算演讲中,大藏大臣宣布政府的目标是"尽早恢复财政平衡"(MOF,1977:26)。其他原则都取决于因失衡而导致的年度财政赤字的症状,其中,有两个原则具体涉及经济管理,第一,有人认为,通过出售政府债券来扩大货币供应,有"财政诱发"通胀的风险(这提醒人们注意20世纪40年代的恶性通货膨胀,这由日本央行购买政府债券所引发,1947年《宪法》禁止这种行动),也有挤出"私营部门投资的风险。第二,国家财政的"健全管理"要求经常支出应由经常收入供资,以避免给后代纳税人带来负担,例如通过发行政府债券为因收入不足而产生的债务融资。从道奇线(Dodge Line)的实施开始,通过发行债券的政府借贷会受到《金融法》的严格监管。最后,"健全管理"要求预算制度灵活运作,资源配置高效。财政赤字和与偿还或有国家债务相关的"固定支出"的增长,以及向地方政府法定分配固定比例的国家税收导致的"财政僵化",限制着年度一般账户预算中可用于项目支出的资金,同时阻碍了资源在其中的有效分配。

政策的运行规则

在经济高速增长时代,有两种非正式的规则制约了财政政策的实施。一是在编制预算计划时,财政预算司故意低估了经济增长产生的所谓"自然增长"税收。这样做的原因是降低对可用于支出资源的预期。大藏省总是谨慎估计GDP的增长。与1974年的一般情况一样,经济以更快的速度增长,到本财年末结算时,财政收入盈余超过了18个月前预测的税收收入。到了第二年,盈余部分能够用于使自民党实现年度减税,这是自民党选举政治的一项

第十三章 预算目标和政策

重要内容。"自然增长"的预期和规律性为实施大藏省的第二项非正式规定提供了资源,即使税收总额占国民收入的比例保持在20%的比例。

从1975年经济状况和财政环境的开始变化,这两项规则变得更加难以实施。由于经济减速、税收萎缩以及税收增长率过高的"自然"现象消失。1980年,20%的规定被打破并重新制定,以反映从税收变化中可筹集更多税收收入的需要。1983年,大藏省宣布,在人口老龄化高峰期,税收和社会保障支出占国民收入的比例将低于50%,其目标是减小政府借贷。在计划预算中高估国内生产总值和收益率,使大藏省减少计划借款需求,避免大幅削减支出。

在1965年出现财政赤字之前,"稳健管理"原则和非正式预算规则为大藏省管理国家财政提供了潜在基础。迄今为止,这些观点基本上没有公开表述,但此后的不断重申,为大藏省的战略发展提供了三个重要的条件。第一,内阁大臣和自民党高级政客们不能轻易否定财政政策的影响,因为他们接受这些原则,即大藏省提倡的支出和税收制度的重建,这是符合逻辑的。第二,为了尝试财政重建,大藏省必须努力改变政治上对公共支出在经济中所起作用的看法和期望。在这方面,原则和预算规则为其提供了一套指导方针,大藏省官员和部长在编制、讨论和提出年度预算时参考了这些指导方针,并在经济预测和中期预测以及计划的正式分析和评注中重申了这些指导方针。重复和重申这些方针有助于教育政治家、官僚、利益集团、媒体和公众承认和接受不断变化的经济环境所造成的财政后果。第三,健全管理的原则提供了一套广泛的背景限制,在这种限制下,部长、官僚、地方政治家和特殊利益集团可以就增加支出和减少税收的要求进行谈判。

当然,对这些原则的政治支持并不能完全得以保证。在预算过程中,当大藏省削减开支或增税政策威胁到预算过程的参与者或他们支持者的利益时,他们会进行自我克制。通过公开与自民党协商,使得自民党对大藏省重新制定财政议程的行为合法化。

虽然自1977年以来的连续预算周期中都反复出现这些原则,但随着年度财政赤字规模的增加,其中两项原则所占的权重越来越大。大藏省一再提请注意国家债务的累积及其对不断增加的国内生产总值的吸收,以及每年偿还债务总额的费用。反映政治优先事项的方案支出的能力正逐步受到侵蚀。

显而易见，如果自民党的部长们和议员支持者因为偿还债务付出不可避免的成本，而减少对选民和客户的援助，那么他们在政治上就更加脆弱。在20世纪70年代初，自民党在选举中取得的成功，以及在国会中获得的统治地位，都是建立在向支持者分配预算利益和补偿不满的群体的政治基础上的。大藏省也巧妙地利用了对未来繁荣的焦虑担忧，因为它一再警告说，老龄化人口需要承担国家债务累积而导致的成本不断增加的负担，以及对养老金、社会保障、医疗保健和福利等公共支出日益增加的需求，会带来的严重的财政压力。

与财政僵化的短期和中期影响相比，持续的财政赤字和随之而来的政府借贷，对自民党的长期影响不那么有说服力。自由裁量权受到限制，所青睐的项目预算支出的分配权力减弱，然而，在整个20世纪80年代，这两个方面都被反复强调和运用，以证明大藏省的财政重建政策的合理性。

财政重建目标

大藏省在1976财政年度和1977财政年度的预算报表中，概述了财政重建的主要目标，这比第二次临时行政调查会（Rinchō）于1981年开始工作的时间早了大约5年。此后，它们逐步得到阐述和完善，但在整个2000年期间基本上保持不变。其主要目的是消除特殊的赤字融资债券，这种债券最初是为了应对1975年财政赤字而发行的。如第二章所述，当时财政赤字是由于财政收入的巨大缺口而产生的。第二个目标是降低国债依存度。其意图更为广泛，不仅包括消除这些债券，还包括减少发行"普通"建设债券以及为资本项目进行的融资。"债券依赖"衡量的是由发行政府债券筹集的一般账户预算在总预算中所占的比例。实际上，大藏省接受了通过发行普通债券继续为一定比例的资本投资融资的经济学观点。尽管如此，减少这些债券的发行也隐含在其第三个目标中，即减少中央政府未偿债务总额并减少其服务成本。

财政重建政策

这三个目标推动了下一个十五年财政政策的实施。直到1990年，日本短暂性地实现了消除特殊赤字融资债券的目标。大藏省对编制1975财年初始预算后出现的巨额收入短缺感到震惊，同时开始寻找增加收入的方法，并通过削减开支来弥补这一缺口。目前,这些措施主要是临时性的短期措施,对现有支出增长方式和收入来源的边际进行调整。尽管如此,1976财政年度的总账预算标志着,在田中角荣首相的指导下,公共支出快速扩张时代已经结束。近10年来,自民党政府及其支持者一直奉行的福利和补偿政策,助长了公众对公共支出增加的预期。但这些支出面临着越来越大的压力,除了这些持续增加的财政压力之外,还有1973年第一次石油危机后经济衰退的压力,以及次年实际国内生产总值出现负增长的压力。大藏省面临着巨大的财政危机,化解危机需要增加财政收入、减少支出,同时还面临着一场经济危机,这场危机要求采取反周期的财政政策,包括增加支出和减少税收。大藏省的反应是谨慎的,下调了1976财政年度总账预算的增长率。同样,重要的不是削减幅度大小,而是它所象征的意义。意味着财政重建工作已经开始,大藏省原则上承诺要扭转不可阻挡的预算增长趋势。最初预算14%的增长"与过去十年的平均增长率相比是相当低的",代表着"将公共财政纳入新的经济增长模式迈出了一步"(大藏省,1976:26)。在1977财年,大藏省甚至无法保持这种温和的增长势头。当时,迫于国际经济共同体将扩大内需作为一个关键的"火车头"经济压力,大藏省将预算中的一般账户预算增长到了17.4%。不过,它在减少最初为弥补财政赤字而发行的债券数量方面取得了一些小的成功,尽管在后来它不得不在获得较低的税收收益率的订正估计之后发行更多债券。大藏省于1976年1月将1980财政年度定为取消发行赤字融资特别债券的日期,但支出的持续增加和收入的不断减少,使得这些债券的数量急剧增加以弥补赤字。债券依存度从1977财政年度的29.7%增加到1978财政年度的32%,一年后增加到39.6%。事实证明,对支出、税率和范围的短期临时性边际调整不足以应付财政赤字的迅速增长,也未能完全解决其根本问题。1979年1月,大藏省承认下一年消除赤字融资特别债券的目标无法实现,并设定了1984年达成这一新的目标日期,公开承认造成这种情况的原因,即认为赤字是结构性的,无法用收入的"自然增长"来弥补,这种增长是在恢复较高的经济增长时发生的。与直接税相比,需要改变税收制度的结构以增加间接税的比例和收益,所以大藏省满怀信心地致力于在1980财政年度引入新的一般消费税,这是首次提出征收国家消费税的提议,以及对间接税税率和范围进行年度增量调整提供了背景和理由。

由于未能做到这一点,它又回到了寻求"在现行税收制度的基本框架内增加收入"的道路上(MOF,1981:15)。与此同时,人们日益认识到,重建是一个中期项目,即在今后几年中,必须削减开支,提高税收。大藏省于1978年公开介绍了新的中期财政预测,此后每年进行修订并向前推进,标志着从短期向中期的过渡。预测的目的是让部长、自民党后座议员和选民通过对未来三年支出和收入的程式化预测,明确两者之间的差距,并估计为弥补由此产生的赤字所需的借款数额,来了解国家财政的关键状况。同时强调与证明财政赤字不是一种暂时的现象相比,预测的准确性更为重要,而且在今后几年里,在支出和税收方面都需要采取强硬行动。事实上,这些预测是有导向的,意在强调持续上升的公共开支和持续的收入短缺对借款的影响。

从1982财政年度开始,这些预测被规划用于实现中期财政目标的手段。1984财政年度的目标是根据过去三年每年削减支出和预计收益的程式化假设,剔除特别赤字融资债券,从而实现减少债券发行的年度目标。在实践中,大藏省首先设定这些目标,根据不可阻挡的增长趋势,然后进行反推,以得出一般账户预算中对支出和收入的确定,以实现所确定的政策目标。因此,政治上接受了取消特别赤字融资债券发行的必要性,以及大藏省实现这一目标的年度指标,使大藏省能够表明减少或限制支出增长的影响。这是在编制1982财政年度预算时首次明确地进行了改革尝试。1981年春季,大藏省编制了《1982财政状况的初步估算》,该表表明,如果新发行的政府债券按照商定的目标削减1.83万亿美元,并且对税收和其他收入的假定是准确的,那么只有5 700亿日元可用于资助所有想要增加支出的预算请求。实际上,这等于宣布1982财政年度没有可用的新资金。为大藏省在一般账户预算中将一般支出设定为0%的上限铺平了道路,这是自SCAP预算制度改革以来第一次全面冻结支出。在同意取消特别赤字融资债券的目标之后,日本政府和自民党现在不得不接受在实现这一目标方面取得进展所面临的预算问题。

现在,根据行政改革临时理事会的建议,在一般账户预算中更加有选择地分配了可用资源,国防、能源、科学技术和海外经济合作计划不受冻结,其他具有法定权利的计划,例如养老金和社会保障,被视为0%规范的"例外"。

第十三章 预算目标和政策

在1983财政年度，大藏省进一步加强了支出控制，为当前支出设置了5%的预算要求上限，投资支出被冻结。大藏省财政系统研究委员会（Fiscal System Research Council）关于各支出部门和机构提出预算请求的报告，表明有必要进一步削减支出，并对优先项目和被视为例外的项目采取更严格的限制立场。在大藏省的指导下，它制定了一个包含32个项目的减少和合理化的"打击清单"。大藏省援引了这些表面上"中立"的建议，以及临时议会对"不增税的财政重建"的认可，以证明其新的更强硬政策的合理性，并在1982年12月向内阁提交预算草案时增强了部长们决策的决心。

与1983财政年度相比，1979年石油危机的余波对财政政策造成的冲击微不足道。1983年4月和10月为刺激国内需求而采取的紧急经济措施使公共开支又增加了6万亿美元。大藏省有必要对支出和收入政策进行相应的调整，因为大藏省再次试图调和经济扩张，即增加公共支出和减少个人及企业税收，并通过更严格地控制支出、减少借贷以及调整税收制度以产生更多的收入，从而弥补不断扩大的财政差距。如上所述，大藏省第二次尝试引入一般消费税始于此时期。

经济企划厅[①]在大藏省的指导下，在1983年8月12日获得内阁批准的新五年国民经济计划中，制定并宣布了针对更长时限的目标和政策的调整。减少了特别赤字融资债券发行的年度目标，调整为从1983财政年度到1990财政年度的七年期，确定了偿还这些债务的新目标日期。支出政策旨在确保对某些支出计划进行更彻底的改革，以便在未来几年内实现削减支出，如医疗保险、养老金和就业保险。在短期内，为下一个财政年度即1984年制定的预算的指导方针更加严格。在限额方面，通过将限额从5%提高到10%，进一步削减了计划中的经常支出，虽然投资支出不再被排除在外，但受制于5%这一较低的上限控制。不受限额影响的只是优先项目，目前只包括海外经济合作、能源、国防、政府雇员养老金和人事费项目，而医疗保险以及向一些FILP机构支付的利息津贴和储备金则被视为削减规则的例外。税制改革虽然使

---

① 日本总理府（2001年与其他机构一起并入现在的内阁府）下设的机构之一，它的前身是由"经济安定本部"改编而成的"经济审议厅"。现行的经济企划厅是依据《经济企划厅设置法》于1995年建立。——译者注

所得税减少了 8 700 亿日元,但间接税的增加弥补了这一损失。因此,1984 财政年度的最初预算计划只比 1983 财政年度增加 0.5%,而在该预算中,一般支出总额将被削减,部分原因是债券发行数量有所减少,利息支出减少。25% 的国债依存度是 1975 年以来的最低水平。

表面上看,目前的预算政策比 20 世纪 70 年代中期财政危机爆发以来的任何时候都更为紧缩。财政紧缩政策连续三年保持不变,其中每一年的预算要求准则都维持在 1984 财政年度规定的水平:经常支出占 10%,投资支出占 5%。这些准则经过逐步修改和完善,只适用于一般支出,几乎占一般账户预算总额的 2/3。其余的 1/3,包括偿还国家债务和向地方政府分配法定的地方分配税收,均被排除在外。

在税收方面,大藏省再次将注意力转移到税制改革上。政府税收制度研究委员会在其 1984 年 12 月关于 1985 财政年度税收修订的报告中批评了自 1970 年代中期以来,以财政重建为特点的对税收制度的拼凑式修订,并呼吁对涵盖直接税和间接税的整个税收结构进行全面改革(MOF,1985:4)。自民党税收制度研究委员会也持类似观点,大藏大臣在 1985 年 1 月的预算演讲中呼吁进行结构性税收改革。接下来的两年是通过政治-商业-官僚网络,就一般消费税达成共识(Kato Junko,1994),并通过政府税制研究委员会的报告使拟议的改革合法化。

1987—1991 年的财政整顿

从财政重建政策过渡到恢复扩张性更强、更宽松的财政政策,被大藏省委婉地称为"财政整顿"。"财政整顿"产生财政政策的转变发生在 1987 年。"财政整顿"具有客观必然性。在 1985 年《广场协议》和随后日元升值之后,日本面临来自国际经济社会越来越大的压力,被迫扩大国内需求,以帮助产生更多的全球经济活动。1986 年 9 月提出的《综合经济措施》使公共开支增加了 3 万亿日元。1987 年 5 月的《紧急经济措施》又增加了 5 万亿日元的非税开支。由于 1987 年的一揽子计划减税 1 万亿日元,财政收入方面也面临着压力。

这些措施实际上标志着财政重建时期的结束。日本放弃了原来与十年

第十三章　预算目标和政策

重建目标和政策相关的财政紧缩政策，大藏省行政副大臣吉野喜二（Yoshino）抱怨说，大藏大臣破坏了财政纪律（Hartcher，1998）。具有讽刺意味的是，当大藏省在预算执行中严格控制一般支出和有关政府借款的政策，开始在实现其消除特别赤字债券和降低国债依存度的主要目标方面取得进展之际，大藏省被迫改变策略。然而，当大藏省被迫放弃紧缩财政政策时，这些目标尚未实现，即改组税收制度和在预算组成中增加灵活性等更广泛的目标仍未实现。偿还国家债务的费用继续呈上升趋势，占一般会计预算的 1/5，是 10 年前重建初期的 2 倍多。未偿还债务总额每年都在增长，到 1987 年已经占到国内生产总值的近 44%，达到历史最高水平。

随着公共支出的增加、财政赤字规模的扩大以及政府借贷的增加，对于大藏省在中期内对税收体系进行重组的承诺变得更加困难，政府现在面临着更强的压力。1987 年秋，在内阁的同意下，大藏省发起了第三次征收消费税的改革运动。

财政重建从起初的谨慎实用主义演变为财政扩张政策。然而，过去财政重建十年在控制普通账户预算中计划支出增长和减少财政赤字规模方面取得的成果，并没有在疯狂的公共支出激增中被挥霍掉。大藏省痛苦地吸取了 20 世纪 70 年代自民党疯狂支出以及它对"火车头"经济战略的承诺所带来的财政后果的教训，并下决心不重蹈覆辙。一位高级官员坦白说："我们在 70 年代末受到了伤害。"（Funabashi，1988：84）。现在面临的两难困境与 20 世纪 70 年代末的困境完全相同：需要通过反周期的财政政策刺激经济中的内需，同时继续保持对公共开支和借贷的严格控制以减少财政赤字。大藏省希望通过巩固在财政危机和重建年代取得成果的政策，实现这些相互冲突的目标的和解。

支出政策逐步放宽谨慎。首次放宽了预算要求的指导方针，但仅限于资本账户，5% 的限制被停滞不前所取代。所有其他支出的限额没有变化，除了那些获得豁免或作为例外处理的方案之外，这些支出限制仍然需要削减10%。结果是计划中的一般账目预算总额增加了 4.8%，这是自 1982 年以来的最大增幅。

这种谨慎而温和的开端很快就被公共支出的浪潮所取代，因为经济首先进入了疯狂的"泡沫"时期,然后又陷入了严重而持久的衰退。1986年至1990年间,收入强劲增长,这是土地和资产价格投机升值所导致的直接后果。短期不稳定的、较高的经济增长为公共开支的迅速增长提供了手段和政治依据。在这种情况下,加上参议院即将举行大选,一般账户预算的增长是不可抗拒的。尽管如此,财政赤字已经缩小到足以使大藏省在1990年实现其长期目标,即消除特别赤字融资债券的发行,通过一些财政手段得以实现,在减少普通债券发行数量方面取得稳步进展。结果,国债依存度在1991财政年度的计划预算中降至7.6%,为20年来的最低水平。迅速增长的收入使大藏省能够偿还早些时候从各种特别账户借来的一些款项,并恢复每年偿还国家债务的法定义务,从1982财政年度到1989财政年度,这些债务的偿还被"暂停"。在第25章评估大藏省政策实施的效果时,将更详细地讨论这些问题及相关问题。

随着赤字融资特别债券的取消,大藏省将注意力转向重建国家财政的"第二阶段"。在其指导下,财政系统研究委员会于1990年3月报告了一项新的中期财政政策,其政策目标主要有三个,一是限制巨额国家债务的增长,并恢复其在一般账户预算中支出分配的灵活性。实际上,这不过是对现有目标的重述,尽管根据最近的经验,我们认为必须强调使预算更加灵活,以便可以更轻松、有效地使用预算来实施反周期财政政策,而不需要发行特殊的财政赤字债券。二是有人建议利用结算一般账户预算的年度盈余和国家特别账户的收入来加快债券赎回以减少债务;三是进一步限制支出的增长,以减轻未来的税收和社会保障负担。国债依存度将逐步降至5%以下,这是大藏省自1975年金融危机爆发以来首次设定的目标。由于1991财政年度的财政预算案将这一比率设定为7.6%,这似乎是一个现实的目标,并将1995财年被定为实现这一目标的日期,鉴于在过去六年中实现了更大幅度的年度削减,政府计划性地将新发行债券的数量每年削减4500亿日元。

预算准则保持不变。但是,随着经济活动的放缓,公共投资的限制放宽了,从1988年的0%放宽到了5%。在今后三年中,每年都利用私有化后出售NTT股票的资金进一步增加可用资源。这是继与美国达成《结构性障碍倡议》之后实施《公共投资基本计划》的第一年,该倡议最初在十年期间提供了

430万亿日元,以通过对社会间接资本的投资以提高生活水平和生活质量。在更广泛的范围内,它反映了1988—1992年五年期国家经济计划《全球范围内的经济管理》所规定的国家目标的调整方向。

1991—1996年财政危机的加剧

大藏省给公众带来的信心是,它既能够成功地调和扩张性经济政策,从而达到刺激内需的目的,又能巩固重建期间所取得的成果。但随着泡沫经济的破灭,这种信心已经消失。随着经济陷入深度和长期的衰退,反周期经济政策的必要性迅速压倒了对严格控制公共支出的担忧。

随着财政收入持续大幅度地下降和公共支出迅速增加,严重的财政危机现象再次出现。国内经济活动放缓导致的收入急剧下降再次暴露了税收制度的潜在缺陷,尽管大藏省在过去10年中一再提请注意这一问题。虽然它在一定程度上实现了直接税和间接税的再平衡,特别是通过1989年开始征收一般消费税,但经济泡沫的破灭对税收制度造成了严重冲击。从1991财年到1997财年和1998财年,税负连续下降。随着税负的下降,刺激经济需求的需要加大了减税的政治和商业压力,并威胁收入的进一步损失。近10年中,每年的税收和其他收入比1990财年减少了5万至8万亿日元,1998财年的税收和其他收入为49.4万亿日元,是十多年来最低的。

由于增加公共支出的融资手段收缩,扩张性预算和反周期一揽子措施的政治经济压力也随之加大,大藏省无力阻止财政规模的突然大幅扩大。该转折点发生在1991财年。该年度初步一般账户预算中的收入估计被证明过于乐观,随后,必须在补充预算中编列经费,以弥补总计2.78万亿日元的预计损失。大藏省不得不增加额外借款1.387万亿日元,为由此产生的财政赤字提供资金。

尽管如此,目前的预算政策旨在减缓一般账户预算的增长,从1991财年的6.2%降到1992财年的2.7%,而不是大范围的实际削减,主要支出计划的增长率也只是小幅削减。到第二年,财政危机的全面影响已经显现。1992财政年度补充预算中收入收益率的订正估计数比计划的初步一般账户预算估计数少 5 万亿日元以上。事实证明,最终的收益率更具灾难性,实际比计划少 8.1 万亿日元。在 1993 财年的预算演讲中,大藏大臣警告说,这是"自 1983 年财政年度以来最严峻的收入形势"(MOF,1994b:90),宣布将一般账户预算增长率由 2.7% 下调至 0.2%,主要通过推迟还本付息和向地方政府支付法定地方分配税补助等方式实现,再次对主要支出项目仅作边际削减,这仍然是增长放缓,而不是真正的削减。随着公共支出持续增长,而财政收入大幅下降,大藏省别无选择,只能通过发行普通而非特别政府债券来为财政赤字融资,恢复大量借贷。随着政府计划在 1993 财年发行的债券比两年前多 3 万亿日元,债券依存度下降趋势很快发生改变,尤其另外 8 万亿日元债券,为三个独立的紧急经济措施的预算提供资金。由此,大藏省不得不在 10 年前金融危机最严重年份的水平上恢复借贷,随之,计划的债券依赖率从 1991 财年 7.6% 的低点上升到 1994 财年的 18.7%,实际情况只会更糟。全年通过补充预算实施反周期财政政策导致的借款仍在继续,实际的债券依存度已经超过了 22%。

  国家财政迅速恶化,经济结构没有根据 1990 年代国际贸易和市场营销状况的变化而进行根本性调整,导致大藏省在 1993 年发出警告:在"经济衰退期间税收收入大幅减少"的特殊情况下,有必要恢复发行特别融资债券(MOF,1993:10)。但目前,通过使用各种预算策略推迟付款,以及操纵现金流量交易(在第 25 章中讨论),它能够缓解普通账户预算的压力,但却限制企业规模的进一步增长。1993 财政年度三项补充预算的长期影响,增加了一般账户预算中公共支出的压力及其构成的一般支出方案,两者都比 1993 财政年度的总额略有增加。

  海湾战争进一步增加了大藏省的财政困难。为了资助日本对联合国行动成本的 11.7 万亿日元的贡献,它不得不求助于发行特别融资债券。由于这与他们大声疾呼的取消发行此类债券同时发生,大藏省煞费苦心地强调,他们的重新发行并不是恢复过去的做法,国债的成本也不会增加,这些债券将通过一种特别的临时税收来偿还。然而,特别融资债券在更长期的影响并没有被拖延太久。1993 年,特别融资债券在某些特殊情况下发出了这样做的意向,到第二年,增加支出、流动资金和资本以及收入下降的压力被证明是不可抗拒的,大藏省被迫发行总额为 3.133 万亿日元的债券。此外,还不得不发行 10.5 万亿日元普通债券,为连续紧急经济一揽子计划中的公共工程支出提供资金,并偿还先前在 NTT 计划下为资本项目融资的贷款(在第 23 章中讨论)。

1994 年,随着特别融资债券的恢复发行,金融车轮已经转了一圈。但这一次危机更为严重,大藏省权力因未能限制一般账户预算的增长而被削弱。因 1993 年旧政治秩序解体后的决策过程瘫痪,随着泡沫经济崩溃后银行业危机,以及其他突发事件的爆发,其自身的权威也在逐渐削弱。财政崩溃破坏了大藏省实现 1990 年中期财政政策中战略目标的可信度,这些目标旨在重新平衡收入和支出,减少累积国债的规模和负担,在预算支出分配中恢复灵活性。现在预算越来越不灵活,因为借款和累积债务的成本的增加对一般支出计划造成了更大的紧缩。事实证明,如果不发行特别融资债券,就不可能实施反周期经济政策,将债券依赖率降至 5% 以下的进程已经开始逆转,由于大藏省试图限制对一般账户预算的压力,特别融资债券的赎回被推迟。

大藏省试图限制对一般账户预算的压力,但却犯了错误。经济活动的变化再次暴露了税收制度潜在的结构性弱点,即收入收益率不可靠,不足以支付主要支出方案不断增加的成本,而一般消费税太少,来不及解决造成这一疲软的根本原因。

此外,很快就可以看出,1991 年开始的经济衰退与 1974—1975 年、1980—1982 年和 1985—1986 年之前的衰退在种类和持续时间上都有所不同,后者在很大程度上是由全球经济状况决定的。这一次,日本经济对国际贸易的改善表现出顽强的抵抗力,但帮助美国和欧洲经济摆脱了衰退的困境。此外,日元升值、"日元泡沫"以及当前贸易平衡的巨额顺差,使得通过促进出口刺激经济的难度比以前更大。1992 年至 1995 年间,规模不断扩大的反周期经济政策,虽然发行总值达 64.2 万亿日元,但对刺激国内需求几乎没有直接效果。

1995 财年和 1996 财年,国家财政状况迅速恶化。大藏省被迫借入 22.0 万亿日元,为 1995 年 9 月大规模刺激措施导致的赤字进行融资,导致债券依赖率达到 28.2%,是 1980 年以来的最高水平。1996 财年,计划发行的 10.1 万亿日元 特别融资债券超过了以往的所有水平,到 1995 财年末,累计债务达到213万亿日元,相当于国内生产总值的43%,还本付息占了总账户预算的1/5。"健全管理"的原则必然与政治经济的权宜之计密切相关。1996年,实现三项政策目标比20年前制定的目标要遥远得多。然而,大藏省在第三次尝试实施其改变税收结构的长期目标时取得了成功。更准确地说,它已经开始了实施的进程。一旦确立了消费税的原则,它就能够利用经济衰退期间收入持续短缺的情况来说服由村山和桥本领导的联合政府,同意提高税率。然而,总收入中的收益在短期内被经济衰退中减税的融资成本所抵消,长期意义只有在经济恢复增长的情况下才会显现。

1996—1998年财政改革的兴衰

1997年的《财政结构改革法案》是桥本政府为解决财政危机而做出的一种努力。自20世纪70年代中期以来,财政支出的原则、目标和政策首次得到了法规的支持,对一般账户预算中一般支出总额的增长施加了立法控制,并对具体方案的预算拨款设有上限。1998财政年度预算规定了总体预算赤字、政府借款和大多数主要支出方案的量化指标,并规定了未来两年的拨款规则。主要目标是在2003财政年度,即在2004年3月31日之前,将中央和地方政府合并的预算赤字减少到不超过国内生产总值的3%,在同期结束特别赤字融资债券的发行,并降低一般账户预算中的债券依赖比率。

大藏省重申了过去20年财政政策的一个关键目标,明确强调降低财政收入是一个全新的目标。虽然以前的政策隐含着控制支出增长和增加收入的目的,但它没有具体的目标,也没有对应的包括地方政府的总预算。对量化目标通过立法承诺是大胆的,显然受到欧洲货币联盟成员国政府支出占国内生产总值比例的趋同标准影响,这也是有风险的,因为成功或失败将变得透明,精确地承诺以到期日的政府支出占国内生产总值比率来衡量,为降低政府债务的总体水平设定这样的目标。然而,早些时候,桥本首相曾表示,有必要按照马斯特里赫特60%的标准降低政府总债务与国内生产总值的比率,这一目标在五项原则(见下文)和1997年法案中都没有提到,相反,仅就中央政府的借款而言,设定了一个范围较窄、较为稳妥的目标。

第十三章　预算目标和政策

1997年桥本龙太郎进行制度改革的直接原因是政府对1991—1996年严重经济衰退后国家财政迅速恶化的反应。1996财年,中央和地方政府支出总额占国内生产总值的比例达到6.6%,是七国集团国家中最高的。以国家账户体系中一般政府的总债务衡量,中央和地方政府都在借贷融资,从1992财年的61.1%增长到1996财年的82.6%。毫无疑问,快速增长的财政赤字和不断增加的公共债务负担是驱动改革的关键因素。随着1995—1996年的经济复苏,大藏省改革可能会回到20多年来一直与之抗争的财政体制的长期弱点问题上,并努力利用总理和联合政府提供的机会,在1996年10月的众议院竞选活动中,公开承诺要进行一个广泛的改革议程,并渴望被视为是对财政负责。

尽管通过经济因素和政治环境的结合,解释了为什么1996年大藏省和政府都将财政改革列为首要议程,但并未阐明长期的根源在于财政体系潜在的长期弱点,这一点在20世纪70年代中期首次显现出来。20世纪80年代实施上述政策"重建"和"巩固"金融体系所产生的效果,除了缓解金融危机和债务的最严重症状外,未取得任何进展,未能从根本上解决因税收结构不合理造成的收入不足和不稳定问题,相反,正是基于这一主要原因,经济衰退的严重性和应对经济衰退的反周期措施反倒加剧了债务的规模,成为中央政府财政持续危机症状的最新表现。

改革财政体制是桥本首相在1996年10月众议院竞选活动中提出的六个"愿景"之一,他和大藏大臣都把改革财政体制放在了最优先的位置。大藏省已经将注意力转移到这个问题上,在1995—1996年开始了基本的清理工作,并通过其咨询委员会财政系统研究委员会(FSRC)就这一想法达成共识。在大藏省的指导下,该委员会向大藏大臣建议,应毫不拖延地实施财政合并。1996年,该委员会更加狭隘地关注未来财政政策的作用和实施范围,并考虑制定具体目标。讨论是在大藏省中期财政预测的背景下进行的,该预测显示了支出和收入的持续趋势对政府借款的影响,以及到2003年或2005年消除特别融资债券所需的年度收益额。由于担心"国家自由落入衰退的黑洞",该委员会在1996年12月12日的最终报告中提出了一系列具体建议,其中包括到2005财年,中央和地方政府支出占国内生产总值的比例应低于3%,特别融资债券的发行应在同一日期结束。主要的财务余额,即不包括债务成本,应在"几年内"恢复(FSRC,1996)。这些建议限制了优先债务和海外援助方案的增长,降低了医疗和社会保障的费用,这些都是 1997 年 11 月法案中制定并在 1998 财年预算中实施的政策所预期的。

1997 年 10 月,经济委员会向首相提交了一份更加令人震惊的报告。该委员会的工作和程序在经济规划局的指导下,警告说:"当前国家财政和社会保障可能是不可持续的"(JEI,1996:2)。没有财政和社会保障改革,2005 年税收和社会保障转移支出将超过日本国民收入的 73%,与 1994 财年的 39.4% 相比大幅增加(*Economic Council*,1996)。

大藏大臣在 1997 年 1 月 20 日的预算讲话中,根据经济委员会的建议,确定了未来财政政策的广泛目标,并要求地方政府遵循,并将 1997 年被再次宣布为"大藏省结构改革的第一年",因为大藏省公开承诺自己和政府执行财政紧缩政策。其实 1997 财政年度预算草案的编制工作在 1996 年初秋国会开始之前就已经开始了,因为当时正在为众议院进行竞选活动。虽然所得税和地方个人所得税的暂时性削减已经结束,全国消费税将在 4 月份从 3% 提高到 5%,但一般支出也按计划增加,尽管增幅低于 1996 财年,1.5% 的增幅是 9 年来最低的。大藏大臣警告说今后会有更艰难的时期。大藏省将重新审视 1998 财年预算编制过程早期阶段的所有支出,并对机构各类投标实施更严格的控制。

如今,财政改革的主动权已经从大藏省转移到了政治家手中,或者说,现在看来,公共管理是由他们而不是由官僚们来完成的。正如我将解释的那样,新的财政结构改革委员会制定的财政目标都是大藏省早先在长期目标中的预期目标,而这些原则和政策几乎完全来自其财政体制研究会提出的原则和政策,其原因显然与大藏省自身的改革议程是一致的。然而,财政结构改革委员会的工作向越来越敌视大藏省的公众表明,政治家已经控制了关键的预算决定,并负责制定战略,以拯救国家摆脱财政赤字和债务。然后,首相亲自致力于财政改革,并承诺全面削减开支,"不允许设立庇护所"。他于 1997 年 1 月以首相身份成立该委员会,这为他提供了一个财政改革的工具,让他证明自己的承诺,并兑现自己的承诺。

第十三章 预算目标和政策

该财政改革委员会成员包括前首相竹下和中曾根,包括前大藏大臣以及现任新内阁成员,包括大藏大臣,以及三个执政党的领导人和资深政治家。成员结构确保了他们的建议在三个缔约方中具有分量,而他们的经验则确保了他们的建议将具有必要的权威,以获得信任和尊重。这两个方面都是必要的,以克服支出部门及其选民在维持现状方面的固有利益。

1997年3月18日,首相在报告委员会的进展情况时,宣布实现减少赤字和债务的主要目标的预定时间日期将从2005年提前到2003年,主要工作将集中在1998—2000财政年度。他列举并说明了委员会商定的改革方案的五项原则,这些原则将构成秋季提出的立法的依据:

1. 到2003财年,中央和地方预算赤字减少到3%或更少;
2. 将1998财政年度预算中的一般支出减少到低于1997财政年度的水平;
3. 审查"设有庇护所"的支出计划,并在未来三年内制定量化目标,以削减或限制其增长;
4. 减少或推迟长期公共投资计划的开支,但不作出新的承诺;
5. 税收和社会保障支出占国民收入的比例不超过50%。

实质上,这些原则并不是新的,它们完全基于大藏省的长期议程,旨在恢复财政平衡,大藏省在1980年代曾试图通过重建和巩固财政平衡的政策加以实施。前四项是大藏省财政体制研究委员会在早些时候提出的一般性建议的更为详细和明确的版本,大藏大臣在1月份的预算报告中对此进行了细化。第五项原则重申了大藏省在1983年重新制定其长期确立的非正式政策规则,十年后在1993年10月27日第三届促进行政改革临时委员会的最后一份报告中重新制定。减少一般账户预算中国债依存度的目标但并没有在五项原则中进行明确定位,在2003年之前消除特殊赤字融资债券的承诺中隐含了这个目标。但是,这个目标后来被纳入立法,并出于政治动机确定了新的目标的规定数量和实现日期。

下一个任务是将这五个原则转化为具体目标和具体政策。这个进程几乎完全由财政结构改革委员会主导,代表着政客和官僚之间正式财政权力平衡的转变。大藏省的作用是从属的,尽管直接通过大藏大臣、非正式地通过其他成员,大藏省在程序中也有一些特殊导向得以发挥(MOF,1998b)。同样,对于大藏省来说,试图引导和塑造政策,使其与自己的议程相一致,这一点可能没有那么重要。重要的是起草的主要工作由规划委员会完成,公共工程开支的敏感问题由自民党秘书长主持的一个小组委员会单独处理。在春季和初夏,该小组委员会从相关的开支部门收集了证据,不出所料,他们反对理事会关于削减长期公共工程方案、减少 1995 财年乌拉圭回合后(Uruguay Round of GATT)批准的额外农业基础设施支持的规模,主张取消某些抵押收入和地方税收,如用于资助某些公共工程的机动车吨位税。桥本首相在 1997 年 6 月宣布内阁批准安理会的报告时说:"我们能够敲定一个值得称为非常明确的财政重建措施集合的计划,并确定了一个强有力和明确的方向,这可以称为内阁在六个领域进行彻底改革运动的第一个里程碑。"(JEI,1997:1)

评论员没有那么热情,当首相在一月份成立委员会时,他承诺要全面削减开支,"不允许任何避难所"。议会的提议让"几乎所有神圣的牛群仍然在公共财政上吃草",《日经周刊》评论说。

尽管这份计划草案值得称赞,因为它是政治家们史无前例的削减预算的尝试,然而,它却没有足够的能力来真正深入地解决日本财政的结构性问题。政府支出的真正削减需要确定优先事项,该小组只是削减了最容易实现的预算目标,而没有触及自民党政策族群竭尽全力保护的许多神圣项目(《日经周刊》,5 月 19 日:14)

对于自民党主导的议会来说,全面削减预算从来都不是一个现实的选择,因为它几乎不可能通过建议大幅削减公共工程和农业补贴来疏远当地小商人、建筑工人和农民的选民。尽管这些项目在预算审查中几乎未受影响,但政府的优先事项发生了重大变化,政府开发援助(ODA)和国防计划自 1980 年代以来在预算准则中所享有的特权地位被取消。

该委员会 1997 年 6 月 3 日的最终报告强调,财政制度结构的改革与桥本首相在其他五个"愿景"中提出的政府活动其他领域的"更广泛的改革浪潮"密不可分。正如我们在第 4 章中所看到的,他们在几个方面与改革财政制度的建议相交叉。

委员会详细阐述了"改革和削减支出的具体措施和政策"(Council,1997:2)。1998—2000 财年被定为"密集改革期",为此,理事会首次提议将一般支出总额削减 0.5%,十多年来没有出现过类似的削减。1998 财年的所有主要支出计划都规定了数量目标或"预算上限",更详细地说,还有两年。内阁通过了该报告,所有建议随后都纳入 1997 年 11 月通过的《财政结构改革法》(预期目标和上限是在 1997 年夏季开始的,是在 1998 财年预算的预算总额和方案总额的确定过程中实施的,实际上,内阁对理事会报告的批准为在预算编制中实施这些目标和上限提供了权力)。这五项原则都被转化为具体而详细的目标,并规定了实现这些目标的日期。受大藏省中期财政预测的影响,该委员会关于取消特别融资债券和减少政府借贷的建议在立法中进行了更详细的说明。一般账户预算中的债券依存度将在 2003 财年降至 21.6%,达到 1997 财年的水平。为了实现这一目标,政府债券的年度发行目标从 1998 财政年度开始制定。以这种方式确定政府借款水平,并逐步进行逐年减少,这并不是什么新鲜事。正如我们所看到的,大藏省在 20 世纪 80 年代曾多次采用这种手段,但都没有成功。但本次赋予这些手段的法定效力是前所未有的,这意味着,通过年内增发债券来增加借款的任何变化,都需要对 1997 年法案进行修正。

其结果是,一些方案,比如官方发展援助、公共投资和对地方政府的转移支付,实际被削减,其他方案,比如教育、国防、能源、小企业和粮食补贴支出被冻结在 1997 财政年度预算的水平上。虽允许一些方案增长,但由于国内生产总值增长估计数的限制,其增长率较低。削减了公共投资 10 年基本计划,将年度减少拨款计划在较长时间内分配,1998 财年削减了 7%,随后两年削减了 5% 和 3%。同样,乌拉圭回合开放国内市场的补偿,即农民公共工程基础设施项目的期限延长了两年,但总额仍为 6.1 万亿日元,优先考虑的是跨部门和机构管辖范围的一类特别方案——环境、科学、技术和电信,分配和运输,社会资本等。表 13.1 显示了 1998—2000 年"密集改革"确定的预算削减项目和削减比例。

表 13.1   1998—2000 财年计划削减项目和削减比例[a]

	1998 财政年度	1999 财年和 2000 财年(计划)
削减项目		
ODA	至少 10%	每年削减

日本的财政危机

续表

	1998 财政年度	1999 财年和 2000 财年（计划）
公共投资	至少 7%	每年削减
地方政府补贴		
体制/法律	—	减少并合理化
其他	—	每一部门和机构削减 10%
不变项目		
教育（公立学校）	0%	不超过 1997 财政年度的分配额
国防	0%	削减 920 亿美元，相当于设备成本的 10%
能源	0%	不超过 1997 财政年度的分配额
小企业	0%	不超过 1997 财政年度的分配额
食品	0%	不超过 1997 财政年度的分配额
增长受限的项目		
社保	增长低于趋势水平（增幅不足 3 000 亿日元）	增长受到抑制，低于 2% 的年趋势增长率
科学与技术	增长率限制在 5% 水平	"严重抑制增长"
优先项目		
经济措施		
结构改革以促进环境政策、科学和技术以及电信（9 个次级方案）	增加 1 500 亿日元	未规定
经济措施		
结构改革以提高配送效率（国际和地区机场、港口、港口和主干道；市内交通基础设施、铁路设施）	增加 1 500 亿日元	未规定
社会管理基础设施	增加 2 500 亿日元	未规定
其他项目		
养老金	无法定管制	无法定管制
其他次要方案	"严格限制"	冻结

a 初步预算。

资料来源：内阁，1997 年 3 月 3 日；大藏省预算局，1997 年。

法定的预算支出控制有弊也有利。对于大藏省和一心控制一般账户预算的总量和构成的政府来说，其优势在于，各支出部门无法抵制大藏省提出的在其方案中具体削减数量的要求。实施旧的非法定预算准则所带来的漏洞是封闭的,缺点是大藏省对经济变化环境的反应和对自民党政客的选举命令的自由裁量权大大减少,而这些问题将被1997法案中规定的规则所限制。它不可能像过去一样,通过发行更多的政府债券来为补充预算中的额外支出提供资金,而不会危及法案中规定的财政和债务目标。虽然在过去,大藏省可能会发现,有国家做后盾来抵制民主党政客们对额外支出的迫切要求是有益的,但在经济陷入深度衰退的情况下,这可能是一个障碍,1997—1998年的事件很快就证明了这一点。

1997年最后一个季度,由于国内经济运行急剧恶化加上外部经济和金融的不稳定性,给美国和七国集团、经合组织政府带来了新的压力。因而其他国际组织要求日本政府永久性减税和增加公共开支,特别是增加投资。然而可供选择的减税政策会挫败增加收入的努力,例如1997年4月国家消费税在经济上不合时宜的增加。而任何大幅增加公共开支的行动,都必须通过发行更特殊的特别融资债券来融资,这需要修订1997年的《财政结构改革法》。1997年10月—1998年2月间,连续四次宣布的所谓反周期措施,主要是由自民党各委员会主动提出的,其中大藏省再次(至少公开)扮演次要角色,在国内外都被批评为这种做法并不充分且不适合日本经济的危急状况。最后一次是1998年2月20日,没有新的开支或减税措施,这可能会危及11月立法中借款目标的实现,而且肯定会违反当时在国会面前纳入预算草案的一些法定管制。

在连续两个季度的负增长之后,经济再次陷入衰退。在国际和党内的压力下,首相不得不重新召集财政结构改革委员会,这一主动权再一次掌握在自民党手中,而不是大藏省。前者分成两派,一派主张财政刺激,另一派则继续支持财政改革。前者最终占了上风。1998年3月政府宣布了总额为16.65万亿日元的一揽子临时减税和增加开支计划。撇开有关"新资金"发行量的争论不谈,对于一位致力于财政改革原则的首相而言,这是一次耻辱的逆转。该法案于1998年5月修订,授权发行特别融资债券,并将实现特别融资和债务目标的目标日期延长两年,即至2005财年末。政策大转弯前令人痛苦的重新评估、推诿和拖延加剧了对桥本首相处理危机的不满和批评,并引发了要求他辞职的呼声。日本央行新任行长在一次公开指责中表示,刺激经济比削减赤字更为重要,并呼吁永久性削减所得税和公司税。更为不同寻常的是,当时的索尼总裁声称日本经济正处于崩溃边缘,将桥本的优柔寡断与美国20世纪30年代大萧条初期的赫伯特·胡佛的优柔寡断进行了比较。

1998年4月的政策转向,严重削弱了财政改革方案和桥本首相本人的信誉。在自民党内,内阁部长和党内高级领导人继续就经济政策选择和解决银行业日益加深的危机提出争议,并努力为1998年7月的参议院大选和未来党的领导层面临的挑战做好准备。财政改革已经失败了,也被埋葬了。尽管这项立法在1998年12月才正式终止,但它仍在等待着未来出现一种为治疗日本显然无法治愈的财政疾病的补救办法。

1998—2000年财政扩张

接替在自民党参议院选举中失去席位的桥本首相的小渊惠三(Obuchi Keizo),曾在自民党总裁竞选中承诺,将进一步为日本经济提供实质性刺激。1998年11月,他宣布将在1999财政年度增加24万亿日元的开支和减税,以此来兑现这一承诺,加上4月份的一揽子计划,该计划约占国内生产总值的8%,其中包括减税6万亿日元,后来作为与小泽一郎(Ozawa Ichiro)达成的协议,将自由党纳入联合政府的协议的一项提议,减税9.3万亿日元。在3个补充预算中发行了37.4万亿日元特别融资债券,为4月份的一揽子计划和1998财年预算收入缺口的修订估计提供资金。

恢复经济是小渊政府的首要任务。在桥本(Hashimoto)变革失败后,日本的财政重建如今已不再是政策议程的重点,将复苏经济作为重要内容,为此,未来两年的预算继续保持扩张势头,并在年内进一步削减开支和税收的支持下,1999财政年度的计划预算为81.8万亿日元,较1998年增加5.4%。大藏省发行31万亿日元政府债券以资助预算扩张,融资规模达到了38%,需要偿还全部的长期债务已经高于1/4的预算支出。

在2000财年的预算中,计划进一步扩大规模。小渊政府于1999年11月宣布了另一项刺激经济的措施,总额达85万亿日元,比1999年增长了3.8%,使财政赤字增加到43%。小渊担心1999年下半年经济增长放缓,并由于晚于 2000 年 7 月进行众议院大选,小渊政府在 1999 年 11 月宣布另一个额外的刺激与一揽子经济活动来增加支出和减税,其总额为 18 万亿日元,此为自 1992 年以来第九年出台经济刺激计划(详情见表 23.3)。

本部分内容详细讨论了 1990 年代的资本和债务的积累和增长状况,描述和分析了政策规划和实施的过程,并对这些政策的效果及其在实现大藏省 1980 年代的政策目标方面进行了有效性评估。

第十四章 经济预测和财政预测

在内阁于每年12月批准大藏省的一般账户预算草案和非经常项目预算草案之前,总要研究预算编制的总体背景。预算编制的总体背景是由短期和中期政治和经济因素共同决定的。中期背景是由五年国民经济计划和中期财政预测确定的,后者每年进行修订和滚动,其主要根据国家经济计划中的经济增长假设,对下一个财政年度和未来三年的总支出和收入进行程式化预测。短期宏观经济背景主要是根据国内生产总值的年度估算值等经济变量以及对收入和借款的相应预测得出的。

国家经济计划

国家经济计划阐述了政府的主要经济和社会目标,以及今后五年内国内和国际政策制定的总体方向。其目的是为政府、企业领导者和消费者提供一般指导,以总结现有和预期的政策措施并表明政府打算或希望采取的行动方向。20世纪50年代至20世纪60年代初,在重新工业化和高速增长时期的计划具有强大的"指示性计划"特征,因为政府旨在引导公共和私营组织朝着更有利的方向发展。在20世纪后半叶,该计划不只是一项行动计划,而是一项旨在实现商定政策目标的工具,一项对整个国家的抱负宣言。因为,它是国家团结的重要标志,是为实现社会整体的某些理想目标而表现出的共同目的感。

计划中有具体而明确的政策承诺,通常来自近期预算或政策声明中已采取或已暗示的举措。例如,1992—1996年计划中有关改善老年人的健康和福利设施的一些承诺直接来自厚生省的"促进老年人保健和福利的十年战略",即黄金计划。促进土地综合政策纲要、1991年至2000年的十年公共投资基本计划、官方发展援助的第四个中期目标,这些计划和类似计划反映了已经决定的,并且在某些情况下已经在执行中的政策计划。

1992—1996年国家计划在全球范围内分享更高的生活质量(EPA 1992),结合了两个主题:对全球视角的需求以及对消费者而非生产者利益的更大关注。尽管人们对日本如何在国际经济共同体中发挥更大作用以及如何应对国际货币基金组织或七国集团等压力扩大内需有一系列的概括,但也有一些旨在提高日本人民生活质量的详细政策目标和承诺,例如,减少工作时间以提供更多的休闲时间,改善成人教育和休闲活动的公共设施,推进老年人的健康和福利政策,扩大污水和主要排水设施,建立更多的城市公园,缓解交通拥堵以及改善区域问题。这些和其他"社会开销项目"的创建或改进直接与现有政策的具体量化目标相关联。例如,在"改善学习和文化机会"的总负责人的领导下,有一个明确的绩效指标,有专门设施支持成人教育活动的本地公立学校的百分比,有更衣室的社区中心等。这些承付款项在计划的整个中期期间都涉及支出问题。

五年计划是由当时经济审议厅(后于1995年改为经济企划厅)制定的。直到2001年,该经济企划厅是向首相汇报的法定咨询机构,由26位成员组成,主要包括商人、工业家、银行家、学者、记者和经济评论员。该计划的编制分为八个小组委员会,其中142名成员来自更广泛的领域,包括商会、工会、媒体、专业人士、前政府官员、商业媒体和大学的代表。日本第十二个五年计划始于首相在1992年1月正式提出的国情咨询,该咨询内容事先明确讨论并商定的主题是:为了实现更好的生活质量,使日本成为一个人人都能享受安逸生活的国家,日本应该制定什么样的长期经济计划?我们如何在提供21世纪经济社会发展所必需的基础设施的同时,考虑全球问题,为世界做出积极贡献?(EPA,1992:87)

经济审议厅的报告于1992年6月被提交给首相,同月晚些时候获得内阁批准,并于1992年9月在经济审议厅的主持下得以通过。在制定1995—

2000年计划,即为实现重要经济和安全生活而进行结构改革的社会和经济计划时,也遵循了类似的时间表(EPA,1996a)。1995年1月,村山首相向经济审议厅提出正式请求,经济审议厅于6月提出了一份总结主要主题的临时报告,并于12月通过了内阁的最后审批。

  在执行其职权范围时,经济审议厅及其小组委员会与经济企划厅、大藏省、通商产业省以及其他部门和机构密切合作,包括厚生省、建设省、总务省和科学技术厅等。通过它们的参与以及政策网络的交流方式,大藏省和各个部门能够根据自己的想法来指导和管理经济审议厅审议的总体方向和实质,并确保经济审议厅的审议工作能够接受建议。这并不是说经济审议厅及其顾问没有任何影响力,只是在最终报告的正式提案制定之前的讨论阶段,这种影响是非正式的。因此,内阁及自民党的联盟伙伴能够毫无保留地接受该计划,因为在最终报告起草之前,它可能在早期阶段就考虑到了所有疑虑。由于报告不仅含糊其词地陈述了总体意图和虔诚的希望,而且还包括一些明确的承诺(上文提到),其中有些承诺还附有目标。显然,受影响的部门和机构在早期阶段通过正式和非正式协商参与了工作。该计划的总体方向和主旨当然首先取决于内阁提交给经济审议厅的职权范围和措辞,其本身是大藏省、国际贸易和工业部和经济规划局高级官员之间事先达成协议的结果,随后取决于总理、部长的影响,以及自民党决策机构对其审议的情况。

  以前的计划旨在促进经济增长和分配这种增长的收益,以实现社会、福利和环境目标。而1995—2000年的计划则全神贯注于危机管理。在1995年,当时金融体系处于危急状态,政治体系持续不稳定取代了先前的计划,又出现了一种不祥的预感,即经济和社会灾难即将来临。除非经济和社会结构发生根本性的变化,否则大多数为此目的而制定的政策都将破产。例如通过放松管制和开放国内市场来振兴经济,提高生活质量,尽管有不同程度的承诺和紧迫性。

  在1995年12月该计划通过之前,人们广泛讨论了对经济进行彻底改革的必要性。在早些时候,经济企划厅、通商产业省在其年度报告中都警告说经济状况危急,并呼吁进行紧急的结构改革。如第4部分内容中所述,前三个联合政府都致力于放松管制和市场自由化的原则,并提出了建立咨询委员会的建议。对必要性阐述有一定深度的是当时的国家计划的经济审议厅主席在1993年11月提交的一份报告。为了强调改革的紧迫性,该计划概述了另一种前景,即如果忽视或未能执行其建议,经济增长、生产力和就业率将大幅下降。然而,改革原则并不能保证就实现改革的政策达成一致,更不能保证这些政策得到执行。

与以前的计划一样,1995—2000年的计划没有对主要经济变量进行详细的定量分析和评估,但在计划期内有"一般指标",即实际和名义经济年平均增长率、通货膨胀率和到2000年的失业率水平。这些数字的可靠性没有得到重视,但是对于经济增长而言,这些数字在塑造预算的中期背景时很重要,因为它们被用作编制中期财政预测的关键假设。

与战后的13个前任首相政策不同,理想的社会经济和经济复兴政策(经济企划厅,1999年)涵盖了从1999—2010年的十年而不是五年的时期。与小渊首相的倡议和报告一致的经济战略委员会和行业竞争力委员会强调战后经济体系及其主要经济结构的崩溃风险,并回应了他们的呼吁,即要更多地摆脱政府法规的束缚。随着经济转向以知识为基础的新工业时代,其更加强调个人的创造力和主动性,以及消费者的主权。时间范围的延展、标题内容的变化而非一个计划以及报告的期限的简单变化,与以前的计划有所不同,这在很大程度上是由于该机构总干事Sakaiya Taichi的个人倡议,他出席了经济企划厅会议,领导了讨论,并撰写了大量内容。然而,尽管该计划概述了可能像在1999—2010年间实现每年2%的年增长率增长的经济结构,但该国仍缺乏实现预期的新经济管理框架的具体政策和承诺。

国家计划的总体方向,特别是1992—1996年的国家计划,其重点都是通过改善社会管理资本来提高生活质量,为未来五年的政策提供了重要背景。在随后的预算中,最为明显地反映了对某些类型支出的优先考虑。根据具体情况,这些优先事项可能在计划期间发生变化,因为各国政府对国际和国内政治经济环境的变化作出反应,在政府编制预算进行年度经济评估时,可能优先考虑较短期的因素。政府也得到了经济企划厅的建议,经济企划厅每年都会审查国内外的经济形势,以及政府在执行计划中提出的建议方面的进展情况。经济企划厅根据当前情况向政府报告了管理经济所需的政策,但是这些建议还是经济企划厅成员与经济企划局、大藏省、通商产业省部长和官员，以及利益受到影响的其他各部门之间非正式讨论和听证会的产物。在需要的情况下，例如在国际或国内经济突然发生变化的情况下，经济企划厅专门召开会议为政府提供咨询。

中期财政预测

编制一般账户和FILP预算的重点主要是对下一个财政年度进行预算安排。但因预算没有中期支出计划，即没有对计划在未来两年、三年或更长时间规划的支出进行分配，例如在英国和七国集团的一些国家，与长期计划衔接的预算安排很难做到。虽然有投资、国防和官方发展的多年部门计划，但拨款是每年决定的且是短期的。1997年《财政结构改革法》曾试图为支出方案引入长期支出计划，但正如前一部分内容所解释的那样，很快就放弃了。

从1978年开始，大藏省预计将启动大规模重建政策，每年编制并公布未来三年的支出、收入和借款预测，以及过去一年的决算和未来一年的预算。中期财政预测为每年决定支出和收入总量的大小以及政府借款的数额提供了中期背景。未来三年的图表是使用程式化的政策假设计算的。税收收入是基于国家经济计划中固定的名义国内生产总值增长率乘以固定的弹性比率，并加上或减去正在进行中的任何税收改革的估计影响进行假设计算的。支出预测基于类似的风格化政策假设，即偿债的持续成本，以及为当前和资本支出计划的总额融资的持续成本。对额外政府借款成本的预测反映了既定的政策假设和目标，以实现消除特别赤字融资债券发行和降低债券依赖比率为主要财政目标。

将预计支出与收入加上目标借款的支出进行比较，得出每个未来年度的"底线"财政调整，必须削减支出和增加税收收入。实际上，为弥补年度预算中计划支出与收入同借款之间的差额而进行的必要调整，几乎总是通过将借款额增加到高于预期水平来进行，通常导致逐步减少政府借款和取消特别融资债券的目标实现的日期被推迟。

1981年之前，大藏省在其税收收入和支出预测中使用的是名义国内生产总值的年度估计变化,而不是国家经济计划的固定增长率。但是,随着财政重建政策的采用,大藏省不再关注其计划的可信度,而是着重强调需要限制支出和减少政府借贷的数量。从1981年开始,中期财政预测还纳入了现行政策和目标日期,以减少借贷和消除发行特殊赤字融资债券。1996财年,大藏省做出了三个备选预测,显示了将特别融资债券的发行量从1997财年减少至零。为筹备桥本新政府宣布的中期改革目标和政策,它还首次发布了一份模拟中期财政展望,预测了2006财年的支出、收入和借款情况,包括在2003财年末取消特别融资债券的目标。第二年又重复了这项工作,1999年又重复了一次,但做得更详细。根据当时公布的1995—2000年国民经济计划,这些预测显示了假定的3.5%的国内生产总值增长率和1.75%的经济增长率的影响,这两个增长率都是由于执行该计划对经济结构改革的建议而导致的。

财政预测并没有直接用于年度预算的编制,它只是作为支出、收入和借款总额将发生或可能发生什么情况的一般指南或指标,对年度预算编制过程几乎没有影响。充其量,它为预算局、内阁大臣和自民党高级官员之间的讨论提供了一般背景,这些讨论是在决定支出和收入总额以及目标借款水平之前进行的,其主要目的体现在政治上和宣传上,即通过强调收入的持续短缺,政府借贷的规模和负担的增加,以及通过减少对预算案的依赖来恢复预算的灵活性,从而将公众的注意力集中在总体财政状况上,继续减少对债券发行的依赖性,恢复预算的灵活性。更普遍地说,大藏大臣和官员们利用这一预测,试图促进和创造人们对持续需要限制规模政策的认识和理解,例如在向自民党税收政策委员会和国会预算委员会解释春季预算草案时。

财政系统研究委员会

中期财政预测是由预算局研究和计划司编制的,其职责是为财政系统研究委员会提供服务。该委员会是法定咨询机构,其成员由大藏大臣任命并对其负责,它在年度预算程序中起着正式作用。第一,在内阁于6月或7月发布预算要求准则之后,委员会主席就下一份预算的编制公开发表评论,例如需要继续保持政策的一贯性,维持对经常性和资本性支出的认识等。第二,在提交预算请求之后,委员会讨论并评价了它们对预算战略的影响。第三,在大藏省于12月向内阁提交预算草案之前,该委员会公布了一份报告,其中载有大藏大臣的"建议",通常与大藏省的建议一致,重申需要"削减""合理化"等。

委员会的讨论和公布的建议受到预算局的强烈影响,预算局研究委员会的官员提供技术和统计数据,编写分析和解释并起草文件。如第8章的相关内容,委员会的正式职能主要是支持预算局的总体战略并使之合法化。预算局局长与委员会成员讨论了财政政策的目标和拟议的中期战略,并可能在委员会面前更正式地解释大藏省的立场。委员会公布的建议对预算的后续内容提出的"预警"是建立共识进程的重要组成部分。

在一年中的其他时候,委员会在预算局的推动下,就特定的财政政策问题编写报告。例如在1994年2月,它提出了财政管理的中期目标的纲要,旨在恢复预算的灵活性以应对经济和社会状况的变化——人口老龄化,改善社会基础设施的需要,以及增强日本在国际社会中的作用。同时还要考虑降低债券依赖性,并通过审查计划及其相关优先事项来抑制支出增长的目标。这些内容完全符合大藏省自身的政策目标和中期财政战略。委员会提出了一个中期目标,将债券依赖率控制在5%以下,但警告提示,只有在当前的经济条件下才能实现这一目标。年复一年的进展可能不平衡,这一信号表明,大藏省可能不得不增加在某一年发行的新债券的数量,而事实上不久之后就发生了这种情况。

1996年7月,在大藏省的推动下,委员会编写了一份有关财政体系重组的报告,旨在为桥本政府采用该政策之前的公开讨论提供重点信息。也是要提醒公众注意大藏省的想法,并就其首选政策达成共识。其提议构成了1997年7月首相财政改革委员会建议的基础,反映了大藏省和自民党领导人的想法。

政府的税收系统研究委员会的角色与财政系统研究委员会的角色相似,它就税收结构的一般事务,每年的税收政策问题和现有立法的变更向总理进行正式报告。大藏省将其用作传播自身政策偏好的一种手段(Ishi, 1989; Katō Junko, 1994)。但是,在制定税收政策时,它的影响力不如自民党的税收政策委员会。

第十四章 经济预测和财政预测

年度经济预测

每年 12 月发布的经济展望和经济管理政策报告为未来财政年度的评估提供了方向,该报告通常在 1 月由内阁正式批准,成为制定下一年度财政年度预算的重要依据。财政年度预算的制定一般是从每年的 4 月份着手进行的,一般在 4 月和 5 月,预算局主要进行该项工作。内阁在初夏讨论下一个财政年度的预算规模,各支出部门和机构开始编制预算请求,以便在 8 月底前提交。这些过程是在经济展望中当前财年经济评估的背景下进行的,在考虑到国内和全球的情况下,更新后纳入了对国内生产总值、就业、工业生产、价格的修订估计,以及对国际收支平衡的估计。新经济展望的制定是一种预算战略,不可避免地会有很大的不确定性。因此,只有预算局有机会对国内生产总值和其他经济变量可能发生的变化做出有争议的判断。

经济企划局正式负责经济展望的编制,但其他部门和机构也对主要经济变量的预测有着直接的兴趣。大藏省和通商产业省都是在决定国内生产总值预测过程中的关键角色。在决策过程中,政治因素和经济因素一样多,而且在任何一年里,对公布的预测都或多或少地存在着现实主义,有两个矛盾的压力。首先,从 20 世纪 80 年代初开始,日本政府面临着几乎持续不断的外部压力,要求日本政府扩大国内经济活动,例如,要在 1987 年通过增加资本投资的公共支出和降低税收来减少其经常账户的盈余,以应对全球通胀,大藏省需要对这些压力非常敏感。其次,在大多数时候,大藏省的国内财政政策的主要目标是削减开支和重建税收体系,以产生更多的收入,从而减少政府借贷。一个过于雄心勃勃或过于乐观的对国内生产总值的估计,激发了人们对增加公共支出的期望,鼓励了自民党和非政府组织,以及他们在支出部门和机构中的部长们敦促并支持他们的预算要求。大藏省必须权衡这一考虑与高估经济增长的优势,因此对税收收入驱动因素的估计意味着大藏省可以在初步预算中获得较低水平的借款。

为了对美国、七国集团和国际经济共同体提出的刺激增长政策作出反应,以及应对控制公共支出和减少政府借贷水平之间的问题,需要预测国内生产总值并妥善处理来自网络中的现实政治问题。该网络将来自经济企划厅、大藏省和通产省的官员联系在一起。此外，经济企划厅不是一个自治机构，在实践中，大藏省和通产省都影响了一些高级官员的任命，并能够将他们的提名人借调到主要的决策局。最高级的官员、主管秘书处的副总干事以及协调局的财务和货币事务主任在经济企划厅，他们通常都是大藏省借调的官员。除了经济企划厅本身数据资源外，他们还利用自己的专业知识，从大藏省关于支出、税收、工业生产力等方面为经济展望和经济评估做出了贡献。因此，对国内生产总值的预测，与其说是对数据进行冷静分析后得出的估计，倒不如说是一种政治判断，是部长、官僚和自民党高层政治家可以接受并正式认可的一种政治判断。

　　当经济增长强劲时，如在1980年代后期的"经济泡沫"年代，大藏省的目的是试图确保经济规划局对增长的估计要尽可能谨慎，即是说，国内政策方面的考虑主要应在初期预算中紧缩开支，打消各部门和自民党的期望，即由于收入的增长，可以提供更多的开支，同时允许一定的增长空间。最重要的是，要避免再次出现这种情况。据20世纪70年代的经验，当时对持续高增长的预期鼓励了更高的支出。国际贸易和工业部以及其他一些支出部门和机构通常对采用较高的增长率估算值有相反的既得利益，以便不仅向国内企业而且向国际社会发出适当的信号，如鼓励在公共和私人研发方面增加支出，并支持他们自己争取更多的工业项目开支。

　　经济企划厅、大藏省、通产省的角色，职责和不同目标之间固有的紧张关系，在20世纪90年代每年公布的国内生产总值预测的讨论中体现得十分明显。在大藏省内部，预算局、税务局和国际金融局的不同政策利益之间也存在着紧张关系。国际金融局担心对外国政府的国际支持者作出反应，而七国集团、国际货币基金组织和经合组织则呼吁扩大内需。在讨论中，预算局协调发挥了关键作用，既要负责处理其他局的协调，也要负责处理经济规划局、国际贸易和工业部的协调。

　　对直接税和间接税收入的估计是税务局的责任，不适当的谨慎或悲观可能导致与预算局的借款目标相抵触。较低的估计数意味着在给定的支出水平上有更多的借款。为了实现减少借款和取消特别债券的政策目标，预算局通常会在最初的计划预算中尽可能地降低借款估计数,即使在这种情况下,预计借款估计数也会高得多,并在年度补充预算中提供。因此,在整个1990年代,税务局都在压力之下,要对税收收入作出比对国内生产总值增长的最佳估计更乐观的估计。

1993财年,经济企划厅、大藏省和通产省三大部门对国内生产总值的估计增长率进行了公开讨论,争议中使这一年度经济评估的基本政策浮出水面。经济企划厅预测,上一财年的国内生产总值增长率为4.75%,与中期国民经济计划相一致,实际增长率为0.4%。但基于大藏省角度,在1945年以来最严重的经济衰退中,经济企划厅在1993财年的经济评估显示增长率仅为1.6%,这对大藏省来说是不能接受的,对通产省来说也是不能接受的。尽管没有多少客观证据可以证明他们更乐观,但他们都希望得到更高的估计。大藏省的主要动机是关注其作为国际经济共同体中负责任的成员发挥出更大的作用,以及需要被视为是对来自美国和七国集团的扩大内需的压力作出有效反应,以及在国内,它对限制公共开支的关注。经济企划厅提出的增长率将引发更多的要求规模扩张的呼声。

与此同时,大藏省担心低增长率会对实现减少借款和避免重新发行特别融资债券的政策目标产生影响,故于1990年取消低增长率估计。此外,初步预算中的计划借款水平也必须提高,以补偿经济企划厅提出的较低增长率所隐含的较低估计税收收益率。在抗议声中,经济企划厅妥协,并批准了3.3%的国内生产总值增长率。在最初的计划预算中,大藏省显示计划税收为61.3万亿美元,借款为8.13万亿美元,前者的年增长率比1992财年的计划低得多,后者低于当年的年末增长率。大藏省仍有理由辩称,它正在实现中期借贷目标。在这种情况下,实际国内生产总值增长率仅为0.5%,税收收入仅为54.1万亿美元,借贷翻了一番,达到16.1万亿美元,部分资金是为了弥补收入不足,但主要是为了资助三个单独的反周期补充预算。

年度国内生产总值估计数以及税收和借款数据越来越不真实,这一点从估计数与表14.1结果比较中可以看出:在1992年至1999年的八年中,有七年的税收结果低于预算中的估计数,有时甚至大大低于预算中的估计数,每年的政府借款都超过预算估计数。

表 14.1　　信用差距：1992 到 2000 财年 GDP、税收和借款的估计

财政年度款（元）	GDP(实际价值)（年变化率） 估计	GDP(实际价值)（年变化率） 转出	税收收入（万亿日元） 初步概算	税收收入（万亿日元） 预算支出	政府借款（万亿日元） 初始概算	政府借款（万亿日元） 预算支出
1992	4.75	0.4	62.5	54.4	7.28	9.53
1993	3.3	0.5	61.3	54.1	8.13	16.17
1994	2.4	0.7	53.5	51.0	13.64	16.49
1995	2.8	2.8	53.7	51.9	12.59	21.24
1996	2.5	3.2	51.3	52.0	21.03	21.74
1997	1.9	−0.7	57.8	53.9	16.70	18.46
1998	1.9/1.8a	−2.2	58.5	49.4	15.56	34.0
1999	0.5	0.6	47.1	45.6	31.1	38.6
2000	1.0	n/a	48.7	49.9[b]	32.6	34.6

a. 1997 年 12 月的初步估计为 1.9%，1998 年 10 月修正为 1.8%。
b. 调整预算。
资料来源：大藏省研究和规划司主要经济指标(月刊)，1999 年。

年度国内生产总值估算的可信度受到越来越多的批评。诸多官员"看好"的经济分析遭到公开抗议：不仅否认官方宣布的经济衰退已经触底反弹的估测，更反对实现"照亮一般商业团体的心理"的目的的险恶用心(JER 1994:7)。

1994 年 GDP 实际增长 2.4%是一个虚幻的数字。当着众议院预算委员会的面提到这样一个数字，会很尴尬，但如果你不提供这个数字，预算将很难通过。虽然对这一预测数字表示怀疑或被嘲笑，但整个官僚体系不得不公开坚持可信度有待提高的增长率。如 1996 年，估计是 2.5%，高估了 0.7%，但结果是税收收益率下降超过 11 万亿日元，政府借款估计增加了 1 倍。

第十五章 预算策略、指导方针和上限

编制预算的过程按支出部门于8月31日提交的正式预算要求划分。在此之前,大藏省需要做出决定,并得到内阁的批准。第一,确定一般账户预算总额的上限,以及政府为了资本投资计划融资和弥补经常支出赤字而产生的政府借款的数量和类型;第二,明确用于编制预算要求的预算准则;第三,在这些准则下,确定每个部门和机构预算的上限。这些过程是反复进行的,但出于分析和解释目的,本章和下一章将按预算策略、指导方针和上限内容的顺序处理。财政投资贷款计划的预算流程是同时进行的,并在几个重要阶段与一般账户预算的流程相互影响,这些将在第19章中进行探讨。

预算策略

自上而下的程序

制定预算策略的出发点是公共部门支出的主要目标。正如第13章所解释的那样,至少从1981年开始,这些问题就与财政重建有关。这些目标所能提供的一致性部分受到一些自上而下的政治经济因素的制约,部分受到支出部门和机构要求增加支出的自下而上的压力的制约,这两者都是通过考虑并在必要时纳入政党政治因素来调节的。

自上而下的第一个因素是当前的经济状况,以及下一个财政年度的预测增长或下降速率。这里的关键因素是对国内生产总值的预测。正如前一章

日本的财政危机

所述,它很大程度上受到政治因素以及大藏省各部门和其他支出部门的影响,主要是经济规划局和通商产业省利益竞争的影响。

自上而下的第二个因素是根据这一预测得出的直接税和间接税收入的估计值。在日本,就像七国集团一样,收入并不直接决定支出,因为计划的支出受到税收和其他来源的收入的限制。实际上,支出总额及其在各部门方案中的分配都必须在秋季作出决定,然后才能对下一财政年度的税收收入作出可靠的估计。因此,估算收入将影响但不会最终决定一般账户预算中计划支出的数额和支出构成,它对支出政策的影响程度是长期因素和短期结合政策共同作用的结果。后者包括年度税收政策,这些政策可能会根据商业周期的研判进行调整,例如,人们认为经济增长或衰退的速度,以及是否认为使用税收政策来刺激或抑制需求是明智的做法。

各国政府还希望通过改变一些短期因素和长期因素以保护一般利益集团的税收政策来影响选举行为,这些利益集团的支持使它们获得了政治优势,如通过降低税率或调节起征点和税档等。长期因素包括收入的稳定性、税收制度对经济活动变化的敏感程度以及产生盈余或短缺的程度。大藏省在 1975 年以前故意低估了税收收入的估计,目的是为减税提供"自然增长"的资金,在 20 世纪 80 年代,人们对可用来资助支出项目的资源的期望有所降低。

预算局和税务局的协调部门讨论了新兴预算战略对收入的影响。在每年的 10 月、11 月,大藏省和通商产业省收到经济规划局的国内生产总值的预测之前,尤其是在 12 月份该预测在《经济展望》正式发表之前,就没有多少关于收入估算以及由此而来的财政赤字规模的争论。20 世纪 90 年代,预算局倾向于敦促人们乐观地估计收入的增长,而税务局固有的谨慎性则抵消了这一点。在此必须权衡它们之间不同的价值观和利益,但是在重建国家财政方面以及减轻债务负担方面,这两个局有着共同的利益。在内部,税务局在初夏提供了连续的评估收入的估算值,并与预算局就其可靠性、政治和经济"现实主义"以及为公众目的而进行调整的必要性进行了讨论。同时,预算局协调司意识到,有必要向预算审查员及其副手传达有目的的信号,并通过他们向支出部门和机构传达有关收紧收入约束的意图,例如,如果预算局各部门内部以及支出部门之外的人们对收入估算感到乐观,那么在他们接受请求增加支出方面的压力可能会减弱。相反,如果预算审查员在与支出部门的早期非正式讨论中认为税收收入将低于先前的预测,并因此采取强硬态度,那么如果随后税收状况被证明是更为宽松的,他们在未来谈判中的信誉将可能会受损。

自上而下的第三个政治经济因素是税收和其他收入估算所暗示的新借款金额,它是为计划的总支出提供资金。实际上,对税收和其他收入的估算会对借款要求的考虑产生很大的影响。在某些情况下,通过设定的目标逐步降低债券的依存度,并确定取消发行特殊赤字融资债券的日期可能因收入的变化而产生变数。因此,收入和借款的估算是迭代得出的。

在支出方面,在确定总额时要考虑两个自上而下的因素,即偿还累积债务的"固定成本",以及从国家征收的某些税收中法定分配给地方政府固定比例的收入。实际上,大藏省经常改变两者的规模,以减轻对预算的短期压力,但代价是在未来将面临更大的债务负担。

自下而上的压力

为了可以为总预算规模提供一系列选择,预算局协调司需要尽早预测支出部门和机构可能提出的支出需求,并评估是否可以将其控制在上一年度的预算份额内,以及是否需要特殊种类的额外资源。在每年的 4 月至 6 月期间,预算审查员及其副手审查了前一年预算听证、谈判和结果的情况,并评估了他们所采用的策略的有效性。与此同时,还审议了各局,特别是各部门或各机构正在进行或打算进行的重大政策审查的进展情况及其对今后支出的影响。预算审查员可能会与支出部门中同级别的人共同审查各项方案,如作为 20 世纪 80 年代中期负责福利和劳工事务的预算审查员高村武(Komura Takeshi,1996—1997 年预算局局长)在 1982 年与厚生省的高级官员密切合作,改革了老年人医疗保健制度,并在两年后改革了社会保障制度(高村,1993)。

同时,所有预算审查员都要与各支出部门主要人员进行非正式听证会,寻求关于新的或修订的政策,需要增加开支的义务和承诺的通知以及可能被削减的方案的信息。这些是由预算局协调司收集和整理的,有助于对各部门和机构的支出总额要求进行首次非正式估计。通过正式程序提出支出估计数,通常在3月和5月进行,协调司从中确定了整个预算的暂定框架。在那些阶段,估计是非常粗略的,通常会被夸大。自从20世纪80年代中期实行负预算上限以来,预算数的估计变得形式化,没有实质性,取而代之的是协调司、三名副司长及其预算审查员和预算副审查员之间的非正式和不间断的协商(大藏省,1993b)。但是,在编制试验估计数的过程中,如果总干事愿意,可能会举行一次正式会议,讨论主要的政策、项目和方案,以及在谈判中提供和处理这些开支的其他方式。根据这些初步粗略估计,并经与总干事讨论后,协调司得出的总数低于早先初步估计的总数,它为后来同预算审查员和预算副审查员就其在计划预算总额中所占份额进行的内部谈判提供了基础(高村,1993;大藏省,1993c)。

随着在预算过程中更多、更好的信息和数据被收集、整理和评估,自上而下和自下而上的因素都得到了逐步细化,对正在演变的全面预算战略,以及预算审查员和预算副审查员在即将与各支出部和各机构的局和司进行的谈判中将采用的战术产生相应影响。

预算指导方针

预算局在每年的6月、7月向内阁正式提出的预算上限,是根据非正式准则的规定得出的,该准则规定了削减和压缩的分配以及额外资源的分配。它们为预算局和各支出部门在投标过程中的行为提供了一般的游戏规则。实际上,关于整个预算上限的决定,以及预算中广泛支出类别的决定都是迭代的,需要在两者之间进行权衡和调整。

在预算局协调司的领导下,每年都需要审查这些准则。在早期阶段,总干事和首相、大藏大臣、自民党高级官员探讨了一系列的内容,如公共工程有多少额外支出,优先项目的新资金分配方案,在哪里以及如何削减开支等,这些都是激烈的政治讨论主题。在与自民党部长和官员探讨这些选择的同时,协调司与三位副总干事及其预算部门的预算审查员一直保持持续的对话。预算审查员又继续与各支出部门的同级别人员保持密切联系,讨论其全部预算份额的任何改变所涉及的问题以及在各方案之间的分配情况。准则的变更对支出类别和个别方案都产生了不同的影响,例如,公共建筑物和设施投资总额的增减影响了教育、保健、福利等类似方案的经常支出的规模和结构。

从1961—1976年,有一个单一的预算方针,规定最高限额预算请求总数准许增加,不设正式的标准将资源分配给支出类别或个别方案,如从1977年起,还本付息的"固定成本"、地方政府分配税的分配收入以及前政府雇员养老金的自动增加,都不包括在一般账户预算的主控总额计算中。这一分离使1980财年使用的"一般开支"项目大致涵盖所有方案开支总数的2/3。

随着财政危机的加重,大藏省开始制定更为详尽和针对性的开支标准。表15.1总结1965—2000财政年度财政支出的具体项目及变化情况。1982年首次对预算要求总额实行零上限,即原则上计划的一般支出数额被冻结在上一年的初始预算水平上。第二年,实施了负利率上限,首次削减的经常开支,削减幅度高达5%,资本支出被冻结。从1984—1987财政年度,两种支出都被削减了,目前预算的最大削减幅度为10%,资本的最大预算削减幅度为5%。因为1988财政年度的资本支出得到放松,经济停滞状态得以恢复。在随后的六年中,这些准则没有任何变化,尽管1994财政年度资本支出的上限提高到了5%,这是作为应对经济衰退条件的反周期财政政策的一项重要内容。但两年后财政状况恶化导致当前支出限额进一步收紧,自1984财政年度以来,限额确定每年最多减少10%。一般行政费用(主要是薪金和管理费用)分别被划分,并规定了15%的上限。

表15.1　　　　　　　　　1961—2000财年主要预算指导方针要览

财政年度	指导方针	变化(%)
1961—1964	所有支出	+50
1965—1967	所有支出	+30
1968—1975	所有支出	+25
1976	所有支出	+15
1977	一般行政费用 其他支出	+10 +15

日本的财政危机

续表

财政年度	指导方针	变化(%)
1978—1979	一般行政费用 当前办公室的支出 其他 其他支出	0 0 +15 +13.5
1980	一般行政费用 其他支出	0 +10
1981	一般行政费用 其他支出	0 +7.5
1982	所有支出	0
1983	资本支出 当前支出	0 −5
1984—1987	资本支出	−5
	当前支出	−10
1988—1993	资本支出 当前支出	0 −10
1994—1995	资本支出 当前支出	+5 −10
1996	资本支出 当前支出 一般行政费用 其他支出	+5 −15 −10
1997	资本支出 当前支出 一般行政费用 其他支出 利息支付补贴 人员开支	0 −15 −12.5 −5 −0.8
1998	一般支出(法定上限) 社会保障 公共投资 教育 防御 海外发展援助 食品控制 科学和技术 能源 中小企业	 +3 000亿 −7 0 0 −10 0 +5 0 0

续表

财政年度	指导方针	变化(%)
1999	公共工程 科学和技术 社会保障 其他支出 经济复苏 公共工程 其他	0 +5 +5 700 亿 0 +4.0 万亿 2.7 万亿 1.3 万亿
2000	公共工程 社会保障 其他支出 电信,科学和技术	0 +5 000 亿 0 +2 500 亿

资料来源:日本预算简况,预算局、大藏省:1961—2000 财年。

在 1998 财政年度之前,该准则还没有正式的法律地位。作为桥下彻(Hashimoto)首相财政改革的一部分,在那个财政年度,每个主要项目的计划支出都有法定的"上限"。在 1998 年 12 月无限期中止立法后,1999 财政年度又恢复了非正式规定和计划上限。现行和资本投资计划的支出都被冻结,但也有一些重大例外,主要是指预算中增加了 4 万亿日元用于经济复苏,其中 2.7 万亿日元公共工程方案是主要受益者;增加了 5%的科学和技术项目;另外,社会保障基金获得了 5 700 亿日元。在 2 000 财政年度的预算中,现行和资本项目的零准则得以维持,社会保障再次吸引了 5 000 亿日元,电信和科技项目又吸引了 2 500 亿日元。

实际上,预算准则总是有选择地在一般支出总额中适用。从 20 世纪 80 年代初开始,每年都在为某些类别的支出提供经费,使其完全按照准则行为,而其他类别的支出则作为例外处理,并作为优先方案分配额外资源。获得豁免的方案是那些支出水平主要是"需求主导"的方案,"这些方案"是由客户规模、福利和补贴等因素造成的,其中包括社会保障、医疗保健、利息支付、补助金以及准备金等。其次,从 20 世纪 80 年代初开始,自民党就选择了一组优惠政策,因此得到了"特别"对待。

在决定预算上限之前,预算局与自民党领导层一起审查了资源分配优先方案的数量和选择。在 1980—1983 年期间,这些优先选择首先被明确提出,并逐渐演变为优先方案,部分原因是行政改革临时委员会的工作和建议。从1983年开始有5个项目:人事费用、前政府雇员的退休金、海外发展援助、能源有关的计划以及国防和国际条约计划,其数量和选择直到1998财政年度都没有改变,当然,每个项目的相对优先级随政府、政党目标的实施而变化,例如国防和海外发展援助五年计划中规定的目标。

1982财政年度预算部门首次将优先方案正式授以优先地位,当时一起与社会保障和促进科学技术有关的五个方案被挑出来,作为全面冻结一般账户预算总支出的例外,即所谓"零上限"的第一年。在很大程度上,项目优先顺序是自我选择的,这反映了自20世纪70年代初以来,自民党在连续国家计划中设定的宗旨和目标。临时行政改革委员会的初次报告强调了国防和海外发展援助的特殊地位,强调了日本不断变化的国际作用和义务。在1982财政年度预算中,与能源相关的计划被列为最高优先事项。1973年和1979年石油危机影响的经验暴露了日本经济的脆弱性,并强调了节约能源和寻找替代资源的必要性。科技的推广是对通商产业省知识产业工业"愿景"的肯定。随后,社会保障和科学技术项目从优先计划的类别中变为"免除"削减计划,但这种变化对其预算拨款几乎没有实际减少影响,并且每年继续保持增加。在1975年到2000年期间,社会保障支出的增长速度超过了任何其他计划的支出增长速度,增长趋势会以后内容中进行分析。

在编制1981财政年度预算之前的1980年夏季预算支出审查中,大藏省发表了一份文件,阐述了冻结对所有主要支出方案的利弊,其目的是为了强调财政情况的严重性,但也是为了敦促在削减开支方面需要有一个优先次序。在防卫政策族群(defence zoku)的支持下,防卫厅敦促为国防支出制定一个特殊的预算框架,以确保这一框架得到优先考虑。由于日本社会党对安全条约和增加国防开支的限制,加上即将采用的财政重建政策中的公众反对意见,足以阻止该提议的实施。顺应民意,这一点自民党的最高领导层反对其追随者,顶住了政策事务研究理事会、自民党国防分部、安全事务研究委员会和基础对策特别委员会的联合压力,更不用说政策事务研究理事会主席本人了。此外,日本自民党还顶住了防卫厅总干事的压力,总干事曾试图赢得自民党秘书长和自民党执行委员会主席的支持(Keddell,1993)。

第十五章 预算策略、指导方针和上限

然而,一年后,在美国持续施压要求增加国防开支的情况下,在防卫政策族群"特别积极地促进与党员的协商"之后,各方同意采用一个特别的框架。尽管大藏省仍然强烈反对,但在首相、内阁官房长官和大藏大臣的一次会议后,各方达成了共识,决定免除1982财政年度零上限的国防开支。在更广泛的背景下,国防项目的优先地位确定是为了公开表明日本政府对美国持续施压的回应,要求日本根据《安全条约》承担更多的国防开支。在对预算准则中的优先计划进行审查并达成一致后,预算局与自民党领导人讨论并商定了分配给每个计划的额外资源的上限。

除了优先方案和那些不适用预算准则的方案外,还有第三个较宽松的类别,其中包括一些资本投资方案,这些方案在一般准则中对资本投资的总体限额做了特殊规定。其目的是增加特别资本方案的特别开支,这是20世纪80年代末和20世纪90年代初的一种现象,部分原因是为了响应国家计划设定的目标和改变"社会间接资本"数量的结构性障碍,另外是为了在经济衰退期间提供额外的财政刺激。例如,从1991财政年度到1993财政年度,除了规定增加资本投资5%的一般准则外,在计划准则中还指定了额外资源来改善"社会间接资本"和"促进公共投资"。后来,为了刺激经济进行结构调整,1996年的准则为"基本经济发展"和"学术研究"提供了特别数额的新资金;1997财政年度,促进经济结构改革;1998财政年度的"特别调整措施",为环保、科研和电讯等策略性部门提供额外拨款,以及增加公共工程开支,以改善运输、通讯、污水系统和市区重建。从1988年到1997年,每年还向其他一些特殊的资本投资计划分配1.3万亿日元,这又产生了大量额外资金,这些资金最初是日本电话电报公司(NTT)出售政府股份的资源筹集的。这笔钱作为贷款从国家合并贷款基金转到一般账户预算。虽然它没有显示在一般支出的总支出之内,但它仍然是每年用于更多公共工程的一笔相当大的新资金,因此,引起了一些部门和机构为之竞争。

预算准则中对经常开支和资本开支的自上而下的限制是有选择的,而且在实践中比1982—2000年期间出现的限制要少得多。如果认真观察一下准则对四大类支出的适用情况可以发现,实际上只有一般支出总额的10%左右按准则的限额被计算为经常支出,其中几乎一半被视为规则例外情况的优先

287

方案的开支。不受准则约束的"需求导向型"项目约占 1/5,资本投资项目略多。以 1995 财政年度为例,在 42.141 万亿日元的一般支出预算中,只有 4.4 万亿日元经常性支出受到削减 10% 的影响;9.6 万亿日元,占一股支出预算 23% 的资金受到"资本投资增加 5%"准则的影响;占资本投资总额的 2/3 (28.1 万亿日元)则被作为优先事项或免税支出计划,完全排除在这些准则的应用范围之外。

计算总数的基线是上一年的初步预算支出,即计划支出。由于通过一个或多个补充预算供资的年度支出,订正和转出支出总额通常高于计划数额。通过使用计划支出作为预算请求的基准,大藏省要求支出部和机构重新竞标上一财政年度商定的任何超出该基准的年内增加额。由于补充预算而产生的任何收益或损失都已"摊销",并没有增加或减少基线。最高限额是根据前一年的初步基线商定和规定的,由于不考虑年度预算的修订,因此预算流程的最终输出即结算账目也没有被考虑,许多部门和机构经常低估其计划和修订的预算拨款,因此对他们来说,重要的是要确定明年预算谈判的基线是计划初始的支出,而不是最终支出。

表 15.2 列出了财政年度预算指导准则在制定 1996 财政年度初始预算时的应用情况。计算每一类支出及其总额的基线是由 1995 财政年度初步预算确定的。1996 财政年度准则的实施,使预算要求的总限额比上年提高了 1.79 万亿日元,预算总体限额为 43.93 万亿日元。在审查和谈判所提出预算要求后,核准了 1.79 万亿日元最高限额中的 1.040 万亿日元,使 1996 财政年度的初步预算总额为 43.140 万亿日元。这又成为编制 1997 年财政预算的基线。由于每年都有一些新资金,基准线逐年增加。

表 15.2　　　　　　　　　　1996 财年预算要求准则　　　　　　　单位:万亿日元

1996 财政年度预算指导准则:一般支出	1995 财政年度基线(初始预算)	1996 财政年度指导准则:最大增长值或减少值	1996 财政年度预算最高限额	1996 财政年度初始预算分配
经常开支可能会削减	4.4	−0.450	3.950	4.6
不包括削减的开支	8.8	0	8.8	9
优先支出豁免准则	19.3	1.660	20.960	19.4
		其中:		

续表

1996 财政年度预算指导准则：一般支出	1995 财政年度基线（初始预算）	1996 财政年度指导准则：最大增长值或减少值	1996 财政年度预算最高限额	1996 财政年度初始预算分配
		员工 0.380		
		养老金 0.840		
		海外发展援助 0.08		
		能源政策 0.040		
		国防 0.320		
资本投资支出	9.6	0.48	10.08	10.1
专项投资方案		0.14	0.14	0.04
特殊因素		−0.04	−0.04	
总额	42.141	1.79	43.93	43.14

资料来源：日本预算简况，预算局，大藏省（1996 财政年度）。

自民党的影响力

随着对收入、支出和借款的连续估计数的重复讨论，整个预算战略开始在预算局内形成。但是在 6 月、7 月向内阁提出正式建议之前，预算局局长及其在协调处的工作人员必须确保他们的提议，其中包含了首相或大藏大臣的任何特别个人倡议要与政府、政党的目标相一致，并被自民党领导层广泛接受。日本大藏省和自民党在预算的适当战略上往往存在较大的分歧，这反映了各自的观点和选民不同。大藏省更加关注宏观经济的广泛背景，其中预算战略是不可或缺的一部分，同时也关注公共支出增长对收入基础、政府借款和偿还债务的长期影响，敦促克制和财政纪律，以实现恢复预算平衡的目标。自民党的首选战略通常反映了一种以政党政治利益为主导的短期观点，受到领导人和追随者要求增加支出以促进商定的政党政策并奖励其支持者。根据一名前总干事的说法，他最重要的任务是调和不同的、往往相互冲突的经济和政治观点，同时试图说服自民党相信大藏省自己偏爱的预算战略的必要性（Tanaka Takashi，1994）。

在 20 世纪 80 年代，大藏省和自民党的观点之间存在着"巨大差异"。在协调工作中，总干事得到了预算局协调司司长、研究和规划司司长的帮助。

他们的任务之一是"四处走动",向自民党领导人解释并证明预算计划的合理性,努力说服他们,使他们相信大藏省安排不仅与经济和财政状况有关,而且与实现党的国家政策目标和政治利益有关。当政策研究委员会(PARC)要求对总体预算战略和主要政策问题进行解释和回答时,二人陪同总干事一起参加。

在提出这些建议的整个过程中,总干事向首相和大藏大臣通报了讨论估计数的进展情况,以及支出和借款总额的总数。这是间接途径,也可以直接通过大藏省行政副大臣和预算局局长、内阁大臣和三位自民党高级官员商讨,使之与不断发展的境状保持同步,并在各个阶段获取他们对政策选择的反应。预算局局长一直与大藏大臣和首相保持联系,后者的角色,结合了政党的领导人的角色,为了实现其优先战略通过自民党领导层向外传递政府的主张,并在有必要时利用其影响力获得比自民党普通党员敦促其同事时的更强硬立场。与此同时,作为党内领袖,他成为党内压力的焦点,这些压力来自他在内阁内外的党内资深同僚,来自该党的政治信号、信息、请求和压力影响了他对什么是对抗大藏省宏观经济判断的政治必要和权宜之计的判断。此外,总干事还与自民党其他知名领导人和一些有影响力的资深政治家进行非正式磋商,比如20世纪90年代的日本前首相竹下登和中曾根康弘即是如此。如果保证在6月份使内阁和外部政党领导层接受该预算战略,就必须进行初步调查,并尽早纳入政党的政治利益和偏好,因为还要动员普通国会议员对预算战略的支持。

当预算局协调司开始确定总额,并就每一大类支出的准则和拨款提出建议时,自民党参与了整个过程和整个预算框架的制定工作。预算局局长要正式和非正式地向政策事务研究理事会和其他政党和政策机构简要地解释了构成预算策略背景的经济背景,包括经济增长前景、政府的财政政策立场、收入、支出和借贷的预测,以及四类中每一类的预算准则和上限。在那个时期,自民党的兴趣不在于预算总额和每个部门的总体上限,而在于具体的政策和项目,即给予国防、海外发展援助、社会保障、公共投资和工程计划以及特定项目和支出项目分别的优先程度。通常情况下,协调司知道政党政治压力的来源和力量,尽管其中一些或大部分可能已经在不断演变的预算框架中被忽略，因为在其限度内无法容纳更多的支出的压力往往需要加以抑制。在这种情况下，协调司官员将敦促首相、大藏大臣和自民党高级官员，在其帮助下，向自民党普通成员解释为何他们所青睐的项目不能拥有更多资源。

根据预算局前局长的说法，预算准则以及附加在不包括预算适用范围内的支出类别的支出上限，是在与自民党高级官员激烈讨论和辩论后才决定的(Komura,1993)。1982年以后，制订准则时最重要的讨论是，作为削减预算原则的例外应允许增加多少公共投资，以及有多少新的资金可用于额外的特别公共工程计划。协调司必须权衡各种政治和经济因素，主要是来自自民党不断施加的正式和非正式的压力。

由于公共投资在自民党选举政治背景下的政治重要性，以及在1991—1995年和1997—1999年等经济衰退时期，它被用作反周期政策的主要工具。因公共工程项目的支出处理方式与其他项目不同，负责审查交通省所有公共工程计划以及其他部门和机构的部分计划的预算审查员直接与他的副总干事以及预算局局长讨论他的第一次预算，他们一起审议了根据未改变的预算准则假设所作的估计数，以及每个项目下可能支出的必要性和理由。

政治上的权宜之计受到了经济因素的影响。协调司与财政局第一基金司讨论了拟议的FILP投资水平，并与相关预算审查人员讨论了地方政府自身投资计划的估算。然后，它概述了公共投资总额的一系列可能选择，以及如何通过总账户预算、财政投资、贷款计划和地方政府自己的借款来提供资金。除此之外，与金融局就财政投资和贷款计划的讨论也至关重要。在这里，必须再次考虑更广泛的经济因素，更多公共投资的可取性、公共和私营部门提供这种投资的能力以及对产出、就业、私人投资和消费者支出的可能影响。更为细致的是现有的公共投资方案的政策承诺，如五年期的道路、房屋和水部门投资的计划，以及改善基础设施的国际义务，如1991年初开始的十年基本投资计划，都是势在必行的。

部级预算上限

在拟议的总预算总额内，协调司必须决定每个部门和机构的最高限额，在这个限额内,每个部门和机构必须在 8 月 31 日前提出其预算要求。这是三个相互关联的过程:第一,协调司将总预算的一部分分配给大藏省各开支部门,由三名副司长分别管理。第二,由他们分配给每位预算审查员。第三,由后者分配给负责各个部门、机构和计划的预算审查员。通过与协调司的讨论,预算审查人员对发展总战略有了清楚的认识,并知道共计有多少资金可供额外开支。反过来,协调司对预算审查员和来自其各部门和各机构的预算审查员所传递的自下而上的压力,以及这些压力是否能够控制在其发展战略的范围之内,有了更好的新的认识。在支出部门中,预算和账务司通过与预算审查员的非正式讨论,深入了解了大藏省对总体财政状况的看法,并对可能达到的预算上限有所了解,在这个上限内,他们将被要求向预算局提交意见,提醒各部门注意可能出现的结果,并指导它们编制预算要求。无论是在预算局内部,还是在预算局与各部门、机构和账务司之间,在每一级的传递中,传递的信息都带有战术上的考虑。例如,协调司可能希望对总预算的可能上限作出更悲观的评估,以便影响预算局副局长和预算审查员在预算中"分摊"的行为。与预算局进行的非正式讨论相比,各支出部门的预算和账务司司长可能希望通过描绘一幅可能达到的部长级最高限额的更悲观图景,使他们的决策部门在提出要求时更加谨慎和简约。

在准备计划的预算上限时,相关负责人代表其预算审查人员与协调司进行了谈判,解释和说明了各支出部门和机构在其职责范围内的特殊需要。同时,每一位预算审查员都试图说服协调司,让协调司从为优先方案增加的新资金中分出一部分为那些免于削减的资金分得一杯羹,这些预计将在全面预算上限计划和预算准则完成后提供。在最后阶段,通过与协调司的讨论,预算审查员及其负责人有助于通过预算准则的实施对分配给四类支出的数额作出判断。

在与总干事讨论之后,由协调司司长和负责预算计划的预算审查员,将预算总额的份额分配给三位副总干事。实际上,每个副局长都被给予一笔总额,由其自行分配给预算审查员。协调司影响但没有规定预算审查员向支出部门内副手资助预算请求的分配。但是,协调司可能会提请注意特定支出项目的重要性,或者需要分配额外的资金来适应自民党的特定利益。预算审查

第十五章 预算策略、指导方针和上限

员没有义务接受此类建议,并且可以决定向其一名代表分配比协调司设定的目标更大或更小的款项。

大部分拨给各部门、各机构和各方案的拨款是可以预测的,因为预算准则适用于前一年初步预算的基本支出。但是,通常有额外的资金来资助优先方案、公共投资工程。预算审查员竞相为其部门和机构,以及为公共投资特别计划中的任何额外资源争取尽可能多的份额,并从他们与预算和账务司司长的非正式讨论中提供证据来支持他们的主张。

每个预算审查员的分配都是具有指示性的,这是一项准则,随后在该准则中审查并协商了一个部的预算进行提交。在提交意见书之后的几个月的听证和审查过程中,预算审查员敦促协调司增加拨款,以满足他们认为不可抗拒和合理的要求,并且向协调司和他自己的副总干事投诉其分配的不充分性,这是一个传统的预算审查员按照原始规则在分配"游戏"中奋力拼搏的预期行为。作为回应,副局长可以通过在预算审查员之间从总体分配中保留的金额中转移少量资金来影响边际份额。

随着协调司开始确立整个预算的框架后,它向大藏大臣解释了拟议的原则和战略,并请他正式批准将预算份额分配给副局长和预算审查员。在6月、7月内阁会议召开前,预算局局长向首相正式解释了预算上限及其分配原则。在这个阶段的后期,首相仍然可以做出改变,例如,给予特殊类别中的政策更多的优先权,但这种情况很少发生。然而,如上所述,在制定战略的早期阶段,首相的影响力没有那么正式。他对协调司提案和谈判结果的可能反应,以及他想提出的任何特别问题,都需要通过协调司、他的私人秘书和大藏大臣官房之间的沟通网络沟通后才能被考虑。随着战略的发展,协调司利用该网络向首相和内阁大臣通报正在发生的事情,并观察他们对在与官僚机构其他成员进行讨论和谈判时所提出的方案和建议的一般反应。在正式要求内阁批准预算战略之时,通过过去三个月进行的持续讨论和谈判,所有主要的部长、政党和官僚参与者都已达成协议。因此,在后期很少进行细微调整和边际调整。

在内阁开会批准预算战略的前几天,各部门和各机构被告知他们将被要求提交其预算要求的最高限额。但是,内阁没有正式批准这些申请,以避免

部长们随后在谈判中声称这些申请是经内阁授权的权利。最高限额是每个部与预算局之间就其所能收到的预算最大份额所达成的非正式协议,它为预算审查员提供了向下谈判的必要灵活性(Fushimi,1994)。

如果对拟议的部长级最高限额有争议,则有时有必要在部长与大藏大臣之间举行双边会议,以解决内阁会议之前的分歧。按惯例,只有预算上限通常包括优先方案额外支出的三个部同财政结算部长签订了正式的面对面协议,这进一步说明了礼仪式在预算过程中的重要性。20世纪80年代初,一些互助协议、与美国签订的安全条约、海外发展援助计划、公共工程计划和国防开支等项目,开始被视为财政部的预算准则中的优先计划。外交大臣、国防部总干事和建筑大臣与自民党和财政部的高级官员举行了会晤,公开展示其预算上限有助于使媒体关注预算的优先领域,并使政府和自民党能够公开表明其对日本以外更广泛的政治经济共同体及其地方政治的国际义务。然而,1994—1995财政年度的国防开支上限公告,由于细川领导的联合政府的组建和大选被推迟而并没有以这样的仪式为标志,这是因为当时的联盟成员对日本社会党内的国防问题十分敏感。

预算上限和准则现已发布。各部门和机构已于8月31日开始准备其正式预算申请,预算局考虑了在接下来的几个月中与它们打交道的策略,以便在总限额内于12月提交预算草案。

一旦预算内容获得内阁批准,总干事的职责就是主持、管理和指导未来几个月预算流程的协调。在内部,他关心的是预算局的工作人员之间达成共识,以确保对预算的目标以及整个经济的总体战略有一个共同的理解,并指导和鼓励他们在与各支出部门和机构的听证、审查、谈判的过程中实现和谐的目标。他关切地向这些部门的官员解释和说明预算战略的目的及其对当前经济情况的适当性,并通过新闻媒介、公开会议和演讲向广大公众解释和说明。

为了使12月底公布的初步预算草案的原则和政策达成更广泛的公众共识,公众对财政制度研究委员会的认可是一个必要因素。在向理事会秘书处提供咨询意见和服务的预算局的帮助下,总干事在过去几个月里与主席和其他主要成员进行了非正式磋商,研究各种备选方案,测试公众对不断演变的预算战略的反应,并提醒他们注意任何不寻常的情况。

补充预算

编制补充预算的过程与编制主预算的过程类似,预算局协调司在总干事的推动和指导下主动采取行动。税收和支出变化的规模和构成、对政府借款的影响,以及补充预算的时间安排等都被强烈地政治化了,这是总干事与协调司工作人员、首相、财政大臣和自民党高级官员进行持续对话的结果,也是与各支出部门和机构的官员进行正常磋商的结果。

自民党对补充预算的规模、结构和内容有相当大的影响力,部分原因是补充预算相对一般账户预算而言,其规模小、简单;收入和支出之间的关系比更大的一般账户预算更容易理解,预算的规模、组成部分及其目的也更容易理解,这主要是因为,补充预算不受预算准则的约束,对额外支出的数额或其在支出、方案或各部门和机构之间的分配没有限制。因此,它们提供了一个机会,即为主预算中不符合准则的或在预算谈判中被削减或推迟的一些可自由支配支出项目提供资金。大藏省能够更好地抵制来自内阁大臣和自民党领导层的一些压力,即通过在制度化的补充预算中满足他们的一些要求,来更大幅度地增加一般账户预算。它在执行限制主要预算增长的政策时提供了"挽回大藏省颜面"的手段(Kosai,1994)。

第十六章　支出部门的预算流程

每年8月31日,各部门向大藏省提交关于一般账户预算份额的预算请求。它们的内部编制过程涉及两个主要问题:一是提交前与预算局非正式商定的预算限额或上限,二是在该上限内分配给每个部门以及他们政策部门的方案和项目的份额。这些问题通过四个相互关联的过程加以阐述:第一,各部门内部和政策部门之间预算提案的准备、讨论和谈判;第二,由该部门的预算和账户司审查这些建议,并与各部门进行谈判,争取该部可能的总体预算拨款的尽可能多的部分;第三,大藏省预算和账户司与大藏省预算局就可能的预算上限进行非正式谈判,即制定在计划的一般账户预算总额中的假定份额;第四,编制正式的预算要求并使之合法化。这四个过程是迭代的,在这里是为了分析和解释。至于预算局在提交预算申请后的听证、审查以及与各部门和机构的谈判将在下两章中处理。

本文所提供的账目引用了1992—1999年期间所有支出部门的访谈材料和证据,在合适的地方解释了它们在组织、过程和程序上的显著差异。防卫厅和总务厅的预算程序在最后分别进行处理,各部门使用不同的术语来描述部长秘书处负责编制的整体预算的部门,在本章和随后的章节中,一般使用"预算和会计司"来描述。

主要参与者

部长秘书处。该处的主要参与者是预算和会计司司长、副司长和总务司司长。在每个部门内,政策司司长和副司长发挥领导作用,而每个部门的一般事务司司长和工作人员发挥一般协调职能。每个部门的局长行使普遍监督的职能,提供最后的调解和仲裁服务,并在部内外建立高级别的政治网络。

预算和会计司及其工作人员是整个过程的核心。在整个过程中,司长行使了相当大的自由裁量权,这是由于他的地位以及他在部长秘书处的核心位置,他的级别高于其他司长,相当于副总干事,有权接触其总干事和大臣政务官。他的影响力来自他与部内各级同事的正式和非正式接触,以及与大藏省预算局的一般官员的接触,关键的是他和他的部门能够接收和传输与大藏省之间的各种信息和指示,司长在与各部门和各司内部以及与预算局外部进行谈判时,行使了部长的默示权力,并得到了该部最高级官员的默示同意。理论上,他可以正式请求他们的支持,但实际上这种情况很少发生。这一过程是协商的,目的是达成一致的意见,或至少在各竞争方之间达成妥协。但仅预算账务司司长一人掌握了各部门及其各司所要求的总体情况,以及各部门拟议支出的需求和理由。这些都必须根据部门的总体预算计划和使其在一般账户预算中所占份额最大化的战略来确定。

预算策略

制定部门年度预算策略是为其总体目标以及为实现这些目标而提出的。这些方案通常采取中期计划或"远景"的形式,纳入各组成局及其政策司的有关活动,例如防卫厅的五年国防计划或外交部的海外发展援助中期计划。在建设部中心,各部门制定了五年计划,对道路、住房、污水设施、城市公园和植被侵蚀和防洪方案进行资本投资。农林水产省制定了十年的农业土地改良计划,以及六年的近海渔业和渔业港口计划,这些计划和其他计划的细节见表 23.2。在劳动省,每个部门都有一个五年计划,这是一个艰难的达成共识的结果,其中包括一个三方咨询委员会。例如,它的就业政策局负责政府的就业政策总体规划,协调其他受影响的部门的利益,并监督一个特设研究小组的初步参与,以及后来的中央就业安全理事会和附属于首相办公室的就业理事会这两个咨询理事会的正式参与。

与相关问题有关的政策声明也体现了部长级目标。例如,文部省正式宣布的主要战略目标为教育改革。这种政策来自教育理事会的工作,这是一个特设咨询委员会,它在 1983 年向首相提出了一系列报告。随后,在 1987 年 10 月内阁同意文部省编制的题为《立即实施教育改革的政策:实施教育改革的政策指南》的政策文件,作为战略决策的准则。

这些战略政策文件为启动大多数年度拟议预算提供了基础。然而,将其转化为一个综合和连贯的预算战略的过程,与其说是一个自上而下规定相互竞争的索赔要求之间的优先顺序的过程,不如说是一个"自下而上"的过程,即由部长秘书处预算和会计司牵头,汇总各部门及其政策司的单独和松散的预算计划和提案。规划和分配资源并不是在"最高管理层"信息系统内进行的,该信息系统旨在使部长能够更好地制定预算战略,以反映其偏好和优先支出事项,例如从 20 世纪 80 年代初开始在英国和其他工业国家发生的情况。部门秘书处就部门政策立场的总体方向提供了咨询和指导意见,内阁达成了一项协议,要求各部门都参与其中,而部长在制定预算战略方面的影响力通常微不足道。在建设省,"很少有政策或优先事项来自部长或副部长"(建设省,1993a)。日本教育大臣很少在预算问题上给出明确的方向,也很少在一项支出上表明对增加支出的偏好,这种情况最有可能发生,因为选民、个别议员或自民党等有影响力的人对其施加了压力(文部省,1994)。

不是所有部门都在部长秘书处内设有政策规划和协调委员会,或执行这一职能的工作队。它有助于为各部门及其各司就全面战略政策提供一些广泛的指导,预期各部门及其各司的预算提案将与这些政策保持一致。随后它还可以同预算和会计司一起,在协调各政策司提出的预算要求方面发挥重要作用。20 世纪 90 年代中期,隶属于部长秘书处总务司的通商产业省的政策和规划委员会每周举行两次会议,成员来自其 13 个局的每个总务协调司。他们由一群充满热情、精力充沛的年轻人组成,是一批有权对整个部门的职责范围内的基本政策进行"集思广益"的精英。在这个自称的"影子内阁"之上,局长会议为政策规划提供了更为正式的场合(通商产业省,1993)。在权利更分散的建设部,传统上,各部门在决策和执行方面都有很大的自主权,然而,从 1990 年起,高级官员在制定政策目标和决定支出优先次序方面有更多的领导能力和指导作用。部长秘书处设立了一个政策司，负责汇集各部门各自的政策举措。这与其说是为资源的规划和分配承担自下而上的管理责任，倒不如说是试图在各司编制的支出计划清单上强加某种总体上的一致性和方向性(大藏省 1993a)。如文部省没有正式的政策和规划委员会，预算政策在各部门"牵头"司长与预算和会计司司长的会晤时得到正式讨论，并通过各级直至大臣政务官的非正式接触进行日常协调。

在中长期计划和政策的广泛框架内，部长秘书处总干事与预算和会计司带头制定预算战略。他们不断与各部门局长讨论其目标和优先事项，并在预算慢慢形成时，在必要时让大臣政务官参与重大问题的讨论。除部长秘书处外，各部门也可发挥协调作用。例如，在交通运输省，交通政策局有一个综合交通政策司，负责"基本政策"。它从各部门收集了关于本年度主要政策的信息，并帮助预算和账户司制定方案，以向高级官员和部长反映提出的主要支出优先事项(交通运输省，1994)。

这样的政策协调部门、政策规划与协调委员会，甚至是部长秘书处，在预算编制中发挥总体战略作用的能力有限，在实践中受到传统的强有力的垂直结构的限制，这种结构是所有部门和机构机关化的特点。政策，特别是预算政策，基本上是自下而上的，由各部门的个别政策部门负责。关于在现有方案和项目上增加开支的提议，以及为新政策提供资金的提议，几乎完全是他们的责任。从实际意义上讲，一个部门的预算及其预算战略是若干个单独编制的局预算的总和。预算和会计司的任务是确保它们符合先前商定的部长级目标和总体方向，将其正在与预算局谈判的总额控制在可能的上限之内，并就相互竞争的部门或机构在总额之内的相关优先事项的主张提出建议。一个局内支出项目之间的优先次序在很大程度上是由每个部门的实力决定的。例如，建设省强大的河流管理局有四个主要部门，每个部门都在争夺现有资本投资资源的份额，以及大藏省预算准则通常规定的年度增长份额(建设省，1993b)。

在没有为每个部门制定正式的五年计划的情况下，比如在建设省、运输省和农林产业省，通常都有非正式的计划。虽然他们缺乏大藏省的正式承认和内阁批准所赋予的合法性，但是他们仍然在确定各部门相互竞争的主张的优先顺序方面具有重要意义,大藏的预算局有义务认识到这一点。例如,外交部预算和会计司的一位前司长描述了外务省与各部门局长之间关于他们对这种非正式计划所固有的资源要求的"心照不宣"(外务省,1993)。在存在这种谅解和非正式协议的地方,这些谅解和协议影响了该部预算优先事项的确定。

预算方案的准备

在每个年度预算周期结束时,通常在内阁3月、4月批准大藏省预算草案后,各部门及其政策部门对其目前和今后的支出承诺进行了审查,并审议了新政策和修订政策。大藏省的预算审查员鼓励他们跟踪上一轮预算谈判中出现的问题,或者作为预算局官员自己可能参与的某个特定政策领域的一部分,或者作为内阁同意部门建议的新政策倡议的结果,或者作为经过自民党研究小组或咨询委员会的讨论和报告。与此同时,部长秘书处的一般事务司与预算和会计司为下一轮预算编制了准则,其中包括新的政策承诺以及预先确定的优先领域,但并非所有新的或经修订的政策都涉及支出问题。例如,税收或管理制度的变化可能反映重要的新政策发展,但对支出影响很小或没有影响,尽管它们当然影响到了就大藏省支出总额作出决定的宏观经济背景。

5月、6月向各政策司分发的部门准则包括一般背景情况介绍和应遵循的具体指示。预算和会计司司长会对大藏省总体预算编制过程中的政治经济背景提出总体评价,例如,是否预计今年的预算会比去年"紧缩"?为什么会"紧缩"?以及对大藏省预算的影响等。但是,实施大藏省总体预算战略的方式也影响了在那个阶段的具体行为。准则还可包括演练该部目前的政策倡议,以及重申内阁就其活动中心的重大问题达成正式协议。它可以提醒政策部门注意部长对特定问题的态度。在劳动部,预算和会计司给每个司规定了上一个财政年度的最高限额,以及将可能影响该司的广泛背景因素的一般资料,作为编制其请求草案的一种基线(劳动省,1994)。

各司开始编制预算要求指示规定了相关日期安排,并概述了预算和会计司司长和官员会议的程序。他们规定了一个财政年度的支出估计数所使用的格式,要求各司区分持续补助和在下一年可能出现的法定补助。此外,还允许他们提出新的或额外的开支,也就是说如果资源允许的话,除了他们承诺的方案开支之外,可以根据自己的意愿提出额外的开支。在后者与大藏省预算局就该部门的最高限额进行非正式讨论结束之前,政策部门与预算和会计司之间的讨论和谈判被称为"蓝色上限"。也就是说,预算请求尚无最高限额,只有"蓝天"(建设省,1993b)。但是,需要以书面形式解释所有支出类型的必要性和理由,尽管详细情况、支持性统计和技术证据的数量会因支出项目规模的不同而不同,各部门授予政策部门分配和承付资金的数额也各不相同,但在准则中指出了使用量和使用条件。

准则还可以纳入大藏省规定的关于预算请求估计费用的一般规则,例如用于计算在海外购买的货物和服务费用的汇率。但大藏省对这些规则的更新和修订通常发生在进程的后期,即12月初谈判结束后。因为在当地一些不利因素可能会加剧这种情况,例如,建议制定计算未来工资和物价变动的规则。

应预算和会计司关于拟议新政策支出的要求,每个部门在4月、5月正式开始这一进程。它甚至更早地在1月和2月就非正式地开始,因为政策部门会根据现有的承诺,额外的义务和新的支出来讨论他们对即将到来的财政年度的需求,他们希望以此来改善或扩展现有的服务,并启动新的方案。这里的小组讨论通常由各政策部门的主任及其工作人员进行,他们编写文件并与同事讨论想法和做出选择。随着这些措施的加强,部门主任的参与程度的提高,整个部门的优先预算战略开始演变。虽然这种自下而上的特点总体上是正确的,但实践时因个别局长的个性化管理风格而有所不同。有些部门更愿意从一开始就参与进来,为其部门提供战略和政策方面的指导。但无论授予他们的权力有多大,主任都应定期报告关于提案草案的讨论进展情况。

同时他们还同主席团内其他利益部门进行了讨论。除此之外,要实现一体化和一致性往往需要等待主席团总务司在之后进行调解,优先事项尚未解决的问题由主席团主席总干事进行调解。当一些部门问题对其他部门的预算有影响,经常在预算提案之前的很长一段时间内进行讨论,当一项政策责任超出了微小的界限时,双方就各自承担的支出份额达成协议。例如,海外发展援助。如果政策领域正在审查中,大藏省预算局可能会继续参与其中。在20世纪80年代财政重建开始之后,预算局官员领导的这种决策倡议变得更加普遍,而且通常是为了减少中期或长期方案的费用(经济企划厅,1993)。

新开支提案的倡议主要来自各个局,特别是来自它们的下属部门。例如,在水务局工作全年的施工技术数据和信息是在外部团体活动中获得的。政府官员敦促总部的官员和地方官员新的政策和项目需要额外的支出,每年在初步的"蓝色上限"中,内部团体提出关于编制预算请求的建议约有100项。七个主要部门之间进行内部讨论,结果将这个建议削减到十几个。这代表主席团在内部要求增加开支的初步要求,总干事对他们的需要进行了解释并召开"三巨头"的正式听证会:建设省副大臣、建设部主管工程事务的行政副大臣和部长秘书处主任(建设省,1993b)。

这些会议是与水利部所有其他部门同时举行的,会议的结果是水利部的提议被削减到两三个,并在"三巨头"面前再次辩论,并且负责总体政策协调的副部长也出席了会议。但并非所有新的政策提案都需要他们的批准:那些不那么重要的提案后来作为该局预算请求的一部分提交给了预算局。

除了每年削减经常性开支以及减少的资本支出之外,所有部门和机构从1982年起必须遵守大藏省的预算准则,预算和会计司还试图有选择地从其认为易受大藏省审查的方案中获得额外的储蓄,并且同时考虑到持续的政治利益和支持的程度,会将其重新分配给具有更高优先权的其他方案。在提出一项新的支出方案或现有的一项修订或扩展的情况下,有一种很强的假定或政策"游戏规则",即分部或局将通过缩减或放弃现有计划的部分或全部来提供补偿储蓄。但是,如果方案和支出规模是由需求主导的,例如在厚生省,那更容易对这一规则置之不理。

各部门的一般事务司负责内部协调,并与该部门的一般预算战略保持一致,鼓励具有相关的或与政策利益和责任有联系的那些司的副司长,讨论和商定其拟议支出的优先次序,这一级别的协调主要是他们的责任。在更广泛的层面上,一般事务司收集、汇编并设法整合所有各司的贡献,涵盖一个局的所有职责范围。当一般事务司的官员像在通商产业省那样参加一个基础广泛的政策规划委员会时,他们设法确保他们自己的主席团关于政策和支出的讨论所产生的结果与通商产业省和部长秘书处正在形成的全面预算战略相一致。在不存在这种机制的各部门中,各部门的一般事务司仍然履行着几乎相同的协调职能,解释中心正在为其政策部门的同事制定想法和战略,并向中心传达紧急政策建议和可能存在的支出问题。

在一些部门中,部门的协调作用由一个"领导"或"主管"部门发挥。在教育部各部门,它表现得像个预算和会计司,对其他部门的计划和预算提案进行仔细和批判性审查。在20世纪90年代中期的通商产业省,机器和信息产业局有四个电子部门,职责不重叠。他们的预算要求必须相互一致,在这项初步任务中,电子政策司是主要推动者,即"牵头部门"。在通商产业省,其中一些局设有中级部门,作为"牵头部门"的工时司负责协调该司其他部门的预算提案。这些建议随后交由劳动标准局的行政事务司讨论,并与其他13个司的建议合并,经过调整并确定优先事项,成为该局的预算计划,并交给部长秘书处的预算和会计司司长。

在一个局的预算草案完成之前,通常举行一次总干事会议或听证会,讨论各司的政策建议和优先战略,并确定整个局的预算要求和基本战略。这次会议的目的是为了达成一项所有人都认可的正式协议。

协调通商产业省的预算战略

通商产业省各部门预算的正式协调始于5月和6月,当时该部秘书处的两个主要司,总务司及预算和账务司联合召开了第一次"听证会",由总务司司长主持,预算和会计司司长出席,部长秘书处的规划干事、工业结构司司长、工业筹资司长和技术问题顾问也出席会议。他们对超越各部门利益的问题都负有责任。在大约两个星期的时间内,每个部门正式介绍了其当前和未来的政策,概述了关于继续支出、新支出和可削减方案的建议,并提供了预算草案。每个部门的负责人都按照业务要求出席。1992—1993年,为了实现整个部门目标和优先事项的一体化而改变了该程序,将更多的注意力放在广泛的政策问题上,如贸易政策、技术政策以及小型和中型企业。在第一次"听证会"结束后,秘书处总务司根据该部门的总体政策目标,编制了一份正式文件,阐述了这些建议,使6月底、7月初举行的第二次"听证会"提上了议程。

日本的财政危机

每年6月、7月举行的官员轮换仪式打断了通商产业省听证会和其他小型企业的预算进程。在第二次听证会之前，通商产业省的主任与那些即将取代他们的人进行了非正式的讨论，就他们在即将到来的预算中提出的开支意见和建议，向他们简要介绍了与其他部门及预算和会计司进行任何非正式谈判的进展情况。该部门预算的主题产生于移交前的第一次听证会上，并在第二次听证会上与现已离职的人员讨论。后者可能对它们新部门以前所奉行的政策有不同的想法，或者对各司和主席团在其前任暂时承诺的特定政策不感兴趣。因此，在制定特定政策时，偶尔会出现突然中断的情况，这是官僚政策制定的一个特征，并已经引起了其他学者的注意（Horne，1985；Rosenbluth，1989）。并且由于交接同时在大藏省预算局进行，双方可能同时出现中断。然而，在日本官僚机构中，非正式网络有助于将预算决策的任何严重的影响降至最低，受调职者迅速设法通过非正式会议和社交活动与预算局内的人员建立关系。如1997—1998年，大藏省在各种所谓的"吃喝"丑闻中，指控银行和证券局的高级官员有不当和违法的行为。

通商产业省的做法是在4月、5月调任总务司副司长，这比调任它的司长和其他司司长以及政策司的副司长都早。这保证了政策讨论的连续性，使副主任能够熟悉编制主席团预算草案的进展情况，继续参与与主席团的讨论，并继续在各主席团之间进行协调。因此，这表明了总务司副司长在预算过程中发挥的核心作用。通商产业省的许多精英官员被借调到日本大使馆和国际组织。职位发布和选举通常发生在4月，但有些部门可能也确实出现了几个月没有董事的情况，直到一般轮调发生。今年4月，建设部还借调官员到地方政府，等他们返回后有一段"恢复期"，需要等待两三个月后补充一般轮调产生的空缺。

在秘书处一般事务司与预算和会计司召集和协调的第二次听证会之后，通商产业省的政策部门加强了预算支出计划，将其纳入了主席团同意的新政策和增加的支出。如前文所述，各司在各部门内发挥与各部门预算和会计司类似的协调和调解作用。总事务司在每个部门内举行的听证会与为整个部举行的听证会同时举行。

在第二次全体听证会结束时，预算和会计司举行了更详细和更重要的听证会,持续了大约两个星期。各部门局长及其政策司司长应邀出席为期一至两天的会议,解释其拟议预算草案的细节,并就任何新开支的必要性和理由进行辩论。然后,预算和会计司的一名工作人员对这些解释进行了跟进并论证了细节。预算和会计司司长在各部门中的作用与预算局预算审查员的作用相似,司长可以质疑、驳斥论点并提出相关建议,这一进程有助于保证开支建议的合理化。

其他部门和机构也对预算和会计司作出类似安排,以便举行正式的部门听证会和审查预算提案。例如,在外务省,有50个政策部门举行了两次听证会,第一次只花了两到三天,但第二次听证会持续了大约一个星期。预算和会计司司长与每个部门的负责人讨论了该部门的主要项目,并通过调查了解到大致情况。厚生省也采取了类似的做法。在考察的早期阶段,预算和会计司司长尽量不要表现得太高傲,也不要表现得太压抑。正如一位司长所说的,"有必要制定一个有吸引力的预算,这将吸引自民党和媒体"。他正在寻找"好的、有吸引力的支出项目",同时劝阻那些"过于空想"的建议(外务省1993)。更一般地,预算和会计司的审查会涉及确定拟议支出,特别是新项目的可行性和有效性。它的另一个主要关切点是在各部门之间取得可接受的平衡。后一种考虑往往强化了历史的份额,以及这一过程与生俱来的保守主义。在第21章中将做详细的解释。

然而,并非所有部门和机构都遵循这种由预算和会计司提供的模式。虽然有时候预算和会计司司长更倾向于与那些熟悉预算提案细节的部门打交道,但有些情况下更喜欢与那些负责整体预算计划的人合作,在必要时依赖他们提供的信息。例如,在文部省的预算和会计司,司长喜欢与每个部门的"牵头"负责人打交道。除非有一个非常大的或政治上敏感的问题,否则他不处理个别政策分歧。这正如1994年讨论为学生提供免费教科书时所做的那样。但即便如此,一般事务司仍将得到通知并派代表出席所有这些会议。在劳动部的预算和会计司,司长负责与每个部门的行政事务司打交道,但也在必要时直接与政策司司长和副司长取得联系。

随着预算草案的连续讨论、听证和审查阶段的进行,预算和会计司司长向部长秘书处总干事和大臣政务官汇报了情况,并与预算司司长进行交谈。

大臣政务官报告其听证会结果,他评估了该部门不断追加支出的提案,向他们提交总预算要求及其分配情况,最终他们就分配给每个部门的份额达成一致意见。在进程接近尾声时,预算和会计司司长在部长、大臣政务官和所有主席团的总干事都参加的正式会议上,提出了预算草案。

部长级最高限额谈判

政府各部门内部举行正式听证会和开展调查的同时,各部门的政策司与预算和会计司之间也在进行正式讨论。局长与预算局的预算审查员进行非正式讨论大藏省最高限额的前景和预算分配的上限。随后,大藏省于8月31日提交了正式申请。大多数的局长认为,6月、7月就预算案上限作出的决定与9—12月期间就预算案要求进行的谈判同等重要。

在政府各部门预算确定的早期阶段,各部门会对与预算局进行的最高限额谈判的结果及其在各部门之间的分配作出假设。由于与预算局中的同级别人员进行了非正式讨论,根据大藏省对预算请求的准则不变的假设,预算和会计司的司长得到了可能份额的早期指示。同时,他们向预算审查员提供了新的支出预警和重大政策建议,并向他们提供了相关的背景信息和解释,使他们能够在大藏省内部就提供更多资源的情况进行讨论,如预算局讨论了总账户预算的上限及其在支出部门之间的分配。预算和会计司司长与其副预算审查员之间的讨论是在上述各部门之间的讨论和谈判的前提下进行的,预算和会计司的一位司长与副预算审查员进行了非正式的讨论,积累了有关其各部门提出的主张,并对其相互竞争的主张的相对优先权作出了判断。此外,他对副预算审查员对于部门的最高限额能够提供的成果表示赞赏,这是能够继续与大臣政务官和部长秘书处总干事讨论预算战略的一个关键因素,也对与总务司司长、副司长就局份额进行的谈判产生影响。

预算和会计司司长和预算局中的同级别人员之间的非正式讨论,严格来说不是谈判,尽管各司司长往往倾向于代表他们各自的利益,他们也不详细审查该部在其预算要求中提出的内容。这是在副预算审查员于9月和10月举行的听证会之后提出的,重点是那些将导致要求增加支出的新政策或订正政策,以及抵消预算其他部分的节余。

第十六章 支出部门的预算流程

在大藏省的准则中,对这些开支类别的部长级拨款,只要"削减"或"豁免",就可以精确计算,并在局长对其局的临时拨款中予以规定。这种不确定性主要发生在"特殊"的支出类别中所占的"新资金"份额。在与副预算审查员的讨论中,预算和会计司司长主张将这些额外资源的一部分用于资助已列入该类别的项目,另一部分纳入其他种类的支出。越将计划和项目"移动"到"特殊"类别,使它们免于削减,就越有可能维持或增加预算的总体份额。然而,虽然将现有的计划或项目转移到这些类别很困难,但新的计划或项目为预算和会计司的司长提供了"调整支出角度"的机会。一个赞成该部目标的副预算审查员可能会建议做到这一点(总务厅,1994)。

免除"削减"社会保障意味着每年将要重新讨论和协商方案预算。厚生省预算局提交了根据人口趋势计算得出的下一年应支付的养老金的估算数,以及按通货膨胀率计算的每个领取养老金者应支付的金额。虽然与副预算审查员争论的焦点是要使用合适的通货膨胀率,但对人口数据的分析也可能有争议。老年人的医疗费用也属于免削减开支的范畴,因此,厚生省再次试图说服预算局,对增加开支的估计是必要的也是合理的。

其他部门或机构也希望为其方案获得类似的豁免或优先地位。例如,农林水产省提出将农民养老金计划的费用纳入一般养老金计划,并给予优先地位,而不是通过可削减的经常支出提供资金(农林水产省,1993)。大多数部门试图从其他三个优先项目(国防、能源、海外发展援助)的增加拨款中获得一部分。20世纪80年代,后者预算的扩大激发了许多部门对海外经济合作的兴趣。厚生省于1989年建立了一个国际合作机构,"旨在处理20世纪80年代海外发展援助的增长,该预算涉及针对基本人类需求的健康方面的援助(Orr,1990:20)"。

大藏省预算准则规定的类别之间的资金分配也存在一定的灵活性。预算和会计司的一名司长帮助各部门研究费用分类和定义,并在它们之间调换项目,以反映该部和(或)各部门的优先事项。具体是通过将支出从一个财政年度推迟到下一个财政年度,或者尝试将支出转移到更有利的类别来削减和"节省"用在其他地方重新分配的支出。在农林水产省中,一些支出领域,如"粮食信贷"、食品管理特别账户和水田农业支出之间,经常被利用进行转换项目资金支出(农林水产省,1993)。

　　为了吸引更多的资源,或者保持现有水平的资源,预算和会计司非常重视"货币创意"的"氛围"。明显的部长级政策变化往往是表象性的,而不是实质性的,反映了当前流行的东西。因此,如果国家预算中更强调"环境保护"或"生活质量",就像20世纪80年代末和90年代初那样,当时两者都吸引了更多的资源,主要针对公共工程方案,那么预算和会计司将鼓励各部门和各司提出其关于新支出的论点。项目的实质,以及项目的数量和成本可能保持相对不变。如果有更多的资金用于"改善生活水平"的资本投资,那么各部门希望他们能得到他们应得的份额,并可以提出论据。与其他局和部门的新项目一样,这些项目对改善生活质量的贡献与其说来自旧政策和项目的"变色",不如说来自鲜艳的新色彩。森喜朗政府在2000财政年度和2001财政年度的计划预算中优先考虑IT项目,这加剧了各部之间为分享新资金而展开的竞争,新资金在2001财政年度价值1万亿日元。在许多部门中,传统的预算要求都是用新的IT颜色来修饰的。例如,农林水产省要求投入280亿日元用在林业和渔村推广IT项目。建设省也制定了一个改善污水系统的方案,其中就包括一个"IT项目",因为污水管道可以承载光缆。根据这些规则在各部内部和各部之间进行分配博弈,在一定程度上有助于解释日本预算制度所特有的公共工程和资本投资分配的刚性。第23章将更详细地讨论这个问题。

　　为了反映一个新的目标或一个问题的政治显著性,部门内资源的分配也可能发生改变。例如,20世纪90年代初,在通商产业省工业局设立了新的生活质量和文化部门,意味着要将管理局的资金用于全新的计划。虽然该局的总预算几乎没有受到影响,但"它的使用方式发生了很大变化"(通商产业省,1994)。由于新部门的工作与通商产业省其他局(例如纺织局和科学和技术局)有关,所以它们的预算构成反映了一整套全新的政策问题。

　　6月、7月,内阁正式批准了大藏省的预算标准和准则,规定了四大类支出:流动支出、资本支出、削减支出和优先支出的最高限额。在这之前,各部门和机构都接到了最高限额的通知。预算和会计司司长没有向其各部门和各司透露该部规定的最高限额是否比先前与他们讨论和谈判时所假定的上限要高或低。在其内部,他实际上有一些回旋余地,可以对临时主席团的拨款作出微小调整,以反映商定的优先事项。此外,他还试图保留谈判上限的一部分,以便为以后重新分配资金做准备。这样做的原因在于一些支出部门在11月份与预算局进行的谈判中确定的最初方案上不太满意。预算局的预算战略的一个要素是提供一个"储备金",从总上限中扣除一笔数额不明的款项,他随后可以利用这笔款项,对在他最初的临时分配方案中受到严厉对待的一些部门的储备金略作增加。虽然一些司长最初的策略是严格的,但是后来,如果资源允许,就更为慷慨。这有助于增强他们的权威,并建立信誉和商誉,并在未来与各部门和各司的谈判中加以利用。司长还可以动用他的一部分"储备金",为局长针对临时拨款提出的一些上诉提供资金。

每个部门都被告知其在最高限额中所占的份额,以及其按支出的广泛类别的分配情况。在建设省,大臣政务官亲自通知了每一位司长,但做法各不相同。外务省前财务司司长过去曾打电话给各部门总务司司长,告诉他该局的份额及其在各司之间的拟议分配。这些并不是一成不变的。经过讨论,他被说服同意在总体范围内进行调整。有时,预算和会计司司长可能对预算范围内分配给特定项目或方案的资金"附加条件",但是,通常情况下,主席团的总干事在与一般事务司司长协商后,有权酌情调整建议的拨款,以反映主席团内部商定的优先事项,特别是当预算和会计司分配给某一特定部门、计划或项目的资金少于要求时。他可能会同意各部门之间的不良资金转移,或者追加拨款。例如,在农林水产省中,每个部门的总干事都有一个可利用的"特别防灾储备"。随着20世纪80年代零限额和负限额的引入,以及对"报废和建造"政策规则的严格普及,新政策不一定需要额外支出。由于各部门"自食其果",所以预算和会计司对各部门内各项目和方案之间的再分配干预较少。

一旦将该部门的最高限额分配给各部门,并在各部门的各司之间进行分配,各部门就完成了其预算请求草案。预算和会计司司长收集并整理了这些文件,编制了整个部的预算草案,提交给大臣政务官和部长秘书处秘书长批准,并提交给部长。如果后者早些时候表达了特定的政策偏好,或者确定了他个人感兴趣的项目,那么这些项目将在分配中受到影响,或者如果随后公布,那么将部分从预算和会计司的留存资金中提取。大多数部门和机构都举行了一次正式的局长和司长出席的部长级会议,预算和会计司司长在会上提交了整个部门的预算草案。这在很大程度上是一个仪式性和象征性的会议，几乎没有实质性问题的讨论。主要目的是将预算和会计司所占上限的股份分配正式确认并合法化，并在 8 月底向大藏省提出预算请求。在这样一个后期阶段，只会做出微小的改变；尽管部长可能会要求在某些领域增加开支，或建议对特定方案进行改变，但这是一种罕见的情况，因为他的观点以及特定的部门利益将被重新纳入其中，或者被更早的"预期反应"所适应。一位在劳动省的预算和会计司司长承认，他对一次正式听证会上的部长级干预感到"惊讶"，必须重新调整各部门之间辛苦构建的"平衡"，并对在更早时候达成的一些协议重新谈判（劳动省，1994）。

自民党的影响

在财政预算局向大藏省提交预算申请之前，自民党已经征求了相关意见。在经历了漫长、复杂的预算制定过程后，开始了一种形式上的协商。它仅仅安排了一个星期，几乎没有时间重新开放和重新安排分配，而在过去三个月里大家已经认真地就这个问题达成了共识。在 1993 年之前，正式的咨询只涉及自民党，然而在联合政府时期，程序变得更加复杂，如第 10 章所述。

在拟备预算草案的较早时期，资源中心各分部及其众多小组委员会，连同有关的特别委员会、议会及研究学会，曾多次举行正式会议，听取了各分部和决策局的相关政策及开支建议。在这些会议之前，支出部官员与相关政策研究委员会的高级成员会进行必要的非正式联系。此时，自民党的注意力主要集中在支出部门，而不是大藏省的预算局。支出部门的官员参加了正式会议，但预算审查员和副总干事并未出席，并且表现出对他们活动的不重视（大藏省，1994）。然而，预算过程的后期，预算局官员、自民党高级官员和政策研究委员会之间会进行大量的交流。

如上所述，预算政策基本上是自下而上制定的，正如各政策司及其主席团提出的关于现有方案支出和为新部级政策提供资金的建议。在那个阶段，自民党具有直接的影响力，这体现在他们对政策部门的诉求和提议的影响力，这些诉求和提议要求在特定项目上增加支出，而不仅仅是在内部产生支出。当时,政策部门正在争取将额外开支项目纳入其局的预算要求,自民党的不同政策族群和国会议员可能会代表特定利益集团提出要求,支持政党或他自己的偏好增加开支的提案,或者推动将新项目或支出项目纳入预算。

随着预算要求在7月和8月开始成形并在支出部门内得到确认,部门间经常进行互动以确保对政策研究委员会提出的任何建议和保留进行非正式讨论。在该司及其研究和特别委员会的会议上,各部门局长概述和解释了他们提交的拟议预算,以寻求支持和减少投诉。正如美国国务院外交事务预算和会计司的一位司长所解释的:

> 为了满足他们的愿望,有必要得到内阁议员的支持,但他们对个别项目的热情往往受到限制。政府部门官员必须工作的政治限制通常很狭窄,政府部门与内阁成员之间建立的复杂关系虽然往往对双方都有利,但涉及微妙的义务关系。(Rix,1980:168)

其目的是通过事先通知支出部以避免出现意外的情况,并提醒政策研究委员会注意8月下旬正式提交给他们的预算请求。根据该部及其个别局在政治选举中的显著性,一些局要求对其预算请求进行修改。前政策研究委员会主席解释说,"我们在现阶段介入了一些项目和政策的构想",但通常情况下,部长秘书处的官员和个别主席团都知道主要成员的意见和可能的反应,并在适当或必要的情况下,在这一过程的早期就考虑到了这些意见和反映(Kondo,1994)。政策的主旨和开支的优先次序,通常都是由政策研究委员会部门以及研究委员会、特别委员会和特设研究小组在全年审查一般政治建议和立法时所熟悉的。

在政策研究委员会举办的一个讨论预算草案的正式会议上,部长秘书处秘书长解释了该部预算请求的原则、战略和主要特点。解释和随后的讨论既笼统又正式,没有详细的审查或询问。在那个阶段,所有的政策都必须得到党的批准,政策研究委员会正式批准拟议的预算,作为对审议委员会的建议,然后再向政策研究委员会提出建议。正式和仪式性的场合也有助于让所有政策研究委员会的成员参与决策,并为他们提供了正式表达分歧的机会。但这种行动是不可能的,首先是因为会前进行了非正式的实质性讨论,其次是由于文化上对公众异议的抑制在这里得到了加强,因为该规则规定,无论是否是党员,党派议员可以参加任何部门。大多数自民党党员都不敢在同僚面前正式、公开地表达反对意见或分歧。

然而,没有证据表明在4月、5月预算提案开始讨论时,自民党的政策研究委员会的各分部试图影响预算提案的启动和制定,也没有证据表明它试图影响预算局在6月、7月就上限问题进行谈判的内容。但是正如解释的那样,在这两个阶段,政策族群或者个别议员可能会进行尝试,这时的政策族群一般扮演了两个主要角色,首先是支持其所属的支出部门最大化其预算,其次是作为请愿者。政策族群和支出部门在最大化预算份额方面有着共同的利益(与政策研究委员会分部一起)。媒体和内阁对其预算目标和政策的普遍支持有助于形成有利的气氛,但是政策族群几乎没有参与该部预算政策和战略的制定。尽管在4月和5月,各司和各部门讨论其预算提案时,政策族群可能会与其他议员一起宣传他们所代表的团体及其选区的主张。

但在5月、6月关于预算上限的非正式谈判中,或在预算审查员审查其预算请求的后期,受到大藏省削减其预算的威胁时,支出部门有时会主动动员政治支持。它会试图争取政策族群高级官员的帮助,尤其是那些曾在内阁中担任职务,并且被认为认可其目标的人。能够在多大程度上有效地做到这一点,取决于该部门的地位以及其支出方案的政治选举特点。对于防卫厅、农林水产省或建设省这样的机构来说,利用有影响力的公共和私人选民网络,比呼吁杰出的自民党支持者要容易得多。对于那些预算或预算方案没有引起外界关注的部门来说,要么更加困难,要么就像运输省的海上保安厅一样,几乎不可能动员外部人员去反对预算削减(运输省,1994)。建设省保留了一份潜在有用的政策族群列表,按照地位、资历和经验进行排名,其中,A级影响者包括前建设省大臣、内阁委员会主席和政策研究委员会主席,资历较浅的"族议员"被列为C级。这些政策族群甚至可能请求预算局官员支持某个政策部门的具体预算要求,尽管这种游说通常是无效的(Koga, 1994; Arai, 1994)。因为即使是友好的和支持性强的"族议员"也不总是愿意被征召来代表部门进行调解。

对于大多数政策族群来说,更重要的角色是代表最特殊的群体和他们自己的选区的利益。这种情况最为明显,如第10章和表10.2所示,一个政策族群的预算政策与福利或投票之间存在直接联系。这里政策族群试图影响一个局的预算分配,在那里总干事有权作出调整。更广泛地说是与政策研究委员会合作,他们要求维持补助金和津贴,建造更多的房屋和道路,以及其他种类的公共工程。在4月和5月讨论预算提案时,政策族群和其他自民党议员可能会拜访局长、副局长和部门主管,提出与他们利益相关的特定政策、项目或支出项目。资历深的政策族群可以提供关于他们所憎恨的团体和选民的情况、需求的信息、党内的情绪、内阁特别委员会的态度以及来自政策领域的长期经验、建议、信息和政治指导。农林水产省的预算和会计司的一名司长鼓励各部门和各司建立密切联系,并在拟订预算要求时不断与组织领导保持联系,以便预测他们的反应和采纳他们的意见,从而避免在预算草案正式提交政策研究委员会农业部的过程后期作出重大修改(MAFF,1993)。

防卫厅

防卫厅的预算程序与其他部门或机构的预算程序大致相似,但也存在一些显著的差异。首先,支持防卫厅大部分活动的理由是持续的政治争端,如与美国签订安全条约,日本自卫队不违宪等。其次,国防预算占国内生产总值的比例历来是一个持续政治争辩的问题。从1976年11月到1986年,历任首相及其自民党政府都将国防预算控制在国内生产总值的1%以下,这是《国防政策大纲》所规定的政策目标。最后,存在影响预算过程和结果的重要组织差异。防卫厅没有正式的部长级地位,在首相的政策管辖范围内,防卫省正式成立。此外,如前几章所述,民政局的一些最高级职位通常由大藏省、通商产业省和外务省借调的官员担任。

防卫厅在其组织结构上也不常见,这反映了平行和不统一的文职和军事等级制度的结合。后者包括三支自卫队和一个国防设施管理机构,相当于其他部门的政策局和部门。国防预算的90%左右被分配到三个自卫队中,每一个自卫队都与国防局财政局的预算和会计司进行谈判。

与大多数其他部门一样,该机构的决策基于一系列五年计划。并且,由于国防政策和与美国签订的安全条约的政治重要性,相比其他地方,五年计划更详细地说明了其目标、计划、成本和远期承诺。其结果之一是,这三个自卫队组织每年都寻求资金来执行商定的计划,其中年度优先事项基本上是预先确定的。各部门并没有像在通商产业省和文部省那样,为新的和修订的政策争取更多的资金,在经济通商产业省和文部省,正式和非正式的听证会和谈判是确定优先次序的重要程序。

大藏大臣、防卫厅厅长、行政部长和副部长讨论防卫厅预算请求的总体规模,而前线采购预算的内容则总是与三个自卫队的高级官员讨论和商定。这个门槛是由大藏省对国内生产总值的估计确定的,在 12 月初制定一般账户预算草案后进行了修订。在三个自卫队组织和国防设施局提交预算申请之前,大藏大臣正式分配上限份额,这是预算和会计司司长与其在预算局的同级别人员商定的。他对历史份额的调整是有限的少量变动。在预算和会计司及其 7 名副司长进行的内部谈判中,自卫队各组织和国防设施局的各总协调司司长试图保护这些份额,在他们认为这些份额受到威胁的情况下可以向防卫厅以外寻求政治支持。大藏大臣通常不参加防卫厅内部的谈判,但如果与自卫队存在困难或冲突,则可能由预算和会计司司长请来"说服他们"(DA,1994)。更常见的是,使用他的自由裁量权是一种威胁,一种威慑,以确保服从他们的规定。但无论如何,大多数国防开支在短期内几乎没有变化的余地,例如固定的军事人员费用和前几年所作的合同承诺所引起的"本年度义务"。国防预算分配的趋势将在第 21 章中进行分析。

自治省

自治省(简称为 MHA,2001 年与邮政省、总务厅一起并入总务省)。其预算过程不同于其他支出部门,反映出其作为中央部门的作用,协调为地方政府提供资金的所有部门的计划和支出。它在一般账户预算和地方政府财政计划的预算编制过程中占有中心地位。后者由大藏省起草,规定了地方政府作为一个整体的收入和支出总量,详见第 11 章。自治省建议并通过使用三个资金来源供给主要投入。第一,地方分配税,按固定公式计算。在 20 世纪 90 年代中期,由于财政紧缩,地方政府无法获得全部补贴。相反,大藏省"借"了一部分资金,以帮助减少一般账户预算赤字的规模。这些贷款必须在以后几年偿还。第二,自治省的各部门和大藏省就中央和地方政府在地方提供教育、卫生和福利服务方面的支出负担进行了三方谈判。第三,自治省与这些部门就地方贷款计划的规模进行谈判,以资助资本投资和公共工程计划。这三个主要资金来源加在一起,提供了所有地方政府年总收入的40%左右。

作为一个协调部门,自治省既没有执行职能又没有政策部门。几乎整个预算都是为了使其他支出部门能够通过赠款、补贴和税收"转移",为地方政府提供地方和区域服务的资金,以及支付国家方案下各种赠款和福利。尽管它与大藏省就地方分配税、贷款计划和地方政府整体财政计划进行了谈判,但没有为后者设定上限份额。它声称支持其他部门和机构与大藏省就其最高限额进行谈判,随后在预算局对其预算请求的审查和听证中,一些部门提出了异议,他们抱怨说:"它从不支持我们。"与其他部门不同,它处理的是预算局的几个支出部门,而不是一个支出部门。

结 论

编制年度部长级预算的过程几乎完全是一项官僚活动,由各部门及其组成政策司主导。虽然他们各自的贡献有部长秘书处预算和账户司的协调,但总体作用不大。虽然部长们可以临时干预,以影响部门利益和其个人利益相关的特定问题的结果,但他们的作用主要是确认预算战略并使其合法化。关于预算战略,拨款政策部门和决策局往往都有不同的举措。

各部门和机构的预算程序一方面通过正式操作程序,另一方面也通过非正式讨论、协商和谈判。前者主要用于确认和合法化后者达成的一致协议。正式的"听证会"在四个不同级别举行:局级;预算和会计司与个别决策局之间;所有决策局之间以及部长级。它们的主要目的是规定有直接利害关系方的正式参与和"听取意见",以确保他们同意、承诺并遵守由以前非正式讨论和谈判所形成的政策立场。礼节的程度因组织层次、参加人数和资历的不同而不同。

主席团听证会为部门之间的意见分歧和利益冲突问题提供了讨论的机

会,这在更高层次上是罕见的。这一共识的展示意义十分重要:它面对面地确认了核心参与者之前的一致意见,并随后承诺他们解决分歧。实质性讨论、谈判、硬性谈判以及在争议方之间达成协议是正式程序的基础,这些讨论是在一系列非正式会议中进行的,在这些会议上,各部门的工作人员之间传达了不同的指示和信息。

正式的结构和安排,以及非正式的过程,也是自民党贡献的特征,并服务于类似的目的。如果该党要使其普通成员承诺正式缔结协定,就必须让人们看到它被征求意见,并正式"听取"它的意见。通信的主要载体是政策研究委员会及其分支机构、委员会和研究小组。同时,为了施加影响,自民党需要有自己的集体观点,以及有影响力的个人和高级政治人物的集体观点,在各部门和机构的预算过程中尽早发挥作用,同时保持选择余地并在就职之前发挥作用。自民党通过对各部门预算分配的影响和一定程度的政治干预,来解决各部门之间的管辖权冲突问题,但现实中因具体部门及其方案的不同而有所不同。其中自民党的直接影响来自利益部门中的代表,而间接影响来自会议讨论结果和议员的"预期反应"。对于直接和间接的运用影响力的方式,我将在第 20 部分内容做更详细的解释。

第十七章　预算局的听证会、审查和谈判

在内阁批准了预算战略,并在 6 月或 7 月通知各部门其最高限额之后,预算局的这项倡议就转给了预算审查员,要求在 12 月前提交一份在大藏省预算上限范围内的预算草案,该草案要符合内阁批准的关于不同的支出类别的准则。在 8 月底正式提交预算请求之后,汇编有四个主要阶段:听证、审查、谈判和"复活"谈判。

提交预算请求

大藏省规定了预算请求提交的日期和形式。在 1975—2000 年期间以及更早的时候,提交日期是 8 月 31 日,这个日期具有仪式上的意义。内阁下属的各支出部门(省厅)的大臣官房和会计部门的主管发出了请求,并将请求送交预算局的有关预算审查员,审查员将这些请求转交给各部门。各部门共享政治管辖权,例如政府发展援助方案和一些公共工程,要求在预算局各部门之间酌情分配。随后这些部门的官员与几个预算审查员进行谈判。这些要求大量且详细,涵盖下一财政年度的每项开支和分项开支,以及过去几年初步的、修订过的结算预算数字。在这一阶段,没有提出任何有力的解释和数据作为证据,也没有提出为其要求辩护的论点。

通常不会出现意料之外的投标。预算审查员从先前与预算司司长和财务司司长的讨论中,非正式地了解了培训的政策变化,各部部长对某些支出项目的优先重视程度,以及预算指南中分配给优先项目的"新资金"的投标规

模和组成内容。可根据上一年初步预算的基准线和在本财政年度结束后三个月的固定账户中获得方案,并粗略估计项目的外向支出和方案主题的投标费用。

听证会

9月,预算局官员举行了一系列的"听证会",会上他们向支出部门同级的人概述并解释了他们的预算要求。听证会的意义在一定程度上具有象征性:向所有的参与者和霞关(Kasumigaseki)以外的世界发出信号,表明审查过程已经开始。更重要的是,它们反映了一种普遍的文化规范,使申请者有机会在预算局作出决定之前当面解释所要求的开支的目的、需求和理由。正如部长秘书处的一名高级官员所说的:"拜访是礼貌和尊重的表现。访问的形式和程序具有重要的象征意义,即使访问的实质是已知的并且没有改变任何东西。"(Maruyama,1993)。但更重要的是:"对于预算审查员来说,很重要的一点是要认真听取支出部的意见。他们喜欢被倾听。"(Horié,1993)预算官员必须努力理解他们的观点,以及他们试图在该部的宗旨和目标的特定背景下做些什么,而听证会正是提供了这样的机会。

听证会分为四个级别,预算局官员与支出部一级以上的相应人员打交道,这是许多预算制度的惯例。图17.1展示了这些关系。前三个级别的听证会主要是礼仪性的,占用的时间很少,而且可能涉及最高级的只不过是"礼节

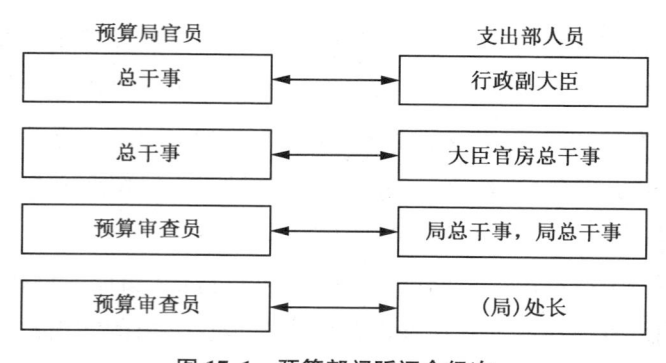

预算局官员	支出部人员
总干事	行政副大臣
总干事	大臣官房总干事
预算审查员	局总干事,局总干事
预算审查员	(局)处长

图 17.1 预算部门听证会级次

第十七章 预算局的听证会、审查和谈判

性电话"。例如,支出部秘书处的总干事将召集预算局的相关干事简要说明整个部门的预算,并告诉他们注意特别重要的方案或特定的支出项目。在个别预算审查前,这些重点可适当的由主席团总干事重复申明。预算审查员主持的听证会实质上更为重要。这些议程是由每个支出部门的会计主管根据预算审查员的安排制定的。

在工作层面上,每个部门主管都会和他的助手一起出席听证会,人数大概有 5 到 10 个。在拥挤而狭窄的大藏省办公室,他将面对的是预算审查员一个人或者是预算审查员和他的一个助手。听证会可能会持续几个小时,通常是一整天。在大藏省一楼和二楼的走廊挤满了等候的官员。每个预算审查员可能有十几个或更多的政策部门报告要听,在整个 9 月他和他助手的时间将被完全占用。支出部门的预算和会计部门的工作人员,而不是主管,将陪同部门主管出席预算审查员之前的所有听证会。因此,支出部的预算和会计部门能够观察、记录和监测其进展,其主管可以随时了解整个部门的进展情况,这些基本信息使他能够根据听证会谈判的进展调整来完善总体战略,提高该部门的预算水平。在预算审查员和各部门主管之间,他有着比两者更为广阔的视角,在听证会结束时,他和他的工作人员就谈判策略向每个政策部门提出建议,例如:何时以及如何屈服、保持坚定、妥协等。

在 8 月 31 日正式提交申请后,各部门主管将向预算审查员发送支持这项要求的其他资料和证据。主管及其随行工作人员将向听证会提交补充资料和书面解释,说明具体的拟议支出的理由。预算审查员依赖各支出部门提供大部分专家、技术资料和数据。虽然他们也可以独立地获得其他类型的信息,例如从专业媒体或个人研究中获得,在分析和评估方面也可以通过管理会计或运筹学等专业人员,但是大藏省本身提供的机构帮助很少,英国和其他地方的情况也是如此。不过,预算局可以查阅其预算审查员与总务厅的行政检查的报告。此外,大藏省的财政和货币政策研究所偶尔会帮助分析资本投资项目。

主管由合适的技术人员陪同,预算审查员听取和质证他们提供的证据。这种面对面调查模式能够确保该部门专家对拟议支出的知情程度。一位前预算审查员解释说,对于一项支出项目来说,最重要的是主管具有能够证明

319

其成本和收益的能力。"如果主管们不能用他能够理解的语言解释和说服预算审查员,那么或许他们就不应该拥有公共资金"(Horié,1993)。

从预算审查员的角度来看,听证会的目的是从支出部门获得足够的信息,使他能够评估请求的需要和理由。更重要的是,在听证会后的预算局会议上副局长也会反过来对他的某些支出提案进行质询。一位前预算审查员坚持认为,为支持某一支出项目的合理性而提出充分适当的证据,在评估中比资金本身更为重要。由于每个部门的总预算都有最高限额,因此问题不在于能够或应该增加多少,而是如何在最高限额内分配方案、计划和项目的差额。然而,符合条件的部门之间在优先政策领域为获得"免费资金"而存在竞争。

在听证会上,预算审查员质疑并探讨了主管及其工作人员提出的解释和论点,要求补充资料并表明了他的初步想法。在那个阶段虽然没有任何让步或放弃,但预算审查员可以用适当编码的语言信号来传达概率。正如一位预算审查员所解释的那样,"如果这些信号被正确地解释,主管和预算、会计部门工作人员可能会对预算审查员对特定提议的态度有所感受。""如果能提供更有说服力的数据,'有希望'或'没有希望'(Ueno,1993)。在避免冲突的社会文化背景下,如何坚决地拒绝预算请求?"一位预算审查员解释说:"如果我说'是',那就是'是',如果我没有以某种形式说'是',那可能就是'不'"。随后发生的事情将取决于支出部门官员的反应。如果他们将他的回答解释为拒绝,并没有再进一步争论,那么他就会得出他们没有认真致力于该计划的结论。申索和反申索程序的目的是"测试他们的目的、意图和承诺。只有面对面才能有效地做到这一点"(Shiga,1993)。该特定预算审查员有在伦敦大使馆和巴黎的OECD工作的经验,他更喜欢盎格鲁—撒克逊式的对抗性话语传统,有着简短、尖锐的问题和明确的回答,但这种偏爱在他的大多数同事中是独一无二的。

预算审查员没有详细说明令他满意的数据类型,以避免他以后出现可能无法维持和交付的承诺。然而,主管可能会得到强烈的暗示并作出反应。听证会的解释和回应以及随后的审查和谈判是重要的程序,这与英国财政部的支出控制人和他们所处理的支出部门之间的投标过程类似。这是一场非常

第十七章 预算局的听证会、审查和谈判

正式而又精心设计的比赛,两组选手都熟知比赛规则并认真遵守,但是很少公开讨论(Thain 和 Wright,1995)。

预算审查员在听证会上以及随后详细审查这项请求时,主要关注的是现有方案内的新方案和新支出项目。虽然新方案的拟订和启动由预算局和支出部的官员进行讨论,有时需要很长一段时间,但是预算审查员在特殊压力和"紧张"的大背景下仍需要仔细审查新的资金请求。此外,他还特别关注现有方案支出的快速增长,以及任何出现不寻常或有争议的支出项目。他也一直在寻找未来支出的"薄弱点",薄弱的或没有充分论证的提案引起了他特别的注意。预算审查员的主要任务是"审查支出部门的数据和论点,找出'不一致',揭露事实的错误,以及揭露缺陷"(Mimura,1993)。监督和审查主要是找出支持投标的论点中的漏洞和缺口,然后"深入挖掘"(Hayashi,1993)。预算审查员也对预算局就策略所进行的初步内部讨论中,特别针对这些方案所建议的支出水平的持续需求提出疑问。随后,他与他的总干事举行非正式会议,审查提交的请求,并讨论所提供的解释,使预算审查员对可能削减的"软位"和"硬位"有了认识(Tanami,1993)。

如果一个方案的目标被认为是值得的,而且预算审查员大体上赞同这一要求,那么他可能对方案提供有益且具建设性的帮助。尽管方案超过了谈判时非正式讨论的限额,但是他可能建议如何使方案在所要求的水平上获得资金。一个前预算审查员将对这种请求的反应分为两种:线性回应和立方回应(Horié,1994)。正常情况下,他的反应是在接受到拒绝之间的一条线上,但有时对一个请求有几张"面孔",可以在不增加或减少总支出(立方)的情况下进行检查和调整。例如,如果一项方案不能完全通过一般账户预算的资源提供资金,预算审查员可能会建议与私营企业建立合资企业,或引入私人资金来抵消成本,就像一些太空探索项目的融资以及深海勘探船的建造费用一样。或者一个富有同情心的预算审查员可能准备通过他职责范围内的其他方案的节余来资助一个方案。

关于这些问题以及涉及巨额支出的提案,副预算审查员可向他的预算审查员咨询如何进行,或事先与他的预算审查员协商后,再向总干事寻求指导。总干事处于预算局协调部门和他的预算审查员之间。他的一部分作用是协调员，与协调部门一样也关心部长最高限额和总预算限额，另一部分是高级审查员，负责监督控制属于他职责范围内的各部门的支出。他被拉向两个方向，一方面是分配资源份额和限制他的预算审查员，另一方面是仔细检查他们对预算要求的审查，并就战略和战术提供咨询和指导。在这两个政治角色中，他都扮演了一个关键的政治角色：与自民党官员、议员和利益集团的代表会面，解释、澄清立场，并在合适的情况下，说服他们相信大藏省的优先立场。

预算审查员的作用和工作方式各不相同，一定程度上取决于他们全面负责的政策领域和方案。例如，负责福利预算、公共工程或农业的预算审查员，必须花更多的时间与自民党官员进行政治合作，与党组织协商，在议会中"自吹自擂"的时间比负责司法部的预算审查员还要多。还必须与同样可能参与的支出部门的相应人员保持密切联系，以避免"交叉线"。预算审查员的职责是对正在进行政策审查或提出改革的方案，必须在听证和审查过程之前、期间和之后将更多的时间用于详细的政策研究工作。一个预算审查员在多大程度上参与这些过程的细节，在一定程度上也是由性情、性格和风格决定的。一些预算部门向他们的预算审查员授予了大量的权力，允许他们酌情行使自己的判断，并自行解决除最重要的或政治敏感的问题之外的所有问题。向上请求的做法随着预算审查员的工作时间、经验、信心和性格及其预算审查员参与特定请求的细节准备而有所不同。大型方案往往涉及总干事，因为他可能提供了一个更广泛的视角，特别是在政治和预算方面的考虑。他关注的是该部门的总体预算及目标，部分任务是确保预算审查员了解一个部门作为一个整体试图做什么，而不仅仅是掌握他们所负责的方案。

在正式听证会结束后，预算审查员与支出部门主管根据需要举行临时非正式听证会。议程更加有限且具体，处理预算审查员希望得到关于特定问题或支出项目的进一步信息。出席人数较少，而且会议更加"口语化"，更多的是"切割和推力"（Mimura，1993），但是，在那个阶段预算审查员不会泄露任何事情。

审 查

在与主管举行的正式听证会和非正式会议结束后，预算审查员根据该部门提供的证据和资料以及听证会上提出的口头解释,审查和评估每一项支出项目。这样,预算审查员开始对特定支出项目的必要性和合理性做出更明确的判断。届时,他可能会与支出部门的会计主管进行非正式会面,并讨论整个听证会的进展情况以及各部门主管的表现。从这些讨论中,会计主管将了解到预算审查员对整个预算或者他所负责部分的初步反应,也许会对总体上可能的结果,以及特定的优势和劣势给出一些提示。这种不公开的讨论将为会计主管在随后向部门主管介绍如何在之后的谈判中发挥作用提供思路,不过在此之前预算局会自行进行内部审查。

预算局会议

在正式和非正式听证会结束后,预算局于 10 月举行了会议。三位副局长将各自起草并公布一份与他们的预算审查员进行面谈的时间表,为每一位总干事分配时间。这一次序很重要,因为第一批人在 9 月听证会结束后准备的时间较少。新的预算审查员在时间表的靠后时间访谈,那些工作负荷较轻,或政策领域不太重要的地区则比较早。每个预算审查员都会在其职责范围内提出预算请求,并评估每项支出的必要性和理由,以及他对每个支出项目应该允许或不允许作出判断。他还将概述和提出他拟议的预算草案。在会议之前预算审查员就任何重大的或有争议的支出项目与预算局进行非正式商讨,并寻求关于如何提出具体问题的指导。预算审查员出席会议,但他的角色主要是观察员,只是家长式地听取他的预算审查员的陈述和论点,偶尔提供意见以阐明所提出的观点。

预算局会议主要是总干事和每个预算审查员之间的对话。虽然总干事知道每个部门的预算请求提纲及其最高限额,但除了从他以前作为预算审查员的经历以及直接参与特定方案中获得的知识外,他很少了解拟议支出项目的细节和背景。在持续数天的过程中,每个预算审查员都接受总干事对每个支出项目详细而专业的盘问,总干事听取了为支持每项投标而提交的证据,并询问预算审查员对它的评估,以及他建议的行动方针,询问可能会持续几个小时。1993 年,负责海外发展援助预算的两个预算审查员分别被询问了 12 小时和 7 个小时(Sumi,1994)。一位前预算审查员把总干事比作一名训练中士,让新兵们通过他们的节奏(Yonezawa,1994)。通过询问,总干事会知道发生了什么,投标是怎样处理的,并警惕那些可能采取政治手段的或直接涉及党的领导人的问题。对于预算审查员来说,这也是一个"教育过程",也是一个展示他对主题的掌握,并为他的分析技能和判断提供证明的机会。

预算审查员在处理投标问题上提出的策略大多受到批准,特别是涉及大型项目的投标,但他没有就每一项支出项目进行详细的解释和说明(Sumi,1994)。预算审查员的正常战略是提交预算草案,其数额略高于该进程早前由总干事分配给他的总金额。如果他计划交付低于指定水平的预算,人们就会怀疑他是否有能力进行必要的削减和节约来实现这一目标。他试图说服总干事相信他的草案具有较高可信度,并让他相信允许超出目标水平的额外支出的必要性,其他预算审查员也持类似观点,并竞相争取额外资金。总干事如果要将支出部门的总预算接近或达到之前与协调部门商定的水平,他在份额的初始分配中就必须具有选择性,为以后的再分配提供了一个回旋的余地。

在1982年预算准则中规定了零上限和负上限之后,部门会议"不像以前那样令人兴奋"(Takeshima,1993)。当有机会为迅速增长的年度预算中增加份额的理由进行辩论时,预算审查员之间相互竞争,以获取总干事的支持,为特定方案提供额外资源。从1982年起,总干事和预算审查员都在寻找确保削减的方法,以确保每个部门都保持在最高限额之内。在长期紧张和令人疲惫的审讯中,总干事在必要时对预算审查员提出的特定问题提供建议和指导。他的背景和观点比任何预算审查员都广泛,他通过对每个部门的总体目标,以及对每一个项目特定方案的重视程度的鉴别,判断哪些项目可以削减。虽然预算审查员没有义务接受这种意见和建议,但实际上,总干事的意见和观点不能被轻易忽视。在正式陈述后,预算审查员可能会与他就某一问题进行非正式会谈,或对会上提出的建议做出回应。从协调部门工作人员中选出的总干事的"副手"在部门会议上做记录,随后追踪商定行动的进展。

由于在部门会议上向总干事作出了解释,预算审查员希望增加其原先的拨款。为成功者提供的额外资金来自总干事的未分配储备金、他的"零用钱"和来自协调部门中有自己口袋的主管(Sumi,1994)。

第十七章 预算局的听证会、审查和谈判

有时还举行第二次部门会议,预算审查员报告谈判进展的情况、可能的结果、有待解决的问题以及实现预算草案的有效策略。部门会议结束后,每个总干事向协调部门报告预算审查员审查投标的可能结果。协调部门汇集了三份报告,创建了一个跨越九个支出部门的情况。

在与支出部门进行谈判之前,预算局局长会召集和主持重要项目会议,与部门会议同时举行。每个预算审查员与他的总干事一起陈述这些"重要项目",即社会保障、教育、国防等主要方案的预算请求,重点是政治上敏感的政策问题和那些已经进行实质性改变的地方。协调部门主管及其工作人员与法律事务部门主管、研究和规划部门主管一起出席了会议。尽管理论上任何人都可以提出请求,但每次会议主要是以总干事和预算审查员之间的对话形式进行,并得到有关的预算审查员的支持,这些情况在很大程度上取决于总干事的性格和经验。大多数的干事在预算局担任过总干事,或者早期担任过预算审查员。但是,当总干事在预算编制方面缺乏最新知识或经验时,他就会把更多的审查和监督任务委托给他的干事,会议也会因此变得更加正式。会议上,一个经验丰富的总干事会在他认为必要的地方提出明确的指示,但通常他的指示更多的是作为"信号"来传达,而不是作为正式的指示被接收。例如,在某些情况下他认为应及时提出改革方案时,他会坚定地做出指示。此后,协调部门汇集讨论的结果,并向每个预算审查员说明已根据这些讨论进行修订方案。

据参加会议的人反映,在实行更严格的预算指导方针之后,这一活动的重要性有所下降,变得更加注重仪式性而非实质性。然而,对于大藏省以外的支出部门来说,它却具有较大的象征意义,这些部门将它视为一个合法化的过程。在与同级的谈判中,对于预算审查员来说,总干事在会议上正式作出的重大决定是非常重要的,因此他们有义务进行。

近年来,随着11月下旬和12月初谈判的进行,总干事和预算审查员之间举行了更频繁的非正式会议,讨论进展情况和出现的困难。这些会议的等级取决于问题大小、支出规模、政治敏感性或某一项目与众不同的程度(Takeshima,1993)。如果预算审查员对方案的某些方面感到忧虑,他可以直接向总干事提出,但通常他会首先与他的干事讨论,然后在干事的陪同下向总干事反映。总干事随时掌握所有重要问题的处理情况,例如大米补贴、公共工程预算的规模和构成以及国防项目等,其中预算局提议行动会涉及部长和自民党的高级官员。在所有这些会议上,参加的总干事的"工作人员"全部来自协调司。

大藏大臣部长级会议

日本大藏省通常会在 11 月初举行一次正式会议,即预算部长级会议。出席的有大藏大臣、副大臣、秘书处总干事、协调部门主管和部长秘书等,预算局代表由总干事、干事、协调部门主管和各部门的预算审查员代表组成。会议讨论的重点是每个部门的预算框架,比如社会保障这样的大型方案,拟议支出可能引起争议的方案等。每个预算审查员都会在谈判前向支出部门解释暂定拨款的情况,向预算审查员提供详细的资料,并在必要时进一步解释。部长所扮演的角色在很大程度上取决于他的性格、工作方法和经验。他说,竹下(Takeshita)从未说过太多话,但他记得前几年所有的支出项目和拨款的细节,他很少传达他的偏好和意图,但作为劝说者和谈判代表,他与其他部长和自民党官员的会谈是非常有效的(Horié,1993)。他影响某些项目的分配情况,不是通过发布指示,也不是通过指导预算审查员,而是通过亲自与部长们打交道,然后将结果作为既成事实传达给预算审查员。林义郎(Hayashi Yoshirō)(1992—1993 年任大藏大臣)是在 1992 年 12 月预算完成后被任命,他第一个星期就投入到"复活"谈判中。细川联合政府大藏大臣长藤井裕久作为前大藏省官员,满足于让预算局在没有太多指导或方向的情况下运转。他的继任者竹村大野(1994—1996)更加积极参与,这既是因为他的政党先驱和他作为其领导人的地位,也是因为他的性格让他付出了更多的政治投入。在更多的部长级会议上,他在会上表明他希望在具体方案上做些什么。根据一个预算审查员的说法,他在预算过程中引入了一个不可预测的因素,这让预算过程更加令人兴奋(Nakagawa,1995)。

在预算局于 9 月和 10 月就预算请求进行听证和审查时,自民党的政策研究委员会各部门和小组委员会审查了具体细节。政策研究委员会的高级官员,特别是代理主席,关注各部之间以及诸如社会保障、国防、住房和公共工程等重要方案之间的预算平衡。在 11 月晚些时候预算局和各支出部门之间即将进行的谈判中,有人试图确定那些可能造成困难的支出项目。但在大多数情况下,每个部门讨论的只是一般性的项目而非逐行审查预算拨款。成员们倾向于关注并了解他们所感兴趣的少数项目,这可能是因为他们与利益集团的关系,也可能与选民的直接利益有关。大多数人忙于其他事务,没有时间精力来详细掌握一般账户预算项目和子项目密集而复杂的构成(Kondō,1994)。各部门主席向政策研究委员会的审议委员会报告,在那里他们被询问了重要的政策问题或具有争议的问题。商定的建议被提交给政策研究委员会,在提交给党的执行委员会之前需要政策研究委员会正式批准。

谈 判

预算审查员与支出部门有关的部门主管之间的谈判一般于 11 月进行,大约持续一个月。根据预算局会议的结论,预算审查员的主要目标是依照调查小组商定的预算草案进行谈判以解决问题。如果预算审查员同时从他和协调部门中获得一些额外资源,他可以更灵活地处理一些请求,并尝试制定可接受的方案。他可以在一些方案上更加慷慨,并在边际范围内改变和调整谈判。但是,如果没有提及总干事,他就不能改变局会议上商定的拨款。

双方都面临压力,要求达成协议,以确保维持预算进程的"步调"。预算审查员经常受到双重压力,一是来自个别部门主张在财政预算范围内的额外增量;二是预算局协调部门为了资助其他地方对预算寻求进一步的削减。在与支出部门有分歧的地方,预算审查员可能会将一个问题提交给他的预算审查员。但预算审查员只有大约一周的时间处理来自他的所有副手的此类案件,而且问题上升到部级水平的时间还要更少。此外,在向上汇报时,预算审查员有可能失去其对手的信任,而这是维持关系的一个重要因素,并引起预算局的上级注意他的自行解决问题的能力。预算审查员在进行谈判时能够很好地掌握宽松和严格的度。如果他过早地对一个部门采取过于强硬的态度,并随后在他的总干事或预算审查员可获得的任何额外资金中获得远大于

日本的财政危机

预期的份额,他和对手的信誉就会受到损害。例如,如果部门主管预期支出部门的资金紧张,那么在谈判结束时如果预算审查员为一些方案要求提供更多的资金,他就会陷入尴尬的局面。这证明他先前的判断错误,那么下一次他的建议和判断对他的同事来说就缺乏影响力。

预算审查员与政策部门的每位主管分别进行谈判,内容主要集中在那些新颖或有争议的额外支出项目上。谈判的目的与其说是就每个项目的分配达成一致,不如说是讨论和协商相对优先的事项,即那些绝对必要的和可取的开支。当该部门的最终框架确定后,他将根据可用总数适当地划定界线。预算审查员的部分背景是总体预算战略的主题。在每次谈判过程中,预算审查员都解释了预算局的"讨论气氛",并建议:"这样的和那样的项目是有前途的",或者"忘记第二和第三项"(Ueno,1993)。然而,该部门可能想推动实施后者,并带回更多的支持性数据。一些新项目的拟议支出已提前被批准,但通常有约四分之一至三分之一的项目仍在谈判中。如果预算审查员与支出部门有着良好的关系,他可以授予几个部门对支出提案的优先权,并能够更好地衡量该部门所提建议的重要程度。这些资料为他进行谈判提供了可靠的依据,并有助于他对谈判幅度和"底线"的大小作出判断。

例如,外务省希望其1994财政年度的海外发展援助预算增加8%,并提交了7.9%的要求。预算局协调部门在给优先方案分配新资金时,规定最高限额为4.6%。在9月和10月的听证会上,预算审查员降低了对可能结果的预期,同时为了在最终预算框架中占有更大的份额,与裁谈会进行争论。他赞同该计划的目标,并且支持他在外交部的对手所提出的主张,在预算局会议上主张增加6%。到12月初,协调部门确信有必要在原先的上限之上进一步提高,并同意将其提高到5%。预算审查员没有向外交部透露他从协调部门中额外获得了多少钱,并在最终谈判中继续辩称,他的"底线"数字是4.6%。他不情愿地承认了另外0.2%,谈判结束了,外务省官员对赢得更多胜利感到满意。然后,预算审查员能够利用剩余的0.2%来为其他外交部方案的一些额外支出提供资金(Nakagawa,1994)。

在谈判过程中,预算审查员可能向支出部门暗示谈判结果是总体的而非逐项的。对于那些有预算利润风险的部门,主管能够建议它们采取最佳行动来控制损失,或者通过谈判达成协议。例如,在预算局内部讨论时如果预算审查员在内部问题上被否决,并且未能从他的总干事那获得额外资金,那么很难甚至不可能说服他在之后改变主意。了解这一点对于会计主管微调其总体战略非常重要,例如建议一个部门接受延期,另一个部门重新提交更多证据,以支持预算审查员所暗示的观点。

会计主管要决定是否、何时以及如何让更资深的同事参与进来,或者征得预算审查员的同意,或者因为问题的重要性而主动提出邀请,或者向选民表明该部门对此的重视程度。涉及高级官员或部长的问题需要预算局做出相应级别的回应,每一方都需要商定这样做的程序,并在可能的情况下,约定规则以努力确保结果是可预测的,最好是通过双方之间的安排预先确定。

在整个谈判过程中,每个预算审查员都向预算局协调部门报告进展情况,协调部门做一个观察简报,并酌情在战略方面提出建议。在与某一部门谈判出现困难时,协调部门会充当预算审查员与大藏省总干事和大臣政务官之间的中间人。必要时,向后两人汇报情况,并建议他们在自民党领导层之间"行动",以解释为何必须削减、推迟或拒绝特定要求。随着谈判的进行,以及预算审查员迫切地要求增加资金,以资助各部门最初受到压缩的投标,并且一个部级局或部门也为此提出了令人信服和有说服力的理由,那么,在谈判进行中对总干事的内部分配进行调整可能变得更加有必要。

到11月底,随着关于经济增长前景的更准确信息的获取,以及从经济企划厅的经济展望中得出的直接和间接税收的预计收益,预算局协调部门发布了详细、准确且全面的指导方针,其中规定了预算审查员在审查预算请求的最后阶段应遵循的原则。它们包括关于特定类型成本计算,例如日元与美元的汇率的处理指南、用于计算薪金和相关费用的适当汇率、以及与预算局的津贴控制部门联络和社会福利金的汇率。所关注的利率在资本投资项目中也是被"指导"的,并在石油价格上做了共同的假设。相应的通知支出部门重新根据他们的预算请求,向预算审查员提交已修正了的计算,不使用一般的GDP平减指数。各部门在具体方案中制定了自己对未来价格变动的估计,并将其纳入其单位成本计算。预算审查员提出质疑,并在审查过程中主张降低成本估算。

到 12 月初，整个预算的框架已经确定，每个预算审查员对其总体分配的规模、谈判利润和"底线"有了更准确的估计。早些时候的小冲突让位于围绕这些利润进行的激烈谈判。如果总体政治经济环境更有利，如收入高于预期收入，他也许能够更宽松地对待一些预算请求，特别是如果他能从他的总干事那获得额外的资源。另一方面，如果经济前景比先前预期的更加黯淡，协调部门可能迫使总干事压榨其部门和方案以寻求更多的削减，并要求他们的预算审查员采取更强硬的立场。随着谈判朝解决方向发展，协调部门利用在向总干事分配预算份额时保留的少量"储备金"，为一些额外或未预料到的支出提供资金。

在谈判结束时，预算审查员告知他的总干事总结果，即他是否交付低于或高于分配给他的预算，并寻求他的预算审查员和总干事对该结果的批准。除了一些重要项目，或总干事特别感兴趣的项目外，预算审查员不会向他提供每个结算的细节，以及它们是如何实现的。然后，每个总干事都对其各部门的谈判结果做出估计，并对其在这一过程中早些时候交付分配给他的预算总额的能力作出估计。当协调部门察觉到任何潜在的困难，总干事通过与他的部员进行非正式会议，或者间接地通过协调部门了解进展情况。协调部门保留了预算局所有部门谈判结果的"记分卡"，并将可能或预期的结果与整个一般账户预算的最高限额进行比较。它旨在提供低于这一上限的总数，部分原因是为了给在 12 月底举行的"复活"谈判提供充分余地，该谈判在本章后面讨论。

自民党对分配进程的影响

在提交预算请求后，自民党通过其政策机关正式出具了一份关于谈判进展情况的观察简报。党的高级领导人、政策研究委员会官员和政策族群试图影响特定的结果，或者作为支出部为一个投标或特定的方案来动员政治支持。在 20 世纪 80 年代的国防开支简要说明中阐述了这是如何发生的以及自民党领导人、政策族群和政策研究委员会分部在预算份额谈判中的不同作用。

在 20 世纪 80 年代，政策研究委员会和政策族群对增加国防开支的压力大多发生在防卫厅向大藏省提交年度预算请求之后。且在 1986 年之前受到国防预算不超过 GDP 1％的政策规则的限制。对大藏省来说,这是一项有用的预算规范,使其能够在 20 世纪 80 年代,在政府致力于财政重建政策、议会内部和外部对安全条约敏感的背景下,减缓了更多支出的压力。防卫厅的预算请求总是超过与大藏省商定的最高限额。政策研究委员会国防分部、安全事务研究委员会和基地对策特别委员会在与预算局的谈判中通常支持防卫厅的主张。国防政策族群也很活跃,试图通过游说在自民党内部达成共识,尽管在自民党内部,更多的国防开支问题分裂了政党派别和普通议会议员。大多数时间里,经过国防政策"族议员"的广泛协商后,防卫厅的请求和预算局较低的反提案之间会达成妥协。首相通常在这一进程结束时参与进来,但他的介入更有助于使大藏省与防卫厅之间达成的非正式妥协并得到批准,这一妥协得到了政策研究委员会和防卫厅的支持。

当预算过程的政治经济环境受到美国政府特定压力的影响,增加开支的主张得到了有影响力的政策研究委员会、自民党和外务省最高领导层的一致支持时,大藏省将更难拒绝国防部提出的增加预算的要求。然而,即便如此,妥协还是倾向于"分裂",或者更倾向于大藏省的申索,而不是防卫厅的投标。最后的结果反映了预算局较早时的计算结果,即在谈判过程的较早阶段,就国防机构的预算上限进行谈判以及对其最初的预算要求作出反应时,这种妥协将是什么。如果大藏省在面对要求增加国防开支的共识时在预算上做了让步,那么 1％的限制将有助于它控制这些压力,使之逐步增加而不是大幅增加。这一限制的政治必要性意味着,在实践中大藏省必须管理国内生产总值比率的列报方式,例如通过操纵基数的计算来衡量国内生产总值,基数中不包括养老金和北大西洋公约组织标准计算中的其他项目,并将采购合同的付款推迟到未来几年。实际上,日本在这一时期用于国防的开支约占国内生产总值的 2％(Samuels,1994)。从 1987 年开始,国防计划的目标和 1％的限制被中期国防计划所取代。

在预算编制的各个阶段,预算局局长一直与自民党领导层保持联系,包括 PARC 主席、秘书长和执行委员会主席,讨论进展情况和出现的所有困难,确保可能的结果符合党的目标。20 世纪 80 年代,一位总干事"一直反对三个人表达的观点,反驳他们的论点,并解释大藏省立场的必要性和合理性"(Tanaka Takashi,1994)。

11月,在支出部门与预算局谈判结束之前,政策研究委员会就预算前景、方案之间的平衡以及支出的优先次序发表了一份正式声明。这份《预算制定总计划》是它自己对17个部门进行审查和协调的结果,然而它只是轻描淡写,更多的是阐述该党在参与预算编制过程中的政治活力,而不是详细阐述该党对预算的目标和偏好。

12月初,随着预算局与支出部门之间的谈判结束,整个预算草案由行政部长和大藏大臣提交。在接下来的两周里,预算局和支出部门的官员、部长和自民党高级官员进行了持续而激烈的非正式讨论。首先,预算局的9名预算审查员和3名总干事拜访了自民党最高领导层,政策研究委员会代理主席以及部门主席和副主席,逐项解释预算局的提议以及各个支出部门的分配及其主要方案的基本需要和理由。一位前预算审查员证实,他的"预算审查员从未在办公室",但他花了大量的时间与政策研究委员会代理主席,一些自民党高级官员进行非正式讨论,每天在议员大厦、议会,甚至他们的私人住宅,访问自民党高级官员的办公室曾多达20次(Horié,1994)。然后,政策研究委员会主席、副主席经常是在深夜访问预算审查员和总干事,当总干事结束他们忙碌的巡视时,就向他们请求特别案件。"中小企业研究协会主席每周来总干事办公室一次,请求提供更多的资源和特殊待遇",并设法让总干事接纳他(Shiga,1994)。

在预算进程的这一阶段,需要认真为随后公布的大藏省预算草案做好基础准备,并在12月中旬个别支出部门正式"显示"其分配情况时,详细说明预算局和个别支出部之间谈判的结果。其目的是提供预先通知和警告,必要时进行说服。这既不是协商,也不是谈判。预算局官员试图说服自民党领导人放弃对一项政策的支持,如果有不受欢迎的项目,自民党高级官员必须警惕即将公布的"令人震惊的结果",讨论他们的保留意见和反对意见。在整个预算得到确定和每个部门谈判解决分配问题之前,没有披露数字,但讨论了主要政策和项目(Yonezawa,1994)。与此同时,预算审查员和总干事正在进行探测,收集"政治"信息,评估资深且有影响力的自民党和政策研究委员会官

第十七章　预算局的听证会、审查和谈判

员对被允许削减项目的反应,评估政治家对一项政策有多么重视,从而明确事先作出什么样的让步是明智的。所有这些非正式的政治活动是必要的,以此来确保预算草案被自民党广泛接受,并确保其公布后的"复活"谈判的能够顺利实施。在将预算草案提交内阁之前,自民党通过政策研究委员会和行政委员会正式批准该预算草案,可能会对一些支出项目作一些小的修改。在与支出部门的谈判中,对于一些被证明是困难的或没有结果的项目上,预算审查员可能会寻求政策研究委员会代理主席的帮助,并试图让他相信大藏省采取强硬态度的必要性和合理性。如果他能被说服,那么希望他能利用他的办公室权力和政治技巧来影响他的同事,即自民党高级官员和部长,向支出部门施加压力,迫使他们让步。在这种情况下,预算审查员可能必须提供一种代理主席可以"交易"的诱因或激励。例如,作为延期或推迟有争议的支出项目的回报,预算审查员可能建议自民党成立一个特别委员会来讨论,并在下一个预算周期提出合理的建议。

政策研究委员会的代理主席并不总是愿意对这些论点作出回应,或者可能不愿意利用他的权力影响支出部门。在问题比较严重的地方,例如原则问题或先例,预算审查员不愿意让步,对于先例,预算审查员可能觉得有义务把这个问题提交到预算局或更高的级别,并拜访代理主席,要求他的总干事进行干预。进一步可能会影响到预算局局长甚至大藏大臣层面。

自民党高级官员、政策研究委员会成员和个别政策族群,有时受到支出部门的游说,要求他们利用其对预算局官员的影响,试图保留一些支出并增加一些超过批准限度的其他支出。知道什么时候打这张牌和找谁处理是一个部门会计主管的关键决策。调解的时机和方式至关重要。曾在大藏省担任预算审查员的一位国防部总干事的策略是,将他所能争取到的政治支持推迟到12月份部署,届时大藏省将编制预算草案(Akiyama,1994)。但是,大藏省对单方面的陈述和压力很敏感,如果预算局官员更加强硬地反对,这种策略可能会适得其反。另一方面,他们可以从以下方面获益:对高级政治干预的可能性,对他们在特定政策问题上的立场的认识,以及他们可能带来的压力的早期预警。如果是有影响力的人带来这种压力,预算局官员最好尽早知道,并作出相应的反应,即在证明可能无法抗拒的情况下预测和允许压力,或者准备反驳的论点,或动员反补贴的政治力量,例如让大藏大臣或首相参与进来。

在极少数特别重要的项目上,预算审查员未能与支出部门的会计主管达成共识,以及双方更高级官员的介入,也未能达成可接受的解决办法,部长们也可以参与其中,并将进行实质性的双边谈判。大藏大臣将利用部长和政党的身份试图影响和说服支出部门的同事,作为大藏大臣,竹下是特别精明的代表,因其出色的幕后操作和交易而受到赞赏。在大多数情况下,部长们能够解决他们的分歧,但也有这样的情况发生:在不同的压力下,偶尔会有一位或两位部长发现很难撤销、让步或赞同妥协。他们各自的"底线"可能是完全不同的。这种冲突往往涉及原则问题或高级政策问题。在这种情况下,这个问题可能会在自民党高级官员主持的会议上被提交到政党政治层面解决。一位前预算审查员描述了在这种情况下所遵循的过程:

会议在总理的官邸召开,由秘书长主持会议。政策研究委员会主席和党的执行委员会主席出席会议,有时副主席也会出席。大藏大臣坐在他们旁边,他身后坐着预算局局长、负责的副局长和预算局协调部门的预算审查员。较低级别的自民党官员、副秘书长、政策研究委员会代理主席等,通常坐在他们的高层后面。

支出部长坐在桌子对面,他接受秘书长和他的高级同事的询问。大藏大臣介绍了大藏省的情况,并点评了支出部长提出的观点。官员们不愿发言。这个流程是临时加进来的。任何一位部长的一次犹豫、失误或出其不意的声明都可能是致命的。如果他希望获胜,每个人都必须保持头脑清醒,在汇报情况时不犯任何错误(Yonezawa,1994)。

在预算编制过程中,这种流程和参与者表现出的行为十分不同寻常,无论是诉讼程序还是裁决都没有经过排练或预先确定。与在预算过程中严格遵守的根深蒂固的行为游戏规则不同,它的结果是未知的,解决争端的方式也似乎带有军事文化的味道。正如预算审查员所描述的那样,"364天"的准备,刀剑的瞬间冲突,一个赢,另一个输。支出部门和预算局都倾向于确定和平稳的常规程序,在这些程序中,结果是可控的并通常是可以预测的。

自1993年自民党在众议院选举中失败后,政党解散、重新结盟以及不稳定和短暂的联合政府,在接下来的三年中,深刻地影响了制定预算政策的进程。下一节将在政策进程中官僚与政治家之间关系不断变化的更广泛背景下,研究这些过程中的主要参与者之间的互动的变化。

1993—1996 年联合政府和预算进程

宫泽喜一政府的预算局在最后几周里商定了关于一般账户预算规模,以及 1994 财政年度部长最高限额的分配决定,并将其作为既成事实提交给即将成立的细川联盟。此后,支出部门和预算局的主要任务是确保新政府的联合政党遵守规定。1993 年秋,预算编制进度得以维持,按时完成了请求、听证、审查、谈判等阶段工作。但到 12 月,联盟伙伴在总体方向和战略问题上存在分歧,反对在一些支出方案上的分配,特别是国防问题。据外交大臣说,由于无法达成共识,他们优先考虑并花时间讨论政治改革问题(Watanabe,1994)。内阁对大藏省预算草案的审议和批准推迟到 1994 年 2 月,比惯例晚了六个星期。在向国会提交报告之后又一次被推迟了,当时自民党阻止了国会通过该法案,以在改革选举制度和政党筹款的立法提案上争取让步。随着自民党在熊本县县长任期内因涉嫌腐败活动成功推翻首相,这一结果又进一步推迟。议会对预算草案的讨论直到 5 月中旬才开始,最终在 7 月获得通过,并在新财政年度提供政府开支。

不仅预算草案难以通过,而且议会旷日持久的预算过程对预算进程的推进产生显著的影响,还有三个问题影响到预算进程。第一,利用公共工程方案为自民党在农村选区提供燃料的事件受到细川政府的强烈批评,政府指示大藏省的财政系统委员会审查向农业项目、道路、港口和桥梁拨款和补贴,并建议重新安排预算的优先次序,更加重视住房项目和休闲设施。该事项的调整彻底影响了 1993 年 11 月关于公共工程预算数额和分配的决定;第二,日本社会党参与细川联合政府,给国防预算的目标、规模和分配造成了不确定性。这是导致内阁推迟审议大藏省预算草案的又一个原因;第三个问题是尝试在 1994 年 2 月开征国家福利税的失败,这表明了新政治诸多不稳定的特点,也为持不同意见的七个政党联合提供了公开的政策选择讨论机会。正如我们在第 16 部分内容中所看到的,在 1993 年之前,官僚和自民党高级政治家之间的共生关系确保了官僚、自民党和政策研究委员会高级官员、政策族群可以在适当情况下在特殊利益集团领导人之间通过非正式渠道来游说、讨论和选择备选方案。

对首相和大藏省来说,立即撤销开征新税是一种羞辱性的让步。在这样重要的问题上对大藏省的回绝证明了,在多党政府变化的条件下,官僚机构在面对什么是可行的和政治上可以接受哪些方面的问题上,存在更多的不确定性。对税收、支出和金融监管持相反观点的政党的管理所需要的技能与过去 38 年来熟悉常规所磨练的技能不同。日本社会党否定该提案的动机存在争议。但是,该党是否知道总理的意图?如果知道,何时以及如何协商?这并不像这一事件所揭示的政策形成条件的变化那么重要。在几个政党中,官僚们更难"扫清障碍"。在能够承诺并使其支持者达成协议的领导人之间建立共识需要更长的时间,而且情况更加复杂,更难以预测。

拟议税制改革的启动方式明确地表明政策研究委员会中各部门在预算进程中的妥协。1993 年及 1996 年之后这些机构中最强大的机构之一是税务系统研究委员会,它比政府自己的税务咨询委员会更具影响力,税务咨询委员会在拟议中的税制改革前的讨论中也被剥夺了权力。在反对党中,自民党主席失去了控制普通自民党议员的权力,其中一些人公开反对增加消费税。在评论这场惨败时,政府税务委员会主席说:"他们的税收小组成员已经失去了他们的影响力,山中(Yamanaka)主席无力阻止这种行为。变化是戏剧性的:"那些曾经向自民党政治家递交请愿书的人不知道该去哪里,他们一直在呼吁我,问我是否会给他们一个听证会。"(Kato Hiroshi,1994)

村山(Murayama)和桥本(Hashimoto)联盟的权力分享意味着预算政策的制定也必须分享。三个联合政党参与制定 1995 财政年度和 1996 财政年度的预算是在两个层次上进行的:分别在各政党的决策机构以及集体参与的三方机构内,主要是政策协调委员会及其各部门,并暗中监视各部门。这些机构的构成及其在决策过程中的作用和职能在第 10 章中作了概括性说明。在 8 月底正式提交给预算局之前,支出部门向政策研究委员会部门和其他两个联合政党中的同等组织正式解释了他们的请求,在预算编制过程中的早些时候,支出部门与各政党高级官员协商并讨论了重要项目和问题。这一程序与上文所述的 1993 年以前的程序相似。

在 8 月 31 日正式提交预算局后,政策研究委员会各部门和其他双方的对应部门就重要事项进行讨论,并报告审议委员会他们的意见。然后,每个政策研究委员会部门就这些项目做出正式声明。开始在每个部门内,然后在整个委员会内进行三方讨论,并对支出部门的预算请求和总体预算方案进行商定。在此之前,政策协调委员会和它的 19 个部门无法达成一致。在此过程中,每一方的政策研究委员会部门与相应的政策协调委员会部门进行了大量的非正式磋商和讨论。自民党的政策立场通常措辞笼统,甚至含糊不清,以避免其代表在政策协调委员会上遇到困难(Hori,1995)。政策协调委员会及其各部门都致力于达成共识。在达成共识后作出决定,但没有正式表决。后果是当点评 1993 年以前采取的大藏省预算草案时,对预算的政策声明往往比政策研究委员会正式发表的政策声明更加平淡。

在审查和谈判阶段,支出部门官员和政党代表就三方机构进行了一些非正式磋商,以提醒他们预算编制进展情况并对特定谈判的结果做出合理的反应。谈判结束时,大藏省向内阁提交了预算草案,各部门的预算分配情况被"展示"出来。然后,每一方都讨论了少数未决项目,或需要解决的政治项目。政策协调委员会的 19 个部门参考了第三方建议后进行讨论,并与有关支出部门和预算局官员商定了"复活"谈判的议程和程序。所遵循的程序与下文讨论的 1993 年时期前的程序类似。然而,在大藏省和有关支出部长之间的最高级别的正式"复活"谈判中,每一方都由其他的政策研究委员会主席和另外两名高级官员代表。

正式的三方机构没有参与确定总体一般账户预算和 FILP 预算的规模,也没有参与确定每个部门的最高限额。这些决定是由三党高级部长和政党官员共同作出的。各政党领导人在协商委员会进行正式磋商,但在正式批准之前,他们与其他政党官员以及预算局局长进行了非正式讨论。1995 财政年度和 1996 财政年度的预算编制是由一些一般的政治经济因素和行政因素决定的,其中最直接相关的是长期积重难返的经济衰退造成的财政后果:直接税和间接税收入减少的同时,国内和国际上增加公共支出以刺激经济的压力增加。进一步的压力来自1995年1月阪神大地震造成的破坏,导致工业生产和国内生产总值发生损失。政府追加了总额为2.7万亿日元的预算,用于紧急救灾和1995年4月推出的长期资本投资方案;另一个总额为5.3万亿日元的追加预算,为公共工程、农业补贴和小企业提供了额外开支,此外还要进一步支持救灾。

与前两届政府一样,税制改革是村山政府的当务之急。由于税收收入连续四年下降,日本社会党很快放弃反对增加间接税的原则,以及其他几乎所有长期秉持的信念。联合政府同意在1997年4月将全国消费税从3%提高到5%,1995财政年度暂时削减所得税使之有所缓和。

总体而言,三年的联合政府对预算进程产生了深远的影响,即使它是暂时的、已知的、可预测的和程序化的进程,即使让内阁、自民党组织和政策群体在正式和非正式安排中的作用制度化的进程变得模糊不清和旷日持久。在政府方面缺乏经验,在预算原则和战略上缺乏一致共识的联合政党的行为是不可预测的。最重要的是,在预算过程中大藏省的官僚与自民党高级官员、政策研究委员会分部、政策族群之间长期建立的关系在1993年突然停止。此外,非正式接触的渠道也被关闭,至少自民党加入村山联盟之前是这样。大藏省和支出部门的官僚们被切断了有关政治态度和观点的主要信息来源,并被剥夺了获得他们经常依赖的建议、咨询和专家建议的机会。

1996—2000年自民党与预算进程

1996年11月自民党政府开始一党执政,在社会民主党和先驱的支持下正常的关系没有恢复。虽然适应多党政府的结构改革大多被证明是暂时的,但自民党和大藏省之间关系的变化却更为持久,这是大藏省失去权威的部分原因,自民党开始在决策中发挥更加独立和果断的作用,并试图用政治控制取代官僚对预算进程的支配。总体而言,公众和政治上对大藏省处理经济衰退的方式的批评,以及外界认为其无力解决金融体系中的危机,削弱了大藏省的声望和权威。此外,其官员的声誉也因越来越多的腐败证据而受到损害,一个重要例证是东京检察厅在1997—1998年"酒宴"丑闻中连续逮捕诸多大藏省官员。

传统上大藏省在预算进程中发挥着主导和支配作用,但现在被自民党的政治家们质疑,他们企图从官僚手中夺取主动权,并对预算战略的制定以及一般账户和 FILP 预算的总额构成建立政治控制。桥本(Hashimoto)总理致力于财政改革,并在 1996 年 7 月的众议院选举中以这一纲领为竞选纲领,导致 1997 年的财政结构改革的倡议受到政治启发,且 1998 财政年度预算中实施的立法是由政治主导的行政改革委员会决定。立法的起源及其对预算进程的影响在第 13 章中得以讨论。1997 年下半年和 1998 年春,由于经济进一步陷入衰退,再加上 1997 年 4 月消费税不合时宜的增加,桥本政府受到政策制定瘫痪的影响,大藏省对国际国内日益增长的减税和增加支出的压力反应迟钝。财政扩张与 1998 财政年度预算中启动的财政改革进程的优先发展相冲突。自民党全体委员和委员会主动制定了一系列反周期财政措施,特别是涉及税收的措施,人们公开认为该党负责(如果不是实际控制的话)财政政策,这是 1993 年以前预算做法的逆转。然而,在小渊(Obuchi)总理致力于旨在复苏经济的财政政策之前,财政扩张与财政约束的问题在该党领导人之间一直存在争议。

"复活"谈判

在整个预算过程中普遍存在的仪式性因素,在所谓的"复活"谈判(Revival negotiations)①中最为明显,这场谈判发生在预算局官员与他们在支出部门中的对应人之间,以及在大藏省 12 月中旬向内阁提交预算草案后,大藏大臣和他的内阁同僚之间。在谈判结束后,支出部门会正式"看到"他们的资金分配,此后他们有机会重新申请那些未成功的预算项目。其初衷是给他们一个进一步上诉的机会,以试图说服预算审查员同意增加开支。随着自民党在 20 世纪 60 年代更多地参与政策制定,"复活"谈判为党内高级官员和普

---

① 在日本预算编制中,这个词指的是在预算草案提交内阁后,支出部门与大藏省之间进行的一系列谈判,这些谈判的目的是让那些在初步预算审查中被削减或拒绝的项目有机会重新申请资金,试图通过进一步的协商来恢复这些项目的预算。

通议员提供了一个为受青睐的项目和地方计划争取额外资金的机会。坎贝尔(Campbell,1977)详细介绍了复活谈判的起源,并分析了直到1974年的谈判对预算和大藏省控制的影响。真渊(Mabuchi,1997)给出了一个略有不同的解释,认为这些源于大藏省的谈判旨在限制补充预算的使用,因为补充预算容易受到政治影响,而且是为了换取在初步预算的最后草案中公开的政治拨款。

无论其起源和影响如何,从1980年起,复活谈判在分配开支的过程中变得不那么重要,但作为自民党政治家权力和影响力的公开展示,其象征意义同样重要。一旦内阁和自民党领导层接受了对一般账户预算总额设定更严格上限的原则,就不再有机会在12月中旬大藏省向内阁提交预算草案拟议后,扩大总体预算总额的规模,这是政治干预的直接结果。正如本章和前几章所阐述的,从那时开始,预算进程的政治影响力在进程的早期就得到了体现;自民党可以在6月或7月的上限决策讨论中影响总预算的规模及其构成。复活谈判在实质上并不那么重要,甚至没有必要。因为任何反映自民党公共支出优先事项的调整都在计算上限时进行,并且资源分配的不同类别(优先、削减、豁免等)已在指导方针中确定。这一过程结合了内阁和自民党领导层的意见,并更广泛地反映了相关政策族群和利益集团的意愿。党的优先事项不仅反映在每一类支出的上限和分配上,而且作为更广泛的政治经济背景的一个重要组成部分,预算审查员及其对应的人员在这种背景下听证、审查和谈判预算请求。

然而,复活谈判的正式仪式和伴随礼仪得到了保留。坎贝尔(Campbell,1977)在20世纪70年代初确定的六个"典型阶段",除第一个阶段外其他阶段都仍然存在,尽管它们存在的理由基于上述原因发生了改变。除了在面对面的会议上看到失望的恳求者有进一步的机会说服预算审查员的文化意义外,还有自民党在公开场合决定某些预算分配的政治象征意义。但现实当然不是这样,官员、内阁大臣和政党领导人在接受采访时证实,他们非常清楚自民党在大藏省预算草案中改变预算分配的权力是虚构的。自民党领导人为了"哗众取宠",夸大了党和大藏省之间的表面冲突。在"戏剧表演"的舞台上,大藏省为12月底这部剧的上演撰写了剧本(Arai,1994)。"所有自民党从老到少,从有影响力的人到后座议员,都可以公开声称和宣称他们亲自影响了预算结果"(Hatoyama,1994)。

大藏省向自民党的政策研究委员会部门解释了其预算草案,这些部门也听取了各省厅大臣官房长在预算局谈判中被允许、削减或拒绝的内容。每个政策研究委员会部门随后讨论并商定了由预算局削减支出部门预算的四五个项目,该部门希望看到这些项目"复活"和重新谈判,并希望在12月的最后一周前恢复。各主席、副主席此前曾与支出部门讨论并商定了这些项目,支出部门通常会事先与预算局的预算审查员达成一致,但政策研究委员会17个部门和许多委员会讨论产生的复活项目并不一定全部由政策研究委员会正式协调,这些项目或者没有任何通过希望,或者不愿冒风险,走了听证会、审查和谈判程序但最终还是通不过,或者提案的优先级低于其他提案。非正式地,是由政策研究委员会(PARC)代理主席建议的自民党前三位领导人决定了提案的优先级,并与支出部门,预算局和部长们就此优先顺序以及复活项目的程序达成一致。在该协议达成前后,自民党高级官员、政策族群和政策研究委员会分部成员都积极试图恢复在先前谈判中"失去"的特定项目和支出项目。

在大藏省向内阁提交预算草案后,支出部门立即重新请求与政策研究委员会正式商定这些支出。这一次更具有仪式性:即使一个支出部门不可能为某一方案获得额外资金,但它仍急于向其选民表明它曾试图这样做。在大多数情况下,初始的申请是在此阶段重新提交,没有额外的解释或支持资料。每个预算审查员都与他的对应的部门主管协商,制定了在每个层级水平就重新请求的项目进行谈判的时间安排表。预算审查员与他支出部的会计主管讨论并商定了每一项议程。在正式谈判开始之前,"每个预算审查员、副预算审查员和预算、会计主管会以独立或合作的方式认真做好提前准备。"(Yonezawa,1994)。然而,预算审查员在没有与预算局局长、副局长协商并获得批准的情况下,不会同意"复活"融资项目。同样,支出部的预算和会计主管也与他的上司进行商议。预算局对预算余量的规模和分配有自己的偏好,并试图在"复活"谈判之前和期间与自民党高级官员达成共识。它试图通过自民党高层官员和政策族群的调解和在谈判过程中的直接游说,间接地说服自民党普通成员。虽然它并不总是成功的,但只要它与自民党有影响力的人有良好的关系，它总是可以有希望引导和管理"复活"的进程。复活谈判的阶段和主要参与者如表 17.1 所示。

表 17.1　　　　　　　　　　"复活"谈判的主要参与者

阶段	大藏省	支出部
1. Naiji	预算审查员	主管、预算和会计部门
2. Kachō	预算审查员	（局）处长
3. Kyokuchō	预算审查员	局长
4. Jikan Sesshō	总干事	局长大臣政务官 副部长 会计主管
5. Daijin Sesshō	大藏大臣 行政副大臣 预算局局长和副局长	部长

　　正式程序首先将由预算审查员和各局局长在大藏省举行一次会议，正式宣读支出投标的主要优先事项。预算审查员作出答复，接受在方案项目上增加一些额外支出，并解释他不能接受那些重新请求的支出。他正式承诺双方将继续讨论和谈判。现在支出部门的大臣政务官在等待总干事，并解释了支出投标的优先事项，以及已经达成协议的进一步项目。最后，在部长谈判中支出部长将与大藏大臣面对面地讨论他最优先考虑的项目或方案。大藏大臣将由他的大臣政务官、秘书处副部长、预算局局长、有关总干事和许多其他低级官员陪同。政策研究委员会的主席或代理主席将作为协议的见证人和"中间人"出席。预算审查员会在部长办公室外排队等候他们的传唤，电视和媒体的出席将照亮这场"秀"，部长们向他们宣布他们成功"复活"。

　　这些各级会议大多是正式的，其结果是由双方事先非正式的安排预先确定的。复述请求、重述优先事项和重复解释以证明支出大多是空洞的仪式，过程的遵守只具有仪式意义和象征意义。对于每个级别，无论是行政级还是部长级，重要的是要有这个仪式，而且被视为已经取得一些让步。在部长级，特别有必要使部长能够从公开和可证明的"复活"谈判中脱颖而出，并声称谈判只能通过他们的个人干预而获得。公共仪式在政治上是必要的，它是自民党在编制预算中明显的影响力和权力的象征。

第十七章 预算局的听证会、审查和谈判

虽然所有参与者都清楚预算总额是固定的,而且各部之间的分配实际上已经确定,但是在总数中有一小部分为"复活"游戏的仪式提供了赌注。在6月份决定的预算最高限额内已经提供和贴现,余额的大小变化很小,甚至年复一年。从1988财政年度到1996财政年度,每年的总额达到1 777亿至2 232亿日元(wright,1999;表20)。这相当于强制性的和可自由支配的一般支出的总预算的0.5%,在总预算中所占的比例仍然较小。然而,这些资金足够大,使个别部长和官员能够公开宣称在备受青睐的方案方面取得了成功。社会保障、教育和科学以及前官员的养老金三个方案,每年大约占总"复活"项目数的75%~80%。

大藏省是如何在预算上限范围内管理差额融资的?复活谈判的费用部分来自拨给每个部门的预算拨款中的预留款项。根据预算审查员和每个会计主管之间的协议,在部长秘书处预算的"行政费用"标题下分配了一笔未分配的小额款项,调整一些在"复活"谈判上的增量支出。在预算过程的早期阶段,双方讨论并商定了哪些方案将留作"复活"之用,以及为这些方案提供资金所需的数额。预算局也有自己的"隐藏储备金",这是协调部门在给总干事的初期拨款中预留的一笔小额款项。在"复活"开始前不久,预算审查员正式将指定用途的差额转移到大藏省自己的预算拨款中,在"复活"谈判的5至6天中,这些资金暂时"存放"在那里。大藏省预算草案公布了在整个预算上限内可用的资金总额。显然,在不增加太多收入或借款的情况下,没有更多的资金可用于为额外支出提供资金。最后结果是大藏省不情愿地微增了预算拨款,以资助自民党坚持的政治项目和支出项目。基于这一结果,有人总结说,大藏省通过削减预算显然"输了",政治家们显然"赢了"。

政治家在多大程度上影响了方案中"复活"差额的分配?在确定每个部门的上限,以及准则中所述方案之间的相对优先程度时,双方都考虑到了自民党已知的政治优先事项和利益。在"复活"谈判中,强调了一些具有选举吸引力的特定计划和项目,如社会福利和教育方案。例如,在1995财政年度的"复活"谈判中,"额外"拨款315亿用于社会福利、老年人福利黄金计划,并进一步为私立教育机构提供了补贴。虽然大藏省能够在"复活"谈判开始前与支出部门商定预算差额的分配,但在实际中,如果计划遭到反对,那么所带来

的政治压力是不可抗拒的。例如,在为新干线的扩建提供资金的情况下,经常发生这种情况。将来自地方的政治家、自民党中有影响力的官员、交通部门和利益集团的压力结合在一起,甚至使大藏省对许多此类提议的成本效益产生怀疑。更罕见的是,一项支出真正的"复活"发生,并非预先确定的。一位负责保健和福利的预算审查员举了一个为伤残退伍军人家属提供养老金的例子,在那里与自民党进行了"真正的公开谈判",这些自民党有四个利益集团的代表(渡边,1994)。

"复活"谈判通常在12月底得出结论,内阁正式批准了财政部预算的修正草案,大藏省和支出部门编制了正式预算文件,通常在1月底提交给议会。大藏大臣在对每个众议院的演讲中正式介绍了该预算,随后众议院预算委员会开始审议。预算局局长出席了大多数会议,由协调部门的两名预算审查员陪同,一人负责整个预算的框架,另一人负责方案的内容,以及支出部门之间的分配。财政预算各部分的细节及具体资料由出席的预算审查员提供,但通常业务部门的预算审查员不会这样做。预算委员会向众议院报告,在全体会议上被批准后预算被提交给众议院议员,众议院也采取了类似的程序。虽然两院都可以正式修订预算,但实际上自1956年以来从未出现过这种情况。政府有义务不时提出或谈判修正案以克服反对党在程序上阻碍该法案通过的问题,例如在第3章中提出的例子。众议院议员被要求在提交后30天内核准预算草案,否则预算草案自动具有法律效力。在此期间会有一个联合委员会讨论了两院之间的分歧,如果出现分歧,众议院的决定将居于主要地位。

第十八章　管理与支出部门的关系准则

预算局官员们在处理与预算支出部门的关系中,应当遵循什么行为准则?主要存在以下三个方面的共识。

首先,历史上存在着官僚主义和指导官僚行为的准则,这些准则普遍嵌入官僚体制之中。Inoguchi(1997)和Ooms(1985)认为那些现代日本政府特征的这些准则源于德川(Tokugawa)意识形态基础之上,体现在强调纪律、勤奋和对公共服务奉献的理想,强调社会制度的包容性和聚合倾向,关注个人需求和地方条件的均衡等。

其次,这些准则已经成为左右大藏省官员与其他部门官员的行为习惯的一种特有文化。它们在正式和非正式机构中部分被制度化,并在这些机构履行职能时不同程度地表现出来。它们在一定程度上也形成了社会文化,灌输和培养出"大藏省大家庭"的固有身份特征,即传统、经验、培训、借调和派任以及来自同伴的压力。例如,虽然官员轮换是一个普遍的官僚主义特征,目的是让所有官员学习到各种不同的经验,丰富他们的知识和避免腐败风险。但在大藏省这与一套不成文的规则联系在一起,这些规则明确规定了职位的晋升和事业发展,这些在第9部分内容中讨论过。

再次,部门规则框架及官僚主义框架内存在的具体行为规范,指导着预算局官员的行为。例如税务局或1998年之前的银监局及证券局的官员,各部门领导在总体政策协调和实施方面不同程度地受到这些规范的影响。

重点以预算审查员行为为例,指导预算局官员行为的这些准则大多是不成文的,即使在实践中并不总是被严格遵守也很容易理解。它们可以从可观察到的行为,以及预算局和支出部门官员的言行来推断,还可依据一些各种各样的证据。数年前为预算审查员们草拟的"十戒",即便在20世纪90年代仍在预算局传阅,它包含了一系列的书面劝诫,这是一种针对行为方面的强制性模式,而这些方面往往是支出部门和预算部门本身共同抱怨的原因。当然,其中一些有更广泛的应用,一般来说是官僚行为的特征。每一条戒律都是针对一种功能失调的行为特征,这是面对规定的理想化行为规范的反面,例如,"不要软弱"这一戒律是为了避免被支出部门"俘获"的风险。规定的理想化的行为规范是怀疑主义:"他们到底想要什么?"表18.1列出了戒律和理想化的行为规范。第三列显示了它们所涉及的派生的功能失调行为。

表18.1　　　　　　　　　预算局官员的行为规范

"戒律"	行为规范	不正常的行为
1. 不要傲慢	尊重对方的地位和责任	自大
2. 不要生气	理解对方的立场和论点	不宽容
3. 不要软弱	怀疑主义:他们到底想要什么?	太容易屈服;"俘获"
4. 即使你反对他们的想法,也要倾听他们	思想开放	专横;封闭的头脑
5. 不要要求太高	逻辑评估	过度狂热
6. 不要四舍五入	事实和统计的准确性	粗心大意
7. 不要自行决定	与同事协商或者咨询上级	独立
8. 井然有序	方法	混乱
9. 不要与他们对抗	冷静;谨慎;适度	敌意;敌对
10. 不要落后于计划	严格遵守预算时间表	拖延

资料来源:预算局,大藏省,1994年。

这些准则与那些描述英国中央政府预算系统中财政支出控制者的行为特征非常相似(Thain and Wright,1995)。一般来说,一名有效的和成功的预算审查员必须具有"健全和正确的判断力",是一位有说服力和有效的谈判者,并且对开支没有太大的消极倾向或敌视,在某些政策领域,比如健康、福利或者养老金。从长远角度看,预算审查员也需要具有能够促进大方案的审查和改革的创新精神(Horié,1993;Kormura,1993;Kubono,1993)。一个预

第十八章　管理与支出部门的关系准则

算审查员也可以"增加价值",因为预算审查员有权作出一个恰当选择,决定允许更多的或更少的支出(Sumi,1994)。

预算局的预算过程要取得令人满意的结果,关键在于预算局和各司司长之间的关系,尤其是预算审查员和支出部门的会计司司长之间的关系。这些关系无法描述成是合作的还是对抗的,也有可能是合作与对抗并存,这具体取决于问题的性质、双方的经验和策略。有时随着时间的变化,受到政治、经济和行政等方面的影响,双方的关系也会不断发生变化,例如,虽然在正式听证会上对预算审查员的初步调查是认可的,但谈判接近尾声时各方都在为自己的利益而对抗,并动员自民党、利益集团领导人和广大选民的支持。

不管这种关系是以什么样的方式进行的,调查式、谈判式、合作式或对抗式,双方都倾向于和解。每个人都希望双方互利,以确保双方关系是可靠的并且能够长久保持下去。这种相互依存有两个主要因素,第一个因素是预算编制的宪法和文化背景。正如所解释的,与英国不同,日本中央政府是一个自治国家联盟。虽然大藏省被赋予了协调预算的宪法责任,但它很少能够将其偏好强加给拥有和部署独立和反补贴权力来源的部门。在实践中,关于资源分配的决定或多或少都取决于政治理性和经济或财政理性。第二,无论是大藏省还是支出部门在履行职能、提供服务、实现政策目标时都能够独立进行,并不需要交换财政资源,共享信息或专门知识。他们的行为是相互制约的,因此它们有必要就自己的利益进行谈判。

有远见的领导和预算审查员们在采访中都强调了,要建立互利互惠、互信友好的工作关系。双方都期望彼此都是坦诚的,良好关系的建立和维持无论是在职业上还是在社会上都是有益的。在 20 世纪 90 年代后期,随着大藏省的"酒宴"丑闻正式曝光,官员们在接触预算数字时更加谨慎。在霞关这个小地方,很可能是这些官僚在接受任命之前,通过共同的教育和社会经验,或者借调和跨部任职而彼此认识的。如 20 世纪 90 年代中期,外务省的一名局长曾在预算局担任预算审查员,另一名隶属于大藏省证券局。防卫厅财政局局长是从大藏省借调的,他曾在大藏省担任预算审查员,这样的经历并不少见。以前不太熟,然后双方就在夏初迅速做出安排,也就是听证和谈判之前,建立起的密切友好关系。因为每年 6 月、7 月的官员轮换导致一方或双方获

347

得新的任命,这一点尤其重要。在支出部门提出新政策的官员很可能被反对者取代。虽然预算审查员在新任命的前两个月都会努力建立信任关系,但双方都没有表明这种关系是否真的合作。如果会计司司长和预算审查员之间存在良好的关系,并且司长确信他的论点和立场是合理的,那么,司长可能会说:"我们会告诉政治家们为什么他们不能有这样的支出,而这件事交给我来处理"(Horié,1993)。

遵守非正式的政策准则,如"公平份额""平衡"或"同等标准",以及那些在预算指导方针中更正式规定的行为和规范等,以促使各方当面就结果进行正式或者非正式协商、谈判。例如,如果没有正常的沟通渠道,或者一方躲避另一方或者打断另一方的谈话,这些都会使一方产生挫折感并造成紧张局势。避免非正式沟通的目的是让双方充分了解对方的行动和反应。尽管如此,有时支出部门的总干事还是会"草率行事",公开表明立场,或者在没有事先通知预算局的情况下任命该部。如果预算审查员未能和上司讨论,和回避失望的主管提出的预算要求时,或者预算审查员的一部分预算要求没有得到优先考虑,那么两者的关系也会紧张。预算审查员的一项职责是说服那些被拒的申请人相信这样的做法是合理的,如果他们不确信,或者认为一个更糟糕的项目被给予了优先地位,那么这可能会造成关系紧张,甚至引发冲突(Sumi,1994)。

准则的制定和遵守要排除外部因素,这对日本的预算环境尤为重要,因为日本的预算体系与英国相比有着不同的文化内涵。对预算行为或结果感到"惊讶"的英国参与者来说,重大的后果必须向上级或部长解释他为什么没有被警告,并要收拾残局,把损失降到最低(Thain and Wright,1995)。这样的后果在日本也可能发生,但不同的是缺乏信任的社会后果更为严重,而且这是文化反常行为的证据。"惊讶"的参与者可能不知道会如何回应,因为事先没有做出适当的预期,所以在适当的社会环境中行事所留出的时间都是不足的。因此,日本参与者需要构建一个不同的情境来应对"意外"发生,其目的主要是避免这种情况发生和不必要的误解,并使那些不处于核心地位的参与者分担决策的责任,通过精心构建的协商制度来约束他们,使他们以后难以与组织行动背道而驰。

第十八章　管理与支出部门的关系准则

从预算局的预算审查员角度来说,这种紧张关系主要发生在会计部门"处理不当"的时候。例如,预算审查员对支出计划采取了习惯的态度,力求更大的经济规模。尽管预算审查员明确表明了他愿意继续谈判的想法,但是会计部门对"加快均衡"的反应过度,并试图说服其他人来支持自己的观点,反对预算案提出的论点(Nakagawa,1994)。这种行为违反了准则。根据准则规定,只有通过霞关支出社区的共同价值观才可能通过协议解决分歧,否则就会有分歧。如果政治家在没有事先同意的情况下单方面采取行动,就有可能导致不可预测的结果并破坏双方的关系。和所有的预算体系一样,各部门也有各种各样的策略,所有的支出部门都会时不时地在正常和意料之中使用"花招"。"尽管预算局有一份未公开的"黑名单",名单上记载了各部门和主管所做过的一些事,诸如在没有事先协商的情况下征求政治支持并拥护等级制度等事,但是'试一试'这种做法是正常的,也是值得期待的行为。"(Hayashi,1993)。"试图"将预算局的决定与非正式理解相违背、没有适当警告和通过正常渠道、不走程序,这些行为都严重违反了准则。"我们被抢夺了",一名沮丧的预算审查员说。在这个过程中由于事件的压力和时间的短缺而导致沟通渠道的受阻时,双方关系就会朝着紧张的方向发展。在那时,"我还没有被告知"将是与会者的常见抱怨。

第十九章 制定财政投资贷款计划(FILP)

制定和执行计划共同体

财政投资贷款计划的英文翻译是 Fiscal Investment and Loan Program,缩写为 FILP,它是日本财政投融资的一项内容。制定和执行 FILP 的组织很多,这些组织的成员根据授权资源的集中度,信息的专业性和内部的规律性,分为法定"内部人"和非法定"局外人"两大类。"内部人"是指彼此之间在制定或执行 FILP 政策的过程中定期互动的组织和团体,而"局外人"是指在政策共同体、政策问题上与团体的其他成员有一些不定期的接触的人,他们的互动往往是正式的、临时的和非常规的(Thain and Wright,1995)。

图 19.1 显示了 21 世纪改革前参与 FILP 政策委员会的成员情况。内部组织和团体有两大类型:法定的和非法定的。直接负责制定 FILP 政策的法定团体主要包括大藏省的财政局、预算局、电信部门的邮政储蓄局和健康福利部门的养老金局,FILP 机构及其赞助部门。最初主要负责执行 FILP 政策的法定组织和团体包括 11 家公共银行和金融公司,大约 50 家合格的公共公司和特殊公司,以及地方政府和地方公共企业。

具有内部人身份的非法定团体,主要包括杰出的自民党的最高领导层;帕洛阿尔托研究中心及其相关部门、研究委员会和研究小组;自民党的邮政政策"族议员";城市和地区银行及其代表协会;当地邮政局长和邮政局长任命协会;以及一些私营机构的承办商和客户及其代表协会。外部组织和团体

第十九章 制定财政投资贷款计划(FILP)

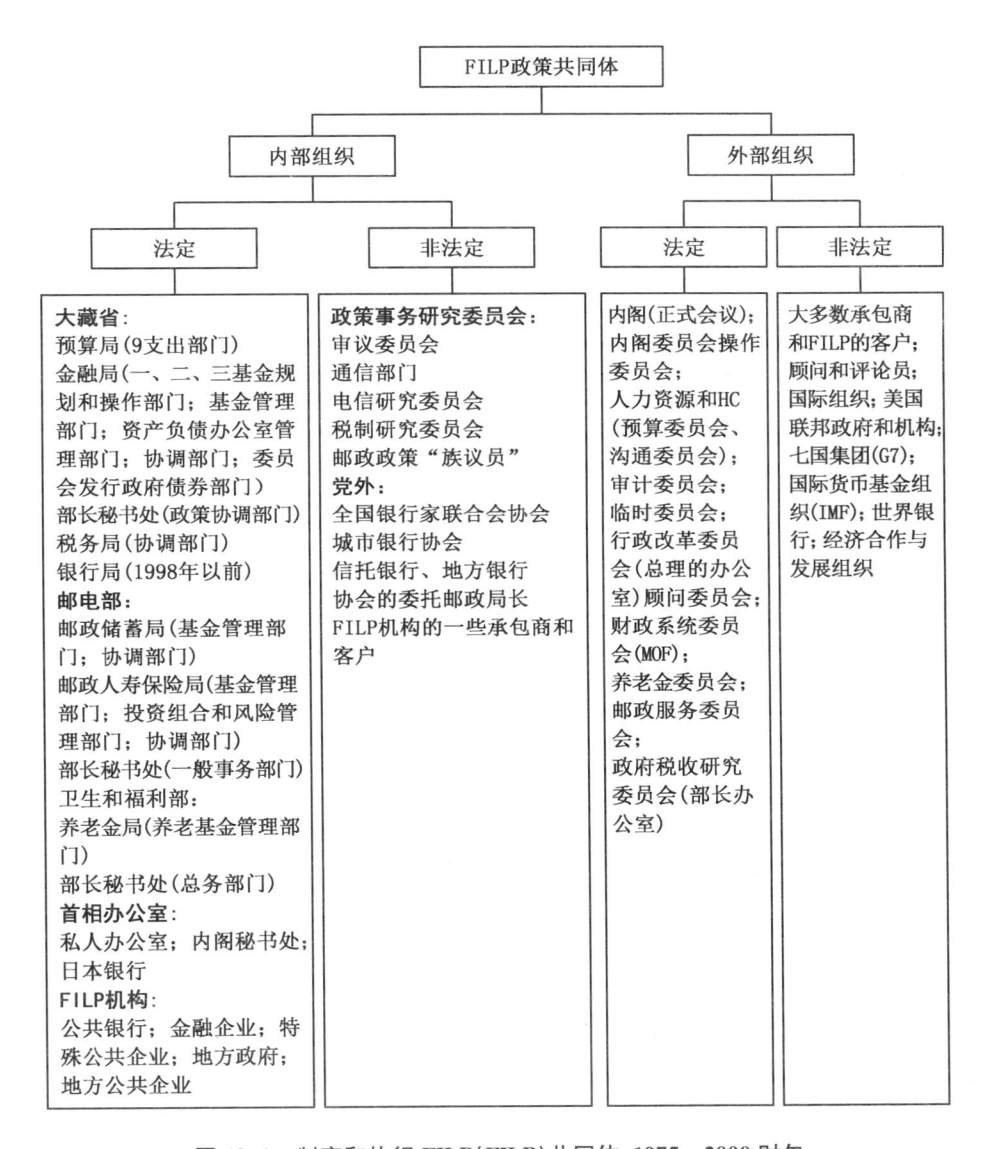

```
                        FILP政策共同体
                    ┌─────────┴─────────┐
                 内部组织              外部组织
               ┌────┴────┐          ┌────┴────┐
              法定      非法定       法定     非法定
```

大藏省：
预算局(9支出部门)
金融局(一、二、三基金规划和操作部门；基金管理部门；资产负债办公室管理部门；协调部门；委员会发行政府债券部门)
部长秘书处(政策协调部门)
税务局(协调部门)
银行局(1998年以前)
邮电部：
邮政储蓄局(基金管理部门；协调部门)
邮政人寿保险局(基金管理部门；投资组合和风险管理部门；协调部门)
部长秘书处(一般事务部门)
卫生和福利部：
养老金局(养老基金管理部门)
部长秘书处(总务部门)
首相办公室：
私人办公室；内阁秘书处；
日本银行
FILP机构：
公共银行；金融企业；特殊公共企业；地方政府；
地方公共企业

政策事务研究委员会：
审议委员会
通信部门
电信研究委员会
税制研究委员会
邮政政策"族议员"
党外：
全国银行家联合会协会
城市银行协会
信托银行、地方银行
协会的委托邮政局长
FILP机构的一些承包商和客户

内阁(正式会议)；
内阁委员会操作委员会；
人力资源和HC(预算委员会、沟通委员会)；
审计委员会；
临时委员会；
行政改革委员会(总理的办公室)顾问委员会；
财政系统委员会(MOF)；
养老金委员会；
邮政服务委员会；
政府税收研究委员会(部长办公室)

大多数承包商和FILP的客户；
顾问和评论员；
国际组织；美国联邦政府和机构；
七国集团(G7)；
国际货币基金组织(IMF)；世界银行；经济合作与发展组织

图 19.1 制定和执行 FILP(FILP)共同体，1975—2000 财年

包括那些在政策执行过程中的主要发挥正式作用或职能的群体，例如通过内阁和基金运作理事会的正式会议提议使政策合法化；预算和常务委员会每个议院审查预算立法草案的职能；审计委员会的监督检查；咨询委员会和特设委员会的正式意见和建议。外部团体还包括一些国际组织和团体，例如美国

联邦政府及其机构、七国集团、国际货币基金组织和世界银行。

1975—2000年期间,在制定和执行FILP预算时,有三个主要问题由政策界的内部组织和团体成员之间的相互作用来决定。第一个问题是FILP预算的规模大小。这一决定是在政府的宏观经济战略,及其短期和中期财政目标更宽泛的背景下做出的;并与一般账户预算规模、赤字规模和融资以及偿债的决定密不可分。编制过程最初是在大藏省的不同部门开始的,由财政局带头做FILP,预算案局带头做一般账目。第二个问题与FILP预算规划中的资金筹集、来源和成本有关。实际上,从逻辑上讲,在决定计划预算的规模之前,邮政、养老金和其他基金的可得性以及对其使用的利率规定只是几个决定因素之一而已。第三个问题涉及投资和贷款方案的职能组成,以及对FILP机构、特别账户、地方当局和普通账户预算的分配问题。实际上,这三组问题是相互关联的,是一个连续、迭代的过程;在这里每一个问题都是分开处理的。我们首先简要分析一下邮政储蓄和养老金存款积累和配置的政治因素。这个问题既说明了政策界各组织成员之间的相互作用,也提供了导致1997年启动,并于2001年4月实施的FILP制度变革的背景,其中包括切断邮政储蓄、养老金存款和FILP之间的历史性法定联系。

邮政储蓄的政治因素

邮政储蓄系统自1875年建立以来具有高度的政治敏感性。在日本政治经济中的家庭储蓄的数量和重要性、储蓄的扩散以及累积存款的投资潜力,都引起了在官僚机构内部对管理和控制问题激烈的争论。邮政储蓄存款在历史上享有特权地位,一方面有储蓄者和小投资者、当地邮政局长和议会人员的保护;另一方面有银行界的反对,从而不受竞争性的银行服务的影响,这使得其特权地位更加突出。整个20世纪邮政储蓄系统的政治历史的特点是:电信部门和大藏省在控制可用于投资的累积存款的使用方面经常争夺权限,比如支付给存款人的利率、各种存款的条件以及这些存款收入的纳税状况等。自20世纪70年代以来,FILP预算的扩大加剧了管辖权冲突,在当时,有一部分原因是为了减轻对一般账户的压力,随着金融市场的自由化和对长期

第十九章 制定财政投资贷款计划(FILP)

存款利率的放松管制,公共和私营部门之间的利率差距正在缩小。

20世纪最后25年,邮政储蓄的管理和控制政策既复杂又敏感。当时的福利目标是鼓励国内储蓄,国家邮政和养老金储蓄系统为小额储蓄者提供了高额有保证的回报,并得到自民党议会人员的支持,但是这难与政府信贷发展目标相协调。通过FILP融资的项目很大程度上依赖这些储蓄,而日益政治化的紧张局势需要通过自民党的干预来解决。

利益的一致性使得FILP政策界的成员聚焦在资金问题上,目的是通过邮政储蓄系统保留小投资者储蓄,并利用这种手段来促进国家发展。虽然成员们在吸引和奖励存款人的方法上存在分歧,并且越来越多地在利用存款最大化投资以获取回报,但他们普遍认同继续这样做的可行性。这一核心观点持续到20世纪90年代中期,他们处理的主要问题仍为鼓励存款持续增长的政策。然而,根本问题是在与其他金融产品和机构的投资者相比时,哪些储户应享有更大的特权?在这方面网络成员的价值观和目标各不相同,他们在关系网络中相互依存,交换权力、信息、财政和专业知识资源,确保了他们在每个问题上都有斟酌余地并相互制约,从而必须进行谈判。

从历史上看,FILP的筹资政策问题集中在对邮政储蓄存款利率和存款人享有的免税权利上。尽管从20世纪70年代中期开始,自民党就在调节他们成员之间的关系中扮演着重要角色,但是其主要作用还是大藏省和邮政省。健康福利部门也包括负责养老金和福利保险以及控制养老金福利服务公共公司,它们是基金投资、国民福利和国民保险的渠道;社会福利和医疗服务公司这两个部门都是信托基金局基金的主要受益者;大藏省负责经济、金融和财政政策的方向。在组织上,不同的支持者对问题的态度和内容都不同,如对宏观经济政策中高度重视的一般账户盈余问题,其促成因素是国内储蓄水平太高。再如,通过邮政系统鼓励的继续储蓄部分是以国内消费品消费减少,还是以进口商品的减少为代价的等问题。与此同时,对财政政策的责任也促使邮政储蓄倾向于单一的利率结构和突出的邮政储蓄优惠利率。在1998年之前,大藏省的银监局一直是银行系统的监督者和管理者,其成员要求其消除商业银行的竞争劣势。国际金融局也想要从外国政府和日本金融市场自由化国际组织中的获得利益。需要筹集FILP资金的财政局反而密切地关注资金的主要来源,认为应主要依赖于邮政储蓄,因为邮政储蓄每年都积累了足够的资金和收入信托基金。大藏省的税务局也成为 FILP 资金来源,通过现有税收增加收入以消除 1987 年以前邮政储蓄系统中非法存款账户造成的资金减少,同时还讨论减轻普通账户预算中日益增长的公共支出和债务压力的新提案。

与大藏省相比,信托部门在组织上的压力较小。信托部门管理并控制着邮政储蓄系统,负责通过维持有利的差别利率和提供其他地方没有的存款条件,从而保持对小投资者的吸引力。从 1941 年起,其主要资金的来源是 10 年期储蓄券,它的好处是有每 6 个月计算一次的固定利息,而且可在首次存款后 6 个月内赎回。投资者还可以行使取消的选择权,允许他们在利率波动时进出邮政储蓄,这一做法对于大多数私营金融机构来说太昂贵而无法提供。此外,累积存款的规模和重要性是信托部门政治影响力和权力的来源。随着前部长田中角荣领导下的地方邮局的扩大,地方邮政局长的任命可以间接控制 24 000 个地方的选举,这使该部门在自民党内享有讨价还价的权力。随着信托的重要性和资本投资项目规模越来越大,邮政业务的扩张使得信托部门可以自称为一流的政策部门。在控制和保护邮政储蓄系统方面,信托部门得到了委任邮政局长协会的支持,并不时得到自民党、政策研究委员会和邮政总局的正式和非正式团体的支持,这些团体的潜在成员超过 300 人并在 1993 年前成为第二大团体,足以动员自民党内阁成员小投资者的支持。

信托部门多次成功抵制了大藏省接管控制邮政储蓄和确定利率的企图,这两个部门就各自不同的目标进行了谈判并达成一致。在 20 世纪 70 年代,随着信托部门在田中倡议后实力的不断壮大,大藏省更难影响邮政储蓄流入信托基金管理局基金,也更难抵制信托部门对地方投资的自主权的要求。此外,还同时存在其他问题,邮政储蓄存款利息收入免税政策的出台使得一些企业利用多个免税储蓄账户进行逃税,然而,信托部门在 20 世纪 70 年代议事日程中却没有考虑过这些事情。

因为大藏省试图取消信托部门的那些特权,所以信托部门和大藏省之间的矛盾更加激化。这主要有两种压力:第一,大藏省想要通过控制逃税和免税来增加额外收入。税收作为重建国家财政的更广泛财政战略的一部分,可

第十九章 制定财政投资贷款计划(FILP)

以减少发行政府债券来弥补一般账户预算赤字,还能够降低债券依赖率和GDP—债务比率。20世纪80年代初开征的消费税并没有增加额外收入,这使得人们更热衷于取消邮政储蓄存款人的税收特权。第二,大藏省的银监局面临着来自城市信托和地区银行的压力。银监局对这些金融活动进行监管和规范,以消除中小企业和小投资者在市场上的"不公平"竞争。一些种类存款的优惠利率以及提供的特殊条款和条件有利于邮政储蓄系统中的小投资者,而FILP机构对小企业贷款收取的优惠利率却不利于私营金融机构。随着金融服务的放松管制,群众对取消监管的呼声越来越高。一个更大的压力来源是在管理日本经济时宜采用单一利率结构,同时这也是预算局和国际金融局的目标。

大藏省想要从信托部门获得对邮政储蓄的控制权,这使得两者的冲突加剧。信托部门日益增长的政治权力和影响,再加上当地自民党政治家、邮政主管和小额储蓄者的巧妙策划,这使信托部门成功捍卫了对邮政储蓄的积累和管理的司法控制。如果税法在1988年取消了邮政储蓄存款的许多特权,那么信托部门的交换条件则是大藏省在邮政储蓄投资中做出让步。然而,由于自由支配投资的规模不足,限制了信托基金局的可用收入,所以无法通过FILP预算为大藏省的投资方案提供资金。此外,大藏省坚持让信托部门年度自由支配投资的一半必须用于购买政府债券,以弥补一般账户预算的赤字。

自民党议会成员通过利用邮电业务的当地个人网络来保护自己的选举利益,使得大藏省和信托部门之间的争端成为一个政治化问题。反过来,对邮政储蓄的管理问题成了信托政策管辖争议的一部分。20世纪80年代,信托行业的管理引发了关于日本电报电话公司和增值网络公司的"信托战争",以及发生在信托部门和国际贸易及工业部门之间的其他几个政策问题,它们都与大藏省的关系密切(Johnson,1989年)。随着小泉纯一郎在1994年被任命为村山联合政府的邮政大臣,这场冲突发生了变化。在许多激进分析家的批评下,他呼吁邮政储蓄私有化。与此同时,随着人口中老年受益人数的增加,预计养老基金将会减少,健康福利部门急于通过在市场上进行投资来增加资本价值。FILP的改革不可避免,这也是桥本政府在1997年发起的更广泛的行政改革的原因,FILP与邮政储蓄和养老基金之间的法定联系也被打破。我们将会在第 28 章讨论 FILP 体系的起源、影响和变化。接下来，我们会研究在制订和执行 FILP 预算时的政策界人士之间的相互作用。

确定 FILP 预算的规模

信托基金局基金

在确定 FILP 预算的规模时，无论是自上而下的宏观经济考虑，还是自下而上的压力，在理论上都受可用于投资的资金数量的限制。大藏省第一基金司要对影响基金规模的因素作出审慎的判断：一部分取决于邮政储蓄系统和其他基金的新存款额，另一部分取决于利息支付收入和偿还贷款所产生的年度现金流，但主要取决于信托基金局基金的"健全管理"。

基金运作理事会是一个附属于首相办公室的法定咨询机构，对冲基金可提供的数额以及邮政储蓄、养老金和其他次要来源的捐款建议都要提交给基金运作理事会。理事会负责统一管理这些基金，并根据《信托基金局基金法》的要求，就关于管理这些基金使用的重大政策决定向内阁提供咨询服务。它的成员资格由大藏省、电信部门、健康福利部门和地方政府的"代表制"（约内扎瓦，1995 年）的规则来默认规定。20 世纪 90 年代，基金运作理事会的成员有日本银行前官员、银行协会联邦主席、三名高级学者和《日本经济日报》的一名分析专家，秘书处由财政局第一基金司管理。理事会就可用于资助 FILP 预算的信托基金局资金数额向内阁提出建议，建议是基金投资的存款利率要适当，与它支付给各种储蓄基金的贷款利率相同，管理信托基金局基金投资组合要合理。大藏省、电信部门和健康福利部门要每年向基金运作理事会提交各自管理的基金运作情况的年度报告。

大多数倡议都要经过财政局第一基金司进行必要的研究和分析。在理事会正式会议之前，此事通常由财政局的高级官员与电信部门和健康福利部门的基金管理司的高级官员，通过非正式谈判来商定，并由秘书处向财政局提出建议。第一基金司前司长回顾了之前仅有的一次部长们未能在理事会会议前解决分歧并同意由理事会做出决定的情况，此后，他们尽量避免这种

第十九章 制定财政投资贷款计划(FILP)

不愉快的场面再次发生(米泽,1995年)。财政局、电信部门和健康福利部门这三个部门以同样的方式就各自负责的使用资金进行了协商,并达成一致意见。这些资金共同构成了商定的信托基金局基金总额。在财政局和FILP各机构就其拨款以及由它们资助的项目和方案完成谈判之后,理事会在12月底向内阁提出关于FILP预算提供资金的总额的建议。与此同时,理事会也要决定出为普通账户预算赤字提供资金所需的中央政府借款数额以及信托基金局基金和市场的供资比例。第一基金司也会向政府债券发行委员会提供咨询意见并由该委员会正式做出决定。

随着1987年和1993年放松对利率的管制,这一做法将邮政储蓄存款利率和信托基金局基金利率与市场利率更紧密地联系在一起。因此,大藏省越来越难以确保信托基金局基金是否获得充足的资金供应,以及其成本可否通过FILP机构的投资和贷款收费收回。资产负债管理和风险融资成为主要问题,它们对FILP系统持续生存能力的影响将在第28章讨论。

总理和内阁是决定FILP预算规模进程的主要参与者,他们必须批准基金运作理事会关于FILP基金规模和组成的建议。预算局向内阁提出的关于普通账户预算的规模和分配建议是在短期和中期经济总体战略的背景下提出的,这必然包括考虑是否有必要建立一个特定的FILP机构,以及在该基金和普通账户预算中供资的资本投资方案对经济的影响。大藏省管理信托基金局基金与FILP机构和它们的赞助部门,电信部门和健康福利部门探讨FILP基金的分配问题。

FILP预算由大藏省直接负责。尽管预算局密切参与了其制定的所有阶段,但是大藏省是领头人。由一名副总干事监督的三个司处理所有FILP业务,第一和第二基金规划和业务司以及地方基金业务司。基金管理司负责管理进出信托基金局基金特别账户的资金流动。在1998年,第一个基金规划和业务司有49名工作人员,他们负责监督和协调其他两个司汇编FILP的工作,并与预算局协商和谈判以确保这两项财政预算符合总体政策目标。该部门建立了其他两个司开展FILP业务的框架,并在政府规定的宏观经济政策范围内为它们提供了总体方向。20世纪90年代中期,第一基金司内部设立了资产和负债管理办公室,体现了人们对信托基金局基金特别账户和每个

FILP机构实行财务管理职能的日益重视。

FILP预算的规模的大小由以下几种因素决定。

第一,FILP是政府实现国家经济和社会目标的宏观经济战略的一个组成部分。它与普通账户预算合二为一,也是实现中短期财政目标的政策,以及反周期财政和货币政策的工具。每个预算的总额是根据政治经济背景确定的,受到当前和预计的经济活动水平以及政府实施《五年国民经济计划》中规定的经济和社会政策的影响。例如,在1992—1997年旨在通过创造和改善社会间接资本来提高生活水平的政策,以及在1996—2000年强调经济结构改革的政策。FILP预算的规模、组成以及资金支持计划需要向外界说明。因此,它必须考虑在政治上有利,并适应当前国际经济和金融环境。FILP的规模大小也受到具体国际承诺的影响,例如,解决结构性障碍倡议和公共投资基本计划,该计划承诺政府在1991—2000年十年期间进行430万亿日元的公共投资,随后1994年增加到630万亿日元。

第二,FILP预算的规模受大藏省对于整个公共部门设想的资本支出方案总额的判断的影响,在这一判断中,必须考虑公共部门和私营部门对资本投资总额的经济影响,并希望其中一些投资由公共部门发起。在这方面,对资本的需求和劳动力市场以及建筑和工厂产能行业的产能都是重要因素。另外,还要考虑对价格和工资的影响。

第三,要考虑自民党的优先事项和偏好,并应对后座议员要求增加公共开支尤其是对公共工程项目和方案的压力。在这方面与普通账户预算是不可分割的,但是鉴于某些公共投资,特别是公共工程的政治重要性和可见度,由FILP基金资助的项目的数量、时间和地点选择是至关重要的决策。

第四,虽然财政局官员正式强调了FILP预算的规模和组成取决于FILP机构每年提出的可行项目的数量,但这只是次要因素。FILP基金面临着"自下而上"压力和一个不断演变的"自上而下"的宏观经济和政治战略需求。从表面上看,这些机构资金分配的管理,原则上限制了它们提出的项目数量,并得到了它们的赞助部门的支持,因为它们有可能产生足够的未来收入来偿还贷款利息和本金,但确定盈利能力的标准——数量多少以及在多长时间内,没有披露。大多数贷款以及还款期限都是长期的——35年或更长时间,在如此长的准备时间内评估潜在盈利能力实际上更多的是主观判断,而不是客观分析。当政府的客观目标是刺激衰退期间的经济活动水平时,合理分配一些 FILP 基金所采用的标准会更加宽松,例如,延长贷款的期限等。

第一基金部主任解释说:"没有坏账。"(第一基金部,1993 年)。从技术上讲,如果发生损失,提案部门负责通过总账户预算来偿还这些损失。然而实际情况是,FILP 机构以及由它们资助的很多项目都有大量的、经常性的、累积的债务。多年来,日本国家铁路公司通过 FILP 提供资金,其贷款期限延长了多次,它的收入损失由普通账户预算支付给 FILP 的款项补贴。私有化后,1998 年以前,巨额累积债务由 FILP 每年向债务结算特别账户支付补贴。正如将在第 28 章中所说的那样,盈利能力的标准宽松会导致在几个无利可图的社会资本项目上进行更多投资。从理论上讲,通过信托基金局基金和相关资源获得的资金数额可能会限制 FILP 预算的规模,但累积准备金、未偿贷款利息支付、赎回以及邮政和养老基金的新存款加在一起,足以使 FILP 的资金维持在与 1975－1998 年期间历史增长率相当的水平上。事实上,直到 1999 年,信托基金局基金和 FILP 其他资金来源的收入通常都超过预算支出的总额。1997 年决定在 2000 年终止邮政储蓄和养老基金之间的法定联系,这一决定的实施预示着邮政储蓄和养老基金的收入在 1999 财政年度的计划预算中有所减少。

从第二十四章对 FILP 预算历史趋势的分析中可以明显看出,人们普遍认为 FILP 将逐年递增,而且在预计的国内生产总值增长中所占可预测和稳定的份额也会增加。因此,在决定 FILP 预算总额时,目前对国内生产总值的估计以及 FILP 的历史份额是主要考虑因素。虽然最初的 FILP 预算总额通常在以后的财政年度期间经历几次修订,而且总体上每次修订都是增长的,但这种情况较少发生主要是因为 FILP 机构对额外资金的需求。尽管这种情况发生在年底,但是在那时一些机构已经用完了最初的拨款,更多的是因为大藏省根据经济环境的变化而重新分配,例如,就像 20 世纪 90 年代曾多次发生的那样,通过增加资本支出来提供进一步的财政刺激。

分配的过程

大藏省第二基金规划和业务司负责向 FILP 机构分配资金,由主任领导五名副主任参加工作。由于历史原因,参与拨款的另外两名副主任隶属于第一基金司。这项工作由 7 名代表按部门和机构划分,与预算部门的代表相对应,他们每天都与相对应的副预算审查员密切合作。在批准项目时,第二基金司副司长一般在第一基金司起草的 FILP 预算框架内开展工作,这反映了政府决定的优先事项,其中一些事项在《五年期国家经济计划》中得到了明确阐述,另一些事项在《五年期国家经济计划》和《年度经济展望》中得到了更详细的说明,并得到了自民党领导层和内阁议员的偏爱,最终通过政策研究委员会及其各司得到了正式阐述。大藏省对 11 家公共银行和金融公司严格控制,确保它们的贷款策略和资金要求符合政府的目标。除了日本开发银行和进出口银行之外,政府对剩余的银行都规定了限制的政策目标,而且每个季度都必须获得部长级领导对他们项目的批准。

第一基金司和第二基金司的高级官员在访谈中声称:向他们提供的关于财务预算分配的指导是定性而非定量的,并且没有规定明确的限制。诚然,FILP 机构对资金的需求是决定预算规模及其分配的一个因素,但必须事先确定国家和部门计划的优先事项。"愿景"和政策声明中的优先事项是对推进某些类型的资本项目的明确鼓励。更直接的是,鼓励赞助部委和各机构是根据国家目标和商定的部级优先事项,在其 FILP 机构中寻找此类项目予以支持。从拨款的规模和构成来看,第二基金司所要做的不仅仅是对需求作出反应。在 20 世纪 80 年代和 90 年代,为提高"生活质量"的基本建设项目,例如住房、供水和污水处理设施、公园和娱乐设施的数量有所增加,而工业发展和公路运输项目的增长速度较慢或者下降。无论采用任何方式的基建投资变化,或通过网络直接或间接反应,或收紧或放松贷款审批标准,财政局都大致反映大藏省和自民党在 FILP 预算的规模、组成和分配方面的优先事项。

大藏省财政局第三基金司即地方基金运营司负责编制年度地方债券计划,该计划规定了地方政府贷款的数额、主要资金来源以及对政策类别:道路、供水、排污设施等的拨款(地方基金运营司,1998 年)。该司有 20 名左右工作人员与第一基金司和第二基金司以及预算局密切合作,一起编制一般账户预算和地方财政计划。该计划规定了整个地方政府的收入和支出总额,大多数政策部门都有正式的五年投资计划(详见第 23 章)。各主管部委或机构

第十九章 制定财政投资贷款计划(FILP)

每年与大藏省和内务省协商,根据以往的拨款和目前的情况,决定可允许的公共工程和公共设施的数量。中央政府通过一般账户预算和 FILP 以及地方政府收入来进行拨款。按部门划分的拨款与一般账户预算对具体项目,包括排水设备、道路等的拨款和补贴数额密切相关。

预算编制过程类似于前几章所述的一般账户预算,合格的 FILP 机构于 8 月向财政局第二基金司提交预算请求。在早期阶段,每一项请求都将提交给适当的主办部门,并与其进行讨论。根据讨论的结果对其中一些进行修订,另一些则被撤回大藏省不予支持。事先批准并不是法律要求的,但实际上,向财政局提出的所有 FILP 资金申请都是由主办部门批准。由于主办机构依法有权批准其管辖范围内赞助组织的预算,因此在对普通账户预算和特别账户投标时,也一同对 FILP 基金的申请进行审查。这个过程有助于过滤掉一些不合理的提案,并对其他提案进行修改和完善。有时候一个部门由于政治压力服务于该部门,可能会增加对 FILP 机构的请求,虽不愿意这样做,但不得不被"说服"(米泽,1995)。

第二基金司举行的一些听证会,其方式有所不同。有时主办部门先单独举行听证会,随后举行其机构的听证会。另一些情况是全部的官员都在场,起主导作用的取决于官员在该机构的地位和实力。例如,最强大的机构比如日本开发银行或进出口银行会起主导作用,主办部门仅起辅助作用。相反,较弱的机构只能从属于它们的部门。第一基金司一名前司长说,建设部管辖范围内的大多数人都是"殖民势力的殖民地"(米泽,1995 年)。这一程序与第 17 章所述的预算局听证会非常相似,也是在 9 月份举行的,局长在 10 月和 11 月进行审查和谈判。当时,预算局的各阶层都与"对立面"保持密切联系。随着这两个预算形成,背景、信息、分析都交换了。基金各分部的主管与预算审查员的关系特别密切,双方就批准请求进行谈判时,每一次都以主席团会议的授权为指导,出现问题时,由高级官员提供指导和建议。此外,大型项目由第一基金司司长负责,当这些项目与预算局之间存在严重的利益冲突时,会交由总干事一级处理。这种情况最有可能发生在政策的实质内容发生变化时,或者是因投标而引起的变化。举例来说,在 20 世纪 90 年代,财政局和预算局对资助 FILP 项目的态度有所不同。财政局采取了更严格、更有原则的观点,例如不愿意为道路建设项目提供补贴。一般来说,财政局不喜欢对特别账户提供补贴,因为就像对森林、国立医院、国立大学和学校的补贴一样,一旦同意就很难终止和收回。预算局负责管理整体经济和制定实现国家目标的总体财政战略,因此在其行动纲领中更加务实和灵活。当财政局和预算局的意见严重分歧导致僵局时,预算局局长的意见因其资历和地位最终占主导地位,而财政局就不得不做出让步。

虽然 FILP 各机构提交的投标总额的费用通常超过预算的暂定参数,但这些已获批准的项目的资金的筹措是一个需要解决的问题。财政局和预算局批准的国家政策相关项目和方案,例如住房、福利或环境,可以通过各种方式获得资金。FILP 的资金可以与普通账户的补贴一起,越来越多地用于补助那些不获利的项目,从而减少了 FILP 贷款费用。最好的一个例子是 20 世纪 90 年代的政府住房贷款公司,该公司以低于从信托基金局基金借款的利率向购房者贷款,财政赤字由普通账户预算补贴弥补。在第 28 章将详细讨论本例及其他案例。

一些 FILP 项目是以合资企业的形式资助的,这就是"第三部门项目",一方面涉及 FILP 预算和普通账户预算的捐款,另一方面涉及私营部门金融机构的捐款。此外,大多数 FILP 机构可以在国内或国际金融市场自行筹集资金,为其投资和贷款计划提供一部分资金,但是,日本开发银行和进出口银行只能在国际市场上这样做,而政府住房贷款公司不允许这样做。这些资金来源被财政局视为"缓冲",使其能够和预算局批准的可行项目进行融资安排,但这些项目没有足够的 FILP 资金,要不然可以从战术上更有效地分配给其他项目。通过上一财政年度的 FILP 预算的累计结转和未用拨款,财政局可以获得进一步的"缓冲",这使其能够为额外批准的投标项目提供资金。

FILP 机构的贷款和投资能否采取相同的利率,需要经过基金运作理事会的批准。第二基金司讨论了每一种情况,其中关键的问题是政策的内容和资本投资的地点。从而造成了独立的 FILP 资金以及 FILP 普通账户补贴数额增加的现象。特别是那些涉及能够改善社会间接资本的预期利润低、时间长或有很多不确定因素项目的方案。举例来说,预算审查员可能会尝试说服那些财政人员使用 FILP 资金,来弥补由一般账户预算支付产生的一部分现有支出。例如：一名预算审查员成功地说服了财政局的相应人员,将 FILP 提供的教育奖学金的一部分用于偿还贷款,以前这笔费用全部由普通账户承担,从而缓解了普通账户的压力。下面我们讲预算编制过程中的一个例子,简要地回顾一下 20 世纪 90 年代中期住房与城市发展公司(HUDC)的情况。在 1999 年,住房与城市发展公司向私营部门重新划分公共住房和住房用地,并更名为城市发展公司。

住房与城市发展公司的预算过程

住房与城市发展公司是合格的 FILP 机构之一,创建于 1981 年,由日本住房公司(1955 年)和土地开发公司(1975 年)合并而成。它与中央级的政府住房贷款公司和市县级的地方住房供应公司一起负责执行住房政策,提供低成本住房、用地、道路、公园和污水处理厂等城市基础设施,同时承担促进城市更新和制定发展计划的责任。1996 财政年度末,它有 2 190 亿美元资金和 5 000 名员工。住房与城市发展公司的活动主要通过 FILP 提供资金,此外还有人寿保险公司的私营部门贷款、租金和贷款利息以及还款、普通账户预算的补贴来提供资金。

每年年底,住房与城市发展公司向建设部提交一份关于财务平衡的年度计划,为建设部提供了一个广泛的收入和支出框架,这些收入和支出来自过去的决算,例如,累积土地持有量、住房存量、固定资产和流动资产及负债,下一个财政年度的预算要求就是在这些基础上编制的。与其他各部门一样,住房与城市发展公司各部门在春末开始商议讨论,其财务部和规划与协调部在谈判中发挥了关键作用。在准备请求时,这些部门的负责人与建设部住房司的主管进行联络,以确保住房与城市发展公司的方案和项目符合政府政策规划。与部长要求从一般账户预算获取资源不同,FILP 机构没有预算上限,因此在 8 月底正式提交预算请求之前,住房与城市发展公司的财务负责人和大藏省官员不会进行讨论。

第一阶段听证会是由预算局审查员举行的,大藏省其他官员也需要出席。住房与城市发展公司的相关负责人对这些计划和项目的实施成本作了总体概述和解释,其中预算请求主要是审查建筑部的方案和住房与城市发公司持续的土地购置、建房和租赁管理的方案。第一次听证会的目的是解释和说明住房与城市发展公司正在做什么,以及拟议未来活动的规模和费用。

第二阶段听证会由财政局官员参加,财政局官员第二基金司负责向FILP机构分配FILP基金。因市场状况不断变化,住房与城市发展公司对FILP资金的依赖程度及其可自由支配权也有所不同。20世纪90年代,随着竞争的加剧,住房与城市发展公司对FILP资金的依赖程度大大降低。

第三阶段是大藏省的预算局就住房与城市发展公司计划的预算规模达成正式协议。在1997财政年度,计划预算总额为13 980亿日元,其中FILP捐助了9 850亿。普通账户预算的补贴总额为2 480亿日元,主要是为了使住房与城市发展公司能够按照政府宣布的政策继续提供低成本租赁住房。

在分配商定预算时,住房与城市发展公司比许多其他FILP机构有更大的灵活性。建设省对日本公路公共公司进行了非常严格的控制,规定它建造什么、建造多少以及在哪里建造。相比之下,住房与城市发展公司更加有权调整自己的活动,来灵活应对不断变化的市场环境。例如,虽然建设省同意FILP在1995财政年度建造5 000套住房,但低迷的市场条件使其只能建造2 200套住房,按规定也允许住房与城市发展公司将已批准的项目资金分配给各区域分支机构。

地方政府

大藏省向地方政府分配FILP资金,首先由地方政府表明自己的资金需求,然后向大藏省当地办事处提出资金申请。当地办事处将其按部门进行汇总,并竞标给大藏省中央地方基金运营司。除其他因素外,投标还包括确定地方债券计划与预算局的地方财务计划的规模和组成要素。当这两者都由中央决定时,办事处收到了地方政府的投标之后,大藏省给每个地方办事处规定了每个政策部门的配额,例如水和住房,通常不少于他们要求的数量。然后,地方办事处仔细审查这些投标,并在财政局为每个政策部门规定的优先顺序的指导准则内,向每个地方政府拨款,地方办事处可在地方政府总拨款范围内酌情处理项目之间的差额变动。从20世纪90年代中期开始,由于在其他地方获得贷款相对容易,而且成本较低,故对拨款感到失望的地方政府向大藏省提出的申诉大大减少了。在20世纪60年代和70年代,私营部门的货币市场和政府基金收取的利率差为1.5%~2%,而现在几乎消失。从1994年起,长期优惠利率低于政府基金利率,发行地方债券的贷款利率与政府利率几乎相同,而地方公营企业金融公库收取的利率仅比政府利率高0.1%(地方公营企业金融公库,1997)。

日本地方公营企业金融公库是大藏省管辖范围内的金融机构,它成立于1957年,旨在为当地公共企业提供低息的长期融资。在接下来的40年里,合格候选人的范围及其贷款活动的规模都扩大了。20世纪90年代,日本地方公营企业金融公库还借钱给地方政府用以建立区域公路公司和地方发展公司,并直接拨款给地方发展公司用于某些一般项目,比如公共住房和地方公路建设。作为一个FILP机构,地方公营企业金融公库每年向第二基金司投标信托基金局基金的资金。它吸收了FILP预算中分配给中央政府借款即政府担保债券和贷款的大部分资金。在1997财政年度,在为此目的指定的3万亿日元中,2万亿日元用于担保地方公营企业金融公库发行债券,为地方公共企业贷款和地方政府自己承担的项目提供资金。除了中央政府本身,地方公营企业金融公库还是最大的债券发行者。根据财政局的统计,地方公营企业金融公库的拨款大约相当于FILP基金对地方政府借款总额的1/4(地方基金运作司,1998)。如表12.4所示,在1997财政年度,地方公营企业金融公库从8.6万亿日元中拨出了2.2万亿日元。

内阁和议会批准

FILP预算草案与总预算草案通常在12月同时提交内阁,随后进行类似于一般账户预算的"复活谈判"。在这一阶段处理的问题较少,因为自民党政治家的利益和偏好在很早以前就与相关赞助部或机构进行讨论并协商解决了。进一步说,预算局在5月和6月份对一般账户预算的早期估计中就反映或预期到了党的优先事项,同时也在即将到来的FILP预算编制中进行了讨论。因为FILP的大部分资金都用于基本建设项目,所以其分配的内容、时间和地点都是议会议员和自民党领导人感兴趣的地方。然而,他们关注的主要焦点不是FILP预算的规模或构成,而是离散的政策部门、住房、福利、公共工程等,还有这些政策的内容和实施这些政策方案的地点。这样一来,如何通过FILP账户、普通账户或特别账户为它们提供资金就没那么重要了。

在内阁批准后,FILP预算草案与一般账户预算草案通常在1月份一起提交给议会成员。1973年《长期基金运行法》要求议会批准信托基金局基金、邮政人寿保险基金以及政府担保债券和借款资助所有五年以上的投资和贷款。FILP资金的第四个主要来源是普通账户预算拨款提供的工业投资特别账户。议会不需要批准财政投资和贷款方案,但提供了可供参考的材料。材料包括三个表格和辅助参考资料,包括显示预算拨款的FILP筹资计划表、邮政储蓄和养老金储蓄等方面为这些拨款提供资金的FILP资金估算表以及按政策分类进行分配的区域政治、住房、环境等表(见表24.1)。实际上,他们并没有对FILP预算进行讨论或辩论,毕竟必要的决议只是一种形式。11家公共银行和金融公司提交给内阁批准收支预算,但没有提交供资方案,其所附材料仅供参考。类似贷款规模和目标贷款领域的细节问题没有讨论。

年度预算修订

虽然年度预算进程随着内阁的决议正式完成,但实际上的预算编制与一般账户预算一样,几乎是连续的。对最初计划中FILP预算年度的修改很常见,尤其在经济衰退期,政府用一个或多个补充预算来为普通账户增加资金或为"紧急经济一揽子计划"提供资金,这在1992年至2000年期间就发生了十次。在1995财政年度,FILP的初步预算修订了五次,其中有三次主要是为了资助增大预算中的额外开支,剩下两次是为了提供额外的后续资金(FILP,1996年)。在1998财政年度修订了四次,当年的6月修订两次,11月和12月各修订一次。计划预算增加了10多万亿日元,占国内生产总值的2%。尽管补充的一般账户预算必须提交议会并获得议会批准,但FILP更大的灵活性使得允许使用信托基金局基金的资金增加了多达50%的初始预算,而邮政人寿保险基金以及政府担保的公共公司的借款,却无需参考议会。

修订程序类似于处理FILP机构最初投标时使用的程序,第二基金司和

FILP 各机构之间的听证、审查和谈判遵循了类似的模式,但时间和实质内容都有所减少。在大藏省决定需要进一步增加公共投资来作为反周期措施的情况下,这一举措通常由财政局而不是 FILP 机构来实行。即使如此,那些在年底前用完拨款的独立的 FILP 机构仍会经常提出追加资金的请求。

履 行

大部分的 FILP 预算都分配给了 11 家公共银行和金融公司,这些银行和金融公司又为私营部门承包商和公共部门组织实施的方案提供资金。这 11 家公司都没有自己承担资本发展项目,而其他 FILP 机构包括上市公司、当地企业和特殊公司等,它们可以这样做也可以与私营企业分包。在与第二基金司的谈判中,它们决定向 FILP 机构及其潜在客户提供投资和贷款的基本条件。利率和最高贷款比率通常是每个公共财政公司规定的,后来也适用于为同一投资方案下的每一位成功的申请人申请贷款。每个 FILP 机构负责执行 FILP 以及与第二基金司谈判商定和资助的方案。除日本开发银行外,所有公共财政公司每季度都必须获得发起部长的批准才能实施拟议的筹资方案。日本开发银行没有这样的限制,在其预算范围内可以自行选择项目和贷款规模。但是,日本开发银行的计划运作总体大纲每年都需要获得内阁的批准。实际上,这意味着大藏省的发起部门能够影响其政策目标、总体贷款战略以及特定政策领域的资金分配。日本开发银行和大藏省的财政以及预算局之间的非正式会议确保了两者执行政策目标的一致性。

FILP 机构向 FILP 项目分配资金的过程类似于私营金融机构分配的过程,但需要确保决策符合政府政策的目标。日本开发银行所实施的程序提供了一个简单的例子。提交申请后日本开发银行与客户举行听证会,会议上讨论拟议项目的大纲、贷款条件细节、公司财务状况的可靠性以及贷款规模。如果该请求符合日本开发银行的条件,日本开发银行就必须决定是否能够且应该提供资金。这一决定在一定程度上是对该项目是否符合政府政策的判断,也是对生存能力、风险、偿还能力等的财务判断。在决定"政策兼容性"时,日本开发银行咨询了相关部门,它们就政策兼容性和适用性提出建议。

结 论

运用 FILP 预算的决策与决定普通账户预算运用的决策的因素类似。事实上,这两组决策是同时做出的并且过程是相互关联的。除了中短期宏观经济目标的财政战略所提供的环境之外,其他决定因素还有资本预算的规模,即公共资本投资和公共工程支出的数额及在这两个预算之间的分配;对信托基金局基金投资资金的可得性的谨慎判断;由 FILP 机构提出并由其主办部门支持的项目的数量、规模和政策相关性;自民党的优先事项和偏好。但实际上,资金和项目数量都不会限制 FILP 预算的增长。在 1975—2000 年期间,人们强烈认为 FILP 预算将继续以与过去国内生产总值一致的速度增长。尽管随着时间的推移,优先事项发生了变化,但是 FILP 预算的组成和分配仍具有类似的特点,即政策部门和 FILP 机构之间要保持历史和长期的"平衡",这反映了高增长时代结束后国民经济和社会目标的转变。本书在第 24 章讨论了这两个问题。

实际上,FILP 预算已经达到了历史水平。1999 年 3 月,信托基金局基金的累计资产总额为 436.0 万亿日元(FILP,1999 年)。可用于投资的年度经营余额超过计划支出总额,以至于大藏省在 1997 年公开承认,FILP 预算的规模更多地是由资金供应和对累积存款进行投资的需求驱动的,而不是由投资需求及其对经济和金融形式可行性的适当判断驱动的(基金运作理事会,1997 年)。实践中对 FILP 资金的需求是相当大的,原因在于这些资金的优惠条件和贷款条件。FILP 长期贷款的利率一直都低于私营金融机构提供的长期优惠利率,例如,20 世纪 60 年代,日本开发银行的"最优惠贷款利率"降低至 2‰~3‰,20 世纪 70 年代降低至 1%~2%。事实上,在 20 世纪 80 年代末已经出现私人部门的利率低于公共银行和金融公司的利率,这是一种暂时的反向关系,而且这种趋势在 20 世纪 90 年代再次出现。我们将在第二十八章结束语的结论中讨论对邮政储蓄特权地位的威胁以及 FILP 体系的持续可行性这两个问题。

第二十章　自民党在预算过程中的作用和影响

政府通过预算来分配福利,也通过税收增加了不同的负担。针对特定的社会经济阶层、利益集团和行业,通过对预算管理和操纵,帮助自民党在1993年之前的38年里保持了自己的权力,而在1996年重新回到联合政府的领导和统治之后,其权力的保持就不那么确定了。

影响预算过程的四个机会

从20世纪70年代初开始,自民党通过政府和组织在政策制定中发挥了更为积极的作用。前几章已经解释和探讨了在接下来的25年里它在预算过程中发挥影响力的机会,并评估了党的领导层、政策研究委员会官员、政策族群和国会议员所作的贡献。

自民党影响预算进程及其产出主要出现在四个时段:第一个是在制定全面预算战略以及规定一般账户和财政投资预算的最高限额时段。在这一时点上,自民党必须决定和批准大藏省提出的预算指导方针,该指导方针确定了当前支出和资本支出的优先级,并将新资金分配给那些选定享受优惠待遇的项目;第二个施加影响的机会发生在每个支出部门编制预算要求的阶段。在这方面,它的影响力受到非正式商定的部长级最高限额的限制和根据预算准则分配给各职能局及其组成部门的数额的限制;自民党行使影响力的第三个机会出现在提交正式预算请求之后,即在大藏省的财务预算局进行听证、审查、谈判和"复活"的连续阶段；最后，自民党可以在福利、服务、投资、赠款、补贴等方面影响已批准预算支出的实施。本章借鉴了前几章对自由民主在这四个阶段的作用的描述，对比了其通过正式结构和非正式过程的影响。它认为，特别是在"复活"谈判期间，通过执政党和政府机构正式和直接施加的影响明显过于谨慎、认真，其主要目的是公开展示执政党的预算制定过程及其显著的影响力。事实是，正式的安排主要是通过政治家和官僚网络，间接地或含蓄地通过"了解自民党的想法"和"预期的反应"，响应自民党领导人和PARC影响力人物已知的优先事项和偏好，使其他地方非正式达成的协议合法化。

影响一般账户和 FILP 预算的分配

在20世纪70年代中期财政危机爆发之前，自民党能够通过向各个部门及其决策机构施加压力，在预算过程的几个阶段增加对特定项目的支出，从而影响两项预算的规模和分配。这两项预算的规模基本上都是由下而上方式，通过在9月至12月中旬之间进行的政治谈判来决定，并受到大藏省在其宏观经济政策范围内所能提供的想法的限制。尽管如此，这在很大程度上是一场双赢的游戏，因为预算指导方针被制定出来后，为年度高增长提供了资金，这些增长来自两位数的经济增长所带来的"自然增长"。随着经济高速增长时代的结束，以及财政收入增长所带来的公共支出不断增加，自民党在原则上开始致力于财政紧缩政策，然而它在现实中却难以实践。1982年，大藏省改变了预算制定和分配的规则，对经常和资本支出实行负上限规定。在新的零和博弈中原则上既有赢家也有输家，因为规则的改变对一般账户预算总额、支出类型、主要方案以及每个部门和机构都施加了自上而下的限制。由于大藏省认为有必要收紧财政政策，因此改变了预算程序的政策规则，官僚和政客们遵循的行为规则也发生了改变，相应地，自民党有义务改变其集体和个人行为，并发挥更具战略性的作用。首先，它必须对一般账户的适当总额及其在各部门之间的分配，以及 FILP 及其用于资助额外公共工程和其他资本支出的用途，采取更具战略性的看法。在某种程度上，这迫使部长和党的高级官员集体更加关注公共支出的优先事项。一些项目，诸如官方发展援助、能源、国防和科技,被给予了更高的政治优先权,这是20世纪80年代初自民党干预的部分结果,而且每年都得到了新的拨款。其次,为了影响一般账户预算的规模和分配,自民党不得不将注意力转向内阁批准预算指导方针之前的时期,以及大藏省在6月到7月将预算分配到广泛类别的支出方面。20世纪80年代中期,在自民党领导层的默许下,大藏省逐步收紧了这些标准。

内阁正式批准后,大多数部长和政党关心的焦点变成了规定之外的方案,即给予优先地位。方案对一般开支不削减,如对保健或社会保障或像公共工程方案和农业补贴给予特别优惠地位等。最后,在8月底正式向预算局提交请求之前,自民党必须将更多注意力放在支出部门预算程序的早期阶段。

在预算过程中,自民党作为一个政党,由于党内高级官员、资深的政治家和政策族群对预算分配的影响受到一些外部因素的制约,它们之间的竞争往往因为受到自民党高层领导的影响而减弱。这些竞争是为了确保各部门、各项目保持现有的预算份额,并尽可能从分配给这些优先项目的额外资金中分得一份。虽然通过政策研究委员会各分部施加了政治压力,影响了政策族群和议员的活动,有时能够大幅度地改变分配政策,但这些预算只限于分配给各个部门,其效果也是有限的。面对政策研究委员会部门、研究委员会、政策族群等利益集团,预算局和自民党最高领导层通常更倾向维持部门之间现有的相对关系。最引人注目的例子是把新的资金分配给最政治化的政策领域,即公共工程——通过分配额外的资金以加强主要受益者之间现有的相对平衡关系。然而,正如第二十二章内容指出的,随着时间的推移各部门之间的分配关系也发生了变化,在一般账户和FILP预算的其他政策领域中既有赢家也有输家,如下列第四部分内容所示。

支出部门的预算过程

自民党对支出部门预算制定产生的影响,因部门和政策领域的不同而有所差别。但对于那些有国际方案的外交、国家安全和贸易的部门和机构来说,这可能是最不重要的。部长们在这些政策领域的预算往往很少,而且收益是集体的或国家的,例如,国际贸易和工业部的预算历来很少,尽管它确实通过科学技术厅资助科学和技术项目。但自民党一直积极促进和保护企业利益集团,因为其中许多人是政党资金的最大捐助者之一,特别是在政府管制和商业活动方面,得到的政府补贴很小,因此不是国际贸易和工业部预算主要关注的焦点。但是,因为生产和市场主体主要是区域或地方的中小型企业,而不是国家和国际企业,并且这些中小型企业主要设在东京以外,它们的利润要大得多。因此,自民党的议员们还是集体要求政府拨款、补贴和减税。

自民党在那些开支部门中更为活跃和有影响力,这些部门的国内公共工程和公共投资支出方案主要体现在建设省、外务省和交通运输省的预算中,也体现在文部省校舍与厚生省的公共"设施"项目中。这些部门是一般账户预算中每年指定新经费的主要受益者。它们的方案连同方案支出的项目一起提供给当地增加了区域分配的福利,包括道路建设和维修、公共住房建设和贷款、港口和海港、土地改良、水源养护以及提供休闲和便利设施。官方通过捐款和援助为私营部门提供的合同也引起了政治家的注意。"面向项目的官方发展援助类似于国内的公共工程和建设,在这些工程和建设中官僚、政治、私营部门利益相互制约,管理合同的分配。"(Arase,1994:192)

有些部门的方案提供了其他种类的实际利益,例如维持收入、支助小农方案、大米补贴、社会保障和养恤金等,特别是关于寡妇和战争致残者的方案。有一些支持支出方案为集体向特别客户提供服务和资金,例如,卫生、福利和社会服务影响到生产者群体的利益。自民党在后两个领域的影响力可能最大,但也有一定的限制。在各部门内部,来自自民党和利益集团的压力因个别政策问题而产生差异,一些决策部门比其他决策部门承受了更多和更持续的压力。例如,外务省在处理官方发展援助的问题上比外交贸易更具压力,防卫厅负责采购装备的部门是私营部门制造武器和装备的目标,这些部门企图影响预算的规模和组成(Chinworth,1992;Samuels,1994)。

影响预算局谈判

在提交预算请求后,自民党通过政策研究委员会和其下属部门对谈判进展保持密切关注。政策研究委员会关于各预算方案之间的平衡关系和优先次序发表的声明,是对该党的目标和偏好的一般性总结,它更多的是为了公共消费,而不是为了影响预算局的预算方案。更重要的是,政策研究委员会中有影响力的人士会与预算局的高级官员进行讨论交流,特别是在 12 月初,大藏省为确保预算草案得到党的广泛支持而做准备,确保之后的谈判仪式能够沿着商定的计划顺利进行。

在预算局的谈判结束时,有关人员生动地展示了预算财务方向实际运作情况。部长级人员的正式交流仿佛是一场精心安排的戏剧,因为其结果是由双方之间的事先安排预先决定的。尽管如此,公开仪式在政治上是必要的,它象征着自民党在预算制定方面的主要影响力和权力。

影响预算执行

自民党对预算执行的影响无论是正式的还是非正式的,当把重点放在两个预算产出的执行上时,其影响都很有效。对政策研究委员会的成员、小组委员和议员来说,何时使用这些资金?如何使用这些资金?以及谁来使用这些资金?这些是部门预算谈判中所关心的且具有政治利益的问题。这些自民党成员的主要目标是支持预算请求,并试图反击预算局提出的削减和压缩项目的要求。派系领导人、政策族群和后座议员们更关心选举方面的考量,即钱该花在哪里?谁会从中受益?在公共工程开支方面尤其如此,因为这些开支影响各县和选区的分配、项目的选择以及执行这些项目的合同安排。但为了保证公共工程项目的持续增加,以维持该党的政治选举机制,自民党领导层必须确保其影响力。首先要在预算制定的战略层面发挥作用,其次在各部门的决策机构之间的分配层面发挥作用。FILP 的情况也是如此,它为地方和区域公共工程项目提供了丰富的开支,从而为地方自民党议员带来切实的利益。尽管融资、FILP 的扩张使自民党能够在不增加税收成本的情况下增加福利,但政策研究委员会分部和政策族群对扩大公共工程预算的方法不太感兴趣,他们只对资金的用途感兴趣。

正式和非正式的影响方式

通过政策事务执行委员会、审议委员会和研究委员会的正式安排,将自民党纳入预算程序的四个阶段中,主要是为了公开展示该党的影响力和控制权,但他们也要做出合法化的必要承诺。例如,一名由政策司司长陪同的局长被召到有关的政策研究委员会前,解释、辩护和证明他的预算要求,以及其中所载的政策和新的支出项目。通常来说,这提供了一个机会,使当事方能够在向大藏省提出请求之前公开影响这项请求。实际上,在那个阶段没有多少时间进行修订,它也不是有意这样做的。政策研究委员会分部听证会的作用更多是仪式性的,而不是实质性的,其目的是向选民及其支持者展示该党的影响力和控制权,以及该党对政治责任的接受程度。它还有助于使该司的成员正式承诺并遵守商定的一致意见。

虽然诸如此类的协商和决策已纳入了预算进程,但在此之前进行非正式协商和讨论也是必要的先决条件。例如,政策研究委员会的高级成员,尤其是政策研究委员会的代理主席,扮演了一个非正式的协调作用,实现正式保障部门预算的连贯性和一致性。在早期阶段,他们可以限制普通民众对更多支出的要求,在建立"重新谈判"的优先级方面发挥了关键作用。作为可能产生政治影响和控制力的渠道,非正式的协商、讨论和建立协商一致意见的过程在预算编制过程中实际上更为重要:(1)之前预算的大小被内阁决定和批准,预算局与支出部门和机构之间非正式商定的部长最高限额;(2)在预算请求已经起草和发送到政策研究委员会的正式批准之前;(3)由预算局的检查预算请求之前所得出的结论和每个部门的框架决定;(4)在"复活"谈判开始,通常有义务通知和协商,并预先通知和表明意图,这对于避免不可接受的意外和不可预测因素以及确保确定性和协商一致意见是必不可少的。正式会议的频率,以及之前的非正式磋商和协调共识的进程,与其说是提供谈判或艰苦谈判的机会,不如说是为了建立一个联盟或达成广泛的共识来与所有"需要知道"的利益集团进行磋商。在其他国家的文化背景下,为确保所有感兴趣或受其影响的部门都能随时得到信息,可以通过电话、传真和电子邮件进行传达。

通过非正式的协商将自民党领导层、政策研究委员会高级官员和政策族群纳入预算程序并不意味着他们控制了实际产出。直接参与主要是通过面对面的讨论来影响结果,而很少是通过电话或书面通讯,因此即使这种直接参与不一定成功,官员也不会改变他们部门早先商定的一项政策。

由于优先考虑由自民党官员提出的替代方案,官员的资历将在一定程度上决定将来的政策。政策研究委员会主席或自民党的高级领导的陈述比普通官员的陈述更为重要。受官僚因素的影响,一些预算审查人员对一个项目或一项开支的获得要进行特别的考虑。一位预算审查人员解释说,"如果一位非常资深的自民党政界人士来找我,我将尽力提供帮助,因为两人上的是同一所高中,是同班同学。如果在现有的预算框架内能够满足这一要求,那就没问题。"但他也强调,这类请求主要针对执行商定预算分配的阶段,因此该请求通常是向支出部门的相关官员提出的。

预算分配在很大程度上也取决于分配要求提出的时机和与之抗衡的官僚主义的力度。例如,在预算局局长、自民党最高领导层和政策研究委员会主席之间的会议上,讨论了预算的总体数额以及分配给一些部门的情况,这样的会议为总干事和预算局官员提供了表达观点和提出建议的机会。虽然自民党领导人可能会选择拒绝这一建议,或者将其置于其他政治选举因素之外,但大藏省必须听取他们的理由。此外,互惠和期望也影响了交流的结果,如果不接受这样的观点,自民党通过对未来利益的预期来控制所有的官僚行为,例如官员晋升和退休后的职位,这些因素可能会进入一些非正式的协商关系中,实际上也可能会间接地影响官僚行为。

间接和隐含的影响("机器中的幽灵")

到目前为止我们已经讨论了官员在正式和非正式进程中的影响力。此外,自民党还对预算政策产生了间接的影响,即通过公开声明的政策目标、政策偏好和优先事项来影响预算战略的制定。更具体地说,在特定的政策领域或在特定的问题上,其政治倾向和目标是众所周知的,并在没有直接互动的情况下影响了分配的结果。

一方面,自民党领导人和高级官员之间的关系;另一方面,自民党感兴趣或敏感的政策领域中的决策机构局长和政策部门主任之间的关系。这都是双方有意培养的,政客们的观点、政策立场和反应是官僚们所熟知的。此外,高级官员们对自民党政策的总体方向非常清楚,预算政策是在党的总体目标的基础上发展起来的。

了解自民党的"想法",并在党内政策的核心范围内工作,确保了官僚们提议的做法与自民党希望他们做的做法之间的一致性。由于政策框架的内容或党在某一政策领域所阐明的一般指导方针,一些选择被排除或被取消。例如,自民党对提高直接税普遍持敌对态度,这限制了大藏省在20世纪80年代为财政赤字融资的政策选择。具体来说,在特定的政策领域,官僚支出部门预期或考虑的可能反应由政策研究委员会部门或其主要官员,或高级政策族群所预知,他们的政策偏好或态度和提出项目的支出,政策变化或预算请求的优先级嵌入式已经清晰。在没有公开、直接和明确的正式或非正式干预的情况下,自民党以这种方式影响了预算政策。与亚当·斯密的"看不见的手"或"机器里的幽灵"一样,自民党确立了政策选择讨论和启动的参数。预计的反应是一个因素与其他非政治因素一起,由政府支出部门的官员,以及预算局的官员权衡和评估。它可能合并,也可能不合并。在一定程度上,在没有直接正式或非正式干预的情况下,自民党影响了选举结果。

但是做出这样的判断需要谨慎。因为它不可能表明对政治因素的重视程度,或与其他因素相比多大程度上反映了其他参与者的利益,其中包括客户和消费者、反对党、其他国家政府和团体。然而,如果自民党的预期反应间接和巧妙地结合在一起,那么它可能与一种独立确定的官僚偏好相对应,因为官僚主义和政治价值观之间存在一种利益认同。同样,如果不了解和权衡两者的价值和偏好,就不可能区分它们。由此可见,"低能见度"的常规政策问题很少引起自民党领导人或追随者的兴趣。它可能会或可能不会受到政治偏好的间接或反射性影响,这通常没有办法知道。他们认为因为后者的监督和控制机制以及对违反者的制裁,官僚们总是会做出有利于自民党的决定。但是自民党在传统上对某些政策部门没有提供政策框架或指导方针,也无意直接影响提议的内容。尽管几乎所有的政策部门中都存在一些问题,但他们乐于将这些问题留给官僚解决。因此,官僚们也间接地受到影响。

考虑到自民党普遍但未明确表达的利益是不可能做出判断的,他们的动机同样可能是为一个负责任的民选政府服务,而不是促进他们自己的利己价值观念,当然这两者也可能是一致的。

第二十章　自民党在预算过程中的作用和影响

"信用要求"

无论是通过正式和非正式的程序,还是通过"预期反应",所有党派的官员都宣称坚守信用。无论这种说法是否合理,他们都试图以个人身份认同某一特定预算政策。在政客与官僚之间的预算关系中,信贷申领是重要且必要的。自民党不仅需要向目标群体提供源源不断的福利、优惠和服务,还要公开地在组织上承担起责任,不管它是否在预算过程中产生了实际影响。通过正式的程序,内阁大臣、政党领导人、政策族群和普通民众似乎更容易认同特定的预算结果,并能够在代表特别利益集团和地方选民时为这些结果邀功。更深远的意义是他们被认为在商人、建筑公司、农民的选民中具有明显的影响力,这些选民在他们的大选举战略中向他们求助。判断该党在预算过程中的主张是否可信,只需要根据这些群体是否实现了他们的财政需求来判断。

协商决定

有政界人士参与到预算请求中,这似乎证实了自民党对预算制定产生的控制。另一方面,如果官僚们利用他们与政客的关系来实现他们的目标,这可以被解释为官僚统治的证据。贯穿全书的论点驳斥了官僚与政客之间的对立,因为预算和其他政策过程的实际情况更加复杂。相反,它强调了他们的共同利益以及他们之间相互依存的关系。在20世纪的最后25年里,公共支出的政治模式是通过谈判达成的自由裁量权。人们期望政治家们能够参与预算进程的所有阶段,而不仅仅是参与"复活"谈判,支出部门和大藏省都承认这是一个合理的规则。然而,规则被允许和合法化官僚与政客的联系,他们以一种明显的政治方式运作,就像我们在预算谈判结束时所看到的那样,作为参与者生活在政治世界里,当时预算局官员就该局的预算分配提议达成了共识。他们谨慎地行事不是因为这种行为是非法的,而是因为行为规范的规定,而且这样做更有效率。从广泛的文化和社会角度来看,政客和官僚之间保持联系、交换信息的意图并没有什么不同寻常之处,这是预算制定的必要条件。大藏省和支出部门的官员必须为政策立场建立支持,并努力实现预算制定过程中备受推崇的"顺利程序",以便"按时"交付商定的结果。其次,它表明潜在的政治影响力可以被各支出部门的官员利用来为官僚利益服务,也可以被自民党领导人、政策研究委员会部门所利用,以促进该党的长远利益。

在1993年至1996年的多党政府时期,内阁、自民党和委员会等组织在预算制定过程中变得模糊不清。事实证明,这些年来对预算程序的深刻改革只是暂时的,但自民党的复职并不标志着日本大藏省和其他官僚机构"一切如常"的恢复。在泡沫经济崩溃后,大藏省的地位、声望和权威已经逐渐受到经济、金融和财政事件的侵蚀,而随着自民党解除了其对货币政策、银行业危机管理以及金融服务监管的正式责任,大藏省的地位、声望和权威现在进一步下降。

在1997年桥本首相发起的中央政府改组中,维持其在预算过程中的突出和主导作用的做法受到了挑战。此次改组旨在免除大藏省制定预算政策的责任,并将其用于内阁新的经济和财政政策理事会。这一变化和其他变化的影响将在第30部分内容中讨论。但是在本书的下一部分,我们将考察谁在预算过程中获胜和损失的情况。

第四部分

预算过程的实施

第二十一章 谁赢了,谁输了?

日本政府通过改变对企业和个人的税收、投资、补贴和福利支付等财政政策,从而影响经济中商品和服务的供给和需求。在它试图刺激或抑制经济活动逆周期的水平时,这种情况尤为明显。年度总分类账户和FILP预算,它不仅能够分配利益,还能以不同的方式对社会群体和个人施加负担。在中央预算过程中,输家和赢家主要取决于预算支出的规模、组成和分配情况,但这不包括债务服务的"固定费用"、发行的新债券,以及将一部分国家征收的税收法定转移给地方政府的预算资金。

首先,本章评估了大藏省在12月交付一般支出预算总额时的表现,该预算总额要低于在6个月前规定的上限。简而言之,就取决于大藏省在秋季与支出部门的双边谈判中赢或输的程度。其次,我把经常支出和资本支出分配的变化看作是财政重建、巩固和扩张的政策。这里有两个主要问题:第一个问题是削减资本支出和保护经常支出的程度,这种情况通常发生在财政紧张的时候,事实证明,削减未来支出比削减经常支出更容易;第二个问题是,在1982年之后,通常的政策规则规定了对经常支出和资本支出要区别对待,并以两者的产出来衡量在实践中被观察到的程度。再者,通过审查中央和地方政府之间的支出分配,来有组织地分析预算产出。这里的主要问题是大藏省和各支出部门在很大程度上保护了自己的预算,而牺牲了向地方政府转移的津贴和补贴。同样,其他类似国家的财政压力经验表明,中央政府试图保护自己的预算,并将削减和压缩开支的压力转移给地方和区域政府以及准政府组织(Thain and Wright,1995)。对各支出部门和各机构的产出进行的分析表明,在年度预算过程中,这些部门中哪些赢了、哪些输了以及其数目是多少。

最后,产出的职能分析是按广泛的政策集团、主要方案和一些次级方案逐步分列一般支出总额,以确定随着时间的推移发生变化的程度,以及利益和损失如何在它们之间分配。结论部分对分析进行了总结,并结合McCubbins和Noble(1995a)对1952—1989年预算编制的定量分析,讨论并从中可以得出的一般结论。由于它们在日本政治经济中的特殊地位,公共工程预算方案及结果在第二十三章和第二十四章内容之中有相应论述。

一般支出总额

大藏省预算草案计划中的一般支出总额,是大藏省与各支出部门进行谈判的结果,它规定了最高限额内执行的一个衡量标准。随着时间的推移,通过分析总金额的变化情况,可以判断大藏省在实施财政重建和巩固财政政策的过程中,相对于所有的支出部门是"赢"还是"输"。

从1980财政年度开始,即财政重建的第一年,计划支出的增长率急剧下降,1960—1970年代的两位数增长的时代一去不复返。1982财政年度实行了全面冻结所有开支的政策,第二年又实行了更加严格的控制,但此后的5年里,计划预算的规模几乎没有变化。1987财政年度之后,随着管制的放松,经济又恢复了增长,但增幅在3%～4%之间,这在历史上是一个温和的增速。根据这一证据,大藏省声称其政策有效的说法似乎是有道理的。应该强调的是,除了1984财政年度外,没有哪一年削减了计划的一般支出额度,而只是象征性地削减。然而,大藏省在一个重要方面赢得了"胜利":它改变了支出部门的预期,即这些支出的数额将继续逐年大幅增长。此外,大藏省已经严格控制了计划增长率。

然而,这种表面上的成功是有限制条件的。最初预算中记录的计划支出并没有准确地预测大藏省每一财政年度分配给各部门的支出总额。从1975年到2000年,每年补充预算的净效果是增加了计划的一般支出总额。从1984财政年度起,每年计划预算增加2%至5%。即使在预算控制最严格的年份,大藏省也批准了变更后每年数千亿日元的初始预算,相当于计划总额

的1%到2.5%。（Wright，1999e：表1）

图21.1将计划的年度变化率与实际变化率进行了比较。实际变化率是通过将订正预算总数与上一财政年度计划预算总数进行比较计算得出的。1980年之后，政府实施了财政重建政策，政府支出并没有按计划进行边际削减和停滞不前，相反，政府支出继续逐年增长，尽管增速比前一时期温和。然而，在1983年至2000年期间，除1991年外，每年的实际变化率总是大于计划变化率。虽然衡量计划预算增长的方法显示出了一段停滞期，但在随后的1987财政年度之后出现了小幅增长，但在已订正预算衡量的年度增长率迅速上升。1988财政年度，以最初的预算衡量，经济恢复增长的幅度为1.2%，实际增长率为8.9%。次年，后者几乎翻了一番，增长了4.9万亿日元，相当于15%的增长率，计划支出仅增加1.1万亿日元，比上年增长3.3%。随着经济衰退的开始，由于补充预算提供资金的额外开支方案的规模和次数增加，一般支出的计划总额和订正总额之间的对比变得更加明显。1995年增长9万亿多日元，比上年计划预算增长22%，1998年增长28%，数额超过12万亿日元。

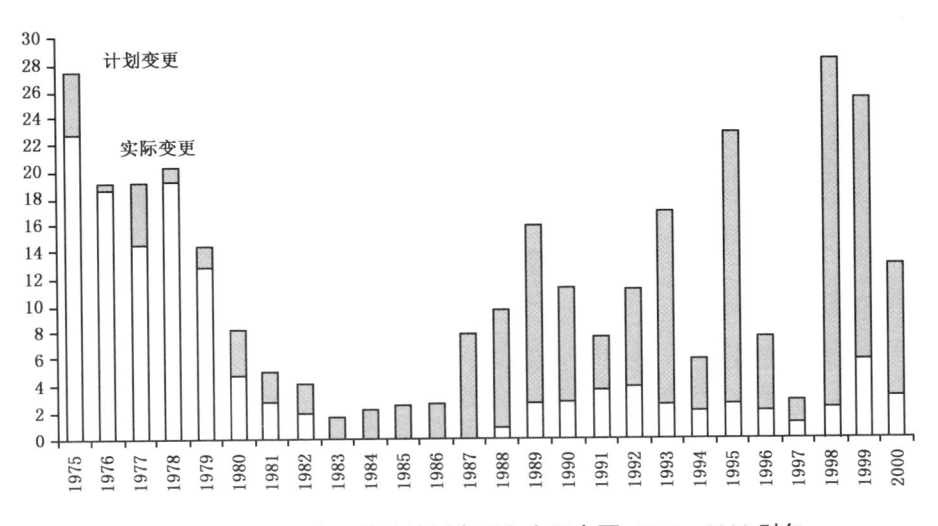

图21.1 一般账户预算的计划变更和实际变更，1975—2000财年

订正预算总额的结果，即将实际支出额记录在年度决算数目内。这种模式与订正预算非常相似，与最初预算不同，后者是对最后结果的准确预测。

我们期望在扩大支出的情况下确实发现了支出不足的因素,这是大多数中央国家预算制度的特点,是有规律的、可预测的,但一般不到订正预算总额的1%。特别强调的是,在1997财政年度,整个预算都超支了,结果造成1.6万亿美元的财政赤字,这是由于收入比订正预算估计的少得多的结果,这已在1999财政年度的初始预算中得到了偿还。

在1980—1988年期间,一般支出的年增长率较低,这反映在已结算的产出总额与国内总产值的比率上。在这里,大藏省的要求是从12.6%降至9.3%,到1991年降至8.2%,这是财政政策重建需要一些限定条件的结果(MOF 1992b)。在此期间,大藏省从持续的经济增长中获益,其增长速度甚至高于产出支出。在这方面,国内生产总值的增加和一般支出增长率的降低是导致执行大藏省政策的原因,两者都是比率下降的原因。然而,1990年以来的经济增长放缓和同时增加的预算使这一比率再次上升。

因此,在决定一般支出总额时谁赢谁输?这在很大程度上受到所衡量因素的影响。大藏省声称成功地阻止了最初计划预算模式所描述的支出增长,这符合大藏省实际同意的总额,以及各支出部门最终支出的实际情况。但根据这一证据,大藏省在削减公共支出的实践中并不成功,也未能阻止其增长。年度补充预算不受年度预算准则中规定的政策所限制,其影响是每年大幅度增加计划预算。无论是否需要基于经济管理的额外财政刺激,大藏省的支出计划与实际情况都大相径庭。

预算谈判的结果

通常在12月底,一般支出总额将在最初的预算草案中获得内阁批准,随后再提交给议会,这也可以被解读为大藏省与各支出部门之间的博弈。博弈的一项重要内容是将秋季双边谈判的结果设置为预算草案的上限,然后在上限内落实。

大藏省是否成功地设定了一个能有效限制一般支出增长的控制总量是大藏省与预算支出部门成功博弈的一项重要标志。实际情况是在整个1975年至2000年期间,尽管是在最紧急的财政重建进度落后的情况下,规定的总额上限仍然总是超过前一年初步预算总额的上限（Wright，1999e：table 2），上一年的预算额度总是成为下一轮预算程序的基线，换句话说，已经形成了一个持续增长的预期。在每年的 6 月和 7 月，在内阁决定之前的一段时间内讨论和确定了全面预算战略，因为大藏省无法通过削减基本线总额来阻止计划总额的年度增长，总有一些"新钱"需要竞争，而不是完全冻结。在实行财政重建政策之前，这些增量是可观的，通常在 1975—1981 年基线总额的 8％至 20％之间。此后，由于实施了更严格的预算控制，这一比例下降至 2％以下。随着 1987 年至 1998 年该政策的崩溃，每年都需要更多的新资金可用，在 1989—1997 年间达到了基本线的 5％。由于经常支出和资本支出的预算指导方针的应用，每年增加的"新资金"并不是不可避免的，也不是因现有政策承诺而不可避免地增加。虽然这对某些免于削减的支出来说是真实的，例如，以需求为主导的社会保障计划，但其他类别的开支却受到特殊对待，并分配了额外的资源——人事费用、前政府雇员的养老金、国防、经济合作和能源等优先领域，有时还有资本支出计划。从广义上来说，大藏省无法通过采用正式的限制性预算准则来阻止一般支出的年度增长，各支出部门都是最高限额的非正式预算进程的净受益者。此后，大藏省和支出部门为增加经常支出和资本支出而竞争，尽管资本支出也有一部分是通过其他方式筹措的。然而，大藏省确实通过提高上限而成功地减缓了年度总增长率，最明显的是在 1983—1987 年财政重建期间。从 1980 年开始，没有再出现 20 世纪 70 年代提供巨额"新资金"的情况，当时的预算指导方针规定要比基本线高出 20％以上。尽管增长预期没有被消除，但大藏省成功地改变了政策规则，即使这样的成功也需要限制条件：实现这一成就的部分代价是扩大 FILP，并在年度补充预算中为额外的公共工程方案提供大量新资金，这通过开发特殊账户以及各种策略的"创造性预算"来实现。

  大藏省在秋季双边谈判中的表现更令人印象深刻，尽管各部门不断施加压力，要求增加开支，并通过政治游说，使自民党的高级官员采取临时性干预措施，从而得到特殊利益集团和客户的支持。虽然压力如此巨大，但在 1980—1998 财政年度的大部分时间里，如图 21.2 所示，大藏省能够交付的计划总额理想状态是在上限之内，或仅略高于上限。为了实现这一结果，它在竞购、涨价和减价之间进行权衡。大藏省是受益人,支出部门总体上是边际净输家,这是大藏省对各部门提出请求后,对预算程序进行控制的证据。它可以在一个很窄的容忍度内交付总体预算中一般支出的"控制总量",但它总是要受到批准补充预算中的额外开支的限制。补充预算的开支,其中一些是在本财政年度同时编制的。此外,亦有证据显示,在预算案编制后,当局承诺会进一步进行有利的审议,以控制或"收买"双边协定的一些压力。

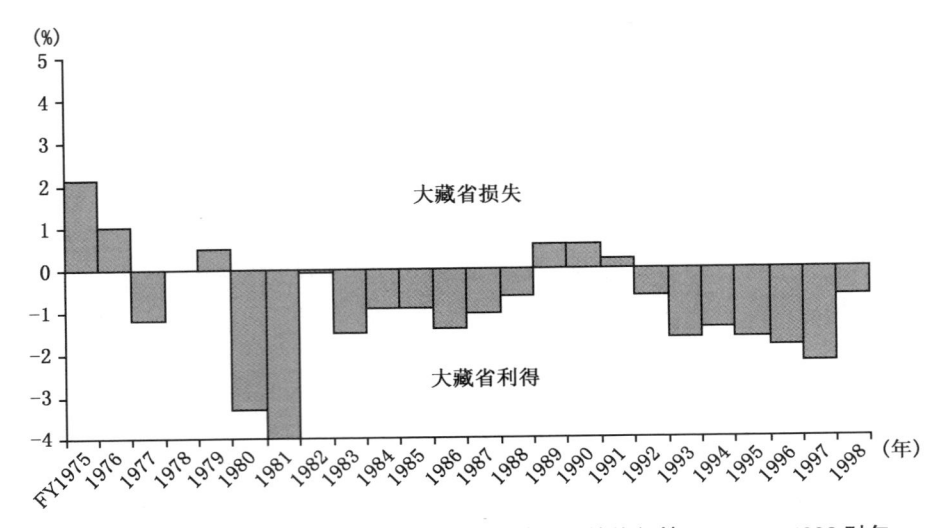

图 21.2 大藏省与支出部门谈判的结果:预算上限的执行情况,1975—1998 财年

经常支出和资本支出

在整个 1983—2000 年期间,政府制定了正式的政策规则来保护相对于经常支出的资本支出,见表 15.1。它们的应用产生了几乎与正式规定相反的预算过程的支出。每年都在增长的经常支出将被削减,有的是较小的削减,有的甚至停滞,以此来保护资本支出。从 1980—1989 年,资本支出每年都在削减。1980 年的 8.6 万亿日元资本预算直到 1993 年才再次实现。因此,经常支出与资本支出在总支出总额中的比例从 1980 年的 2.6∶1 上升到 1990 年的 3.9∶1,由于 1991 年开始的反周期政策中投资方案的扩大,此后略有下降,见图 21.3。

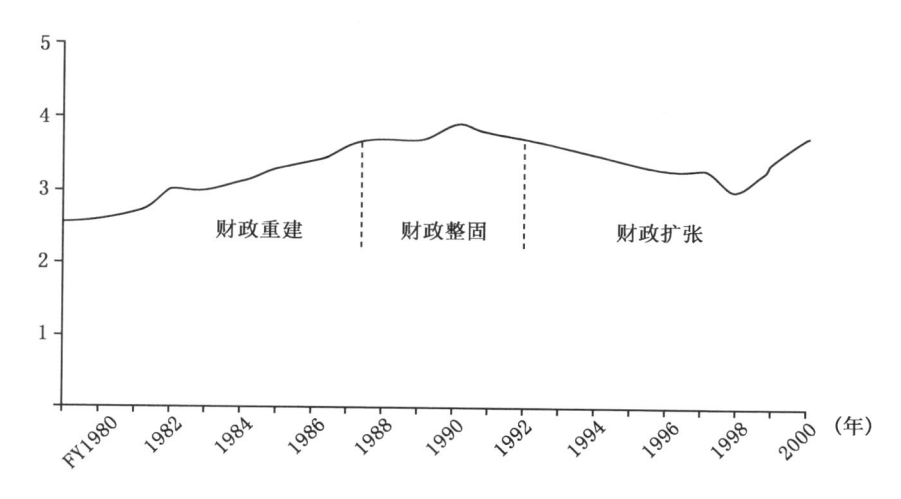

图 21.3 一般账户预算经常支出与资本支出的比率，1980—2000 财年

政策目标与支出之间的矛盾可以这样解释，政策的游戏规则为各部门提供了豁免和例外的类别和漏洞，以便它们在为许多项目争取经常支出时加以利用。实际上，削减开支的指导方针只适用于当前开支总额的 12%～16%，主要是间接费用。从 1980 年起，经常支出和资本支出开支的这两个优先方案都得到了例外对待，而不受准则约束的以需求为主导的方案几乎每年都获得额外资源。此外，这些准则得到灵活执行。只要各部门保持在商定的最高限额内，并经过预算局的同意，它们就可以在资本支出和经常支出之间转换，并且在经常支出之间进行优先、需求主导和其他方案之间转换。

计划预算的支出显示，实际资本投资和相对于经常支出的资本投资都"输了"，但现实情况是资本投资方案继续从分配给整个财政系统的资源中得到大量的好处。第一，从出售日本电话电报公司股票中转移的一部分资金，在 1986—1989 年的三年里，每年为资本项目提供了 1.3 万亿日元的额外资金；第二，住房、学校和医院建设等一些投资方案越来越多地通过 FILP 向政府住房贷款公司等机构提供资金，并向国立大学、学校和医院等特别账户提供资金；第三，用于公共投资的额外资源，主要是公共工程，通常由不受预算准则约束的经常年度补充预算提供。

如第十五章内容所述，从 1989 年起恢复一般账户预算中资本支出的增长,部分是由于采用了各种特别倡议。即使在1998年计划的预算中,资本投资减少的7%也被总计5 500亿日元的经济结构改革和公共工程的特别措施所抵消。在1999财政年度,公共工程预算的名义增幅为5%,但由于纳入了多项特别计划,实际增幅超过10%。

在整个预算系统,一般账户、FILP、补充预算和38个特别账户以及更广泛范围内,资本支出是净受益者,同时通过一般账户不断增加经常支出。大藏省奇迹般成功地解决了财政问题,减少了一般账户预算中计划的一般支出总额的年度增长,同时增加了经常性和资本支出这两个组成部分间的转换。虽然在一般账户预算中,用于经常支出的额外资源数额比在经济高速增长时期要小得多,但是,随着各部门在整个20世纪80年代竞争的增强,限制和避免每年削减的影响并不明显。当然,正如我指出的,在分配给各部门和特定方案的经费方面有不同的增长率,有的还下降。一般账户预算的支出继续增长,而资本支出被削减——尽管在财政体系的其他领域得到了充分的补偿。

中央和地方支出

中央和地方政府在多大程度上的"赢"和"输"就更难确定了,因为一些特殊的部门和地方政府有能力将明显的损失在其他地方得到补偿,例如大藏省、自治省批准增加地方政府借款,或通过地方收入来源为支出提供资金。这里的研究目的并不是在财政重建期间确定地方政府与中央政府开支的相对地位,这部分内容将在第二十六章中讨论,其目的是考察中央和地方政府支出在总账预算一般支出中的分配趋势,从而确定大藏省重建政策的效果是否使地方政府处于相对不利地位。正如一般支出的定义所排除的那样,它不包括分配给地方政府的税收收入。这些收入随着经济和税收收益的上升而波动,中央和地方政府都因较低的收益而处于不利地位。然而,当大藏省时不时地暂停向地方政府支付法定款项,并将此作为缓解一般账户预算压力的权宜之计时,地方政府相对于中央政府"输了"。

一般支出可分为中央政府自己的支出和对地方政府的转移支付。后者包括三种:(1)中央政府在义务教育、公共工程、救灾等地方政府服务中的义务份额;(2)对中央委托地方政府提供的部分全国性服务,如全国选举、统计等给予资助;(3)支持、鼓励和促进地方服务实施的赠款。在1975—1996年期间,虽然在重建期间增长速度有所减缓,但因中央政府自己的开支而产生的支出每年都在增加。之后一段时间,地方政府的转移支付被削减,到了1989年才恢复了温和的增长,并在随后的经济衰退中急剧增长。总体而言,在一般支出中,中央政府"赢了",地方政府"输了"。在1975年的初期预算中,中央与地方的比率为1.86∶1,到1993年,这一比率为2.3∶1。如果以补充预算订正后的支出情况来衡量,差额就更大,从1975年的1.82∶1增加到1990年的2.55∶1。但事实是政府财政重建和巩固的负担更多地落在通过一般账户预算提供资金的地方政府支出上,而不是中央政府自己的支出,这个问题在第25章中有更详细的探讨。

给各部门和机构的拨款

与私营企业的利润最大化标准相比,每个支出部门和机构的"底线"是其预算资源的最大化。在对其在预算过程中的表现进行事后分析时,每个支出部门以及它的客户和支持者都进行自我评价,问自己做得如何?比去年好还是差?它的表现与相互竞争的其他部门相比如何?它的预算份额是增加了还是减少了?

在1975—1998年期间,支出部门和机构的数目没有变化。但因获得新的职能和转移现有职能,它们的正式政策管辖范围略有变化。不过,在分析和解释每一项预算支出时都需要谨慎。为其方案提供资金的总资源不仅包括从一般账户预算中拨出的资源,而且还包括从FILP中拨出的资源,以及38个特别账户中的一个或多个,其收入有时通过从一般账户或FILP或两者兼有的转账来弥补的资源。因此,支出部门的方案在预算过程中是赢还是输,不完全取决于其在一般账户预算中一般支出份额的变化。随着20世纪80年代财政赤字的增长,财政紧缩越来越严重,大藏省越来越多地与各部门进行谈判,通过替代FILP来资助部级方案,并利用某些特别账户的抵押收入,来为部级方案提供资金,例如用于道路建设。

分析人士通常会将"固定成本"和一般支出的总额合并起来，按最初一般账户预算总额的比例计算来给各部门的拨款。这样做会对预算的分配和各部门在预算过程中的成败造成误导。将"固定成本"包括在内，尽管自治省与大藏省就分配给地方政府的税收总额进行了谈判，但这扭曲了分配，不完全适用于大藏省和住房管理局的预算份额，前者包括政府借款和还本付息的成本，后者包括分配给地方政府的收入，它们的总拨款和净拨款之间有很大的差额，例如，1994财政年度大藏省的总拨款为17.7万亿日元，超过任何其他部门。"固定成本"的组成部分占绝大部分达到16.0万亿日元，即90%，其中大部分是偿债总费用的分配。大藏省一般开支的净拨款为1.65万亿日元，住房保障支出总额12.8万亿日元，除0.69万亿日元外，其余均为中央对地方政府固定比例税收的总数。下面的分析通过利用分配给各部门的一般支出总净额，消除了这些扭曲现象。

评估哪些部门在预算过程中"赢和输"，是基于对其年度拨款额和年度预算额变化的分析，即它们在1975年至1997年期间每年在总数中所占的百分比。这些数据表现了增长或下降的趋势，以及各部门的相对表现。虽然可以使用相同的指标来确定每一年度预算谈判的赢家和输家，但临时或特殊因素的出现会影响年度预算结果，长期来看，短期波动和扭曲会得到缓和。

用这种方法衡量的"赢和输"并不一定表明预算过程中的成功或失败。其他部门的看法取决于其对实现预算目标的预算战略有效性的判断，这可能与大藏省不同，例如，如果一个部门得到的资源不仅比它要求的少，而且比它未披露的"底线"还要少，即使它获得比其他部门多的资源，仍然可能认为它在预算过程中的表现是有条件的成功，甚至是失败。相反，一个失去资源并遭受预算削减的部门可能会认为它的表现是成功的，因为它避免了更大的损失。公众对成功或失败的看法可能与内部做出的判断有关系，例如，拨出较大规模预算的部门可能被认为是成功的，并由其部长公开宣布，尽管该预算在总预算中所占的比例较小。影响谈判中谁赢谁输的因素包括对特定方案的优先程度，提交正式投标前与大藏省的非正式谈判，部长级预算上限的大小，以及大藏省就后者进行的谈判。

在每个部门与预算局就其正式提交的请求进行谈判后，对一般支出分配

第二十一章 谁赢了,谁输了?

情况的分析揭示了整个期间的三个一般规律:第一,1975—1982 年预算增长;第二,1982—1988 年较为克制;最后,从 1989 年开始恢复增长。

1975—1982 年是所有支出部门预算增长的年份,尽管在这一时期之初就已认识到严重的财政危机。预算过程中的资源分配是一个正和博弈。在 1983 财年之前,没有支出部门削减预算拨款。然而,预算增长却有不同的经历。虽然所有人都是赢家,但有些部门赢得的比其他人多,如国防预算大幅增加,从 1975 年的 1.816 万亿日元增加到 1982 年的 4.063 万亿日元。同样,文部省的预算几乎翻了一番,从 2.403 万亿日元增加到 4.584 万亿日元。农业、食品和渔业部的预算增加了 1/3,从 2.032 万亿日元增加到 3.333 万亿日元。而厚生省的预算增长最多,从 3.906 万亿日元增加到 9.016 万亿日元。

1982 年以来,由于政府实施了更严格的财政重建政策控制,从一个所有人都是赢家的游戏变成了零和游戏,因为预算资源总额逐渐受到挤压,并且挤压的预算每年都在增加。接下来的 9 年里,在 20 个支出部门中,有 3 到 7 个遭受了预算削减。农林水产省、通产省、劳动省、交通运输省和建设省是预算削减幅度最大的持续输家。邮政省的预算也被削减,但时间较短。自治省和大藏省在某些年份失去了资源,但这些都是例外情况,它们的预算被用于在特别账户和地方政府之间平衡资源。所有其他支出部门都增加了预算规模。因此,财政重建的"痛苦"并没有得到平等分担。削减并不是"全面"实施的,既有赢家,也有输家。在输家中,削减并不是平均分配的。一些支出部门预算损失惨重:农林水产省的预算从 1982 年的 3.330 万亿日元下降到 1986 年的 2.915 万亿日元。交通运输省损失更大,从 1.437 万亿日元降至 0.890 万亿日元。

其他部门则持续输,但失去数额较小,比如建设省和劳动省。1983 年至 1988 年间,国际贸易和工业部失去了近 1/4 的预算。虽然这些部门的预算被削减,但其他部门的年度预算继续增长,因为资源被用于不受削减准则限制的部门。厚生省、外务省和国防机构享受了持续的、实质性的预算增长待遇。组成首相办公室的其他机构取得的进展较为有限,而文部省和最小机构如皇室、国会等的预算基本上是稳定的,或者也可以说是只增长了一点点。

第三个阶段概况与 1989 年以后恢复一般预算增长的模式有关,因为财政

日本的财政危机

重建之后首先是采取巩固政策,然后是更明确的扩张政策。那些预算被削减的支出部门逐渐加入享受持续预算增长的行列。到1989财年,只有三个支出部门经历了预算削减,即农林水产省、交通运输省和建设省,但削减幅度很小。到1991财政年度,除了自治省的特殊情况外,没有任何部门的预算被削减。预算资源的分配再次成为一场正和游戏。和以前一样,收益分配不均。外务省继续吸引大量额外资源,而文部省、农林水产省以及建设省的预算则恢复增长。这些部门的预算从1988财政年度的3.681万亿日元增加到1996财政年度的5.172万亿日元,反映了从1991财政年度开始的经济衰退期间公共工程开支的大量增加。出于部分相同的原因,即农业基础设施支出的增加,农林水产省的预算在1990财年后再次回升。虽然国防机构的预算每年持续增长,但由于冷战的结束,这一增长速度在1991财政年度后开始减缓。

预算份额

预算过程中的成功只能部分地通过预算增长和下降来衡量。虽然部门预算的规模可能继续增长,但这一增长速度可能会时高时低,以维持其在一般账户预算中一般支出总额的现有份额。按照这个标准,赢家是那些相对于其他部门增加或保持了它们预算份额的支出部门。输家是那些预算份额下降的部门。各部门的相对业绩是按其在一般支出总额中所占份额的大小分为三组来衡量的(Wright, 1999e:表4):第一组是支出总额占比例少于1%预算的部门,份额保持不变,在整个财政期间的分配重建在很大程度上取决于过去的决策。例如,直到1992财年,邮政省的市场份额每年都保持在0.07%~0.08%。内阁办公室的市场份额始终保持在0.03%~0.05%。第二组是那些预算份额在1%~4%的部门,包括司法省、外务省、大藏省、厚生省、通产省、交通运输省和自治省。与较小的部门相比,财政重建(以及后来的财政整顿)经历了不同的过程。外务省每年增加资源,预算占比从1.03%提高到1.7%,从1982年的第13位上升到1990年的第10位。司法省也提高了预算份额,但幅度不大。交通运输省、通产省与劳动省都损失了预算份额。交通运输省与通产省在随后几年的海外扩张中收复了部分失地,预算份额扩大但劳动部的相对衰落仍在继续。第三组是那些预算份额在10%以上的部门,1982年,六个部门各自吸引了超过10%的一般支出,或后来达到了这一比例,他们加起来占总数的80%以上。厚生省与防卫厅所占份额最大,在随后的财政重建和扩张期间,它们相对于其他机构的地位不断提高。厚生省在预算中的份额从1982年的27.64%上升到1996年的33.2%。在冷战结束前,防卫厅的预算份额每年都在增长,从1982年的7.92%上升到1991年的11.8%。其他所有的大部门都在走下坡路,最引人注目的是农林水产省的份额从1982年到1994年每年都在下降,损失了总数的4%。其他部门的相对下降幅度较小,但这种下降在整个办公重建期间是一致的。此后,农林水产省、交通运输省和建设省的下降趋势停止了,它们十年来首次经历了适度的预算增长。与其他部门相比,文部省的资源继续流失,但该部在预算中所占份额的增长速度快于其他任何部门,几乎收复了在财政紧缩时期失去的失地。

这一分析的证据表明:第一,各支出部门在预算过程中既有赢家也有输家。随着时间的推移,这三组中每一组都有很大的差异。第二,几乎没有证据支持平衡原则是决定政府资源分配的一个主要因素的这一论点。只有在最小的部门中才有证据表明,历史性的分配模式确定了当前的决定。除了邮政省、内阁办公室和管理皇室机构的宫内厅之外,还包括国会、法院和审计委员会等组织,其地位在宪法上与支出部门的支出并不对等。这部分数据分配解释了他们在预算过程中的做法,它们非常小的预算主要是由经常性预算组成,而不是由资本预算组成,薪金和行政开支是前者的主要组成部分。人事和养恤金费用不受削减政策的限制,尽管工作人员的数目要受下一章所讨论的裁减人员计划的限制。虽然象征性的削减可以在预算的其他部分进行,但更大幅度的削减是不可行的。相反,随着预算限制的放松,微小增长的机会是有限的。第三,在财政重建期间,大中型部门所经历的削减是不同的,"痛苦"并没有得到平等的分担。因为并不是所有的部门都经历过预算削减,那些经历过的部门得到的体验也不同。第四,随着1988年以后财政限制政策的放松,大多数部门都享受了一段预算持续增长的时期,尽管他们的增长率不同,但这反映了预算准则所规定的优先次序的连续性。

由于各部门和方案之间没有确切的配合,例如官方发展援助和公共工程,在几个部门之间共享,就大藏省年度预算指南中给予特定方案的优先程度或缺乏优先程度而言,不可能解释整个部门的增减情况。但是,在某些情况下,它解释了很多事情:厚生省的成功在很大程度上得益于社会保障、卫生和福利计划免于削减。防卫厅的安全方案得到优先重视,这些方案每年都吸引了更多的资源。削减指导方针的豁免和例外情况也为所有部门提供了潜在的漏洞可以加以利用,这也是大多数部门继续享受预算份额增长的部分原因。

那些在预算谈判过程中"失败"的部门,其项目主要或全部受制于削减政策,这些削减政策是通过预算指导方针实施的。在最严格的情况下,经常支出削减了10%,资本支出削减了5%。农林水产省、交通运输省、通产省提供的大多数支出都没有得到优先考虑。虽然农林水产省、交通运输省、劳动省与通产省可以通过竞争来获得可用于资助其他优先方案的新资金份额,但它们提出的要求,并不总是容易确定的,也不容易向预算局说明理由。例如,官方发展援助预算或国防采购的份额,虽然它们有为资本投资提供额外资源的竞争资格,但在财政重建的最初几年,它们的资本方案正式受制于削减准则,即便从任何新增资金中获得的份额,但这主要是为了防止它们的总预算大幅下降。这些部门特别是农林水产省、交通运输省和建设省所遭受的预算份额的削减,需要在更广泛的财政背景下加以考虑。这三个国家部门都是通过年度补充预算和FILP以及一些特别账户供资的公共工程方案的主要部长级受益者。虽然它们的资本方案和预算在一般账户预算中受到侵蚀,但这两个来源的削减所产生的补偿超过了削减的数额,为它们提供了大量额外资源,例如道路建设、农业基础设施、港口、海港、桥梁和机场。在第23章中,我将指出,分配给各部门的公共工程方案和项目几乎完全由它们的历史份额决定,在这里严格遵守了平衡原则。其他各部门也从扩大和分配FILP的资金中受益。为建立"公共设施"而进行的一些资本投资项目,如大学、中学和医院的建设,以前在一般账户预算中从税收中适当地收取一笔费用,现在部分是通过特别账户由财政资助。而在20世纪80年代,若干资本方案中FILP的贷款组成部分有所增加。因此,在解释一般账户预算过程中各部门"失败"证据的时候需要谨慎。

第二十一章 谁赢了,谁输了?

主要政策体系的产出

一般账户预算的方案与行政间接费用,以及应急储备金一起被汇总并分为九个政策组。这些政策组将方案、次级方案和预算分成的项目支出合并起来。政策组与个别部门之间没有确切的对应关系,因此,给前者的拨款并不一定表明后者在为其政策职能获取资源方面的成功或失败,例如,社会保障政策组的大部分支出都在厚生省的预算之内,但就业保险和失业福利的组成方案则由劳动部负责。公共工程政策组的预算主要由四个部门(防卫厅建设省、交通运输省、自治省以及厚生省)制定和执行。

在广义上,对政策组一般支出趋势的分析表明了预算的职能组成随着时间而变化的程度。此外,正是在这个广泛的层面上,日本执政党的政客们和大藏省官僚们发出了偏好信号,优先考虑了特定政策。

在整个1975—2000年期间,9个政策组之间的增长和下降有明显的差别。这种模式与前面提到的预算增长、限制和扩张的三种时间形态密切相关,特别是大藏省关于财政重建、巩固和扩张的政策。到1980年为止,所有9个政策组都受益于预算增长的年度指导方针,尽管它们之间的增长率有所不同。此后,对具体方案和支出类别实行削减政策(连同豁免和例外),产生了政策组合并预算支出的混合模式。社会保障没有被削减,连续年度增长速度高于平均水平,在1975—1998年期间,每年在总增长率中所占份额均有所增加。到1998年,它的占比超过了总支出总额的1/3,而20年前只有1/4。截至1998财年,海外经济合作也保持了类似的连续增长,占总预算的比重增加了一倍以上。虽然具有类似的优先次序,但与能源有关的方案的拨款更加不稳定。虽然能源预算在整个期间内每年都在增长,但它在预算中稳步增加的份额在1987年停止,因为这两年的大幅度削减标志着一段时间的停滞不前。

国防预算是独一无二的,名义上受宪法规定的约束,在1975—1998年的大部分时间里,表面上遵守政策规则和游戏规则,例如,1976年确立的开支不应超过国民生产总值1%的准则,在1987年被废除。实际上,正如第16章所讨论的,有各种"创造性"的预算战略来确保符合这一比率。图21.4显示了

1975—2000年期间年度国防预算的规模、年度百分比变动以及在一般开支总额中所占的份额。

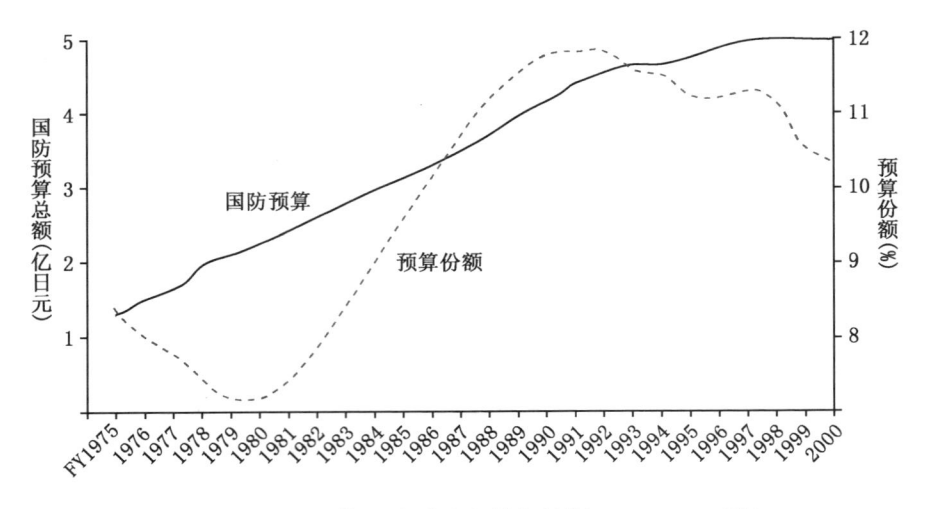

图 21.4　国防预算：一般支出规模与份额，1975—2000财年

在1975—1979年期间进行了小幅度的削减之后，国防开支占总开支的份额每年都在增加，从1980年的7.2%上升到1990年1月的11.8%。它的增长没有受到1981—1987年期间削减开支的影响，因为国防已被选为优先方案，而且不受日益紧缩的开支管制的影响。在此期间的大部分时间里，持续的年增长率在5%到6%之间波动，但在1993—1996年期间，年增长率被削减到不足1%。补充预算的作用微乎其微。国防通常只有很小的增长，不到1%，偶尔还会失去更小的初始拨款份额。

1982年以后，那些组成方案全部或大部分受到削减的政策组影响，要么表现出较低、较慢的增长模式，例如教育和科学，要么表现出预算份额下降的趋势。这两种情况的结果都是整个期间预算份额的损失。公共工程预算产出合并了若干资本投资方案的拨款。然而，整个期间的趋势也与为资本投资预算要求而规定的标准所作的改变密切相关。在财政重建时期收紧控制的效果是明显的，此后逐步放松控制的效果也是明显的，20世纪90年代中期，在经济衰退的年份，财政刺激的效果也很明显。1979—1997年，公共工程支出占总支出的比重从22.4%下降到19.7%。

类似的模式也出现在政策组"小企业措施"的项目中,尽管在这方面损失更大。1980—1996年,计划支出中的预算份额逐渐且持续地减少,这是在财政重建期间发生的最大损失;在大多数年份,也有数量的减少。即使在20世纪90年代的经济衰退时期,这些损失也是持续的,当时大藏省采取了反复的行动来刺激经济。到1996年,针对小型企业的措施已经失去了计划预算一半的份额。图21.5比较了1975—2000年的九个政策组的预算份额以及行政和间接费用的预算份额。从整体上看,有四个明显的赢家:社会保障支出占一般支出预算的比重增加了10%,国防增加了2.5%—3%,经济合作增加约为1.5%,能源(自1978年以来)增加约为0.5%。虽然1996—2000年的公共工程预算所占比例比1975年高,但在1980整个财政年度,公共工程预算所占比例一直在下降。有五个明显的输家:食品控制损失了5%,政管理和日常开支大致也是5%,教育和科学损失了3%,小企业指标为0.4%。1987年之前,政府雇员养老金的份额一直在增加,此后,其份额在1975年的基础上减少了1%以上。

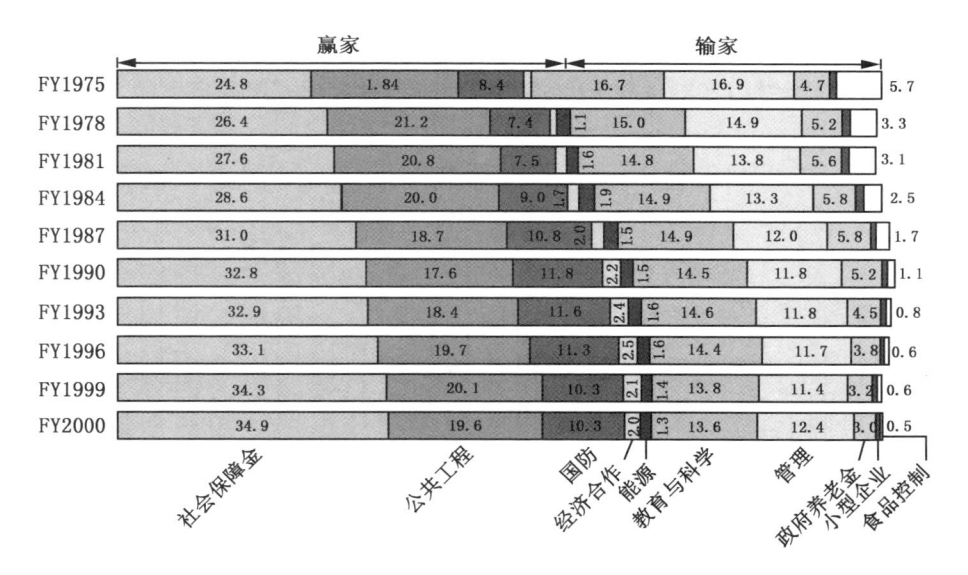

	赢家			输家				
FY1975	24.8	1.84	8.4		16.7	16.9	4.7	5.7
FY1978	26.4	21.2	7.4	1.1	15.0	14.9	5.2	3.3
FY1981	27.6	20.8	7.5	1.6	14.8	13.8	5.6	3.1
FY1984	28.6	20.0	9.0	1.7 1.9	14.9	13.3	5.8	2.5
FY1987	31.0	18.7	10.8	2.0 1.5	14.9	12.0	5.8	1.7
FY1990	32.8	17.6	11.8	2.2 1.5	14.5	11.8	5.2	1.1
FY1993	32.9	18.4	11.6	2.4 1.6	14.6	11.8	4.5	0.8
FY1996	33.1	19.7	11.3	2.5 1.6	14.4	11.7	3.8	0.6
FY1999	34.3	20.1	10.3	2.1 1.4	13.8	11.4	3.2	0.6
FY2000	34.9	19.6	10.3	2.0 1.3	13.6	12.4	3.0	0.5

社会保障金　公共工程　国防　经济合作　能源　教育与科学　管理　政府养老金　小型企业　食品控制

图21.5 "赢家和输家":政策组的预算份额,1975—2000财年

上述赢家和输家的情况说明了分配给一些政策组的总资源并不完整。在1981—1990财年的预算中,公共工程始终是输家,但在不受预算要求控制

的年度补充预算中,公共工程是主要受益者。公共工程计划拨款和订正拨款的比较(表23.2)显示,在1975—2000年期间,最初的拨款每年都通过补充预算进行订正,其结果实际上是抵消了20世纪80年代初期预算计划分配中以预算份额衡量的资源的明显停滞和损失。如果考虑到补充预算以及诸如FILP和日本电话电报公司计划等其他来源,公共工程在1975—2000年期间将成为一个明显的、持续的赢家。

预算指南有意对小企业进行财政歧视,导致小企业计划支出逐步削减,乍一看,这一情况令人吃惊。自民党为了维持自身的权力显然默许了一系列计划的持续侵蚀,这组计划迄今为止仍被认为是广泛政治选举战略中的一个关键要素。就像经常发生的那样,其外表被政治支出的事实所掩盖。

第一,如图21.6所示,从1986年起,政府通过不受预算准则约束的补充预算为小企业提供了大量额外资源。在最初的一般账户预算中,下降的趋势发生了逆转,尽管这种情况只发生在从1986财政年度开始的财政重建时期的末期,在此期间,由于通过补充预算进一步削减方案,财政紧缩变得更加严重。整个20世纪90年代,补充预算为小型企业方案提供了大量额外资源;1995财政年度和1998、1999和2000财政年度,这些增长都是巨大的,1998年

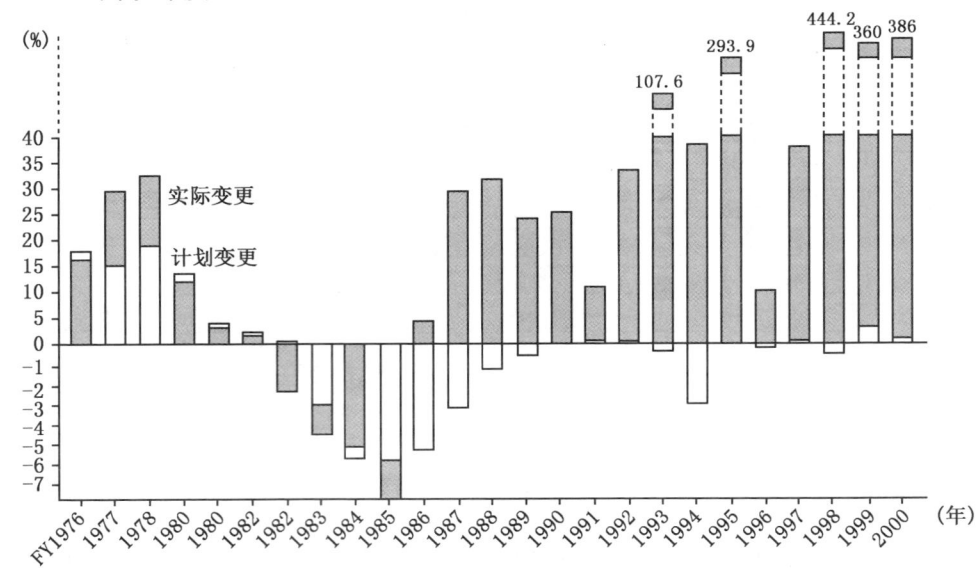

图21.6 小企业预算的计划和实际变化,1976—2000财年

增长了5倍,从1850亿日元的计划支出增加到10 150亿日元。

第二,财政重建期间所遭受的年度损失,由FILP基金予以补偿。小企业贷款占FILP预算净额的比例从1975年的15.6%上升到1985年的18%。

第三,为小型企业提供此类贷款的公共财政预算公司,如民金融公库、中小企业金融公库、环境卫生企业金融公库等,不仅通过FILP融资,而且还通过大藏省自己的计划预算和自己内部产生的收入从一般账户预算中进行间接转移。

第四,地方政府直接自筹资金,通过地方公营企业金融公库向市政企业提供资金,主要由FILP贷款资助。这些预算外资源的可得性以及它们将被使用的期限,是影响在最初的一般账户预算中为小型企业分配计划支出的因素。大藏省能够"削减"计划的预算拨款,同时确保其他来源的持续资金流动。在20世纪90年代,地方政府尽管通过补充预算再次大幅度增加计划分配额,但最初预算中的计划分配额相对于上一年几乎没有变化,因而它在计划预算中所占的份额实际上是相对下降了。

食品控制部门原是最大的输家,但现在也从最初预算的额外拨款中获益,虽然获益的数额不够大,无法阻止其全面预算份额的逐步减少,但在20年中有9年的损失被补充预算中提供的额外资源所抵消,而仅有4年有预算增量,只是增加的数额非常小。文部科学省是另一个失败者,除了三年之外的所有年份都获得了额外的资源,但都只是微不足道的收益,根本不足以弥补其预算份额的损失。行政和间接费用也从补充预算中获益,在1986—1996年期间获益更多。对失败者的这些"补偿"并未被赢家扣减的数额所抵消,尽管后者有时在补充预算中遭受轻微损失。

给这九个政策组的广泛拨款是若干组成方案的总额,这些方案的增长和下降情况截然不同。现在我们来审查这些组织内部预算分配的模式。

方案确定

宏观政策组的净变化掩盖了各组成方案和各自划分的次级方案之间的重大变动。次级方案进一步划分,包括一般账户预算的规划、管理、控制和会计单位在内的大约 400—500 个"方案"。在此,我不想对所有项目及其组成部分进行全面分析。我的目的是,首先比较方案产出随时间的变化,并检验分配份额的假设;其次,要表明进行分析的水平显示了一个广义方案内不同增长率和下降率的对比。我选取了五大政策组,即社会保障,国防,公共工程,科学和教育,小型企业。我首先对每个政策组的组成方案的预算拨款趋势进行比较分析,然后分析在选定的次级方案内的变化。

从社会保障预算中可以看出,包括的五个部门并不是平均分享社会保障预算的年度收益,社会保障预算在一般账户预算中所占份额也不是总体增长(Wright,1999e:表6)。到1980年为止,所有这些部门都享有可观的年增长率,尽管增长率不同,但从那以后,政府重建、巩固和扩张政策的执行情况却大不相同。失业援助方案所吸引的资源份额逐年下降,在 1985 年之后,公共援助方案一般都面临同样的命运。其他三个方案,社会福利、社会保险、公共卫生,都大大受益,几乎每年不间断地增长,但每年的增长率各不相同。图 21.7 显示,

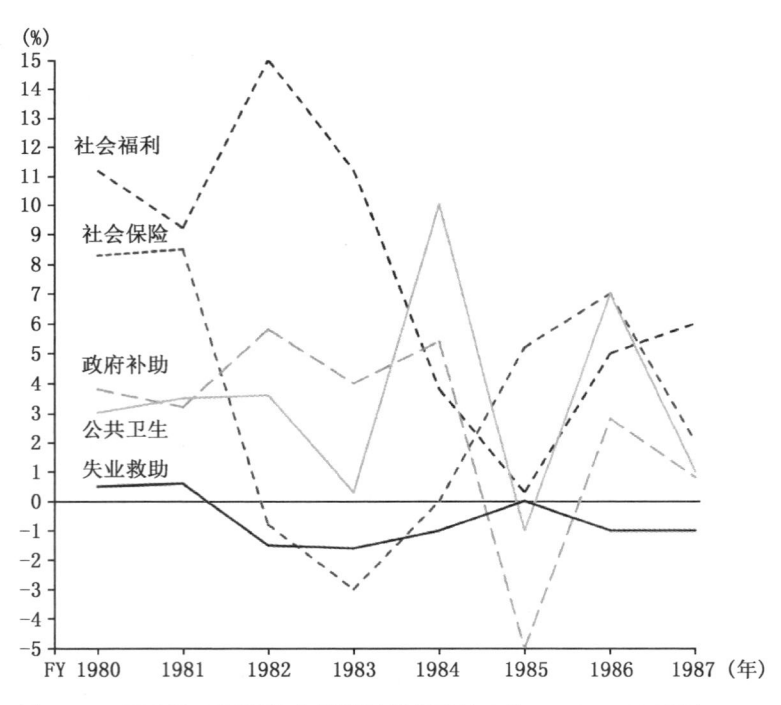

图 21.7 财政重建期间社会保障预算分配的变化,1980—1987 财年

第二十一章 谁赢了,谁输了?

1980—1987年财政重建期间的"不平等的痛苦"并没有被平均或按比例分担。既有下降,也有增长,但平均变化率维持在3.6%左右。失业援助方案始终是一个输家,社会保险和公共援助方案承受了巨大的损失。

从快速增长的社会福利预算拨款细目显示,组成次级方案中,增长或下降都不是平均分配的(Wright,1999e:表7)。1980年以后,整个方案预算年增长率的减缓并不是均衡的分布。一些次级方案每年得到大量增加,而另一些方案同时大幅度削减,这是蓄意选择的明显证据。照顾老年人的次级方案是最优先的方案,它们在方案预算中所占的份额从1975年的36%增加到1995年的60%以上。这个结果是"惯性增长"的整合,整体人口中越来越多的老年人对现有的服务提出了要求,而在新政策实施的结果中,最明显的是通过"十年黄金计划"来提高这些服务的数量和质量,其目的是在1989—1999年期间增加家务助理的数目、疗养院的病床等。保护残疾人的次级方案在整个预算中以高于平均水平的速度增长,但偶尔也会波动,例如连续两年出现大量资源损失。儿童保护次级方案在1980年以后稳步下降,在1985年和1986年连续两年遭受重大损失,随后又恢复,但到1995年,总的来说已失去1975年预算份额的一半。分配给各种社会福利机构的建设和维修费用的变化趋势最明显,例如养老院。1980年以前的大幅年度增长并没有持续到财政重建期间,因为次级方案的资本支出有所减缓和削减。此后的恢复增长是温和但不稳定的。儿童福利资源分配波动较大,到1980年,由于次级方案受到财政严格限制的保护,大幅增加之后是较温和地增长,然后是持续下降。在1985—1995年期间,整个社会福利方案的预算份额减少了一半。

对社会保障政策的分配方案进行分析,虽然可以看到预算过程中所作决定的结果,但在对这些方案做出结论时需要谨慎。中央政府一般账户的预算支出不一定符合特定服务或福利分配资源总额的指标。地方政府分担一些方案的费用,或提供有关服务,例如,中央政府为市政当局提供了改善老年人设施所需资金的一半,而各县提供1/4。我在此重申,我的目的不是确定资源的数额和分配在一般政府开支中所占的比例,而是查明和比较中央政府预算程序所产生的支出。

教育和科学政策组在1987—1993年期间输给了其他政策组。在1975—

日本的财政危机

1996 年的六个预算组成方案中的分配情况显示,所有这些方案在 1975—1980 年期间都大幅度增长(Wright,1999e:表 8)。此后,它们之间的年度拨款趋势随着时间推移都有相当大的变化。图 21.8 显示了从 1988 年到 20 世纪末财政扩张期间各方案之间和方案内部的每年波动情况。平均年增长率为 2.5%,但各个方案之间有较大差异。地方政府为学校建设提供的补贴有很大波动。大多数但不是所有方案都在 1991—1993 年和 1996—1997 年经历了两个增长的高峰,这两个高峰都是在众议院大选前夕出现的。

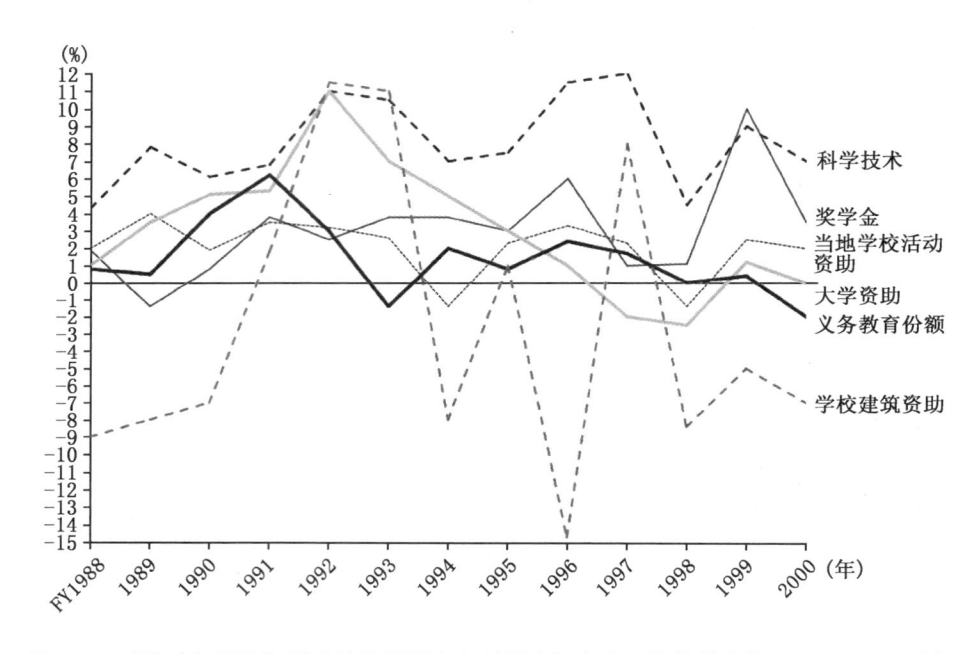

图 21.8 "波动与回旋":财政扩张期教育与科学次级方案预算拨款变化,1988—2000 财年

科学和技术促进方案的持续增长远远超过这个速度,再加上中央政府承担的义务教育经费,使中央政府免受财政重建期间持续削减的影响。转入教育特别账户和奖学金账户的资金持续增长,但增长速度较慢,后者在财政重建期间被大幅削减。在同一期间,学校建设方案的削减幅度更大,这是一般预算政策的直接后果,即先放慢然后削减资本支出。然而,这两个项目的削减规模也是通过 FILP 补贴从而获得和使用另一种融资方式的结果。

在这些方案中,最成功的科学和技术促进方案显示出六个次级方案之间资源的大量转移,反映了优先次序的变化(Wright,1999b:表9)。图21.9展示了20余年不同的预算份额的变动情况。增长最快的次级方案是海洋研究和空间研究,尤其后者获得持续的增长,其在1989年以前一直保持温和的增长,年增长率为10%。尽管如此,总的来说,1975—1995年期间,次级方案在科学和技术促进方案预算中的份额几乎减少了3%。海洋研究与发展次级方案的情况大不相同,在适度增长、财政重建年份的削减和1988年以来10%至20%的大幅增长之间的波动。总的来说,它的份额增加了一倍多。研究机构和大部分其他小型次级方案的预算不断增加,但增长速度较慢。然而,前者减少了6%的预算份额,而后者增加了15%,另外两个次级方案每年都持续下降,但是,他们的情况不太一样。削减总预算政策的实施对前者的打击更大。1981—1988年,其年度预算从133.22亿日元减少到21.72亿日元,减少了84%。对计算机研发行业的削弱早在财政重建时期削减经费之前就已经开始了,从最严格的角度来看,它得到了更好的保护。然而,长期的下降趋势仍在继续,因为通产省放弃了高科技联盟的全部研发成本的政策。到1995年,该方案实际上已被取消,只占科学和技术促进方案总预算的0.2%不到,而20年前这一比例超过6%。在某种程度上,这些损失被为具体研究与开发方案

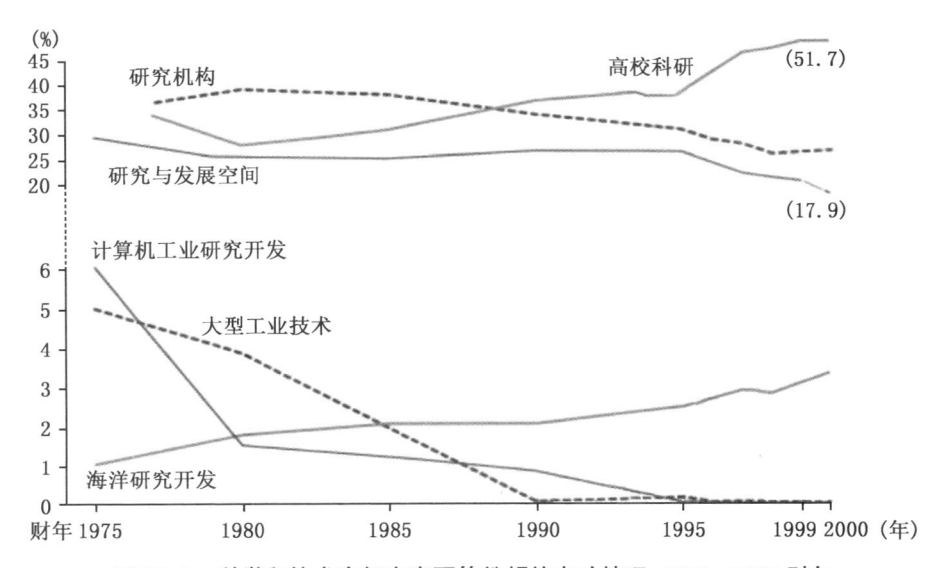

图21.9 科学和技术次级方案预算份额的变动情况,1975—2000财年

和项目所设立的机构所抵消,这些机构的资本需求部分是由 FILP 提供的,例如新能源和工业技术发展组织。

在国防预算范围内,防卫厅和国防设施管理局之间,以及在国防预算范围内、三支自卫部队之间,份额的分配在这一期间的大部分时间内保持得相当稳定。1991 年以后随着预算增长放缓,陆上自卫部队往往以牺牲海上自卫部队和航空自卫部队为代价来获得预算份额,紧缩的"痛苦"并没有得到平等的分担。虽然 1987 年以后这个比例仍然相当稳定,在此方案的基础上,资源从人事支出转移到合同和军需品中去了(Wright,1999e:表 12、13)。

第四个主要预算是公共工程政策组的预算。下一部分内容将详细讨论该预算支出的变化、各部之间的分配以及分配给各组成方案的情况。尽管小企业支出的预算是 9 个政策组中最小的,但就像公共工程预算一样,它对自民党具有重要的政治意义。该预算被分发在三个部门和若干方案中:通产省向小企业金融公司、小企业及其代表协会提供补贴和援助。这些开支大部分用于指导和培训雇员和管理人员、促进商会的活动、建立购物中心和改善中小型企业的工作环境。例如,大藏省为金融公库和中小企业信用保险公库提供补贴。预算的其余部分分配给劳动省。图 21.10 显示了 1975—2000 年期间

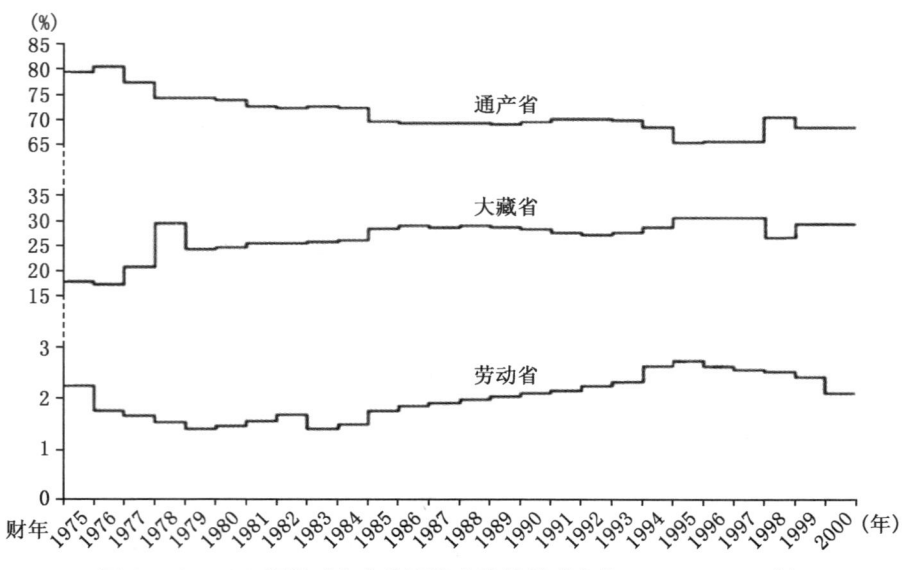

图 21.10　三大部门对小企业预算支持的增减变化,1975—2000 财年

的三大部门对小企业预算支持的增减变化。到了20世纪90年代中期,国际贸易和工业部在最初预算中所占的份额以及因此而获得资助的项目,从4/5下降到了2/3,而大藏省的份额有所增加,从18%上升到了30%。到20世纪末,通产省恢复了部分预算。自1982年起,由于小型企业的总方案预算每年都在削减,两者都失去了资源,但它们之间并没有平等地分担痛苦。虽然与通产省与大藏省相比,劳动省所占的份额很小,但每年增量变化的影响是显而易见的。从1970年代预算份额稳步下降的情况来看,在1984—1995年,它的相对地位每年都有所改善。

政党政治支出

这里所讨论的一般账户预算程序的最后一类支出是归因于政治"复活"谈判的支出,这是在12月大藏省向内阁提交预算草案之后,在预算程序结束时举行的年度仪式。第十六章内容解释了它的目的、程序和政治意义。相对于九个政策组的预算总额,从恢复谈判中获得的年度增量非常小。但是,它们象征的价值远远超过其实质价值。尽管如此,其所涉数额之大,足以使个别部长和党内高级官员公开宣称,成功地让有利的方案获得额外资源是个人的功劳。例如,厚生省大臣在1993财政年度声称他的个人干预使社会保障预算增加了大约350亿日元。文部省大臣称,他的预算方案为1 050亿日元,其数额足以给自民党的政策事务研究委员会的政治支持者、客户和后座国会议员留下深刻印象,有力地印证了党对预算大小和构成的影响。

事实并非如此,九个政策组的部级方案增加的总额每年大约在1 800亿~2 250亿日元,但这一总额是由全面减少行政业务费用以及同等数额的小型方案的杂项费用所抵消的(Wright,1999e:表16)。因此,公开政治干预的净成本为零,大藏省最初预算草案的规模也没有因恢复谈判而改变。此外,政策组及其组成方案的预算份额的小幅增加明显多于实际。正如第十七章内容所解释的,这些政治支出的规模和分配几乎完全是在大藏省官员同各支出部门的官员进行双边谈判的后期阶段预先决定的,并已在提交给内阁的初步预算草案总额中加以考虑。简言之,它们已在预算程序内制度化。

"谈判"的政治支出在政策组之间的分配情况同样是可以预测的。"赢家"是那些拥有最具政治意义和知名度的大型方案,诸如教育和科学、社会保障、社会福利以及政府雇员的养老金,它们加在一起占了每年增加总数的2/3。按百分比计算,他们是边缘化的,占比不到社会保障预算的0.5%、教育和科学的2%、养老金的3%。其他方案,如国防、经济合作和小企业措施,能够从中受益,但受益份额较小。在政策组内,部长和自民党官员"选择"特定的方案和项目,以获得最大的政治优势,或表明他们对政治敏感性或政策优先事项的关注,或许是因为他们的准确预测,通过最后一分钟的谈判来获得额外的资源,以延长新干线铁路网,或进一步扩大退伍军人、战争寡妇的养老金计划。在预算编制的现阶段,为公共工程提供额外经费的情况很少,通常情况下,它可能已经受益于一般账户预算或年度扩大预算,或两者兼而有之,特别是对后续补充预算进一步获取好处的预期收益。

结 论

将预算支出归因于中央政府的支出类型、组织和职能,并通过衡量它们在1975—2000年期间的规模、分布和变化,表明了在预算过程谁赢了、谁输了。大藏省和各支出部门都从计划的一般账户预算支出总额中受益。虽然大藏省没有成功地削减其规模,但它却成功地抑制了计划(不是实际)的增长速度,在财政重建期间,它实际上处于停滞状态。与1982年以前相比,各支出部门都从总的持续增长中受益,尽管它们竞争的总福利在规模上较小,其分配过程也更具竞争性和歧视性。

支出部门还受益于一种控制制度,这种制度表面上对经常支出的歧视大于对资本支出的歧视。实际上,尽管实行了明显的严格控制,但只有不到六分之一的经常支出受到削减准则的限制。在1982—1997年期间,整个资本支出首先受到限制而停滞下来,之后被削减。实际情况是,经常支出和资本支出持续增长,最初预算中资本支出方案的明显削减,是由补充预算、FILP和一些特别账户在预算外提供的额外资源来弥补。

为了执行中央政府的国家计划,预算部门对地方政府的转移支付进行了不同比例的削减和紧缩，各部门从中受益。他们"自己的"支出计划得到了更多的保护。

在各部门之间，在最初预算年度资源的竞争中，既有明显的赢家，也有明显的输家。无论是增长还是下降，都没有被平均分配，也没有与历史份额挂钩。只有在预算份额最小的部门中，才有一些证据表明，过去的拨款对预算决定有重大影响。在大多数部门中，财政重建期间计划的削减和紧缩并没有平均分配，也没有与历史预算份额成比例。一些部门得到了持续和实质性的增长。也不是所有的部门都参与了1987年以后的财政扩张，一些部门因此继续失去资源。

谁赢谁输主要取决于各部门预算的组成、支出的种类以及在年度预算准则中给予特定政策和方案的政治优先程度。但是，如果两个或两个以上的部门共同拥有政策管辖权，并为资助联合方案而竞争资源，则分配受到"平衡"和"公平份额"原则的影响，并由这些原则决定。我将在下一章中说明，在公共工程政策中，建设省、农林水产省、交通运输省以及厚生省之间的历史性"平衡"在整个时期一直保持不变。用于小型企业的预算分配不太明显，这是由历史模式决定的。而在收入方面，1975—2000年期间，通产省的资源几乎不间断地流转给大藏省并且在财政重建期间，削减和紧缩的情况有所不同。

想要确定各部门预算分配中是否遵守了公平的原则是比较困难的，但国防机构也许是一个特例，但它确实提供了一些证据，证明预算份额的历史性趋势在组织和职能上都是影响分配的一个因素。公共工程预算在四个受援部门内部分配的经验证据是模棱两可的（在下一章将详细讨论）。与其他支出部门官员的访谈表明，虽然"平衡"是影响各局和各司之间方案预算分配的一个因素，但实际上往往比审查初步预算的汇总数据更为灵活。

从功能上看，预算产出呈现出增减并存的特征，明显的赢家和输家说法与预算准则的变化和1975—2000年期间给予开支方案的优先政策密切相关。按九个政策组的产出来衡量，年度预算过程中的分配并不主要由过去决定，也不是由预算的历史份额决定。其中，财政重建、整合和扩张经历了不同的过程。同时，削减开支以减少一些拨款，并保护和促进政府的其他职能。预算程序的效果具有高度的歧视性，中央政府的职能各不相同。即使像1981财政年度以前那样,所有政策组都被增加预算,年增长率也有所不同。随着财政重建政策的推行,预算产出之间的差异仍然很大。一方面,一些政策职能在分配资源过程中经历了急剧和持续的下降;另一方面,一些部门实现了实质性的、持续的增长。在整个20世纪80年代,自民党政府将国防、经济合作、社会保障、卫生和福利置于最高优先地位,这反映了它们不受削减和紧缩政策的限制,还反映在执行连续的中期部门计划的规定目标方面,这些部门也有相对的特权。这一结论适用于一些政策组,因为年度补充预算的影响是巨大的,扭转了预算拨款趋势明显下降的局面。

在政策组内,方案和次级方案之间的差异更为明显。年度资源分配都是"不平衡的",而且往往是不连续的,增长和下降也并非都是均匀分布的。大量证据表明,方案产出更多的是政策选择、政治和官僚优先的结果,而不是由遵守维持预算份额、既往决定、"平衡"或"平等痛苦"的原则来决定的。

在某些情况下,这些广泛的结论支持和限定与McCubbins和Noble(1995)对产出进行定量分析的结果相矛盾。在1952—1989年400~500个预算"项目"的88个样本中,他们测试了关于日本预算行为传统规范的假设,如"公平份额"、"渐进主义"和"非紧缩"。他们的结论是:"根本没有证据表明日本的预算符合预算稳定的公平分担概念";反对渐进主义的预算模型认为它与他们的历史分析不符,并找到了充分的证据来反驳日本预算不会紧缩的说法。因此,对日本预算编制的现有解释不能解释其在预算数据中存在的动态性。这本书其他章节的分析广泛地支持了他们的结论,但也在一些重要方面对他们进行了限定。特别是在财政重建时期,紧缩的证据在计划中比实际更明显,将它们所依赖的初步预算数据与补充预算的订正数据、结算账户的结果数据与预算背景进行比较,预算范围扩大到了非预算来源。

McCubbins和Nobel在基本水平的基础上分析了各种支出,这里最有可能找到改变、变化和波动的证据,因为根据定义,"项目"属于单一部门的政策管辖范围,从1982年起在与大藏省谈判的总体预算上限内分配支出有更大的酌情决定权。它们的分析没有区分或比较组织支出,而将"项目"的总拨款分成次级方案和政策组。从1982年开始,大藏省制定了更加严格、更具歧视性的预算准则,对部长和方案预算的自上而下的限制变得更加重要,在提交正式预算请求之前,双方谈判讨论了最高限额。在"项目"层面上,由下而上的拨款压力在各部门内部、各局之间和各局内部得到了较大的缓和,而它们与财政部预算局审查员之间的关系却没有得到缓解。后者现在既关心正式审查和协商,也同样关心甚至更关心先前为它们所追随的各部门制定个别最高限额的非正式谈判。

各部门竞相从优先方案的规定资金数额中分一杯羹,并主张在其他地方维持固定的权利。他们就部长级预算上限进行了谈判,并提出具体要求。因此,在内阁历年 12 月批准的最初预算中,分配的资源是每个部门在规定的上限内,最大限度地扩大其份额。谈判的"成功"或"失败"的记录或"记分卡"也显示出它相对于其他部门是赢了还是输了。按"项目"分析预算拨款并没有反映出这种组织层面,也没有反映出政策组与其组成方案之间的差别程度。正如我所指出的,在方案由组织分享的情况下,"公平分配"的原则在确定预算产出方面更为重要。

McCubbins 和 Noble 结论中的第二个限定条件是方法论。产出的大小、分布和变化随使用的基线变化。最初的一般账户预算中的一些计划支出与补充预算中的订正支出有很大的不同。两者特别是前者通常都不同于结果支出。正如我所指出的,一些方案的计划支出经常在年度补充预算中大幅上调,不仅是在财政扩张时期,为一些部门的支出计划分配了额外资源以刺激经济活动,或者缓解由于自然灾害所导致的经济和社会问题,如阪神·淡路大地震,而且 20 世纪 80 年代中期的财政紧缩时期也是如此。McCubbins 和 Noble 完全依赖最初预算提供的数据(1995:111),即不包括"相对不重要的补充预算",也不包括向一般支出总额提供的大量额外资源。他们所发现的以计划支出衡量的一般账户预算的明显缩减不过是增长速度的放缓;一些政策组的预算产出趋势明显下降,实际上是由每年定期补充资金转变为持续增长。本章前面提到的订正预算数据的证据,在下一部分内容将更详细地讨论。这与他们的结论相矛盾,他们的结论是"公共工程开支在 20 世纪 80 年代被大幅削减"(McCubbins 和 Noble1995:105)。在这段时间里,它实际上每年都在增长,而且增长幅度非常大。正如他们所说的那样,虽然一些部门确实失去了预算份额,但像建设省、交通运输省和农林水产省这样的部门从补充预算和 FILP 中获得了大量的好处。值得重申的是,补充预算和 FILP 都不受年度预算准则的约束,因此两者都不受所有正式开支管制的约束。

最后,McCubbins 和 Noble 的分析仅限于预算系统的一部分,即一般账户预算的产出,以及特别账户的样本。正如我所强调的,在 1975—2000 年期间,大藏省通过替代其他资金来源(以及在二十五章内容中讨论的对现金流动的权宜操纵),越来越多地减轻了财政赤字,并不断增加对预算的压力。因此,最初由各部门负责的一般账户预算的产出低估了它们在获得资助其活动的资源方面的相对成功和失败。不仅补充预算是额外资金的来源,而且一些特别账户也是额外资金的来源,然而 FILP 为某些资本支出的一般账户提供了另一种选择。例如,学校建筑的基本建设开支显然在下降,这是通过一般账户预算中教育和科学政策组的资源分配来衡量的。但是,下降的金额被学校特别账户为建设和改善提供的资金所抵消,部分由 FILP 提供补贴。这种资格也适用于预算过程产出的职能分类:政策组、方案和次级方案。因此,根据上文所述的理由,在一般账户预算过程中谈判的方案的总产出可能无法分配给它所有议定的资源。因此,对这些产出随时间的变化所作的解释是同样谨慎的:一般账户预算的明显增长或下降趋势可能并不代表计划中的随着时间的推移分配给一个方案总资源。分析和解释预算产出的一个问题是一般账户预算、FILP 和特别账户的三个组成部分没有结合在一起,至少没有公开的官方数据。

尽管有这些限制,但政治、官僚、议会和公众的注意力的确主要集中在最初的一般账户预算中,即将一般支出分配给各部门及其主要方案上,而且现在仍然如此。部长们,或者更确切地说,是他们的官员们,竞争着最初预算份额,而公众重点关注和评论的焦点是在 12 月公布"复活"谈判前后的预算过程中竞争的结果。合并数据的编制受到一般账户和特别账户之间以及中央和地方政府之间的"贸易"支出净额的定义问题和方法问题的困扰。分析和判断哪些部门和项目赢了或输了,以及输了多少。因此,为了能够获得"头条"预算总额,还能在下一个预算周期的谈判中获得更高的基础水平,各支出部门面临设法通过一般账户预算为其方案提供尽可能多资金的压力。

1981 年以后的年度预算准则的紧缩对计划的预算产出有两大影响。首先,它们的作用与其说是减少一般开支总额,尽管它们的增长率也被削减了,不如说是使分配较稀少资源的过程更具歧视性。将经常支出总额划分为三个优先类别意味着,大多数但不是所有的方案尽管增长速度不同,但都可以初步确定继续增长的理由。因此,在 1975—2000 年期间,预算资源进行了大规模重新分配。继续优先重视国防方案和官方发展援助的结果导致了资源的大量转移,免除削减社会保障、卫生和福利等需求驱动的方案也是如此。

其次,1982 年以后,最初预算编制过程中的双赢游戏在很大程度上变成了一种零和游戏,在这种游戏中,有限的资源——总预算上限——是相互竞争的。在最初的预算产出中,有赢家也有输家。争夺更稀缺的额外资源的年度份额的竞争加剧了;那些预算容易被削减的部门主要或实质上由政策组和具有较低优先权的方案组成,包括农业、公共工程、劳务、工业扶持,它们争取保留以前的拨款和预算总额中的份额,或减缓趋势下降率。由于需要竞争的额外资源的减少以及削减现有拨款的威胁,各部门不得不更认真地考虑如何在谈判的最高限额内分配预算,并决定方案之间的优先次序。提高优先次序的一个结果是在方案和次级方案内重新分配资源,McCubbins 和 Noble 在"项目"中发现了预算的活力。收紧正式支出管制的另一个影响是,大藏省和各支出部门都更加注意在规定部长预算上限之前的非正式预算过程。这些预算上限为各部门提出的正式预算要求设定了上限。

自民党的作用和影响

在 1982 年之后的新博弈中,自民党在支出部门、政策组和方案中扮演了怎样的角色？大藏省坚持对国家财政"健全管理"的原则,批准并实施了财政重建政策,这支持了大藏省削减和限制一般账户预算增长的意图。它每年都正式批准或重申大藏省提出的预算指导方针,其中包括它希望给予特定政策集团和方案的政治优先权力,特别是国防和官方发展援助,以及它希望给予其他方案的保护,如社会保障、福利和保健方案。与此同时,它似乎也默认了这些歧视性预算准则的不利影响,即那些没有优先次序或次序较低的各部门、政策组和方案将受到削减或预算限制。自民党作为政治选举战略的一些方案处于危险之中,这些方案维持较高、不断增加的支出且帮助自民党维持了政权。为什么它赞成或默许一个明显威胁到这一战略的开支控制制度?这有可能会削弱农民、小商人和当地的建筑商等团体的选举支持,而且显然否认了在当地道路、港口、桥梁以及改善社会和环境基础设施方面增加开支所带来的好处。

对此的部分解释是,20世纪70年代初,自民党重新调整了选举策略,更多地关注城市和大都市选民,此后,该党不再那么需要这些群体的支持。在1980年之后,通过粮食控制方案补贴水稻生产,对小农户的支持(数量下降)逐渐减少,自民党继续为农业改进计划提供补贴,最明显的是,1994年关税及贸易总协定对国内市场预计开放的6.2万亿日元的补偿。它能够做到这一点,并通过利用公共财政的补充和替代来源和方法的潜力,继续提供其他传统的预算福利和优惠。本章对使用补充预算为方案分配额外资源的证据作出了描述,这些方案由于将正式预算准则应用于初步预算而受到削减和压缩。第23部分内容探讨公共工程的预算产出,并解释了在1975—2000年期间,如何利用预算外资金维持持续增长。

第二十二章　削减和挤压官僚机构

公共部门就业人数

与其他工业国家相比,日本的公共部门规模较小。1998年,每1 000人中的公共雇员人数不到40人,是英国和美国的1/2,法国的1/3。如表22.1所示,截至当年3月,有近500万雇员分布在国家政府、地方政府、公共企业和政府附属机构。

表 22.1　　　　　　　　　1998 年 3 月公共部门就业人数

组织类别	被雇佣的人数
中央政府[a]	1 156 290
地方政府[b]	67 118
公营公司[c]	528 553
总计	4 951 961

注:a. 1998 年 3 月 31 日;

b. 1997 年 4 月 1 日;

c. 1996 年 1 月 1 日。

资料来源:总务厅年度报告,1998 年;IAM(1998)。

如表22.2所示,中央政府官员有四大类组织。第一类非工业组织中包括各部门、机构和委员会的工作人员,本章主要关注这些工作人员,它还包括在国立学校、学院和大学等教育机构任教的教师和相关工作人员以及在医院和医疗机构就业的医生、护士和相关的医疗人员。作为国家政府雇员,他们的工资和运营成本由管理他们的各部门控制的特别账户承担。近 2/3 的非工业官员在东京以外的地区、县和各部门的地方办公室工作。1998 年 3 月,全国有 233 个地区办事处,599 个县办事处和约 5 500 个地方办事处。他们的支出被计算在上级部门的预算中;第二类工业组织中包括四个政府企业的工作人员,每一家企业由一个部门管辖。"自卫队"和独立任命的国会议员、法院和审计委员会的工作人员通常都被排除在"中央政府"的定义之外,我们以后也会这样做。

表 22.2　　　　　　　　　1998 年 3 月中央政府雇员人数

分部门	被雇佣的人数
非工业组织	533 770
各部门、机构和委员会	345 068
国立学校、大学、医院等	188 702
工业组织(政府企业)	319 107
自卫队	292 358
国会、法庭、审计等	31 055[a]
总计	1 156 290

注:a. 包括 148 名内阁大臣、副大臣、主席和委员会的全职成员、内阁法制局长官、两名内阁副官房长官和一些皇室成员。这些公务员都属于《国家公务员法》规定的"特别公务员",与其他"普通公务员"不同。

资料来源:总务厅,1998 年年度报告;IAM(1999)。

官僚机构的削减

从 1967 年开始,政府就开始共同努力削减中央政府雇员的数量,比七国集团中大多数国家削减和紧缩的时间提前了十年左右。1965 年,自道奇线实施以来,一般账户预算首次失衡,并发行了政府债券以弥补赤字。为了抑制中央行政人员规模的扩大,政府于 1967 财政年度颁布了《员工总数法》,限制了各部门以及国立医院和学校雇用的全职员工人数。第二年,开始了一系列连续的削减人员计划的第一项,规定按计划减少工作人员总数。第八个计划是在 1992—1996 年度,计划减少 39 048 人,但实际减少额更大,为 42 362 人,主要是农林水产省和北海道开发厅的雇员。1997—2001 年第九个计划规划减少了 35 122 个职位,占 1996 财政年度末总数的 4.11%。

各部门同总务厅协商,根据对人员编制趋势、工作量、潜在生产力改善情况、人员流动率、合理化可能性的评估,并考虑工作惯例的变化,来确定在每个计划期间的削减目标。目标由总务厅制定,整个削减计划要提交内阁决定。在内阁正式决定之后,削减目标的内部分配主要由各部门自行决定。他们每年都会向总务厅提交裁减计划,并指出下一财年要实现的目标。为了灵活地拓展某些领域的服务,并为工作人员提供新的职能和方案,每个部门每年都有可以投标申请的新职位。实际上,计划裁员方案的实施在"员工规模账户"中创造了一个过剩员工的"池",总务厅利用认可的员工,该账户剩余的就是非认可的员工,即每个财政年度削减的总人数。各部门都在 8 月底向总务厅提交关于实施削减计划和新职位投标的提案。投标由其行政管理局审查,目的是为了满足需要以及提升方案的效率、实用性和可执行性。

由于从 1967 财政年度开始日本连续实施了 8 项改革措施,中央行政机关的员工总数净减少了 46 456 个,略高于 5%,从 899 333 个减至 1998 年 3 月底的 852 877 个。在近 30 年集中和持续努力减少国家政府雇员人数之后,这一明显的微小成就呈现出一种误导的画面,认为这是中央政府机构大量增减总量变动的净结果。该计划的实施导致 1967—1996 财政年度共减少 284 494 个职位,而在不同政策领域增设的新职位有 240 257 个。减少职位总量有助于政府灵活应对新政策领域和扩大政策领域的需求。对预算至关重要的是,薪水和相关成本在 20 世纪 80 年代初财政压力严峻的时候受到控制,在随后的财政重建时期甚至降低了。1981 年,薪酬及其他成本占一般账户预算总额的 4.8%,1991 年逐步减少至 4.3%。

本章探讨了相比于中央政府其他部门的员工,即国立医院、学校和政府企业的员工,以及 20 世纪 80 年代的财政重建政策,在多大程度上削减和挤压了支出部门官员的数量。其次,它研究这些削减在支出部门之间的分配情况，以确定它们的得失，并检验政策是否得以"公正"实施，以保持"平衡"，避免竞争和冲突。最后，它考察了支出部门中收益和损失的分布情况，以评估在总部办事处的中央决策职能部门雇用的行政高级管理人员和专业人员，在多大程度上能够保护自己免受严格的削减和挤压。类似七国集团的削减管理经验表明，持续削减对边缘地区的影响比中心地区更严重，对中央行政的下属机构、初级、辅助、技术和工业工作人员产生较大影响，而不是对高级管理人员和专业人员（Thain and Wright，1995）。

1968—1982年，计划削减的负担一方面由支出部门、国立学校以及医院的"非工业"官员承担，另一方面由政府企业的"工业"部门所承担。但是，与各部门的13.2%（69 653）相比，政府企业的裁员人数为64 138名，减少了17.2%。国立医院和学校的职位数量由1968年的146 070个减少了17 876个，占12.2%。1982—1995年期间，由于实施了削减计划，总共减少了137 883个职位。虽然无法计算这三个类别之间的分配，但有证据表明，政府企业对"工业"进行了更多削减，但却由各部门与其他中央政府组织共同承担削减的负担。

那些计划的削减是如何在各部门内分配的呢？1968—1983年，大部分裁员都是在中央核心员工之外，在区域、地区和地方分支机构以及下属机构进行。主要的例子是农林水产省的食品机构和地方统计办公室，它们共同贡献了计划裁减工作人员总数的大部分，其中中央总部工作人员遭受的裁员较少。在建设部可以观察到类似的现象，地方建筑办公室的工作人员发生了最严重的削减。在1983年以后的十年中也可以观察到类似的趋势。正如我们在第4章看到的那样，行政改革暂行委员会在1981年建议全面减少5%的工作人员人数。随后通过了修订1982—1986年度人事裁减的计划，最终实现的削减比计划略有减少，49 934个职位在各部门与政府企业之间按比例分摊。前者的一些部门失去了超过5%的员工，尽管劳动省、建设省和行政管理机构也遭受了高于平均水平的削减，但农林水产省与北海道开发厅是最大的输家。同样，这些损失更多地由地方和区域办事处和卫星机构承担，而不是由该部门的总部工作人员承担。结果，在1984—1988年期间，废除了54个区域的"区"办事处，同时在县级设有178个办事处，设有其他级别的办事处809

个。在整个中央执行系统中,这种有计划的削减经历被更广泛地重复使用,尽管没有那么剧烈。

计划削减与新职位投标同时进行。对新的政府职能,例如电信和生物技术的需求和要求作出灵活反应;对某些服务和活动之间的优先次序作出变化,例如住房和工业支助;对农业等既定政策领域的下降作出反应。由于国家政策议程出现了新问题,总务厅和大藏省准备接受支出部门对增加新职位的投标,以证明他们是必要的和合理的。1968—1982年期间批准了141 068个新职位。最大的增长(40%)发生在国立医院、学校、学院等的工作人员,这反映了高等教育和附属机构以及国家提供的高级医疗服务的优先重要性,如国家癌症中心。其余部分在各部门、机构和政府企业之间平均分配。通过实行财政重建政策并且在大藏省1982年对一般账户预算实行负限额后,新职位的限额减少一半。虽然无法获得1982—1997年新职位总数的可比数据,但医院和学校工作人员净总数的持续增加表明,早期的分配趋势已经得以维持。

表22.3显示了1967—1997财年共五个阶段的计划削减和年度增长,对中央政府工作人员规模和分布的净影响。第一个阶段是在引入"员工总数法"后。第二阶段就显示出了该法律的实施,以及在通过财政重建政策和实行零预算上限之后,立即进行的裁减人员和年度工作人员审查计划的净效应。第三和第四阶段显示了经过十多年的紧缩预算和人力管制后,对工作人员人数的净影响。第五阶段给出了1997财政年度的工作人员人数。

在1967—1997财年,净减少了46 456个职位,比整个中央政府职位总数的5%还要多。其中超过3/4的裁减发生在财政重建政策通过后,以及1982年实行零和负预算上限后。从20世纪90年代中期开始,工作岗位净减少幅度大于自1968年以来的任何时候,这是在严重且长期的经济衰退情况下国家财政状况恶化的结果。其次,在整个期间,非工业工作人员总数净增加7921个,但分布不均。国立医院(20%)和学校(33%)是净受益者,而各部门是纯粹的输家(-9.1%)。最后,政府企业的工业人员对整体中央政府规模缩减的贡献最大,他们在1967—1997财年共损失了54 337个职位(14.6%)。

日本的财政危机

表 22.3　1967—1997 财年中央政府雇员数量的变化

	1967 财年	1982 财年	1991 财年	1995 财年	1997 财年	变化 1967—1997 财年(%)
非工业	525 849	536 190	533 246	534 369	533 770	+7 921(+1.5)
各部门和机构	379 769	354 758	344 993	345 766	345 068	−34 701(−9.1)
国立医院等	44 517	52 243	53 547	53 598	53 596	+9 079(+20.4)
国立大学	101 563	129 189	134 706	135 005	135 106	+33 543(+33)
工业(政府企业)	373 484	352 541	330 008	322 836	319 107	−54 377(−14.6)
造币和印刷(大藏省)	9 738	8 420	7 800	7 563	7 451	−2 287(−23.5)
国家林业(农林水产省)	41 148	31 623	17 671	11 331	8 991	−32 157(−78.1)
邮政服务(邮政省)	321 347	312 498	304 537	303 942	302 665	−18 682(−5.8)
酒精专卖[a](通产省)	1 251	0	0	0	0	−1 251(−100)
中央政府	899 333	888 731	863 254	857 205	852 877	−46 456(−5.2)

※a.1982 年废除。
※变化一栏中的()内的数字是 1997 年与 1967 年相比的增减幅度。
资料来源:国际投资协定(1982 年);Masujima 和 O'uchi(1993 年);Horié(1996 年);年度报告,总务厅,1998。

各部门总共净损失了 34 701 个职位,相对于 1967 财政年度下降了 9%,而政府企业则减少了 14.6%。如果考虑到 1968 年之后新成立了的冲绳岛、国土厅和环境厅,并因此设立了新的职位,废除了 5 个政府企业中的其中一个,工作人员变动的净影响在非工业和工业类别之间差别不大。与政府企业相比,各部门没有得到优先对待。他们也无法将裁员的影响从总部和当地办公室转移到企业内部。后者是独立于前者设定的人员减少的计划目标,而且不可能通过更偏重于个别企业的部门总体目标来保护核心员工。实际上,他们计划减少目标的百分比与其监督部门和其他部门的减少趋势非常相似。

在政府企业的工业类别中,净变化造成了林业厅的最大损失。在 1967—1997 财政年度,员工总数下降了 78%,反映出国内农业政策的政治重要性已经普遍下降,但更具体地说,这是内阁在 1990 年和 1991 年为改善对林业厅本身的管理和财政控制而商定的政策的结果。到 1998 年 3 月,其累计债务和负债达 3.5 万亿日元。1998 年 10 月颁布了进一步改组和减少工作人员的法令。与之相比，大藏省的造币厂、政府印刷企业以及邮政省的邮政部门所承受的人员净损失要小得多。后者减少的 6% 远远低于支出部门的减少幅度。这究竟是自民党通过地方邮政局长来保护地方选举影响力的传统来源的结果，还是因为强大的邮政政策族群和地方邮政协会的影响，目前还无法确定。总务厅否认了这些考虑影响了其判断。

支出部门在 1967—1997 财年遭受净损失的规模和分布情况见表 22.4。文部省和厚生省的总数不包括国立学校和国立医院的工作人员，政府企业的总数不包括在监督部门的工作人员。支出部门管辖范围内的附属机构（例如大藏省的国家税务总局、农林水产省的食品机构和渔业局、运输省的海事安全局）的工作人员数量与总部、当地和分支机构合并在一起。

表 22.4　　1967—1997 财年政府部门工作人数变动情况

	1967 财年	1982 财年	1997 财年	变化 1967—1997(%)
首相办公室和机构				
内阁办公室	172	190	253	+81(47.0)
首相办公室	4 007	3 306	589	−3 418(85.3)
行政管理机构	1 667	1 459	3 576	+1 909(114.5)
防卫厅	30 469	27 359	24 926	−5 543(18.2)
经济企划厅	594	515	514	−80(13.5)
科学技术厅	2 003	2 171	2 123	+120(6.0)
环境厅(1971)	—	907	1 008	
北海道开发厅	11 848	9 861	7 554	−4 294(36.2)
国家土地局(1974)	51	447	467	+416(815)
冲绳开发厅(1972 年)	—	1 110	1 148	
其他[a]	9 702	9 776	9 948	−246(2.5)
小计	60 513	57 101	52 106	−8 407(13.9)
部门				
司法省	47 819	49 938	51 208	+3 389(7.1)

日本的财政危机

续表

	1967 财年	1982 财年	1997 财年	变化 1967—1997(%)
外务省	2 746	3 632	5 094	+2 348(85.5)
大藏省[b]	67 506	68 084	72 358	+4852(7.2)
文部省[f]	2 934	3 297	3 104	+170(5.8)
厚生省[g]	21 092	21 907	22 494	+1 402(6.6)
农林产业省[c]	62 139	48 541	36 508	−25 631(41.2)
通商产业省[d]	12 933	12 974	12 404	−529(4.1)
交通运输省	34 898	38 207	37 689	+2 791(8.0)
邮政省[e]	3 325	2 971	2 789	−536(16.1)
劳动省	27 621	25 340	24 983	−2 638(9.5)
建设省	35 719	28 128	23 742	−11 977(33.5)
自治省	524	549	589	+65(12.4)
小计	319 256	303 568	292 962	−26 294(8.2)
总计	379 769	354 758	345 068	−34 701(9.1)

※[a] 包括首相办公室内的非部长级机构和委员会。
[b] 不包括造币厂和政府印刷局的工作人员。
[c] 不包括国家林业厅的工作人员。
[d] 不包括酒精专卖的员工。
[e] 不包括邮政服务人员。
[f] 不包括国立学校和大学的工作人员。
[g] 不包括国立医院的工作人员。
※变化一栏中的()内的数字是 1997 年与 1967 年相比的增减幅度。
资料来源：IIAS(1982 年)；Hori E(1996)；总务厅年度报告,1998 年。

在支出部门中,削减的情况各不相同,收益和损失也分布不均。七个支出部门和两个部长级机构是明显的赢家,在 1967—1997 年期间,员工人数增加了。司法省、外务省、大藏省、交通运输省以及厚生省的员工人数大幅增加,文部省和自治省增加较小,且后者是一个小型办公室,因此其中央核心得到了一些保护,不受削减。除此之外,增加的部分原因是新的地方选举制度所产生的额外效应。如果将国立医院和学校的工作人员包括在其上级部门的总数中,文部省显而易见将成为赢家。还有三个明显的输家:农林水产省、劳动省和建设省。概括起来,这些部门减少了近8.5%的工作人员,而首相办公室及其整个机构的减少为13.9%,防卫厅和北海道开发厅是实质性的输家。除了在1984年取消行政管理机构而重建和重组的总务厅之外,没有任何机构增加工作人员。这些变动的主要原因是:首相办公室大多数机构的职能是协调和配备员工,而不是直接管理;防卫厅和北海道开发厅的工作人员减少主要是政策变化的结果,随着美军和空军基地的数量和规模的减少,防卫厅支援人员的数量也减少了。

总 结

在1967—1998年,对计划削减和年度增长的规模和分布的分析为假设提供了一些有力的支持,即在削减高层核心人员的环境下,受雇于中央政府决策职能以及高级管理人员和专业人员往往受到保护,或者是保护他们自己不受裁减或者压榨。首先,尽管各部门的总部工作人员或多或少受计划削减制度的影响,但对其数量的净影响不如政府的"工业企业"的影响那么严重。其次,支出部门的净损失往往集中在区域、县和地方办事处或辅助机构,而不是总部,例如,农林水产省食品局和建设省的当地建筑办事处遭受了巨大亏损。许多地方和区域办事处转而执行国家公共工程政策,规范经济和社会活动,并为企业和公民提供援助和信息服务。

总部办公室外还有更大的潜在削减空间,因为其所雇用的人数较多,而且由于其工作的性质,政策的实施更容易实现合理化,例如通过外包和计算机化形式来实现。如果没有政策管辖权的彻底转变,例如私有化,裁减从事决策职能的人员就比较困难。出于同样的原因,新政策或新职能的实施主要发生在总部或执行机构之外,因此在当地创建了比总部办公室、国立医院和学校的工作人员数量更多的新职位。裁员和精简人员分布不均匀,"苦难"并未均衡分享:既有赢家也有输家。

最后,总部办公室的核心决策人员保持了自己的地位。表22.5对支出部门的非工业人员的构成进行分析,结果表明,高级管理人员和初级管理人员之间的员工人数变化的影响存在差异。体力劳动者、机器操作员、门卫、信使等二级行政服务贡献了 1967—1995 财年净减少总额的 4/5。相比之下,官员、外交官和其他从事政策制定和执行的办公室工作人员遭受的净损失要少得多(4.2%)。正如我们所看到的那样,这些损失主要发生在地方和分支机构或辅助机构,并没有发生在总部。

在 2001 年实施的中央政府改组中,政府承诺进一步减少官员人数。小渊惠三首相宣布有意在十年内将官员人数减少 1/4。要实现这一目标,就需要在新千年的第一个十年中每年减少的数额比过去 40 年的数额还要大。但是,如果实施将国立大学私有化的建议,将减少大约 12 万个职位。

表 22.5　1967—1995 财年支出部门的非工业人员的构成

	官员数量		变　化	
	1967 财年	1995 财年	数量	(%)
行政服务 I [a]	251 467	240 973	−10 494	−4.2
行政服务发 II	62 479	21 045	−41 434	−66.3
总行政服务	313 946	262 018	−51 928	−16.5

[a] 包括作为专业/专门人员雇用的工作人员,这一类别在 1986 年与 ASI 区分开来。包括专利审查员、空中交通管制员等,从 1986 年的 6 708 人增加到 1995 年的 7 931 人。

资料来源:Horié(1996)。

第二十三章 一个"公共工程的国家"

从历史上看，日本在固定资本形成总额方面的投资，占 GDP 的比例比其他工业化国家更高。在 1982 年，日本公共和私人固定资本投资平均约占 GDP 的 30%，是美国和英国的 2 倍，而其余七国集团国家的比例仅为日本的 2/3。一般政府固定资产形成总额约占总数的 1/5，在 20 世纪 90 年代呈上升趋势，在 1995 财年达到 GDP 的 6.7%，原因在于政府不断尝试通过公共工程支出刺激经济。随着泡沫经济崩溃后私人投资的减少，日本政府声称一般政府固定资本占 GDP 比例越来越高。表 23.1 显示了 1990—1997 财政年度的详细信息。

表 23.1　　1990—1997 财年公共和私营部门国内投资总额及比例　　单位：万亿日元

财年	公共和私营部门的总固定资本[a] 总数	国内生产总值%	政府固定资本总额[b] 总数	国内生产总值%	政府公共和私人投资百分比
1990	140.085	31.9	21.914	5.0	15.6
1991	143.924	31.1	23.909	5.2	16.6
1992	143.141	30.3	28.033	5.9	19.5
1993	139.231	29.2	31.158	6.5	22.3
1994	136.428	28.5	30.501	6.4	22.4
1995	140.883	28.8	32.517	6.7	23.2
1996	147.736	29.3	31.327	6.2	21.2
1997	141.007	27.9	28.987	5.7	20.6

a. 不包括库存增加。
b. 不包括住宅建筑，厂房和设备，以及库存增加。
资料来源：国民账户年度报告，1999。

中央政府公共投资计划资金和财政资金,部分来自一般账户预算,部分来自FILP,部分来自38个特别账户中的某些账户。通过一般账户预算提供的投资主要来自政府发行的政府建设债券,而FILP资金主要由信托基金局提供,其中最大的一部分来自邮政储蓄。地方政府的公众投资的资金来自转移支付和一般账户预算的补贴,以及其独立的收入和借款来源,其中包括来自FILP机构的贷款。最后,一些由公共银行和金融公司、上市公司和特殊公司资助的公共投资计划,除大量的FILP资金外,其余均是自筹资金和/或由国内外资本市场批准的借款提供的。

公共工程支出

公共投资项目有两大类,即公共工程和日本人所说的"公共设施"。后者包括建立固定资本,例如学校建设和相关设施、医院和社会福利设施,以及政府建筑物。在1994财年,通过一般账户资助对此类设施的投资约为1万亿日元,而对公共工程的投资则接近9万亿日元。本章其余部分涉及公共工程投资,其投资对象包括公路、桥梁、铁路、港口、机场和港口;农业基础设施和土地改善计划;公园、开放空间、娱乐和文化设施;城市重建;住房;供水和污水处理设施。

公共工程有四大类:第一类是中央政府管辖的公共工程,其中2/3来自中央财政收入,1/3来自地方政府;第二类,地方政府管辖的公共工程,其中1/2由当地地方政府提供,另1/2由中央政府提供;第三类,仅由地方政府管辖的公共工程,全部由地方政府提供资金,没有中央政府补贴;第四类,公营公司提供的公共工程,例如日本高速公路公营公司,部分由FILP资助。我们在此关注的是那些由中央政府通过一般账户预算、补充预算、FILP和部分特别账户全部或部分资助的公共工程。除那些投资于学校建筑和医院等公共设施的特别账户外,还有其他五个用于道路、港口、土地改善计划以及国家森林和农田项目。其中一些(例如道路和机场)的抵押收入来自特定间接税,例如汽油和航空燃料,但这些公共工程的大部分资金都来自一般账户和FILP预算的转移。随着资产的贬值,这六种投资对象在20世纪90年代都越来越依赖于总账户预算的补贴,例如港口、防洪和土地改良计划,特别账户的年度财政资金有 1/2 以上提供在这三个投资项目上的。

所有公共工程项目中,有 2/3 是由地方政府,主要是州和市当局实施的,中央政府直接负责的比例仅为 11%,而公营公司提供其余大部分。在核算国民账户中的一般政府支出时,地方政府支出约占日本年度公共资本形成的 80%。公共工程项目以及医院和学校等公共设施的建设共吸收了约 1/3 的地方政府支出,在 1995 财政年度结算账户中总计 31 万亿日元,金额超过社会保障和教育这两个地方支出项目的总和。地方一级公共工程和公共设施方案的规模和组成与中央政府制定的目标和优先事项密切相关。

在其他七国集团或经合组织国家的背景下,日本在政治传统上具有很强的倾向性。强调公共工程和农业补贴是日本战后政治经济最持久和最重要的特点之一。日本在公共工程上的花费是其他经合组织国家的 5 倍(经合组织,1997 年)。在一般账户预算中,公共工程大约占总支出总额的 1/5,是仅次于社会保障的第二大项目。这一现象是社会经济和政治因素混合下的产物。在 1975—2000 年期间,日本大藏省曾多次证明,与其他 G7 国家相比,日本缺乏社会基础设施,且质量低劣,例如,尽管投资水平仍然很高,但除东京和其他主要城市外,只有一半的家庭接入了污水处理系统,而美国为 70%,英国、德国和其他 G7 国家为 90%;除国家公路以外,只有 74% 的道路铺设,其他 G7 国家则为 90%~100%;此外,公园,开放空间以及当地环境、文化和教育设施的数量和分布也相对较差(大藏省,1998c)。例如在东京,每个居民只有 2.9 平方米的城市公园,伦敦为 25.6,柏林为 27.4,纽约为 29.3,巴黎为 11.8(建设省,1997a)。然而,这种比较并不是增加公共工程支出的明确理由。毕竟这种短缺可能已经被其他相关投资所补偿,或者反映了以前低效的分配。

不管这场社会争论的好处是什么,公共工程支出持续高水平的部分政治原因是自民党对"社会间接资本"投资缺陷的回应。从 20 世纪 70 年代开始,他们就优先考虑改善其导向的政策目标。同时,公共工程支出是大选政策中的一种手段,是通过高度可见的地方投资项目和专门针对特殊利益集团和客户的项目,将收益分配给农村和城市选民,直接和间接地获得选举和财政支持。此外,大藏省和自民党政府在经济上将扩大公共工程预算,作为在经济放缓和经济衰退时刺激经济的一种手段,并有时通过提高本国需求水平来应对国际压力,促进G7和其他工业国家经济的快速增长。

本章旨在回答三个问题:第一,如何决定公共工程预算的总和,并将其分配到各支出部门和机构的竞争需求中?第二,是什么标准决定了政策部门、各部门和各局之间的份额分配?随着时间的推移,份额在何种程度上相对固定?是否为遵守非正式游戏规则的结果?第三,自民党在多大程度上影响了公共工程预算的规模、构成和分配?本章节的第一部分概述了主要政策部门、支出部门和机构的管辖范围,以及他们的五年投资计划。然后,继续分析初始和修订的一般账户预算中的预算支出趋势,并提请注意补充预算和其他"预算外"来源作为增加公共工程开支的手段的重要性。本章的第二部分探讨了政策部门、各部门和各局之间公共工程预算的分配。下一节总结了分析的结论,对比了公共工程支出的外观和现实。这就引出了以下讨论:首先使用资源的效率和有效性;自民党在建设和维护"公共工程国家"中的作用和影响。

公共工程部门

部门公共工程方案和项目在本质上是不同的。每个部门都是单独或共同承担责任的,主要分为三个部门,即建设省、农林水产省及交通省,它们共同承担了一般账户公共工程预算的96%左右。其余部分主要由厚生省、通商产业省和环境厅承担。具有一个或多个部门管辖权的三个主要部门中的每一部门都有一些中期财政计划,其总体计划成本要与大藏省预算达成一致,并在1985年将分配给这些部门的资源和规模在连续五年国家中期经济计划中进行了明确规定。随着大藏省在20世纪80年代初开始进行财政重建,省略了逐个部门计划投资的细节。因为不断增长的一般账户预算赤字提供资金的危机持续存在,大藏省不愿意为未来几年的特定部门计划投入资源。在一个不确定和困难的金融环境中,它希望能够灵活地应对经济和财政环境的变化。随着"泡沫经济"年代中公共财政状况的改善,大藏省更有信心支持政府在1988—1992年国家计划中完善"社会管理资本"的目标,特别是关于提高生活水平和生活质量的目标。在1990年的公共投资基本计划中,资源按部门分配,这也是日本政府对美国在1990年缔结的《结构障碍倡议》中要求增加国内投资的正式反应的主要部分。它规定了从1991财年到2000财年的十年期间提供430万亿日元的承诺。1994年10月,村山首相所在的联合政府承诺增加公共投资资金,基本计划的资金从1995财年到2004财年增加到650万亿日元。

表23.2显示了公共工程部门的部长级职责,以及截至2006年的投资计划和计划总投资。每年,支出部门和机构竞标一般账户预算的份额,用于资助其批准的部门计划的实施。那些有资格获得FILP资金的公共银行和金融公司以及其他公营公司与监管部门协调投标。

表23.2　　1996—2006财年各部门的投资计划　　　　单位:万亿日元

部门	行业	计划	持续时间	总投资计划	计划投资(年)
建设省	防洪	第九次防洪计划	1997—2003	24.0	3.43
	道路	第十二个道路计划	1998—2002	78.0	15.6
	污水	第八次污水处理计划	1996—2002	23.7	3.39
	城市公园	第六届城市公园规划	1996—2002	7.2	1.03
	住房	第七个住房计划	1996—2000	730	1.46
农林水产省	交通安全[a]	第六次交通安全计划	1996—2002	2.69	0.38
	滑坡预防	第四次滑坡预防计划	1998—2002	1.19	0.24
	渔港	第九次渔港计划	1994—2001	3.0	0.38
	土地改良	第四次土地改良计划	1993—2006	41.0	2.93
	林业改善	第二次森林改善计划	1997—2003	5.38	0.77
	近海渔业	第四次近海渔业计划	1994—2001	0.6	0.08
	侵蚀控制	第九期森林计划保护项目	1997—2003	3.77	0.54
运输省	机场	第九次机场发展计划	1996—2002	3.6	0.51
	港口	第九次港口保护计划	1996—2002	7.49	1.07
建设省/农林水产省/运输省	海岸保护	第六次海岸保护计划	1996—2002	1.77	0.25
厚生省	垃圾处理	第八号垃圾处理计划设备	1996—2002	5.05	0.72
总和				208.44	31.31

[a] 数据来源于国家警察局。
资料来源:根据建设省提供的数据绘制。

一般账户预算的公共工程支出

一般账户预算中的公共工程支出原则受正式预算准则每年规定的限额控制。实际上,在 1975—2000 年的大部分时间里它超过了限制额,而且往往超出了相当大的金额。图 23.1 比较了预算准则中的变化与初始预算中计划分配的变化。在财政重建期间,在成功实现停滞的两年之后,大藏省未能按照 1984—1987 年四个财政年度的规定削减 5% 的拨款。此后,除了 1995 财政年度的特殊情况外,计划的拨款几乎总是大于规定的限额。

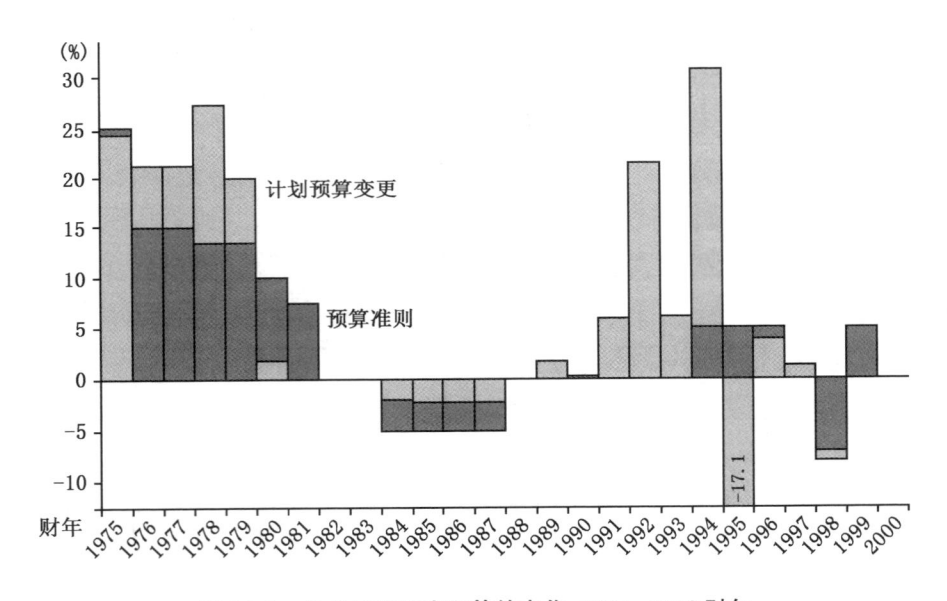

图 23.1 公共工程开支预算的变化,1975—2000 财年

初始一般账户预算中计划的公共工程支出从 1975 年的 2.9 万亿日元增加到 2000 年的 9 万亿日元,每年占总支出总额的 18% 至 20%。田中首相在 20 世纪 70 年代初期发起的公共工程预算的迅速扩大一直持续到 1980 财政年度,每年增长超过 20%,远超过规定的预算准则。以现金计算,公共工程支出的计划预算在 20 世纪 80 年代初期被冻结,然后在 1984—1987 年这四年间略有减少,尽管这些削减不到年度预算准则中规定的最多减少 5% 的一半。

第二十三章 一个"公共工程的国家"

这是通过1981年建立的Rinchō的活动(在第4章中讨论)中公开承认和政治化财政危机的时期。1988年政府放松了预算控制,恢复了公共投资的增长预算,预算的初始分配再次开始上升。

随着1991年经济衰退的开始,政府推出了一些公共工程支出的特别计划,旨在促进公共投资,提高生活水平,扩大教育和科学研究。到1993财政年度,这些额外的公共工程价值5 000亿日元。大藏省财政系统委员会于1993年11月提交报告,建议在公共工程预算分配中加大优先顺序(下文讨论),在此之后,这些计划被纳入了1994财政年度的新预算指导方针,允许公共工程支出普遍增加到最多5%。有了其他预算外资金来源(见下文),大藏省能够在未来三年内控制该数字内的计划拨款。(1994财年特别增长30%主要是由于偿还以前贷款公共工程支出的债务,下文再次讨论。)1998财政年度,公共工程预算减少了7.7%,这是1997年《财政结构改革法案》规定的"上限"之一,截至2001年的"密集改革时期",政府计划每年进一步削减开支。然而,该法案的控制措施在次年暂停,计划的削减被放弃。这十年早期的扩张趋势得以恢复。恢复预算准则规定计划在1999财年的初步预算中增加5%,在2000财年增加0%。在这两年中,还计划拨出5 000亿日元用于公共工程突发事件。

从1980年起,在财政重建期间实施削减和挤压对公共工程方案的总体影响意味着它们在计划的一般账户预算中的一般支出份额不断增加,然后被撤销(Wright,1999)。反过来,随着政府对1990年以后经济衰退的状况做出反应,逐渐下降的趋势让位于逐渐增加的趋势。与20世纪70年代相比,年度扩张幅度不大:公共工程、公共支出高涨和不断增加的年份显然已经结束。现实掩盖了财政审慎的表现。计划的公共工程开支由三个额外的"预算外"来源补充:年度补充预算,所谓的"日本电话电报公司计划"和FILP。

"预算外"来源的补充预算

补充预算不受预算准则的限制。在一个或多个年度补充预算中,分配了公共工程计划在1975—2000年期间每年增加的资源。主要受益者建设省,交通省,农林水产省和厚生省,总是可以依赖其随后增加的初始预算中的初始计划拨款。在经济增长的年份以及经济放缓或衰退的时期,通常认为有必要增加公共工程项目,并且有合理的经济理由时,也会有补充。将一般账户预算中的计划初始拨款与年度补充预算通过后的修订总额进行比较,表明1980—1988年期间公共工程预算的计划停顿,然后减少,实际上是一个持续增长的时期。图23.2将计划的变化与修订预算的变化进行了比较。削减和挤压比实际更明显,在补充预算中分配的额外资源足以补偿根据预算准则在计划的初步预算中所实施的削减中"损失"的数额。在1984—1987年的4年中,每一年的初步计划拨款减少了2%以上;补充预算分别增加了5.5%,8.6%,11.5%和20.3%。补充预算提供的巨额额外资源抵消了1988年以后财政整顿和扩张期间年度计划拨款适度增加的情况。从1992年开始,通过补充预算资助的反周期财政政策的影响尤其明显。例如,在1993财年,通过补充预算,将计划增加6.2%的公共工程支出转化为87%以上的实际增长。

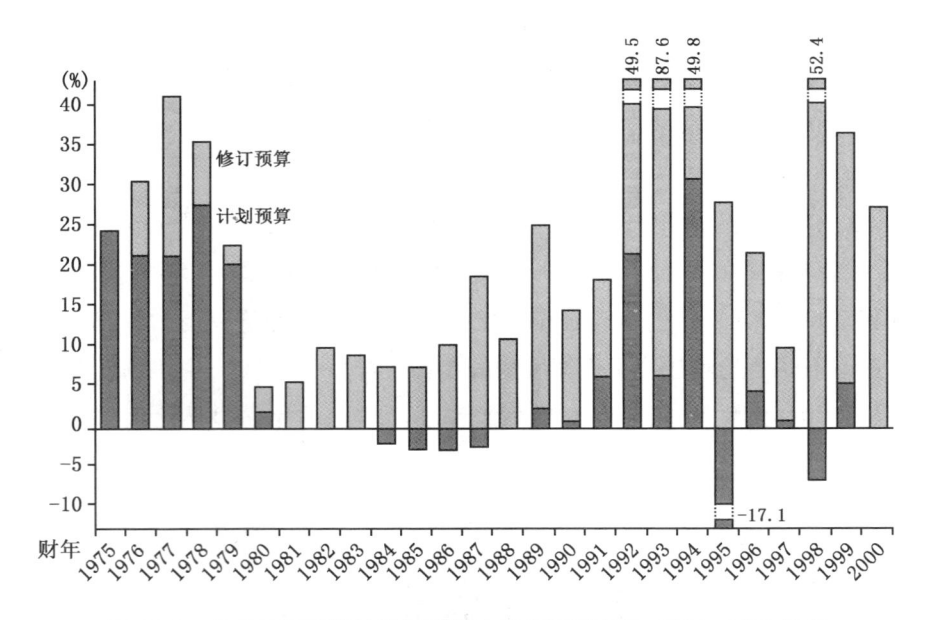

图 23.2 公共工程预算的计划预算和修订预算变化,1975—2000 财年

大藏省称,分配给公共工程的一般支出份额从1980年的21.7%下降到1990年的17.7%。实际上,在现实中,通过补充,在整个财政重建期间,用于

公共卫生事业的实际拨款占一般支出的比例每年增加 0.1%~2.3%,之后也非常重要。图 23.3 比较了初始预算和修订预算衡量的这些份额的变化。尽管计划预算中的公共工程明显减少,但支出部门不仅可以期望每年补充预算中分配的金额增加,他们还可以预期公共工程预算将增加其在一般支出中的份额。随着 1991 年经济泡沫的破灭,日本经济进入了战后最严重的衰退。通过反周期财政政策来刺激经济的连续尝试包含了大量额外的公共工程支出。除了一般账户预算拨款的增加外,1992 年 8 月至 2000 年 10 月期间共采取了 14 套主要的补充财政措施。其中 10 项是通过补充预算提供了税收和支出变化。主要内容见表 23.3。新增基础设施投资 55.73 万亿日元,其中 42.749 万亿日元直接分配给公共工程项目,另外 8.288 亿元用于与其相关的建筑和设备。1998 年 4 月的一揽子计划为 16.7 万亿日元,是日本政府有史以来规模最大的一揽子计划,其中包括 1998 财政年度和 1999 财政年度的 2.0 万亿临时减税政策,以及 7.7 万亿日元的额外公共工程支出。但即便是如此庞大的数额,与 1998 年 11 月小渊首相宣布的 24 万亿日元名义税收和支出措施相比,依然相形见绌。另外还有 8.1 万亿日元用于创建社会基础设施,其中规划

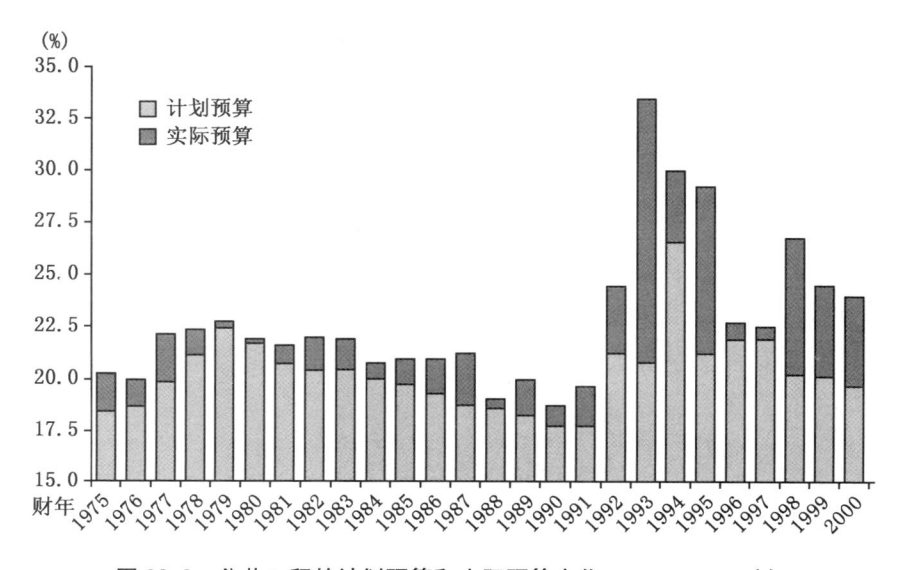

图 23.3 公共工程的计划预算和实际预算变化,1975—2000 财年

日本的财政危机

表 23.3　1992—2000 年一揽子公共工程计划的反周期财政支出

单位：万亿日元

	28 八月 1992	13 四月 1993	16 九月 1993	8 二月 1994	14 四月 1995[a]	20 九月 1995	24 四月 1998	16 十一月 1998	11 十一月 1999	19 十月 2000	总计
(1) 基础设施投资											
一般公共工程	3.4	3.64	1.0	3.59	0.205	3.93	4.5	5.7	4.486	n/a	30.451
赈灾	0.5	0.53	0.45	0	0.718	0.70	0.20	0.60	0.700	0.500	4.898
地方政府（自己的公共工程）	1.8	2.3	0.50	0.30		1.0	1.50	0	0	0	7.400
公共工程总量	5.7	6.47	1.95	3.89	0.923	5.63	6.20	6.30	5.186	n/a	42.749
建筑和设备	0.55	1.150	0	0.61	0.154	0.910	1.50	1.8	1.614	n/a	8.288
(2) 基础设施投资总额[a]	6.25	7.62	1.95	4.50	1.077	6.540	7.706	8.10	6.800	5.200	55.737
(3) 其他经济和财政措施[b]	4.45	5.43	4.20	4.90	3.543	6.270	4.350	9.80	11.200	5.800	59.943
(4) 税收措施（净收入损失）	0	0.15	0	5.85	0	0	4.60	6.0	18.000	0	16.600
(5) 财政一揽子计划 (2) - (4)	10.700	13.200	6.200	15.300	4.600	12.800	16.700	23.900	18.000	11.000	132.400

a. 经合组织估计。
b. 公共金融机构贷款以促进工业投资，住房和中小企业；征地；就业促进；区域促销优惠券。

资料来源：经济规划机构和大藏省；经合组织 (1993, 1996, 1998, 1999, 2000)。

的一般公共工程项目总计 5.7 万亿日元。1999 年 11 月，另一套财政措施提供了近 18 万亿日元的额外支出，其中近 1/3 用于公共工程。但需要谨慎解释公共工程支出的数量和其他明显的大幅增加及其对经济的影响。我们将在本章后面回到这个问题。

日本电话电报公司计划

从 1987 财年的补充预算开始实施的"日本电话电报公司计划"，为每年公共工程支出提供了大量的预算资金。当电话和电报公共公司于 1985 年 4 月私有化之后，新日本电话电报公司的 2/3 股份存入国家债务合并特别账户。在 1986 年至 1988 年间的"泡沫"牛市期间，其中一些股票的销售收入总计 10.2 万亿日元，这导致该账户中的盈余资金产生积累。大藏省和自民党政府同意利用其中一部分为公共工程投资提供额外刺激，以实现 1988—1992 年国家计划中宣布的改善"社会管理资本"的优先目标。

每年有 1.3 万亿日元被作为国家债务合并特别账户的贷款提供，通过一般账户预算作为自我取消的收入和支出项目，并存入新的社会基础设施特别账户，建立工业投资特别账户。到期贷款的偿还是通过相同渠道偿还到国家债务清偿的特别账户上，在这个特别账户上，法律要求这些贷款偿还债务。

贷款有三种类型。A 类贷款是免息的，他们被扩展到公营公司，用于建设产生利润的公共项目，以偿还 20 年的债务，例如日本高速公路公司建造的国道；B 类贷款可用于"第三部门"：像部分由地方政府公共财政公司提供资金的私营企业，如日本开发银行、日本电话电报公司；C 类贷款作为最大的组成部分，已扩展到地方政府开展公共工程项目。后一种贷款没有产生任何利润，偿还成本最终由一般账户预算支出——实际上是中央政府的直接补贴。

所有政府部门和机构都有资格竞争额外的资金，但他们主要是作为公共银行和金融公司、公营公司和地方政府服务的赞助者，而不是为了他们自己的资本投资计划去获得额外的资金。该计划的主要受益者是地方政府，它们获得了年度总额的 85% 以上，公营企业占 8% 至 9%，其余部分由"第三部门"提供贷款（Wright, 1999a；表 6）。

日本的财政危机

　　20世纪80年代后期,由于国内和国际因素的综合推动,政府通过日本电话电报公司计划的机制扩大公共工程方案。自民党希望更加重视改善生活水平与生活环境,并使其成为1987年出版的1988—1992年国家计划的主要关注点,根据《卢浮宫协议》,该计划标志着从财政限制向更宽松政策的补充预算过渡。在世界经济低迷的情况下,日本受到来自美国和国际经济界其他主要成员的新的以及持续的压力,要求其增加国内公共投资以扩大经济需求,进而通过增加对进口商品的需求来减少其日常账户的巨额盈余。由于可以从预算外获得资金,为公共工程的大幅增加提供了支撑,因此可以立即迅速扩大约20%的增量。在1990年结构性障碍倡议结束时,日本政府宣布了1991—2000年十年期间的基本投资计划,并为其提供了总计430万亿日元的资金。由于已经采取了扩大公共工程支出的决定,因此政府在很大程度上,能够把国内政治与经济的必要性作为一种国际性的考虑。"基本计划"及其1994年的修订都进一步强调了优先考虑改善"社会管理资本",主要包括环境、福利和文化设施,包括住房、水、污水处理厂、公园、地方道路、农业基础设施、绿地、福利设施、学校、研究和学术设施以及体育和文化设施。总的来说,计划将公共工程预算的份额从20世纪80年代的50%～55%提高到1995年至2004年的60%～65%,并在其他部门相应减少(经济企划厅,1994b)。

　　国际—国内等式中的一个关键因素是大藏省的政策目标,即减少政府借贷并消除1990年针对的特殊赤字融资债券问题。1986年至1990年后期,经济持续增长,投机性股票和土地价格带来的"泡沫经济"以及由此产生的高涨的税收收入,推动公共支出成本的增加。使用日本电话电报公司计划为几乎整个公共工程的年度增长提供资金,也使得一般账户的压力减轻。在1988财政年度,通过日本电话电报公司完全融资增加了近20%;一般账户预算中拨付给公共工程的款项总额被冻结(Wright,1999a)。1989年,一般账户增加了1170亿日元的额外资金(增长1.9%),日本电话电报公司计划增加了1300亿日元,增加了21.2%。1990年,一般账户增加了0.3%,日本电话电报公司计划增加了20%以上。在最初的4年中,日本电话电报公司计划是将初始计划的一般账户预算中的年度增长率从平均20%转变为平均20%以上。换句话说,1.3万亿日元的额外公共工程预算资金,允许大藏省在指导方针放松时,限制公共工程的预算增长。从 1992 财政年度开始,延续日本电话电报公司计划的费用直接由一般账户预算承担,并合并在公共工程的计划总额中。国家债务合并基金的贷款偿还始于 1993 年。这些还款的结果是在未来三年内扩大一般账户预算中的"总目"公共工程总量。1994 财年计划拨款 11.146 万亿日元,实际上在偿还津贴后仅为 8.881 万亿日元。表面上年增幅近 30%,实际上只有 3.2%。在 1995 财年扣除还款后,初始分配减少了 17.1%。偿还逾期贷款于 1996 财政年度被暂停。

日本电话电报公司计划提供了一种方法,可以在不增加一般账户赤字和未偿还债务水平的情况下,在短期内增加公共工程总预算。公共工程计划"成本递延"增加的重要性是双重的。首先,1990 财政年度已被确定为消除特殊赤字融资债券问题的目标年份。使用日本电话电报公司的收入在短期内没有增加一般账户预算赤字的规模。偿还贷款可以推迟到 1990 年之后,当时大藏省希望经济持续增长会产生额外的税收收入。其次,"成本递延"公共工程支出的增加使自民党的党派管理者和普通民众松了一口气。经过四年公共工程预算总额的下降之后,1988 年通过日本电话电报公司计划资助的额外公共工程支出为 1990 年 2 月的众议院选举提供了帮助。这对自民党来说是艰难的岁月。里库路特(Recruit Cosmos)丑闻于 1988 年至 1989 年期间爆发,并迫使竹下首相和四名自民党部长辞职,他的继任者宇野宗佑也在短暂的一段时间后辞职,原因是他私生活中的性丑闻被曝光。这使得各派系对政党经费的捐助有所下降,在 1988—1989 年间,七个主要派系中有六个的捐款减少了。竹下派系收集的资金从 1987 年的 19.69 亿日元减少到 1988 年的 8.31 亿日元。然而,这种下降部分反映了一种转变,即把从派系收集到的捐款转给个别高级政党成员,以转移人们对竹下派系角色的关注(Hrebenar,1992)。1989 年参议院选举自民党败选,人们期望 1990 年的众议院选举也会出现类似的逆转。

在 1991 年经济开始陷入衰退之前,有一个令人信服的政治理由来扩大公共工程预算,而大藏省可以使用这一理由,因为这样做没有增加赤字,相反还能抑制其财政到 1990 年实现消除特殊赤字融资债券的目标。更广泛地说,政治要求与国家计划中表达的政府需求相匹配,即通过投资社会和环境基础设施来提高生活水平。建设省、农林水产省与交通省都热衷于这样做,是出于在那些年出现了政党政治、国家政府和官僚利益的考量。

在 1991 财政年度之后,日本电话电报公司计划的延续给大藏省带来了两个问题。首先,出售日本电话电报公司股票的累计盈余几乎耗尽。要么必须出售更多的股票以产生额外的收入,要么必须提供替代的资金来源。随着日元泡沫的破灭,在萧条的市场条件下进一步出售股票是不可能的。该计划的大部分成本现在直接由一般账户承担,在收入下降和政府继续借款以弥补由此产生的赤字之际,进一步加剧了公共开支上升的趋势。从 1992 年开始,日本电话电报公司公共工程额外增加的 1.3 万亿日元成本中超过 4/5 用于 B 类项目的地方政府贷款,作为直接补贴由一般账户预算承担。如前所述,其余部分来自国家债务合并特别账户剩余的小额盈余贷款以及先前向"第三部门"贷款的偿还。每年约有 1.13 万亿日元的款项被纳入公共工程的计划预算拨款中,以资助日本电话电报公司计划的继续实施。

大藏省的第二个问题是赎回国家债务合并基金为该计划提供资金的早期贷款,到 1991 财政年度末,该计划总计超过 5 万亿日元。既然它已经实现了消除特殊赤字融资债券问题的目标,它就可以考虑还款。一个开始是象征性地偿还了 1993 财政年度预算中的 78.3 亿日元;在接下来的一年中,为此目的分配了 2.26 万亿日元。连同日本电话电报公司计划的持续补贴,对后者还款的影响是将初始预算中的总公共工程计划支出的规模扩大到 11.146 万亿日元,并促成不可避免的恢复特殊赤字问题。同一年度的融资债券,因为一般账户预算赤字的规模而迅速增加,在 1995 财政年度,又偿还了 1.108 万亿日元。

如上所述,这些年来初始一般账户预算中的计划总数扭曲了公共工程增长和下降的情况。日本电话电报公司计划在 1998 财年大幅缩减,其主要部分即 B 类项目(主要是地方政府)融资结束。A 类和 C 类项目继续在整体公共工程预算中获得资金,但总计不超过 0.159 5 万亿日元。公共工程预算的减少变得严重,特别是在地方一级,在 1998 财政年度,地方财政计划中 19.3 万亿日元的公共工程支出,仅使用了 15.2 万亿日元。

财政投资贷款计划

第三个额外的"预算外"公共工程支出来源是财政投资贷款计划(FILP),

它每年为中央政府控制的公共工程组织提供资金。正如第 12 章更详细解释的那样，其中包括五个道路和桥梁建设组织，住房和城市发展公司，以及 11 个银行和公共财政公司的贷款和投资活动，其包括公共工程项目的融资。从 1976 年到 1994 年，除了第一年之外，为实现这些目的，初始 FILP 预算中的资金分配都在逐年增加，占 FILP 预算总额的 13％至 18％。按现金计算，这相当于从 1976 财年的 1.86 万亿日元增加到 1993 财年的峰值 6.08 万亿日元。几乎可以肯定，这一数字低估了为公共工程提供资金的数额，如最初的 FILP 预算总是在逐年向上修订，但没有公布为公共工程提供资金的额外资源数量的数据。

"预算外"效应

总的来说，三个额外的"预算外"资源：补充预算、日本电话电报公司计划和 FILP，对中央政府提供的公共工程项目的可用资金数量产生了相当大的影响。图 23.4 显示了每个来源的总数和贡献。例如，1995 财年一般账户预算中的初始分配为 9.239 万亿日元，同比减少了 17％。但是，通过其他三个预算外资源分配的资源总额为 19.583 万亿日元，比上一年度一般账户预算的计划拨款年增长 75％以上。

从这一分析得出的第一个一般性结论是，初始一般账户预算中的计划分配是对可用于资助公共工程支出的总资源的不准确预测。在 1975—1996 年期间，三个预算外资源共占每年公共工程计划支出总额的 30％～60％。（图 23.4 中 1997—2000 财政年度的总数被低估了，因为 FILP 资助的公共工程的那些不可用。）第二，与削减和挤压制度的出现和下降的趋势相反，实际情况是，除了 1984 年和 1990 年的少量削减外，用于资助公共工程的资源从 1976 年到 1993 年每年都在增加。第三，在 1980—1997 年财政重建期间，虽然初始一般账户预算中的分配被冻结然后削减，但合并的预算外来源提供的大量额外资源确保了其持续的增长。在大藏省的控制下，他们不受规定的主要预算分配数额和组成的指导方针的约束。第四，相对于一般账户预算中的计划分配，这三个来源合起来变得越来越重要。在 1979 财政年度，通过一般账户预

日本的财政危机

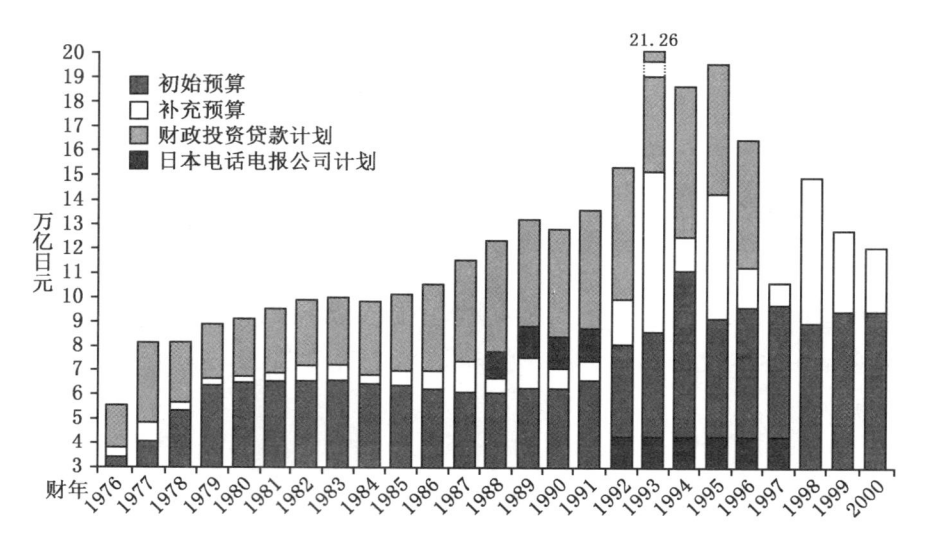

图 23.4　预算和"预算外"公共工程的支出，1976—2000 财年

算提供了中央政府资助的近 3/4 的公共工程；而十年后，它资助不到一半。在 20 世纪 90 年代的大多数年份，更多的公共工程的资金数量是在预算外融资而非预算内融资。最后，正式预算准则中规定的和一般账户预算中计划的内容，与公共工程支出总额没有什么关系。在整个 1975—2000 年期间，大藏省同意每年实际变化在 40%～160% 之间。

公共工程预算的分配

对预算过程结果的传统解释是：相互竞争的部门和机构之间的分配主要是由遵守平衡和"公平分配"原则决定的。这种观点认为公共工程项目是自治的、垂直化的官僚组织的责任。由生产者集团、地方选民、部长、自民党官员、内阁议员和官僚自身组成的既得利益集团助长了这种分化。自民党策略家依靠公共工程项目带来的利益和好处，以维持个人选举优势，他们通过政策事务研究委员会、特别委员会以及他们与高级官员的影响力，来维持自民党在建设、农业和交通方面的现有股份。面对普通议员的竞争性要求，政策事务研究委员会的官员和自民党领导层选择了更安全的路线，即维持现有的平衡。正如第15章所解释的那样，在大藏省内，预算审查员争夺一般账户预算计划总额的份额，为其各部门的核定方案和项目提供资金，并分享所有用于公共工程的额外资源。预算局副局长、局长和协调司的协调，缓和了政策事务研究委员会和自民党领导层的政治压力，加强了现状分配。简言之，政治和官僚机构对于改变公共工程预算在各部之间的分配，或在各部门之间确定和实施新的优先事项的酌处权，在实践中受到严格限制。

一般账户预算中公共工程方案拨款的历史趋势证实了这一传统解释，但这样的解释不够灵活：在过去的30年里，预算主要分配给三大机构（建设省、农林水产省和交通省），厚生省和通商产业省的比例几乎没有变化，如表23.4所示。

表23.4　　1965—1999 财年各部门公共工程支出分配份额[a]　　单位：%

年	建设省	农林水产省	交通运输部	厚生省	通商产业省	环境厅
1999	69.29	18.98	7.08	3.92	0.13	0.18
1998	69.19	19.34	6.93	3.88	0.13	0.15
1997	68.51	20.05	6.94	3.85	0.14	0.13
1996	68.63	20.28	6.86	3.78	0.16	0.12
1995	68.50	20.54	6.87	3.65	0.17	0.11
1994	68.35	20.83	6.86	3.47	0.23	0.16
1993	68.61	21.49	6.24	3.26	0.24	0.16
1992	68.47	21.68	6.24	3.20	0.25	0.16
1991	68.31	21.85	6.24	3.13	0.25	0.16
1990	68.19	22.04	6.24	3.10	0.26	0.16
1989	68.19	22.04	6.24	3.10	0.26	0.16
1988	68.19	22.04	6.24	3.10	0.26	0.17
1987	68.20	22.02	6.25	3.10	0.26	0.17
1986	68.20	22.02	6.25	3.10	0.26	0.17
1985	68.20	22.01	6.25	3.10	0.26	0.17
1984	68.26	21.95	6.24	3.10	0.27	0.17
1983	68.25	21.95	6.24	3.10	0.29	0.18

续表

年	建设省	农林水产省	交通运输部	厚生省	通商产业省	环境厅
1982	68.23	21.94	6.24	3.10	0.31	0.18
1981	68.22	21.93	6.24	3.10	0.33	0.18
1980	68.14	21.88	6.35	3.06	0.36	0.21
1975	68.47	20.38	7.23	—	—	—
1970	69.77	20.41	7.70	—	—	—
1965	69.36	20.14	7.46	—	—	—

[a] 一般账户初始预算。

资料来源：大藏省预算局；美国环保局规划司；商务部。

20世纪80年代财政重建政策的实施进一步巩固了它们现有的份额。在这十年的几乎所有时间里，五个部门与预算局就一般账户预算中明显固定或下降的拨款份额进行了磋商。在零和博弈中，一个部门份额的增加意味着另一个部门份额的补偿性削减。出乎意料的是，大藏省选择了"同样痛苦"的原则，即通过谈判维持现有股份。因此，在1981年到1990年之间，通商产业省的份额在0.07%的范围内波动，农林水产省为0.11%，交通省为0.01%。在同一时期，厚生省所占的份额没有任何变化。

20世纪90年代，这种极端的僵化开始发生变化，尽管变化幅度不大。如上所述，随着《十年基本计划》的通过和逐步实施，计划公共投资总额大幅度增加，以提高公共投资总额中用于改善生活水平和环境及文化设施的比例。其次，自1988财政年度起，除了一般账户的主要公共工程方案外，每年还可以从出售日本电话电报公司的股票中获得1.3万亿日元的投资资金。最后，在1991—1993三年期间，根据一项倡议提供了额外的投资资金，为改善生活水平的"特别措施"提供资金。受这三项措施影响最大的行业是住房、污水处理设施、城市公园和城市再开发，这些行业主要属于商务部的管辖范围。从1991年起，建设省和农林水产省之间预算分配的微小变化开始反映出对它们的优先重视。例如，建设省可用于"特别措施"的总额的约75%，即比其历史分配额高出约8%。

造成优先事项变化的另一个因素是国内农业、农民人数持续下降，从

第二十三章 一个"公共工程的国家"

1960 年的 610 万人下降到 1985 年的 370 万人,1990 年进一步下降到 310 万人。这反映对国内水稻种植者的补贴逐步减少,和 1991 年用于农业基础设施的公共工程开支开始下降。这些趋势的部分原因是自民党在 20 世纪 70 年代重新定位选举战略,更加重视城市、城镇和大都市地区选民的需求。然而,国内农业在预算构成中的政治色彩仍然显著。1992—1993 年自民党解体后,由小泽一郎和竹村正义领导的许多自由派、进步派和以城市为基础的日本饮食改革派人士叛逃,在众议院留下了一个残余党羽。这个党羽不仅更偏向农村,而且在取向上也更为保守,而不是那个老旧、顽固不化的自民党。残余部分对农业利益更为敏感和同情,对仍然强大的农业合作社施加的压力也更为敏感。这方面的证据是向农民提供了慷慨的补偿,这是确保在关贸总协定乌拉圭回合中批准向外国大米开放国内市场的协定所必需的。1994 年 10 月,在大藏省试图将一揽子计划限制在 2.7 万亿日元之后,联合政府批准了对公共工程的补贴、贷款和额外资金,以帮助它们适应 1995—2000 年期间总共 6.01 万亿日元的外国竞争,其中将近 60% 被指定用于公共工程。

此外,自民党和联合政府、社会民主党所代表的农业利益的力量,迫使村山联合政府和桥本联合政府寻求解决 1995 年住房协会破产的办法。这种办法将农业合作社、主要股东和一些城市银行大部分不良贷款和不良债务的担保人的费用降至最低。他们反对通过注销 5.5 万亿日元债务中的一部分来分担拟议中的停产成本,这是村山桥本提议动用 6 350 亿日元公共资金实施公私合营救助计划的一个主要影响因素。但随后公众的愤怒激怒了反对党,阻止了 1996 财政年度预算的通过。

20 世纪 90 年代,公共工程支出分配的历史僵化引起了国内外越来越多民众的批评。公众越来越怀疑增加地方基础设施投资的经济效益,而不是政治效益。外国政府和国际组织也持续批评建筑市场的封闭。1993 年夏季爆发的佐川急便丑闻中所揭露的贿赂和腐败更加剧了这种批评。东京地区检察官办公室开始揭露建筑公司与地方政客之间在投标制度中的一系列复杂的腐败关系,以及地方公共工程项目合同的授予(Woodall,1996)。1994 年 1 月,细川联合政府宣布采取措施,以改善外国公司进入公共工程市场的机会,提高投标制度的透明度,允许对超过规定门槛的公共工程项目进行公开和竞争性投标。公平贸易委员会起草了新的公开招标准则,该委员会还开始调查海外官方发展援助基础设施项目合同中涉嫌操纵投标的情况。政府对改革公共工程预算编制的承诺导致在 1993 年 11 月重新制定了分配标准,下文将对此进行讨论。

长期部门灵活性

1975—2000 年期间部级份额趋势所代表的预算产出,显示了公共工程投资部门长期分配的灵活性。图 23.5 显示 1946—1999 年期间按一般账户预算比例计算的变动。道路和救灾投资方案分别从 20 世纪 50 年代和 20 世纪 70 年代初的高峰急剧下降;自 20 世纪 60 年代以来,河流、防洪和水土流失显示出长期下降趋势。住房、污水处理设施和环境方案这两个增长部门,反映了在 1983—1987 年和 1988—1992 年国民经济计划中国家目标和宗旨的重新定位。图 23.6 更详细地说明了这些长期的部门变化,显示了年度计划公共工程预算不断变化的组成情况。自 1975 年以来的 20 年中,最显著的变化是道路方案(B)份额的下降,以及供水和污水处理设施及环境方案(E)份额的增加。住房方案(D)令人惊讶地小幅度增长的原因是,在 20 世纪 80 年代和 20 世纪 90 年代,更多地利用菲律宾国家进出口公司的资金为扩大规模提供了资金。应当强调,这些趋势和变化仅涉及通过一般账户预算供资的公共工程,而不

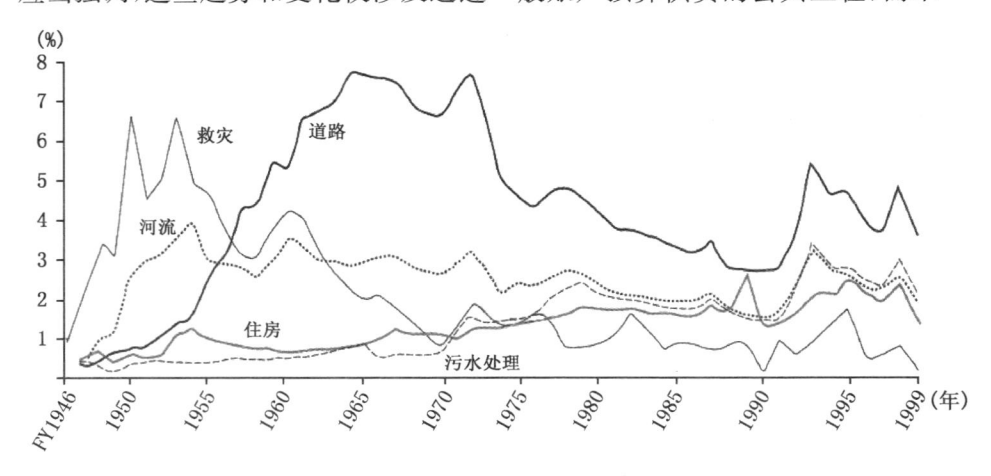

图 23.5　一般账户预算中公共工程方案拨款的变化,1946—1999 财年

包括本章前面讨论的三个预算外来源的捐款。因此，一般账户预算的历史趋势显示，公路方案明显下降，但公路方案的开支通过 FILP 机构用于国家公路和高速公路，通过地方政府用于地方公路，部分资金来自 FILP 通过地方公营企业金融公库等机构提供的贷款。

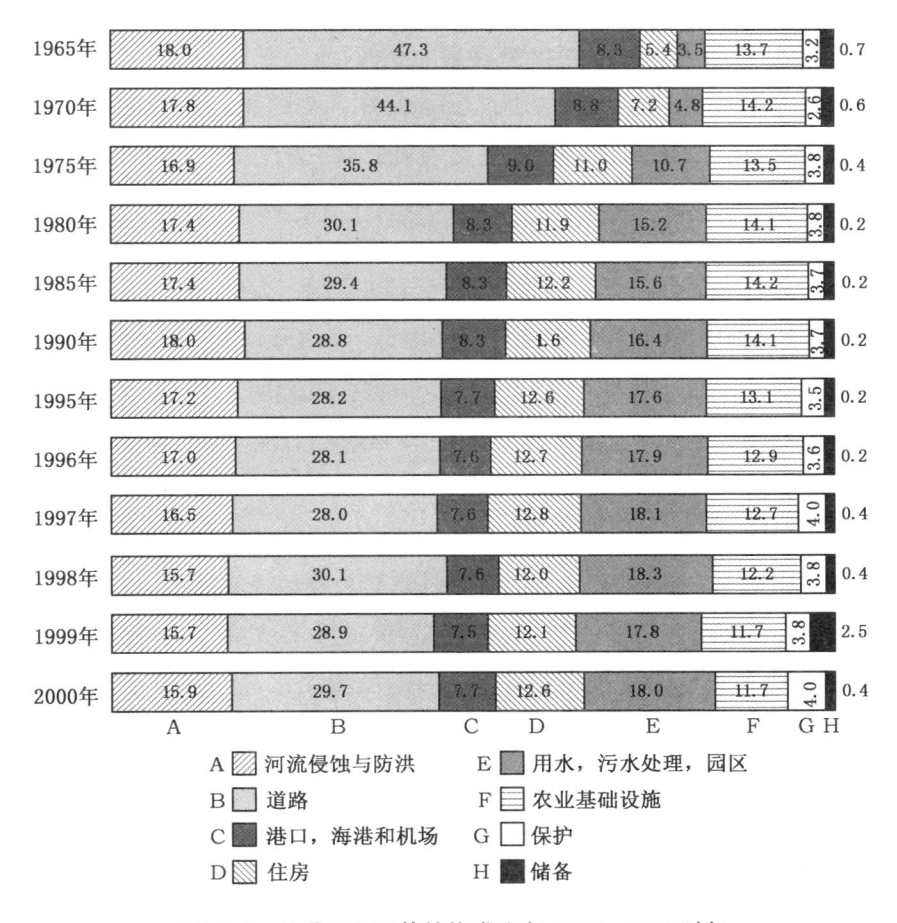

年份	A	B	C	D	E	F	G	H
1965年	18.0	47.3	8.3	5.4	3.5	13.7	3.2	0.7
1970年	17.8	44.1	8.8	7.2	4.8	14.2	2.6	0.6
1975年	16.9	35.8	9.0	11.0	10.7	13.5	3.8	0.4
1980年	17.4	30.1	8.3	11.9	15.2	14.1	3.8	0.2
1985年	17.4	29.4	8.3	12.2	15.6	14.2	3.7	0.2
1990年	18.0	28.8	8.3	1.6	16.4	14.1	3.7	0.2
1995年	17.2	28.2	7.7	12.6	17.6	13.1	3.5	0.2
1996年	17.0	28.1	7.6	12.7	17.9	12.9	3.6	0.2
1997年	16.5	28.0	7.6	12.8	18.1	12.7	4.0	0.4
1998年	15.7	30.1	7.6	12.0	18.3	12.2	3.8	0.4
1999年	15.7	28.9	7.5	12.1	17.8	11.7	3.8	2.5
2000年	15.9	29.7	7.7	12.6	18.0	11.7	4.0	0.4

A 河流侵蚀与防洪　　E 用水，污水处理，园区
B 道路　　　　　　　F 农业基础设施
C 港口，海港和机场　G 保护
D 住房　　　　　　　H 储备

图 23.6　公共工程预算的构成改变，1965—1999 财年

部门内部公共工程预算的分配

公共工程开支在各部门之间分配的长期趋势很大程度上反映了各部门内部的份额分配。在解释五个部门之间的刚性分配时，这里有一个类似的传

统论点来解释各部门之间的明显固定份额。简而言之，垂直化的自治局在与大藏省协商的上限内竞争固定的公共工程预算份额，并获得自民党政策事务研究委员会各部门的支持，以及自民党政策族群的游说。由于部级政策协调不力，预算和会计司司长和秘书处高级官员倾向于按照"平衡"和"公平"原则分配资源，以维持历史分配模式，而不是面对组织和政治的影响，应用更困难和有争议的选择，这样做的结果是双赢。此外，政府部门的官员在维持现有预算方面有专业的职业利益。例如，各部门在各自的局、地方和区域办事处都有大量工程师和有关技术人员，他们的就业取决于公共工程项目的继续进行（建设省，1996年）。农林水产省有大约18 000名专门从事公共工程的技术人员，建设省有14 000人，交通省有12 000人。

历史经验不太支持这种解释，但需要记住的是，分配的变化并不一定意味着给予特定部门或职能的优先权发生了变化。份额的减少或增加可能意味着将该部门的一部分资金从一般账户预算转入都转出到FILP或特别账户。住房补贴融资就是这方面的一个明显和重要的例子，下文提到，住房和城市发展部的一般账户，通过该部的预算和FILP为住房和城市发展公司以及政府住房贷款公司提供了资金，这两者都属于该部的管辖权范围。我们现在审查1975—1999年期间三个主要部内公共工程的分布情况。建设省的公共工程预算分配给四个职能部门：市政局，负责城市政策、城市规划、市区更新、公园和休憩用地以及排污设施；内河局，负责用水、防洪、供水系统、海岸带和水土流失；道路局，负责道路规划和管理，以及国家和地方道路建设；住房局，负责政府住房贷款公司、住房和城市发展公司的管理，以及公共和私人住房建设。虽然这四个局的组织职责与表23.5所示的职能类别并不完全一致，但总体模式是明确的。

首先，公路局的拨款经历了长期的、渐进式的下降，这反映了国家优先事项的变化（第1栏）。其次，1980—1987年期间，住房局吸引了越来越多的资源用于住房补贴，随后在短期内减少，并从1992年开始恢复增长。分配额的减少与其说是公共和私人住房建设的优先次序降低的结果，不如说是这些次级住房筹资方法的改变。政府住房贷款公司改变较高的贷款利率（1994年为6%），用较低的贷款利率（4.5%）为贷款提供资金，其贷款补贴在1980—1998

年期间全年都有所增加。为了减少通产省在总账中的贡献,较大比例地转移到了 FILP 中。在整个期间(第 4、5 和 7 栏),分配给市政局用于资助污水处理设施、公园和市区重建的公共工程开支缓慢增加,1988 年以后,随着国家计划给予污水处理方案更大的优先地位,这些污水处理方案的增长率更大。市区重建越来越多的资金来自 FILP,例如日本发展银行的贷款。分配给河流局用于防洪、水资源开发、泥沙控制和海滨计划(第 2 和第 5 栏)的资金在 1987 年之前大致稳定,但在整个 20 世纪 90 年代经历了逐年的下降。在 1994 年之前的这段时期内,交通省的公共工程预算的分配变化很小。然后,在细川和村山联盟政府重新安排优先事项时,港口损失了预算份额,而铁路保护方案获得了额外资源(表 23.6)。分配给机场的资金缓慢而微小的下降,部分原因是将公共工程计划的部分融资成本转移给其他机构,包括公共和私营机构,例如在东京关西国际机场和新东京国际机场的建设中。与建设省和交通省不同,在整个 1980—1990 年期间,公共工程预算在农林水产省各局之间的分配几乎没有变化。此后,对提供农业基础设施的重视程度逐渐下降,反映了前面提到的国内农业政治经济地位的变化。表 23.6 显示了详细信息。

表 23.5　1980—1999 财年建设省公共工程预算占总公共工程预算的比例

年度	公路建设(1)	洪水控制(2)	污水处理方案(4)	公园(5)	海岸(6)	城市翻新(7)	总计(8)
1999	28.19	13.39	12.32	1.77	0.39	0.91	69.29
1998	28.53	13.23	12.47	1.77	0.40	0.62	69.19
1997	27.97	13.24	12.35	1.76	0.41	0.60	68.51
1996	28.12	13.34	12.27	1.74	0.41	0.58	68.63
1995	28.20	13.44	12.11	1.71	0.42	0.56	68.50
1994	28.30	13.54	11.92	1.68	0.42	0.54	68.35
1993	28.72	13.81	11.70	1.66	0.43	0.51	68.61
1992	28.78	14.00	11.49	1.63	0.43	0.50	68.47
1991	28.80	13.99	11.45	1.61	0.43	0.47	68.31
1990	28.77	14.02	11.35	1.58	0.44	0.42	68.19
1989	28.85	14.02	11.35	1.56	0.44	0.37	68.19

日本的财政危机

续表

年度	公路建设(1)	洪水控制(2)	污水处理方案(4)	公园(5)	海岸(6)	城市翻新(7)	总计(8)
1988	28.95	14.03	11.29	1.54	0.44	0.34	68.19
1987	28.92	13.72	10.91	1.45	0.44	0.33	68.20
1986	29.13	13.64	10.94	1.45	0.44	0.27	68.20
1985	29.42	13.57	10.92	1.44	0.44	0.20	68.20
1984	29.66	13.56	10.91	1.40	0.44	0.15	68.26
1983	29.72	13.56	10.93	1.40	0.44	0.12	68.25
1982	29.72	13.56	10.92	1.40	0.44	0.12	68.23
1981	29.85	13.56	10.91	1.40	0.44	0.12	68.22
1980	30.07	13.56	10.71	1.37	—	0.12	68.14

资料来源:大藏省预算局提供的数据;美国环保局规划司。

表23.6　1980—1998财年交通省公共工程预算占总公共工程总额的百分比

年份	港口	机场	海岸	铁路维护	新干线	总计
1998	3.72	1.53	0.42	0.70	0.33	7.08
1997	3.75	1.59	0.43	0.74	0.35	6.93
1996	3.81	1.48	0.43	0.74	0.32	6.94
1995	3.84	1.44	0.44	0.73	0.29	6.86
1994	4.01	1.39	0.44	0.72	0.30	6.87
1993	4.18	1.39	0.45	0.01	0.21	6.86
1992	4.18	1.39	0.46	0.01	0.21	6.24
1991	4.20	1.40	0.46	0.01	0.17	6.24
1990	4.24	1.41	0.46	0.02	0.10	6.24
1989	4.25	1.41	0.46	0.05	0.07	6.24
1988	4.25	1.41	0.46	0.12	—	6.24
1987	4.18	1.47	0.46	0.14	—	6.25
1986	4.16	1.48	0.46	0.14	—	6.25
1985	4.15	1.49	0.46	0.15	—	6.25

续表

年份	港口	机场	海岸	铁路维护	新干线	总计
1984	4.13	1.50	0.46	0.15	—	6.24
1983	4.10	1.52	0.46	0.15	—	6.24
1982	4.10	1.52	0.46	0.15	—	6.24
1981	4.10	1.53	0.46	0.15	—	6.24
1980	4.20	1.53	0.46	0.16	—	6.35

资料来源：来自交通省提供的数据。

公共工程预算的分配

各部门有权力在为每个部确定的总上限内竞标分配给每个单位的份额，这进一步增加了分配的灵活性。这些交易在多大程度上涉及"平衡"和固定份额的维持呢？在这里，证据就不那么容易得到了。在夏季编制预算请求阶段，总干事原则上有权决定本局的全部预算。在大藏省和财务司同意财政局的分配之前，可以尝试改变公认的拨款在各组成部门和司之间的分配。但在分配的谈判中，部门主管竞相维持并在可能的情况下增加现有股份。正如第十六章内容所解释的那样，新的计划、项目和想法是在部门和科一级讨论和辩论的。在这方面，各主席团的一般事务司在协调各项提案和确定主席团的优先事项方面的作用至关重要。在实践中，行使这种酌处权的范围是有限的，受到既得利益集团内部的陈述和压力的限制，包括自民党、地方政治家和利益集团。在预算分配之后，就没有这种灵活性了。总干事无法在各项目之间调动支出，即使是最低限度的支出，因为按项目分列的拨款已得到大藏省和国会的批准。然而，在实施已规划的公共工程计划时，大藏省允许总干事及其局级官员在一定程度上酌情更改地点、位置、设计等细节。并且，政策局内部的优先事项可以而且确实发生了变化，以反映政策部门内部的偏好和选择，例如公路计划、防洪项目和港口发展基础设施项目的类型和位置。当这些情况发生时，它们往往被归入更广泛的功能类别，而不反映在总数据中。例如，在渔业和港口项目公共工程的广泛拨款范围内，20世纪90年代做了一些微小的调整，增加了与这些项目有关的公园和绿地的开支（大藏省，1994d）。

另一个例子是在农业基础设施的分配范围内调整公共工程方案的方向。由于扩大和合理化稻田的方案几乎已经完成，为了证明继续为农业改良编列预算是合理的，农业和水资源部认为需要资源来改进相关的农业污水处理设施，以防止污染，并且需要农业道路和地方机场来改善通讯。其结果是整个公共工程预算转向农业。与此相关的变化是交通省在道路建设及相关预算资源方面的竞争加剧。然而，组织上的限制和政治上的压力阻碍了这种变化，因为地方和地区政府以及来自农村选区的个别自民党议员通过为新的道路、桥梁或土地改良计划申请贷款来加强和奖励他们的地方网络。在1996财政年度，对农林水产省与建设省在农村公路建设方面竞争的批评导致了分类从"森林公路"改为"森林恢复"。

虽然不应夸大，但在各部内和各职能类别之间分配公共工程的灵活性确实比表面看到的要大。因此，批评建设省、农林水产省和交通省之间的份额以及主要部门之间的分配过于僵化是有道理的。这在20世纪90年代引起了公众越来越多的注意，并导致一些人试图对项目进行优先排序。

表23.7　1980—1998财年农村发展部公共工程预算占公共工程总额的百分比

年	农业基础设施	山地绿化	渔港	森林退化[a]	沿海渔业	海岸	森林环境[b]	总和
1998	12.15	2.06	2.22	1.93	0.34	0.33	0.30	19.34
1997	12.69	2.09	2.25	2.08	0.34	0.34	0.30	20.05
1996	12.86	2.50	2.30	2.06	0.34	0.34	0.28	20.28
1995	13.05	2.52	2.36	1.27	0.34	0.35	0.66	20.54
1994	13.25	2.54	2.44	1.27	0.34	0.35	0.64	20.83
1993	13.76	2.58	2.55	1.28	0.34	0.36	0.63	21.49
1992	13.88	2.62	2.57	1.26	0.35	0.36	0.63	21.68
1991	14.00	2.65	2.59	1.26	0.35	0.36	0.64	21.85
1990	14.13	2.69	2.61	1.26	0.35	0.37	0.64	22.04
1989	14.13	2.68	2.61	1.27	0.35	0.37	0.64	22.04
1988	14.13	2.67	2.61	1.27	0.35	0.37	0.64	22.04
1987	14.13	2.64	2.61	1.27	0.34	0.37	0.64	22.02
1986	14.15	2.62	2.61	1.28	0.34	0.37	0.65	22.02

续表

年	农业基础设施	山地绿化	渔港	森林退化[a]	沿海渔业	海岸	森林环境[b]	总和
1985	14.16	2.60	2.61	1.29	0.34	0.37	0.65	22.01
1984	14.13	2.57	2.60	1.31	0.34	0.37	0.65	21.95
1983	14.13	2.56	2.60	1.32	0.33	0.37	0.64	21.95
1982	14.12	2.55	2.59	1.32	0.33	0.37	0.64	21.94
1981	14.12	2.55	2.59	1.32	0.33	0.37	0.65	21.93
1980	14.12	2.55	2.58	1.30	0.32	0.37	0.64	21.88

a. 1996 财政年度,标题从森林公路改变;
b. 1996 财政年度,标题从重新造林改变。
资料来源:大藏省预算局,美国环保局规划。

公共工程计划的优先次序

由于在地方和区域一级出租公共工程合同中存在的腐败行为越来越多,公众认为公共工程预算的构成缺乏灵活性,这一点引起了人们的高度关注。1993 年,自民党持不同政见的成员被起诉和逮捕后脱离自民党,成立了新生党派并参加竞选。主要是通过选举改革,以摧毁所谓的金钱—选票—恩惠关系,这种关系是派系领导人和自民党普通议员与特殊利益集团和官僚之间关系的特点。作为日本复兴党的领导人,细川护熙在他的大选竞选中承诺改变公共工程预算的分配。1993 年 7 月他就任联合政府总理后,很快宣布打算审查和改革用于确定公共工程开支分配的标准。

大藏省财政制度委员会成立了一个小组委员会,由一桥大学的石弘光(Ishi Hiromitsu)教授担任主席,负责审查公共工程支出的分配情况。这四个部在 1993 年秋季举行的一系列听证会上准备并提出了证据。小组委员会在其 1993 年 11 月 26 日的《公共工程拨款改革报告》中建议采用三个广泛的标准来区分公共工程方案和项目的相对优先次序,并将它们分为 A、B 和 C。A 组最高优先事项是改善生活水平和环境的项目,例如对住房建设、污水处理设施、农业灌溉、供水、废物处理设施和公园的补贴。B 组项目涉及保护土地,例如植树造林,以防止水土流失;例如防洪和维护海岸以及保护生命和财产免受国家灾害。C组的优先次序最低,包括改善工业基础设施的项目,例如渔港和其他沿海渔业设施、农业道路和工业用水供应。

财政制度委员会批准了这些建议,并得到了大藏大臣的认可。事实上,预算局参加了审查,那些负责公共工程方案的预算审查员,在预先审查报告时已经采用了这些标准,审查了各部对1994财政年度预算的投标。那些在C组中被归类为低优先级的项目,特别是农林水产省,组别标准的降低阻挠他们在预算中大量预算资金的应用,但却得到了工业生产者团体和自民党党员的强大利益集团的支持。最初,内阁拨出了1 000亿日元的一小笔款项,用于根据新标准进行更具体的分配,但最终被纳入了一般拨款的方向。虽然作出了一些努力以改变拨款的方向,以符合理事会建议的排名,但对1994财政年度预算中的影响微乎其微。建设省的份额只下降了0.26%,农林水产省的份额下降了0.66%,但这仍然是自1980年以来最大的年度损失。然而,运输省的份额增加了0.62%,并通过1995—1998财政年度的预算维持了这一增长。随后,通产省重新获得了份额。在1996财政年度,这一比例达到68.63%,达到历史最高水平,两年后还进一步上升。从1991财年起,农林水产省的份额逐渐减少,主要受益者是厚生省。在功能方面,A组项目,例如房屋、市区发展、供水和公园的增幅远高于整体公共工程的平均水平。B组项目的增加低于平均水平。C组只有边际增加,并且港口的总体预算份额急剧减少。尽管用于改善工业供水设施的预算削减了24%(C组),但这一优先次序在1995财政年度得到了改变(大藏省,1995),但对历史行业份额趋势的影响不大。在1994财政年度,A组项目,例如住房,所占份额略有增加,从11.8%增加到12.0%,供水和排污设施从17.1%增加到17.6%。B组和C组项目资源略有损失。虽然这些都是适度的调整,但考虑到前面提到的激烈的部际竞争,它们在政治上的重要性要大得多。"在年度预算过程中,政治家和官僚感兴趣的团体对0.1%的变化感到吃惊"(伊什,1995:407)。由于受到主要部长级受益人的反对,该计划在1995财政年度之后被悄然放弃,据称是由于村山领导的联合政府后座议员的反对。然而,大藏省认为有义务在随后的年度预算中表明,在广泛职能类别之间和内部的分配中,大藏省适当重视了特定项目和计划的优先地位。

第二十三章 一个"公共工程的国家"

桥本政府在1997年法案中承诺进行财政结构改革,这一承诺使人们更加关注这一问题。1997年6月,公共投资十年基本计划的期限延长了三年,至2007年。在最初的十年期间,资源从600万亿日元减少到470万亿日元,并对部级部门计划的内容和期限进行了审查。在1998财政年度的一般账目预算中,公共工程开支被设定了上限,目标是至少削减7%。结果是减少了7.7%。专门拨出特别资金用于两个以前的方案:1 500亿日元用于提高分销网络的效率,2 500亿日元用于有助于提高生活水平的基础设施方案。然而,这些标准过于广泛,以至于几乎所有现有的计划和项目都符合资格。随着1998年12月《财政结构改革法》的法定暂停,预算控制被取消,大藏省宣布了一项超过16万亿日元的反周期财政刺激方案,其中7.7万亿日元用于社会基础设施投资。重点抓好占总量60%左右的三个政策领域:环境和新能源分配1.6万亿日元;电信网络和科学技术分配1.0万亿日元;社会福利、医疗和教育一共分配1.0万亿日元。尽管如此,道路和交通最终还是吸引了0.8万亿日元,防止自然灾害的公共工程项目也达到了类似的数目(大藏省,1998c)。

1999财政年度的一般账户预算计划从1999年1月1日开始,为期15个月,以便纳入1998年底国会通过的第三份补充预算,规定增加23万亿日元的开支和税收改革,以进一步刺激萧条的经济。公共工程预算计划增加5%(如果包括分配给公共工程储备基金的5 000亿日元,增幅为10.6%)。由于1998财政年度一般账户预算以及1998财政年度第一和第三补充预算的未用拨款结转,1999财政年度预算15个月期间的支出估计为13.4万亿日元,比1998财政年度的估计支出增加了18%。在小渊首相的倡议下,建立了5 000亿日元的公共工程储备,以帮助打破建设省、农林水产省、运输省和厚生省根深蒂固的分配,给予特定项目更大的优先权,并使分配过程更加透明、合理和负有责任。这些资金由首相办公室裁定,向所有部门和机构开放竞标。结果是各部门的拨款发生了2.3%的变化。2000财政年度重复了这个试验,另外预留了5 000亿日元,但是分配过程既政治化又不透明。例如,最初1 000亿日元用于新干线铁路的建设,500亿日元用于农业基础设施建设。在受到公众的批评之后,两者随后都大幅减少,但IT项目的分配增加了。1998财政年度主要预算中确定的两个优先方案分别吸引了1 500亿日元和2 500亿日元的两个额外资源,增加了第三个环境和福利项目,并分配了1 000亿日元。5 000亿日元的总预算只占公共工程总预算的很小一部分,其中大部分继续以历史比例由四个主要部门分摊。2000财政年度的一般账户预算同样分为15个月期间,再次用于1999财政年度第二个补充预算中未使用的公共工程资金的结转。尽管开支持续不足,2001财政年度的预算指导方针规定的公共工程开支水平与前一年相同,并将储备基金增加一倍,达到1万亿日元。在三个联合政党的高级官员和政治家的倡议下,新干线铁路网络的延伸得到了更多的优先考虑,其拨款750亿日元,使该署占公共工程预算的比例由0.37%增加至0.8%。

表象与现实

关于公共工程支出的内容,生动地说明了日本预算政治中区分表象与现实的重要性。它表明中央政府为公共工程项目提供的实际资源,总是远远超过年度初步总账预算中的规划总额。因此,后者的趋势并不能完全反映1975—2000年期间公共工程支出总额的实际情况。虽然大藏省在20世纪80年代制止并扭转了公共工程支出增加的趋势,但出现了增长受限和削减明显受到抑制的迹象,与总体销量持续的年度实际增长形成了鲜明对比。公共工程项目的资金越来越"超出预算"。因此,作为公共工程方案主要资金来源的一般账户预算的作用逐渐减弱;在1988年以后的大多数年份,它提供的资金不到年度实际总额的一半。此外,我将在下一节内容中指出,预算内和预算外公共工程支出总额的出现,本身就具有欺骗性。"总额"严重夸大了新净支出的实际情况,而实际承诺和消耗的资源则受到经常性支出不足和结转的限制,造成项目被推迟、未完成或取消。

为什么自民党和大藏省在1980年后推行两项明显相互矛盾的政策,一方面削减和限制一般账户预算中计划的公共工程支出的增长,而另一方面通过其他手段为其持续增长提供资金呢?第一,大藏省自1976年以来的主要预算目标是削减预算赤字和降低政府借款水平。20世纪70年代,由于公共工程占总预算的近20%,而且支出急剧上升,限制其进一步增长是实施财政重建政策的一个基本要素。第二,在实践中,由于1975—2000年期间国内和国际上持续施加压力,要求增加公共工程开支,这项政策难以推行。在日本国内,公共工程已经成为自民党在20世纪70年代初田中倡导的"机器政治"时代中成功的政治选举战略的重要组成部分。自民党的政策先验关系已经改变,更加强调社会、卫生和福利方案,其中一部分是通过投入更多资源建立社会间接资本房屋、城市发展和环境,来提高生活水平,而较少支持工业基础设施。在20世纪80年代和20世纪90年代,国际经济界的其他人在不同时期加剧了这些国内压力,敦促扩大公共投资,以创造经济中的国内需求。为了应对这些压力,政府从1987年开始逐步放松预算控制。1990年,政府承诺实施一项为期十年的公共投资计划,并在四年后扩大了这一计划的规模,以应对泡沫经济崩溃后出现的衰退。在1997年几个东亚国家的经济崩溃后,国际压力变得更加迫切,随着日本经济再次陷入衰退,政府再次以更多的公共工程支出作为回应。

通过补充预算、FILP和日本电话电报公司计划,大藏省试图提供额外资源以应对公共工程支出所增加的压力,这样做可以减轻对一般账户预算的压力。FILP原则上是自筹资金的,但实际上中央政府通过一般账户预算,为FILP的一些机构,例如政府住房贷款公司,提供了持续的补贴。日本电话电报公司计划的费用最终由一般账户预算支付,但在大藏省实现了取消发行赤字融资特别债券的目标之后,用综合基金偿还无息贷款的工作被推迟到1992财政年度。另外,"预算外"资源提供了一种增加公共工程支出总额的手段,短期内不会增加预算赤字。

虽然从原则上讲,在年度补充预算中为公共工程提供额外资源增加了一般账户预算的实际支出,但实际上这样做的净成本往往很小,而且部分被过于低估的收入以及对经常支出的制度化年度补充削减所抵消。在20世纪90年代经济衰退之前,大藏省一般能够支付通过补充预算资助的额外公共工程的大部分费用,而政府借款只略有增加。这种策略先是受到挤压,然后很快被推翻。随着财政收入的下降和公共工程的大幅增加,赤字和政府借贷提高到甚至高于20世纪70年代末的水平,这促使政府出台了财政重建政策。虽然通过FILP和日本电话电报公司计划为额外的公共工程提供资金,继续减轻了对一般会计预算日益增加的压力,但这两个方案的扩大都有限度。虽然我们已经看到某些项目的补贴在整个 20 世纪 80 年代有所增长,但是原则上,通过 FILP 资助的公共工程项目预计会产生利润。因此,FILP 的进一步扩大取决于可行项目的数量,以及对未来利润和偿还期望较低的其他项目的长期成本和风险。扩大日本电话电报公司计划依赖于进一步出售部分股份,这在市场低迷的情况下是不可行的。此外,由这种额外贷款资本供资的公共工程在贷款到期时给一般账户带来了更大的未来负担。

通过一般账户预算分配公共工程支出的程序,包括 FILP 受到平衡原则的影响。虽然这些措施有助于巩固四个主要部长级受益人的现有权利,但在政策部门之间的分配方面发挥了更大的灵活性。长期趋势表明,一些主要方案的相对优先事项发生了重大变化,例如道路和住房。在分配给四个部的长期趋势中,不存在这种灵活性。其中有一些证据表明,各主席团之间的分配略有变化,反映了国家目标和优先事项的变化。在某种程度上,部长级主席团相对固定的份额掩盖了优先事项的变化以及各组成部分之间的年度分配。但即使在这个水平上,改变历史配额的自由裁量权也受到了官僚、政客和特殊利益集团通过维持现状获得既得利益的限制。采用 1993 年制定的标准来确定公共工程支出在一般账户预算中的职能分配的优先次序只产生了微小的影响,但它进一步强调了新兴的趋势,即更加重视住房、城市发展和环境基础设施,相应地对道路、港口和工业基础设施的重视减少。最后,有必要重申,许多公共工程方案和项目,主要是住房,但也包括道路、港口、河流以及土地和农业基础设施,不仅通过一般账户预算、年度补充预算、FILP 和日本电话电报公司计划提供资金,还通过特别账户提供资金,从一般账户预算中提供大量补贴,并从抵押税中重新提取资金。此外,除了一般账户转账和 FILP 贷款支持的项目外,地方政府还用自己的账户为公共工程提供资金。这些资源的可替代性使分配的分析复杂化。一般账户中公共工程部门或项目的明显下降可以通过三种方式予以弥补,即 FILP、特别账户拨款和地方政府自己的借款。

第二十三章 一个"公共工程的国家"

效率及成效

对公共工程支出的效率和成效的评价，可以使用不同的标准，情况也同样复杂。首先，可以衡量国家和部门中期计划所规定的总体目标的实现情况，这些计划规定了执行这些目标的具体指标，例如已建房屋的数量、与主要下水道的连接情况等。但这种衡量并不能说明用于这些目的的资源使用是否有效，它没有衡量和评估用于这些目的的资源的机会成本，也没有与同一资源的其他用途或以其他方式为这些目的提供资源的成本进行比较，例如通过私营部门、公私合营企业或贷款来提供。

在确定公共工程预算在一般账户和 FILP 中的数额和分配时，很少尝试进行跨部门或项目间的评估。项目评估的分析技术，如成本效益分析和贴现分析，在 20 世纪 90 年代末以前很少在定期和系统的基础上用于项目的选择和比较。在使用这些技术的地方，如 20 世纪 80 年代以来对土地改良项目的经济评估，它们往往被忽视（Shogenji，1999）。1997 年，环境保护主义者试图通过法律手段迫使政府放弃填海造地项目，理由是造成的代价远远大于潜在的收益，但该项目主管官员的反应是，没有进行成本效益分析（Nikkei，1999）。日本高速公路公司使用"联营系统"来确定新建道路的通行费，但从未公布每条道路的实际和预期盈余或赤字。即使有中央政府的补贴，其经常出现赤字的一个原因是，它可以从 66 家受保护的附属股份公司中购买，这些公司大部分为公路设施协会所有，并以低于市场的价格向它们出租土地和设施（Inose，1997）。

1997 财政年度，建设省在试验基础上引入了新的经济评估方法，试图对新的道路和河流流域污水处理项目进行优先考虑，并通过使用"全面和客观的评估标准，包括成本－效益分析评估标准"来评估其需求和有效性。它不仅应用于初步决策，而且还将应用于交叉领域，例如比较公路和铁路替代方案的成本和收益（MICHI，1998：208）。第二年，在桥本首相的倡议下，其他五个部也纷纷效仿。1999 年 4 月，随着建设省、交通省、农林水产省、国家土地机构以及冲绳和北海道发展机构宣布将在 2000 财政年度对所有新的公共工程项目进行成本效益分析并公布结果,这项工作被正式列入议事日程。但是到了2000年,仍然没有对整个公共工程开支的效率和成效进行定期和全面的事后评估,没有这样的评估就不可能确定它是否物有所值。其次,在任何此类效率和成效的全面评估中,都必须区分计划和已批准的公共工程项目及其实施情况。公共工程预算开支不足是正常现象,未执行项目的结转按惯例进行。在20世纪90年代初期,一般账户预算的计划总额中只有约90%~95%在本财政年度实际执行,每年支出不足1万亿日元。到1998财政年度,完成率下降到74.7%。换句话说,由于延迟、推迟和取消,每年计划的公共工程项目中有1/4在财政年度结束时仍未执行。如前所述,情况变得非常严峻,以至于1999财政年度和2000财政年度的预算期限都延长到15个月,以纳入前一财政年度众多补充预算的未使用拨款。

地方政府公共工程项目的资金部分来自中央政府的补贴,部分来自地方政府自己的资金来源,其中包括向FILP及其机构借款。在1988财政年度之前,补贴部分较大,但此后为了执行财政重建和巩固政策,地方政府必须承担更大份额的负担。到1998财政年度,无补贴的公共工程与有补贴的公共工程的比例大约为2∶1。但是,随着反周期支出的大幅度、持续性增长,地方政府在实施无补贴项目时遇到了更大的困难。例如,在1997财政年度,总共20.1万亿日元中有大约4万亿日元尚未支出或结转。

完工率的下降在农村土地计划中尤为明显,因为农民必须为开垦和改良土地的费用贡献很大一部分。随着大米价格的下跌,他们不愿意实施这种计划,而且预算资金的很大一部分最终没有使用(Kase,1999)。在城市地区,由于难以获得土地,公共工程计划往往被推迟。20世纪90年代末,这种趋势加剧了。在1999财政年度预算编制中,对目前约90个公共工程项目的效率和成效进行了审查,其中26个核定项目被取消,15个项目被缩减,另有51个项目被搁置(大藏省,2000a)。这项工作在2000财政年度被重复进行,有8个项目被取消,14个项目暂停,价值约245亿日元。同年,通产省有185个项目在批准预算后5年内没有开工,5 461个项目在开工后10年内没有完工(《日经周刊》,2000年8月7日)。

另外,可以评估公共工程支出的效率和成效,因为这有助于提高生产力

第二十三章 一个"公共工程的国家"

和扩大需求,从而促进国内生产总值的增长。公共投资,特别是公共工程支出,如果通过提供新的或改进的基本基础设施,促进或创造更多工业活动的条件,就会产生更高的经济效率,从而提高私营部门的生产力。一般来说,"生产力效应"从 20 世纪 70 年代后半期开始下降(经济企划厅,1996b)。20 世纪 90 年代,公共工程和公共设施的公共开支水平很高,但这并不是提高生产力的主要因素(奥斯特罗姆,1996 年)。在 20 世纪 90 年代,中央和地方对公共投资的支出仅仅对国内生产总值产生了适度的刺激作用(Muhleisen,1999)。就地方而言,公共投资与经济增长之间没有显著的正相关关系(Nakazato,1999)。

公共工程支出明确地被用作对经济中国内需求的反周期刺激,要评估公共工程支出的有效性就有些困难了。一些政治和经济方面的因素往往会决定宣布的时间、提出的措施以及支持这些措施的政治言论。表 23.3 中列出的大量增加的现象是具有欺骗性的,公共工程支出增加对宏观经济影响的估计因净新增支出的定义而有所不同。例如,对 1995 年 9 月的 14.22 万亿日元"资金流"的估计从 3.5 万亿日元到 9.4 万亿日元不等,在此后的 12 个月的国内生产总值提高了 0.7%~2%。大藏省更愿意将新支出定义为新的公共部门投资,不包括公共金融公司的贷款,理由是这些贷款可能只是取代私营部门的贷款。根据这一定义,预算总额为 14.22 万亿日元的一揽子计划减少到 10.87 万亿日元,其中 7.9 万亿日元将通过发行中央和地方政府债券筹资,其余部分由信托基金局基金通过 FILP 拨款提供。在通过补充预算为一揽子计划提供资金方面,共计提供了 5.325 万亿日元的新资金。总的来说,1992 年 8 月至 2000 年 10 月期间有 14 个一揽子财政措施,名义"总额"价值为 132.4 万亿日元。但为这些措施提供资金的 19 个补充预算里,只提供了 40.721 万亿日元的计划支出。

在分析这些反周期措施的影响时,许多私营部门经济学家和分析人员倾向于使用狭义的定义,将新的方案和计划与已经规划但已提前"前期加载"的方案区分开来。这些定义还排除了 FILP 机构提供的回收邮政储蓄的贷款方案,其主要影响的是投资项目之间的资金分配,而不是对经济投资总额的影响,不包括公共部门内部的资产转移,例如政府购买土地和其他资产,这只是在不创造任何收入或财富的情况下重新分配所有权,并考虑到从宣布额外支出、批准项目、承诺向其提供资源、签订合同、"开始"、进展和完成之间的时间间隔。官方统计数据显示,公共工程的启动以及新固定资本资产的形成都滞后于项目的进展。

反周期措施的刺激效果被大藏省夸大了 2 倍甚至更多。在 1992 年至 1997 年间推出的总额 65 万亿~75 万亿日元中,只有约 1/3(约 23 万亿日元)显示出对经济的真正刺激(Posen,1998)。前文提到的 1995 年 9 月推出的一揽子公共工程和其他措施对经济活动造成的实际刺激不到大藏省索赔额的 60%,其他三项措施没有任何刺激作用。关于这些和有关问题的讨论,见《日本经济概览》第 1－6 节(1992－1993)。这种二分法的部分解释是,虽然大藏省可以要求地方政府实施计划中的公共工程支出,但它不能强制地方政府实施。从 20 世纪 90 年代中期开始,地方政府越来越不愿意用自己的资源或通过发行地方政府债券来提供部分或全部资金。如果说有什么区别的话,那就是他们的赤字和债务财政危机比中央政府的危机更为严重。到 2000 财政年度结束时,税收收入下降、中央政府拨款和补贴削减,以及在早些时候大规模借款为公共工程提供资金,这些因素造成了约为 184 万亿日元的负债。在 1998 年 4 月的 16.7 万亿日元一揽子计划中,见表 23.3,大藏省要求它们从自己的资源中提供额外的 1.5 万亿日元用于公共工程,并向联合资助的项目再提供 2.4 万亿日元。事实上,从 1998 年最后一个季度到 2000 年底,地方政府削减了他们的公共工程支出。除了先前承诺的支出之外,大藏省还将购买土地和其他资产纳入"资产重组"计划,虚高了 1998 年救助计划的总金额,总金额达到 4.35 万亿日元。不仅如此,考虑地方政府有计划但不切实际的贡献之外,公共工程支出的实际价值降至 3.8 万亿日元。即使地方政府支付了合资项目的全部份额,总数也不会超过 6.2 万亿日元。大藏省宣称的 4.60 万亿日元中,临时性减税仅为 2.0 万亿日元,16.7 万亿日元的总额实际上只有不超过 8 万亿日元的"资金流"(Posen,1998:51－53)。

如果反周期刺激对经济需求的积极影响实际上微乎其微,那么公共工程支出的增加在多大程度上产生了不利影响?例如,由于出售政府债务迫使利率上升,对私营部门厂房和设备的投资产生了"挤出"效应。虽然环境保护局

第二十三章 一个"公共工程的国家"

对这种短期不利影响,没有在计量经济学分析中找到证据,但它却警告说,财政赤字上升的中期后果主要是政府持续大量借贷为公共工程提供资金,可能会影响对经济的未来的信心,从而导致经济增长率下降,即所谓的"非凯恩斯主义效应"。当财政赤字超过 GDP 的 5％时,刺激性财政政策对消费的积极影响不明显。环境保护局在其 1996 年经济概览中警告说,"未来持续的巨额财政赤字的出现可能抵消扩大的财政政策对刺激竞争的影响"(环境保护厅,1996b:142)。

随着 1996 年和 1997 年赤字超过这一水平,达到 7.4％时,桥本政府于 1996 年 10 月重新掌权,承诺公共工程支出每年减少 10％,作为财政改革政策的一部分,以便在 2003 财政年度之前将赤字减少到 GDP 的 3％。但建设大臣和农林水产大臣都强烈反对这一提议,并主张保留抵押税收的收入。与此同时,有人认为,公共工程项目比美国的项目成本更高,部分原因是缺乏竞争,以及在一种制度化的操纵投标系统中指定的投标人之间相互串通。1994 财政年度,总务厅调查列出了 276 份串通投标的报告,其中只有 52 份报告提交给了公平贸易委员会。1997 年 4 月,内阁下令对定价标准进行审查,包括劳动力成本、设计服务和材料成本,并为每个部门引入数字目标。每个部门根据数字目标发布了行动指导方针,旨在将公共工程项目的成本至少降低 10％。在与美国的比较中,发现日本的合同价格比美国高 1/3,价格和生活成本的差异只能部分解释这一点。经济合作与发展组织自己的估计更高:考虑到日本较高的物价,估计为 40％(经济合作与发展组织,1997)。事后看来,对短暂的细川政府的批评,即"公共工程开支过多",以及以严格的经济效率为由难以证明需要的项目过多,似乎得到了上文所讨论的积极和消极影响的分析以及削减 10％ 预算的决定的印证。1994 年 6 月至 1996 年 1 月担任大藏大臣的 Takemura Masayoshi 罕见地表示了悔意:"我很遗憾,我批准了价值 40 万亿日元的公共工程项目,从而增加了政府的债务"(Nikkei Weekly,1997 年 6 月 2 日)。

最后,公共工程开支的有效性可以根据对自民党的实际或感知的政治利益来评估,即党在多大程度上影响了公共工程开支的规模、组成和分配。

一个"公共工程国家"

到 20 世纪 90 年代,日本已经成为一个"公共工程国家"。用大藏省负责国际财政的副部长 Sakakibara Eisuke(1998)的话来说,日本战后经济体系的特点是公共部门的固定资本投资水平超过任何其他工业国家。正如我们所看到的那样,核心投资和大部分投资是由公共工程提供的,到 20 世纪 90 年代末,中央和地方政府的名义支出总额约为每年 50 万亿日元,约占国内生产总值的 10%。

公共工程状态的起源可以追溯到明治时期工业化的开始,随后大量的公路和铁路投资在大正时代得以维持和扩大,以及为了对抗两次世界大战之间的大萧条而实施的新凯恩斯主义财政政策。在 20 世纪下半叶,自民党为这一传统增加了明确的政治维度。它通过分配政治与经济发展相结合,成为执政的多数主义政党,实现并维持了自己的统治地位。公共工程是两者的核心,它提供了大选战略的"第三条腿",其中包括农业补贴、税收减免以及针对小企业家的支出措施。从 20 世纪 70 年代初期开始,旨在改善日本全国各地的生活水平、福利、教育和文化设施以及环境质量的国家政策目标,与狭隘的政党政策利益结合在一起,向农民和种植水稻的国内户主、小商人、地方建筑和财产开发公司以及农村选区的选民提供利益和优惠。建筑业有 56 万多家公司直接雇用 600 万人,并间接为 1 000 多万人提供工作岗位,严重依赖公共工程并指望中央一级的自民党提供这些合同(Igarashi,1999 年)。公共工程计划和项目,包括道路、桥梁、房屋、港口和海港、地方和国家机场、公园、娱乐和文化设施、废物处理设施、节约用水以及改善农地和基础设施,比中央政府支出计划的许多其他预算产出更为明显,在政治上更为突出。

几乎不存在没有被混凝土块覆盖的海岸线,没有大坝的河流,或者没有规划的雪松林的山。每年都会在城市一些地区开挖道路,越来越高的建筑和更深的地铁也在建设中(Igarashi,1999:4)。

尽管大藏省表示反对,但在《财政预算案》汇编末尾的"重启谈判"中,政治上批准了对新干线铁路线的最后一分钟延长,这是一个经典且反复出现的

第二十三章 一个"公共工程的国家"

案例,涉及高知名度的地方和地区性项目。

根据选票、席位和公共工程分配的计算,不可能精确地量化或衡量政治利益,尽管在1980年参议院选举中,在全国选区竞选的前土地结构改革局副局长的选票几乎与全国土地改良农业补贴的分配成正比(Hirose,1981)。至少,公共工程的规模、组成和分布对自民党直到1993年的连续选举成功起到了推动作用,或者说,对自民党来说,更为关键的是自民党领导层和普通议员都认同这一观点。但也不否认预算外来源的公共工程预算的变化与国会选举之间存在关系(Kohno and Nishizawa,1990)。

那么为什么从1982财政年度起,自民党批准将公共工程排除在预算优先地位的方案之外?这一排除是如何通过预算政策影响其大选举战略的执行的?公共工程投资支出在1983财政年度首次在预算准则中单独列明和分类,在今后十年中,这些准则的执行压缩和削减了公共工程支出的数额及其在最初的一般账户预算中所占的份额。自民党批准了这些明显的限制性的指导方针,因为大藏省愿意或被说服提供额外资源,通过制度化的补充预算,并通过FILP和日本电话电报公司计划,为公共工程提供资金。正如我们在本章中看到的那样,这些额外资源的年度总额超过了在编制年度一般账户预算按适用预算准则而确定的数额。他们为自民党提供了解决问题的手段:支持大藏省财政重建预算政策的执行,同时确保资源的持续流动,以实现其广泛的目标,即提高生活水平,分配针对群体、客户和地点的福利和优惠。

决定每年为公共工程提供多少额外资源涉及经济和政治的判断,需要根据国内和国际要求增加公共投资,以应对在短期内扩大国内需求水平的压力,但考虑到在一般账户预算经常出现财政赤字的情况下,可以提供多少资源、政府借款规模和债务积累,是否有资源为FILP的扩大供资,以及通过该方案供资的项目可能的盈利能力,这些因素限制了这种决定。政治因素包括派系领导人(特别是传统上专门从事公共工程的田中、竹下、小渕派系)施加的压力,以及更正式的政策事务研究委员会分部和建筑、农业和运输特别委员会施加的压力。实际上,给予经济因素而不是政治因素的权重难以确定,因为增加公共工程支出的经济理由往往掩盖了那些主要或完全是出于政治动机的拨款。偶尔,政治影响力更加明显,或者至少辩护的政治性更加透明。

自民党如何影响公共工程资源总量的分配？上面提到的经验表明，各部委和机构之间的组织分配基本上保持不变。无论在预算过程中对建设省、农林水产省、运输省和厚生省的政治支持力度有多大，无论是通过政策事务研究理事会，还是通过那些部门的高级官员（即政策事务研究理事会有影响力的人、政策族群，以及自民党领导层）之间的非正式交流，都不会对结果产生实质性的影响，它们的相对份额保持不变。当然，如果不维持这种支助网络，这些部门中可能会失去资源。因此，政治上的支持加强了他们保持现有股份的竞争性要求。由于预算内和预算外的总资源每年都在增加，而且数额巨大，所有这些资源都可能"胜出"，而且看起来正在这样做。大藏省没有义务在相互竞争的部门之间进行权衡，它可以通过按照历史模式按比例分配额外资源来满足这些要求。

在各部门内各个局与对它们有好感的政治家建立和培养联系，并设法在预算过程的某些阶段，例如在帕罗奥多行动委员会各司召开正式会议"听取"对该部预算要求的解释之前，正式和非正式地调动和利用它们在党和政府内部的影响力。任何此类影响的程度和效力都不应被夸大。它的作用更多的是帮助维持现有的应享权利，而不是确保一个主席团或部门在部级分配中占有更大的份额。长期存在的官僚对抗，比如建设部的河流局和道路局之间的对抗，是关于资源和法律的，两者都有自民党的支持者。但是，根据它们主要负责的职能的预算分配的历史趋势来判断，只有在中期或长期内才有明显的变化。这在多大程度上可以直接归因于自民党的影响，目前还无法判断。

公共工程支出的部门分配，更多地受到自民党政治选举战略的影响。在20世纪70年代和80年代初，社会资本投资和工业资本投资之间的总体重新定位中，用于休闲、教育和其他目的的住房和地方基础设施项目在总预算项目中所占的份额越来越多，工业和技术资本项目所占份额则少得多（在下一部分内容中，我将展示如何以及在何种程度上重新调整FILP预算）。这种转变无疑反映出自民党改变了选举战略，以扩大其支持的基础，这体现在连续五年计划中国家目标的改变上。然而，自民党继续严重依赖农村地区的选举支持，农村利益在自民党和国会中仍然代表过多。虽然耕种土地总面积从1961年的609万公顷减少到1999年的480万公顷，但与农业有关的公共工程继续在总预算中占很大份额。农林水产省在1965年占国内生产总值的近10%,农林水产省占了公共工程总分配额的近20%;到1993年,虽然农业部门对国内生产总值的贡献略高于2%,但农林水产省所占份额已经增加到21.5%。农村公共工程支出,主要是土地改良计划,占用了农业预算的1/2。随着更大规模的灌溉和排水项目的范围缩小,资源被转用于建立社会基础设施,如农村污水处理计划和乡村道路等。

自民党没有义务在城市和农村利益之间做出选择,除了非常微小的选择;通过预算外资源大幅增加公共工程支出,使自民党能够对两者都给予回报。与此同时,它能够通过一些渠道继续向小企业分配政治利益,如贷款、减税和公共工程合同。然而,它在城市地区的支持率在20世纪90年代似乎正在下降。在2000年的众议院选举中,只有1/10的城市选民支持该党。

更难以确定自民党对公共工程项目的地理分布,对各都道府县以及在这些地区内对特定的沿海地区的影响程度。公共工程支出与县的政治突出程度之间存在关系。若干计量经济学研究得出结论:47个都道府县的公共投资回报率与收入水平呈正相关,高收入县的回报率是低收入县的两倍(见经合组织1997年摘要)。然而,在低收入地区,公共投资的分配比例要高出4倍。他们往往是在农村地区,那里的非农业就业比收入最高的东京、大阪和东海等大都市地区更依赖建筑业。虽然这种分配往往会降低公共投资的经济效率,但可以将其视为有助于就业、改善生活条件和改善环境的收入和公益物的补偿。但如果这就是主要影响,那么通过公共工程支出重新分配收入的机会成本是多少呢?是否可以通过健康、福利和收入维持政策更有效地做到这一点?

城乡之间的分布仍然比较固定。因此,北海道、新潟和岛根县一直吸引着更多的公众。在1975年至1989年期间,日本政府的支出最少,其次是东京、大阪和埼玉县(Woodall,1996:177)。这表明,要么来自农村地区的议员比来自城市地区的议员更有影响力,要么47个地区的优先次序通过"预期的反应"反映了自民党选举战略的间接影响。自民党中农村利益的过度代表性、首相选区的地理位置(例如Tanaka和Taskeshita),以及自民党出资人Kanemaru等的活动,都有助于解释为何保持这种优先地位。在1992财政年度,日本岛根县的人均公共建设工程比其他任何一个县都要多。20世纪80年代最强大的自民党领导人、1987—1989年担任日本首相的竹下登曾在那里安家。在田中角荣担任同一派系首相的时候,新潟县(他居住的地方)在县名单上排名第一,到1992年已经下降到第十一位。还有一些证据表明,前建筑部部长的都道府县和选区吸引了更多的公共工程项目(Woodall,1996)。

很难找到证据证明自民党政治家个人对县内公共工程项目的分配,特别是对选区的影响。传统的看法是,许多普通议员成功地为其选区吸引了特定的公共工程项目,这些明显的好处对于维持其地方个人网络和地方支持组织至关重要,他们组织和动员了选民,以获取他们的支持。据称,公共建设工程是补偿政策中的一个重要环节:简单来说,就是粗暴的选票换取好处。

然而,看起来更有可能的是,自民党的影响力并不是针对公共工程项目对特定选区的吸引力,而是针对个别建筑公司的项目。在授予合同时,有三个相互关联的决策点,可以行使政治或官僚酌处权:第一,从合格和有资格的投标人中选择指定的投标人;第二,合同出租的最高价格;第三,由指定的一家公司以投标价格授予合同。在当时的"指定竞争性招标制度"下,少数合格的公司被邀请去为一个公共工程项目投标。1993年的建筑工程承包商丑闻揭示了政客们的积极干预,以影响选择投标的公司的行为。大型建筑公司根据政治家的影响力将他们分类,其中一些公司随后向高级政治家提供了大量个人和党派捐赠,以换取对他们有利的影响力。建筑公司争取投标提名的利益是显而易见的,他们也同样希望通过"商谈"制度限制合格投标人的数目。2000年5月,公平贸易委员会向203家建筑公司和94家调查公司发出了"停止招标令",要求对北海道当地政府的一个办事处的农业项目进行集体投资(经济合作与发展组织,2000)。

建筑公司也有兴趣获得有关部门合同最高价格的信息。虽然审查会有证据表明,企业与某些国家、地区的企业之间存在一种以钱换人情的关系,至于当地政界人士或官僚影响对指定投标人决定最高价格的证据(即合同价格非常接近最高价格)则是间接的(Miwa,1998)。

20世纪90年代曝光的一系列贿赂和腐败丑闻中的政治干预表明:影响决策的范围和机会以换取对政党和派系基金的现金捐助,这对一些自民党政治家来说是不可抗拒的。除了获取资金捐助外,2000年,前建设省大臣中尾荣一(Nakaoeiichi)被判定从建筑集团获得2 000万日元和面值1 000万日元的邮票作为授予他们公共工程合同的交换条件。在这里,没有必要介入关于采购系统中腐败的程度和重要性的辩论,也没有必要介入国家、地区和地方政治家个人的参与,有关挑衅性的分析,请参阅Woodall(1996)的文章。试图在一个或所有决策点上影响这一进程的动机是强有力的,除了非法支付外,建筑公司历来是自民党最大的企业捐赠者,并为当地议员的竞选捐款。

地方公共工程有助于吸引和动员选民,从住房、地方道路和旁路、桥梁、下水道、供水计划、农业改良计划以及在建筑业创造地方就业机会等项目中受益(Cox and Thies,1998;Meyer and Naka,1998)。无论涉及公共工程人员是否对自己的地位有任何直接或间接的影响,自民党的政治家们,尤其是那些在农村地区的政治家们,如果他们能够被自己认同的话,就将会从中受益。通过政策事务研究委员会,建设省、农林水产省和运输省的正式成员,活跃的建筑或农业政策族群,以及官僚机构有联系和非正式的联系的人员,显然影响了公共工程预算的规模和分配。前大藏省官员在47岁时辞职进入国会,他解释说:我现在的首要任务是在我所在的地区修建公路和污水处理系统。农村当地的市长们向我求助,我打电话给大藏省和建设省,询问他们修路和建立污水处理系统的有关情况,我又打电话给我在监察部的同事,特别是负责相关预算分配的预算审查员。一般情况下,我通常会得到我想要的信息,但他们并不总是会合作。如果他们有谈判的余地,那么他们就会注意我的要求。我把信息传递给我所在的地区(Hartcher,1998:48)。

议员,尤其是农村选区的议员,在将道路或住房项目分配给他们的选区时,可以"声称有功",不论他们试图影响决策是否直接或间接地影响了这些分配决定。正如我们在第20章中看到的那样,"信贷、索取"是一部分议员与其个人支持组织之间相互关系的一个组成部分,他们在吸引公共工程项目方面取得的成功在"时事通讯"和当地媒体中占有突出地位。

在21世纪日本政治经济中,持续的预算赤字和不断增加的债务是否会迫使公共工程发挥出巨大作用,目前尚不确定。有一些迹象表明,日本政府对日益增多的公众对浪费和低效项目的批评有一定的政治回应,如2000年1月发生在德岛的当地抗议活动,这些抗议活动导致计划中的吉野川大坝项目被放弃。建设省前行政副大臣(1998)证实,建设省对商业海港大型设施的大部分投资都是浪费。基于内部审查,森喜朗政府在 2000 年 8 月同意取消 233 个项目,其中近一半是通产省的项目。尽管如此,节省的费用依然很少,不到每年公共工程预算的 2%。有证据表明,建设部和其他部门将损失的支出转向其他项目,而地方政府则要求偿还被取消项目的费用,并要求以新项目作为赔偿。

第二十四章　FILP 的成功与失败

　　FILP 预算支出的分析受到其定义的困扰,根据时间序列数据中使用的定义和预算基数,可以得出不同的 FILP 值。首先,FILP 预算可以定义为总额或净额。预算总额包括所有支出,不论其用途如何,都属于 FILP,并主要通过信托基金局和邮政人寿保险公司提供资金。相比之下,净预算仅包括用于为 FILP 机构的投资和贷款提供资金,即投资和贷款计划本身。它还排除了从 FILP 预算中拨出的用于其他一般财务用途的资金,主要用于承销中央政府为弥补一般账户预算年度财政赤字而提供的部分借款需要,以及从 1987 年起为资本管理业务提供资金,以便为邮政储蓄、邮政保险和养老金特别账户创造额外收入。然后,与一般账户预算一样,FILP 预算总额和净额的规模和变化因预算基数不同而有所不同,初步计划预算与实际支出数额要考虑到支出不足和结转支出的情况。

　　本章在审查总预算支出的趋势时区分了这些定义,并在组织上显示了它们在 FILP 机构之间以及在政策领域之间的分配情况。尽管重新调整了国家目标,以便更加重视社会和环境方面的目标,但是 FILP 预算在多大程度上支持工业和技术发展的问题仍然有待详细讨论。

总体预算支出

FILP 总预算

FILP 预算总额每年都在迅速增长,从 1975 财政年度的 9.730 万亿日元增加到 1998 财政年度的 57.759 万亿日元,增长了 6 倍,是计划的一般账户预算增长率的 2 倍(Wright,1998a:表5)。图 24.1 比较了两个预算的趋势。在 20 世纪 70 年代中期,FILP 的规模还不到一般预算账户的 1/2,十年后,这一比例接近 60%;到了 1998 年,在经历了前七年异常严重的经济衰退之后,这一数字已经超过了总账的 70% 以上。如果将中央政府的借款和资本管理业务排除在外,1975 年的 FILP 预算净额为 9.3 万亿日元,扣除债务成本后的综合账户预算净额为 15.8 万亿日元。到 1996 年,在 FILP 改革开始之前,这种差距已经大大缩小。分配给 FILP 的资本投资和贷款项目的拨款额为 40.5 万亿日元,正迅速接近所有一般支出方案的主要预算拨款总额 43 万亿日元。如果继续保持 20 世纪 80—90 年代的历史增长趋势,那么通过 FILP 用于资本发展的支出将超过主要预算中用于所有方案的总和。就规模而言,"第二个预算"将成为"第一个预算"。

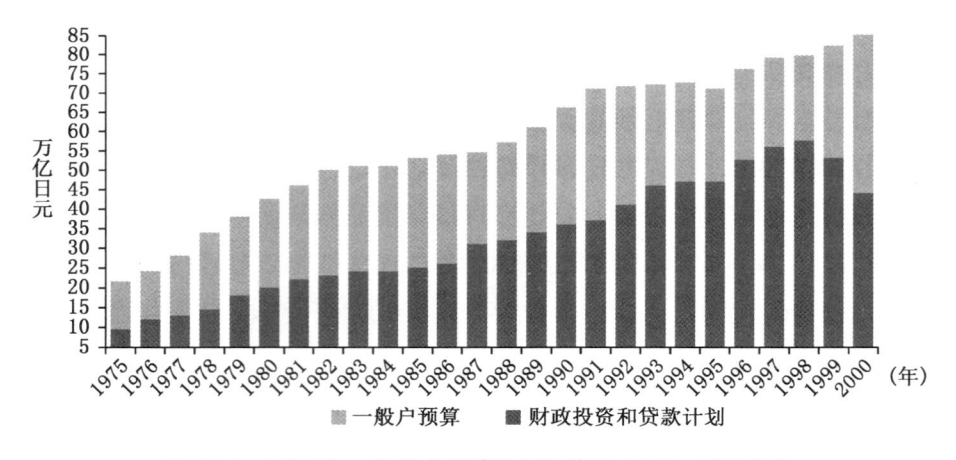

图 24.1　FILP 和一般账户预算的变动情况,1975—2000 财年

增长分为三个阶段(Wright,1998b:表5)。第一阶段,从 1975 年至 1981 年,FILP 预算总额每年增长 11% 至 23%,这与持续的高经济增长以及从 20 世纪 70 年代初田中角荣首相任期开始的"福利时代"的高额政府支出有关。第二阶段(1982—1991 年)的情况是增长率低得多,符合大藏省的财政重建和巩固政策。然而,1.2% 至 6.5% 的年增长率仍远高于最初的一般账户预算。1987 财政年度增长 14.5%,是引入第 12 章所讨论的资本市场操作的一次性效应。在第三阶段,由于泡沫经济时期和随后的严重经济衰退,FILP 预算的年增长率再次达到两位数,反映了财政扩张政策,以及 FILP 作为反周期政策的工具的作用。1996 财政年度后,由于 FILP 的目标、宗旨和作用在中央政府机构改革中受到质疑,经济增长受到抑制。在 1999 财政年度,实施法定的 FILP 改革之前,最初预算 25 年来首次被削减。

从 1979 年至 1992 年,FILP 始终占名义国内生产总值的 8% 以上,此后每年占比超过 10%,直到 1999 财政年度实施改革。图 24.2 显示了 FILP 与国内生产总值的比率,并将其与总账预算与国内生产总值的比率进行了比较。整个 20 世纪 80 年代,FILP 的份额非常稳定,这表明它很少受到这一时期财政重建政策的影响。虽然年增长率放缓,但其增长速度仍高于一般账户预算,而且在 1991 财政年度开始衰退后,其增长速度高于国内生产总值。

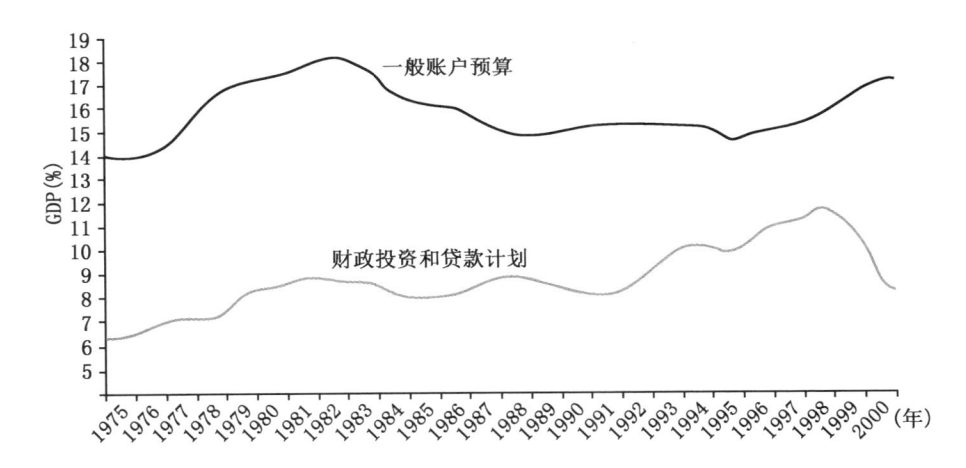

图 24.2　FILP 和一般账户预算占名义国内生产总值之比,1975—2000 财年

这种使用初始预算基础对 FILP 预算的分析,低估了它在国家预算中的规模和重要性,以及它对国内生产总值的吸收作用。与一般账户预算相比,FILP 预算可以更容易和更灵活地修改年度预算计划,可以在不获得法定许可的情况下开始执行高达 50% 的初步预算计划。从 1975 财政年度到 1999 财政年度,除了 1984 年和 1996 年小幅削减预算之外,每年都向上修订计划预算,有时是数次向上修订。但是,在 20 世纪 70 年代中期和 1987 财政年度以后变化很大,因为 FILP 被用来帮助为反周期财政政策提供资金,每年 FILP

对国内生产总值的吸收增加了 0.5% 至 1%。例如,在 1992 财政年度,最初的计划预算占国内生产总值的 8.7%;在计入了总计 4.8 万亿日元的年度修正后,这一比例上升到将近 10%。图 24.3 显示了 1975—2000 年财政投资贷款的计划和实际变化。

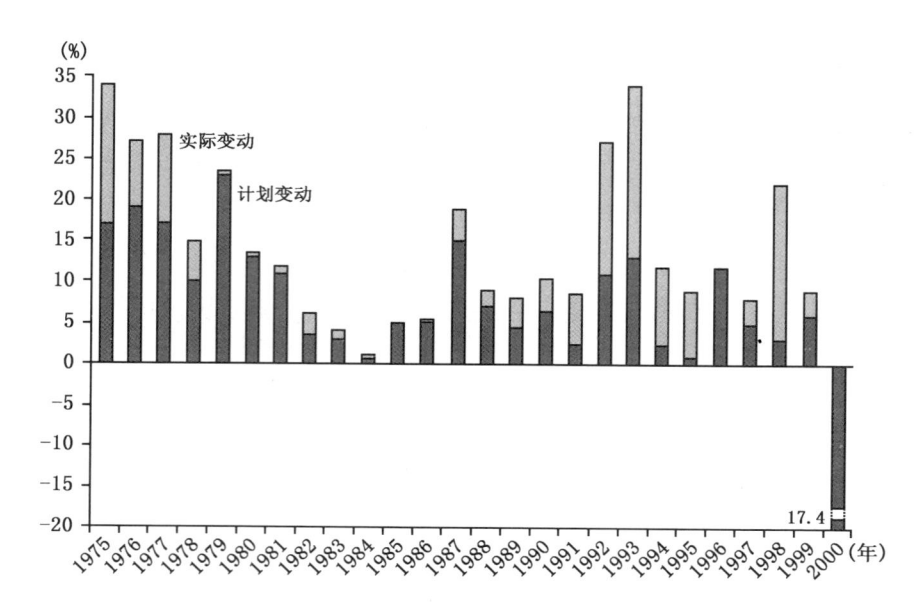

图 24.3　FILP 的计划与实际变化,1975—2000 财年

财政投资及贷款计划

FILP 总预算的"标题"总额远远大于实际拨给投资和贷款方案的资金。首先,初始计划预算的 20% 每年用于购买中央政府债券,以帮助弥补一般账户预算中的经常性赤字(Wright,1998b:表 7)。其次,从 1987 财政年度起,拨出了一部分预算为信托基金局的邮政储蓄和资本市场业务提供资金。到 1999 财年,用于这些项目的资金数额巨大,增加了 3 倍,从 3.35 万亿日元增加到 13.5 万亿日元。图 24.4 比较了 1975—2000 年投资和贷款方案的预算。这表明,这两种"抵消"的综合影响是逐步减少最初计划用于投资和贷款方案的 FILP 预算金额。在 20 世纪 70 年代和 80 年代早期,有效利用率接近 90%,而在 1987 财政年度之后,这一比例低于 80%,在 1998 财政年

度降至63%。因此，FILP已成为整个财政体系不可分割的一部分，FILP基金成为至关重要的"润滑剂"。我们将在第28章中更详细地讨论这种角色的转变。

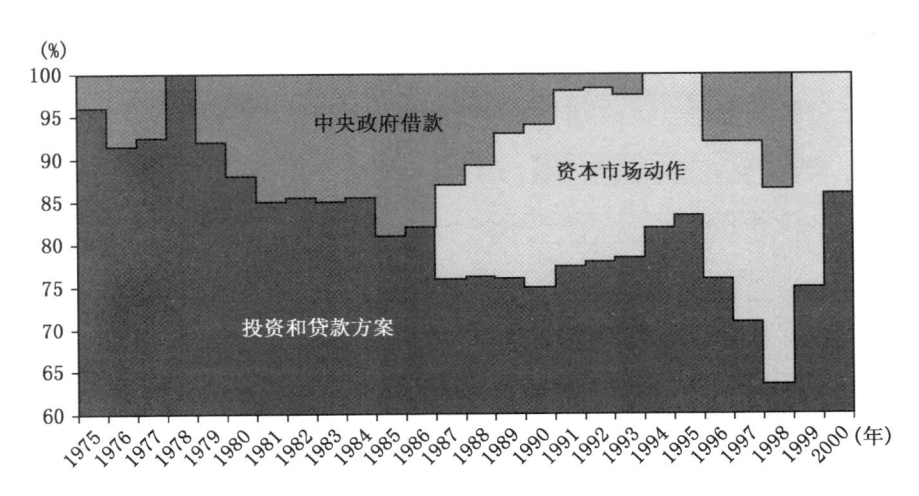

图24.4 FILP对市场资本及中央政府借款的挤压，1975—2000财年

在最初的FILP预算中，分配FILP的资源增加了4倍，从1975年的9.3万亿日元增加到1999年的39.349万亿日元。年增长率反映了前面提到的总预算增长、重建和扩张政策相关的三个方面内容。然而，实践中所有年内的实际额度要比初始计划大得多。实际增长率大约是泡沫经济时期增长率的两倍，而随着1992年至2000年启动反周期财政计划用来帮助融资后，实际增长率出现了更大的增长。例如，在1993财政年度，由于连续进行年度修订，原计划的13.4%的增长转化为实际增长，超过40%。图24.5比较了1987—1999财政年度FILP预算中分配给投资和贷款方案支出计划变化和实际变化。

每个财政年度投资和贷款方案的实际支出，既不同于最初计划的支出，也不同于本年度订正的拨款。在这里，总额和净额的区别是至关重要的。除去中央政府的借款和投资组合管理，结果显示：投资和贷款方案订正预算的15%至30%仍未使用或在每个财政年度末结转（表28.2）；推迟、放弃或取消的项目约占订正预算总拨款的3%（Wright,1998b:表9）。20世纪90年代中

日本的财政危机

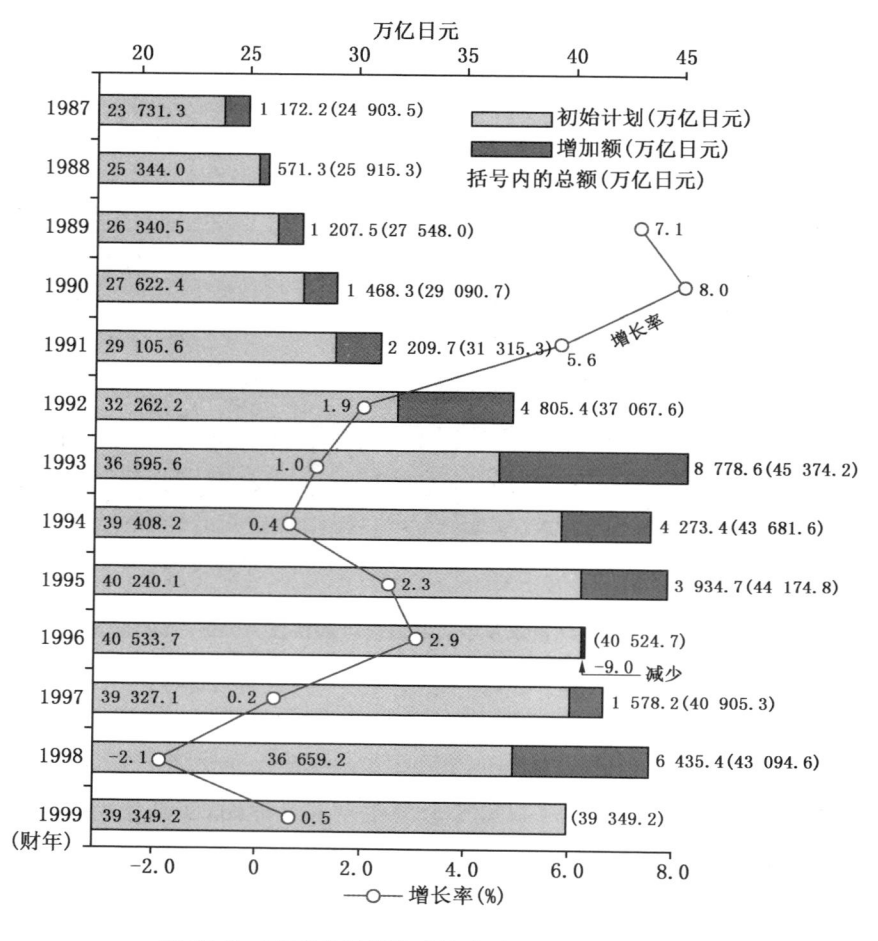

	万亿日元				
	20	25	30	35	40	45

年份	初始计划	增加额	括号内总额	增长率(%)
1987	23 731.3	1 172.2	(24 903.5)	
1988	25 344.0	571.3	(25 915.3)	
1989	26 340.5	1 207.5	(27 548.0)	7.1
1990	27 622.4	1 468.3	(29 090.7)	8.0
1991	29 105.6	2 209.7	(31 315.3)	5.6
1992	32 262.2	4 805.4	(37 067.6)	1.9
1993	36 595.6	8 778.6	(45 374.2)	1.0
1994	39 408.2	4 273.4	(43 681.6)	0.4
1995	40 240.1	3 934.7	(44 174.8)	2.3
1996	40 533.7		(40 524.7)	2.9 / −9.0 减少
1997	39 327.1	1 578.2	(40 905.3)	0.2
1998	36 659.2	6 435.4	(43 094.6)	−2.1
1999 (财年)	39 349.2		(39 349.2)	0.5

图例：初始计划(万亿日元)；增加额(万亿日元)；括号内的总额(万亿日元)；—○— 增长率(%)

图 24.5　FILP 的计划和实际变动，1987—1999 财年

期，由于越来越多地使用 FILP 来资助连续采取反周期措施的成本融资，导致更多的款项仍未使用。例如，在 1995 财政年度结束时，修订后的投资和贷款计划只执行了 1/2 多一点，超过 1/5(9.8 万亿日元)的拨款没有使用。

　　除了未使用的拨款之外，订正预算中每年大约 15% 至 22% 的拨款结转，并加入下一个财政年度初步预算的计划支出。除了结转的金额异常巨大之外，比如，在 1995 财政年度(9.8 万亿日元)和 1996 财政年度(8.9 万亿日元)，投资和贷款方案产生的净影响一年接着一年抵消了(大藏省，1998b)。

组织化支出

FILP 主要用于向中央或地方政府机构提供投资和贷款。具体而言,每年超过五分之四的计划支出分配给了 50~60 个部门,包括公共银行、金融公司、公共公司和由中央政府部门控制的专门公司。然而,通过购买或担保地方政府或地方公共企业(交通、天然气和水)发行的债券,提供了几乎一半的地方政府年度资本需求。通过向 FILP 机构之一的日本地方公营企业金融公库(JFILPCME)提供资金,也间接地提供了另一部分资金。例如,在 1997 财政年度,FILP 基金提供了大藏省拟定的地方债券计划总额的 8.6 万亿日元。日本金融市场交易委员会又提供了 2.2 万亿日元的政府担保债券和自己的债券(日本金融市场交易委员会,1997a)。然而,FILP 预算分配并不能决定 FILP 资金是用于国家项目还是用于地方项目。虽然公共银行和金融公司所提供的一些资金用于基础设施建设,如公路和国家机场等,但大部分资金还是用于地方或区域项目。

财政投资贷款是如何在机构之间分配的？11 家公共银行和金融公司吸引了投资贷款方案总额的 65% 至 70%,该方案的预算在 1996 财政年度之前逐年增加。然而,预算的分配情况各不相同,所分配的资源集中在少数几个 FILP 机构。按照预算规模排列,1975 年是政府住宅贷款公库、国民金融公库、进出口银行、中小企业金融公库、日本发展银行、地方公营企业金融公库、退休金和福利服务个人计划和欧洲经济委员会。它们加起来占投资和贷款计划的 60%,到 1985 财年上升到 70%(Wright,1998)。它们的增长率和预算份额各不相同,主要受益者是政府住房贷款公司,在 1975 年至 1996 年期间,政府住宅贷款公司在该方案中的份额增加了一倍以上,从 11.5% 增加到 30%。这一惊人的增长很大程度上是以公共金融公司和 FILP 的资金分配失衡为代价的。图 24.6 显示了政府投资和贷款预算的增长率,以及与 1976 年相比 1996 年主要公司的盈亏情况。横轴表示预算份额增长率,纵轴表示预算份额,除了海外经济合作基金外,养老金及福利服务个人计划、住宅金融金库及国民金融公库的增长速度超过整个投资及贷款计划的增长速度,并在财政预算案中占有较大的份额。相比之下,日本开发银行、小企业金融公司、进出口银行和日本地方公营企业金融公库的增长率都低于整个项目增长率,预算份额也有所下降。

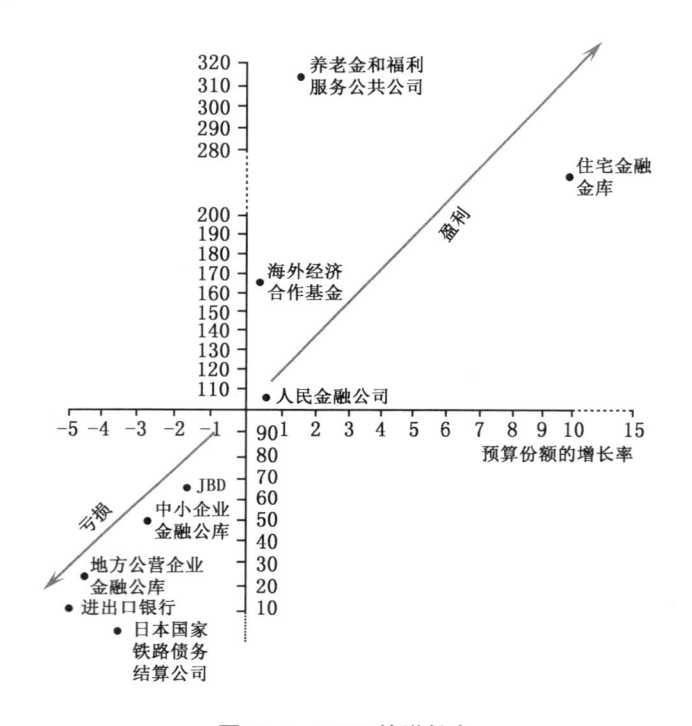

图 24.6　FILP 的增长率

图 24.7 显示了每一轮年度支出分配中的临时赢家和输家,该图 x 轴标明 PFCs 保持或增加的分配额的比例,y 轴标明了保持或增加的预算份额。国民金融中心、养老金和福利服务公共公司、国民金融公库和日本国家债务结算公司这四家金融公司在大多数年份都获得了额外资源并增加了预算份额。五家公共财政公司:日本开发银行、进出口银行、中小企业金融公库、日本海外经济协力基金和日本地方公营企业金融公库都有赢和输,有的机构大多数年份获得的额外资源不足,预算份额逐渐减少。

分析表明,在预算过程中,由于资源的分配方式是有差别的,因此在组织上既有赢家也有输家。预算份额是分配的指南,但不是决定因素。因为,没有一个公共金融公司在整个期间的资源和预算份额方面产生持续损失。

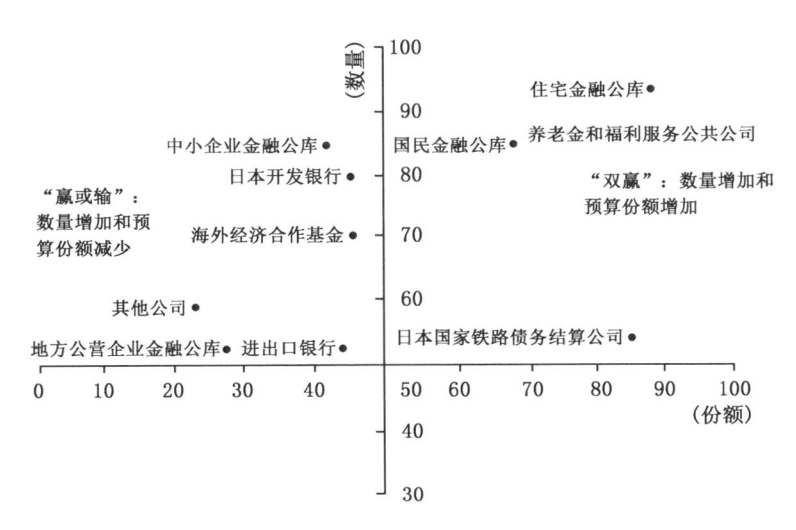

图 24.7　FILP 的年度资金分配:"赢家和输家"

其他政策领域对其他 FILP 机构的分配也很集中。在负责公共工程的机构中,约 80%~85% 的预算份额由 5 个公路和桥梁建设机构承担,由住房和城市发展公司提供用于出售或出租的公共住房,由两家公司负责主要机场建设以及机场发展特别账户(Wright,1998:表 16)。在 1975 年至 1993 年期间,它们的合并拨款增加了 3 倍,与投资和贷款方案的增长率大致相同,但各机构之间的分配发生了重大变化。与住房和机场相比,向负责道路和桥梁建设的机构划拨的项目资金更多,从 1976 年的 8 050 亿日元增加到 1993 年的 3.5 万亿日元,住房与城市发展公司在公共工程组织的预算中所占份额从 1975 年的近一半下降到 1993 年的不到 1/4。直到 20 世纪 80 年代中期,机场建设的拨款平均只有 1% 或更少。当时,由于关西国际机场和成田重建计划的融资,FILP 公共工程组织的预算份额占到了 4%~5%。

政策范畴

经内阁批准,FILP 分为 13 个政策范畴向机构提供投资,见表 24.1。该表明确了 1975—2000 年按照投资贷款计划,向所有政策支持领域给予连续并且是实际增长的资金支持。然而,在资金分配上并不是所有的政策领域都是赢家,都得到均等的资源,有部分政策领域并不会得到很多的资源,相比之下成了"输家"。我们首先看看1975年和1996年在FILP改革之前,每个国家的预算拨款的增减率,以及它们在整个投资贷款方案预算中所占份额的变化。

表 24.1 1975—2000 财年 FILP 支持的政策领域

I 直接提高全国 生活质量	II 建立国家生活 的基础	III 工业和 技术经济	IV 贸易和 经济合作	V 基金管理
住房	国有土地保护	工业和技术	贸易和经济合作	证券投资[a]
生活	灾难救援			
环境	道路			
改善	运输和通信			
公共福利	区域发展			
文化和教育				
小型商业、农业				
林业和渔业				

注:a. 1987 年;PA:政策领域。
资料来源:大藏省财政局,大藏省年度报告。

上述分析不仅证明了赢家和输家同时存在,还证明了政策领域的赢家和输家是不同的。增长率和预算的份额有很大的不同。在胜出者中,住房政策预算的增长率几乎是整个投资和贷款计划的两倍,预算份额增加了 14.2%。相比之下,道路和环境得到的好处要少得多。运输业的增长率仅为整个投资和贷款计划平均水平的 24%,到 1996 年,运输业在预算中所占的份额比 1975 年减少了 7.5%。在输家中,损失的分配不均,贸易和运输损失最大。

本部分内容将对预算拨款的成功和失败进行跨期分析。图 24.8 中 x 轴表示在 1975—1996 年期间每年拨款量的增长情况,增长范围在 0 到 100% 之间。y 轴则衡量每年维持或增加的预算份额。在年度分配过程中没有明显的输家,所有政策领域大多都有所收获,甚至有些领域受益颇多。在这 1975 年至 1996 年的 21 年里,有 10 年以上的时间没有出现政策领域的销量和份额同时下降的情况。也就是说,在大多数年份中所有政策领域都保持或增加了它们的预算拨款。然而,由于做法不同,分配不均,结果导致在一些政策领域的拨款,如中小企业、农业、运输和贸易等,虽然它们在大多数年份也享有增加的拨款,但不足以防止其预算份额的损失。例如,在 21 年里对中小企业的拨款虽然有 19 年保持或增加,但与对其他政策领域的拨款相比这些拨款并不够多,不足以防止其预算份额的损失。与 20 年前的情况相比,到 1996 年中小企业相对于其他政策领域已成为输家。在该数据中"皆输"类别的其他政策领域中,评估年度预算分配的成败存在着显著的差异。

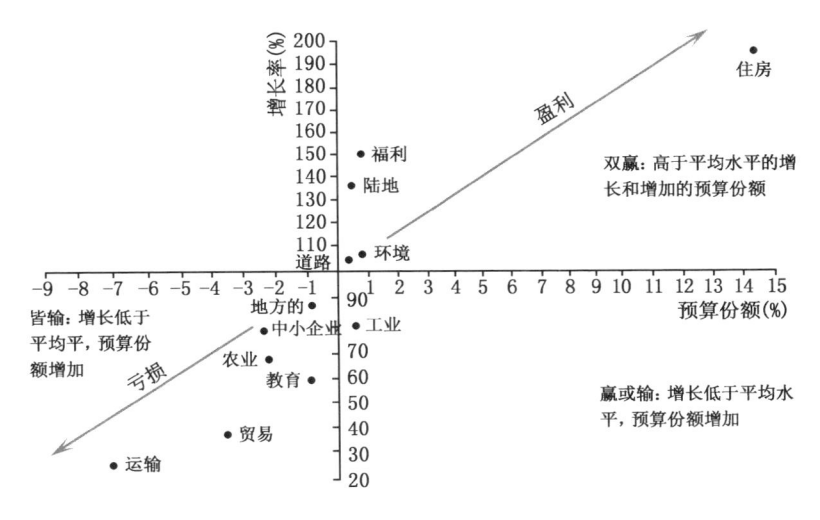

图 24.8 FILP 政策领域的资源获取情况

图 24.9 中的 x 轴衡量的是每个政策领域的预算份额占比情况,y 轴衡量的是每个政策领域的预算增长率。在"双赢"框中,五个政策范畴:房屋、福利、土地、环境和道路的预算增长率超过了平均水平,占预算份额的比例亦有所增加。相比之下,在"皆输"框中,六个政策领域:地区发展、中小企业、农业、教育、贸易和运输的增长率都低于平均水平,预算份额也有所下降。

总之,在 1976—1996 年期间,没有任何一个政策领域的预算份额一直在减少,也没有一个政策领域落入图 24.9 中的"皆输"框中。在大多数年份,所有政策领域都获得了额外的资源,但这些领域的情况各不相同,每年增加的预算份额也大有不同。这说明资源没有按照"公平份额"或按历史比例分配,也没有以渐进或递减的步骤持续分配。

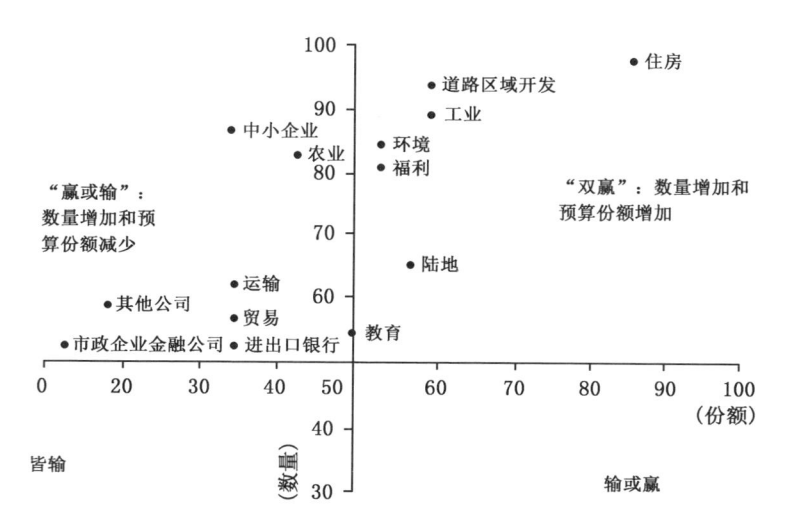

图 24.9　1975—1996 财政年度 FILP 初始预算

财政投资和贷款计划内容发生的变化印证了大藏省的主张,即从发展贸易合作、工业设施和生活基础服务方面转向提高生活质量和生活水平。表24.2显示,这一变化在20世纪60年代进展顺利,并在1975—1999年期间一直保持不变。FILP 基金推行旨在提高生活质量的政策,例如住房和福利方案,在1955年资金不到总预算的1/2。到1995年,这些政策占总预算的3/4。相反,对工业和技术发展的支持急剧下降,从15.8%下降到2000年的1.8%,而基础设施投资政策:土地、道路、运输和通讯以及区域性发展,与40年前的1/3相比,2000年吸引的预算不到1/6。

表 24.2　1955—2000 财年 FILP 支持政策领域的动态规律　　单位:%

政策范畴	1955	1965	1975	1985	1995	1996	1997	1998	1999	2000
生活质量	45.1	52.8	64.1	69.8	76.0	75.6	75.7	78.3	74	77.4
建立生活的基础	32.1	31.9	25.2	21.9	16.2	17.9	18.0	15.2	15.7	15.9
工业/技术	15.8	7.8	3.0	2.9	3.1	2.5	2.4	2.4	3.6	1.8
贸易/经济合作	7.0	7.5	7.7	5.4	4.7	4.0	3.9	4.1	6.7	4.9

资料来源:大藏省第一基金司 1998,2000。

通过对 1955—2000 财年 FILP 支持政策领域的动态规律分析可以看到，FILP 计划通过将对工业和技术的资助从 1955 财政年度 FILP 预算的 15.8% 减少到 1996—1997 财政年度的不到 3%，表明大藏省"将优先权从工业转向了日常生活"（FILP1997：28）。现在我们来检验一下这种说法的正确性。

社会投资与工业投资

20 世纪 70 年代初，国家目标调整使得政府预算中"社会投资"迅速增长，而对工业和技术发展的财政支持相对减少，这在一定程度上也是对 20 世纪 80 年代日本政府在经济中扮演角色的反应。FILP 预算规模的增长和为工业技术发展提供的贷款、补贴是美国政府和经合组织的一个特别目标。大藏省对 FILP 的目的十分敏感和保守，在官方和半官方出版物中反复强调：无论 20 世纪 50 年代和 20 世纪 60 年代的情况如何，随着国家经济目标的改变，工业资助的数额已明显持续下降。

根据大藏省对预算结果的程式化介绍，将所有预算分配给了五大政治集团，夸大了资源从工业和技术的支持上转移程度。大藏省一再声称 FILP 系统能够"有效地分配资金，把改善人民生活的质量放在越来越重要的优先地位"，将资金优先分配给第一个政策领域即"生活质量"的六个方面。这种说法是不诚实的，因为包括分配给中小型企业、农业、林业和渔业的资源并没有体现这种优越性。大藏省承认，分配给中小企业的资源形式主要是"扩大贷款，以帮助创业和技术及产品开发"，分配给农业、林业和渔业的资源形式主要是与商业有关的贷款以及与食品加工和分销行业有关的贷款（FILP1996：32）。在表 24.2（方案 1—4）中，两者在社会、环境、福利和教育方面都存在类别差异。它们应该更恰当地与"建立国家生活基础""工业和技术"等政策领域的方案相提并论。此外，虽然建设出租出售的公共住房和提供购房贷款是合法的社会投资，但这种资本投资也支持了建筑业及其供应商。

表 24.3 更准确地反映 FILP 中投资社会和投资工业等之间的投资分配情况，其中将小型企业和农业方案的预算与工业、贸易和技术领域的投资进行了分组。这项分析表明，尽管 1955 年至 2000 年期间分配给社会投资的资

表 24.3　1955—2000 财年政策投资领域的投资份额[a]

单位：%

政策范畴	1955	1965	1975	1980	1985	1990	1995	1996	1997	1998	1999	2000
社会投资	28.1	33.0	44.4	48.2	47.5	50.7	57.7	59.4	60.1	59.2	55.7	58.4
住房	13.8	13.9	21.4	26.2	25.4	30.3	35.3	35.6	35.3	35.6	32.7	34.1
环境	7.7	12.4	16.7	14.1	15.7	15.3	16.4	17.5	18.5	17.5	17.1	17.8
福利	2.1	3.6	3.4	3.5	2.8	3.1	4.0	4.3	4.2	4.0	3.8	4.2
教育	4.5	3.1	2.9	4.4	3.6	2.0	2.0	2.0	2.1	2.1	2.1	2.3
工业发展	71.9	67.0	55.6	51.8	52.5	49.3	42.3	40.6	39.9	40.8	44.3	41.6
小企业	8.1	12.6	15.6	18.7	18.0	15.7	15.3	13.3	13.0	16.7	16.1	16.7
农业	8.9	7.2	4.1	4.9	4.3	3.1	2.9	2.9	2.6	2.4	2.2	2.3
土地	7.7	3.1	1.2	1.7	2.3	1.2	1.3	1.5	1.4	1.5	1.7	1.9
道路	3.7	7.9	8.0	5.7	8.8	9.8	7.8	8.3	9.7	9.1	8.6	9.3
交通	12.2	13.9	12.7	9.6	8.4	8.3	4.6	5.2	4.2	1.7	1.9	1.8
区域发展	8.5	7.0	3.3	2.6	2.4	2.5	2.6	2.9	2.7	2.9	3.5	2.9
工业	15.8	7.8	3.0	3.0	2.9	2.9	3.1	2.5	2.4	2.4	3.6	1.8
贸易和经济合作	7.0	7.5	7.7	5.6	5.4	5.8	4.7	4.0	3.9	4.1	6.7	4.9

注：a. FILP 初始预算。

资料来源：大藏省第一基金司。

源增加了一倍，但在 FILP 财政预算案中，约 40% 的拨款继续用于支持工业、贸易以及科技发展。同期，中小企业贷款和投资的预算份额增加了一倍。为了说明这些趋势，我们更仔细地研究了日本开发银行和进出口银行的贷款业务和角色变化。

日本发展银行和进出口银行的功能发挥

在高增长时期，日本发展银行和进出口银行是实施 FILP 资金战略的主要工具，它负责促进和发展日本四大基础产业，即煤炭、电力、造船和钢铁。1955 年，公共银行和金融公司每年提供的 FILP 贷款和投资几乎有一半是由它们提供的。然而到了 1965 年，这一比例下降到了 1/3，1995 年下降到了不到 20%。这种下降主要是由于政府住房贷款公司的迅速扩大，其预算份额从 1955 年的 6.8% 上升到 1995 年的 40% 左右。如果以未偿还贷款总额衡量，这些变化就不那么明显了，两家银行在 1980 年申报了 1/4 的贷款。

这两家银行的贷款额相对于其他金融机构的贷款额较少，这在一定程度上反映了国家经济目标的变化，也在一定程度上说明这四个基础产业的重要性日益下降，日本更加重视制造业和新兴高科技产业发展。其部分原因还在于随着 20 世纪 70 年代中期国内金融市场的自由化，私人投资越来越多；到 20 世纪 80 年代，城市银行和地区性银行在提供贷款方面起到了积极的作用，制造业部门在投资资本方面对 FILP 的依赖逐渐减少。

1973 年日本开发银行拓宽其职权范围，使其能够为社会福利项目提供资金，并为提高生活水平做出贡献。1994 年，它的总预算为 2.292 万亿日元，其中大约一半来自 FILP 的资金，另一半来自支付利息和偿还拖欠贷款的本金，它还通过在国外市场发行债券筹集了少量资金。因此，它的收入并不完全依赖 FILP，只是其预算目标是根据国民经济目标和财政战略目标来确定的。虽然日本开发银行的作用发生了变化，贷款方案也随之改变，但它的大部分资金还是支持了私营部门的工业技术。表 24.4 显示了 1994 财政年度计划拨款的分配情况，在其年度报告中，日本开发银行声称其 1/4 的预算用于"改善生活水平和城市基础设施"，但其中只有很小一部分明确用于创造和改善"社会资本"，即环境保护和社会福利设施（日本开发银行，1995）。大部分用于城市发展、私营铁路系统的建设和改善,以及为零售和批发配送行业提供设施。对其他五个政策领域的预算分配更加狭隘地侧重于工业和技术发展,两者占总预算的2/3以上。区域发展贷款支持了城市设施和交通建设,支持产业转移,特别是服务业。

表 24.4　　1994 财年日本开发银行计划拨款

财政年度计划拨款分配	%	万亿日元	%
改善生活水平和城市基础设施		582.685	26.5
城市发展	49.1		
私人铁路	35.8		
零售及批发分销	1.9		
保护环境和社会福利	12.2		
区域发展		151.698	6.9
技术开发和推广		274.496	12.5
先进的通讯和IT网络	69.5		
工业技术	30.4		
资源和能源		805.923	36.6
核能	31.5		
能源	14.0		
多元化的能源			
资源	34.1		
节能	20.4		
日本的国际化和产业结构调整		69.601	3.2
外国公司贷款	20.5		
工业结构调整	79.5		
运输		298.292	13.6
铁路	41.5		
船运	10.4		
航空航天	48.1		
总计		2 199.005	100

资料来源:日本发展银行,1995年年度报告。

第二十四章 FILP 的成功与失败

为了使私营部门能够进行先进的技术研发,日本开发银行为电子技术、生物技术、新材料项目和电信基础设施提供了贷款。此外,用于国家能源的贷款也占到年度预算的 1/3 以上,日本开发银行积极促进核能发电,支持"巩固和加强石油工业"的项目,以及利用替代能源建造发电厂设施,其中一些项目得到了政府补贴和以特别优惠利率提供的贷款补贴,支持扩大进口的贷款变得越来越多,而对直接在日本投资的外国公司的支持程度很小。工业结构调整方案的规模较大,主要针对那些受到日元走强有不利影响的工业。交通运输业业中,铁路、航运、飞机和机场建设项目总共吸引了不超过 13% 的预算,向私有化铁路公司提供建设贷款,并为新干线铁路线的扩建提供"特别优惠利率",还向私有化的航空公司提供购买飞机的资金。1994 年,日本开发银行未偿还的贷款和投资余额共计 15 万亿日元,在六个项目领域中的分配比例几乎相同。

20 世纪 90 年代后期,随着日本政府对持续的经济衰退和国内经济结构改革压力的增大,日本开发银行通过支持新企业,促进产品开发、区域发展和对外投资,对"经济振兴"给予了明确的支持,在 1998 和 1999 财政年度向这些项目提供了一半的新贷款(日本开发银行,2000)。

在高增长时代结束后,进出口银行的作用和职能发生了根本性变化,其主要业务是提供贷款以促进出口。1975 年以后,促进进口以帮助减少日益增长的贸易顺差成为一项重要的附加功能,但由于在 1985 年以后强调促进海外直接投资和执行海外经济合作和援助的政府方案,这两项功能都被取代。到 1994 年,后者提供的未偿还的贷款占银行年度预算的 46%;对进出口的财政支持已经下降到大约 1/3。这些活动在多大程度上支持了日本的工业发展,这一点很难精确估计。如果不包括不附带条件的贷款,预算中约 45% 为出口贷款和海外投资贷款。随着日元升值以及日本公司将生产和研发设施"移至海外",后者变得更为重要。进出口银行向中小型公司提供外币贷款和"两步投资贷款",借此向有关国家的当地金融机构提供贷款,而这些机构又向日本公司在这些国家的业务提供资金(进出口银行,1995:35)。

除了日本开发银行和进出口银行外,日本政府还通过其他 FILP 机构为私营部门的工业发展提供财政支持。后福特时代的新型工业生产模式使大规模基础工业的重要性下降,而利用新技术采用灵活生产方法的中小型企业兴起。九个公共财政公司中有六个得到FILP和外国直接投资计划资金的支持,直接向私营部门产业和中小型企业提供投资和贷款。1953年成立的小企业金融公司向中小企业提供设备和长期营运资金贷款,向小企业投资公司提供长期资金贷款,也向设备出借的组织提供贷款。符合条件企业的资本应少于1亿日元,雇员少于300人。国民金融公库向小企业和领取养老金者提供贷款。农林渔业金融公库向相关企业食品加工和配送行业提供贷款。北海道—东北和冲绳发展金融公库为私营部门发展企业提供贷款和资金,后者也为工业、中小企业和商业活动提供贷款和资金。1967年成立的环境卫生企业金融公库向餐馆、理发店、酒店提供贷款。在1994财政年度,这些公司向这六个组织提供的财务支援计划拨款总额为6.777万亿日元,约占FILP总预算净额的17%。

这些公库和其他机构所提供的工业技术资助可分为三类:其职能和贷款做法支持私营部门工业发展的机构,其职能支持社会资本的创造或改善,以及其职能涉及对其他国家的援助和经济合作的机构(Wright,1998b:附录一)。先看看1994财政年度新投资和贷款的分配情况,然后分析未偿还余额的构成。

表24.4显示,虽然1994—1995财政年度FILP预算在各机构之间的分配主要是为了支持提供社会资本(60%),但超过1/3的贷款和投资用于工业和技术发展。这些比例肯定低估了间接工业支持的数量。日本发展银行和进出口银行用于支持工业的贷款的净额估算也较为谨慎。社会资本总额的增加是由于将2.778万亿日元贷给养恤金和福利特别账户,其中只有一部分直接用于住房融资。剩余贷款是否应该算作资本,这是有争议的。包括向地方当局提供的贷款主要是通过为资本项目发行债券筹集的,假定全部用于创造和改善地方的社会资本,即房屋、道路和环境的公共工程项目。日本发展银行、进出口银行和东加勒比国家组织提供的整个海外经济援助被排除在工业技术支持之外,这低估了贷款和投资产业支持的数额。例如,尽管98%的官方发展援助贷款是"不附带条件的",受援国可以自由地从任何国家采购商品和服务,但超过四分之一的贷款来自日本公司。大多数官方发展援助赠款

是双边的,而不是多边的,日本公司提供医疗服务和公共卫生、供水、农村和农业发展,以及道路、桥梁和电信等基础设施项目。

表 24.4　　　　1994 年 FILP 分配给各机构的预算构成[a]

	万亿日元	万亿日元	%
工业和科技支援		13.902	35.2
6 个公共金融公司	6.777		
日本发展银行(40%)	0.829		
进出口银行(20%)	0.345		
24 个其他机构	5.951		
社会资本		23.796	60.37
住房贷款公库	8.963		
中等入息公寓	1.423		
日本发展银行(60%)	1.243		
养老金及福利服务公司	2.778[b]		
17 家其他机构及专用账户	1.440		
地方权威,公共工程等	6.500		
地方公营企业金融公库	1.449		
经济救助和合作		1.710	4.2
进出口银行(80%)	1.035		
海外协力基金	0.641		
其他	0.034		
总计		39.408	100

注:a. FILP 初始预算。
资料来源:根据 1996 年 FILP 报告的数据和莱特机构分类(1998b)。

1998 年 3 月底 FILP 支持机构的未偿贷款余额分析表明,社会投资和工业投资之间的分布情况类似,表 24.5 按大小对它们进行了排列。29 个机构占总数的 97.4%,其中一半以上由 4 个机构提供,没有一个被归类为工业机构。除为资本市场运作的投资组合管理提供全部或部分资金的贷款,以及发放给一般账户的贷款外,未偿贷款和投资余额总额大致按 60∶30 的比例分配给社会资本和工业资本，其余部分由海外经济合作和援助贷款构成。这一比率略高于上文所分析的 FILP 年度预算中的新贷款和投资的比率，部分原因是社会资本项目的贷款和投资比较新，赎回贷款和投资的时间比工业贷款和投资的时间短。但这也可能表明，在社会资本上赎回贷款的难度更大，因为社会资本的投资回报率不足以抵偿借款成本，而且由于对利润的期望值较低，无法偿还本金。然而，一些工业项目的贷款主要用于支付持续债务的成本，例如日本国际信贷保险公司的债务结算公司。关于未清余额在产业资本和社会资本之间的分配将在第 28 部分内容中讨论。

因此，我们可以得出结论，尽管 20 世纪 60 年代国家经济目标发生了变化，但日本政府继续通过 FILP 提供贷款和投资，支持工业和技术发展。这种支持的水平远远高于大藏省声称的到 1996—1997 年低于 3% 的水平。每年大约 1/3 至 2/5 的 FILP 资金用于直接和间接资助新的工业资本项目。

表 24.5 1998 年 3 月末 FILP 执行中的各机构未偿贷款余额

	万亿日元	%
地方当局组织	73.8	18.7(社会)
政府房屋贷款公司	71.8	18.2(社会)
邮政储蓄专用账户	45.6	11.6(投资组合)
退休金及个人福利服务	34.8	8.8(社会/投资组合)
日本高速公路 PC	20.9	5.3(工业)
地方公营企业金融公库	14.5	3.7(社会)
日本发展银行	14.3	3.6(社会/工业)
住房和城市发展公司	14.0	3.5(社会)
邮政人寿保险福利公司	14.0	3.5(投资组合)
日本铁路结算公司	11.7	3.0(工业)
国民金融公库	8.6	2.2(工业)
进出口银行	8.2	2.1(经济合作/工业)
往来账户预算	8.2	2.1
中小企业金融公库	6.9	1.7(工业)
先进运输公司	4.7	1.2(工业)
海外协力基金	4.4	1.1(经济合作/工业)

续表

	万亿日元	%
农林、水产金融公库	4.2	1.1（工业）
城市高速公路公共公司	3.7	0.9（工业）
国家森林特别账户	3.6	0.9（工业）
阪神高速公路公共公司	3.1	0.8（工业）
本州—四国桥梁管理局	2.1	0.5（工业）
社会福利及医疗服务公司	2.0	0.5（社会）
JR建筑股份有限公司	1.7	0.4（工业）
冲绳发展金融公库	1.6	0.4（工业）
北海道—东北发展金融公库	1.4	0.4（工业）
水资源开发金融公司	1.4	0.4（社会）
政府土地特别账户	1.2	0.3（社会）
环境卫生企业金融公库	1.1	0.3（工业）
机场发展	1.0	0.3（工业）
	384.5	97.4
其他	10.3	2.6
FILP		
未偿还贷款的总余额	394.8	100

资料来源：FILP报告。

FILP绩效

就年度损益合计账目而言，信托基金局特别账户通常显示少量盈利。在1998财政年度结束时，基金的管理收益主要是支付贷款和证券的利息，共计18.3万亿日元，经营费用略低，几乎全部用于支付存款利息。这有1.6万亿日元的盈余，大大超过前几年，原因是存款利率随着市场利率的下降而降低。邮政人寿保险基金特别账户通常也有小额盈余（FILP，1999）。无论是基金还是FILP机构的公布账目，都没有披露FILP每年总额约40万亿日元（占国内生产总值的8%）的净投资的成效。尽管据说每个FILP机构都执行其项目，但没有公开的证据表明投资于某些项目的资本回报。盈利较多和盈利较少的项目之间存在交叉补贴,项目本金的偿还期往往被延长。在理论上,每个机构都必须偿还通过FILP向其提供的贷款债务,但是有些机构在大部分时间里无法偿还债务,如日本国际信贷银行和林业厅。财政局的第二基金部在审批申请时,考虑了每家机构的整体业绩记录,但没有公开披露哪些项目证明可获得利润,以及需要按照最初商定的条款偿还贷款。由于大多数此类贷款是长期贷款,在相当长的一段时间内,供资决定的合理性和有效性并不明显。但是FILP已经运作了40多年,到了20世纪90年代,至少在每个机构内部和财政部门应该得到20世纪50年代和20世纪60年代的长期贷款和投资的结果,更令人感兴趣的是评估自调整国家目标以来供资决定的效果和有效性,以及强调创造和改善社会间接资本。但也存在明显不足,那就是盈利能力被认为是不适当的或可以被灵活解释的。我们在第二十八章中回答这一问题和其他效率问题,该章探讨了1997年开始的改革进程的起源、内容和影响。

1945年以后,在关于政府信贷政策对日本经济表现的贡献的持续辩论中,使用FILP资金促进和支持工业技术发展的成效性是一个重要问题。简而言之,考尔德(1993)对第二次世界大战后一段时期政治经济活力的传统解释提出了质疑,在第二次世界大战后,国际发展银行和进出口银行等由国际发展银行资助机构被认为在领导国家发展中起到了关键作用。他认为,1953年至1986年期间,政府信贷支持的部门模式变化不大,并得出结论认为,在高增长时期以及此后的工业增长更多地归功于"企业主导的战略资本主义",在这种资本主义中,公司和企业的私营部门机构被赋予了突出的作用。"战后日本的国家信贷分配在刺激日本经济发展方面,尤其是在支持新兴产业的发展方面,远没有发展型国家理论家查尔莫斯·约翰逊所说的那么重要"(考尔德,1993:261)。

如果这种解释是正确的,那么这种解释就提出了一些重要的问题,包括高增长时代结束后日本追赶西方的FILP持续增长的理由,以及如何使用更大的FILP预算资金来促进新产业发展和减缓衰退产业的衰退,为研发新产品、技术和工艺提供资金,以及支持中小型企业发展的效率。FILP的工业基金为自民党提供了选举和财政支持的传统来源。考尔德（1993）借鉴了 Hirose Michisada（1981）的观点，评论说："自 1974 年以来，国民金融公库的大部分贷款都以不同寻常的无抵押方式投标给了小型公司，共计 200 多万家。而这些公司恰恰是内阁议员和民主党议员的保守派政治利益的掩护。在整个 1975—1999 年期间，该公司吸收了 FILP 净预算的 11%～12%；到 1996 财政年度，分配了 3.25 万亿日元，成为 FILP 基金的第二大接受者。

总　结

对 1975—2000 年期间预算支出的规模、组成和分配趋势的分析提出了六个主要结论。

第一，计划预算"总额"通常由大藏省分析师和评论员使用，对 FILP 在中央政府预算中的规模和国民经济中的作用有不利影响。通过人为操控使用计划总额和订正总额能够使生产性支出总额值提高，投资和贷款方案的净支出总额值降低。例如，1991 财政年度修订后的规划总额为 39.614 万亿日元；经中央政府借款、证券组合基金结转，调整后的净支出总额为 29.105 万亿日元，相差约 36%。相应地，在 GDP 中所占的份额下降了 2% 以上。误解、用不正当手法引诱和操纵的可能性是显而易见的，如经合组织利用大藏省提供的数据计算经合组织资金总额时，低估了分配给公共工程以及 11 家公共银行和金融公司的 FILP 资金的比例（经合组织，1993：表 25）。

第二，无论采取何种措施，FILP 从 1975 年开始的持续增长是毋庸置疑的。这种增长的部分解释是，FILP 越来越多地用于原定计划以外的目的，包括为中央政府借款提供资金，开展资本市场业务，为信托基金局基金的一些投资提供更高的回报。20 世纪 60 年代，虽然通过诸如日本开发银行和进出口银行等公共机构提供的工业投资需求急剧下降，但其他社会投资需求，包括住房、福利以及环境和休闲设施，得到了更高的优先考虑。FILP 及其投资资金分配机构的宗旨发生了根本性变化。未来盈利能力标准表面上将 FILP 在一般账户和特别账户中资助的项目区分开来，因为在这些账户中预期不会以回报作为投资的条件，但在实践中没有严格遵守这一标准。使用 FILP 资助社会资本项目和高风险技术项目,这些项目以前即使有资金也是通过一般账户或特别账户提供的。扩大 FILP 预算有助纾缓一般账目的预算,为其部分项目如公共工程和公共设施建设提供替代资金来源,并为亏损的项目提供补贴。由于资本投资和公共工程方案在计划的一般账户预算中受到挤压,有助于扩大 FILP 为自民党继续向当地小企业、房地产和建筑业以及农民提供优惠和福利。1976—1992 年期间,分配给 FILP 的道路和桥梁建设资金数额增加了五倍,这些机构在 FILP 资助的所有公共工程中所占份额从 2/5 增加到 2/3。

第三,大多数 FILP 基金分配给中央而不是地方政府控制的组织,当然有些地方和区域受益于 FILP 中央机构的投资和贷款分配。

第四,向组织和政治领域分配 FILP 资金具有选择性和歧视性特性,它的优先次序反映了国家经济目标的变化。虽然从发展工业、基础设施到社会福利、环境建设的转变是在 1975 年之前,但在随后的 20 年中为支持这些政策,FILP 的资源继续不断地转移。例如:住房项目仍然可以受到优先考虑,而教育、交通和通讯等项目则得到的资源较少。

第五,尽管从支持工业投资转向支持社会投资,但变化的程度比大藏省声称的要小。实际上,在整个 20 世纪最后 25 年期间,FILP 的 1/3 至 2/5 的资金继续用于支持工业和技术发展。

最后,几乎没有证据表明在 FILP 机构之间的 FILP 预算分配中存在"平衡"和"份额公平"。预算扩张的主要受益者是少数公共保险公司,它们大多由大藏省控制或与其他中央部门联合监督。在中央政府控制的公共工程机构中,修建道路和桥梁的机构比修建住房的机构吸引了更多的资源。在 1975—1999 年期间,这种将资源集中于少数机构的趋势变得更加明显。以高于一般账目预算的年度增长率继续扩大 FILP 预算,为实现这些不断变化的优先事项提供了一个轻松的手段。年度预算过程是一个积极的博弈过程,其中大多数但不是所有政策领域和方案及机构都享有持续的预算增长,尽管增长率有所不同。

第五部分

效果和效率

第二十五章　财政重建："烟雾与镜子"

自1975年财政危机爆发以来,大藏省的主要目标是减少一般预算账户赤字,并在较长时期内消除赤字,恢复高增长时期普遍存在的预算平衡状态。本章评估了自20世纪80年代末,为实现这一目标所取得的实质性进展。从20世纪90年代初经济衰退时开始,这个进程先是放缓,随后停滞不前,最终因为经济发展需要更多的公共支出、政府借款和税收减免而实现了翻盘。它分析和评估了大藏省在20世纪80年代和90年代初,在"财政重建"和"财政整顿"的旗帜下发起,并试图实施的政策的效果和有效性,以及在之后剩余十年里取代这些政策的逆周期扩张政策。第四章和第二十二章的内容,讨论和评价了历届行政改革临时委员会和总务厅对财政重建的贡献,特别是通过将一些公共企业和政府企业私有化,来缩小公共部门范围和减少其规模、成本的政策,以及其他提高中央行政部门效率和经济的政策。

首先,本章考察了大藏省增加收入的政策的效力,以及大藏省通过直接税和间接税之间实现更好的平衡来改变税收结构的尝试。第二,讨论大藏省试图缩小财政差距,尤其是消除特殊赤字融资债券的发行的情况,这已成为其控制公共财政的象征。第三,考察大藏省对一般账户预算中支出增长的控制,将控制的表面现象与内在现实进行对比。接下来的内容展示了大藏省如何巧妙而成功地操纵公共支出在普通账户预算、FILP还有38个特别账户之间的流动,以及其创造性的管理与"临时特别措施"的使用相结合,从而达到缓解一般账户预算的压力的目的。结论对证据进行了总结,并对大藏省的业绩进行了全面评估,对其没有取得更大成功的原因的解释则留在第二十九章内容中讨论。

增加税收

本章内容并不关注税收政策的效力,也不关注特定税收的分配、负担、公平和结构本身,这些都是大藏省在整个时期一直在努力解决的问题(Ishi,1993),同时关于日本税收制度在多大程度上是"促增长"还是"倒退的",是否对资本和再分配产生敌意,这是一场激烈的辩论,这里也都不再赘述(总结和分析参考德威特和斯坦默(DeWit and Steinmo,2001)。

根据第十三章内容所述,税收的利息被限制在大藏省的财政重建政策规定的目标中。第一,增加税收,为不断增加的公共支出提供资金,并缩小财政赤字;第二,改变税制结构,为税收提供长期稳定性。官僚政治和"理性主义"为实现这些目标的战略和策略奠定了基础,它们的效果和效力,尤其是在引入消费税的三次主要尝试,KatoJunko(1994)、Muramatsu 和 Mabuchi(1991)进行过阐释,并在本书的第十三章内容中已经作出了研究。

大藏省在 1980 年至 1987 年的财政重建期间,加征额外税收的政策使其能够支付不断增长的总支出费用和偿还日益增加的未偿债务的利息。除 1982 年外,税收和其他收入(不包括政府借款)的年增长率,无论是从数量还是百分比上来说,都高于一般账户预算及其内部的总支出。因此,大藏省可以率先控制 1981 和 1982 年的财政赤字规模,然后逐步开始缩小差距。然而,在财政重建期结束时,仍然有超过 11 万亿日元的缺口。大藏省并未成功扭转而只是稍稍缩小了 20 世纪 70 年代以来的总支出超过总收入的趋势,见图 25.1。

缩小财政差距的成功实践,仅仅有部分原因归功于持续且适度的经济增长条件下的税收增长。税率和起征点的变化是取得成功的重要因素。表 25.1 显示税收负担占国民收入的比例增加了 4.2%,从 1980 年的 22.2%增加到 1987 年的 26.4%,在国内生产总值中所占份额越来越大。社会保障缴款占国民收入的比例也有所增加,但速度要慢得多。1980 年税收和社会保障合计占国民收入的 31.3%,1987 年占 37%。

第二十五章 财政重建:"烟雾与镜子"

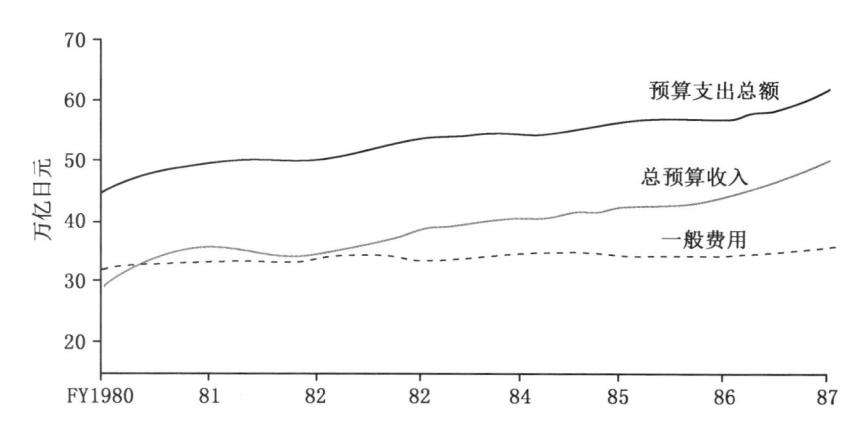

图 25.1 重建期间的财政收支的一般账户预算变化,1980—1987 财年

表 25.1　　　1980—1981 财年财政重建期间税收负担的增长[a]

财政年度	国家和地方税收占国民收入的百分比	社会保障缴款占国民收入的百分比	税收负担（%）
1980	22.2	9.1	31.3
1981	22.8	9.8	32.6
1982	23.1	10.0	33.1
1983	23.4	10.0	33.4
1984	23.9	10.1	34.0
1985	24.0	10.4	34.4
1986	24.9	10.6	35.5
1987	26.4	10.6	37.0

注:a 一般预算账户结算。

资料来源:大藏省预算局,1996 年日本预算概要。

不断增加的税收负担受制于 1982 年 7 月第二届行政改革临时委员会制定的审慎参数,其中规定比率"必须保持在远低于欧洲国家（约 50%）的水平上",而且受自由民主党选举战略的政治限制(大藏省,1996)。

尽管人们对日益老龄化的人口所带来的不断加重的税收负担深感担忧,但与其他七国集团(工业国家)国家相比,日本在 20 世纪 80 年代中期(此后一

495

直保持)税收负担较低。只有美国的比率低于日本,其他七国集团国家的比率都接近或超过50%。大藏省更担心的是其反常的税收结构,即它对直接税收的依赖程度比那些国家更高。

直接税和间接税

在整个1975—2000年期间,大藏省一再提请注意因依赖直接税而不是间接税所造成的税收不稳定,并且认为在其他工业化国家,增值税和类似税种的采用产生了更稳定的税收来源,而这些税收对累进所得税的依赖较少(相对于间接税的变化来说,收益率随着经济活动水平的变化更大)。在对政治家和选民进行教育,让他们了解政府在财政重建期间积极推行国家消费税的好处的运动中,它将当前直接税和间接税的收益与两次世界大战期间的收益进行了对比,当时间接税的收益是直接税的2倍。

在采取财政重建政策之前的几年时间里,直接税与间接税的比率超过了2∶1。1981年直接税占70.1%,间接税占29.9%。1981年到1988年的税制改革期间,直接税的比例增加了3%,达到73.2%,间接税相应减少。因此,大藏省未能扼制1980年前观察到的直接税对间接税比重增加的趋势。来自间接税的收入,尤其是来自商品税的收入增长要缓慢得多:两者的不平衡从1976年的32.5%的高点下降到1989年的25.8%的低点,这充分证明了大藏省在20世纪80年代对增加间接税收入的担忧是有道理的。

事实上的情况甚至更糟,因为这项分析是基于对政府在全国范围内征收的所有税收总数据的解释。通过调整数据以显示一般账户预算财政资金的税收总额,可以更准确地评估大藏省为实现减少中央政府一般账户预算赤字的目标而采取的财政政策的有效性。每年,全国征收的间接税总额中,有2%至5%(相当于1993年的约3万亿日元)是通过特别账户按照法律规定直接或间接分配给地方政府的抵押收入,因此无法为一般账户支出提供资金(只有很小一部分直接税收用于抵押,在统计上微不足道),例如,1993年,全国直接税总收入与间接税总收入的比率为69.4∶30.6。调整抵押收入后,该比率上升至73.3∶26.7。间接税的抵押有两个与目前讨论相关的影响。首先,它减少了大藏省可用于一般账户预算的税收总额,从而增加了收入短缺的问题。其次,纳入抵押收入扭曲了税收结构。

表25.2调整了大藏省公布的官方统计序列,以允许抵押。在此基础上,在采取重建政策的前一年,这一比率为3∶1。此后,这一比例变化很小,直到经济"泡沫"的强劲收入(主要来自企业税)将这一比例推高至1989年的近4∶1。因此,尽管大藏省在20世纪80年代多次试图改变税收结构,最终导致1988年的改革,但是在改变可用于支付一般账户预算支出的直接和间接税收之间的平衡方面,几乎没有取得任何进展。

表25.2　1980—1989财年普通账户预算中的直接税和间接税比率[a]

年份	直接税收入	间接税收入	比例
1980	75.0	25.0	3∶1
1981	73.7	27.0	2.7∶1
1982	74.2	25.8	2.9∶1
1983	73.6	26.4	2.8∶1
1984	75.2	24.8	3∶1
1985	74.6	25.4	2.9∶1
1986	73.0	27.0	2.7∶1
1987	74.8	25.2	3∶1
1988	75.2	24.8	3∶1
1989	79.0	21.0	3.8∶1

注:a. 普通账户结算预算。
资料来源:根据麻省理工学院每年出版的《日本统计年鉴》表14~17页内容计算整理。

1988年的税收改革旨在解决税收结构的一些潜在弱点,并为抵消人口日益老龄化的影响提供更广泛的基础。但税收结构大大背离了经济中立和横向公平的原则,因为所得税税基更狭隘地侧重于劳动收入的征收上。这些改革旨在通过将更多的个人和企业税收纳入税收网络,并通过国家消费税增加个人税收的比重,从而扩大税基的范围。表25.3比较了立法前后税收改革带来的影响。所得税税率进行了调整,企业税税率降低,个人所得税等级简化,税率进行了修订。尽管有这些变化,税收负担仍然集中在所得税上,而不是商品税和服务税上。

表 25.3　　　　　　　　1988—1990 财年中央财政税收来源及构成[a]

	1988 年税前改革	1990 年税后改革	OECD(经济合作与发展组织)平均值
个人所得税收入占 GDP 的百分比	7.0	8.4	11.9
个人所得税占税收总额的百分比	32.2	37.8	30.5
公司所得税收入占 GDP 的百分比	7.5	6.8	2.8
公司所得税占税收总额的百分比	34.3	30.4	8.0
所得税总额占 GDP 的百分比	14.5	15.2	13.7
所得税总额占税收总额的百分比	66.5	68.3	38.5
商品税和服务税收入占 GDP 百分比	3.9	4.1	12.6
商品税和服务税收入占税收总额的百分比	17.7	18.6	30.1

注：a. 普通账户结算预算。
资料来源：经合组织《经济调查：1993 年日本》。

1989 年实施的国家消费税旨在帮助纠正这种不平衡，并缓解横向不公平和不合规问题。同时也旨在增加财政收入，并提供更稳定的未来收入来源。1980 年至 1988 年间，消费税总收入增长缓慢，每年贡献不到总税收的 4%。随着国家消费税的开征，消费税总额及其在税收总额中所占的份额都大幅增加。然而，并不是所有的收入都可用于一般账户预算中的财政支出项目。每年有近 1/4 财政收入是通过地方分配税按法定比例分配给地方政府的。1997 年，消费税提高到 5%，分为国家消费税(4%)和地方消费税(1%)，前者由中央政府统一征收，后者由县政府评估和征收。然而，中央政府在国家消费税中的份额现在只有 70.5%，其余部分通过一般账户预算中的地方分配税分配给地方政府。表 25.4 显示了在通过地方分配税支付指定比例之前，征收的消费税收入金额以及中央政府在总额中所占的份额。

表 25.4　　　　　　　　1989—1999 财年全国消费税[a]

年份	收入总额（万亿）	年度变化（%）	占总税收的百分比	中央政府在收入总额中的份额
1989	4.09	100.0	7.2	3.27
1990	5.78	41.6	9.2	4.62
1991	6.22	7.6	9.8	4.98

续表

年份	收入总额（万亿）	年度变化（%）	占总税收的百分比	中央政府在收入总额中的份额
1992	6.55	5.3	11.4	5.24
1993	6.98	6.5	12.2	5.59
1994	7.04	0.9	13.0	5.63
1995	7.24	2.8	13.2	5.79
1996	7.57	4.6	13.7	6.06
1997	10.11	33.6	18.2	9.30
1998	12.62	24.9	24.7	10.07
1999	14.15	12.1	28.8	10.45

注：a 普通账户结算预算资料来源：大藏省税务局 1997 年提供的数据；环境省，2000 年；内阁办公室，2000 年。

从 1990 年到 1996 年，消费税收入稳步增长（列 1 和列 2），在总税收中所占比例呈递增趋势（列 3），1997 年的变化导致两者都急剧上升。尽管这一增长仅部分归因于税率的提高，但到 1998 年，消费税占了税收收入的 1/4。正如大藏省预测的那样，在经济衰退时期，间接税收益比所得税和企业税更多。由于 1998 年和 1999 年税收总额急剧下降，消费税所占比例上升。

引入和改变国家消费税产生的影响有三个方面。第一，它们有助于纠正直接税和间接税之间的不平衡问题。第二，尽管中央和地方政府财政变得更加依赖间接税，但仍有 60% 以上的收入来自所得税和企业税，远高于七国集团的平均水平。虽然企业税税率从 1998 年开始大幅降低，但仍高达 41%，高于大多数七国集团国家。第三，在 1997 年实行更高的税率之前，中央政府从消费税中分得的收入份额（第 4 列）仅略有增加。1999 年，为了提供抵押，改变了国家消费税收入使用的预算规则。中央政府的全部份额专门用于资助社会福利项目，一定程度上可以减轻公众对税收的敌意。然而，收入不足以支付社会保障、医疗保健和护理的全部费用。2000 年，估计收入为 6.9 万亿日元，低于这些方案中 9.1 万亿日元的计划支出；再加上收入和企业所得税税率削减 10 万亿日元导致的其他收入大幅下降，税收收入持续不足重新将人们的注意力集中在税收结构改革上。1999 年 2 月，首相的经济战略委员会指出了这一制度的不足之处,政府税务委员会在第二年对整个税收制度进行的三年期调查报告中也反映了这一点。经济合作与发展组织(1999b)呼吁进行全面改革,敦促政府在未来十年内,通过提高税率、消费税基数和个人所得税起征点,将税收占国内生产总值的比率提高了3.5%以上。

1987—1991年财政"整顿"

随着1987年从财政重建向财政整顿的过渡,以及随之而来的泡沫经济中财政政策的放松,收入和支出都有实质性增长(Wright,1999b:表6)。直到1992年,收入的年增长终于超过一般支出和预算总额的年增长,所产生的盈余能够偿还一些以前的未偿债务、借款以及一般账户预算和特别账户之间的转账。此后,经济增长放缓,陷入衰退,收入下降,导致收入的年增长不足以支付1997年之前的一般支出。

1991年,一般账户预算的税收收入在25年来首次下降,并连续四年下降。从占国内生产总值的比例来看,九年中有八年下降,从1990年的13.7%降至1999年的9.5%(大藏省,2000 a)。1999年的修正预算中45.678万亿日元的估计数是十多年来最低的,比1997年下降了20%(Wright,1999b:表7),其中公司税收入下降幅度最大,从1989年的18.9万亿下降到1993年的12.1万亿日元,反映了公司利润的减少。从1991年到1994年,所得税的收益下降了25%以上。在整个经济衰退期间,间接税收入持续增长,尽管增速较慢,但如前所述,新消费税贡献了更大一部分。直接税和间接税的对比趋势充分证明了大藏省的说法,即间接税的收入更稳定,更少受到周期性变化的影响。如果没有新消费税的收入,财政收入缺口会更严重。1994年春季,在5万亿日元的修正收入估计数的背景下,大藏省(通过细川护熙总理)发起了首次罢工,目的是引入国家福利税来增加收入,但以失败而告终。

总而言之,在整个20世纪80年代持续存在收入短缺问题,并且由于20世纪90年代之后进入衰退年份,经济活动放缓,更加剧了短缺问题,而财政重建政策旨在长期解决这一问题。一段时间以后,政府筹集了足够的收入,为一般账户预算中有限的一般支出增长提供资金,在泡沫经济年代的一个短暂时期内,在清偿未偿债务方面取得了一些微小的进展。大藏省将直接税转为间接税的长期目标几乎完全失败。20世纪90年代初,即使国家消费税导致间接税大幅增加,也无法扭转日益依赖直接税收入的趋势,并仅仅恢复20世纪70年代末的5∶2比例。实际上,这一比例对于可用于为一般账户预算提供资金的净税收收入(在向地方政府抵押后)来说更接近4∶1。

最后,虽然国民税收占国民收入和国内生产总值的比重逐年略有增加,从1975年的大约1/4上升到20世纪末的1/3以上,但日本选民的税收仍然比其他七国集团国家低,而且远在老龄人口可接受的负担的自我设定参数范围内。图25.2显示了与其他七国集团国家的比较:日本社会保障缴款与税收合计占国民收入的36.9%,与美国相当,但低于英国(48.9%)、德国(55.9%)和法国(64.6%)。

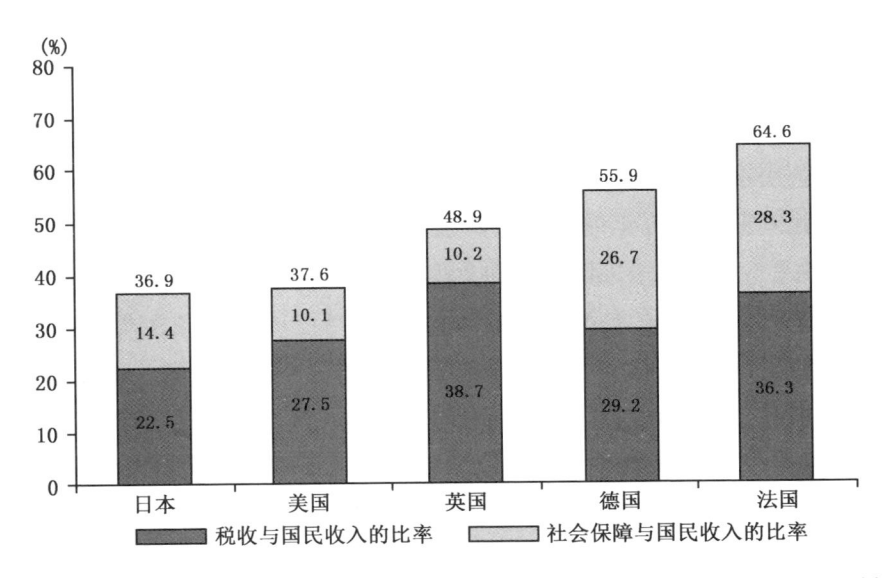

图25.2 七国集团的部分国家税收和社会保障缴款占国民收入之比,1996—2000财年

财政赤字与政府借贷

收入赤字和盈余的影响

总收入和总支出之间的差额通常被视为政府借款所弥补的预算赤字。

大藏省将测量和处理的差额作为债券依赖性比率,即发行政府债券在一般账户预算支出中所占的比例。通过这样的方法定义赤字,能够区分并且向政治家、官僚和客户展示通过发行普通建筑债券来支付资本投资的借款和通过发行特殊赤字融资债券来支付税收和其他来源收入未涵盖的经常性支出的费用之间的区别。

这种区别在法律上和经济上都很重要。1966年,建筑债券根据1947年《公共财政法》第4条首次发行,当时的预算自实施以来首次出现失衡,此后每年都是如此。1975年,随着财政危机的出现,政府颁布了一项特别法律,允许发行特别赤字融资债券以弥补财政收入不足。作为一项"例外"和临时措施,该法律必须在计划发行此类债券的每年重新颁布。在经济上,大藏省对这两种借款的不同目的所作的区分类似于所谓的"黄金法则"的概念,即政府每年或在一个经济周期内设法避免借款来支付当前的收入支出。

大藏省在财政重建期间的主要政策目标是降低整体债券依赖比率,并在该比率范围内取消发行特别赤字融资债券。每年2月公布的《国家预算中期财政预测》中列出了五年内的支出和收入预测,以达到发行新政府债券的规定目标水平。人们对未来国内生产总值和收入增长的弹性做了各种各样的假设。为了适应增加的公共开支的压力,特别是偿债的固定成本不断上升,税收收入的预测是按估计开支与预算目标之间的差额计算的。总支出和总收入(包括借款)之间的差额是平衡账户所需的调整,在支出部与预算局之间的谈判中,这被视为削减支出的名义目标。收入预测已纳入初步预算,在12月发表《经济展望》后,在修订的补充预算中加以调整。从1981年到1986年,这一调整导致初步预算的税收估计较低,借款估计相应较高。在泡沫经济时期,补充预算中的税收修正估计数高于初步预算(以及从中得出的中期财政预测)中计划的税收总额,但政府借款的税收修正估计数仅在1988年较低。这是因为大藏省利用产生的额外收入赎回了更多的国债,并偿还了各种特别账户中的一些临时贷款和现金转移。

从1991年开始,大藏省对初始预算中税收的估计过于乐观,于是在面临经济衰退的情况下,需要在补充预算中做大幅向下修订。在财政年末结算时,实际取得的收入与中期财政预测中预测的初步一般账户预算之间出现了

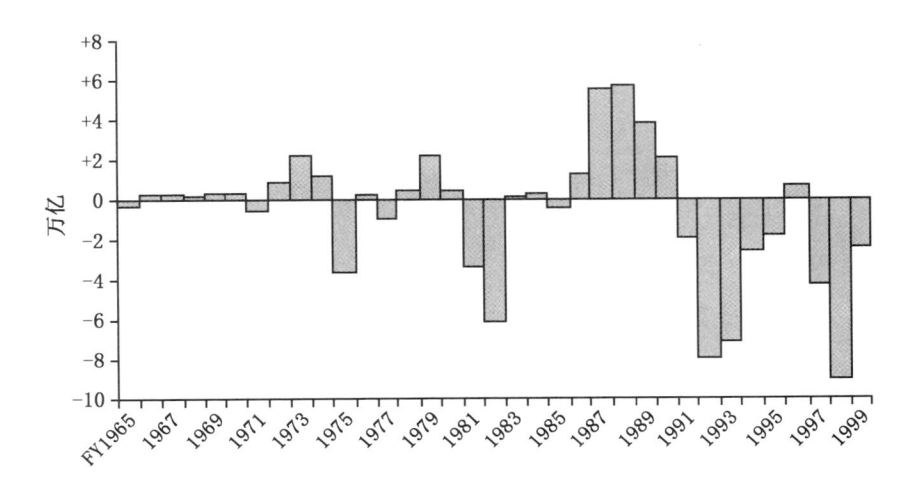

巨大差距。图 25.3 测量了这些差异。

图 25.3 税收:短缺和盈余,1965—1999 财年

在经济高增长时期,大藏省故意低估税收收益,以维持非正式的游戏规则(在第二章中讨论过),即税收负担不应超过国民收入的 20%,并继续通过高于预期的经济增长所产生的收入的"自然增长",为自由民主党的年度减税提供融资手段。那么,除了 20 世纪 80 年代末的泡沫经济时期之外,大藏省为何自 1975 年以后的大多数年份有意并一贯高估税收收益? 首先,通过这样做,它可以在中期财政预测和基于中期财政预测的初步预算中提出相应较低的政府借款估计数,与降低债券依赖率的主要政策目标相一致。该报告于 2 月份发布,针对未来 14 个月的财政年度,其中的收入预测显示了大藏省的意图,及其在借款目标方面的预期进展。大藏省以实现这一目标为主要政策目标,并考虑到支出水平有限但不断上升,收入预测几乎没有剩余。如果政府借贷必须削减,而支出可以被限制但不能被削减,那么收入的估计就必须提高。其次,通过提高收入估计,大藏省可以避免大幅削减总支出和一般支出的分配。由此造成的收入短缺通常通过补充预算借款增加、短期财政权宜之计以及操纵预算和账户来弥补。我们将在本章后面讨论这些问题。

政府借款

在 1987 年至 1991 年泡沫时期的经济扩张期间,大藏省故意低估中期财

政预测和初步预算中的税收收益。这样做等于是大藏省向支出部门发出了一个信号,即在春季和初夏编制和谈判预算上限时,收入资源将限制支出。它之所以这样做是因为知道在结算时会有实际的收入盈余,以便结转到下一个财政年度偿还国家债务,并偿还临时贷款和转账。我们将在本章后面讨论这些盈余的使用和操纵。

大藏省未能充分增加收入,以覆盖20世纪70年代末以来的普通账户预算更温和的增长率,这使得其借款和支出目标的实现对财政重建的成功至关重要。正如第13章所解释的,减少政府借款的目标是明确的,比收入或支出的目标更明确。尽管它确实能够通过操纵普通账户预算、FILP信托基金局基金以及各种特别账户减少政府借款的表观水平,但是,为实现这些目标而规定的精确目标和日期使得大藏省也难以掩盖失败,因此在实现特定目标方面,减少政府借款取得了更有利的进展,后面再详细讨论。

为经常性支出使用特殊赤字融资债券提供资金这一行为违反了大藏省在20世纪80年代阐述和重申的国家财政"健全管理"原则,详见第13章。取消这种债券是大藏省财政重建开始时的主要目标,大藏省根据实现这一目标的进展情况评估其政策的成败。正如我们所见,它在1980年和1984年两次都未能在规定的目标日期前实现这一目标,最后在1990年取得成功,这是15年来第一次没有通过发行特别赤字融资债券来弥补部分财政赤字。

然而,反周期支出和收入下降相结合是后来经济衰退时期的特征,这导致普通账户预算的融资迅速恶化,使得大藏省不得不在1994年恢复发行,并在1995年和未来五年继续大量增加发行额。1996年发行了近12万亿特别赤字融资债券,这在当时是有史以来的最大数额,超过了建筑债券的总额。但是,1998年发行了17万亿日元。超过了这一数字,次年发行的总额为25.5万亿日元,占国内生产总值的5%以上。由于泡沫经济可以通过额外收入来消除融资债券发行的特殊赤字,长时期的衰退加强了它们的复苏。这是大藏省重建政策的一大败笔,消除这些障碍也成为其政策效力的首要目标。

这一目标是降低政府借款占总支出的比例的更广泛目标的一部分,这一比例是以债券依赖率衡量的。大藏省几乎和消除特殊赤字债券一样重视降低这一比率。这两者密切相关,降低债券依赖率必然意味着发行的新债券数量减少。当债券依赖比率上升时,大藏省有时能够完全通过发行普通建筑债券来提供必要的额外借款。

大藏省在重建期间成功地降低了债券依赖率,主要原因是大藏省改善了对普通账户预算总支出的控制,也有一部分原因是在增加收入方面取得了一定的成功。除了 1979 年和 1988 年之外,修订后的债券发行规模总是超过最初预算的计划规模。图 25.4 显示了这些问题的总额与普通账户预算总支出之比所呈现的趋势的三个不同阶段。第一阶段,有一段时间增长迅速,由于 1975 年出现的财政危机以及两次石油危机对相关的经济事件产生一定的负效应,公共支出急剧增加;1979 年达到最高点,当时政府借款占总支出的比例接近初步计划一般账户预算的 40%。第二阶段,从 1980 年到 1991 年,这一比率逐步下降到 7.6% 的低点;受到这一成功的鼓舞,大藏省进一步设定了一个精确的时间和数值目标,即到 1995 年将这个比率降低到 5%。

图 25.4 中央政府债券发行的计划预算和修订预算对比,1975—2000 财年

第三阶段与经济衰退同时开始进行,其特点是比率每年急剧上升,达到了 1996 年计划预算的 28%。随着 1992 年至 1995 年期间六个小型预算的采用,修订发行债券的比率变得比最初预算中计划发行的比率大得多,反映了为资本投资和公共工程项目融资的额外政府借款数额的大幅度增加。例如,

日本的财政危机

1993年,初始预算出台后发行的债券数量翻了一番,债券依赖比率从计划的11.2%上升到20.9%,是十年来的最高水平。在接下来的四年中,每年都超过这个水平。修订后的发行规模占预算总额的近30%,将债券比率降至5%以下。实践证明,这些改革设想只是一个愿望,不仅实现目标日期被推迟,直到1999年实现目标的年度削减计划才基本实现。所以大藏省将这些目标定义为"中期基准目标"(大藏省,1994)。虽然,在1997年的《财政结构改革法》中纳入了到2003年实现3%这一更宏伟目标,但这一目标的实现不断被推迟,因为桥本首相在1998年春天执行了一项不太受欢迎的政策,即采取反周期措施以应对严重衰退。在1998年修订的补充预算中,发行的债券数量从计划的15.57万亿日元增加到34.00万亿日元,相当于普通账户预算总支出的近40%。1999年计划发行的31.050万亿日元是最初预算中有史以来最高的,相当于预测国内生产总值的6%以上,其中2/3以上是特殊赤字融资债券。补充预算又增加了7.5万亿日元,到2000年3月底,总数达到38.616万亿日元,占总预算的43%以上。新的世纪标志着进一步的增长,计划发行的债券超过了预算的近40%。

对于财政借款,大藏省还有另外两个相关但更广泛的政府借款目标:减少未偿债务累积规模,以及削减年度偿债成本。这些年度成本表面上是"固定的",它们占据了越来越多的总预算,导致了"财政僵化"。大藏省早期曾宣布这种僵化有悖于其"健全的财政管理"的原则。在整个重建和巩固时期,它不断强调,只有在债券到期时逐步赎回,才能恢复财政灵活性。然而,通过在到期时退还债券来做到这一点的时间越长,未来的负担就越大。人口逐渐老龄化也是产生焦虑的另一个原因。在1997年《财政结构改革法》之前,没有为债务或年度服务成本的最佳或可接受水平设定目标。图25.5显示了1975—2000年期间未偿债务的趋势,从总额14.9万亿日元上升到327万亿日元,占国内生产总值的比例从不到10%上升到75%。几乎在整个财政重建期间,未偿政府债券总额逐年大幅增加。从20世纪80年代中期开始,随着泡沫时期盈余收入的产生,允许更高的赎回率,年增长率开始放缓。但是在经济衰退的情况下,这种改善并没有持续下去。

图25.6显示了1975—2000年期间中央政府偿还债务的费用,即偿还债

第二十五章 财政重建:"烟雾与镜子"

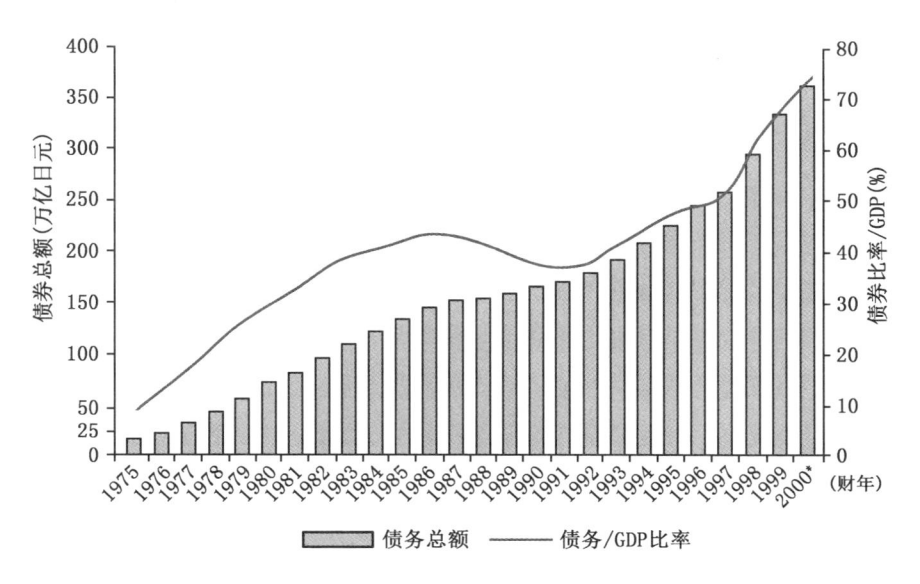

图 25.5 中央政府债务及其与 GDP 比率,1975—2000 财年

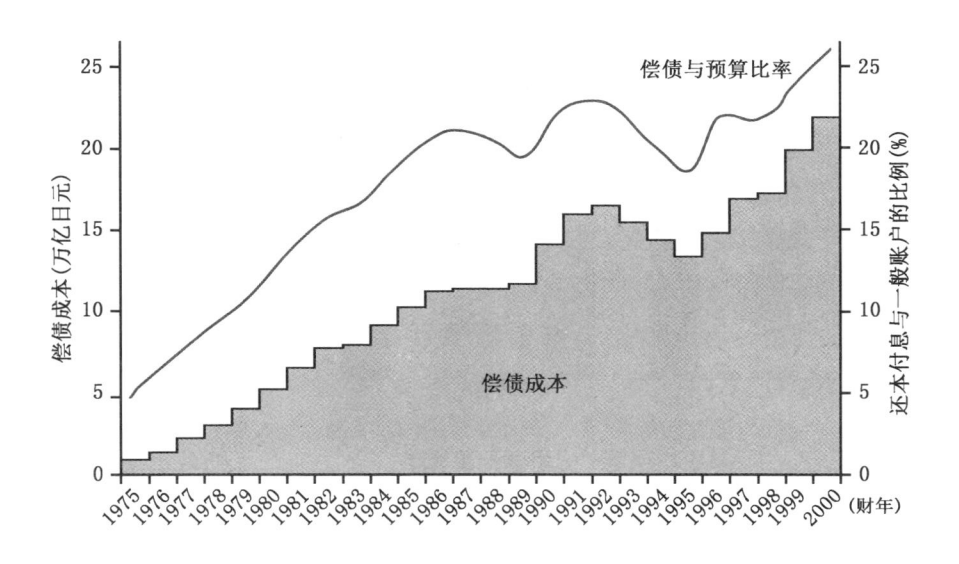

图 25.6 中央政府偿还债务成本及其占总预算之比,1975—2000 财年

507

务和支付未偿债券利息的费用,以及这些费用占总预算的比例。成本从 1975 年的 1 万亿日元大致占预算的 5%,到了 2000 年上升到近 22 万亿日元,超过 2000 年预算的 1/4。这些数字低估了偿还债务的实际成本,正如我们将在本章后面看到的,大藏省有时会暂停法定年度付款以偿还国债,减轻对一般账户预算的压力。25 年来,总账户预算总额的 1/5 或更多的被作为偿债的固定费用,这对一般支出造成了相当大的持续性压力。

在 1975—2000 年期间,"财政僵化"现象增加了:1975 年一般支出占总预算的 75% 以上,但到了 2000 年,这一比例已下降,只略高于 50%。总的来说,大藏省在 1975—2000 年期间,除了四年之外,都未能实现取消发行特别赤字融资债券的主要目标。它在降低债券依赖率方面取得了稳步进展,但未能在规定的目标日期即 1995 年之前将其降低到 5% 以下。虽然已经接近了,但到 1991 年,这一比例急剧上升。几乎在整个时期,累积债务的规模和每年的偿债成本都在无情地增长,如图 25.7 所示。大藏省未能实现 1975 年危机爆发时确定的"财政僵化"的目标。

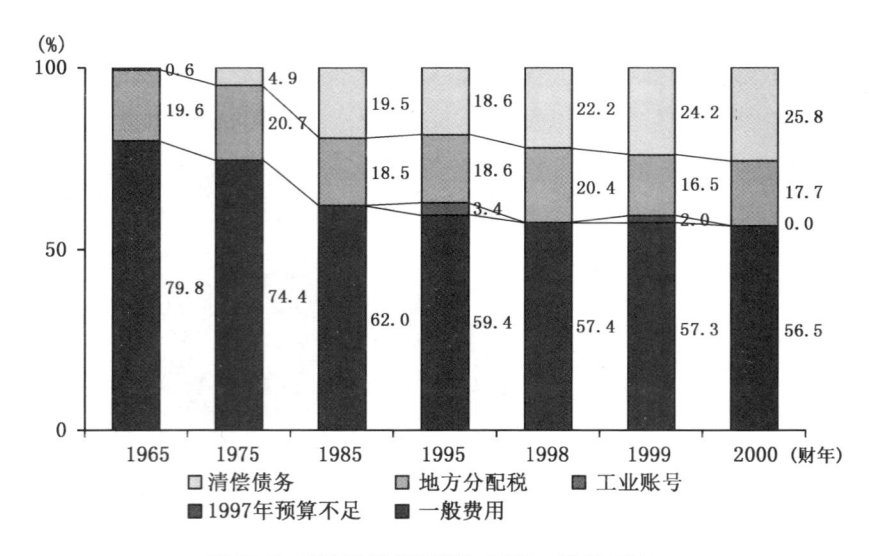

图 25.7 "财政僵化"现象,1975—2000 财年

事实上,即使是重建和巩固目标中取得了一些微小成就,也是表面现象多于实际情况。如下文所述,通过利用 FILP 作为替代资金来源,通过创造性

第二十五章 财政重建:"烟雾与镜子"

会计,以及对普通账户预算和"预算外"特别账户之间的现金流管理,大藏省对中央政府财政状况的陈述掩盖了更严重的恶化现象。但首先,我们要看看政府控制一般账目预算开支增长的政策效果和影响。

抑制公共支出的增长

从最广泛的角度来说,大藏省的公共支出目标是尽可能限制公共支出的增长,增长限额被设定并不断得到重申。在1997年短暂的《财政结构改革法案》出台之前,没有规定数字目标,也没有实现某些理想目标的日期。因此,对业绩评估就更难进行,而且在很大程度上隐含在预算列报所附的各种时间序列数据中。这首先取决于衡量的内容,其次取决于所使用的预算基础。在收入方面,总收入大致分为税收和邮票收入以及政府借款。支出可以用毛额和净额来衡量。总预算包括偿还债务和发行债券的固定费用,以及向地方政府转移法定收入,而初级预算总额不包括这些固定费用。

用于衡量这些总量的预算基数从以下三个方面影响结果。第一,由于补充预算资助的计划在年内发生变化,初步预算中的计划支出反映了支出总额。第二,初步预算和修订预算中的计划支出总额不同于财政年度的实际支出或承诺支出的数额。第三,支出产出和收入产出之间通常存在差异。虽然前者通常支出不足,但后者通常高于初步预算和订正预算中的收入估计数,也高于支出产出。由此产生的盈余通常结转到下一个年度(扣除法定的偿还国债的费用后)。例如,1998年的初步财政预算规定了77.669万亿日元的计划支出。在本财政年度期间,这一总数在三个补充预算中上调至87.991万亿日元,但最终结果仅为84.391万亿日元。计划支出的财政收入包括58.522万亿日元税收和15.57万亿日元借款,其余的包括费用、收费等。三个补充预算中的额外支出是由总额为34.0万亿日元的额外借款供资的,其中一部分是为了补偿税收收入的修订估计数,减少了8万多亿日元,达到50.165万亿日元。在这34万亿日元中,一半是特别赤字融资债券,包括借款在内的总收入为89.782万亿日元。

大藏省首选的业绩指标如下:首先,比较初始普通账户预算中计划支出总额的变化,希望随着重建政策的实施,能够显示出逐年较低的增长率;其次,更狭义地说,是预算内计划的一般支出变化的比较,扣除借款和法定分配给地方政府的固定比例的国家和地方税收;最后,比较中央和地方支出总额的增长趋势。

根据这些标准判断,大藏省无疑在20世纪80年代财政重建和巩固时期成功地抑制了支出的增长。第一,自1975年至1978年,政府一般账目预算的计划开支每年都有所增加,但增幅却由24.5%逐步下降至4.8%。此后,泡沫经济时代的经济增长允许大藏省大幅增加公共支出,随之而来的经济衰退又迫使大藏省大幅增加公共支出,增加了年度百分比。第二,当衡量其较窄的首选定义"一般支出"时,大藏省的表现更令人印象深刻。由于固定成本在总预算中所占的份额越来越大,关注固定成本使其呈现出更有利的控制局面。从1975年23%的年增长率高点开始,到1979年,这些一般支出的年总额变化几乎减半。在接下来的八年里,大藏省在重建方面做出了很大努力,争取并利用了临时议会领导的行政改革运动的支持。到1982年,年增长率还不到2%。在接下来的五年中,大藏省声称首次在总支出中实现了真正的削减,尽管幅度在1%以内。增长于1988年恢复,此后开始稳步上升。但是大藏省显然成功地改变了预期,并且能够将年增长率控制在5%以内,且20世纪70年代初的增长率超过20%。第三,大藏省通过对总预算支出总额增长率和地方政府总支出增长率的比较发现,地方政府总支出自1984年以来每年增长较快。

大藏省还在20世纪80年代成功地将财政支出占国民生产总值的比重从18%降至15.5%。就更狭义的一般开支而言,由于这一比例从1980年的12.6%降至1994年的8.4%,政府仍可说降幅更大。报告强调,后者占比不到1980财年峰值的67%,与1970财年的比例大致相同(大藏省1994b:19)。大藏省希望得出的推论很清楚:它的表现使公共财政恢复到福利支出时代开始前的水平。

欺骗行为

大藏省以其首选绩效指标作为衡量标准,公开证明在抑制公共支出增长方面取得了显著成就,但这需要辩证看待。第一,实际指标只能证明在短期内的一般支出有了小幅削减成效。从1975年开始的20年里,一般账户预算的总体计划总额没有削减。

第二,当使用订正预算基数而不是计划预算基数作为指标时,即使是对一般支出增长的限制也不那么令人印象深刻。因为大藏省在控制年度支出需求和压力方面,远不如最初预算制定之前的预算编制时那么迫切。这部分是因为它更愿意默许在补充预算中提供额外开支的一些要求,这些要求不受预算准则和最高限额的严格控制;部分是因为当年刺激经济的压力往往被证明是不可抗拒的。因此,在20世纪80年代中期,连续五年要求削减的一般支出总额是大藏省无法(或不愿)使计划支出削减。

表25.5　　　　　　　1981—1988财年财政一般支出的计划和实际变化[a]

年份	计划支出占一般支出总额的变化（万亿日元）	百分比变化（%）	实际支出占一般支出总额的变化（万亿日元）	百分比变化（%）
1981	1.317	4.3	1.698	5.5
1982	0.570	1.8	1.070	3.3
1983	−0.001	−0.0	0.485	1.5
1984	−0.034	−0.1	0.625	1.9
1985	0.000	−0.0	0.767	2.3
1986	−0.001	−0.0	0.840	2.6
1987	−0.001	−0.0	2.234	6.8
1988	0.399	1.2	2.906	8.9

注:a.资料来源:大藏省预算局研究室,1997年。

表25.5比较了财政重建期间初步预算和补充预算中计划和修订后的一般支出总额的年度百分比变化。1983~1988年,6年间的实际支出占一般支出总额变化的结果由0.485万亿日元增加至2.9万亿日元,预算同比增长由1983年的1.5%增加至8.9%。1988年以后,一般支出计划总额和实际支出总额之间的差异更加明显。虽然大藏省宣布1989年和1990年计划支出的适度年增长率略高于3%,但随后同意修正后的支出分别为4.9万亿日元和3.8

万亿日元,相当于实际年增长率分别为15％和11.4％。随着补充预算在1992—1995年的衰退中越来越频繁地为连续的特别反周期措施提供资金,从1997年到2000年,计划支出的不现实性变得更加明显,尽管为应对不断加深的衰退而增加专项支出的经济论据证明了年内额外支出的合理性。在整个1975—2000年期间,大藏省总是上调最初的计划支出,且从未削减。

如前所述,预算被修订后,需要为"固定"预算的增加提供资金。当初始预算中的收入被高估时,大藏省不得不通过更多的借款来弥补超出计划的赤字。将总账户预算中的计划支出和订正后的支出作为一个整体进行比较,显示出1975—2000年期间总支出的一般规律:直到1995年,预算总额才计划削减,但现实情况是年增长率高达约5万亿日元。

第三,一般支出与国内生产总值之比的降低更多是国内生产总值增长的结果,而不是前者的减少。在经济持续增长的时代,降低这一比率很容易实现。事实上,公共支出可以继续上升(就像过去一样),同时是在更小增长比例的国内生产总值的条件下。这种结合在财政重建时期的预算过程中具有重要意义,使大藏省能够在不牺牲其财政目标的情况下,承受更多支出的政治压力,因为财政目标是以总支出与国内生产总值之比衡量的。相反,经济衰退和支出增加(由刺激经济的需求推动)对这一比率有不良影响。当这种情况发生时,政府倾向于强调其他更有利的绩效指标,或者重新定义公共支出,以排除某些不太容易控制的项目(如1992年的英国)。大藏省于1992年开始经历这些不利影响,当时该比率自1980年以来首次上升,此后,一直呈上升趋势。

大藏省要求的总账户预算计划总额的增长得到控制,这归功于它成功地实施了财政重建政策。虽然预算策略、规范和指导方针确实是促成因素,但实际上,大藏省在普通账户预算内以及在普通账户预算、FILP账户和38个特别账户之间,对收入和支出的熟练操纵以及管理这一业绩的列报,或多或少地减轻了财政压力。旨在减轻对一般账户预算的压力的预算策略主要有三种:一是将削减和挤压的部分负担转移给地方政府;二是操纵财政年度结束时的普通账户预算盈余收入的"结转"法定准备金用以偿还国债;三是操纵普通账户预算、38个特别账户中的一些账户和FILP之间的现金流。如前几章所解释的,计划预算面临的财政压力也因推迟计划偿还日本电话电报公司的贷款以及利用其他预算外资金而减轻。

转移削减和挤压的负担

地方政府承担的职能多是"机构委托"职能,因此,它们是在相关支出部门和机构的指导下执行的。此外,对于地方政府的几乎所有的活动,这些部门和机构都制定了标准、规章条例和指导方针,并通过各种财务控制和诱因确保遵守这些标准、规章条例和指导方针。在一般层面上,大藏省(与自治省一起)对整个地方政府的收入和支出总量进行了全面和详细的控制。它有许多工具可用来影响和控制它们:第一个是《地方政府财政计划》,这是根据正式标准对收入和支出总额的标准目标进行的年度官方估计,保证了地方政府有足够的财政资源在国民经济背景下协调国家和地方公共财政,并为地方政府提供了指导方针、财务管理。在估算总收入时,大藏省规定了在当地通过税收、收费和收费缴纳的金额,以及在全国范围内通过转移支付和分配全国征收的税收比例所缴纳的金额。第二个是个别地方政府必须从自治省获得的"贷款许可证"。第三个是这些核准贷款的资金主要来自大藏省财政局管理的信托基金局基金,以及大藏省与自治省共同赞助的地方公营企业金融公库。较大的地方政府,主要是城市政府,被允许在公开市场发行地方债券,并从私营部门借入长期资金。对所有这些来源的贷款的数量和规模通过地方贷款计划进行总体控制,是大藏省的第四个影响和控制指令。

中央政府为了应对财政危机,大藏省在20世纪80年代通过并实施了财政重建政策。地方政府财政也遇到了类似的困难,它们对资金需要的支出增长速度甚至快于中央政府,而且税收长期短缺。但是大藏省最关心的是通过增加中央政府收入和减少支出来恢复一般账户的平衡。当时,官方没有要求中央和地方政府财政为摆脱国家更广泛的财政危机做出贡献,而FILP在这场危机中发挥了关键作用。泡沫经济崩溃后,公众对财政危机和摆脱危机的认识要晚得多,直到1997年开始财政结构改革,官方公布了削减一般政府支出和整个公共部门总债务的目标,这种认识才得以加深。

有证据表明大藏省利用其影响及控制地方政府财政的手段将削减和挤

压的负担从中央政府转移到地方政府。中央政府将大约 2/3 的国民总收入的税源作为计算税收的依据,地方政府共征收剩余 1/3 国民收入税源的税收(Wright,1999)。这一比例在 1975 年至 1998 年间变化很小。由于大藏省财政重建政策的实施,中央政府以牺牲地方政府为代价获得了更大份额的税收。从整个重建时期来看,地方政府的税收收入呈小幅上升趋势,但有意思的是没有一个简单的因素可以解释这一点。随着时间的不断推移,大藏省确实试图确保两级政府分享更多的税收。例如,在 1994 年和 1997 年讨论提高国家消费税提案的分配时,就证明了这种情况。

几乎在整个 1975—2000 年期间,尽管在 20 世纪 70 年代中期并不显著,大藏省认为中央政府的支出增长比地方政府慢,当总账户支出的快速增长引发了财政危机时,大藏省在 1980—1987 年采取了财政重建政策(Wright,1999b:表 13)。然而,中央政府明显优越的表现是具有欺骗性的。这里衡量的是一般账户预算和地方政府①普通账户的总支出的比例。如果不包括偿债和其他固定费用,并考虑到几乎全部从中央政府转移到地方政府的政府间转移,净支出趋势说明了一个不同的情况(Wright,1999)。从 1975 年至 2000 年这一时期来看,中央和地方政府净支出总额的约 2/3 属于后者。然而,在财政危机爆发和大藏省应对财政重建政策实施期间,这一份额有所下降,而中央政府的份额从 1977 年的 33% 上升到 1983 年的 38% 以上。换句话说,中央政府的净支出增长快于地方政府。

这一分析表明,中央政府的"自有支出",即扣除转移支付后的部门和机构方案的政策支出数额,不仅在财政重建期间继续增长,而且还有一部分是以牺牲地方政府利益为代价。第二十一章对预算支出的分析得出结论,中央与地方政府支出的比率从 1.82 到 1990 年达到 2.55。这个假设首先通过观察《地方政府财政计划》的组成,以审查中央和地方收入分配的变化,其次审查该计划两个组成部分的总量变化,即国家征收的税收以及补助金和补贴的分配比例,以评估其对一般账户预算的影响。

地方收入的三个主要来源是:(1)对个人、企业、土地和财产以及某些特

---

① 地方政府支出总额,即普通账户,包括教育和警察等一般行政服务的综合账户,以及住房等服务的若干特别账户,其支出部分由收费供资。它不包括"当地公共企业"的账户。

定商品和服务征收的当地税收;(2)地方债券;(3)费用、收费和杂项付款、转运和调整。中央政府以三种主要方式贡献地方收入。第一,它分配了一定比例的国家征收的税收:个人所得税总收入的32％,企业所得税的35.8％,酒类(酒精)税的32％,消费税的29.5％,烟草税的25％。由此产生的总额,即地方分配的税收额度。该税收分成和税收额度按照反映需求和资源的公式作为一般赠款分配给地方当局的,目的是保持地方服务的最低统一标准。第二,地方转让税。将地方道路、机动车辆、汽油和航空燃料等各种国家征收的税收的一部分转移给地方政府。第三个收入来源是中央政府在总账户和补充预算中的地方转移支付总额,其中包括提供某些国家服务(如教育、福利和公共工程项目)的法定费用分配,对某些经常性支出的酌情补助金和对机构委托职能的补贴。

中央和地方政府对地方政府总收入的贡献发生了重大变化(赖特,1999b:表15)。1975年中央政府贡献了总数的47％,20年后,这一比例降至37％。1980年大藏省出台的中央政府财政重建政策正是这种转变的标志。到七年后泡沫经济开始时,中央政府在地方政府收入中的份额已经下降了10％。急剧减少部分是由于国家税收收入而产生的损失,因为20世纪80年代经济放缓,反映在来自地方分配税和转移税的分配收入比例下降。但更重要的是,这主要是由于中央政府转移支付在总收入中所占比例大幅下降。补助金和补贴从1979年占地方总收入的25.8％下降到1988年的17.0％。尽管随后出现了经济繁荣,但随着收入的强劲增长,分配税收份额的增加部分抵消了这种持续性逐年下降的趋势。1988年后,新的国家消费税的贡献几乎是地方转移税收入的2倍。

与中央政府对地方总收入贡献下降相反的是地方政府,特别是地方税收承担着更大的财政负担。1980年以前,地方税收收入平均占总收入的33％至36％。到财政重建期结束时,这一比例急剧上升,达到近46％。仅地方政府借款略有减少,而其他当地来源的贡献保持不变。自1994年以来,地方债券的贡献急剧上升,因为地方政府大量借款,为大藏省在全国范围内确定连续反周期经济和财政一揽子计划中的公共工程提供资金。

因此,有证据表明,在财政重建期间及之后,地方政府承担了更多的支出融资负担。这一转变对一般账户预算有什么影响？地方分配税，但不是本地转移税，在一般账户预算中被计为支出，由分配税的总收入抵消。原则上，分配给地方政府的国家征收的税收比例是固定成本，只随这些税收的收益而变化。因此，这些（和其他）税收的增加提升了可用于资助普通账户预算的总收入。与此同时，它们增加了这些预算支出的总额，因为更多的收入必须作为分派的收入支付给地方当局。分配税收的收入被存入一个特别账户，然后转移到当地政府。在编制初步总账户预算时，大藏省估计了国家税收的收益，并将分配给地方当局的比例纳入初步预算（和地方政府计划）。如果这一估计数太低，即税收收益高于估计数，则必须在补充预算中为支付给地方政府的额外支出（作为分配收入）编列经费。如果收益被高估，结算产出被证明较低，那么大藏省在初始预算中用于支付计划支出成本的收入（包括已经分配给地方政府的收入）就较少。因此，特别账户中的资金不足以支付地方政府计划中分配的收入，大藏省不得不弥补以当前利率从FILP信托基金局基金借款造成的赤字。

实际上，当大藏省在《地方政府财政计划》中对地方收入和支出的估计显示收入不足时，它通常通过增加分配给地方分配税的数额以及迫使地方当局增加地方借款来提供额外收入。1975年至1984年期间，大藏省从信托基金局基金总共借款5.8万亿日元，补充从特别账户划拨给地方政府的收入。相反，当地方当局的经常账户出现大量盈余时，如1991—1993年，大藏省削减了其在特别账户分配收入中的比例。这代表了连续三年普通账户预算为负支出，总额为1.7万亿日元。然而，1994年来自地方（以及国家）税收的估计收入急剧下降，大藏省不得不再次利用其酌处权，通过从信托基金局基金借款来补充特别账户分配的收入。

1991—1995年的经济衰退在两个方面对当地收入产生了不利影响。第一，由于经济活动普遍放缓，来自地方税收的收入以及来自地方分配税和转移税的收入受到抑制。大藏省估计，1994—1996三年间地方政府的收入损失分别为2.988万亿日元、4.260万亿日元和5.750万亿日元。第二，大藏省的反周期财政措施包括削减国民所得税和地方住宅税，这在同一时期给地方政府造成了额外的收入损失，三年来分别损失了2.889万亿日元、2.690万亿日元和 2.870 万亿日元。地方政府收入的这些巨大短缺主要通过从地方分配和转移税特别账户转账,以及责成地方当局发行额外的地方建筑债券,并在特殊情况下发行地方赤字融资债券来弥补。其中,从特别账户转账的资金是从信托基金局基金借款的,会被收取适当的利息。

地方政府的这一巨大收入损失中,只有一小部分直接作为一般账户预算的费用承担:1995 年,仅从预算中额外拨款 1 810 亿日元,1996 年增加了 8 390 亿日元。简而言之,尽管大藏省有义务向地方政府提供额外收入,以避免地方财政崩溃,但这样做并没有大幅增加中央政府预算的成本。通过从信托基金局基金借款,通过推迟偿还当时和以前发生的一些贷款,并通过责成地方当局发行赤字融资和普通建筑债券,大藏省能够为地方政府在衰退最严重时期提供资金,而不会给普通账户预算带来巨大成本。事实上,如果大藏省对分配税收入损失的估计是准确的,那么 1994—1996 年期间减税的效果就是减少了预算中的支出。在这方面,总的一般账户预算的增长率低于可能的水平。当然,由于中央政府在所得税和其他间接税中所占份额的损失,赤字增加了。尽管这些支出是短期的,但债务的长期后果是实质性的。到 1996 年底,大藏省估计有 10.5 万亿日元未偿债务(中央政府估计的"隐性债务"的一部分,当时约为 43 万亿日元),"需要在随后几年进行预算处理"(大藏省, 1996)。正如大藏省坦率承认的那样,其中许多措施,包括减少普通账户支出和增加收入的特别措施等,都是普通账户和各种特别账户之间的权宜之计。因此,大藏省在短期内缓解了对一般账户预算的压力,但却点燃了长期债务的大火。

中央政府减少对地方政府收入的贡献对总账户预算有什么影响? 20 世纪 70 年代,对地方政府的转移支付迅速增加,有助于资助新的社会、福利和环境政策的实施。从 1975 年到 1979 年,总数翻了一番。从 1980 年起,这种增长实际上停止了,然后连续六年下降。在泡沫经济时期,增量增长得以恢复,并随着大藏省以反复的反周期财政政策应对经济衰退而加速。作为普通账户预算中普通支出总额的一部分,向地方政府的转移支付从 1980 年的约 34%下降到 1991 年的略低于 29%(Wright,1999)。从产量来看,降幅更大。排除对地方政府的转移支付,将大藏省提出的从一般账户预算的边际削减的情况转变为几乎在整个 1975—2000 年期间持续增长的情况。从 1987 年开始，这标志着从重建到巩固（扩展）的过渡，每年的产量增幅很大。补充预算的修订在 1987 年增加了 1 万亿日元，在 1988 年增加了 2 万多亿日元。直到 1992 年，地方政府才参与到这一扩张中来，但参与度较低。

结论是不可避免的：在 20 世纪 80 年代通过对地方政府的收入和支出施加更大的削减和挤压负担，对一般账户预算的压力得到了部分缓解。通过减少中央政府对地方收入的贡献，通过旨在减少从国家税收中转移法定分配收入的短期成本的"权宜"交易，以及通过削减转移支付，大藏省限制了总的一般账户预算的增长，并能够展示财政重建期间一般支出总额的小幅削减。中央政府计划的和实际的"自有支出"不仅在这些年间增加，而且在 1975—1999 年间每年都在增加，其速度快于向地方政府的年度转移支付，直到 20 世纪 90 年代经济衰退时期公共工程支出激增。

盈余的结算和"结转"

大藏省为减轻一般账户预算压力而采取的第二次预算战略涉及在财政年度终了时对一般账户预算结转盈余的法定规定进行操纵，将其用于偿还国家债务。在每个财政年度结束时，支出部门和机构在 7 月 31 日前向大藏省说明支出情况。大藏省随后编制了总账户预算收入和支出的最终产出或结算账户。内阁正式批准后，该文件被送交审计委员会审查和认证。12 月，内阁提交了审计账目以及审计委员会的报告，供国会审议。

在 20 世纪 70 年代中期财政危机爆发之前，人们的正常预期是普通账户预算的结算将产生收入盈余，这是"自然收入增长"的结果，即在初始预算和修订预算中征收的收入与估计收益之间的差额。在经济高速增长的时代，"自然收入增长"创造了大量盈余。根据 1947 年《公共财政法》，至少有 50% 的盈余必须转入国债合并特别账户，以偿还国债。自 20 世纪 70 年代中期以来，收入持续短缺，导致结算账户出现赤字而非盈余。为了应付"不可预见的税收下降"问题，1977 年设立了一个结算调整基金，初始资本为 2 000 亿日元。这样做的目的是，结算账户的未来赤字将由基金支付的款项去弥补，基金支付的款项将在大藏省怀疑存在盈余时且法定转账偿还国家债务后，由盈余年份的付款补充。事实上,向基金支付的款项很少,20 世纪 80 年代发生的已结算预算账户赤字几乎全部由国家债务合并基金特别账户转账支付。

来自 1991 年泡沫经济崩溃后的收入短缺给结算过程带来了很大压力。1992 年和 1993 年是自 1945 年以来结算总预算账户出现赤字的头两年。在前一个财政年度,结算缺口很大,为 1.544 万亿日元。由于结算调整基金已经用尽,大藏省从国家债务合并特别账户中借了一笔相等的款项。这种贷款对普通账户预算的减免是暂时的,必须在两年内依法偿还,大藏省在 1994 年的初步预算中做出了这样的规定。1993 年,结算时的类似短缺部分由低于估计的支出弥补,但主要是由利率下降导致的偿债成本降低而产生的节余弥补。然而,仍然短缺 5 680 亿日元。与前一年一样,大藏省有义务通过再次从国家债务合并特别账户借款来弥补这一损失。但特别的是,"鉴于当前严峻的财政形势",大藏省推迟还款至 1996 年,即三年后而不是两年后。在这种情况下,大藏省能够在 1995 年第二次补充预算中提前偿还贷款。使用国家债务合并特别账户,通过向结算调整基金转移资金来弥补收入短缺,本来并不是有意的,只是作为一种权宜之计才被允许。大藏省还以其他方式利用它来减轻对一般账户预算的压力(大藏省,1995:112)。

国债的赎回

为弥补一般账户预算赤字而发行的政府债券有两种赎回方式,即到期购买和发行偿还债券。大藏省实行 60 年赎回规则,每 10 年发行的债券中有 1/6 被赎回,其余 5/6 在实际赎回前被退还 5 次。这些债券购买的资产的平均经济折旧期为 60 年。赎回款项通过国家债务合并特别账户以三种方式支付:第一,在法律上,从普通账户预算中按固定利率拨款,相当于上一财政年度开始时未偿债券价值的 1/6;第二,同样是法定的,通过转移不少于一般账户预算结算盈余的 1/2;第三,从一般账户预算中酌情转账,特别账户还从基金投资收益和股票销售中获得捐赠。

20 世纪 80 年代中期,随着 1975 年危机条件下首次发行的融资债券接近到期,普通账户预算中的债务偿还成本面临压力。面对普通账户承担巨额债务和经常性年度赎回成本的前景,大藏省在 1984 财政年度将"再融资"原则应用于特殊赤字融资债券。第二年,价值 1.865 万亿日元的债券被重新融资。为了应付承销业务的规模,增强主要贷款来源信托基金局基金的能力,与此同时,大藏省还推出了另外两项相关举措,以缓解普通账户预算和长期政府债券市场的压力,即发行短期回购债券和提前发行回购债券。

这些措施有助于在较长时期内分散还款负担,并减轻普通账户预算的直接成本压力。但是,早些时候就需要采取更紧急的行动来抑制国债的偿债成本上升,到 1982 年,国债的偿债成本已经超过了普通账户预算的近 16%,是 1975 年危机年的 3 倍。1982 年,大藏省连续八年暂停从一般账户预算向国家债务合并基金提供固定利率拨款。付款于 1990 年恢复,但从 1993 年至 1995 年再次暂停。大藏省还根据特别立法,不时暂停向基金法定转移普通账户预算结算盈余,该立法允许将盈余分配给普通用途基金优先于偿还债务。因此,在几乎整个财政重建和巩固期间,大藏省得以通过暂停清算部分国家债务的法定安排,减轻了普通账户预算的一些压力。如表 25.6 所示,仅暂停固定利率交易就节省了大量资金,在整个财政重建期间,平均每年节省约 1.5 万亿至 2.5 万亿日元。加上预算中的其他固定费用,它们会进一步压缩现有数额用于一般支出,从而加剧了"财政僵化",如果不抵消,会导致更大的预算支出。

表 25.6　　　　　　　　1982—1998 财年国家延期清算债务数额[a]

年份	延期付款(万亿日元)
1982	1.37
1983	1.60
1984	1.82
1985	2.02
1986	2.24
1987	2.41
1988	2.53
1989	2.61
1990	收回款项(2.62)
1991	收回款项(2.56)

续表

年份	延期付款(万亿日元)
1992	收回款项(2.63)
1993	3.04
1994	3.08
1995	3.20
1996	收回款项(4.54)
1997	收回款项(5.20)
1998	收回款项(5.53)

a. 普通账户结算预算。
资料来源：大藏省预算局提供的数据。

1990年恢复支付国债的费用所产生的影响，说明了暂停支付国债的重要意义。那一年的固定利率拨款总额为2.623万亿日元，相当于1990年预算比上一年增长了总额的一半。连同地方分配税和转移税，偿债的年度固定成本占一般账户预算年度增长的80%。因此，降低固定成本的规模是"削减"公共支出的一个非常有效的手段，固定成本可以是地方分配税收，也可以是债务偿还，或者两者兼而有之。这也是补充预算中部分资助额外支出的有用手段。例如，1993年第二次补充预算中总额为3.04万亿日元的固定利率拨款的暂停，有助于为一揽子特别经济措施提供资金。暂停偿还国债的安排对大藏省来说还有另一个短期优势，即大藏省不需要在随后几年偿还债务。但这种暂停造成了长期困难。大藏省的困境是，实现财政重建的短期预算削减是以长期成本为代价的：未偿还的债务给子孙后代带来了负担。这是权宜之计战胜国家财政"健全管理"原则的又一例证。

使用国家债务综合基金作为权宜之计的另一个意想不到的后果是，暂停向该基金的固定利率转账和结算普通账户预算盈余，严重损耗了该基金的资金，削弱了其履行偿还国家债务原始职能的能力。到20世纪90年代初，结算调整基金已经用尽，无法提供资金来弥补普通账户年度结算的收入短缺；国家债务合并基金的余额不足以为这些短缺提供临时补偿，甚至无法实现其偿还国家债务的最初目的。由于无法利用和操纵这两种资源，大藏省不得不在

1994年恢复发行赤字债券,以弥补收入不足。类似的危机在20世纪80年代中期得以避免,当时国家债务合并基金的余额从1980年的3.6万亿日元缩减到1985年的1.3万亿日元。然而,在当时日本电话电报公司私有化的同时,立法允许向基金转移出售一些日本电话电报公司股票的收益。除了这一新来源提供的救济外,如第二十三章所解释的那样,一些收益被用于资助公共工程支出,而不会给一般账户预算带来短期费用。

特殊账户操纵与 FILP

大藏省减轻普通账户预算压力的第三个预算战略涉及对普通账户预算、38个特别账户中的一些账户和FILP之间现金流的操纵。在财政重建期间,大藏省不时暂停从普通账户向各种特别账户支付一些法定年度补贴,特别是福利保险和国家养老金以及偿还国债的补贴。它在1990年公开承认这一点,承诺"处理属于南国防军[债务]结算公司的延期公共支出和长期债务"(大藏省,1990:113),并偿还从其他特别账户"借"的或"欠"给它们的钱。这些"过渡性贷款"对一般账户预算的重要性可以通过1988年补充预算中分配的大约1.5万亿日元来衡量,用于恢复部分中央政府以前暂停的对雇员养老保险计划的缴款。到1997年末,这些所谓的"隐性债务"约达到45万亿日元,约占国内生产总值的9%,其中仅日本国有铁路的长期债务就达到28万亿日元。

大藏省减轻总预算压力的大部分策略都是"暂行特别措施"。对整个公共财政系统的长期可行性来说,更重要的是利用FILP作为一些公共支出方案的替代资金来源,来发挥"润滑剂"作用。

在第二十四章中,我解释了FILP资本投资的分配在高增长时代结束后是如何变化的,FILP预算是用于其他目的的。随着FILP最初概念的改变,其最初与由普通账户预算和许多特别账户供资的一般支出的界限变得模糊不清。从20世纪70年代起,随着对更多公共产品和服务的需求超过税收收入的供应,它越来越多地被用作整个公共财政系统的一般支出工具。它成为政府财政的重要"润滑剂",提供短期和长期现金流来支持中央和地方政府财政。1992年末,所有未偿政府债券(180万亿日元)中有近40%由FILP基金担保。FILP担保了1975年发行的很大一部分特别赤字融资债券,以弥补一般账户预算的赤字,到1985年,赤字达到FILP预算的20%,它还保证地方政府债券的数量不断增加。另一个"润滑"现金流功能是为普通账户预算和一些特别账户提供临时贷款和财务便利。到1997年结束时,对前者的未偿贷款余额总计为8.245万亿日元,主要是从前日本国有铁路和日本国有铁路债务结算公司转移的未偿贷款(FILP,1998年)。借出的现金当然需要偿还,但正如1992年发生的情况一样,可以推迟预定的偿还时间,以减轻普通账户的预算压力。

作为普通金融的替代品,FILP基金是被"积极地"和"被动地"使用的。被动使用包括提供资金偿还债务,以及推迟偿还金融系统及其他地方赤字账户的本金和利息。各种特别账户的活动以前是由普通账户预算支付的,因此在它们的业务预算出现赤字或需要注入新资本时,由税收支付,这些账户通过FILP获得补贴。主要受益者是日本铁路债务结算公司,它成立于1987年,目的是清算前国家铁路系统的长期债务。到1997年,这一数字总计为28万亿日元。十年来,FILP每年提供超过1万亿日元来补贴偿还债务的费用,使该公司成为大约50个FILP机构中的第八大资金接受者。截至1995—1996年底,其累计贷款总额为15.4万亿日元,是FILP机构的第六大未偿余额。对于国家森林特别账户管理开发和保护国家森林的资金。19世纪70年代市场条件的变化导致其收入损失,从1976年起,该账户每年从FILP和普通账户预算中获得补贴。到1997年,它已经从FILP积累了3万多亿日元的贷款,并继续获得大约3 000亿日元的年度贷款。本州－四国桥梁管理局在1995年有近2万亿日元的未偿FILP贷款,并且每年以2 500亿日元的利率借款来补贴其贷款偿还。但这三个特别账户中的任何一个都不可能偿还FILP贷款。

在适当征税并因此记入普通账户的投资通过FILP融资的时候,将FILP贷款作为普通融资的替代品。与"被动"基金一样,其目的是减轻一般账户预算的压力。正如大藏省公开承认的那样,"FILP降低了公众税收负担方面的政策成本"(FILP,1997)。

由于FILP贷款的目标在高增长时代结束后发生了变化,以反映国民经济和社会目标朝着改善生活水平、基础设施和环境的方向调整,因此对这类资本发展和公共工程项目的利润预期的风险要大得多。其中一些项目,如住房,以前主要通过普通账户预算供资。在20世纪80—90年代,超过1/3的FILP预算用于资助住房建设和提供购房贷款。1994年,政府的住房方案部分由普通账户预算供资,费用为1.053万亿日元(比1993年增加6.6%),但主要通过FILP供资,费用为13.205万亿日元(增加了22.3%)。FILP为改善"社会间接资本"而实施了更多公共工程项目和资本发展计划,如果总账户预算不得不为其提供资金,那么在财政重建期间及以后,每年就会增加几万亿日元。当然,提供利率低于从信托基金局基金借款利率的贷款对FILP也有影响,部分由普通账户预算补贴补偿,这个问题将在第28部分内容中讨论。

大藏省还批准将FILP资金分配给一些投资项目的特别账户,如学校和医院建设,这些项目通常由普通账户预算中的税收提供资金。到了1995—1996年底,他们分别从FILP积累了8 310亿日元和7 690亿日元的贷款,并继续获得近1 000亿日元的年度贷款。偿还是不可能的,因为这种"社会资本"的创造和维持不可能产生足够的利润来支付投资的年度成本和偿还本金。FILP的资金也用于补充工业投资特别账户,尽管如第12部分内容所解释的,1985年的主要收入来源是中央政府持有的私有日本电话电报公司股票的股息收入。

20世纪80—90年代,使用FILP基金作为资本投资的替代来源,以及补贴这些账户和其他特别账户的经营损失的情况不断增多。在大多数情况下,贷款几乎不可能从赚取的利润或营业收入中偿还。正如大藏省财政局的一名高级官员所说,"这是一种压低总账户、减轻税收造成的压力的方法"(大藏省,1993)。从公布的数据中无法估计这些补贴和转移的规模,但它们加在一起,大大减轻了一般账户本应承担的年度负担。因此,它们降低了为一般支出提供资金所需的政府借款或税收水平。这种日益增长的做法在财政上的正当性方面值得怀疑和质疑,并提出了议会控制和问责的问题。1998年,作为FILP改革的一部分,日本国家铁路债务结算公司和国家森林特别账户的资金和债务转入普通账户预算。

管理演示:财政花招

我已经在前面内容中解释了大藏省如何选择以及为什么选择这些指标

来衡量和控制公共支出,使其成为处于最有利地位的借款数额。我们还看到,在计划预算中经常有系统地使用财政花招来估计税收,以限制赤字融资债券的发行,并避免大幅削减支出的方案。大藏省还不时从事"创造性"会计工作,以粉饰公众对其预算绩效的陈述。1998年就是一个很好的例子。所有方案支出首次实行法定的差额上限。大藏省称,此举的效果是将去年的总支出削减了1.3%,这是日本财政史上最大的削减(大藏省,1997)。这是通过一些巧妙的手法实现的。1997年的一般支出总额因追溯性地纳入1.3万亿日元电话电报公司支出而膨胀,而不是按照通常的做法,在一般支出总额之外作为单独项目记入预算。方便的是,随着日本电话电报公司计划的实际放弃,1998年计划的日本电话电报公司补贴只有0.159万亿日元,因此计入一般支出。将1998年一般支出的初步预算与现在膨胀的1997年总额进行比较,得出大藏省要求的削减额。如果观察到现有的会计惯例,1998年明显减少1.3%,实际上增加了2.06%。

结 论

大藏省应对20世纪70年代中期财政危机的表现的传统解释是,通过财政重建和整合政策,它在80年代逐步恢复了对公共支出的控制,并成功地重新确立了田中角荣(Tanaka Kakuei)主政自由民主党时期放松财政纪律和健全国家财政管理的原则,并因此导致了十年赤字和债务的下降(Pempel and Muramatsu,1995)。这一预算紧缩时期取得明显成功的高潮是在20世纪90年代短暂地取消了特别赤字融资债券,这一事件被一些学术作家错误地认为是大藏省主要财政目标恢复平衡预算的实现(布朗,1999;铃木1999)。本章的分析以及书中其他地方提供的证据表明,大藏省在1975年后重建和巩固中央政府财政方面取得的成就是表观的而不是真实的。1977年提出的"健全管理"国家财政的原则,为政府重建政策奠定了基础,但在这一过程中,这些原则受到了更多的尊重。20世纪80年代实施财政重建和巩固政策的直接结果是,国家财政危急状况的根本现实几乎没有改变。

虽然收入短缺的问题不断得到解决,但从未得到根除。大藏省改变直接税到间接税平衡的做法是不成功的,它从未试图掩饰那次失败。事实上,不断重申税收结构的潜在弱点是其年度战略中的一个重要因素,目的是说服部长及自由民主党支持者和支出部的官员在要求更多公共支出时尽量克制,并将其转化为改革税收结构的事业。自由民主党最终被说服需要进行税制改革,即使它的转变来得太晚,但代价是损害性的妥协,以保持其在国会的地位,并减少一些利益集团的不满。即使是完成有限的税制改革也比大藏省预想的更加困难。

1988年的立法在开始竞选十多年后,被证明太少且也太晚,它无法弥补潜在的结构性弱点。虽然降低了所得税税率,并引入了全国性的消费税,但劳动收入、资本收入和消费的相对比重并没有改变,在很大程度上,个人所得税基础仍然局限于通过代扣、代缴制度对劳动收入征税(Ishiyama,1994)。泡沫时期狂热的投机性经济活动积累的"意外收入"暂时掩盖了这一弱点,但随后的衰退残酷地暴露了这一弱点。财政等式中收入方面的恶化如此严重,以至于大藏省在1994年两次试图提高消费税税率,认为将统一税率从3%提高到7%仅仅是为了维持现有的收益率。与此同时,它必须努力协调增加收入的需求和减税的需求,以刺激经济中低迷的需求。村山富市政府在1994年9月同意的折中方案使1994年的估计税收减少了5.5万亿日元,并从1997年4月1日起提高了国家消费税的统一税率,但仅限于5%。

大藏省在降低债券依赖率方面更为成功。这是因为它在1982年后对普通账户预算的计划支出总额进行了更严格的控制,但主要是因为FILP和38个特别账户中的一些账户之间的现金流量受到了有计划的操纵。尽管如此,由于泡沫经济的收入,它到1995年仍未能达到低于5%的目标,尽管到1991年它已接近实现这一目标;此后,该比率急剧上升。大藏省未能实现取消特殊赤字融资债券的政策目标,目标日期在19世纪80年代被两次推迟,直到财政重建和放松支出控制时期结束后才实现。成功是暂时的。这些债券于1994年重新发行,并在随后的六年里不断增加和创纪录地发行。根据1997年《财政结构改革法》的法定规定,预计到2003年消除这些债务的计划在第二年被第三次推迟,因为桥本和小渊惠三政府以大规模借款资助的反周期财政政策应对日益加深的经济衰退。

第二十五章　财政重建:"烟雾与镜子"

尽管大藏省继续强调"财政反应能力和灵活性"的重要性,但事实证明,恢复这些措施的难度很大。在整个财政重建期间,债务积累和每年的偿债成本都在无情地增长并继续挤压可用于一般支出的资金。"财政僵化"加剧。2000年,偿债和其他所谓的固定成本占预算的43%,而1975年为25%。

对公共支出的更严格控制是表面上的,而不是实际的。大藏省在控制一般支出的计划增长方面取得了一定程度上的成功,在整个一般账户预算方面没有什么成效,但实际两项都没有削减。两者的总额每年都进行年度修订,产出支出提供了整个1975—2000年期间持续增长的概况。增加公共支出的压力得到缓解,但并没有因为各种预算策略和"暂行特别措施"而消失。虽然这些措施在为一般账户预算提供短期救济方面是权宜之计,但它们只是掩盖了根本结构软弱的症状。

从政治理性的角度来看,大藏省在整个财政重建期间及之后对持续的财政压力做出务实而迅速的反应是可以理解的。通过利用FILP作为"第二个预算"的潜力,利用它和几个特别账户作为普通账户预算的替代资金来源,削减和压缩地方政府的指定收入和转移支付,通过临时"借款"和"特别措施"暂停法定支付以及熟练操纵现金流等短期权宜之计,大藏省能够展现出一种形象,并营造出公共支出控制与实现其主要政策目标相一致的幻觉。人们一致认为,必须对税收结构进行根本改革,这是不可能实现的,除了实际削减一般支出之外,另一种选择是通过更多的政府借款为持续增长提供资金。这不仅会立即增加偿债成本,而且发行更特殊的赤字融资债券也会使最终消除赤字的任务更加困难。实现这一目标,并在预算中恢复平衡,将成为一个更加遥远的前景。

大藏省的短期战略建立在这样一种信念的基础上,即它正在应对暂时的严重财政压力。而这种压力将通过较高的经济增长率得到缓解,因为产生足够的税收盈余,使它能够偿还各种贷款和借款,包括清偿日本国家铁路公司和其他公共公司以及特别账户继承和累积的债务,并帮助偿还国债。在20世纪80年代,这不是不合理的期望。在经济泡沫时期(1987—1991年),收入增长快于支出,这鼓励大藏省开始还款。但是,这些收入的上升也鼓励了支出部门对计划支出持续增长的预期,导致其增长率高于十年来的水平。此外,通过补充预算,特别是在国会选举之前的时期,年内批准大幅度增长。1988年,总账户预算计划增长 4.8%,实际增长 14.3%;1989 财政年度计划的 6.6% 的增长通过补充预算转变为 17% 的增长;1990 年,也就是众议院选举年,计划预算自财政重组开始以来最大的年度增长 9.6%,进一步提高到 15.3%。诚然,一些计划和修订的增长是大藏省为适度还款和赎回所做的准备,但一般支出继续快速增长,占当年年度预算增长的 1/4~1/2。1991—1995 年衰退期间,根据修订后的数据,税收收入下降,支出在继续增长。

  为何至少在 20 世纪 90 年代初之前,一个看起来"强大"的大藏省,在试图实施限制公共支出增长的政策时,要么无力、不愿,要么受挫?这个问题将在第 29 章中讨论,但首先我们将在一般政府概念所提供的更广泛的背景下考察大藏省与中央政府预算的绩效,然后在第 27 部分内容中将其与其他七国集团国家的经验进行比较。

第二十六章　财政赤字和债务

1978年,日本采用了联合国十年前提出的新国民账户体系(SNA)。该体系特别涵盖了国民经济的五个主要消费账户,其中各部门的收支账户,将"一般政府"的收支包括在内。当前大多数国家政府选择采用这一体系,并构建了一个共同的框架和标准,用于衡量、评估和比较国家及国际财政和财务绩效。总的来说,该体系包括三类主体,即中央政府、地方政府和社会保障基金(详情见 ERI,1990)。本章将立足于一般政府视角,分析日本在 1975—2000 年期间这三类支出的趋势,之后将日本的财政表现与七国集团(G7)进行比较。

通常评价一般政府绩效的指标有三个,即支出、财政平衡和资产负债平衡。将这三项指标与大藏省所界定的财政收支与债务进行比较,可知后者不包括社会保障基金,但包括公营公司账户。鉴于此,关于债务的定义和计算要视本章后面讨论的情形而定。

一般性政府支出

在 1975—2000 年间,日本实施了财政结构改革,大多数中央和地方政府的财政支出计划上限略有减少。但在实际支出方面,除 1997 财年外,政府名义一般财政支出每年都有所增加,图 26.1 显示,在 1980 年日本大藏省宣布出现财政危机之前,其一般财政支出增长极快,年增长率甚至超过 GDP,在 10%至 18%区间波动。在随后的财政重建期间,一般财政支出增速才逐渐放缓,但在大多数年份，其增速仍高于 GDP。在 1988—1991 年的泡沫时期，这一趋势被短暂逆转，当时 GDP 增速反超一般财政支出。在随后的 20 世纪 90 年代经济衰期，一般财政支出的增速与前十年相比较为温和，但在 GDP 中所占份额更大。即在 1990—1995 年期间，一般财政支出占 GDP 比率从 30.7% 上升到近 36%。总的来说，一般财政支出占 GDP 比率增长了 10% 以上，其中一半发生在 1980 年之前，这可直接归因于"福利时代"期间中央和地方财政支出的快速增长。在大多数年份，一般财政支出的增速都快于 GDP。在 1998 年，一般财政支出占 GDP 比率上升至 42.6%，这一急剧上升主要归因于日本国有铁路债务结算公司 27 万亿日元债务的一次性资本转移，以及林业厅的特别账户。

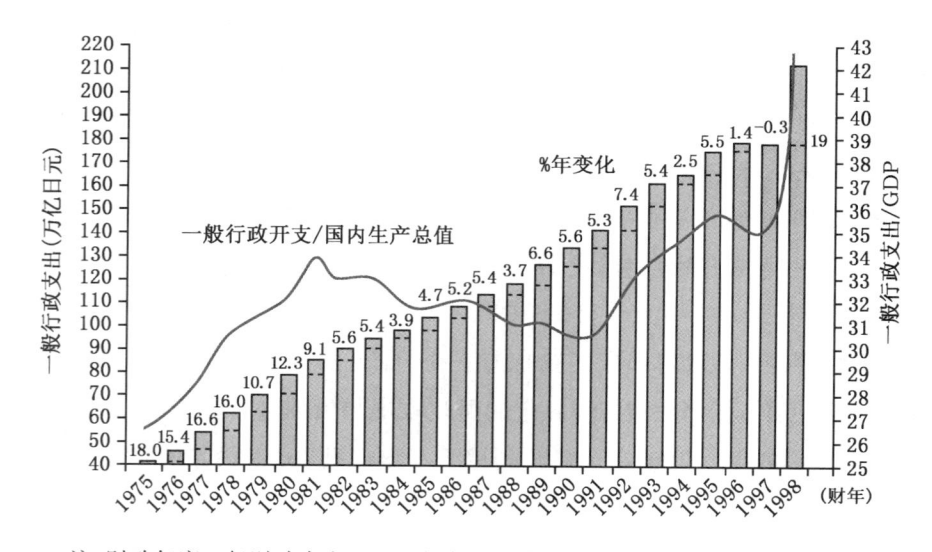

注：财政年度一般财政支出（GGE）的名义价值＝经常支出加上资本支出净额。
资料来源：美国环境保护局《国民核算报告》（年度）。

图 26.1　政府支出及其占 GDP 比例，1975—1998 财年

图 26.2 显示了 1975 年至 1999 年 3 月期间，一般财政支出在中央财政支出和地方财政支出间的分布情况。图中表明，在财政重建期间，一般财政支出增速放缓可完全归因于地方财政支出的缩减。在 1986 年底，其份额相比于 1980 年下降了 5% 左右，相比于 1975 年财政危机初期，更是下降了 10% 以上。与此相反，中央财政支出在一般财政支出中所占份额，实际上从 1975 年

开始逐年增加,并且一直持续到财政重建时期。到 1985 年年末,该占比达到 26.3%,比 1979 年高出 2%。总的来说,大藏省的财政重建政策不仅没有削减中央财政支出,反而导致了现有支出和资本支出的持续增长,而地方财政支出却大幅下降。直到 20 世纪 90 年代,中央财政支出在一般财政支出中的份额才开始下降。到 1996 年,这一比例不足 20%,而地方财政支出所占比例约为 40%。

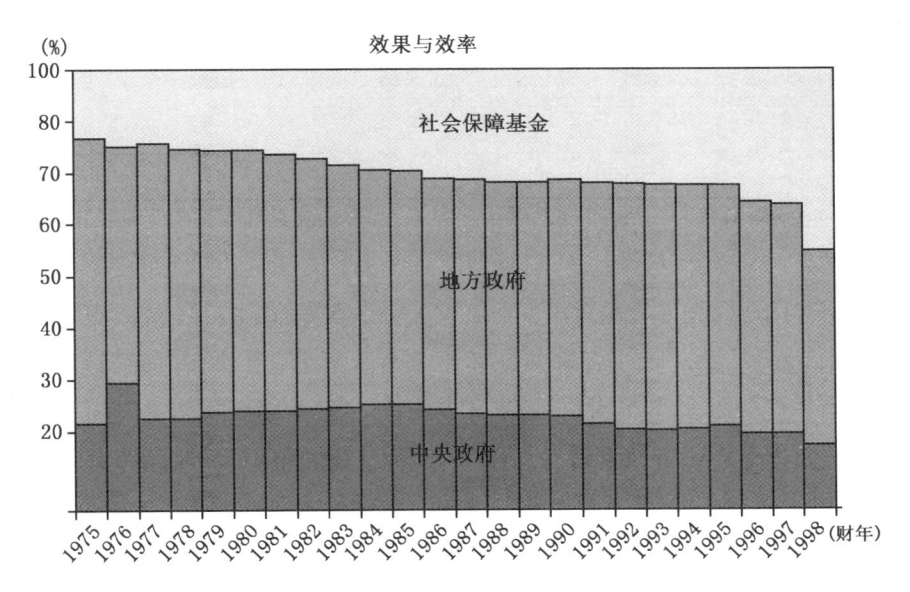

资料来源:美国环境保护署,国民核算报告(年度)。

图 26.2 中央和地方政府支出份额,1975—1998 财年

中央财政和地方财政的支出总和占比逐年下降,从 1975 年的 77% 下降到 1997 年的 64% 以下。在 1998 年,中央政府向私营部门进行了资本转移(该年数据被扭曲),这一份额的下降反映了 1975—1999 年 3 月期间一般财政支出占 GDP 比率组成结构的变化。表 26.1 显示,在整个时期内,社会保障支出相对于最终消费支出和资本形成总额增加了 10% 以上,到 1997 年,该支出占一般财政支出的 40%。这一比率的上升,几乎完全以中央和地方政府提供的商品和服务为代价,这些商品和服务支出在 1975 年占一般财政支出的 1/3 以上,而在 20 年后下降至不到 1/4。然而,在 20 世纪 80 年代初及之后的重建期间,最终消费支出和资本形成总额持续增长,尽管增长速度较慢,但没有

真正的削减。如前几章所示,一般财政支出占 GDP 比率的急剧下降表明,财政重建期间的资本形成总额是由 FILP 项目持续的资本投资所"补偿"的,其相关支出不包括在一般财政支出的计算中。一般财政支出在 GDP 中所占的相对份额在 1998 年被翻倍的"其他支出"所超越,其主要原因在于,前面所提到的中央政府向私营部门的净资本转移。

表 26.1　　　　1975—1998 财年政府一般支出构成及其动态变化　　　单位:万亿日元

财年	最终消费支出 总额	%	资本形成总额 总额	%	社会保障基金 总额	%	其他 总额	%	一般财政支出总额
1998	50.910	24.0	29.919	14.1	73.042	34.4	58.222	27.5	212.091
1997	50.028	28.5	28.987	16.5	70.144	40.0	29.130	15.0	178.269
1996	48.587	27.0	31.327	17.5	68.169	38.0	30.751	17.5	178.863
1995	47.673	26.9	32.517	18.4	65.170	36.8	29.865	18.0	175.227
1990	39.520	29.0	21.914	16.1	47.452	34.8	25.992	20.0	134.878
1985	31.038	29.6	15.357	14.7	35.762	34.1	20.999	21.6	103.156
1980	24.122	29.7	14.938	18.4	24.907	30.7	14.984	21.2	78.951
1975	15.261	37.4	8.103	20.0	11.826	29.0	5.526	13.8	40.716

注:总账结算预算包括补贴、财产性收入、土地净购买和经常性转让收入。
资料来源:美国环境保护署:国民经济核算,1999 年。

日本财政表现的衡量

大藏省一贯反对使用一般政府的定义来衡量其财政绩效,在其发表的一篇题为"为什么不基于一般政府财政收支平衡来讨论日本财政绩效呢?"(MOF,1992a)的论文中特别强调了这一论点。这篇论文发表于 1992 年,主要面向外国政府,特别是美国和经合组织(OECD)等国际组织,其目的是在日本一般政府财政收支持续盈余的背景下,反驳外国政府强迫日本大藏省进一步扩大财政支出的要求。日本之所以面临这样的压力,是因为在 20 世纪 80 年代的财政重建和巩固期间,主要工业国家经济放缓。日本作为 1987 年《卢浮宫协定》的缔约国,曾以谨慎的财政扩张政策作为回应。大藏省认为,"一般政府财政收支盈余并不能准确反映政府的实际财政状况,因而不应成为讨论政府实行何种财政政策的基础"(大藏省,1992)。一般政府是"出于计算便利目的而构建和使用的一个人工概念",在分析国家财务状况方面具备的价值还有待商榷。这样解释的原因有两个。

第一个原因是,按照惯例,一般政府的概念包括社会保障基金。日本养老金制度的资金来源与其他支出不同。它是以"部分资助制度"为基础,目的是为了在制度成熟之前预先积累资金,以造福未来的受益人。大藏省坚持认为,由于历史资金积累而产生的社会保障基金账户盈余是"欠未来受益人的债务,不应该被耗尽以弥补中央政府预算账户的缺口"(大藏省,1994b:13)。社会保障基金账户出现盈余是因为"日本养老保险制度的成熟度仍然低于其他主要国家"。鉴于日本的人口结构正以前所未有的速度老龄化,人们可以完全预计到这种社会保障基金盈余将会迅速被侵蚀(大藏省,1992a:5)。大藏省进一步辩称,美国的一些分析师是最猛烈的批评者之一,他们将社会保障基金盈余排除在其整体财政收支的计算之外,原因是自1990年立法以来,它一直"超出预算"。

日本大藏省选择将社会保障基金存入几个特别账户,而不是计入一般账户预算中直接用于弥补资助支出。在实践中,养老基金和一般账户收入之间的区别可能不如大藏省的言辞所表明的那么明显。首先,正如我们在上一章所看到的,大藏省不时将一般账户预算中的法定款项存入养老保险基金的各种特别账户,相当于将这些基金视为负支出。其次,特别账户中约有一半的资金随后会被存入信托基金局,并(由大藏省)用于资助财政投资和贷款计划(FILP)的贷款和投资,其中一些资金用于承销财政投资和贷款计划(FILP)购买的部分一般账户预算债务。在实践中,大藏省以这种方式利用盈余,相比于将其直接用作收入为购买政府债券提供资金,以弥补一般账户的赤字,几乎没有区别。特别地,对于其原因,一些分析人士认为,大藏省将社保基金排除在一般政府财政计算之外的说法,是因为其用于公共部门及其他地方的债务融资是无效的。

大藏省反对使用一般政府的标准定义的第二个原因是,按照惯例,它排除了公营公司财务账户的余额。在日本,这些企业"将公共工程和其他投资作为政府政策的重要组成部分,由政府直接发起,将它们的数据排除在外是不对的"(大藏省,1992)。公营公司,特别是 11 家上市银行和金融公司,实施了占公共部门固定资本形成总额 1/5 的资本投资计划(FILP)。总的来说,在 1975—1996 年期间,大部分国家都出现了赤字。正如我现在将要解释的,社会保障基金的排除以及公营公司的财务余额的纳入,对日本财政赤字和债务的计算,以及对其在本章和下一章中的表现的评估,都有着显著的影响。

一般政府财政平衡

从 1956 年到 1973 年的第一次石油危机,一般政府的财政余额仅在 1958 年和 1966 年出现两次赤字。1973 年之后,财政赤字稳步上升,直至 1979 年,即大藏省开始财政重建政策之前达到峰值,约占 GDP 的 4.45%。图 26.3 显示了 1975 年至 1999 年 3 月期间的财政收支的整个趋势,以及财政收支占国内生产总值的比例。1979 年之后,赤字逐年减少,直至 1987 年实现盈余,并持续了五年。随着经济进入衰退,赤字再次出现,政府采取了反周期的财政政策。从总量上看,赤字规模比以往任何一次都要大。到 1996 年,总计超过 20 万亿日元,相当于国内生产总值的 4% 以上。两年后,赤字增加到近 55 万

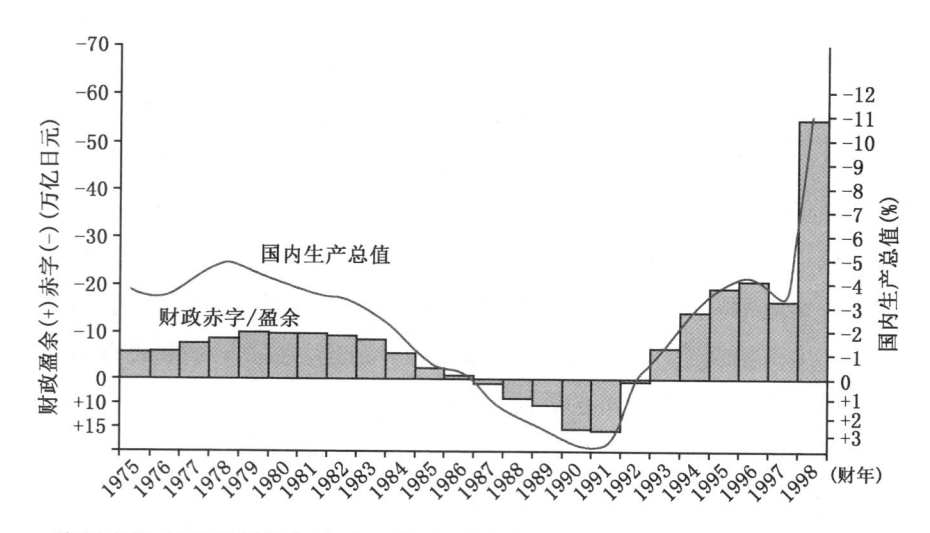

资料来源:国民核算报告(年度),美国环境保护署。

图 26.3 国内生产总值与政府财政收支平衡状况,1975—1998 财年

亿日元,约占国内生产总值的11%。这不仅是50年来最高的比率,还超过了其他25个经合组织成员国中的任何一个。

地方政府在减少赤字方面比中央政府更成功,它在1976年就开始着手削减赤字工作,并在20世纪80年代末实现了三年的盈余,这是中央政府始料未及的。然而,中央政府却开始处于一个更大的赤字基础之上,1982年赤字达到峰值14.21万亿日元。而直到20世纪90年代,地方政府的赤字才超过4万亿日元。1975年,中央政府贡献了2/3的财政赤字,并且在整个财政重建期间,这一比例逐年增加。到20世纪末达到90%以上。在1992年,地方政府在财政赤字总额中所占比例急剧上升,主要是由大藏省的反周期财政政策中公共工程和投资项目的额外地方支出所致。然而,在1982年后的10年里,

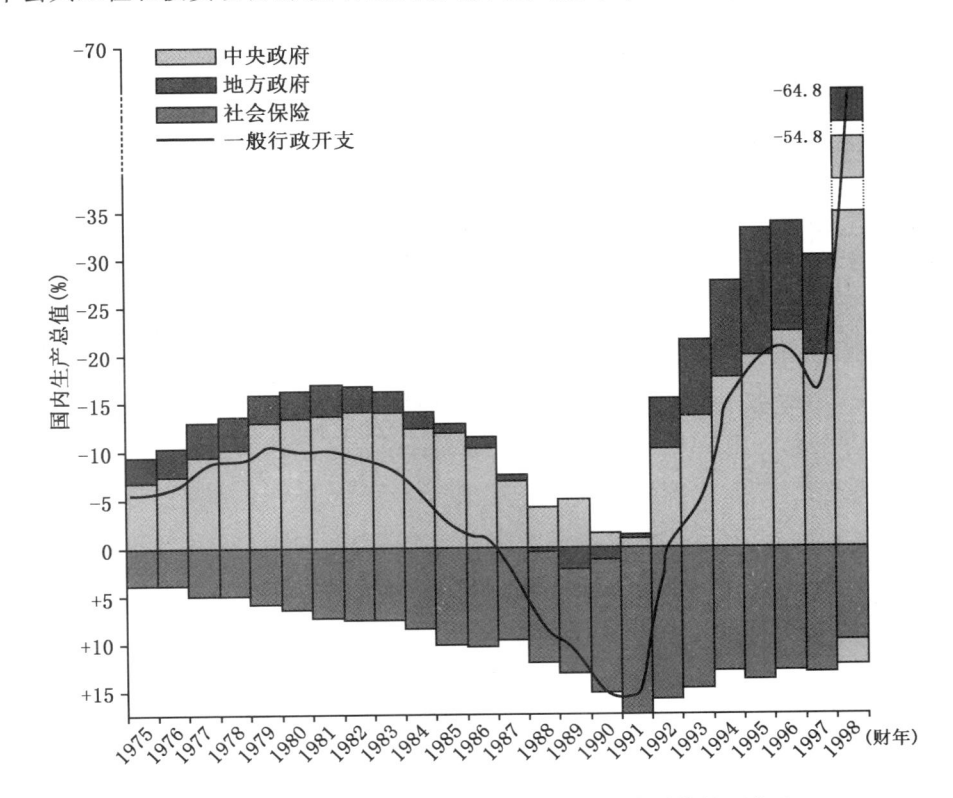

国内生产总值(%):盈余(+)或赤字(-)占名义国内生产总值的百分比
资料来源:国民核算报告(年度),美国环境保护署。

图26.4 政府财政余额的构成,1975—1998财年

中央政府的赤字规模每年都在逐步缩小,足以证明大藏省的说法是正确的,即在经济衰退的财政影响压倒这一进展之前,中央政府正朝着盈余方向迈进。到 1991 年,赤字还不到 1 万亿日元,占国内生产总值的 0.21%,而 1979 年为 5.67%。无论使用什么手段来操纵预算,这都是一个令人印象深刻的成就。正如我在下一章所讲的那样,与其他七国集团国家相比,这是一个令人印象深刻的成就。然而,在 1987 年放弃大藏省的财政重建政策后,其预算赤字出现了最大幅度的下降,当时泡沫经济带来了收入的大幅增长,超过了支出的加速增长。改善的结果不是大藏省的预算政策,而是国内生产总值增长带来的短期不确定性收益。据估计,在六年的时间里,"意外收入"增加了 63.5 万亿日元,这对减少赤字起到了很大的作用,其中一半专门用于减债和还本付息(Ishi,2000)。

中央和地方政府、社会保障和公共公司,连同财政投资和贷款计划的支出和收入总额由大藏省确定和控制,它们之间的现金流很容易操纵,以减轻对一般账户的压力。如大藏省和一些分析人士所言,对一般政府收支更为平衡的评估可能会允许纳入上市公司的财务余额(Atoda,1994)。图 26.5 比较了使用不同支出定义的三个 GGE－GDP 比率曲线:(1)一般政府支出(包括社会保障)的 SNA 度量标准;(2)一般政府支出加供应公司余额;(3)一般政

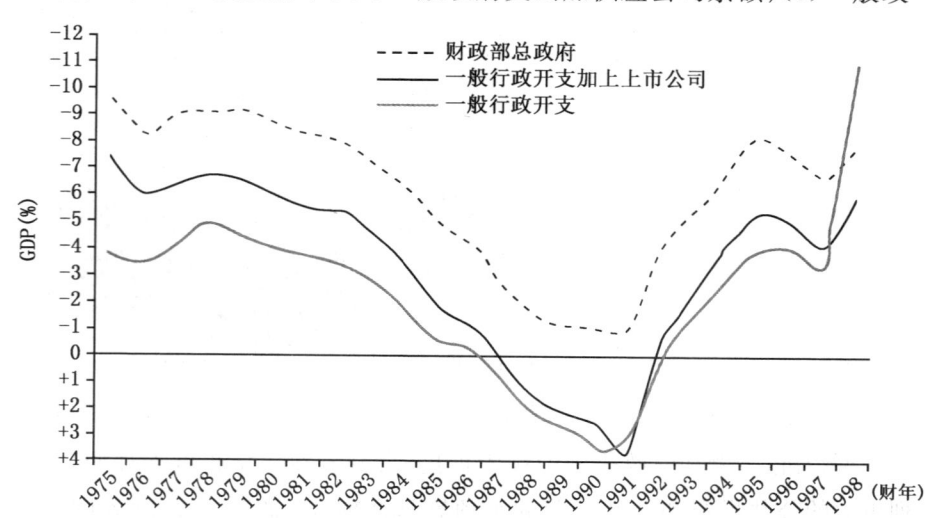

图 26.5 不同口径支出定义占名义国内生产总值的百分比,1975—1998 财年

府支出加公营公司减去社会保障的相关指标。这些指标形态非常相似,但有一个明显的区别,即大藏省的定义在泡沫经济时期没有产生多年的盈余,当然,这一时期的赤字值更高。

讽刺的是,大藏省认为,更狭隘的定义更适合日本公共财政的独特性,它有财政赤字和盈余的趋势。而这种趋势对评估80年代财政重建政策的有效性,没有国民账户体系对一般政府定义的那样有利。那么,为什么在反对使用传统定义的同时而选用七国集团采用的GGE-GDP比率来衡量它的财政表现呢?因为这样做会危及日本实现政治经济目标:抵制通过财政扩张政策刺激国内需求的国际压力。从20世纪80年代中期开始,日本政府不断受到工业化国家的压力,特别是美国和一些国际经济组织,如七国集团、国际货币基金组织和经合组织,要求日本政府扩大公共部门来制定缓解全球经济衰退影响的政策。日本被敦促增加公共支出,因为它的财政余额按照一般政府的惯例衡量是盈余的,或只有一小部分赤字。如前文所述,大藏省反驳称,一般政府的概念不适合日本,排除社会保障盈余和将赤字纳入市政部门的做法使财政余额产生了全面和实质性的赤字。大藏省还必须应对来自国内通产省、外务省和自民党高级官员日益增长的宽松财政政策的压力(Funabashi,1988)。

1987年《卢浮宫协定》签订前后,日本对这类压力的抵制,部分原因是国内财政重建的首要任务限制了一般账户预算的增长,且避免增加对政府借贷的依赖,这是在人口老龄化对财政影响的大背景下提出的,但大藏省还担心通过财政措施扩大国内经济需求会产生更广泛的影响。扩张与国际压力有关,国际经济组织要求日本国内市场向外国竞争开放,并放松对经济活动的管制。国际经济组织财政扩张的压力是经济改革议程的一部分,这些议程在20世纪80年代和90年代初主导了日本和美国之间的贸易谈判,并导致1990年缔结的结构性障碍倡议和开放国内稻米市场的协定于1995年与关贸总协定缔结结束。矛盾的是随着20世纪90年代日本经济衰退的持续加深以及对反周期经济、金融和财政措施的顽固抵抗,大藏省在一定程度上证明了一系列更大的公共投资和公共工程的小预算是合理的,部分与这种"外国压力"有关。

一般政府金融负债：总负债和净负债

上述几乎持续的赤字趋势产生的直接后果是，日本的累积债务在1975—2000年间迅速增加。"债务"可以用几种不同的方式来定义和衡量，从而产生完全不同的结果（见经合组织1998年的讨论）。一般政府的金融负债是以总负债和净负债计算的，通常以各自占国内生产总值的比率表示。就日本而言，两者之间的实质性差异（1998年占国内生产总值的60%以上）主要是由于前面提到的社会保障基金是被排除（总额）和纳入（净额）造成的。在最简单的层面上，日本的"未合并"总债务包括社会保障占国内生产总值的比例从1975年的24%上升到2001年3月底的132.9%，见图26.6。实际金融资产和负债的合并产生了非常高的总债务和净债务估计值（经合组织，2000年）。例如，包括隐性总负债如福利养老金系统的负债将使官方计算的总债务增加700万亿日元以上，或有负债如政府对政府附属机构外部融资的担保将进一步增加这一数额。

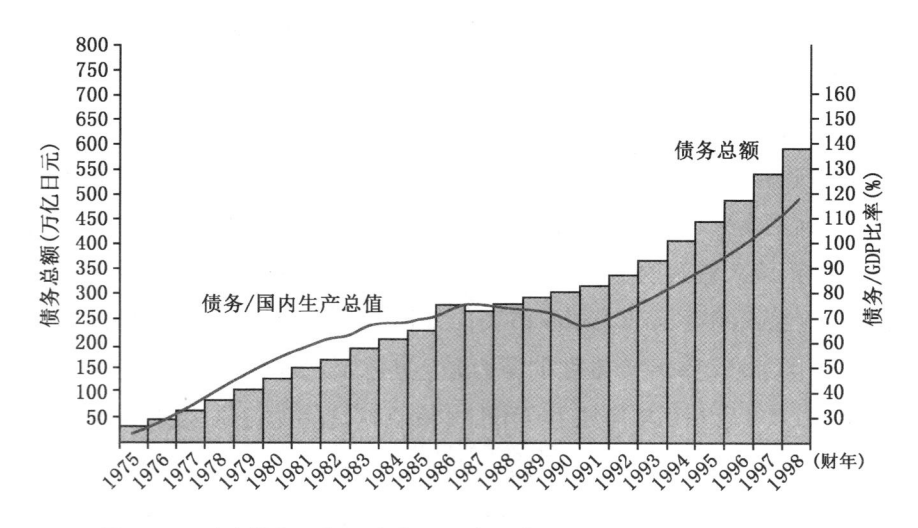

图26.6 政府债务总额及占名义国内生产总值比例，1975—1998财年

大藏省低估了净债务，首先是因为到2000年10月为止，要支付社会保障基金名义下的大约包括50万亿日元的企业养老基金；其次是因为它排除了中

央政府未来向财政投资贷款计划(FILP)机构支付补贴的成本,这会大大抵消它们估计的金融资产。虽然没有公布具体的数据,但其总数不可能低于大藏省 1998 年对其中 14 个国家的政策补贴成本进行的试点研究中估计的 6.4 万亿日元,这一内容将在第 28 部分内容中讨论。图 26.7 比较了大藏省对未调整总债务的确定额度与经合组织对未调整总债务的确定额度。后者包括对上市公司资产和负债的一些合并,在整个时间序列范围内产生较低的值。但是无论采用什么确定方法,总债务的概况在 20 世纪 90 年代都呈现急剧上升趋势。

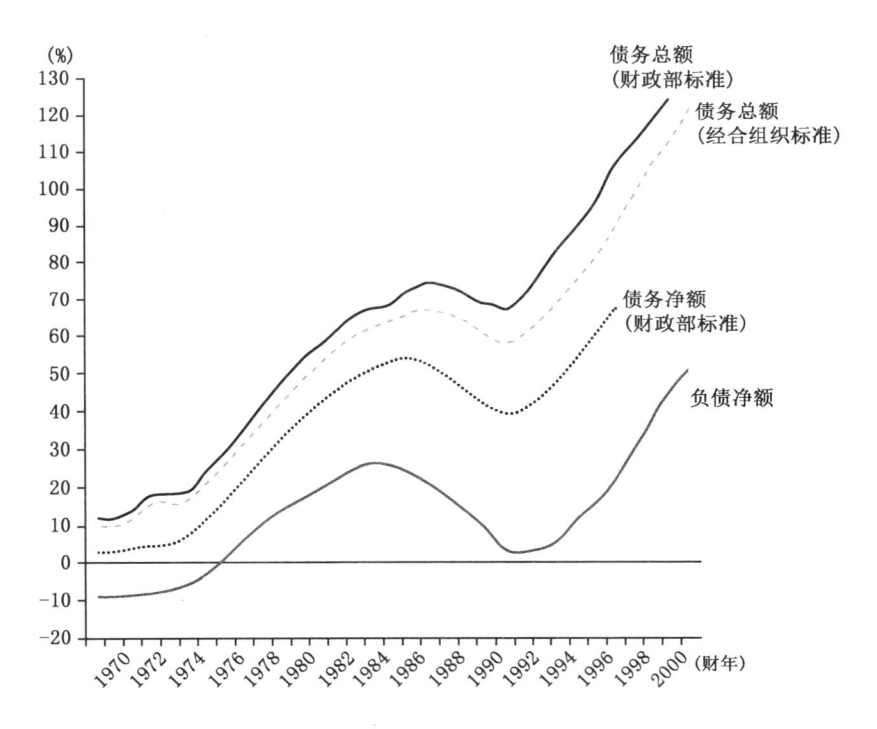

注:1998—2000 年数据为经合组织估计数。

图 26.7　政府总债务和负债净额占 GDP 百分比,1969—2000 财年

一般政府的净负债更难计算。资产和负债的计算方法是有争议的,如何在一般政府的资产负债表中对资产和负债进行估值以及纳入公司也存在争议(OEDC,1998;奥斯特罗姆,2000)。根据大藏省的定义,1975 年净债务为 3.1 万亿日元,占国内生产总值的 2%。十年后,在财政重建时期,已经达到

日本的财政危机

88.5万亿,相当于国内生产总值的1/4(莱特,1999:表10)。此后,总额和净债务与国内生产总值的比率都在逐步下降。正如赤字和债务总额的趋势一样,直到80年代末大藏省放弃财政重建政策后,这种改善才真正开始。到20世纪90年代初,净债务占国内生产总值的比例还不到4%,但到1998年,净债务总额急剧上升,达到164万亿日元,相当于国内生产总值的1/3。

这些计算的基础低估了金融负债的规模。大藏省所包括的一些资产量值得怀疑。例如,正如我在前面几章中所说,通过财政投资和贷款计划机构进行的许多贷款和投资不太可能得到偿还,并且只能通过持续的经营补贴作为资产维持。国民账户中这些"剩余资产"和"剩余类别"中的其他资产的估值如果较低,都会导致整个期间净债务的上升趋势。

养老基金的纳入或排除仍然有较显著的影响。有理由认为,应将其排除在净债务计算之外(正如大藏省在计算总债务和财政赤字时所显示的那样),因为它们在中期内无法满足一般政府预算义务,其结果是导致整个期间净债务的趋势急剧上升,如图26.7所示。在此基础上,截至1996年的净债务已达到国内生产总值的60%,而官方计算仅为16.6%。

这些和其他金融负债计量的重要性在于,在不引发严重财政危机的情况下,这种规模的债务是可持续的。持续的赤字增加了债务的数量,债务的数量反过来又增加了偿还债务的成本,偿还债务的成本反过来又增加了赤字的规模,风险在于赤字和债务可能会失控。通过发行政府债券为债务融资的难度越来越大,这对国内外金融市场的影响也越来越大。以日本为例,债务的上升趋势因公共养老金资金不足和人口老龄化而加剧。还有一个令人苦恼的问题,即这种规模的公共债务在多大程度上会对未来几代的人口下降造成负担。下一部分内容比较了日本与其他七国集团国家的债务状况。这里我们主要关注的是中央政府对总债务积累的贡献,并使用了不统一的定义和计量。

图26.6反映了中央和地方总负债占国内生产总值份额,总体上呈现出不断增加的趋势。1975年总计36万亿,且在未来的25年里每年都在增长。在1980—1987年的财政重建期间,债务数额翻了一番,国内生产总值的比例从53%上升到75%。但这一数额由于泡沫经济的回落和经济增长的放缓,并且

随着税收收入下降和公共支出增加,从 1992 年开始急剧上升。中央政府的负债对该债务的累积和在 1975—1999 年间的增长贡献最大。图 26.8 显示了总债务的构成,省略了社会保障总债务每年平均 0.3% 至 1.3% 的贡献。1975 年,中央和地方政府债务比率低于 2∶1,社会保障基金的债务总额微不足道(莱特,1999:表 9)。到 1989 年,这一比率超过了 3.5∶1。中央政府债务规模不仅是一般政府债务总量的主要决定因素,而且其比重增长速度快于地方政府。在财政重建期间,中央政府债务占国内生产总值的比重增长了 50%,地方政府债务占国内生产总值的比重增长不足 20%。20 世纪 90 年代,地方政府在总债务中所占的份额比中央政府增长得更快,中央政府的巨额债务增长意味着其债务与国内生产总值比率急剧上升。

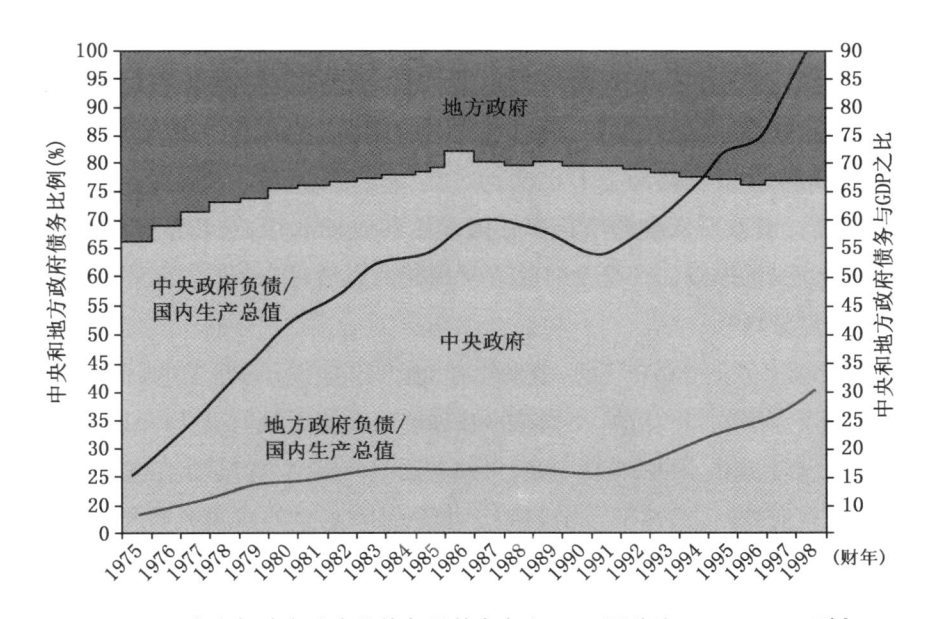

图 26.8 中央与地方政府总债务及其占名义 GDP 百分比,1975—1998 财年

结 论

20 世纪 80 年代,日本公共财政出现了明显好转,大多数分析人士将其归因于大藏省有效实施中央政府预算财政重建政策(Asako 等,1991;Shibata,

1993；Kawai and Onitsuka，1996；Ihori，1996；Suzuki，1999；Alexander，1999a）。由于没有分清表象和现实，一些人甚至认为，大藏省在1990年前就实现了平衡预算的目标。事实上，大藏省在当年通过操纵现金流成功取消了特别赤字融资债券发行，但一般账户预算总体上仍处于赤字状态，大藏省继续借贷以支付资本支出，并为偿还债务的成本提供资金。在任何情况下，这种借贷被证明是暂时的，因为大藏省在1994年被迫再次发行赤字债券。

本章对一般政府支出、财政平衡和债务趋势的组织和职能进行了分析，得出了不同的结论，表明常规评估需要一些重要的条件。

首先，尽管大藏省的财政重建政策确实有助于总体上减缓一般政府支出增长的长期趋势，但它们并没有扭转这一趋势。在1975—2000年期间的大多数年份，支出增长率超过了国内生产总值的增长率，导致一般政府支出占国内生产总值比率从1/4上升到1/3以上。尽管中央和地方政府的支出都对这一增长作出了贡献，但社保基金的增长速度却超过了两者，其在国内生产总值中的份额从1/4提高到了1/3以上。

其次，一般政府支出的增长率在财政重建时期放缓，这几乎完全归因于地方政府支出的缩减。在整个财政重建期间及以后，中央政府的现有开支和资本支出继续增长。

第三，在1975—2000年间，中央政府、地方政府和市政机关的财政平衡几乎一直处于赤字状态。虽然大藏省的财政重建政策无疑有助于减少20世纪80年代的赤字规模，但只有在1987年放弃这些政策后，才短暂实现按惯例衡量的一般政府盈余，这几乎完全归因于社会保障基金的巨额累积盈余，以及泡沫时期经济的快速增长（增加国内生产总值分母的规模）和"暴利"税收的增长（降低债务分子的规模）。第四，在整个1975—2000年期间，中央政府的金融负债对债务积累的快速增长贡献最大。从1992年起，中央和地方政府都有义务借更多的钱来补偿税收的减少，并为反周期政策的实施提供资金。公共债务存量急剧上升，经济增长放缓，债务与国内生产总值的比率大幅上升。

最后，尽管这一章主要关注支出，正如我在前几章中强调的，大藏省未能改革税收结构以产生附加收入，加上20世纪90年代经济衰退中税收收入的下降，意味着除了不可持续的"泡沫经济"的"意外之财"，中央政府的赤字和债务增长同样或更多地受到收入短缺的驱动。

一般政府不计算 FILP 开支。它的收入不是来自税收和借贷,而是主要来自邮政储蓄和养老金,这些资金被强制存入大藏省信托基金局。由于收入和支出每年都是平衡的,因此它的加入不会影响一般政府的整体财务平衡,也不会影响国内生产总值和财政赤字。然而,如第二十三章所示,FILP 越来越多地被用作一般账户预算的替代品,作为某些公共投资的资金来源,更广泛地用于公共工程,例如,通过控制特别账户为公共银行、金融公司和一些公共工程组织的活动提供资金,以及包销中央和地方政府的部分债务。它也越来越多地用于资助中央政府的一些资本支出计划。财政投资和贷款计划产生的部分或有负债由政府隐性担保,例如用于补贴运营成本的贷款。因此,有一种观点认为,应将"FILP"收支的一部分包括在一般政府的年度计算中。如果它继续被排除在外,会使一般政府低估收支总额以及公共债务的金额。信托基金局持有很大比例的养老基金,通过 FILP 机构进行投资。这些资产未合并到一般预算账户中。据估计,在 1975—1996 年期间(经合组织,1998),它们的加入将使总债务增加 5% 到 10%。而净债务状况不会受到影响,因为信托基金局本身没有持有净资产。然而,正如已经指出的,净债务总额受未合并资产和负债的估值影响,其中包括 FILP 机构的资产和负债。

第二十七章 国际背景下的日本财政表现

在20世纪70年代中期,所有七国集团和大多数国家的财政都受到了巨大的冲击。产生冲击的最主要原因是第一次石油危机,它造成了各个国家的经济活动普遍放缓,通货膨胀加剧,以及国际收支困难等问题。虽然影响是不同的,但对大多数国家来说,赤字和债务上升是共同的财政后果,国家财政出现逐步恶化的症状。尽管这些症状的严重程度不同,导致公共支出增加的历史因素也各不相同,但经历的财政压力共同引发了反应。20世纪70年代末到80年代初,多数七国集团政府开始实施财政重建政策,以应对由于公共支出增加和收入短缺所导致的持续赤字和不断上升的债务水平。与此同时,人们对政府实施成功经济政策的能力以及自1944年以来就一直压迫着他们的凯恩斯主义经济理论产生了信任危机。随着凯恩斯主义的终结,以及各政治党派就公共部门在管理经济方面的战略作用达成的政治共识的终结,财政重建政策在意识形态上实现了合法化。

工业化经济管理的新自由主义思想和其支配地位影响着公共部门的各个方面,影响着预算编制的政治背景,20世纪80年代七国集团重新评估了公共部门的作用,以及提供公共福利和服务的规模、范围和意义。在预算制度运作的行政范围内有一个不断变化的过程,而这些制度本身也进行了改革,重新集中控制,以便能更有效地短期控制预算总额。美国、加拿大和德国在联邦一级执行了削减和压缩支出方案以及限制总支出增长的政策,法国、意大利、英国和日本则在中央一级执行了这些政策。因为七国集团的所有政府都试图限制地方政府的开支,因而在地方、区域和省级的公共服务的提供方面也产生了深远的影响。

本部分内容阐述了日本公共部门的支出趋势,在上一部分主要评估了在其他七国集团国家财政政策的大背景下,大藏省重建中央政府财政政策的有效性,以及与其他七国集团中央和联邦政府的绩效比较。它没有解决为什么在20世纪80年代新自由主义经济改革被除了日本和德国之外的大多数七国集团国家所占据的问题。

在我们开始之前需要强调的是,尽管经过了20世纪90年代的变迁,在经济和财政方面日本经济仍然是世界第二大经济体,日本按实际价值计算的累计增长与其他国家的增长相比来说是非常有利的,见图27.1。在1989年至1996年的七国集团国家中,只有德国超过了它,但是在1991年后日本经济出现放缓,紧接着是美国,然后是其他所有国家,最后意大利迎头赶上并在1998年实现了超越。

资料来源:日本海事协会船级社和德国劳埃德船级社(1989=100)。

图27.1 G7国家经济增长率,1989—1998财年

政府:支出、赤字和七国集团债务

20世纪70年代第一次石油危机过后,经济增长放缓,七国集团国家政府

日本的财政危机

的一般政府支出从占 GDP 的 1/3,到 1982 年整体增长超过 GDP 的 40%,见图 27.2。从 G7 政府支出总体趋势上看,20 世纪 80 年代实施的紧缩政策,使支出产生了一个逐渐减少的趋势,但在下一个十年的前半期又进一步增加了。到 1993 年,这一比例为 41%。日本一般政府支出数据与 20 世纪 70 年代初相比几乎没有不同,其基线低得多,大约为 20%。

图 27.2　G7 政府支出占 GDP 份额,1975—1999 年

日本的支出随后以高于其他七国集团国家的速度增长,到 1982 年达到 33% 以上。在 1975 至 2000 年间,与其他七国集团相比,日本政府支出在国民生产总值中所占比重较小,尽管与美国有差异,并逐渐高于美国,但在过去 20

年里与英国的差距却在缩小。与其他国家相比,大藏省在1975—1986年财政重建期间抑制公共支出增长方面取得了一些成效。在90年代,日本公共部门与其他七国集团国家相比,大藏省的支出增长速度更快,改革成效不如其他国家,但究其原因,造成增长的周期性因素约占25%,而产生周期性是财政重复刺激的结果。

构 成

日本的最终公共支出仅为欧洲七国集团国家的一半,与美国相比更低,部分原因是国防开支水平较低,政府在其他各主要职能上的公共支出也较低,如,日本政府在教育、卫生和社会服务的每一项主要职能上所花费的费用都少于除了美国以外的其他七国集团国家。相比之下,美国在公共卫生上的花费略高些,在公共教育方面则更高。然而,按照经合组织国家的年度国民账户数据信息,日本每一类别的资本性支出几乎超过了G7国家的所有类别的资本性支出。

余 额

一般政府预算余额可以按GDP的收入和支出差额来衡量和比较,主要有四种方式:(1)一般或常规平衡,以赤字或盈余表示;(2)结构性平衡,它试图消除商业周期对一般平衡的影响,以潜在国内生产总值的份额表示;(3)通货膨胀调整平衡,它修正了被通胀影响的普通平衡;(4)初级平衡,从政府支出中减除向公债持有人支付的利息。对七国集团国家采用这四项措施的余额趋势进行分析,得出了四项共识。

1. 七个国家的财政状况都恶化了。各国从20世纪70年代中期左右开始,在衰退条件下受到了第一次石油危机的影响。受凯恩斯理论的影响,各国政府采取财政政策来增加支出和减税。收入下降,财政赤字扩大。

2. 糟糕的财政状况持续了大约十年,直到各国政府开始采取纠正措施,为经济增长创造更有利的条件。七国集团国家的总赤字在1983—1989年间下降了约3%。仅日本就在1987年至1992年间连续6年出现盈余,八年保持着基本平衡基础(英国在1988年和1989年实现了少量盈余)。这一改善是

日本的财政危机

在大藏省从 1987 年开始放宽财政重建政策之后出现的,主要是由于在泡沫经济时期的收入增加,这有助于减少中央和地方政府的赤字。

3. 1989 年之后,七国集团国家的财政状况再次恶化,部分原因是周期性的,从 1975 年开始,1993 年是财政状况最差的年份之一。

4. 总趋势在 90 年代后半期变得明显:从 1994 年开始,七国集团所有国家(除日本外)的财政业绩都经历了显著和持续的改善,实现了政府总体收支的顺差。随着日本经济步入衰退,中央和地方政府收入的下降和支出的增加,导致金融平衡急剧持续恶化。财政赤字连续七年上升,至 1999 年财政年度达 10.7%。对初级余额的比较显示,日本的财政状况仍然比较糟糕。而七国集团国家的财政余额都显示出巨大且不断增长的盈余,但日本是唯一一个赤字大国。在 1975 年至 1999 年期间,政府财政总余额出现了较大赤字,到最后一天达到了 GDP 的 8.9%(按日历年计算)。图 27.3 比较了日本与其他七国集团国家在 1990 年代的财务表现,数据不包括日本和美国的社会保障基金。更重要的是,它显示了除了日本外的七国集团国家从 20 世纪 90 年代初改善财政平衡的趋势。

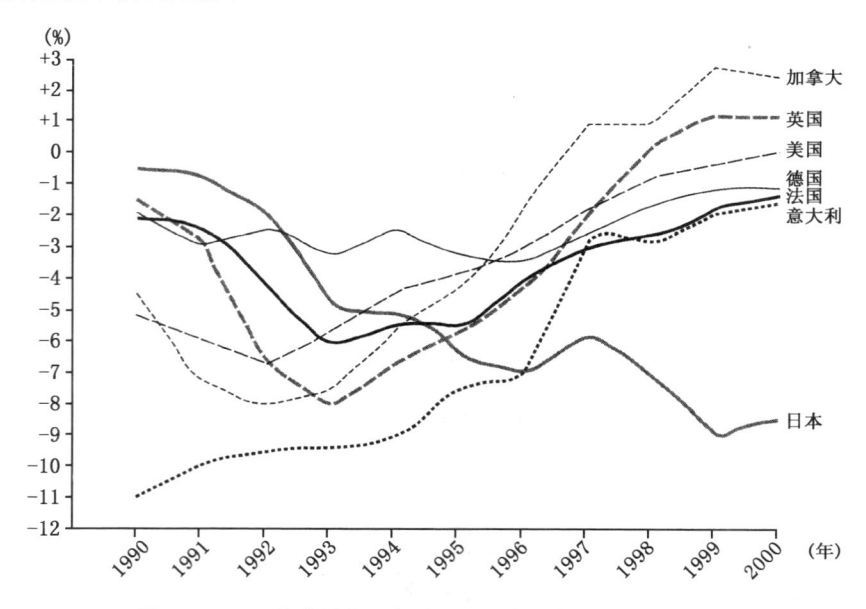

图 27.3　G7 公共债务总额占 GDP 的比率,1990—2000 年

公共债务的增长

长期存在的财政赤字会导致公共债务的增长和积累增加,产生重大的经济和财政后果,例如可能挤占私人投资,因为增加的政府支出或减税先发制人地抢占了潜在的投资资金,吸收掉可能吸引到海外项目的储蓄,对利率和就业产生不利影响以及增加金融市场不稳定的风险。在整个20世纪70年代,七国集团国家的公共债务总额与国内生产总值的比率几乎没有变化,但在随后的十年里,这一比率从42.9%上升到61.3%,并在1998年迅速上升到76%以上。以后,才出现下降趋势(OECD,2000),见图27.3。

大藏省多次将日本的不良债务总额与美国、其他七国集团以及经合组织国家进行比较。图27.4显示,日本在整个20世纪80年代,其不良债务占GDP的比例始终比美国高出约5%~10%,与除意大利和加拿大以外的七国集团国家相比仍然更高。尽管这里的差异不太明显,但也高于七国集团和经合组织的平均水平。1975年以来,七国集团国家的债务总额呈上升趋势,这一趋势在日本也有反映,除了在泡沫经济时期,借款减少和一些债务的偿还

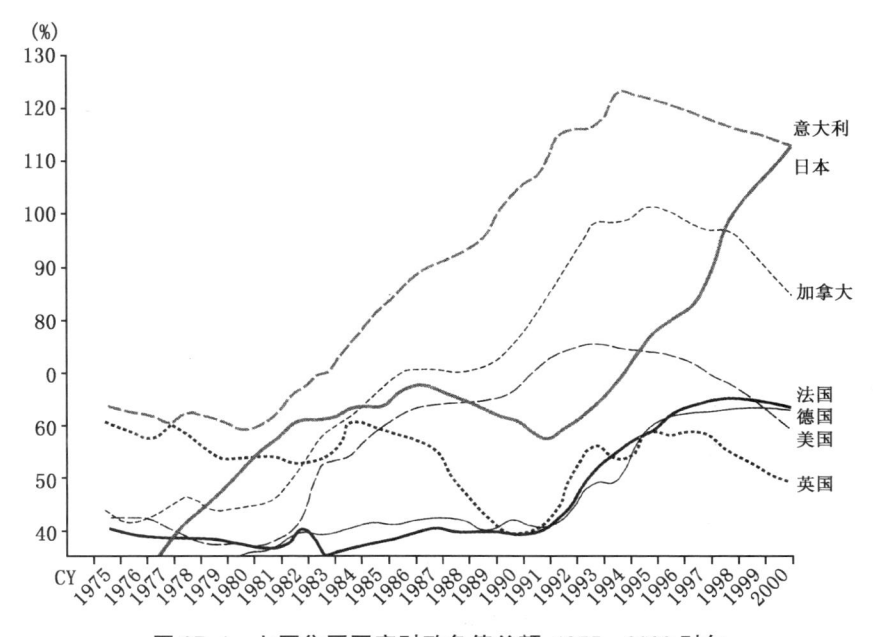

图27.4 七国集团国家财政负债总额,1975—2000财年

导致债务从 1987 年的 67.5％的高点逐渐下降。总的来说，在 1975 年至 2000 年期间，日本总债务比七国集团其他国家多得多，除了意大利和 1980 年代中期以后的加拿大，这些状况一直持续到 1998 年。

从 20 世纪 90 年代中期起，受马斯特里赫特条约对加入欧洲货币联盟（EMU）标准的影响，90 年代初期的七国集团国家债务呈现上升的趋势，随后英国、法国、德国和意大利长期趋于平稳，并开始下降。日本的这一趋势是一个显著例外，到 1999 年，大藏省债务总额超过了国内生产总值的 100％，并将在 2000 财年末增至 130％，因为大藏省给反周期财政政策提供了越来越多的大量借款。

在 1975 年至 2000 年的大部分时间里，日本的净债务呈现出先扬后抑再扬的状态，1977 年以前，低于其他 G7 国家，从 1978 年开始十年左右的时间，日本财政负债快速上升，到了 1987 年左右，这种上升趋势才改变向下，但到 90 年代，又迅速改变为向上趋势。到了 2000 年前后，负债总额，除意大利外，已经超过其他 5 个国家，1992 年始，增长速度在 20％至 50％之间。意大利负债增速从 1983 年的 67％增至 20 世纪末的 100％以上。相比之下，日本的净债务在这一时期则呈下降趋势，从 1983 年的 26％下降到 1992 年的 4.2％。除了 20 世纪 80 年代的英国，其他国家没有出现具有可比性的显著式减少。日本负债变化趋势独特，主要是由于社会保障基金的筹集和积累方式不同。总的来说，其社保基金财务余额的持续盈余大于其他国家，加上大藏省对金融资产和福利的过高估价，使得其业绩大大优于其他国家，直到 1996 年仅债务一项就继续呈上升趋势。

中央政府的财政绩效

大藏省在中央政府一般账户预算与其他七国集团国家的财政支出绩效相比表现如何？为了进行比较，我在这里引用了三个大藏省使用的绩效指标和一项中央政府使用的指标，大藏省使用的三项指标有：中央政府财政赤字占中央政府总支出的比率、长期未偿债务占国内生产总值的比率、利息支出占中央政府总支出的比率。这三项指标在 20 世纪 90 年代中期被明确列为重要考核指标,其战略目的是为了引起人们对自1991年以来与其他国家相比日本财政状况的迅速恶化的注意,从而向国内外的"观众"强调必须采取补救行动的必要性。

第四个绩效指标是中央政府而不是大藏省明确的指标,即政府的财政收支占国内生产总值的比率。正如我们在前一章中看到的那样,1980年至1986年重建期间,日本中央政府预算赤字逐步减少,在逐渐放松之后,赤字又有了大幅度的减少,这是国内生产总值增长和可用于支出的盈余收入增多相结合的结果。英国和德国的趋势大体相似,但都是从较低的基准线开始的。相反,从1980年到1986年,美国和法国的赤字不断上升,但随后与日本、英国和德国的赤字下降情况相类似。

财政赤字严格来说,就是要增加对债券的依赖比率。如第12章所述,财政赤字即总收入与总支出之间的差额小于债券依赖率,因为大藏省通过发行长期债券的方式,即通过政府借贷来筹措部分资本支出。

日本的中央政府赤字在这一时期的大部分时间里都高于其他国家,但到了20世纪90年代初,赤字降到了最低水平,但这种改善主要发生在泡沫经济时期。此后,如图27.5所示,日本中央政府财政收支逆差呈急剧上升趋势,而其他七国集团国家的财政收支逆差则从20世纪90年代中期开始稳步下降,英国、美国和加拿大都实现了盈余。

财政赤字即债券依赖比率占经常项目预算的比例的计算,是大藏省在重建时期的又一项考核指标。图27.6显示了20世纪70年代中期七国集团中五个国家中央预算的财政赤字急剧上升,而日本的财政赤字上升幅度最大,1979年达到了34.7%的高点,而其他国家则不到20%。日本的一般账户预算赤字继续保持在一个较高但不断下降的水平,在1989年前这一趋势除美国以外的所有其他七国集团国家都可以观察到。这种下降在英国最为明显,私有化收益和"经济繁荣"促成了1987—2009年间的盈余。20世纪90年代,所有国家的赤字再次上升,日本的赤字再次超过所有其他国家。以这种方式衡量,在整个时期里,相比之下,日本的表现是五个国家中最差的。

图27.7显示了这五个国家的中央政府长期债务占国内生产总值的比例趋势。从1974年到1986年,日本急剧上升的曲线只有美国能与之匹配,从大

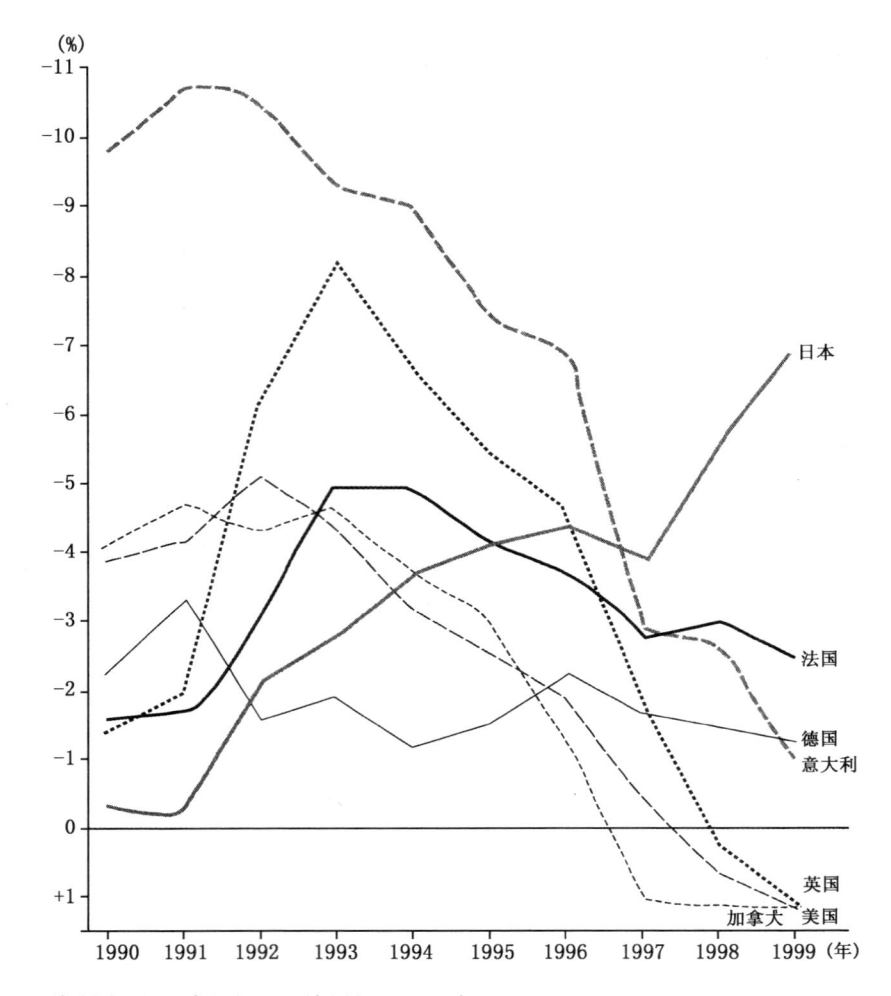

日本的财政危机

图 27.5 七国集团财政盈余(＋)或赤字(－)占名义 GDP 的百分比,1990—1999 年

资料来源:经合组织:《经济展望》,2000 年。

致相似的基准线来看,德国和法国的债务上升水平更为缓慢。到 20 世纪 90 年代,所有五个国家的未偿债务额再次增多,日本的债务在 20 年内增加了 5 倍多,而法国、德国和美国的债务额则翻了一番。仅英国一国的债务实现了大幅减少,总体表现相对稳定。

五个国家的利息支付率与中央政府总支出的比率非常相似,但日本几乎整个时期的费用都相对较高,见图 27.8。从 20 世纪 70 年代中期开始,这些

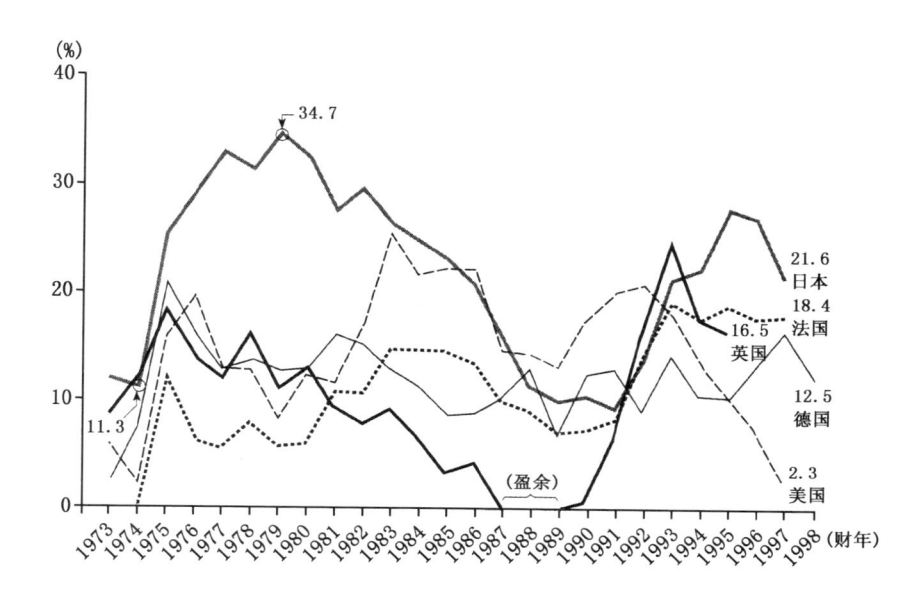

第二十七章 国际背景下的日本财政表现

资料来源：教育部预算局：《1998年日本预算简讯》。

图27.6 G7国家中央/联邦政府财政预算支出占GDP百分比，1973—1998财年

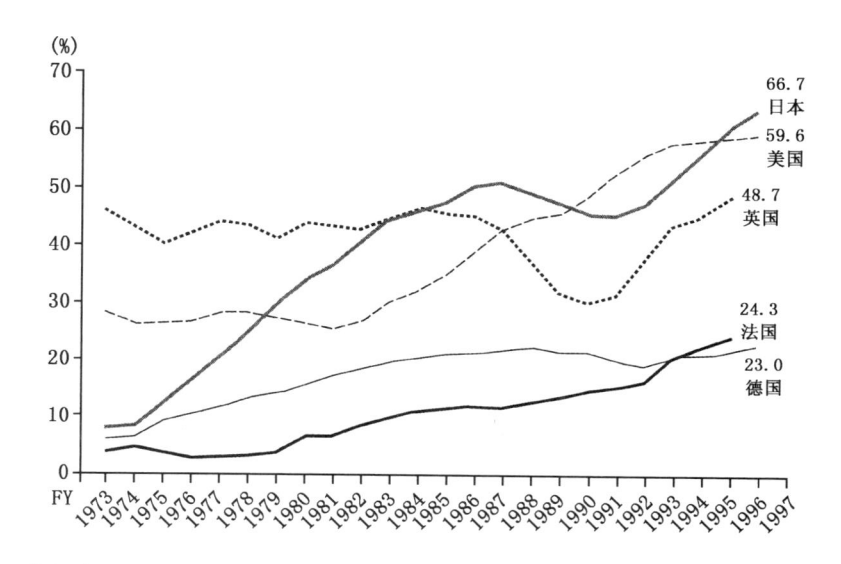

资料来源：日本大藏省预算局：《1997年日本预算简讯》。

图27.7 G7国家未偿还的政府债务占GDP的百分比，1973—1996财年

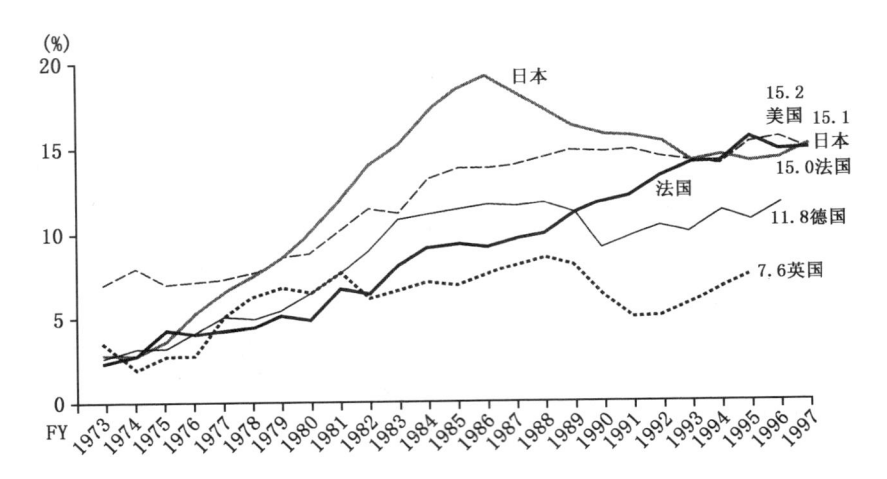

资料来源：日本大藏省预算局《1997年日本预算简讯》。
图27.8　G7国家中央/联邦政府利息支出占预算总支出的比率，1973—1997财年

国家的人口急剧增长，日本更是如此。在财政重建期间，日本的债务成本几乎是其他地方中央政府总支出的两倍，尽管此后差额缩小了。

根据赤字四个绩效指标：赤字、债务、国内生产总值和利息支出的数据，表明大藏省在1975年至2000年大部分时间里与七国集团其他中央政府的对应部门相比，在中央政府预算中的绩效较差。此外，自1990年代中期以来，尽管所有国家都在改善预算执行情况，但只有日本的预算执行情况在恶化。

20世纪80年代财政重建的失败

尽管20世纪80年代采取了财政重建和紧缩政策，但七国集团所有国家的政府购买力仍在继续上升，中央预算对经济增长作出了主要贡献，像英国和加拿大的增长速度甚至比危机前还要快。公共支出的增加伴随着税收收入的日益短缺，这是经济自由主义原则在税收上的成功应用，体现为"供给方"里根主义和撒切尔主义，降低个人和公司税率，并将更多的负担转移到间接税上。纪律和控制方面也出现了些错觉问题。削减实际公共支出的宏伟目标被缩减或（如在英国）被重新建立，以"更好地反映不可阻挡的增长现实"（Thain and Wright，1995）。事实上，七国集团国家除了在很短的时间内减缓

中央支出的增长外,也并没有什么行之有效的办法。持续的支出增长和收入短缺的长期趋势被掩盖,但并没有通过预算战略和旨在管理公开展示明显有效业绩的财政"花招"来加以弥补。

支出增加伴随着收入基础的萎缩,加剧了大多数国家持续扩大的财政赤字状况,政府借款增加,政府债务总额不断积累。日本在实现一般政府支出财政余额的盈余方面的表现优于其他七国集团国家,原因是由于纳入了社会保障基金的巨额盈余,所以积累的基础与大多数国家不同。七国集团国家的金融负债总额,从1980年平均占国内生产总值的42%,十年后达到近60%。相比之下,日本的债务总额处于不利地位,到1997年,日本是七国集团中除意大利以外最糟糕的国家。1999财年,其债务总额甚至超过了意大利。矛盾的是大藏省有更大的控制权却表现更差,比如对总借款的控制。在抑制净债务规模和增长方面,令人印象深刻的表现不是货币基金组织重建政策的结果,而是养老金融资方法的结果。

更狭义地说,对中央政府财政收支的比较表明,日本在20世纪80年代在减少一般账户预算赤字方面并没有取得明显的成功,在整个1975—2000年期间,大藏省表现最差。偿还债务的费用对所有中央预算造成了持续的挤压,因为支付和偿还利息的固定费用降低了预算制定者改变支出方案的自由裁量权。由于需求导向的强制性支出占据了后者越来越多的比例,使这一压力更加严重,预算变得更加僵化。政治家在影响剩余资源的构成和分配方面的自由裁量权更低。日本偿还中央政府债务的费用比其他国家的负担更重,财政自由裁量权在整个1975—2000年期间却逐步减少。

大约从20世纪80年代中期(继《广场协议》和《卢浮宫协议》之后),七国集团的财政政策在"繁荣"和"泡沫"的条件下开始放松。虽然赤字状况有所改善,但只有英国在其总体财政平衡上实现了短暂的盈余,这主要是资产出售获取收入的结果。日本的数据被巨大的社会保障盈余扭曲。但其他地方的改善的原因更多是由于经济的缓慢增长,而不是由于早期重建政策的有效性产生了作用,也不是由于继续改革编制和执行预算的行政环境产生了作用。

20世纪80年代末和90年代初,全球经济衰退的状况再次暴露出与70年代中期一样的问题,大多数G7国家的公共财政状况十分脆弱。赤字急剧上升,政府债务水平超过了过去20年的任何时候。到1995年,这七个国家的债务总额都超过了马斯特里赫特的60%的门槛。在意大利,这一数字超过了国内生产总值的100%。七国集团各国政府在应对新一轮但更深层次的赤字和债务危机时,都承诺将恢复平衡预算作为中期目标,并承诺采取短期预算控制政策,以实现与此目标相关的年度减赤减债目标。与20世纪70年代中期的危机不同,对欧盟成员国来说,现在有更广泛的政治、经济和财政因素,因此必须紧急采取行动。对他们来说,1999年加入欧洲货币联盟是以令人满意的经济和财政表现为条件的。1992年《马斯特里赫特条约》规定的专门针对预算纪律的趋同标准包括:一般政府的赤字水平不超过其国内生产总值的3%,总负债率则不超过60%。为了遵守这些和其他经济标准,欧盟各国政府有义务出台和实施前所未有的紧缩财政政策,并在进入欧盟之前的几年内保持这些政策产生作用。有可能的话,预算制度、预算规范和游戏规则必须改革和重铸,以确保大藏省能够在1998年7月进行正式评估时及时提供符合标准的财政业绩。

七国集团以及其他OECD国家在预算制度和财政政策方面也发生了类似的变化,因为它们也在政治上致力于恢复预算平衡,其中暗中承认马斯特里赫特预算标准是判断其短期预算绩效有效性的标准。虽然它们努力达到这些标准,部分原因是国内政治经济原因,但同时它们也在应对工业化国家之间财政趋同带来的日益增加的国际压力,例如商业税收制度的竞争力和政府债务的出售。日本在1997年财政结构改革法案中采用了《马斯特里赫特条约》(即《欧盟条约》)中的标准。该标准规定,凡是想成为欧洲共同体成员的国家,其通货膨胀率不得超过该指标最低的三个成员国平均值的1.5个百分点;财政预算赤字不得超过国内生产总值(GDP)的3%;政府负债率不得超过GDP的60%。将2003年定为中央和地方政府综合财政平衡的财政赤字达到国内生产总值3%或更低的目标年度。公共债务将保持在1997年的水平,特别赤字融资债券的发行每年都会减少,以便在2030财政年度之前消除这些债务。然而,随着经济衰退的加剧,1998年修订了该法案,将赤字的目标日期延长至2005财政年度,即2006年3月。取消发行特别赤字融资债券的预定日期再次推迟,这已经是自1980年以来的第四次取消。

第二十七章　国际背景下的日本财政表现

所有七国集团和其他经合组织对"财政定时炸弹"在其财政体系下运行的政治意识日益增强,这进一步刺激了赤字和债务水平的财政趋同。在头几年,它有可能以不同的力量威胁财政基础的稳定。在几个因素中,最重要的是人口逐渐老龄化的财政后果。相对于工作年龄的人,老年人和退休人员人数的增加造成了双重财政紧缩:一方面税收收入下降,另一方面提供养老金、社会保障、医疗和福利以及社会服务的成本上升。在这方面,日本的情况与大多数其他七国集团国家相比并不乐观,而且预计从2000年开始将迅速恶化。1998年,60岁及以上人口与20—59岁人口的比率接近40%,只有意大利的比例更大。据估计,1998年至2025年间这一比例的变化将使日本领先于所有其他七国集团国家,在整个经合组织地区排名第三。人口老龄化对经济有着深远的影响,对劳动力供应、家庭储蓄、投资水平以及公共财政,特别是提供公共养老金的成本和公共卫生支出的增加影响更大。未来公共债务融资成本加剧的一个后果是利息。除非对代际不平等作出根本性的改变,例如通过降低福利率、进一步提高退休年龄、扩大供款人的基数,否则后代支付的净税收将超过今天出生的人支付的净税收(Takayama et al, 1998; EPA, 1995)。

在整个20世纪90年代,日本的私人和公共养老金的提供情况都很严峻。公共养老金支出估计从1995年占国内生产总值的6.8%上升到2000年的14.3%,"这一增长在任何其他经合组织国家都可能是前所未有的"(经合组织,1998)。从2000财年开始,养老基金的管理将更加关注市场回报。私人养老基金的状况也好不到哪里去,员工养老基金资金严重不足。

到1990年代末,除日本之外,所有七国集团国家都停止了过去二十年公共支出不可持续增长的趋势,有些国家的趋势已经得到了充分扭转,使得它们对平衡的中央和联邦预算的期望变得现实和可信。最显著的转变发生在美国,1994年联邦预算赤字为2 900亿美元,1998财政年度预算赤字缩减到220亿美元,30年来的第一次盈余并在1999年9月终了的财政年度的预算中宣布。

美国国会预算办公室预测,在21世纪的前十年里,美国财政将累计盈余一万亿美元。克林顿总统在其2000财年的最后预算中提议,到2013年消除所有联邦债务。如果实施,美国联邦政府将自1835年以来首次实现无负债;加拿大甚至更早地实现了联邦预算的平衡,在1997—1999财年恢复了盈余。英国中央政府的预算在1999财年和2000财年出现了大量盈余。法国、德国和意大利的预算赤字也开始下降。仅日本的预算赤字在急剧上升,它的财政状况是所有七国集团国家中最糟糕的,中央政府预算平衡的前景比1965年以来任何时候都要渺茫。

第二十八章　FILP 面临的压力

FILP 的最初目的是为公共部门的三类项目提供资本投资和贷款,它通过向中央或地方各级的职能组织分配资金,以促进固定资本形成。第一类是贷款期限过长,私营部门机构无法承担利率风险的项目,如战后日本开发银行和日本进出口银行贷款资助的一些关键工业部门。第二类是 FILP 金融旨在为那些潜在盈利能力不确定、私营部门机构无法承担风险的项目提供资金。第三类是以收入再分配目的提供低息贷款的项目,利率太低,私营部门金融机构无法提供,例如政府住房贷款公司、小企业金融公司向中小企业提供的贷款,以及区域发展机构所提供的贷款。

在盟军占领结束后的高增长时期,FILP 通过向发展组织提供资金,为钢铁、造船、煤炭和电力等基础产业提供资源以促进工业和技术发展。随着高增长的结束,国家经济目标在 20 世纪 70 年代和 80 年代进行了调整,以反映对连续几个国家计划中提出的社会、福利和环境政策的更大关注。FILP 机构的数量及其服务的内容有所增加,目标也发生了变化。无论是对各机构的拨款,还是其投资和贷款带来的职能分配,财政政策拨款的优先次序都发生了变化。1953 年,即 FILP 成立的第一年,就业部吸收了分配给地方政府以外机构 1/4 以上的资金额。到 1991 年,这一比例还不到 5%。在同一时期,政府住房贷款公司将其份额从不到 10% 增加到将近 1/4。

在战后的日本工业重建中,不管 FILP 及其机构有什么理由,这样的机构都会受到了越来越多的挑战。正如我们在第 12 章中看到的,FILP 为大藏省和其他部门投资影响了公共和私营部门资本的数量、方向和流动杠杆。它们是否能够比私营部门的金融机构更好地决定这些资源的有效利用,这也是有争议的。另外,它们是否应该这样做,以便实施一项实现国家目标的战略,是政府宗旨的一个根本问题。政府主张20世纪80年代在美国辩论的"积极工业政策",这是当时美国和日本之间贸易争端的基础。随着经济逐步自由化,私营部门金融机构变得更有能力、更愿意为放松金融服务和产品市场管制的中长期投资提供资金,对关键行业、技术和流程的信贷分配的中央指导和控制变得不那么必要,也更难证明其合理性。同样,FILP为社会资本项目提供资金以"提高生活水平"和"生活质量",并用这项资金偿还债务,也被批评为是不恰当的。有人认为,这种支出应由一般税收和政府借款支付,并接受内阁的审查。

尽管日本国内很少有人主张彻底废除FILP,但随着系统中出现紧张局势,重新定义其用途、范围和操作标准变得必要和紧迫。从1980年代初开始,出现了两个相互冲突且越来越难以调和的原则:第一,指导信托基金局基金存款管理的"利润原则",信托基金局基金需要从投资和贷款中赚取足够的收入来支付其业务费用,主要是从邮政储蓄系统支付存款利息;第二,"低成本原则",指导信托基金局基金向FILP各机构提供资金,目的为用于公共政策上,即实现国家经济、社会和福利目标。这两项原则之间的紧张关系因FILP而扩张,使整个公共财政系统的运作和管理因提供"润滑"而造成的困难进一步加剧。其后果是,首先在"进入"阶段,在利率和金融产品及服务放松管制的时代,维持邮政储蓄的吸引力越来越困难,其次,在"中间阶段",规定存入信托基金局基金的资金的利率,从而规定向FILP机构贷款的利率;最后在"退出"阶段,FILP基金的使用效率和有效性。在讨论1997年开始的改革进程的背景和2001年4月提出"新FILP"原则之前,我们依次研究每一个原则。

资金的筹集和供应

随着20世纪70年代和80年代银行对基础产业的传统借款减少,城市银行和商业银行开始与公共银行争夺高新技术产业的投资业务,即争夺小投资者的家庭储蓄。在与私营金融公司和邮政储蓄系统的直接竞争中,他们向大藏省的担保局施压,要求他们支持取消某些邮政储蓄账户的特权。正如第12章所讨论的那样,它们在一定程度上是成功的,因为1988年的税法取消了这些账户利息收入的免税地位。

1979年放开了对大额存款的利率管制,1993年完成了对小额存款的利率管制。从理论上讲,当时私营金融机构能够提高存款利率从而增加对小投资者的吸引力。实际上,在1980年代中期,邮政储蓄的吸引力暂时下降,原因为:第一,私人银行开始发行新的货币凭证和其他种类的存款凭证;第二,因1985年后的股市繁荣,将一些资金从邮政储蓄转移出去;第三,从1979年起,人寿保险储蓄的持续增长。这些转变归因于更具吸引力的利息收益率,以及邮政储蓄和银行存款在小投资者中的可替代性。但事实证明,对小投资者储蓄的竞争会使邮政储蓄减少,从而导致为信托基金局基金和FILP提供的潜在资金流失。尽管利率设定略低于私营部门三年期定期存款利率和政府债券票面利率,但邮政储蓄定期存款仍继续吸收了创纪录的家庭储蓄。截至1993财政年度末,邮政储蓄未清余额达183.5万亿日元,占国内储蓄总额的近1/4,占国内个人储蓄总额的1/3。过去三年的增长率平均在7%~12%。这种增长主要有三个原因:首先,大部分的邮政储蓄都在邮政储蓄凭证上,占1980年总储蓄的85%~90%。尽管它们提供的利率低于私人市场上的利率,但它们提供了6个月至10年不等的担保利率。存款人可以把他们的钱存进去,随着市场利率的波动,享受到加息的好处。私营部门的金融机构无法通过提供类似的定期存款条件来承担成本。此外,他们认为,由于期权溢价,邮政储蓄凭证账户给政府带来的成本高于建议的简单利率计算。它们与商业银行类似存款工具之间的差额估计高达1.5个百分点。尽管名义利率低于银行提供的利率,但这种差异有助于解释邮政储蓄的增长(Kamada,1993)。其次,日本和美国的银行倒闭是邮政储蓄吸引力的一个强有力的决定因素(Kuwayama,1999)。由于诸多地区性银行的倒闭和破产,暴露了信贷协会、信用合作社和农业银行的弱点,加之20世纪90年代政府对持续危机中的银行业管制,进一步鼓励着小投资者投身于政府担保的邮政储蓄体系。再次,邮政储蓄相对于其他金融机构提供的金融产品的吸引力。在1980年代中期金融市场自由化和自1994年起公共和私人利率挂钩后,在竞争更加激烈的市场条件下得以保持,因为邮局与银行当时提供的有限范围的金融服务相比,能够提供多种多样的服务。此外,邮政储蓄账户更方便,可通过 24 000 个当地办事处访问,而银行分行提供 16 600 个办事部门。邮局还受益于规模经济和较低的管理费用和薪金。它们不缴纳公司税,不必在日本银行存款,也不必为投资者的存款提供保险。因此,它们可以在以较低的利润率运营的同时,创造比银行更高的收入。

邮政储蓄的持续扩张是 FILP 历史性增长的主要原因。由于邮政储蓄占其总资金供应量的 57%,为了支付利息和业务成本,不得不在非营利机构中为这些存款寻找越来越多的投资渠道,反过来这也鼓励了 FILP 机构寻找更多的投资计划和项目。邮政储蓄的积累也是 1987 年金融自由化基金成立的部分原因。尽管在通过该基金开展的资本市场业务中,在新的放松管制的制度下,有更有效地管理邮政储蓄特别账户以赚取更高利润的动机。

1980 年代金融服务和产品自由化以及随后于 1994 年完成的利率放松管制的影响之一是公共银行、金融公司和其他 FILP 机构迄今享有的特权地位受到了威胁。因为它们从信托基金局筹措基金借款的成本增加,而且它们贷款收取的利率与私营金融部门贷款收取的利率之间的差异缩小。大藏省更难以确保存放于信托基金局基金的资金成本,可由投资及贷款局向公营及私营部门客户及客户收取的投资及贷款费用收回。邮政储蓄的持续吸引力取决于长期存款有利条件的维持,而 FILP 投资和贷款的持续吸引力,主要取决于维持 FILP 利率和私营部门金融机构提供的长期优惠利率之间的差额。随着长期利率下降,国内和国际金融服务和产品竞争加剧,大藏省和邮政省在液化石油气基金的"进入"和"退出"阶段都受到了挤压。

20 世纪 80 年代放松管制后,公私金融机构利率差距缩小只是问题的一部分。长期和短期利率的波动产生了可变收益率,邮政储蓄和信托基金局基金存款的收益率为负。邮政储蓄特别账户和信托基金局基金的资产和负债不匹配,以及缺乏类似于私人银行为应对利率波动影响而运作的资产－负债管理计划,让这些困难出现加剧。大藏省的第一基金司直到 20 世纪 90 年代初才开始解决这个问题。

资金使用与管理：信托基金局基金

信托基金管理局基金由大藏省财政局第一基金司管理，是经营储蓄流入与投资贷款流出的非营利性中介机构。它所支付的邮储存款利率与它向 FILP 机构收取的贷款利率之间没有"差价"。存款利率直到 1987 年 3 月都是由法律规定的。此后，由于私营金融部门的变化，调整信托基金局基金利率的灵活性变得更大。但后果是信托基金局的基金利率和非流动资产利率几乎每月都有波动。特别是在 20 世纪 50 年代和 60 年代，这种变动经常发生。一般来说，信托基金局的基金存款利率是按照市场上长期政府债券的利率制定的。利率由第一基金司根据市场情况和邮政储蓄存款的现行利率确定。

邮政储蓄及其他来源存入信托基金局基金的最低合约期为一个月，此举是为了赚取最低利率。大多数存款超过七年的存款者则会赚取到最高利率。这是通常提到的利率，也与贷款机构的贷款利率相同。其贷款期限最多为 35 年，但根据 FILP 方案的性质和目的以及个别贷款而有所不同。购买中央政府债券的期限与地方政府和非政府金融机构购买政府支持债券的期限相同，票面利率也相同。

固有利率风险

FILP 角色的变化和利率管制的放松加在一起，使得大藏省更难管理通过信托基金局基金的资金流动，以避免其为借入资本支付的利率和向 FILP 机构贷款的费用出现负差价的风险。首先，逐步放松利率管制，私营部门金融机构之间的竞争加剧，提高了它们的效率，并减少了息差，公共部门的息差相应缩小；其次，当利率重新调整时，长期利率被设定在高于短期利率的水平上，可以保证正收益率。随着监管的放松，长期利率与短期利率之间的差异频繁波动，提高了信托基金局基金在资产和负债不匹配期间的风险程度。

对 FILP 来说，最后也是最关键的决定因素是 FILP 机构收取的利率。他们被要求支付从信托基金局基金获得的贷款利息，反过来又不得不寻求对他们资助的项目和方案的大部分贷款和投资获得更高的回报。实际上，这一决定受到私营部门为可比较的长期项目提供资金的限制。

这里的基准是长期优惠利率。从历史上看,它与标准 FILP 利率之间的差额大约为 1% 或 2%,这对客户和顾客来说是一个极大的诱惑。随着 1980 年代的利率自由化,以及随后金融服务和存款的放松管制,利差变得非常小,在 1980 年代的短暂时期,FILP 利率高于私营部门的长期利率。在 1993—1997 年的五年内,FILP 利率始终高于长期优惠利率和十年期日本政府债券利率。

除了标准的 FILP 利率外,公共银行和金融公司通常还有较低的"优惠"利率。例如,日本开发银行将"最优惠贷款利率"设定在较低的水平。1987 年以前,这一差距有时高达 2%。此前,经过 20 世纪五六十年代的产业结构调整,其对电力、造船、煤矿、钢铁等行业的优惠率为 2.5%,低于标准的 FILP 利率,引发了对 JDB 为工业发展提供软贷款的批评。20 世纪 80 年代和 90 年代,一些非正规金融机构为提供"社会资本"而进行的融资,其贷款利率低于从信托基金局基金借款的利率。其中一些贷款是从更有利可图的业务中交叉补贴的,对一些机构来说,这是由中央政府通过一般账户预算提供补贴。

效率与有效性

政府对非营利机构的补贴

政府对非营利机构的补贴的重点,从主要以优惠利率提供长期贷款转变为前几章所述财政重建等的基础职能。这意味着贷款和投资的回报存在更大的不确定性,一些非营利组织机构为执行国家政策而开展的一些活动,需要从一般账户预算中持续提供补贴以支付其业务费用。

自 1953 年日本政府以现代形式成立 FILP 以来,对一些 FILP 机构进行了部分补贴。早期,当基础产业对投资资本的巨大需求超过信托基金局基金的供应时,高达 1/3 的非营利组织总预算由普通账户直接补贴。就该方案下的投资和贷款标准及其分配给非正规金融机构而言,其意义在于补贴能够保证非正规金融机构在解除管制利率的条件下持续生存。有两个值得讨论的问题。

第一，一些非营利组织机构越来越依赖年度补贴，以支付借贷差价的成本。在 1980 年代末和 1990 年代，FILP 无法以其贷款和投资所收取的有竞争力的市场利率支付其从信托基金局基金借款的所有费用。中央政府有义务对其部分财政活动进行补贴，以使大藏省机关能够继续对政府高度重视的一些政策领域提供优惠利率。长期低息购房贷款由政府住房贷款公司和住房发展委员会提供，它的利率低于信托局基金利率。这个差额由中央政府以明确的补贴来弥补。例如，1994 年，GHLC 和住房发展委员会以 4.3% 的利率从信托基金局基金借款，前者提供住房贷款，利率为 4.0%，住房发展委员会的贷款和投资为 4.05%。中央政府为他们的损失提供补贴，以降低他们的房屋拥有成本和租金。由于长期利率随着 1990 年代官方贴现率的逐步降低而下降，主要长期利率同时低于 FILP 利率和政府住房贷款公司，住房发展委员会和其他 FILP 机构收取的补贴利率，因此，从非营利组织机构获得的这种长期贷款比从私营部门获得的贷款要贵。1993—1994 年，住房和城市发展委员会的借款成本高于私营部门，许多借款人在到期前偿还了贷款，资金来自城市、商业银行和金融机构的较便宜贷款。

第二，补贴在多大程度上表明了非营利组织对某些金融活动的分配效率低下，并证明了一些非营利组织机构对公共资金的使用效率低下。"政府补贴"的概念是模糊的，模棱两可的，其证据是模糊不清的。在这里，它被认为是指直接从一般账户转移或批出资金，而无需偿还本金和/或支付利息的法定要求。它不包括未来贴现的补贴成本（讨论如下），以及信托基金局以持续贷款形式向一些机构提供的间接补贴。这些机构从赚取的利润中还款的可能性很小，比如说 1987 年至 1997 年的日本国家铁路债务结算公司。一些机构，如经合组织，也从一般账户预算中获得年度资本认购，但必须支付利息和偿还本金。

许多 FILP 机构在 1977 年至 1996 年期间，每年从总账户预算中获得或曾经获得政府利率补贴，总额在 1.1 万亿日元至 1.9 万亿日元之间，相当于 FILP 的 3% 至 10% 的预算（表 28.1）。1981 年以后，每年的补贴额一直下降，持续到 1990 年。虽然这一补贴水平微不足道，但它也没有要求增加一般账户预算;而且,随着全部非营利组织预算的迅速增长,作为一个整体,非营利组织机构的收入来源不断减少。利率和一些金融产品在1980年代的放松管制并没有伴随着补贴的增加。因为一些机构,主要是公共银行和金融公司,目前正经历负息差的情况,它们必须以高于向客户收取贷款和投资费用的利率向FILP借款。事实上,1987年之后,补贴总额及其在整个非营利性项目预算中所占的比例有所下降。

表 28.1　　　　1977—1996 财年一般账户对 FILP 的直接补贴[a]　　　单位:十亿日元

	公共银行和金融公司								其他 FILP 机构 总计	补贴	
	GHLC		AFFFC		8PBFCs		PBFCs 总数			总计	占 FILP 预算的百分比
	总计	百分比	总计	百分比	总计	百分比	总计	百分比			
1996	427.4	32.3	99.3	7.5	745	5.6	601.2	45.4	721.6	1 322.8	3.3
1995	410.9	30.9	100.7	7.6	761	5.7	587.7	44.1	743.3	1 331.0	3.3
1994	404.5	30.0	100.8	7.5	681	5.0	573.4	42.6	772.0	1 345.4	3.4
1993	404.5	31.8	108.1	8.5	434	3.4	556.0	43.7	715.0	1 271.0	3.5
1992	394.0	31.5	118.3	9.5	416	3.3	553.9	44.3	696.2	1 250.1	3.9
1991	374.0	30.7	120.9	9.9	468	3.8	541.7	44.5	675.9	1 217.6	4.2
1990	354.0	30.0	119.8	10.2	658	5.0	539.6	45.9	636.6	1 176.2	4.3
1989	354.0	28.8	141.8	11.5	806	6.6	576.4	46.9	652.3	1 228.7	4.7
1988	344.0	27.8	144.1	11.6	831	6.7	571.2	46.1	667.6	1 238.8	4.9
1987	343.3	27.7	143.7	11.6	845	6.8	571.5	46.1	667.5	1 239.0	5.2
1986	344.3	24.8	143.4	10.3	714	5.1	559.1	40.3	827.7	1 386.8	6.3
1985	341.3	20.6	139.8	8.5	516	3.1	532.7	32.3	1 117.7	1 650.4	7.9
1984	286.3	17.7	135.0	8.3	372	2.3	458.5	28.3	1 163.5	1 622.0	7.7
1983	281.5	16.8	130.2	7.8	326	1.9	444.3	26.5	1 232.0	1 676.3	8.1
1982	281.4	16.6	123.2	7.3	173	1.0	421.9	25.0	1 266.6	1 688.5	8.3
1981	217.4	11.0	91.0	4.6	165	0.8	324.9	16.5	1 648.0	1 972.9	10.1
1980	177.6	9.7	86.2	4.7	141	0.8	277.9	15.1	1 555.8	1 833.6	10.0
1979	132.5	8.3	78.7	4.9	130	0.8	224.2	14.0	1 366.2	1 590.4	9.4
1978	112.8	—	75.6	—	116	—	200.0	—	n/a	—	—
1977	107.1	—	66.2	—	94	—	182.7	—	n/a	—	—

a. 补贴直接支付给 FILP 机构,不计入 FILP 预算总额。
资料来源:数据来源于大藏省财政局第一基金司。

补贴在非营利组织机构之间分配不均。第二类公共银行和金融公司所占的份额从 1979 年的 14% 增加到 1989 年的近 47%。如表 28.1 所示,这一增长主要是因为全球住房抵押贷款委员会的补贴增加了,在 1977 至 1996 年间增加了 4 倍,占总额的近 1/3。在后一年,其 4 270 亿日元的补贴相当于其在 FILP 融资中获得的金额的 4%。另一个主要受益者是 AFFFC,其补贴从 1977 年到 1988 年稳步增长,仅占总额的 12%。在其他公共银行和金融公司中,有 5 家获得了小额年度补贴。从 1983 年起,国民金融公库和小企业金融公司都定期得到补贴,但每年的补贴额从未超过 400 亿日元。从 1967 年起,日本金融公司每年向市政企业支付的补贴数额要小得多,但却是固定的,作为对其因低于市场利率的贷款而产生费用的补偿(JFCME 1997b:21)。1996 财年,其补贴总额为 50 亿日元。但冲绳发展金融公库和环境卫生企业金融公库收到的数额较小。日本开发银行、进出口银行和北海道东北开发公库直到 1999 年重组后才获得补贴。2000 财年,新成立的日本国际合作银行从 OECF 继承的海外经济合作业务中获得了价值 3 060 亿日元的补贴,日本开发银行获得了 840 亿日元的补贴。在非金融非营利机构中,日本公路公共公司和日本私立学校促进基金是最大的受益者,每个机构都获得了年度非营利补贴总额的 1/5 以上。

体现分配效率低下的另一个指标是,每个财政年度末结转和未使用的非流动资金数额。在第二十四章内容中,我解释说订正预算拨出的资金中,只有大约 75%~85% 是在财政年度内使用的,剩余的则结转到下年,结转率每年都在 12%~22%。由于项目被废弃或取消,还有 3% 左右资金未使用。20 世纪 90 年代中后期,尽管 FILP 越来越多地被用于为反周期政策融资,更多的资金仍然没有被使用或结转。表 28.2 中央政府借款和组合投资从 FILP 预算总额中扣除,以便更准确地了解在 1975—1997 年期间每个财政年度实际用于投资和贷款方案的拨款数额。

根据所提供的证据得出的结论是,该基金的资金过多。在任何一年中,非正规金融机构都无法使用分配给它们的总额的 86% 以上。在许多年中,特别是在 1990 年代,执行情况远远低于这一比例。1990 年代,非营利组织预算的迅速扩大与公共或私营部门客户有效利用资源的能力不相称,特别是在大规模反周期计划中有大量额外资金的情况下。1995年,非营利组织机构无法使用或结转订正预算的近一半。从1993年起,由于项目被放弃、取消或推迟,未使用的拨款数额急剧增加。结转未使用的FILP分配的较小值是根据FILP总预算计算得出的。FILP预算总额,包括分配给投资组合和中央政府借款的本金。这两种方式几乎总是被完全利用。Ishi(2000)以这种方式提出了证据,并将结转支出的数额列入预算总额。虽然他的数据显示,与上述情况相比,有更大比例的FILP得到执行,但仍有大量的结转和"废弃"。结论大致相似,强调资金过剩和效率低下。

表 28.2　　　1975—1997 财年投资和贷款项目过剩情况[a]　　单位:万亿日元

财年	修订计划[b]	执行 总计	执行 修订计划的百分比	结转 总计	结转 修订计划的百分比	未使用 总计	未使用 修订计划的百分比
1997	39.237	28.031	71.4	7.330	18.7	3.876	9.9
1996	40.525	28.427	70.1	8.918	22	3.180	7.8
1995	44.174	24.652	55.8	9.661	21.8	9.861	22.3
1994	42.681	35.028	80.2	7.112	16.2	1.540	3.5
1993	45.373	36.012	79.4	7.290	16.0	2.066	4.5
1992	38.297	32.043	83.7	5.554	14.5	0.589	1.5
1991	31.314	26.493	84.6	3.965	12.6	0.855 8	2.7
1990	29.090	25.013	85.9	3.851	13.2	0.224 9	0.7
1989	27.547	23.312	84.6	3.790	13.7	0.444 1	1.6
1988	25.915	20.595	81.5	3.999	15.8	0.657 9	2.6
1987	24.903	19.273	77.3	4.989	20.0	0.640 8	2.5
1986	22.227	17.438	78.5	4.143	18.6	0.645 1	2.9
1985	20.871	16.663	79.8	3.836	18.4	0.370 9	1.8
1984	20.951	16.049	76.6	3.570	17.0	1.332 3	6.4
1983	20.924	17.324	82.8	3.394	16.2	0.205 7	1.0
1982	20.836	17.265	82.9	3.354	16.1	0.216 6	1.0
1981	19.623	16.204	82.6	3.219	16.4	0.200 1	1.0
1980	18.256	14.990	82.1	3.119	17.1	0.147 4	0.8

续表

财年	修订计划[b]	执行 总计	执行 修订计划的百分比	结转 总计	结转 修订计划的百分比	未使用 总计	未使用 修订计划的百分比
1979	16.885	13.234	78.4	2.945	17.4	0.705 2	4.2
1978	15.541	10.802	69.5	3.241	20.9	1.497 3	9.6
1977	13.926	10.814	77.7	2.649	19.0	0.462 6	3.3
1976	11.389	9.400	82.5	1.886	16.6	0.102 7	0.9
1975	10.285	8.475	82.4	1.705	16.6	0.104 8	1.0

注：a：预算的修订与结算。

b：扣除中央政府借款和投资组合管理。

资料来源：根据大藏省财政局第一基金司提供的数据计算得出。

地方政府约占结转总额的80%。对大多数人来说，FILP基金是最后一个选择。在可能的情况下，他们通过税收、地方收入和其他更便宜的来源为资本项目提供资金。大藏省对非经常项目预算的管理使他们能够结转未用拨款，并在财政年度结束后的两个月内利用这些拨款（大藏省，1998a）。在大多数年份里，未使用的拨款在非营利组织机构和地方政府之间平均分配。在前者中，日本开发银行、进出口银行、政府住房和贷款公司、住房和城市发展公司贡献最大，但单笔金额通常不到1 000亿日元。然而，1995年，在未使用的9.8万亿日元中，政府住房贷款公司占60%以上，小企业金融公司占近10%。

由于没有统一的客观标准来衡量非正规金融机构的业绩，因此不能确定拨付用于实现"政策性金融"目标的资金使用效率。首先，它们各自承担的波动、不稳定的利率风险没有公开披露，资产负债管理方面的损失也没有公开披露。除了那些直接通过一般账户预算进行补贴而不会产生经营损失的公司外，那些上市公司和负债过多的公司，资产贷款主要用于弥补经营亏损和回收债务。如前所述，日本国家铁路债务结算公司是最好的例子，但也有半私有化的铁路公司和本州—四国桥梁管理局，它们的债务到2000年已经膨胀到4万亿日元以上。

其次，一些非营利组织机构承担了更多的高风险工业、技术和商业项目。

私营部门不会或不能资助这些项目,因为这些项目对利润的影响预期是长期的,或者风险程度是不可接受的。其危险在于,信托基金局的基金组合将变得不平衡。因为那些中长期贷款盈利潜力更大的项目更多是通过放松管制、竞争激烈的市场融资,而利润较低的企业则通过普通账户预算补助金或利率补助金来进行融资。

再次,在一些机构的一些融资决策中,盈利能力的标准变得不那么重要。日本开发银行的贷款实践就说明了这一点。正如第二十四章所解释的,在1973年对其职权范围进行法定修改后,日本开发银行除了提供更传统的投资和贷款方案外,还提供了更广泛的职能和服务。其"风险补偿"功能为因技术或市场风险而难以获得私营部门融资的项目提供资金,例如商业、新技术开发和研发资金。在"投资的准备期很长,恢复投资需要很长时间"的地方,例如供电、铁路和城市发展项目,它还提供资金。它提供低利率资金,以补充低收入投资成本前期负担沉重、未来有公益性的项目,如停车场、会议厅、交通枢纽等;提供资金,补充市场实力不足的机构开展的项目的信誉,例如,在公共部门和私营部门之间的合资企业中。

最后,它通过软工业政策的"刺激"效应,并通过将私人投资引入到国民经济认为可取的领域,来补充和引导私人金融机构。(后者是所谓的"牛铃效应",即私营金融机构从大藏省和FILP机构的领导下获得投资和贷款资金。)

从为工业发展和新技术提供资金,到为住房、福利、环境和能源项目提供资金,这一转变带来的一个长期问题是,这些"非生产性"项目对国内生产总值的直接贡献低于经济生产性项目的回报。从中短期来看,工业产能、产出和税收增长的潜在损失加剧了公共部门赤字的问题。如果从一般账户中获得补贴的因素增加,则直接增加了政府的成本,并加重了债务负担。与此相反,可以说,通过改善社会资本和基础设施服务,为长期经济增长创造条件,抵消短期财务成本,通过支持新产品和新工艺的研发,提高工业部门的竞争力。例如,商务部和国家住房贷款公司估计,1997财年国家住房贷款公司贷款的连锁反应和乘数效应在未来相当于约9万亿日元的住房投资,将增加17万亿日元的产量,将增加约1万亿日元对耐用消费品和其他商品的需求(基金运营委员会,1999a)。

管理关系紧张

FILP管理由三个中央部门共同负责。基于FILP与邮政储蓄和邮政人寿保险保费投资以及公共养老基金之间的联系,提出了邮政省在邮政储蓄的收集、管理和投资以及厚生省在公共养老基金使用方面的作用和职能问题。在这方面,主要问题是大藏省管理的信托基金局能够继续强制存款,以及邮政储蓄和养老基金管理的自治程度。邮政省的主要关注点是邮政储蓄产品和服务小投资者的吸引力、储蓄的安全性、投资回报的最大化以及其对重大政治影响力的持续控制。厚生省在安全方面有着相似的利益,但在养老基金的积累方面与众不同,养老基金的缴款是靠强制性的。这项资金比邮政省更急于最大限度地提高其使用回报,因为这些资金随着人口老龄化的压力增大而逐渐枯竭。从1987年起,邮电省和厚生省均获准将法定存款的一部分投资于信托基金局,而不受投资和贷款计划的影响。邮政省的金融自由化基金每年吸收约12%的FILP总预算,占未偿贷款余额的10%。与养老金福利服务公共公司的资本市场投资情况相似。

20世纪90年代,邮政省和厚生省的利益和目标日益紧张,要求部长有自由裁量权来管理他们自己的资金,而大藏省则有自由裁量权,通过向信托基金局强制存款来管理他们的资金,需要支付借贷成本,同时保持与私营部门有竞争力的FILP利率。存款流入信托基金局,使用这些基金为基金预算供资。及在各机构之间的分配由大藏省的财政和预算局管理。双方都不愿意看到FILP作为公共财政体系的一个组成部分所发挥的作用有任何减弱。首先,它为个人储蓄转移到优先或首选的资本投资政策领域提供了一个稳定可靠的机制,其方向、范围和目的由大藏省主导。与一般账户预算相比,议会对非营利组织的问责和控制较弱,而且缺乏透明度,这为大藏省提供了一个理想的官僚预算控制工具。而FILP操作的灵活性更大,其以额外的公共工程支出快速应对商业周期的变化。其次,FILP可以而且曾经被用来缓解普通账户的财政压力。

最后,大藏省通过单独或共同赞助直接控制了一些非营利组织机构,特别是公共银行和金融公司。其他机构则通过大藏省与预算局协调向它们分配非营利组织的资金被间接控制。这些历史悠久的机构(如 JDB 和进出口银行,通产省、交通省、大藏省和负责地方政府的自治省)提供了关于工业部门、技术和个体公司的专业知识和投资知识,在公共政策的设计和实施方面发挥了重要作用。大藏省和对 FILP 机构和特别账户进行管辖监督和控制的所有其他部门,对它们的生存和继续扩大提供主要收入来源的非营利组织基金有既得利益。各机构,特别是公共银行和金融公司与有关部门和机构协调开展的政策性活动,为执行公共政策提供了重要的补充机制。同样重要的是:FILP 机构为退休的官僚们提供了"安乐窝",即通过借调为在职官员提供职业机会,如第 9 部分内容所述。

危机中的 FILP

自 1980 年代初以来,FILP 迅猛发展,其作为一般财务管理和控制工具,在管理、运营和控制方面出现了危机。这种现象与 1990 年经济泡沫破灭后出现的国家公共财政危机密不可分。大藏省在 1980 年代初期的财政重建中,采取务实的政策,缓解中央政府赤字和债务的症状,这在很大程度上是大藏省将财政预算纳入一般公共财政体系的一个结果。无论是从资金来源还是从资金分配的目的来看,FILP 独立于一般账户预算的原则在实践中变得越来越难以维持。正如我们在第 23 章中所看到的,部分使用 FILP 基金为新的或扩大的社会、福利和环境支出计划提供资金,并用 FILP 基金代替一般账户预算中通常通过税收融资的某些资本方案,这有助于缓解 1980 年代及以后财政重建期间主要预算的压力,为住房、福利、环境、帮助小企业和公共工程的更多支出提供融资政策。同时,FILP 还为整个负债累累的公共财政体系提供了必要的"润滑",为国家和地方政府发行债券提供了担保,并为通过其与普通账户和各种特别账户之间的现金流转移提供了便利。为后一目的拨付的官方基金数额从 1991 财政年度信托基金局基金未偿贷款总额的 18.5% 增加到 1995 财政年度的约 25%。FILP 成为中央和地方政府债券的最大持有者。

它不仅融入了一般公共财政系统,还发挥了多种职能。1975—1999 年期间，财政预算迅速增长，每年吸收国内生产总值的近10%。同时也伴随着资源分配不当的风险。20世纪90年代，随着经济增长放缓，私人投资被"挤出"了市场。随着还本付息负担的增加，FILP的多种功能也增加了不断增长的维护成本，推迟还本付息变得更加普遍。为了在为新项目提供贷款的同时为这些费用提供资金，信托基金局需要从其主要来源不断获取资金。这一需求在一定程度上是由新存款和保费的供应来满足的。但随着FILP系统的成熟，赎回基金的数量也在不断增长。然而，随着老年人口的日益增多，在新千年的第一季度，养老基金的年度保费支付额将下降，而累积存款余额也在减少。邮政储蓄也可能受到类似的影响。因为老年人将储蓄用于养老、住宿护理、护理健康。在较短期内，邮政储蓄对个人储户的持续吸引力受到威胁。因为在1998年金融服务产品和市场发生"大爆炸"后，金融机构的竞争日益加剧，加剧了自1987年和1993年放松利率管制以来，通过信托基金局基金和FILP将积累的资金用于盈利所经历的困难。在2000财年和2001财年，106万亿邮政储蓄高息存款到期，预计其中约一半将转入私人金融机构提供的高收益金融产品。因此，邮政储蓄系统的累积存款余额预计将从1945年以来首次下降（《日经周刊》，1999年8月30日）。大藏省和邮政省面临的困境是，进一步放松金融管制的逻辑可能进一步削弱邮政储蓄的特殊地位。

另一个导致危机迫在眉睫的因素是，如果要继续利用非经常项目为政府一般支出提供资金，则需要从一般账户预算中获得直接和间接补贴。在政府开始实施旨在限制国家和地方政府总体开支水平、减少财政赤字和国内生产总值债务比率的财政改革政策之际（1997财政年度），进一步增加补贴数额增加了对一般账户预算的压力。

改革的背景

1996—1997年，在部门讨论中关于改革的建议，受到了一些政治经济因素的影响。首先，桥本首相亲自致力于经济改革和财政体系的结构优化改革。其次，公共财政赤字和债务长期危机的恶化，促使1997年《财政结构改革法》采取激进措施，以控制一般账户预算的增长。再次，在"进入"和"中间"阶段，对非营利组织基金的管理和控制发生了变化，影响到具有不同价值和目标的多种不同的经济、政治和官僚利益。

仅就邮政储蓄这一最明显的例子而言，邮政省反对私有化，也反对失去对储蓄存款的管理和控制。与邮政储蓄计划的联系是至关重要的，为邮政储蓄的持续积累提供了理由，也为邮储计划发挥了作用。这使它能够声称，邮政储蓄作为实现商定的国家经济和社会目标的非流动资金，这使它可以为国家服务。作为证据，它列举了一些因素，如纠正工业生产的外部性如反污染措施；提供更大的经济竞争力如对小企业的援助；提供自有住房和廉价住房和住房贷款和租金补贴。邮政协会和邮政工人工会，以及自民党强大的邮政联盟的大多数成员也出于不同的动机，为维持邮政储蓄系统提供了支持。另一方面，银行和金融机构以及它们的代表性协会已经开展了一段时间的运动，以消除对小投资者储蓄的所谓"不公平竞争"因素。例如邮政省的定期存款计划，它们声称自己负担不起。与此同时，邮政省正与厚生省一道，要求在投资管理方面有更大的自由裁量权。大藏省及预算局受到这些利益及其他利益的交叉压力，在维持作为一般公共财政制度的一个组成部分的财务及预算局方面，他们有自己的利益。另一方面，他们也有兴趣实现一个更精简和更健康的FILP，这更多是出于对效率和需求的考虑，而不是由于积累的储蓄和养老金基金的规模。

这些因素为讨论桥本首相在1998年决定解除对金融服务和市场的管制后发起的金融机构改革提供了背景。在这样做的同时，他还直接对厚生省大臣小泉纯一郎作出回应，小泉纯一郎在新政府就职时的理解是，但有一项谅解，即财政投资贷款计划（FILP）的改革问题，包括邮政储蓄私有化的选择，将得到紧急考虑。

重整 FILP

FILP的实践和管理改革源于基金运营委员会，该委员会成立于1997年2月，是监督FILP运营的机构。作为改革财政体制的更广泛倡议的一部分，这是桥本首相在1996年10月举行的众议院大选中提出的六个"愿景"之一

（第 4 章讨论）。改革非营利组织也是《行政改革愿景》更广泛倡议的一部分，特别是改组中央政府机构的建议，其中一项是邮政服务私有化，另一项是，为了减少公营公司的数目并使其职能合理化，92 家公营公司中有 57 家收到了非营利组织的资金。

在日本政治经济改革议程不断扩大的背景下，委员会开始审查当前紧张局势、长期问题和困难。负责"促进改革"的委员会，在法律上没有成立咨询机构，没有明确的职权范围，而是由大藏省财政制度委员会主席 Kaizuka Keimei 教授作为"自由思想团体"（Kaizuka，1998）主持会议，这是不寻常的。这些成员来自企业和大学，还包括大藏省、邮政部和厚生省以及日本银行的领导。然而，改革议程的审议并非毫无限制，当时的邮政大臣曾公开游说将邮政储蓄与联邦储蓄计划分开，并主张酌情将更多的资金投资于私营部门。当时的厚生省大臣也曾施加压力，他希望有类似的自由裁量权来管理积累的养老基金。一项部长级协议要求委员会"考虑公共养老基金的管理方式"，包括通过市场进行自我管理的选择。

1999 年对公共养老金进行重大审查，原则上必须迅速作出决定。事实上，委员会 1997 年 7 月 23 日的第一次报告中指出了改革的方向，但这主要影响 1998 财政年度 FILP 预算计划的制定。因为内阁于 7 月 3 日决定在一般账户预算中对主要支出方案实行预算上限，并自 1982 年以来首次实际削减一般支出。继 1997 财年 FILP 预算总额削减 3% 后，1998 财年计划再削减 6.8%。这一战略及其所依据的原则在财政投资和贷款方案基本改革纲要中得到认可和阐述，该纲要是委员会 1997 年 11 月提出的第二份报告。由于这两份报告是一致的，但有重叠，因此在此一并处理（基金业务委员会 1997）。拟议改革的总体方向和实质内容与自民党自己的行政改革促进委员会类似，该委员会也于 1997 年 11 月提出报告，不过后者对政府担保债券的论点持更广泛的赞成意见。两个政策研究委员会部门，即金融系统研究部和公共财政部，参与了关于 FILP 改革提案的讨论，并影响了委员会工作的背景。

委员会在对现行财务报告制度运作中存在的问题进行分析时，认为过去 20 年来年度预算的规模和快速增长主要是由"被动募集资金"的方法推动的。这是第一次正式承认 FILP 预算规模的扩大是由供应决定的，而不是需求决定的——需要通过信托基金局基金将积累的存款投资于邮政储蓄和养老基金。第二个官方消息,委员会还承认,货币政策的变化,以及随之而来的长期利率和固定利率的变化,在有效和高效率地使用非正规金融工具基金以及"基金局基金"和非正规金融工具机构管理资产和负债方面造成了困难。在确认FILP系统的主要目标仍然是提供社会基础设施和其他公共产品、纠正市场外部性以及通过提供长期固定利率基金补充资本市场的同时,委员会建议,资金分配应更准确、更负责任地反映社会和经济状况的变化。这意味着对现有的八个政策领域进行彻底和持续的审查,吸收大量的FILP资金以应对人口变化所产生的相应问题,例如越来越多的老年人对医疗和福利服务的需求,以及学龄儿童数量的减少。

尽管如此,委员会只提供了一般性的建议,以确定八个类别中的哪些政策领域和项目应优先考虑。这些领域和项目在1998年都是独立的,并未规定八个类别中的优先级。实际上,如何选择不仅取决于对委员会敦促的短期社会经济条件的反应,还有更广泛的背景,即公营公司的改革和合理化,其中大多数是合格的非营利组织机构。不仅如此,由于更加严格地遵守基金应用于补充私营部门金融机构活动而不是作为它们的替代品的原则,更加关注本金赎回的可能性,及支付贷款利息,从而更加严格地限制金融政策基金资助的政策领域的范围。决定政策领域和项目选择的因素还有将FILP与一般账户预算分开,并避免将使用这种形式作为减轻财政压力的手段。

筹集资金

为非营利组织提供资金的未来来源,即使是在设想的作用更为有限和重点更为狭窄的角色下,也是委员会处理的最具争议也最棘手的问题。联邦储蓄计划与邮政储蓄和养老金储备之间的历史联系被打破,政府接受了委员会的强烈建议,即取消对信托基金局基金的强制存款。然后,未来非营利组织预算的规模将取决于需求,以及基于市场原则的效率和效力标准的应用。

这两项决定的含义是深远的。如果没有通过邮政储蓄、养老基金和充裕的存款来提供的大量资金,那么如何为FILP融资?委员会讨论了三个主要的备选方案。第一,每个FILP机构可以在没有政府担保的情况下发行自己的债券；第二，政府可以发行集体非公开发行债券，为他们的整体活动提供资金，同时也无需政府担保；第三，政府可以发行政府担保债券。每个人的论点都围绕着是否或者应该将非营利组织视为一种明确的公共政策工具，其预算及其分配由政治决定，或者作为主要通过市场运作来实现某些公共政策目标的一种方法。向市场化体制的转变将迫使上市公司通过发行自己的 FILP 机构债券来筹集资金，但没有政府担保，对市场的评估将激励有效的财务管理，并淘汰效率低下的公司。相比之下，发行"FILP 债券"将比市场标准更为重视公众，并将 FILP 作为明确的政策工具，在政治上确定政策目标。根据这一论点，如果政府认为上市公司的某些项目是必要的，那么政府就应该集体承担其信贷资金的责任，并为其业绩向内阁负责。

政府接受了委员会的最后建议，这是一个妥协。那些有能力这样做的 FILP 机构将发行自己的 FILP 机构债券，甚至没有"隐性"的政府担保。这些债券可以是公司债券，也可以是以债券形式发行的资产支持证券，其目的是提供可与美国收入债券相媲美的资产担保债券，并避免"隐含担保"债券（财政局，1998 年 b）。只有在某些特殊和临时的情况下，例如一个机构在发行自己的债券遇到困难时，政府才会提供担保，但要允许政府进行适当的市场评估，因为这些机构在法律上有可能倒闭和破产，要保证使审计和会计实务符合国际标准并更加透明。一个悬而未决的问题是，在没有政府担保的情况下，FILP 发行自己的债券，取决于部长问责和主要领导担责程度。实际上，如果部长批准了他们的政策，一个机构倒闭或破产，他们就很难逃避责任。

如果这些机构的政策得到批准并符合政府的目标，但它们却无法从市场上筹集足够的资金以满足其需要，或者筹集资金的成本太高，政府将通过发行集体非公开发行债券向它们提供资金。为了尽量减少公众负担，政府将决定通过发行债券筹集流动资金总额和贷款条件。FILP 债券将根据市场原则和现行条件发行和统一。

在邮政储蓄和养老基金与信托基金局和 FILP 脱钩后的过渡期内，这些储蓄和资金将逐步进入市场。随着贷款到期，现有的 FILP 债务逐步因偿还而减少。为了改变邮政储蓄、养老基金和信托基金局之间的关系，改变公共公司的法律地位和责任，2000 年颁布了一项立法，建立了新的制度并于 2001

年4月投入使用。财务报告的运作预算的制定以及资金的分配在很大程度上是由普通法判例和大藏省的规章制度所规定,因此没有必要立法。

FILP 基金的使用与管理

FILP 系统三项基本原则中的两项:FILP 资金的综合管理和分配,以及信托基金局基金安全可靠管理的法律要求,因决定断开与邮政的联系而发生变化。关于预算规模、对非营利组织机构、政策领域和项目的决定,以及各机构对资金使用和管理的规定则是更多地取决于市场原则。一般是基于市场的资本有效使用标准,使用贴现现金流和资产负债管理等技术,类似于美国根据《联邦信贷改革法》使用的技术。更重要的是评估未来资金分配的预期结果和其他后果,即本金"一定赎回"的可能性、偿还贷款和投资利息的可能性,以及以贴现现金流为基础预测未来财政成本,如利率补贴。采用更为市场化的办法的证据是,反洗钱局机构对未偿贷款向信托基金局提前还款的规定更加严格。例如,在20世纪90年代中期,其中一些住房和城市发展中心利用市场低利率从私营部门借款,以在到期前偿还较高的固定利率贷款。信托基金局因为未考虑利息和本金的贴现现金价值而使基金蒙受损失。从1997财年起,对支付规则进行了修改,以确保借款人承担全部费用。

FILP 机构

在1998财政年度获得资助的政府合署由55个减至48个,其他的职能部门也开始合并。作为中央政府公共公司改革更广泛的一部分,详情载于第六章。更重要的是,日本国家铁路债务结算公司和林业厅特别账户的大部分债务和融资责任从 FILP 转移到一般账户预算。1998年,日本国家铁路27.8万亿日元累积债务中有15.8万亿日元被转移并计入中央政府的总债务用来偿还成本,尽管这是由于日本国家铁路与邮政储蓄特别账户和烟草税收入之间复杂的现金流交易造成的。林业厅的这些费用,例如用来防止水土流失的费用,不能通过出售资产收回,也作为一般账户预算的一项服务收取。在3.8万亿日元的累计债务中,有2.8万亿日元转入了一般账户。

邮政储蓄与养老基金的独立管理

在强制存款结束后,邮政储蓄和累积养老基金都将独立于信托基金局基金和FILP系统,单独进行管理。在过渡时期,存在一些重大问题和许多实际困难需要克服。第一,国内储蓄总额的近20%,信托基金局基金结余约400万亿日元,对市场的潜在影响巨大。第二,独立管理层必须在市场风险与审慎之间取得平衡,以保护小储户的储蓄,这些储户一直在寻求政府支持的信托基金局基金的安全。第三,邮政储蓄和养老基金的独立管理意味着,任何管理失败的成本都将由责任组织承担,而不会成为公共财政的负担。然而,邮政省或厚生省遭受的任何损失都必须由预算局承担。因此,它们的投资将由预算局关于不同类型投资工具适用性的指导方针(财政局,1998b)加以规范。

"新文件"

议会于2005年5月通过法案,按照基金运营委员会小组委员会在其两份报告中所修订的原则,重建基金运营计划系统,该报告详情已由其三个工作组(基金运营委员会,1999)拟备及议定。新制度于2001年4月开始实施,但与旧制度之间的过渡期可能会持续数年,以确保金融市场能够适应新财政工具的发行和使用,而不会因处置未偿及到期的流动资金贷款、邮政储蓄存款和养老金储备金而发生扭曲。

邮政储蓄和养老金储备从FILP中分离出来,由金融市场独立管理。一些FILP机构如日本开发银行、进出口银行和国民金融公库已与其他上市公司合并并更名,现在筹集资金,直接从市场为其资本投资和贷款向其他公共和私人机构提供资金:一部分是通过发行自己的FILP代理债券,另一部分是通过发行政府担保债券重建的FILP框架,以及从信托基金局继承人获得的贷款,即财政贷款基金特别账户。工业投资特别账户将继续提供少量资本金。新FILP结构如图28.1所示。过去,邮政储蓄和养老金基金储备向FILP机构提供贷款,现在将通过财政贷款基金特别账户发行集体FILP债券来进行融资。此外,长期债券由金融市场按照与日本长期政府债券相似的条款和条件进行购买,和以前一样,信托基金局的继承人也有一些小额存款,这些存款来自各种特别账户。

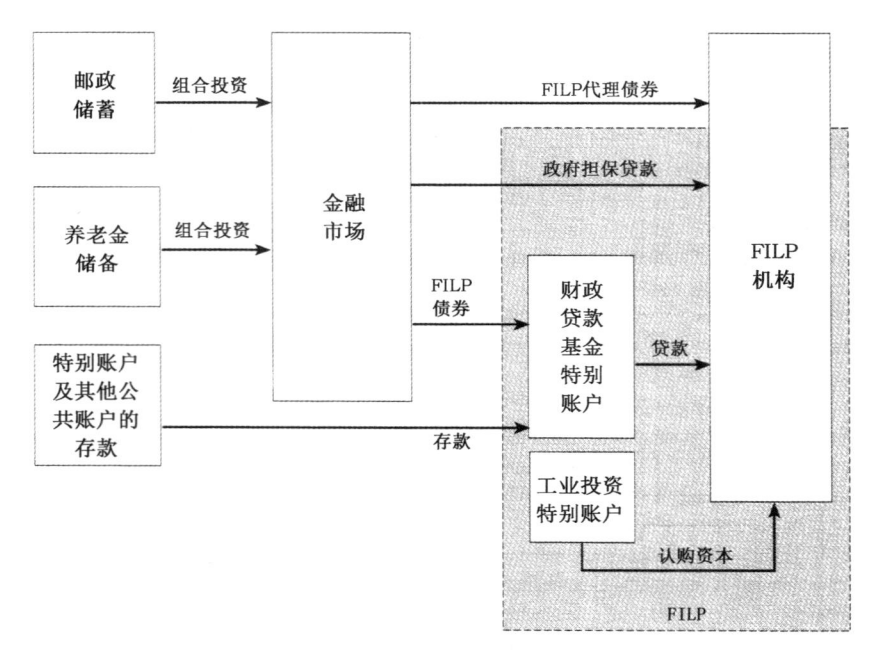

资料来源:大藏省财政局第一基金司:FILP报告,2000财年。

图28.1 新FILP结构,2000财年

以上段落提供了新FILP系统骨架结构的草图。在最后简要考虑改革后的制度可能产生的一些影响之前,我现在要谈一谈这个问题。

新FILP被狭义地定义为一种信贷扩张计划,即一套由资本认购、贷款和担保支持的财政政策(基金运营委员会,1999b:1)。其职能范围仅限于在适当时向财政政策的特定领域提供有息资金:第一,用于建立和改善社会基础设施以及类似的公共服务和商品;第二,鼓励或引导投资于市场无法或不会提供资金的领域;第三,继续补充金融活动,通过提供长期、固定利率的基金进行市场交易。原则上有一项承诺,即从公共资金需求下降的政策领域,或通过市场更好地由私人融资提供的政策领域,撤出非营利组织。在完成对FILP所针对的传统领域——住房、环境、小企业等方面的要求和需求的审查后,将确定这三个领域的财政政策范围。在任何情况下,他们的选择和分配将更多地取决于歧视和优先顺序,结果是定量分析的应用。虽然这些审查过程的结果以及恰当的评估技术的设计和应用是不确定的,但毫无疑问的是新FILP系统的筹资方法发生了变化。

非营利组织放弃了对邮政储蓄和养老金储备的资金募集依赖。今后,非营利组织预算的规模和分配将取决于非营利组织机构的需求,最关键的是取决于市场上可用资金的供应。三种新型债券的贷款利率和融资利率将参照市场情况确定遵循"与市场相协调"原则,"与市场原则相协调"的原则意味着,放弃不论期限长短,对每笔贷款都设定相同利率,将贷款利率根据日本政府现行的收益率曲线随期限而变化。信托基金局的存款利率将不再由内阁决定,而是由基金运营委员会提出建议。通过发行新的 FILP 债券进行借贷的利率将由市场决定。信托基金局基金被一个新的组织——财政贷款基金所取代。

FILP 机构融资方式的改革,将其在新的 FILP 框架下继续由 FILP 基金支持的活动、项目和政策领域,与那些通过在市场上发行自己的债券,甚至没有隐含的政府担保而独立于 FILP 进行融资的活动、项目和政策领域区别开来。各机构将发行 FILP 代理债券,为其全部或部分活动和项目提供资金,并接受主办部门的监督。后者的作用体现在审查发行债券的可行性,以及引入私人资金的其他来源。例如通过"第三部门"公私合营企业,或通过新的私人金融倡议立法的媒介。FILP 代理债券将在没有政府担保的情况下正常发行,以确保对其财务业绩和前景进行现实的市场评估。如果要做到这一点,FILP 机构将不得不使他们的决策过程更透明。

改善政策评估的框架对于澄清公共和私人供资的要素至关重要。这一框架隐含在重建中央行政机构的工作中,中央行政机构也于2001年实施。各部门和机构将有义务进行正式的政策评估,以确定需要、优先事项、效力,并利用外部专家和管理顾问这样做。新成立的公共管理部设立了一个政策和行政机构评估委员会,负责审查各部设立的评估计划和程序。对一个部的目标、政策和财务业绩的政策评估将不可避免地包括那些在其管辖范围内的、目前正在接受政府赠款、担保和补贴的公共公司的活动,以资助旨在实现公共目的的部分或全部活动政策目标。这一点最明显地适用于公共财政公司，如日本开发银行和国家人寿金融公司。

在两种有限的情况下，非营利机构将被允许发行由政府担保的债券。第一种情况是无可非议的。2001年能够主动在市场上融资，而那些短期盈利前景不佳的公司如果发行自己的债券，将被迫支付极高的利率。在这种情况下，政府将通过一些机构提供明确担保来支持发行，并通过发行政府票据来提供临时资金，以避免信贷紧缩。第二种情况存在着问题。允许非正规金融机构发行有政府担保的债券，作为通过新的非正规金融机构债券补充政府借款的一种方式。其风险在于，使用这种融资方式进行项目和活动，将削弱市场强加的金融纪律，增加税收负担，因为担保债券的成本将高于非流动资产债券的成本。

改革后的非营利组织将为符合条件的组织机构提供信贷服务，并为符合公共政策目标的活动提供资金。使用生息资金在适当的目标地区和进行特殊项目的融资，通过向公众提供无风险日本国债，并利用现有的市场安排来发行、出售和赎回这些债券，以获取效益。以这种方式筹集的资金成本较低，可贷给符合条件的人，其全部或部分活动属于上述公共财政政策的三个职能领域之一。FILP预算的规模和以这种方式筹集的资金的分配，原则上由需求、需要和优先权决定。与过去相比，对成本和收益进行定量分析的计量经济学技术将在确定成本和收益方面发挥更大的作用。特别是，鉴于对亏损的FILP机构，如日本国家铁路债务结算公司、林业厅、日本公路公司和本州－四国桥梁管理局的开放式补贴，以及对政府住房贷款公司及其他公共财政公司活动进行的制度化资助。这些分析将用来揭示计划及项目的非流动资金的未来成本，以及由此产生的未来税负。大藏省2000年的初步分析表明，为了填补因提取非正规金融机构基金而造成的缺口，今后40—50年每年至少需要5万亿的补贴，仅仅是为了使这些机构和其他非正规金融机构有偿付能力（大藏省，2000）。

大藏省的政策补贴成本分析方法原则上类似于贴现现金流分析，它将用于衡量和比较资本项目整个生命周期内的收入和支出流量，帮助评估竞争项目的估计成本和效益，并揭示所需补贴的内容。基金运营委员会小组委员会成本分析和评估工作组对五个组织进行了试点研究,以检验这些方法的有效性和结果的有用性。这五个机构加在一起,占1999财政年度非营利组织预算的1/3。他们未来的负债按折现法计算,在项目生命周期内估计为4.9万亿,是1999财年预算中年度运营补贴的6倍多(基金运营委员会,1999)。1999年,根据2000财政年度总账户预算草案中的补贴费用,这项分析扩大到另外14个非正规金融机构,总额为1.432万亿日元。在这些项目的全部生命周期内,继续实施这些补贴的未来贴现成本总计为10.656万亿,其中日本公路PC的成本占50%,GHLC的成本占16%(FILP,2000)。

透明度

与经济、金融和行政改革的其他领域一样,桥本和小渊政府原则上承诺披露更多的信息,并保证决策过程的透明度。所有公营公司均须遵守1997年6月法例所订的规管资料所披露的新规则。但是,如果FILP要与市场更协调地运作,并且FILP机构的业绩要根据金融机构对私营企业普遍采用的财务和管理标准进行评估,那么财务和管理账户的形式、方法和列报将必须按照小组委员会报告中的建议进行彻底修改,并在随后工作组的讨论中明确提及:公营公司会计原则须与私营公司会计原则相协调;一些公营公司及所有地方政府自1998年起采用的外部审计,须予推广;而整个财务报告的资产负债表须按应计项目而非现金基础;为了弥补财务损失和防止破产,需要修订上市公司经营的法律框架。如果要实现设想中的彻底改革,这些都是必要的步骤。过渡期可能会延长,主要是因为这些内容和其他法律要求以及市场的影响。

问责制

经内阁批准后,大藏省向内阁提交的总体预算将继续包括财政政策计划。如第19章所述,该计划包括三个表和一份支持性参考文献:FILP融资计划,其中显示了预算拨款;从邮政储蓄、养老金储备等主要来源获得的用于资助这些拨款的FILP资金估算;以及按政策分类的职能拨款区域、住房、环境等。法律规定,从信托基金局获得五年或五年以上的贷款,以及向公共财政公司拨款,必须获得内阁批准。但事实上,FILP 计划是一个事实上的代表。今后,它将有一个正式的法律依据,这三个表将被修订和合并,以按资本认购、贷款和担保对非经常项目分配进行分类。FILP 代理债券被排除在计划之外,只有那些明确担保、具有资源分配功能的债券才被计算在内。由脱钩的邮政储蓄和邮政人寿保险准备金自愿发放给地方政府的贷款,计入流动资金计划。新 FILP 债券的发行将受到内阁批准的限制。

影 响

在 2001 年 4 月立法实施后的一段时间内,这些变化的影响将不会完全显现。过渡期可能是漫长、复杂和困难的,可能长达十年。在变更过程完成之前,无法准确预测放弃被动募集资金和信托基金局基金综合管理分配的后果,FILP 机构的借贷以及邮政储蓄和养老基金的投资对金融市场的影响同样是不确定的。一个预期的困难是,在 20 世纪 90 年代初利率高的情况下,大量 10 年期固定利率邮政储蓄存款账户到期。在 2000 年至 2002 年间,邮储部估计约有 31 万亿日元将被取款;一些独立分析师估计可能高达 106 万亿日元,或占邮政储蓄总额的 40%。尽管利率很低,但由于政府担保,在解除管制的金融市场上可以获得替代性金融产品,大多数提款将被重新存入。但是,大藏省和邮政省都认为,邮政储蓄继续按 20 世纪 90 年代维持的水平向邮储提供资金的风险太大,此前部分资金来自信托基金局基金和邮政人寿保险基金,年平均约 8 万亿日元,其他均由私人银行提供。

2001 年以后,由于非正规金融机构开始发行自己的债券,政府开始提供非正规金融机构债券,通过信托基金局基金提供的长期贷款将减少。事实上,这一过程已经在 2000 财年较小的预算中进行,TFBF 的收入减少了近 1/4。自 FILP 成立以来,邮政储蓄首次没有向它们提供资金,而来自养老基金的资金则减少了。部分原因是可用于投资和贷款的 FILP 资金从 1999 财年的 39.3 万亿日元减少到 37.4 万亿日元。分配给投资组合管理的资金从 13.5 万亿日元减少到 6.2 万亿日元,降幅仍然较大。

转型期的实践不仅取决于市场的反应,还取决于政府和大藏省官僚对利用新制度实现中短期政治目标的态度,以及在"新 FILP"中针对财政政策的政策领域和项目中指定的那些经济和社会目标。FILP 机构在新设想的效率和成本效益制度下的表现如何取决于对立法中所载原则的解释。系统变更的意外后果可能难以控制,例如,FILP 机构与其监管部门以及大藏省之间的关系。鼓励在财政上更加独立,甚至自给自足,非正规金融机构可能不太愿意接受部长级领导,特别是在那些被视为高风险的项目;或作为政府财政政策的工具,而无需为这样做的成本提供财政补偿。他们也可能不太愿意接受来自监管部门和机构的退休人员。

市场纪律的目的是刺激非正规金融机构提高效率和成本效益,因为它们的表现将受到市场的审查,并以类似于对私营部门金融机构进行评估时所采用的标准来判断。破产的风险是通过修改现有法律而建立在机构和政府之间的重建关系上的。正如长期信贷银行和日本信贷银行的破产、国有化和资产处置标志着旧的、崩溃的、受监管和保护的银行业"护航系统"的正式结束一样,如果允许 FILP 机构破产,将标志着旧的、受监管的 FILP 系统正式结束,其余的 FILP 机构中有几个候选人。但新制度的一项基本原则,即承诺的市场纪律,甚至在改革实施之前就被淡化了。邮政省大臣和厚生省大臣于 1999 年 12 月同意大藏大臣放弃他们最近赢得的一些市场自由。自 2001 年 4 月起的七年里,他们同意承销一半由政府担保的 FILP 机构发行的债券。

大藏省将鼓励这些机构在没有担保的情况下发行债券,一些公司,如住宅金融公库(GHLC)拥有大量的资产证券,可以用来在货币市场筹集资金。使用政府担保债券的目的是发行 FILP 代理债券。可以利用这个漏洞来保护一家非营利机构,使其免受其业绩和市场评估带来的不利后果的影响。在这方面,监管部门在其政策管辖范围内维持一家濒临破产的上市公司将是一个重要因素。正如我们在前几章中所看到的,1990 年代为"合理化整合"92 家上市公司的运动遭到了各种利益集团的强烈反对。由于市场对其财务可行性的判断,特别是其继续存在以其公共政策职能为理由的话,这些利益似乎可能去保护一家倒闭的上市公司。改革后的非农就业政策的另一个关键考验是,非农就业政策多大程度上用于资助公共工程项目和地方基础设施项目。这是政治上的权宜之计,但在具体实践中难以行通。

第二十九章　应对财政压力

财政压力的三个特征

在 1975—2000 年期间，日本的主要预算显示出财政压力有三个特征。第一，贯穿整个经济周期的经常性赤字，不论是经济增长年份还是衰退年份；第二，越来越多的未偿债务；第三，偿还债务的成本上升，抢占了越来越多的总预算份额，压缩了强制性和可自由支配方案支出的份额。这些严重的财政压力问题首先出现于 1974—1975 年，当时大藏省被迫借款，以支付 1973 财年开始的"福利时代"中快速增长的经常性支出，以及第一次石油危机后的经济减速。可以说，更深层次的来源，可以追溯到高增长时代的结束。在高增长时代，每年两位数的经济增长所产生的"自然增长"的收入，超过了所涵盖的不断增长的支出，并为自民党提供了每年减税的手段。1965 年，自盟军占领结束以来，预算首次出现失衡，在 20 世纪余下的时间里一直如此。

中央财政支出的增长和税收收入的下降，是 20 世纪最后 25 年国家财政状况恶化的主要原因。在经济增长缓慢或停滞的情况下，经常账户的预算持续出现巨额赤字，即使通货膨胀忽略不计，也会导致公共债务的爆炸性增长。到 20 世纪末，日本的总体财政状况是七国集团中最糟糕的。到 2000 年 3 月，政府的一般性财政平衡的赤字占国内生产总值的 10.7%，而 2000 财年的赤字估计为 10.1%（大藏省，2000a）。自 21 世纪初以来，除了日本以外，七国集团其他国家都出现了财务平衡改善的趋势。尽管七国集团国家的债务总额

第二十九章 应对财政压力

继续增加,但增长速度放缓,在20世纪90年代初趋于平稳,此后又有所下降,只有日本的债务总额一直上升。

在21世纪的头十年里,日本面临的赤字和债务危机是西方世界前所未有的,即便第二次世界大战期间的美国和英国也相形见绌。大藏省预测,到2001财年底,仅中央政府的累计债务将超过389万亿日元,再加上地方政府的债务283万亿日元,债务将相当于预测的国内生产总值的130%(大藏省,2000b)。如果包括公共财政和其他公司的养老金负债或其他隐性负债,则上升到200%以上。如果财政政策保持不变,那么规模如此之大的债务就有失控的风险。经济合作与发展组织(1999a)估计,债务占国内生产总值的比例将在大约十年内缓慢上升,此后会迅速增长,到2026年达到相当于国内生产总值近3倍的水平。一些分析师们对债务前景的估算更加悲观,预计债务水平会更高,分别为当时国内生产总值的6.8和8.7倍(分析和总结参考Ostrom,2000)。如果允许债务达到如此前所未有的水平,仅利息支付就可能消耗1/5以上的政府一般支出,约占国内生产总值的7%。

化解财政压力的方法与实效

在通货紧缩和经济增长乏力的情况下,如此巨额的债务不会自行收缩,没有经济的彻底重组,增长奇迹是不可能出现的。当时日本仍是世界上最大的债权国,95%以上的政府债券仍掌握在本国政府机构和国内家庭手中,不会有不可抗拒的外部压力来清偿债务。仅仅是为了在2010年前稳定国债增速,就需要大幅削减开支和大幅增加税收,仅国债资金需要几乎相当于国内生产总值的9%(OEDC,1999c)。日本的财政政策近期也没有任何历史性的进展,在恢复持续的、适度的经济增长水平之前,政府投入时间、精力、优先权和政治意愿去重建日本公共财政的可能性很小。

前几章的论点是,20世纪80年代日本总体财政状况有了明显改善,日本国内许多分析师Asako(1991)、Shibata(1993)、Ihori(1996)、Kawai和Onitsuka(1996)通过经济合作与发展组织对日本进行年度调查后认为,大藏省财政重建和巩固政策的有效性并不明显,通过一般账户预算设计和实施,未能充分强化财政纪律和加强控制的出现。大藏省既不能控制中央政府开支的增长,也不能从"减速"和随后停滞的经济中获得足够的收入。更广泛地说,在1975—2000年间支出持续增长,大藏省通过提供短期缓解措施等各种合作策略,暂时缓解了财政压力,但不能解决其根本。诚然,周期性因素加剧了危机的状况——赤字、借款和偿债成本都在20世纪90年代的经济衰退时期急剧增加,1992年至2000年间计划增加100多万亿日元的额外公共支出,而且此前的泡沫经济鼓励人们对更多公共支出抱有期望,提高了总账户和FILP预算的基线。尽管这些因素使症状恶化,但它们并不是财政压力严重的原因。

在1975—2000年的大部分时间里,日本有一个稳定的政府和中央预算体系。重要的是它有一个"强有力"的大藏省,拥有强大的宪法和法律权力,可以提高税收、控制预算和预算外支出,并负责财政和货币政策。大藏省拥有其他任何部门都无法比拟的等级、组织和信息资源,它致力于恢复平衡的预算,并致力于实践"健全的财务管理"原则。它规定并逐步加强了确定预算规模和支出方案相对优先权的指导方针,并为每个部门和机构设定了预算上限。然而,正如我们在前几章所看到的,大藏省在重建财政体制和实现其减少赤字和债务积累水平的主要政策目标方面,基本上是失败的。为什么一个看起来很"强大"的部门无法试图实施商定的政策,以限制公共支出的增长,并通过税制的彻底重组来增加收入?人们不禁要问,这是持续财政危机的原因吗?

国际影响和国内压力是日本扩张性财政政策的推动因素,有时也是决定因素,如1987年的转折点。但在前几章中提出的证据并不支持"不情愿的日本被推向巨额财政赤字"的论点,因为它屈从于美国财政部、七国集团、国际货币基金组织、世界银行、经合组织和其他国际经济组织的要求(Tanzi,2000)。在20世纪的最后25年,内生的政治、经济和官僚命令是财政政策制定更重要的驱动力。当然,有时这些国内要求与"外国压力"是一致的,而且人们发现,在政治上,解释财政或货币政策的变化并为之辩护是有利的,所以日本接受了其作为国际经济共同体主要成员的义务。

与其他七国集团国家相比,日本公共部门的成熟度发展缓慢,部分原因是福利支出较少,还有部分原因是高经济增长产生了大量的收入盈余。在20世纪70年代中期出现财政危机之前,如何解决这些问题一直不是预算过程的核心问题。人口老龄化和"先前承诺的束缚"有助于解释其他工业化国家在过去未能控制长期财政政策的原因(Steurele and Kawai,1996),它们加剧了预算系统增加公共支出的压力。但是,尽管这使得大藏省更难抑制以需求为导向的计划的增长,如养老金、社会保障和老年人健康和福利计划,但这些都不是大藏省未能控制公共支出增长的主要原因,以下五个因素是更重要的。

第一,直到20世纪80年代末,大藏省未能说服自民党政治家和商业团体支持激进税制改革,这使其在一个"经济减速"导致收入"自然增长"不足的时代无法承受来自不可避免的固定成本和不可抗拒的强制性与自由支配性支出的双重负担,而必需求助于定期的大量借款。20世纪90年代,税收收入下降到了国内生产总值的5.4%,占预算赤字总值的2/3,偿还赤字所产生的累积债务的相应费用加剧了这一困难。

第二,在1975—2000年期间,大藏省面临着试图调和经济政策的矛盾目标和重建财政目标的两难境地,这就要求经常增加公共支出和减税以刺激经济。在许多场合需要这样做,意味着增加支出势在必行,且主导了那段时期的大部分时间。这有助于解释和证明为什么在面对相互冲突的政策目标时,大藏省采取权宜之计以及第二十五章所述的预算战略和操作。虽然大藏省能够从20世纪80年代的短期反周期支出中摆脱出来,其财政重建目标仍然是可以实现的,即使财政重建这些目标进展被推迟。

第三个制约其财政重建政策有效性的因素是需要努力使政策的实施与自民党相互冲突的政治选举战略目标相协调,后者旨在维持其执政地位。实际上,支出方案,特别是公共工程、小企业和农业支出方案,可通过一般账户、补充预算和FILP"预算外"供资,由地方政府在当地实施,并通过公共银行和金融公司在区域范围内实施,但这也为自民党提供了赞助和客户主义分配政治的来源,有助于维持国会议员的个人选区网络。这使它有能力继续在支出方案的产出中分配大量的政治利益,并阻挠财政重建政策。

第四个因素是确定总预算的预算过程的本质。预算总额虽是固定的,但它的分配是由支出部门和大藏省预算局之间谈判确定的。大藏省与自民党高级政治家和部长讨论后,决定一般账户预算和 FILP 的总额或"上限"。在整个 1975—2000 年期间,即使是在严重危机时期,计划的总额也总是高于上一个财政年度。在 1995 财年,通过中止偿还国家法定债务的方式以实现削减计划,然而最终的偿还额还是比计划的高出数万亿日元。1998 财年的法定削减计划在今年因桥本的政策逆转而被放弃。自上而下的限制是有效控制支出的必要条件,但正如日本的经验所表明的,这些限制还不够。各部门预算的"上限"与预算局协商,并将新资金分配给优先方案。虽然预算指导方针的规定在名义上限制了每个方案的支出数额,但实际上却利用了"例外"和"豁免"类别,如公共工程的特别豁免所提供的开支漏洞,也削弱了预算效力。至关重要的是,预算指导方针不适用于补充预算或 FILP,后者为支出部门争取更多公共支出提供了更多的机会。

大藏省一般在 6 月或 7 月为一般账户预算设定上限,它要符合内阁批准的初始预算计划中规定的数额。预算局与支出部和各机构之间所谓的"复活"谈判不仅在一般账户预算的一般参数范围内进行,还是在与它们各自单独谈判的最高限额范围内进行的,在最高限额范围内提交预算请求。然而,大藏省在预算过程的规划阶段的控制有效性是有条件的,因为它不能或不愿意通过补充预算来减缓随后在年内增加开支的压力,后者不受预算控制,其本质上是扩张性的:即一般账户和 FILP 预算的产出几乎总是大于最初的计划支出。部分出于这个原因,大藏省继续坚持以年度计划为基础,而不是以更现实的计划为基础来计算、衡量和比较年度间预算总额和方案总额。在管理其财政表现的公开披露时,这样做在政治上更为有利,尽管这本身也是扩张性的。

20 世纪 90 年代,许多国家,其中包括英国、加拿大和新西兰,对公共支出的规划、监测、控制和报告方法进行了重大变革,以提高政府财政管理的质量。各国的中央和地方政府多年预算采用的权责发生制会计核算制度取代了现收现付制。然而在日本,大藏省仍然坚定地坚持一年期现收现付制。如果没有中期支出计划,一般账户和非经常项目预算的一年重点支出、经常项目和资本项目的未来成本没有得到充分考虑,而且总是被低估。这一点尤其适用于公共投资决策,在这些决策中,部门计划的制定和实施没有对机会成本、成本和收益、贴现未来收入流等进行分析和评估。政府对 FILP 机构的许多补贴是无限期的,在大藏省 1998 年进行试点研究之前,很少有人试图估计这些补贴的未来持续成本。虽然 2000 财政年度日本公路私人公司的年度预算补贴不超过 3 070 亿日元,但根据私营部门贷款利率计算,目前在公路项目建设期间继续补贴的估计贴现成本为 5.06 万亿日元(基金运营委员会,1997;FILP,2000)。

这些缺乏透明度的预算过程在多大程度上解释了赤字和债务持续存在的一个主要原因?毫无疑问,与其他七国集团国家相比,它们更加错综复杂,但日本财政状况的潜在现状并非秘密,大藏省没有隐瞒年度预算战略的细节,也没有隐瞒在两次预算和 38 个特别账户之间现金流的操纵。20 世纪 90 年代所谓的 47 万亿日元"隐性债务"的规模和构成是大家的共识,并在媒体上讨论过。更明显的是,无论是自民党议员支持者,还是国会中的主要反对者,都不愿坚持主张减少开支或增加税收以降低赤字和债务水平。事实上,自民党领导层对前者更为强烈的要求进行了控制,而当时的日本社会党则不时地利用其在众议院的官方反对立场,阻碍预算法案的通过,以此作为从政府提取支出的手段。虽然国会中有一些人支持廉洁政府,但是在 1983 年的行政改革运动解散之后,对小政府来说已经没有任何意义,直到 1997 年财政结构改革委员会提出改革方案。因此,在预算过程中加强公开性和问责制,例如让立法者参与确定预算的规模及其分配,或参与制定预算准则和目标,都不太可能抑制公共支出的增长。

大藏省在重建国家财政方面无效的第五个原因是,它在预算过程中的影响力远不如人们通常认为的那么大。从对正式预算机构和结构的检查中可以明显看出,大藏省为做出预算决定提供了框架基础,但为什么会出现特殊的预算结果,更多的解释是预算过程的非正式政治、主要参与者之间的互动——内阁大臣、政党官员、官僚和特殊利益集团间的不成文的游戏规则,以及他们在政策网络等非正式结构中的互动。简而言之,大藏省行使宪法和法令赋予它的正式自由裁量权在实践中会受到其他参与者行使反补贴自由裁量权的限制,自由裁量权被锁定在一个相互制约的权力关系体系中,主要是自民党和支出部,还有一些利益集团,很少能够将宪法和等级权力强加给他们和其他参与者,或用于实施一项决定预算总额及其分配的指导战略。公共开支必须以类似于1992年和1998年改革前英国财政部的方式,协商自由裁量权和控制权(Thain and Wright,1995)。

大藏省在整个财政重建期间及之后,对持续的财政压力采取权宜之计是可以理解的。发挥FILP作为"二次预算"的潜力在政治上也是合理的。利用若干特别账户作为一般账户预算的替代资金来源,也能减少对地方政府收入和支出的依赖,通过暂停法定债务偿还临时的"借款"和短期的权宜之计操纵现金流,大藏省得以使这艘财政大船在20世纪80年代初和随后十年的困境中保持漂浮,并树立了促进公共支出的假象:这与实现其主要政策目标的明显稳定一致。经济在恢复稳定增长,虽然不引人注目,也能够偿还"借款",并减少赤字和债务。它不仅避免了财政体系的崩溃,还重申并试图实践正统的"健全管理"原则。如果没有最初的一般账户预算的年度限制,以及部长级预算上限的谈判,公共支出将以更快的速度增长。确定竞争性支出方案相对优先权的指导方针,至少应要求部长、帕洛阿尔托研究中心(PARC)官员,甚至有时自民党后座议员谈论优先权事项,讨论稀缺资源的分配,在实践中应用这些指导方针的情况与大藏省的预期相比,国际核事件(INES)的严厉程度有所降低。在20世纪70年代,福利开支的扩大导致内部开支压力大增,尽管如此,由自民党政治家、他们的客户以及继续增加公共支出和降低税收的激进团体的期望所推动的福利扩大,在那个时期,这一成就并不小。

也就是说,任何一种希望,即表象与根本现实相一致,即根据其宣传的"健全管理"原则,实现重建财政体系的现实,都会被泡沫经济的财政效应所摧毁,而这些经济效应又会导致经济衰退。改变了国内生产总值增长和可靠收入增长的历史趋势,以及随后几年陷入长期严重的经济衰退,但却提高了公共支出水平的不断上升,这是不可承受的。无论如何努力,增长都是缓慢的,然后停滞,最终逆转,因为经济衰退的财政紧迫性要求大量借贷以资助反周期开支、减税和让步。实施重建和巩固政策而产生的任何收益均已蒸发。尽管1975年的财政现状有所恢复,但很快又进入一场新的危机,且这一次的财政危机要严重得多,而且笼罩着FILP。目前,FILP的规模已膨胀至一般账户预算的2/3,在一个利率放松管制、资本市场自由化的时代,FILP自身也经

第二十九章 应对财政压力

历了是否继续以及生存能力的危机。20世纪90年代下半叶的财政重建,其内涵比先前对税收结构、预算制度和一般账户预算增长的关注要广泛得多:它触及了财政系统的所有部分。国家财政危机本身既是造成国家财政危机的一个原因,也是国家危机更广泛的一个征兆。国家财政危机的作用以及维持国家财政危机的政治、官僚和经济机构的作用是持续的关键性辩论的主题。

下一章将比较计量经济学分析的证据,结合发达国家和发展中国家持续的高财政赤字与预算机构特殊配置的相关经验,来检验这里所提供的假设。

第三十章 预算机构、赤字与债务

"公共池"问题

20世纪70年代第一次石油危机后,经济学家试图解释发达国家和发展中国家债务不断增加的现象,因此他们模拟了典型的"公共池"资源问题(Potte and Vog Hagen,1999)。简而言之,他们的论点是相互竞争的团体争夺政府支出,但他们的具体项目和方案不是直接由具体收入提供资金,而是由广泛的税收和其他收入组成的"公共池"提供。出现赤字的成本广泛分散在这些群体中,而特定方案支出增加的好处就集中在这些群体身上,如果这些群体将支出成本和相应的赤字内部化,就会产生比他们自己选择的更高的赤字。"选举制度主义者"模拟了"公共池"问题,将预算结果与政治基础相互关联,他们推测,代表制和联合政府的公共关系制度对赤字和债务的偏好比多元主义制度中的一党专政政府更多,然而这个推测并没有得到充分的经验证据支持(Von Hagen,1998)。

财政制度主义者的实证工作更为有力,也更符合当前的讨论。他们认为预算制度会影响财政结果,预算制度是"所有用来起草、批准和实施预算的规则和条例"(Alesina and Perotti,1999)。这种制度主要有三大类:对赤字施加数量约束的规则,例如平衡预算规则和明确的赤字与GDP的比率;行政管理部门编制预算和管理参与者行为的程序规则;以及决定预算程序和做法透明度的规则。财政制度主义者使用"公共池"方法编制预算,假设政府级别的预算机构导致预算过程的参与者将预算赤字的成本内部化,从而导致赤字减少。在预算制度集中、分级和透明的地方,内部化更有可能存在。相反,这些制度越分散、越合议制、越不透明,财政赤字和债务就越有可能出现和持续。

本章依次考察了这些要素以及英国在制定正式财政目标和规则方面的经验,然后分析关于中央执行机构方案和中央预算制度的正式规则的改革建议在多大程度上有助于改组预算机构和程序,使之更有助于21世纪的赤字减少。最后将日本的经验与七国集团以及其他一些国家进行比较,因为这些国家在控制公共支出、消除赤字和降低中央债务水平方面更为成功。

碎片化

财政制度主义者认为,预算过程越零散,个体参与者群体就越少考虑支出成本和收益的外部性。与碎片化相反的是预算过程的集中化。"集中预算过程是一个强有力地协调单个决策者的支出决策,并迫使他们全面看待预算的过程"(Von Hagen,1998)。产生碎片化有两个因素:参与者的数量和自由裁量权的扩散。正如我们所看到的,日本的中央预算程序非常分散,从大藏省、首相官房、内阁、秘书处、支出部等机构和50—60个财政部门机构中存在着大量的法定和非法定参加者。除地方政府外,还有特设咨询委员会、自民党正式和非正式组织以及生产者团体代表协会。其中,宪法和法定权力、信息、专门知识在组织资源广泛分布。在一般账户和补充账户预算和非经常项目预算中,影响预算结果的自由裁量权被广泛传播。

这种多重性和扩散性在一定程度上是由于政府的合议制产生的,如第6章所述,大藏省和支出部由半自治国家联盟组成。自由裁量权的行使是自民党在预算过程中决策机构正式制度化的结果,以及由领导层自上而下和由左党和国会议员个人自下而上施加的非正式影响,可以说大藏省是由半自治国家联盟组成,如第二十章内容所述。在很长一段时间内,强大的资本集团在个别支出部和FILP机构内发挥了非正式制度化影响,出现了多重决策和否决点,实现了预算的多用途化。

透明度

财政制度主义者认为,透明度不仅意味着提供有关帮助公众理解、控制和问责的信息,还意味着建立全面和综合的预算体系。它涵盖所有中央政府支出和收入,并为账户管理设定"底线"。

然而预算体系是复杂的,包括多个预算收支、预算外收支及特殊账户的公共财政系统缺乏透明度。基于透明度标准,日本中央预算体系非常不透明,主要预算有38个特别会计账户,其中一些账户不受正式预算控制。补充预算为50~60个公共企业提供部分资金或补贴。这些因素倒逼预算账户失去"底线"。

这些特点在一定程度上反映了国家预算编制的复杂性,以及不同类型的预算和账户的数量,这是由于这些预算和账户历史性地用于发展目的,这在一定程度上导致了日本政治制度中政策进程的封闭性。虽然使用预算作为经济增长和发展的工具是大多数发达经济体(尤其是凯恩斯时代)和所有发展中国家的特征,但日本被独特地称为第一个"发展型国家"(Johnson, 1982)。从明治维新到建立现代国家开始,国家预算就被明确用作实现国家目标的国家经济和社会政策的工具。

前一部分内容中,大藏省在降低赤字和债务水平方面缺乏有效性的解释,与财政制度主义者的假设之间存在着相当好的"契合",但在我们开始讨论他们假设的更有利于降低赤字的"预算机构"重组之前,需要清楚他们的分析有一些重要的限定条件:第一,正如他们自己所强调的那样,在赤字和债务的比较分析中,存在预算规则和条例的内生性问题,也就是说,这些规则和条例在很大程度上是固有的,或者是由选民或当选代表的故意选择所强加的(参考Poterba and von Hagen, 1999)。简而言之,有利的预算结果可能因为预算制度的改变而出现,从而反映社会对过去财政纪律的厌恶;第二,财政制度主义者也承认,预算结果可能更多的是受到政治因素即"国家的政治背景"的影响,而不是受迄今为止"公共池"问题的影响;在这里添加了作者自己的第三个限定条件——非正式制度。他们对"预算机构"的概念没有很好的阐述，对预算规章制度的起源、实质、运作和动态也没有很好的理解。从公共政策分析师和本书所采用的观点来看，过于重视正规机构，而对于非正式程序的表述和纳入不够充分，如大藏省是"强"还是"弱"，不仅取决于法定权力和地位归属，还取决于它是否能够并愿意行使相对于其他组织拥有的自由裁量权的特定情况，这种自由裁量权受非正式政策规则和非正式行为规则（咨询谁、何时、如何以及为了什么目的）的制约。再举一个例子，通过规定正式财政目标、财政纪律及控制出现的问题往往可能会被现实掩盖。正如我们所看到的，大藏省及支出部门都就特定支出计划的豁免和特殊待遇进行了谈判，并试图利用预算政策的漏洞。

英国的财政法规

旨在减少赤字和债务而进行的战略性制度设计将包含财政目标和规则，财政制度学家发现，这些目标和规则与财政纪律和控制密切相关。为了更好地实现财政稳定，一些与日本有着相似的一元制议会制政府体系的国家，已经采用了财政法典，其中一些国家甚至将其提升至宪法地位，称之为稳定财政的"准则"，从而为财政政策的设计、实施和评估提供了法定框架。

通过借鉴澳大利亚和新西兰的经验，英国1998年确立了实现财政稳定的密码："描述了什么是严谨的和诚实的方法来管理公共财政，并设置流程确保议会和公众可以监督政府进步机制"（英国财政部，1998）。此后，财政政策将按照《1998年金融法案》规定的五项原则——透明度、稳定、责任、公平和效率——实施。这里使用的透明度，是在制定财政目标和执行财政政策时的传统开放感，以便公众能够监测和评估业绩，其目的是全面描述和评估公共财政状况。财政政策制定过程的稳定，意味着财政政策的运行是可预见的，并与中央经济目标保持一致，即经济增长和就业水平高且稳定。责任意味着政府谨慎地实施财政政策，管理公共资产、负债和财政风险，以确保财政状况长期可持续。财政政策运作的公平，要考虑到其对当代人的分配会影响未来几代人，要考虑代际间的财政影响。财政政策效率原则即指财政资源效率，资源利用效率确保了物有所值，能够让公共资产得到了有效利用。

自 1997 年起，英国财政部发布一份咨询性先期预算报告，包括为引入预算而考虑的财政政策重大变化的任何建议、经济预测和财政预测，以及对经济周期影响关键财政总量的分析。关于当时的预算，财政部发布了一份财务报表和预算报告，包括经济和财政预测和解释重要的财政政策措施以及实现财政目标的评级规则。

此外，英国还发布不同内容的新报告。每份报告都要求分析经济周期对主要财政总量的影响，包括对周期调整后财政状况的估计，以确保在决策时不会忽略周期的影响。《经济和财政战略报告》阐述了长期经济和财政战略，包括关键财政总量的长期目标，它还对未来 10 年或更长时间的主要财政总量的前景进行了说明性预测，还阐述了主要经济变量和主要财政总量预测所依据的主要假设、预测和惯例：当前支出和收入、当前余额、公共部门借款要求、一般政府财政赤字、债务总额和债务净额；《债务管理报告》解释了借款结构和政府债务成本。这些报告被提交给众议院特别委员会审查。根据《审计准则》，独立的国家审计局被赋予新的职责，对财政预测所依据的关键假设和惯例的任何改变进行审计并向议会报告。

设计稳定财政的《准则》、财政管理五项原则等规则，是为了开放预算程序，从而为议会监督、审查财政政策的运作和评估提供条件。然而，《准则》并没有规定政府的财政目标、指标和规则，因为这样做将会产生"过度限制"，而且不够灵活，无法应对不断变化的情况（英国财政部，1998：6）。此外，每一个民选政府都要根据《准则》所规定的原则选择和公布其目标和规则。制定《准则》的工党政府，要确保中期内"稳健的公共财政"，并确保开支和税收这两项内容对各年龄段群体的影响是公平的。这些目标包含在两项财政规则的规定的内容中。

财政目标和规则

财政制度主义者假设：制定谈判的财政目标和规则更有利于减少赤字。然而，这些目标和规则应该是什么？它们应该如何操作和改变？以及它们的有效性的衡量和评估，都是有争议的，因此必须在以下两者之间取得平衡：一方面,需要制定限制挥霍性财政行为的规则,为《英国法典》中的财政管理原则提供规则;另一方面,在操作中要有一定程度的灵活性,以应对不断变化的环境。但现实问题是所有财政目标和规则的主要缺点,尤其是在法律或宪法规定的情况下,它们可能不够灵活,无法适应不断变化的环境,也可能在整个经济周期内无法实行"平滑"政策。这些问题还鼓励创造性会计,因为方案管理人员和支出控制人员试图规避它们。

七国集团和其他国家设定了财政目标,即每年在经济周期的中期内平衡预算,后者考虑到周期性而不是结构性确定合理的财政支出。在不确定的时间内,监测并评估绩效和目标进展的实际困难是显而易见的。然而,除其他国家外,美国、英国和加拿大在1999年前实现了平衡的年度中央预算,并估计在新千年的头十年中有大量累积盈余。

平衡预算的狭义定义是"基本平衡",即收入和支出的平衡,不包括借款和还本付息的成本。财政目标的实现将按支出类型和支出计划限制预算支出总额,即黄金法则。所谓的"黄金法则"将借贷限制在资本支出上,当前支出完全由当前收入提供资金。英国劳工政府在1997年采用了"黄金法则",即"在经济周期内,政府借贷只会用于投资,而不是为经常性支出提供资金"(英国财政部,1998);换句话说,在整个周期内,经常性支出是平衡的或盈余的。第二个财政规则——可持续投资规则,承诺政府在经济周期内将公共债务占国民收入的比例保持在"稳定且谨慎的水平"。因此,在1999年的预算中,财政大臣宣布债务将在整个周期内保持在国民收入的40%以下。

更常见的是通过实施法定自上而下的限额来控制预算总量趋势的财政规则,例如美国在1990年和1993年综合预算调节法案中参照采用的限额控制规则,又如欧洲货币联盟规定的标准。财政目标能够控制一般政府支出占GDP的比例,降低赤字占GDP的比率和总债务占GDP的比率。中间的财政目标和控制包括前面提到的为经常性支出提供资金的"黄金法则",以及预算总额和方案的支出"上限",例如加拿大联邦政府在1991年依法实施的预算方案,以及美国在自由支配性支出方案上实施的预算方案都体现了这些规则。在短期、中期和长期实现财政稳定方面,哪些类型的财政目标和控制措施更有效率?这是不可判断的。财政制度主义者只能假设,要么授权给一个强有力的财政部长,要么"致力于谈判达成的预算目标能够对预算赤字的增长产生重大影响"(Hallerberg and von Hagen,1999:230)。

预算机构的确很重要,但总体财政规则和控制结果主要是"自上而下"的。然而,"自上而下"的预算流程不一定有助于减少预算。澳大利亚、新西兰和英国的经验表明,预算系统本身的设计非常重要,特别是确定预算构成的过程、方案支出的分配和优先次序的过程,以及使用技术效率分配资源的过程。除已公布的约束性的财政纪律承诺外,这三个国家都修改了管理资源分配和激励措施,在预算过程中实现了更大的透明度,旨在将关键参与者与特定的财政结果联系起来,并对违规和失败进行处罚。这三个国家都将预算责任移交给支出部门的直属经理,并让他们负责绩效和结果,但他们的经验表明,到目前为止,没有一种方法或范式可以遵循。

在英国,主要是通过财政部和主要部门之间协商来实施新体制下的公共开支规划和控制。其中包括有部门支出限额的三年支出计划,规定公共服务提供绩效目标的公共服务协议和部门的投资战略,以展示各部门如何有效管理资本,以及如何投资决策以使额外投资收益最大化。由财政大臣主持的内阁公共支出委员会执行和监督。

日本预算机构的重组

财政制度主义者建议,为了避免巨额赤字和债务,政府应重新配置预算机构以集中预算过程,并规定集体商定财政目标或控制措施,并对违反这些目标或控制措施的行为进行制裁。集中日本中央政府的预算程序将意味着减少分裂的程度,减少参加者和决策点的数量,增加首相及其官房、内阁和政府的协调权力——旨在更清楚地规定政策目标,并考虑支出和税收政策的实际成本和收益,以实现这些目标。大藏省根据不同的经济增长和支出假设对持续赤字成本的中期模拟发表于1996—1998财年,提供了一些考虑所需的数据,但这并不是一个中期支出计划。这也意味着在这些预算过程中提高透明度,在理想情况下是一个全面性和包容性强的预算制度。

设计和引入一套适当而有效的预算制度要受政治、行政和官僚,以及财政制度历史渊源的影响。在日本,内阁、政府的集体责任践行,自民党在预算制度化、过程分散化和缺乏透明度的各个方面,都体现在努力保持经济增长和"公共工程"建设的整个过程之中。嵌入自我观点,执政党愿意让其成员个人和高级内阁成员以及党内同僚参与预算讨论的细节以及经济状况,这将影响官僚和政客之间的关系,以及正式和非正式的角色和制定的年度财政预算策略及股票的分配预算。

更确定的是,大藏省、内阁府和支出部门的正式职能、地位和权力的改变短期内不会扰乱它们固有的"集体身份",或者改变规范其成员在预算过程中互动的游戏规则——遵守那些广泛、包容和持续协商的非正式、不成文的行为规则;互惠与信任关系中的信息共享倾向于寻求双方同意的协议,"令人满意的"而不是最优的解决方案;一种协商而非指令或强制的互动模式。公共支出的政治模式很可能将继续由协商决定。

半自治支出部门的固有"集体身份",以及大藏省在国家决策中所发挥的历史性主导作用,从2001年1月开始实施的财政制度以及所建立的预算机构在多大程度上有助于降低赤字和债务?中央预算体系将在多大程度上变得更集中、更透明、更负责任?

更少的碎片?

首先,由于支出部门的数量从22个减少到13个,参与者、决策点和否决点的多样性有所减少,法定咨询委员会的数量从211个减少到93个。更不确定的是公共公司的数量进一步减少,使其职能得到巩固;其次,总理和内阁办公室的权力得到加强,使其能够在财政经济决策中发挥更具战略性的作用。与预算过程进一步集中化趋势的证据相反,大藏省的地位和权力被削弱了,因为自1980年中期以来,人们认为大藏省在经济、金融和财政决策失败,大藏省官员的声誉被几名高级官员的腐败行为所损害,结果它失去了法定职能,以及赋予它的正式和非正式的权力。

中央行政机构的重组是为了进一步降低大藏省的核心主导地位,新的财政政策委员直接威胁到大藏省的预算编制权。该委员会由总理担任主席,正式负责确定预算战略和编制预算。除了大藏大臣之外,其成员包括通商大臣、总务大臣、自治大臣和邮政大臣、内阁首席秘书、经济、财政和信息技术政策部长，日本银行行长和四名私营部门成员，两名学者以及丰田和乌肖公司的主席。

在实践中，理事会将对改组后的大藏省发挥什么作用尚不确定。但在6月、7月关于总体预算战略的决定之前的讨论中，它可以更正式地履行自民党领导人以前非正式履行的职能，或者它可以更独立于大藏省运作，因为财政结构改革特设委员会于1997年采取行动，在政治上决定预算的规模和分配，虽然大藏省提供建议和信息，但主动权牢牢掌握在政治家而不是预算局官员手中。在这种情况下，一个被削弱的大藏省将会变得更弱，听从由可能更强大的支出部门所决定的预算战略。在新的安排中，政治家和预算局官员的权力范围将取决于首相和经济状况，以及首相是否愿意让他的高级内阁和党内同僚参与预算讨论。此外，它还受到官僚和政治家之间关系的重新配置，以及官员在制定年度预算战略、部长级上限和分配预算份额的影响。

更确切地说，部门的职能、地位和权力的变化在短期内不会改变其"集体身份"，也不会改变其成员在预算过程中的互动规则。要遵守那些有利于广泛、包容和持续协商的行为规则，保持互利互惠和信息共享，并寻求双方满意的解决方案。此外，公共支出的政治范式可能会继续由协商决定。

更透明和更负责？

在整本书中，人们都关注"预算外"资金和账户的规模、使用及意义，它们的资产、隐含负债和或有负债，在计算和评估国家总体财政状况时至关重要。但国民账户体系公约界定的一般政府的计算中不包括它们，对整个1975—2000年期间的政府赤字和债务规模提供了不完整和误导性的描述。公共部门许多机构，例如公营公司和特殊公司的赤字和债务由中央政府隐性担保，直到1998年为止，日本铁路公司和林业厅的情况就是如此。虽然中央政府有义务为其巨额累积债务承担责任，但其财政账户被排除在一般政府的财政余额之外。由于20世纪末实施的行政改革，预算机构在多大程度上可能变得更加透明？所有议程没提出使预算编制更加全面的建议，例如取消"第二个预算"，或将其与一般账户预算相结合；除了JR债务结算公司和林业厅的账户外,对 38 个特别账户的数目和筹资也没有提出任何重大改变。基金运作理事会提出的财政投资贷款计划改革原则开始在 1997 财政年度和 1998 财政年度的预算中实施。该原则决定切断财政投资贷款计划与邮政储蓄和养老基金之间的法定联系,并迫使财政投资贷款计划机构在 2001 年实施的资本市场上争夺资金,这对预算进程以及 FILP 机构使用资源的效率和效力产生深远影响。财政投资贷款计划将变得更加独立于一般账户预算,因为后者承担了财政投资贷款计划机构的部分债务,对其他机构的补贴逐步取消,或以大藏省新采用的政策成本评估分析技术为准。但是,预算内交易以及预算与特别账户之间的继续交易,将阻碍合并账目包括所有政府收支。

在英国、澳大利亚和新西兰的财政框架中,在七国集团和其他经合组织国家中,透明度和公共问责制采用资源预算、权责发生制的原则,并将财务管理权力下放给支出部门的直属经理。这在日本的财政系统中没有相应的制度,也几乎没有证据表明预算规则和目标的任何变化,会在不久的将来改变这种情况。经合组织(1997)指出"不可能使用已公布的文件来监测当时财政目标(赤字为 3%)的进展情况",并重申早先的请求"对政府账户和合并报表以及基于现有法律和公共会计原则的回报进行更具分析性的陈述"。其次,1997 年《财政结构改革法》规定的其他财政目标和指标被暂停,以允许 1998 年大规模政府借贷,为刺激经济的 40 万亿日元名义税收和支出措施提供资金。桥本的停职伴随着"集约化改革时期"的突然停止。虽然在 1998 财年的预算计划中短暂地实施了"自上而下"的财政规则,但在经济恢复持续增长的态势之前,这种短暂的经验是不可能重复的。即使在那时,桥本的继任者也不希望再冒着这种财政政策重演的风险,而正是这种冒险的财政政策导致了桥本的垮台。因此,经年度审查和修订的预算准则,似乎比严格的预算制度更为可取,因为目前资本支出方案的未来成本是在中期规划中产生的。

然而,在 20 世纪末,公众对大藏省预算过程中缺乏透明度的批评越来越强烈。首先,由于公众对中央政府累积债务水平的迅速上升感到震惊,大藏省于 2000 年 2 月宣布打算编制和公布一套综合的国民账户,以揭示财政系统中的隐性债务和或有债务。10 月份公布的初步国家资产负债表代表着对透明度原则的真正转变,即首次和必然的粗略尝试,以衡量、评估和公布主要预算、养老基金和公共资本的负债和资产规模,非地方政府的企业和公司仍有待观察(大藏省,2000)。即使在预算机构、结构和程序比日本更明确透明的地方,如英国,试图使用"公共部门净值"的概念在准确计量许多政府资产和负债方面时也遇到了困难(英国财政部,2000)。例如,对许多 FILP 机构或养老基金的资产和负债进行分解和计算时,会产生极其复杂的问题。另外,日本中央政府越来越意识到对政策评估的不足,每个部门都为此设立了专门单位,由新的公共管理部监督和协调。此外,项目评估和成本效益分析技术也开始被用来评估公共投资决策的效率。如前所述,大藏省已经开始利用政策成本分析来确定继续补贴 FILP 机构的实际成本。此类措施如果得到广泛采用,被推广到公共部门和其他部门,并得到系统的实施,将有助于提高支出决策的效率。通过更多地关注政策目标,并比较以最低成本实现这些目标的替代方法,预算的制定和执行过程可以变得更加透明。例如,如果 1990 年代反周期财政政策的效果主要是在各道府县之间重新分配收入,而不是提高生产率和刺激更多的经济增长,那么成本效益分析和相关的政策评估技术将有助于更明确地界定经济增长和收入再分配的目标,并通过政策制定以实现这些目标。

参考文献

扫描二维码参阅参考文献

译者后记

现有文献不乏对日本经济增长趋势的研究,认为日本衰退了10年、20年或30年。依据是与第二次世界大战后至20世纪60年代GDP的两位数增长相比,进入70年代,日本进入的个位数增长,并逐渐步入微增长或负增长阶段。尽管如此,至今也没有改变世界实力大国的地位。日本的政治变革与预算制度改革及其改革联动不能不说是理解这一看似悖论的切入点。现时期,世界上诸多国家和地区都已经显现出日本当年经济由高增长转向低增长的趋势,尽管原因很多,各不相同。在该背景下,研究日本化解经济的不确定性,通过政治改革和积极运用财政政策工具以保持强国地位的做法,对包括中国在内的诸多国家和地区都具有借鉴意义。

本书内容包括引言在内的共计六部分。引言内容中,首先追溯了日本在20世纪70年代中期出现的财政危机的根源。从这一时期开始,日本经济已经走向低迷,银行业危急,公共部门因经常性财政赤字和不断增加的债务而负担沉重。1990年底经济泡沫的破灭加剧了低迷,并将日本拖入战后历史上最长时间的衰退期,引发了自20世纪30年代以来最严重的金融危机和财政危机。这一时期的财政状况是赤字不断扩大、负债严重、还本付息成本加大,更为关键的是老年人口不断增加背景下以扩大和增加社会保障为主要内容的新"福利政治"压力升高,财政风险高度聚集;第一部分,阐述了日本经济和政体结构中的一些主要变化,评估了20世纪80年代行政改革在多大程度上改变了预算制度运作的行政背景,探讨了官僚和政治家在预算政策制定过程中相互竞争和冲突的作用,观察和评估了国家对财政政策的影响;第二部分,通过正式组织对财政政策的创意、制定、改变和实施过程的正式程序和基于不同组织及领导精英的价值观、集体认同的非正式程序,评价政府组织的权力、权威及作用,评价行政改革在多大程度上改变了中央预算制度制定和执行的环境,得出的结论是日本并没有因持续的财政危机而重新概念化公共部门的功能、作用和目的,行政改革成效甚微;第三部分,基于经济预测和财政预测分析了预算目标和预算政策,介绍了大藏省和各支出部委在编制一般账户预算和财政投资与贷款计划(FILP,也称"第二预算")时,规划和控制公共开支的预算过程,突出了当时执政党自民党在整个预算过程中的作用和影响;第四部分,评估了20世纪后25年间官僚机构的增加或减少,评价了行政改革得失。这部分内容对公共工程预算的增减与维持,FILP起源与功能及自民党和财政部门如何巧妙操纵FILP为其提供资金,做了重点说明;第五部分,对预算制度有效性进行了全面的评估,包括财政重建成效、对债务和赤字的改变及改善国际收支状况等。结论是1975年以后,原有的危机条件也并未因改革而降低影响甚至消除。基于预算机构与财政绩效间的关系,认为财政部门没有实现1975至2000年期间公共支出的短期和中期目标。1980年后实行的财政重建政策未能抑制一般账户预算和FILP的增长,也未实现一般账户预算的平衡。

目前国内不乏专门介绍日本财政内容的研究,但大多从经济层面去探讨对财政的影响,很少从财政预算和绩效层面评估经济效应的大小,结合政治意蕴的行政改革维度的研究则更少。这也是本译著的意义所在。

本书由辽宁大学经济学院(宿州学院)教授,河南大学经济学院讲座教授,日本庆应义塾大学客员教授,教育部教指委财政学教指委委员孙世强主持翻译。翻译期间,可谓凝神聚力,投入了大量时间。在尊重原著基础上,还大量地查阅了相关资料,力求做到精细、严谨、恰当。有时为了明确一种状况、一个理论、一个词汇,或是校准一个关键人名,要查阅大量资料,还多次联络日本专家,帮助查询。为此,要感谢中日京都友好协会副会长、日本著名政治经济学家、庆应义塾大学教授大西广对本书翻译工作的支持,提出了诸多极具价值的指导意见和建议,同时也要感谢辽宁大学经济学院的吕平章博士、河南大学经济学院赵永强博士、南开大学李婉爽博士、对外经济贸易大学硕士研究生方彬同学、辽宁大学经济学院财政学专业研究生杨炳乾同学和吉林财经大学统计学院研究生张贺同学,他(她)们为本书的翻译、校对、图表制作等做了大量细致的工作。尽管本人和团队十分努力,但翻译定会还有不当之处,还望各位读者海涵,欢迎提出宝贵的建议和意见。

译丛主编后记

财政活动兼有经济和政治二重属性，因而从现代财政学诞生之日起，"财政学是介于经济学与政治学之间的学科"这样的说法就不绝于耳。正因为如此，财政研究至少有两种范式：一种是经济学研究范式，在这种范式下财政学向公共经济学发展；另一种是政治学研究范式，从政治学视角探讨国家与社会间的财政行为。这两种研究范式各有侧重，互为补充。但是检索国内相关文献可以发现，我国财政学者遵循政治学范式的研究中并不多见，绝大多数财政研究仍自觉或不自觉地将自己界定在经济学学科内，而政治学者大多也不把研究财政现象视为分内行为。究其原因，可能主要源于在当前行政主导下的学科分界中，财政学被分到了应用经济学之下。本丛书主编之所以不揣浅陋地提出"财政政治学"这一名称，并将其作为译丛名，是想尝试着对当前这样的学科体系进行纠偏，将财政学的经济学研究范式和政治学研究范式结合起来，从而以"财政政治学"为名，倡导研究财政活动的政治属性。编者认为，这样做有以下几个方面的积极意义。

1. 寻求当前财政研究的理论基础

在我国学科体系中，财政学被归入应用经济学之下，学术上就自然产生了要以经济理论作为财政研究基础的要求。不过，由于当前经济学越来越把自己固化为形式特征明显的数学，若以经济理论为基础就容易导致财政学忽视那些难以数学化的研究领域，这样就会让目前大量的财政研究失去理论基础。在现实中已经出现并会反复出现的现象是，探讨财政行为的理论、制度与历史的论著，不断被人质疑是否属于经济学研究，一篇研究预算制度及其现实运行的博士论文,经常被答辩委员怀疑是否可授予经济学学位。因此,要解释当前的财政现象、推动财政研究,就不得不去寻找财政的政治理论基础。

2. 培养治国者

财政因国家治理需要而不断地变革,国家因财政治理而得以成长。中共十八届三中全会指出:"财政是国家治理的基础和重要支柱,科学的财税体制是优化资源配置、维护市场统一、促进社会公平、实现国家长治久安的制度保障。"财政在国家治理中的作用,被提到空前的高度。因此,财政专业培养的学生,不仅要学会财政领域中的经济知识,也必须学到相应的政治知识,方能成为合格的治国者。财政活动是一种极其重要的国务活动,涉及治国方略;从事财政活动的人有不少是重要的政治家,应该得到综合的培养。这一理由,也是当前众多财经类大学财政专业不能被合并到经济学院的原因之所在。

3. 促进政治发展

18—19世纪,在普鲁士国家兴起及德国统一过程中,活跃的财政学派与良好的财政当局,曾经发挥了巨大的历史作用。而在当今中国,在大的制度构架稳定的前提下,通过财政改革推动政治发展,也一再为学者们所重视。财政专业的学者,自然也应该参与到这样的理论研究和实践活动中。事实上已有不少学者参与到诸如提高财政透明、促进财税法制改革等活动中,并事实上成为推动中国政治发展进程的力量。

因此,"财政政治学"作为学科提出,可以纠正当前财政研究局限于经济学路径造成的偏颇。包含"财政政治学"在内的财政学,将不仅是一门运用经济学方法理解现实财政活动的学科,也会是一门经邦济世的政策科学,更是推动财政学发展、为财政活动提供指引,并推动中国政治发展的重要学科。

"财政政治学"虽然尚不是我国学术界的正式名称,但在西方国家的教学和研究活动中却有广泛相似的内容。在这些国家中,有不少政治学者研究财政问题,同样有许多财政学者从政治视角分析财政现象,进而形成了内容非常丰富的文献。当然,由于这些国家并没有中国这样行政主导下的严格学科分界,因而不需要有相对独立的"财政政治学"的提法。相关研究,略显随意地分布在以"税收政治学"、"预算政治学""财政社会学"为名称的教材或论著中,当然"财政政治学"(Fiscal Politics)的说法也不少见。

中国近现代学术进步的历程表明,译介图书是广开风气、发展学术的不二法门。因此,要在中国构建财政政治学学科,就要在坚持以"我"为主研究中国财政政治问题的同时,大量地翻译西方学者在此领域的相关论著,以便为国内学者从政治维度研究财政问题提供借鉴。本译丛主编选择了这一领域内的68部英文和日文著作,陆续予以翻译和出版。在文本的选择上,大致分为理论基础、现实制度与历史研究等几个方面。

本译丛的译者,主要为上海财经大学的教师以及该校已毕业并在外校从事教学的财政学博士,另外还邀请了其他院校的部分教师参与。在翻译稿酬低廉、译作科研分值低下的今天,我们这样一批人只是凭借着对学术的热爱和略略纠偏财政研究取向的希望,投身到这一译丛中。希望我们的微薄努力,能够成为促进财政学和政治学学科发展、推动中国政治进步的涓涓细流。

在本译丛的出版过程中,胡怡建老师主持的上海财经大学公共政策与治理研究院、上海财经大学公共经济与管理学院的领导与教师都给予了大力的支持与热情的鼓励。上海财经大学出版社的总编黄磊、编辑刘兵在版权引进、图书编辑过程中也付出了辛勤的劳动。在此一并致谢!

刘守刚
上海财经大学公共经济与管理学院
2023年7月

"财政政治学译丛"书目

1. 《财政理论史上的经典文献》
   理查德·A. 马斯格雷夫,艾伦·T. 皮考克 编 刘守刚,王晓丹 译
2. 《君主专制政体下的财政极限——17世纪上半叶法国的直接税制》
   詹姆斯·B. 柯林斯 著 沈国华 译
3. 《欧洲财政国家的兴起 1200—1815》
   理查德·邦尼 编 沈国华 译
4. 《税收公正与民间正义》
   史蒂文·M. 谢福林 著 杨海燕 译
5. 《国家的财政危机》
   詹姆斯·奥康纳 著 沈国华 译
6. 《发展中国家的税收与国家构建》
   黛博拉·布罗蒂加姆,奥德黑格尔·菲耶尔斯塔德,米克·摩尔 编 卢军坪,毛道根 译
7. 《税收哲人——英美税收思想史二百年》(附录:税收国家的危机 熊彼特 著)
   哈罗德·格罗夫斯 著 唐纳德·柯伦 编 刘守刚,刘雪梅 译
8. 《经济系统与国家财政——现代欧洲财政国家的起源:13—18世纪》
   理查德·邦尼 编 沈国华 译
9. 《为自由国家而纳税:19世纪欧洲公共财政的兴起》
   何塞·路易斯·卡多佐,佩德罗·莱恩 编 徐静,黄文鑫,曹璐 译 王瑞民 校译
10. 《预算国家的危机》
    大岛通义 著 徐一睿 译
11. 《信任利维坦:英国的税收政治学(1799—1914)》
    马丁·唐顿 著 魏陆 译
12. 《英国百年财政挤压政治——财政紧缩·施政纲领·官僚政治》
    克里斯托夫·胡德,罗扎那·西玛兹 著 沈国华 译
13. 《财政学的本质》
    山田太门 著 宋健敏 译
14. 《危机、革命与自维持型增长——1130—1830年的欧洲财政史》
    W. M. 奥姆罗德,玛格丽特·邦尼,理查德·邦尼 编 沈国华 译
15. 《战争、收入与国家构建——为美国国家发展筹资》
    谢尔登·D. 波拉克 著 李婉 译
16. 《控制公共资金——发展中国家的财政机制》
    A. 普列姆昌德 著 王晓丹 译
17. 《市场与制度的政治经济学》
    金子胜 著 徐一睿 译
18. 《政治转型与公共财政——欧洲1650—1913年》
    马克·丁塞科 著 汪志杰,倪霓 译
19. 《赤字、债务与民主》
    理查德·E. 瓦格纳 著 刘志广 译
20. 《比较历史分析方法的进展》
    詹姆斯·马汉尼,凯瑟琳·瑟伦 编 秦传安 译
21. 《政治对市场》
    戈斯塔·埃斯平-安德森 著 沈国华 译
22. 《荷兰财政金融史》
    马基林·哈特,乔斯特·琼克,扬·卢滕·范赞登 编 郑海洋 译 王文剑 校译
23. 《税收的全球争论》
    霍尔格·内林,佛罗莱恩·舒伊 编 赵海益,任晓辉 译
24. 《福利国家的兴衰》
    阿斯乔恩·瓦尔 著 唐瑶 译 童光辉 校译
25. 《战争、葡萄酒与关税:1689—1900年间英法贸易的政治经济学》
    约翰 V. C. 奈 著 邱琳 译
26. 《汉密尔顿悖论》
    乔纳森·A. 罗登 著 何华武 译
27. 《公共经济学历史研究》
    吉尔伯特·法卡雷罗,理查德·斯特恩 编 沈国华 译
28. 《新财政社会学——比较与历史视野下的税收》
    艾萨克·威廉·马丁,阿杰·K. 梅罗特拉 莫妮卡·普拉萨德 编,刘长喜 等 译,刘守刚 校
29. 《公债的世界》
    尼古拉·贝瑞尔,尼古拉·德拉朗德 编 沈国华 译
30. 《西方世界的税收与支出史》
    卡洛琳·韦伯,阿伦·威尔达夫斯基 著 朱积慧,苟燕楠,任晓辉 译
31. 《西方社会中的财政(第三卷)——税收与支出的基础》
    理查德·A. 马斯格雷夫 编 王晓丹,王瑞民,刘雪梅 译 刘守刚 统校
32. 《社会科学中的比较历史分析》
    詹姆斯·马汉尼,迪特里希·鲁施迈耶 编 秦传安 译
33. 《来自地狱的债主——菲利普二世的债务、税收和财政赤字》
    莫里西奥·德莱希曼,汉斯-约阿希姆·沃思 著 李虹筱,齐晨阳 译 施诚,刘兵 校译

34. 《金钱、政党与竞选财务改革》
    雷蒙德·J.拉贾 著　李艳鹤 译
35. 《牛津福利国家手册》
    弗兰西斯·G.卡斯尔斯,斯蒂芬·莱伯弗里德,简·刘易斯,赫伯特·奥宾格,克里斯多弗·皮尔森 编
    杨翠迎 译
36. 《美国财政宪法——一部兴衰史》
    比尔·怀特 著　马忠玲,张华 译
37. 《税收、国家与社会——干预型民主的财政社会学》
    Marc Leroy 著　屈伯文 译
38. 《有益品文选》
    威尔弗莱德·维尔·埃克 编　沈国华 译
39. 《政治、税收和法治——宪法视角下的征税权》
    唐纳德·P.瑞切特,理查德·E.瓦格纳 著　王逸帅 译
40. 《联邦税史》
    W.艾略特·布朗利 著　彭浪川,崔茂权 译
41. 《日本的财政危机》
    莫里斯·赖特 著　孙世强 译
42. 《美国现代财政国家的形成和发展——法律、政治和累进税的兴起,1877—1929》
    阿贾耶·梅罗特 著　倪霓,童光辉 译
43. 《财产税与税收抗争:第13号修正案的遗产》
    亚瑟·奥沙利文,特丽 A.塞克斯顿,史蒂文·M.谢夫林 著　汪志杰　倪霓 译
44. 《国家的兴与衰》
    Martin van Creveld 著　沈国华 译
45. 《财政学手册》
    于尔根·G.巴克豪斯,理查德·E.瓦格纳 编　何华武,刘志广 译
46. 《18世纪西班牙建立财政军事国家》
    拉斐尔·托雷斯·桑切斯 著　施诚 译
47. 《另类公共经济学手册》
    弗朗西斯科·福特,拉姆·穆达比,彼得洛·玛丽亚·纳瓦拉 编　解洪涛 译
48. 《财政理论发展的民族要素》
    奥汉·卡亚普 著　杨晓慧 译
49. 《旧制度法国绝对主义的限制》
    理查德·邦尼 著　熊芳芳 译
50. 《债务与赤字:历史视角》
    约翰·马洛尼 编　郭长林 译
51. 《布坎南与自由主义政治经济学:理性重构》
    理查德·E.瓦格纳 著　马珺 译
52. 《财政政治学》
    维特·加斯帕,桑吉·古普塔,卡洛斯·穆拉斯格拉纳多斯 编　程红梅,王雪蕊,叶行昆 译
53. 《英国财政革命——公共信用发展研究,1688—1756》
    P.G.M.迪克森 著　张珉璐 译
54. 《税收逃逸的伦理学——理论与实践观点》
    罗伯特·W.麦基 编　陈国文,陈颖湄 译
55. 《税收幻觉——税收、民主与嵌入政治理论》
    菲利普·汉森 著　倪霓,金赣婷 译
56. 《美国财政的起源》
    唐纳德·斯塔比尔 著　王文剑 译
57. 《全球财政国家的兴起(1500—1914)》
    Bartolomé Yun-Casalilla & Patrick K. O'Brien 编　匡小平 译
58. 《加拿大公共支出政治学》
    Donald Savoie 著　匡小平 译
59. 《财政理论家》
    Colin Read 著　王晓丹 译
60. 《如何理解英国的国家福利——是社会正义还是社会排斥》
    布莱恩·隆德 著　沈国华 译
61. 《哲学视角的税收》
    马丁·奥尼,谢普莉·奥尔 著　倪霓 译
62. 《英国财政的政治经济学》
    堂目卓生 著　刘守刚 译
63. 《西方的税收与立法机构》
    史科特·格尔巴赫 著　杨海燕 译
64. 《财政社会学与财政学理论》
    理查德·瓦格纳 著　刘志广 译
65. 《作为体系的宏观经济学:超越微观—宏观二分法》
    理查德·瓦格纳 著　刘志广 译
66. 《税收遵从与税收风气》
    Benno Torgler 著　闫锐 译
67. 《保护士兵与母亲》
    斯考切波 著　何华武 译
68. 《国家的理念》
    Peter J. Steinberger 著　秦传安 译